Dirigeant de société

Statut juridique, social et fiscal

éditions Delmas

DANS LA MÊME COLLECTION

AGENTS COMMERCIAUX, 6e éd.
J.-M. Leloup

BAUX COMMERCIAUX 2009/2010, 15e éd.
A. d'Andigné-Morand

CONTRAT DE TRAVAIL, 7e éd.
D Jourdan et C. de Bailleul

FISCALITÉ DU PATRIMOINE IMMOBILIER 2009, 21e éd.
Y. Blaise et A. Brissier

FONDS DE COMMERCE, 17e éd.
F. Lemeunier

FRANCHISE (LA), 4e éd.
J.-M. Leloup

GROUPEMENT D'INTÉRÊT ÉCONOMIQUE, 10e éd.
F. Lemeunier

GUIDE DES FORMALITÉS DES SOCIÉTÉS, 3e éd.
R. Gras et C. Placé

INTÉRESSEMENT, PARTICIPATION, ACTIONNARIAT, 3e éd.
P. Maillard

PASSER UN MARCHÉ PUBLIC, 2e éd.
C. Emery

SOCIÉTÉ ANONYME, 20e éd.
F. Lemeunier

SARL, 26e éd.
F. Lemeunier

SAS, 5e éd.
F. Masquelier et N. Simon de Kergunic

PROCÉDURES COLLECTIVES 2009, 3e éd.
Lienhard

RUPTURE DU CONTRAT DE TRAVAIL, 11e éd.
L. Gamet

S'INSTALLER À SON COMPTE, 6e éd.
A.-L. Stérin

SOCIÉTÉS CIVILES IMMOBILIÈRES, 11e éd.
M. Bühl

SOCIÉTÉS D'EXERCICE LIBÉRAL – SEL, 5e éd.
C. Laurent et Th. Vallée

SOCIÉTÉ EN NOM COLLECTIF – SOCIÉTÉ EN PARTICIPATION, 10e éd.
F. Lemeunier

TRANSMISSION ET CESSION D'ENTREPRISE, 5e éd.
E. Brancaleoni, P. Callède, F. Masquelier et N. Simon de Kergunic

VIVE LA SIGNATURE ÉLECTRONIQUE !, 1re éd., Delmas express
I. Renard

SERVICE RELATIONS CLIENT
Tél. 08 20 80 00 17
Fax 01 40 64 52 90

www.editions-delmas.com

Cet ouvrage est paginé de 1 à

ISBN 2 247 08096 0
ISSN 0750 3431
Dépôt légal : septembre 2C

Une collection d'ouvrages pratiqu
droit et de gestion sur la vie p
professionnelle et publique, l'Enc
pédie Delmas est une collectio
Éditions Dalloz.

Créée en 1955 par Francis Leme
aux Éditions Jacques Delmas et C
Collection « Encyclopédie Delmas
la vie des affaires – Ce qu'il vous
savoir » ® a une présentation i
déposée à titre de modèle et de m
de fabrique en France et à l'étra

Delmas est une collection
des éditions Dalloz
31-35, rue Froidevaux
75014 Paris
75685 PARIS CEDEX 14
Tél. 01 40 64 54 54
Fax 01 40 64 54 97

Dirigeant de société

Statut juridique, social et fiscal

Deuxième édition
2009

Fabrice François,
Elvire de Frondeville
et Ambroise Marlange

éditions Delmas

Dirigeant de société

Statut juridique, social et fiscal

La gestion des risques est inhérente à la fonction du chef d'entreprise, acteur de la vie économique et sociale. Il doit être conscient des obligations qui lui incombent en sa qualité de dirigeant.

Il doit également mettre en œuvre une gestion efficace des risques liés au management de son entreprise.

L'existence de très nombreuses règles de droit dans les domaines concernant l'entreprise offre un champ à la fois vaste et diversifié à la gestion des risques.

Or, la multiplication des textes de nature diverse (lois, décrets, règlements, arrêtés, circulaires) a aujourd'hui pour effet pervers de rendre souvent confuses les obligations auxquelles est soumis le chef d'entreprise.

Cette situation s'est encore aggravée en raison des interprétations variables de la jurisprudence et des contraintes nouvelles que fait peser l'Union européenne sur le droit national.

Le patron court après le temps. Ses domaines de compétence, qui ont notamment fait naître sa vocation, ne s'étendent à l'évidence pas à tous les domaines qui influencent la bonne conduite et la croissance nécessaire de son entreprise.

Si le charisme, l'intuition, le goût de l'innovation sont quelques qualités que l'on prête au chef d'entreprise, il doit savoir s'entourer de multiples compétences internes ou externes à l'entreprise, sur lesquelles il pourra s'appuyer dans la gestion quotidienne de ses choix stratégiques, mais aussi et surtout des risques qui peuvent engager tant la responsabilité de l'entreprise que sa responsabilité personnelle.

C'est un honneur et une joie pour moi de vous présenter cet ouvrage, fruit du travail passionné de Fabrice François, Elvire de Frondeville et Ambroise Marlange, qui ont réussi avec talent à mettre en forme cette deuxième édition pour vous l'offrir.

Tout au long de ces pages vous trouverez des conseils et des éclaircissements qui répondent aux questions les plus spécifiques liées au statut du dirigeant de société.

e édition
ARIS 2009
jour au
0 juin 2009

Cet ouvrage sera, sans nul doute, un conseiller sûr et un document de référence susceptible de vous aider pour être plus efficace et performant, et ainsi disposer de tout le temps nécessaire à développer votre entreprise et ainsi créer de la richesse.

Xavier Omerin, Président de la Société Omerin

Les auteurs

Fabrice François, **Elvire de Frondeville** et **Ambroise Marlange** sont avocats au Barreau de Paris et exercent leur activité principalement dans le domaine du droit des affaires et du droit social.

Sommaire

CHAPITRE 01

Que veut dire être dirigeant de société commerciale ?

01

Cadre général. Que veut dire aujourd'hui être P-DG ? Si le titre de président-directeur général est né avec la loi du 16 novembre 1940 et perdure encore pour son prestige, la notion de dirigeant ne recouvre plus aujourd'hui la même réalité. Le directeur général, le gérant, le président du directoire doit savoir gérer l'entreprise, « manager » les équipes, construire la stratégie commerciale, etc., dans un environnement juridique mouvant et complexe. En particulier s'agissant des nouvelles obligations qui lui incombent. 01.11

En tant que gestionnaire, il doit posséder une certaine compétence juridique pour répondre aux questions les plus courantes. Il doit également anticiper les risques.

Encadrement législatif. La loi en matière de droit des sociétés, et particulièrement pour les dirigeants, a connu de profondes évolutions. La responsabilité de ces derniers est démultipliée, la transparence est le maître mot[1] : les lois les plus récentes vont dans ce sens.

Outre la codification de la loi du 24 juillet 1966 dans le code de commerce, plusieurs lois récentes et importantes ont modifié le statut des dirigeants :

– la loi « Nouvelles régulations économiques », dite Loi NRE, du 15 mai 2001[2], qui vise principalement à assurer une plus grande transparence au sein des sociétés en développant notamment le droit à l'information des actionnaires ou associés, des salariés, à trouver un meilleur équilibre des pouvoirs au sein de la société anonyme en instaurant une nouvelle répartition des pouvoirs de direction, et à renforcer les droits des actionnaires ;

– la loi du 11 décembre 2001, dite Loi Murcef[3], laquelle est notamment venue « réparer » certaines erreurs de codification ;

– la loi du 29 octobre 2002, dite Loi Houillon, qui est venue préciser et éclaircir les dispositions de la loi NRE, en matière de cumul des mandats ;

– la loi du 3 janvier 2003, qui donne enfin valeur de loi à la partie législative du code de commerce[4] ;

– la loi pour la confiance et la modernisation de l'économie du 26 juillet 2005[5], la loi du 21 août 2007 en faveur de l'emploi, du travail et du pouvoir d'achat[6], les décrets du 30 mars 2009[7] et du 20 avril 2009[8] qui ajoutent de nouvelles conditions à l'octroi de rémunérations aux mandataires sociaux ;

– la loi de sauvegarde des entreprises du 26 juillet 2005[9] et l'ordonnance du 18 décembre 2008 portant réforme du droit des entreprises en difficulté[10] qui précisent le sort du dirigeant d'une entreprise en difficulté ;

– enfin la loi de modernisation de l'économie du 4 août 2008[11], qui étend la protection du patrimoine des entrepreneurs individuels et favorise la transmission d'entreprises.

---

1. Voir le rapport Bouton, « Pour un meilleur gouvernement des entreprises cotées », publié le 23 sept. 2002, contenant des recommandations quant à la composition et au fonctionnement du conseil d'administration et mettant l'accent sur la notion de transparence (voir www.medef.fr) • Sur l'encadrement de la rémunération des dirigeants et les recommandations AFEP-MEDEF du 6 oct. 2008, voir n°s 21.12 et 52.13 et www.medef.fr

2. L. n° 2001-420, 15 mai 2001, nouvelles régulations économiques, JO 16 mai, p. 7776 • Voir not. N. Damas, « Loi NRE et cumul de mandats sociaux », JCP E 2001, p. 1803 • N. Rontchevsky, « Le gouvernement d'entreprise à la française : brèves observations sur le volet sociétés de la loi NRE », D. 2001, 2578 • D. Danet, « Loi NRE », RTD com. 2002, 17 • A. Lienhard, « Loi NRE : difficultés d'application transitoires », D. 2002, chron. 791.

3. A. Lienhard, « Loi "Murcef" du 11 décembre 2001 : quoi de neuf pour les sociétés ? », D. 2002, chron. 59.

4. L. n° 003-7, 3 janv. 2003, JO 4 janv., p. 256.

5. L. n° 2005-842, 26 juill. 2005, pour la confiance et la modernisation de l'économie, JO 27 juill., p. 12160.

6. L. n° 2007-1223, 21 août 2007, en faveur de l'emploi, du travail et du pouvoir d'achat, JO 22 août, p. 13945 et son décret d'application (Décr. n° 2008-448, 7 mai 2008, pris pour l'application des articles L. 225-42-1 et L. 225-90-1 du code de commerce et relatif à la publicité des rémunérations différées, JO 11 mai, p. 7831).

7. Décr. n° 2009-348, 30 mars 2009, relatif aux conditions de rémunération des dirigeants des entreprises aidées par l'État ou bénéficiant du soutien de l'État du fait de la crise économique et des responsables des entreprises publiques, JO 31 mars, p. 5622.

8. Décr. n° 2009-445, 20 avr. 2009, portant modernisation du Fonds de développement économique et social, JO 22 avr., p. 6897.

9. L. n° 2005-845, 26 juill. 2005, de sauvegarde des entreprises, JO 27 juill., p. 12187.

10. Ord. n° 2008-1345,18 déc. 2008, portant réforme du droit des entreprises en difficulté, JO 19 déc., p. 19462.

11. L. n° 2008-776, 4 août 2008, de modernisation de l'économie, JO 5 août, p. 12471.

Remarque(s) *La loi du 4 août 2008 a également créé le statut de l'entrepreneur individuel, communément appelé « auto-entrepreneur ». Ce statut, applicable à compter du 1er janvier 2009, s'adresse aux personnes qui souhaitent exercer une activité sans créer une société commerciale, et ne sera donc pas étudié dans cet ouvrage*[1].

1. Comment définir le dirigeant ?

A. Il dispose des pouvoirs de gestion les plus étendus

Distinctions. Dans le langage courant, le terme de dirigeant recouvre de multiples réalités : outre une société commerciale, on peut diriger un syndicat, une fédération, un club sportif ou une association, etc. **01.12**

Dans tous les cas, le dirigeant est celui qui exerce le pouvoir au sein de la structure. Et ce, encore plus dans l'entreprise, où l'on parle volontiers du « chef d'entreprise ». Celui-ci décide *in fine* des investissements, des embauches, négocie les contrats les plus importants, élabore la stratégie de la société, etc. Plus globalement, cette personne doit faire preuve de créativité et d'intuition, formuler les objectifs de la société, être capable d'entraîner les salariés et de les écouter et de trancher en faveur d'un projet.

Mais, dans une société, le pouvoir se partage. Au-delà de la personne du « patron », le P-DG, il existe de nombreuses autres personnes qui sont investies de missions leur permettant de conclure un contrat, d'engager la société. Les cadres font partie de celles-ci. Or, l'on ne saurait assimiler un cadre à un dirigeant même s'il prend une décision dans l'organisation de son service.

Par ailleurs, dans les sociétés commerciales, sont énumérées un certain nombre de fonctions : administrateur, gérant, président du conseil d'administration, membre du directoire, directeur général délégué, etc. Ces personnes sont également toutes des dirigeants, alors même que leurs pouvoirs peuvent, pour certaines d'entre elles, apparaître comme plus limités que ceux dévolus à certains salariés cadres.

B. En tant que mandataire social, il n'est pas subordonné à la société

Mandataire social. Le code de commerce emploie les termes de « mandataire social ». Le mandataire social est celui qui se voit conférer par les associés de la **01.13**

[1] Sur le statut d'auto-entrepreneur, voir X. Delpech, *Devenir auto-entrepreneur*, Delmas Express, à paraître.

société, directement ou indirectement, « un mandat » d'agir pour le compte de la société et de la représenter vis-à-vis des tiers.

Sous ce statut spécifique sont en fait regroupées les différentes fonctions exercées au sein de la société.

En droit, le « dirigeant » est donc celui qui exerce un mandat social. Ce dernier tient sa mission des associés qui le nomment pour agir, cependant, au nom de la société.

S'il agit au nom et pour le compte de celle-ci, cela ne signifie pas qu'il lui est subordonné. Bien au contraire, le dirigeant agissant dans l'intérêt de la société, détermine les orientations économiques et stratégiques de celle-ci.

Lien de subordination. La jurisprudence utilise deux critères pour caractériser l'existence ou l'absence d'un lien de subordination :

- les magistrats s'intéressent à l'origine structurelle du pouvoir de la personne concernée. Il s'agit de répondre à la question : de qui cette personne détient-elle son « pouvoir » ? En d'autres termes, il convient d'identifier **l'autorité ayant procédé à sa nomination** (voir chapitre 12).

Si cette autorité est, par exemple, l'assemblée générale ou le conseil d'administration, c'est-à-dire un organe statutaire de la société, alors il existe une forte présomption que cette personne soit un mandataire social. Il ne fait ainsi pas de doute que le président nommé par le conseil d'administration ou le gérant non salarié nommé par l'assemblée générale des associés sont des mandataires sociaux;

- les juges recourent également au second critère, qui est celui de **la nature et de l'étendue des attributions conférées** (voir chapitre 41).

Exemple(s) Un directeur général qui jouit de prérogatives étendues, qu'il exerce sans adopter l'attitude d'un subordonné, mais au contraire avec un degré certain de liberté, est un mandataire social.

À l'inverse, le gérant d'une société qui n'a en réalité exercé que des fonctions de technicien, sous la houlette des maîtres de l'affaire, est un salarié et non un mandataire social[1].

De même, un directeur technique qui, bien qu'ayant négocié des contrats et recruté des techniciens, est resté dans le cadre de la mission technique qui lui était impartie dans son contrat de travail, n'a pas la qualité de mandataire social[2].

Les juges se prononcent en fonction de l'ensemble des circonstances de chaque espèce, sans s'arrêter à l'apparence. Ainsi, l'existence d'un contrat de travail n'exclut pas, en elle-même, la qualification de mandataire social, s'il apparaît que son titulaire jouissait d'une liberté de décision excluant le lien de subordination[3].

---

1. Com. 8 mars 1982, n° 80-13.617, Bull. civ. IV, n° 90.
2. CA Versailles, 5e ch. B, 21 janv. 1994, Demont/Seven 7.
3. Soc. 9 juill. 1976, Bull. civ. V, n° 454.

C. Ses responsabilités sont nombreuses

La direction d'une société ne s'improvise pas : c'est probablement pour cette raison que plus de la moitié des dirigeants sont âgés de 40 ans et plus[1]. L'environnement économique et juridique accroît encore la difficulté de leurs tâches. **01.14**

Responsabilités personnelles. Le dirigeant est responsable :

– pénalement : en tant que chef d'entreprise et représentant de la personne morale. En effet, l'article 121-2, alinéa 3, du code pénal énonce le principe du cumul possible de la responsabilité pénale des personnes morales et celle de la personne physique auteur ou complice des mêmes faits. Ainsi, le chef d'entreprise répond des infractions à la législation du travail, économique, etc. Il est également responsable personnellement pour d'autres infractions spécifiques au droit des sociétés, comme l'abus de biens sociaux (voir chapitre 44) ;

– civilement[2] : l'augmentation croissante du nombre de litiges démontre le besoin de se protéger à l'aide d'assurances (voir chapitre 43) ;

– fiscalement : le dirigeant n'est pas souvent précisément informé du risque fiscal. Si la société connaît des difficultés financières et « renonce » à s'acquitter de ses impôts, le dirigeant peut être condamné à régler ceux-ci. Faible consolation : il pourra déduire ces versements de ses revenus imposables (voir chapitre 45).

Exemple(s) **Quelques chiffres**

En matière pénale, les condamnations relatives au travail ou à la sécurité sociale sont nombreuses, notamment sur l'hygiène et la sécurité ou le travail clandestin (7 209 condamnations en 2006)[3].

Par ailleurs, plus de 4 513 condamnations ont été prononcées à la suite de délits commis en matière de société ou de commerce (publicité trompeuse, banqueroute, abus de biens sociaux, etc.) en 2006, et plus de 3 231 condamnations pour des contraventions de 5e classe commises dans ce domaine.

Responsabilité vis-à-vis des tiers. Le pouvoir de représentation de la société, dévolu par la loi au dirigeant, fait de celui-ci la personne naturellement responsable en cas de litiges à l'égard des tiers. **01.15**

Les actions en responsabilité civile sont largement exercées par les tiers quand ceux-ci subissent un préjudice du fait de la société. Cela ne signifie toutefois pas que le dirigeant est personnellement responsable : mandataire social de la société, s'il n'a pas commis de faute détachable de ses fonctions, il revient à la société de réparer le préjudice. Et l'action que la société pourrait exercer à son encontre en cas de faute de gestion ne se conçoit que dans l'hypothèse où il y a eu changement de direction ou action des associés.

1. 41,6 % des dirigeants de sociétés salariés sont âgés de plus de 50 ans, 34,5 % ont entre 40 et 49 ans : N. Blancpain, « Les salaires des dirigeants de société », Insee Première, nº 784, juin 2001 (www.insee.fr) • Voir égal. F. Evain, « Le salaire des chefs d'entreprise, moyennes et grandes », Insee Première nº 1150, juill. 2007 (www.insee.fr).
2. B. Petit, Y. Reinhard, « Responsabilité civile des dirigeants », RTD com. 1997, 282.
3. Annuaire statistique de la Justice, 2008, Doc. fr

Si la société connaît des difficultés, la situation du dirigeant est plus périlleuse. Il peut alors avoir à répondre personnellement, sur ses fonds, de l'impossibilité de désintéresser les créanciers (voir chapitre 46).

Remarque(s) *En 2006, plus de 3 000 demandes ont été portées devant les tribunaux afin de voir prononcer une sanction à l'égard d'un dirigeant fautif, dont 1 422 pour banqueroute, abus de bien social, gestion et comptabilité délictueuse et 1 233 actions en responsabilité civile et plus de 416 ouvertures d'une procédure collective à l'encontre du dirigeant.*

01.16 **Responsabilité vis-à-vis des associés.** Les associés sont naturellement en droit de demander des comptes aux dirigeants sociaux.

La première sanction devrait être la révocation du dirigeant fautif (voir nos 51.23 et s.). Mais, cette révocation n'est possible que si le dirigeant n'est pas majoritaire au sein de la société.

C'est pourquoi, l'associé minoritaire ne dispose que d'une seule arme : l'action en justice (voir nos 51.24 et s.). L'action est exercée au nom et pour le compte de la société en vue d'obtenir la réparation du préjudice social et exercée à titre personnel si l'associé prouve l'existence d'un préjudice qui lui est propre, c'est-à-dire distinct de celui de la société.

Remarque(s) *À cet égard, la seule perte de valeur des parts ou actions de la société ne saurait justifier l'exercice de cette dernière action.*

II. Des réalités personnelles très variées...

01.17 Si le groupe socio-économique des indépendants et dirigeants est assez bien identifié, leur situation juridique, fiscale ou sociale est très variée.

A. Associé ou non ?

01.18 Les statuts de la société peuvent parfois imposer que les fonctions de direction soient exercées par un associé (voir nos 11.23 et s.).

En fait, le dirigeant investit souvent des fonds dans la société. Il dispose ainsi, à côté de la rémunération perçue pour son travail, d'une rémunération du capital investi.

B. Révocable ou non ?

La révocation *ad nutum* est un principe applicable à toutes les sociétés. En effet, la révocabilité des dirigeants sociaux est un principe d'ordre public : la fonction de dirigeant est toujours révocable. Sont ainsi nulles les conventions qui auraient pour effet d'y faire obstacle (voir chapitre 51). **01.19**

Le droit de révoquer, qui appartient aux associés réunis en assemblées, ou en organes sociaux, doit toutefois être exercé avec mesure. Le législateur a, pour la plupart des dirigeants de sociétés, à l'exception notable de ceux de la SA, entendu les protéger, par l'allocation de dommages-intérêts.

Dans tous les cas, le fait de disposer de la majorité du capital, et donc de contrôler le vote dans les assemblées d'actionnaires ou d'associés, fait obstacle à cette révocabilité.

C. Mandat unique ou mandats multiples ?

La direction d'une entreprise exige une grande implication de la part de son équipe dirigeante : les fonctions de directeur général, de gérant demandent efficacité, contrôle et présence. Or, en pratique, certains dirigeants ont tendance à cumuler différents mandats sociaux dans plusieurs sociétés, ce qui peut leur valoir d'être qualifiés de « cumulards »[1]. **01.20**

Afin de réduire les risques d'abus d'influence et d'améliorer la transparence au sein des conseils d'administration, la loi NRE du 15 mai 2001, puis la loi Houillon du 29 octobre 2002 ont considérablement réduit les possibilités de cumuler les mandats sociaux, en particulier dans les sociétés anonymes pour la fonction emblématique qu'est la direction générale (voir n°s 11.60 et s.).

Le but de cette réforme est que le mandataire social exerce effectivement ses pouvoirs dans l'intérêt de la société.

Dans le même sens, le cumul d'un mandat social et d'un contrat de travail ne se conçoit que sous certaines conditions. En effet, la liberté du mandataire social et le lien de subordination existant entre un salarié et sa société sont contradictoires (voir chapitre 21).

D. Quelle rémunération : salaire, jetons de présence, dividendes, etc. ?

Distinctions. À la différence des salariés, les revenus du dirigeant ont le plus souvent différentes sources (voir chapitre 22). Il peut percevoir une rémunération au **01.21**

---

[1] M. Cozian, A. Viandier et F. Deboissy, Droit des sociétés, Litec, 15e éd., n° 385.

titre de ses fonctions, sous la forme d'un traitement ou d'avantages en nature, mais il peut également être bénévole. En tant qu'administrateur, il perçoit des jetons de présence. Enfin, un revenu tiré du capital investi dans la société peut s'ajouter[1]. Il peut également percevoir des revenus à raison d'un compte-courant d'associé ou d'un contrat conclu avec celle-ci (ex. : location de locaux à la société; voir chapitres 32 et 33). Il peut enfin bénéficier de « stock-options » (voir chapitre 24).

Exemple(s) **Quelques chiffres**

Environ 190 000 dirigeants sont considérés comme des salariés de leur société alors que plus de 2 millions de chefs d'entreprise ont un statut de non-salarié.

En 2005, la moitié des dirigeants des moyennes et grandes entreprises percevait un salaire annuel net de plus de 49 700 €.

Leur salaire dépend fortement de la taille de l'entreprise. En 2006, le dirigeant d'une société de moins de dix salariés percevait en moyenne un salaire net de 36 200 € par an contre 111 182 € pour le dirigeant d'une entreprise de plus de 250 salariés, et environ 470 000 € pour le P-DG d'une entreprise de 2 000 salariés et plus. Il dépend également largement du secteur d'activité. Ainsi dans le secteur financier et immobilier, les dirigeants perçoivent en moyenne 212 000 € contre seulement 96 000 € dans le domaine de la construction.

Comme pour l'ensemble des salariés, le salaire des dirigeants croît avec l'âge. En 2005, celui des chefs d'entreprise de moins de 45 ans était de 99 000 € en moyenne, alors que le salaire des plus de 55 ans était de 148 000 €[2].

01.22 **Encadrement.** Ces origines de revenu différentes et le peu de clarté qui entourait la rémunération de certains dirigeants ont conduit le législateur à exiger une plus grande transparence sur le niveau de rémunération de ces derniers, même s'il s'agit également d'une information à caractère personnel. Là encore, la loi NRE du 15 mai 2001, modifiée par la loi du 1er août 2003[3], impose un changement des comportements en vue d'une meilleure information des actionnaires des SA : le rapport de gestion doit rendre compte des rémunérations versées à chaque mandataire social d'une société cotée.

Depuis la loi du 26 juillet 2005[4], si le rapport de gestion d'une société anonyme ne rend pas compte des rémunérations et avantages de toute nature consentis aux dirigeants, toute personne intéressée peut demander au président du tribunal statuant en référé d'enjoindre sous astreinte au directoire de communiquer ces informations.

S'agissant des rémunérations différées consenties aux dirigeants de sociétés anonymes (dites « golden parachutes »), la loi du 21 août 2007[5] les soumet à des critères

---

1. Voir sur cette question, D. Rouault, « Les revenus des indépendants et dirigeants : la valorisation du bagage personnel », Économie et statistiques, 2001-8, nº 348, disponible sur www.insee.fr
2. Voir, pour plus d'informations, N. Blancpain, « Les salaires des dirigeants de société », Insee Première, nº 784, juin 2001, disponible sur www.insee.fr • F. Evain, « Le salaire des chefs d'entreprise, moyennes et grandes », Insee Première, nº 1150, juill. 2007, disponible sur www.insee.fr
3. L. nº 2003-706, 1er août 2003, de sécurité financière, JO 2 août, p. 13220.
4. L. nº 2005-842, 26 juill. 2005, pour la confiance et la modernisation de l'économie, art. 9, I, 2e, JO 27 juill. 2005, p. 12160.
5. L. nº 2007-1223, 21 août 2007, en faveur du travail, de l'emploi et du pouvoir d'achat, JO 22 août, p. 13945.

de performance du bénéficiaire, appréciés au regard de celles de la société. L'autorisation de la convention par le conseil d'administration ou le conseil de surveillance est rendue publique, l'approbation de la convention en assemblée générale doit faire l'objet d'une résolution distincte pour chaque bénéficiaire et doit intervenir à chaque renouvellement du mandat social, sous peine de nullité. La réalisation des conditions de performance doit être constatée par le conseil avant l'attribution de la rémunération, lors ou après la cessation ou le changement effectif des fonctions, cette décision devant être rendue publique[1].

Les dirigeants d'entreprises soutenues par l'État voient quant à eux leur rémunération encadrée très strictement par le décret du 30 mars 2009 relatif aux conditions de rémunération des dirigeants des entreprises aidées par l'État ou bénéficiant du soutien de l'État du fait de la crise économique et des responsables des entreprises publiques et le décret du 20 avril 2009 portant modernisation du fonctionnement du Fonds de développement économique et social (FDES)[2].

E. Quel statut : salarié ou indépendant ?

Le dirigeant est affilié au régime de protection sociale qui dépend de la forme de la société et de la nature du mandat social exercé : il relève, soit du régime général des travailleurs salariés, soit du régime de protection sociale des travailleurs non salariés non agricoles (voir chapitre 25). **01.23**

Sont liés à cette question le bénéfice de l'assurance chômage et la souscription d'une retraite complémentaire (voir chapitres 26 et 27).

Remarque(s) *Autant de questions très concrètes qu'il convient de se poser dès que l'on accède à une fonction de dirigeant; en effet, plus tôt ces questions seront identifiées, mieux elles seront traitées car l'on aura anticipé et ainsi, bien souvent, évité des difficultés. L'art de diriger doit également s'exercer à l'égard de sa situation personnelle.*

III. Devenir dirigeant : ce qu'il faut prévoir et savoir

Diriger une société signifie également faire des choix stratégiques pour soi. Devenir dirigeant à la suite de la création de sa société, d'une promotion ou de la trans- **01.24**

1. L. n° 2007-1223, 21 août 2007, en faveur de l'emploi, du travail et du pouvoir d'achat, JO 22 août, p. 13945 et son décret d'application n° 2008-448, 7 mai 2008, pris pour l'application des articles L. 225-42-1 et L. 225-90-1 du code de commerce et relatif à la publicité des rémunérations différées, JO 11 mai, p. 7831.

2. Décr. n° 2009-348, 30 mars 2009, relatif aux conditions de rémunération des dirigeants des entreprises aidées par l'État ou bénéficiant du soutien de l'État du fait de la crise économique et des responsables des entreprises publiques, JO 31 mars, p. 5622 • Décr. n° 2009-445, 20 avr. 2009, portant modernisation du Fonds de développement économique et social, JO 22 avr., p. 6897. Ces dispositions sont applicables jusqu'au 31 déc. 2010.

mission de l'entreprise familiale, dans tous ces cas, de nombreuses questions se posent. En voici quelques-unes.

- **Accès aux fonctions**

– Suis-je prêt à manager une équipe ? Y a-t-il une formation professionnelle spécifique ? ▶ Voir n°s 11.33 et s.

– Dois-je quitter mon emploi de cadre en tant que directeur technique (ou directeur commercial) ? Ma fonction dans une administration ? ▶ Voir n°s 21.11 et s.

– L'exercice de mon activité de médecin (ou d'avocat, etc.) est-elle incompatible avec ma future fonction de gérant de SARL ? ▶ Voir n°s 11.48 et s.

– Par qui suis-je nommé ? Pour combien de temps ? ▶ Voir chapitres 12 et 13

– Peut-on exiger de moi certains diplômes ? ▶ Voir n°s 11.33 et s.

– Dois-je devenir commerçant ? Associé ? Actionnaire ? ▶ Voir chapitre 11

– Je donne mon nom à la société : vais-je pouvoir le reprendre ? ▶ Voir n°s 34.31 et s.

– Quelle rémunération exiger ? ▶ Voir chapitre 22

- **Exercice des fonctions**

– Quels sont mes pouvoirs ? ▶ Voir chapitre 41

– Dans quels cas vais-je engager ma responsabilité personnelle ? ▶ Voir chapitres 42, 43, 44, 45 et 46

– Puis-je m'assurer ? ▶ Voir n°s 43.40 et s.

– Puis-je conclure des contrats avec la société ? Dans quelles conditions ? ▶ Voir chapitres 31 et 33

- **Statut social et fiscal**

– Ai-je le droit à la même protection qu'un salarié ? Qu'un indépendant ? ▶ Voir chapitre 25

– Et mes droits en cas de maladie ? De maternité ? ▶ Voir n°s 25.25 et s.

– Suis-je imposé dans les mêmes conditions que pour les traitements et salaires ? ▶ Voir chapitre 23

– Dans quelles conditions mes frais professionnels sont-ils déductibles ? ▶ Voir n° 23.15

- **Cessation des fonctions**

– Dans quelles conditions peut-on me révoquer ? ▶ Voir n°s 51.23 et s.

– Puis-je être démissionné d'office ? ▶ Voir n°s 51.12 et s.

– Ai-je le droit à l'allocation-chômage ? À des dommages-intérêts en cas de révocation ? ▶ Voir chapitre 26 et chapitre 52

– Mon contrat de travail prend-il fin à la cessation de mes fonctions ? ▶ Voir nº 21.57
– Dois-je également me retirer de la société en tant qu'associé ? ▶ Voir nº 51.11
– Pourrai-je exercer une activité identique dans une autre société ? ▶ Voir nºˢ 53.12 et s.

Pour toutes ces interrogations, le futur dirigeant comme le dirigeant déjà nommé peuvent s'entourer de conseils de différents professionnels. **01.25**

Avocat. Le dirigeant créateur d'entreprise pourra utilement s'adresser à un avocat pour la rédaction des statuts de la société, et plus précisément sur les conditions de sa nomination statutaire s'il a fait ce choix. Dans la gestion quotidienne de la société, le dirigeant peut également avoir besoin de conseils juridiques dans la rédaction de contrats, le droit du travail, etc. afin essentiellement de réduire les risques d'engager sa responsabilité[1].

Expert-comptable. Celui-ci est un partenaire privilégié de l'entreprise et le dirigeant a le plus souvent recours à ses conseils, particulièrement en matière fiscale. Il l'accompagne également dans la gestion de la société.

Ces deux derniers interlocuteurs peuvent intervenir aussi bien pour les besoins de la société que pour ceux du dirigeant lui-même, à la condition toutefois qu'il n'existe pas de conflit d'intérêts.

Exemple(s) Ainsi, pour la cession du nom patronymique du dirigeant à la société, l'avocat peut rédiger le contrat. De même, pour une cession de brevet, etc. Il ne pourra toutefois plus intervenir en cas de contentieux relatif à l'interprétation ou à l'exécution du contrat opposant les parties.

L'expert-comptable peut mettre en garde le dirigeant à propos de sa gestion.

Autres interlocuteurs. À l'inverse, d'autres interlocuteurs seront de bon conseil pour la situation personnelle du dirigeant. Il en est ainsi du **conseil en gestion patrimoniale**, qui pourra aider le dirigeant à mieux optimiser ses revenus (entre les revenus issus de salaires, de dividendes, etc. et les droits qui y sont attachés).

Par ailleurs, les administrations – **organismes de sécurité sociale** (Urssaf, Assedic, Cnam) ou **services fiscaux** (centre des impôts, recette des impôts) – ou les organismes professionnels (**chambres de commerce et d'industrie**, chambres des métiers, syndicats professionnels) constituent d'autres sources d'informations et de conseils.

---

1 Dans une étude réalisée sous l'égide du Barreau de Paris auprès de dirigeants ou responsables juridiques de PME/PMI, 93 % d'entre eux souhaitent anticiper afin de réduire les risques.

Titre 1

Accès aux fonctions

Chapitre 11

Conditions d'accès

11.11 **Distinctions.** Les conditions d'accès aux fonctions de dirigeant de sociétés commerciales sont variées et dépendent étroitement de la forme de la société. Celles-ci résultent essentiellement de dispositions du code de commerce, mais également des statuts lorsque la loi laisse aux associés une certaine marge de liberté dans l'organisation de la direction de la société.

Ainsi, les dispositions légales relatives au gérant de la société en nom collectif (SNC) et de la société en commandite simple (SCS) sont essentiellement supplétives – le commandité étant dans la même situation que l'associé de société en nom collectif (SNC) –, de sorte que les associés disposent d'une réelle liberté pour organiser la gérance de leur société.

La loi est en revanche plus contraignante en ce qui concerne la désignation des gérants de sociétés à responsabilité limitée (SARL) et des dirigeants de sociétés anonymes (SA).

Enfin, la société par actions simplifiée, conçue dans un esprit d'assouplissement des règles gouvernant la société anonyme, offre aux associés la possibilité de créer les organes de direction qu'ils souhaitent dans le cadre des statuts.

Se posent ainsi les questions de la capacité et de la nationalité du dirigeant. Certaines fonctions sont réservées aux associés, aux personnes n'ayant pas atteint une certaine limite d'âge et aux seules personnes physiques. Les associés peuvent en outre limiter l'accès aux fonctions de dirigeant en posant des conditions supplémentaires. Dès règles propres aux incompatibilités, interdictions de gérer et déchéances, ainsi qu'aux limitations du nombre de mandats sociaux peuvent enfin empêcher une personne d'être dirigeant.

1. Capacité

11.12 L'exercice de la fonction de dirigeant suppose la capacité civile, quelle que soit la forme de la société. Dans certains cas, la capacité commerciale est en outre exigée en raison de la qualité de commerçant du dirigeant.

A. Capacité civile

11.13 **Majeur protégé.** Certains majeurs ne bénéficient pas de la pleine capacité civile et font en conséquence l'objet de mesures de protection prévues par le code civil. Il s'agit des majeurs en tutelle, en curatelle et ceux sous sauvegarde de justice. Ils ne peuvent en conséquence occuper la fonction de dirigeant.

Le dirigeant en fonction, qui perd la capacité civile, ne pourra poursuivre son mandat social.

Remarque(s) *Ainsi, en cas de vacance d'un poste d'administrateur au sein des sociétés anonymes, le nouvel administrateur sera exceptionnellement coopté par les membres du conseil d'administration dans l'attente de la prochaine assemblée qui devra approuver cette désignation (voir n° 12.34).*

Mineur. Certains mineurs dits émancipés bénéficient de la même capacité juridique que les majeurs aux termes de l'article 413-6 du code civil et peuvent, dans ces conditions, occuper les fonctions de dirigeant au sein d'une société commerciale. 11.14

Il en va différemment du mineur non émancipé qui ne peut pas accéder à la fonction de dirigeant. L'article 1124 du code civil dispose en effet que les mineurs non émancipés sont incapables de contracter.

B. Capacité commerciale

Spécificités. La question de la capacité commerciale du dirigeant se pose au sein des **sociétés en nom collectif** et des **sociétés en commandite**, dès lors que le dirigeant est choisi parmi les associés et que ceux-ci ont la qualité de commerçant aux termes de l'article L. 221-1 du code de commerce. 11.15

Les commandités des sociétés en commandite simple ont le même statut que ces derniers en vertu de l'article L. 222-1 du code de commerce.

Enfin, l'article L. 226-1 du code de commerce prévoit expressément que les commandités des sociétés en commandite par actions ont la qualité de commerçant.

Ces dirigeants doivent donc avoir la capacité de faire le commerce, ce qui exclut le mineur, même émancipé, en application de l'article L. 121-2 du code de commerce.

L'article L. 221-16 du code de commerce prévoit à cet égard que si le gérant associé d'une société en nom collectif fait l'objet d'une mesure d'incapacité au cours de son mandat, la société est dissoute, à moins que les statuts n'en disposent autrement ou que les autres associés ne décident sa continuation à l'unanimité. Cette solution est identique pour les sociétés en commandite simple, dès lors que le gérant est associé.

II. Nationalité

Évolution. Pendant longtemps, les étrangers qui souhaitaient diriger une société commerciale sur le territoire français devaient être, en principe, titulaires d'une « carte de commerçant étranger » délivrée par le préfet. Cette exigence a été supprimée, mais dans certains cas, l'accès des étrangers aux fonctions de dirigeant peut être soumis à une condition de déclaration préalable. 11.16

La nationalité française n'est plus exigée que dans certains cas spécifiques.

A. Activités soumises à déclaration

1. Principe

11.17 **Dirigeants concernés.** L'article L. 122-1 du code de commerce, dans sa rédaction issue de la loi du 24 juillet 2006[1], prévoit qu'« un étranger qui exerce sur le territoire français, sans y résider, une profession commerciale, industrielle ou artisanale, dans des conditions rendant nécessaire son inscription ou sa mention au registre du commerce et des sociétés ou au répertoire des métiers, doit en faire la déclaration au préfet du département dans lequel il envisage d'exercer pour la première fois son activité dans des conditions définies par décret ».

Sont ainsi visées, notamment, les personnes qui ont le pouvoir de diriger, gérer ou le pouvoir général d'engager à titre habituel une société commerciale, c'est-à-dire :

- les gérants de SNC, SARL, de sociétés en commandite simple et par actions;
- les présidents du conseil d'administration, directeur général, directeur général délégué, président du directoire, directeur général unique, directeur général des sociétés anonymes à directoire et conseil de surveillance;
- le président de la société par action simplifiée (SAS). Compte tenu de la liberté statutaire gouvernant l'organisation de la SAS, il convient de vérifier si les organes qui pourraient être créés disposent du pouvoir de diriger, gérer ou d'engager à titre habituel la société.

Par ailleurs, l'article L. 314-4 du code de l'entrée et du séjour des étrangers et du droit d'asile prévoit que, lorsqu'elle a été délivrée à un étranger résidant sur le territoire de la France métropolitaine, la carte de résident en cours de validité confère à son titulaire le droit d'exercer, sur ce territoire, la profession de son choix, dans le cadre de la législation en vigueur.

11.18 **Union européenne.** Les ressortissants des États membres de l'Union européenne, des autres États parties à l'accord sur l'Espace économique européen ou de la Confédération suisse, sont dispensés de l'obligation de déclaration susvisée.

11.19 **Modalités de déclaration.** La déclaration doit être faite par l'étranger auprès du préfet du département dans lequel il envisage d'exercer pour la première fois son activité.

Il convient de souligner que cette déclaration doit précéder l'exercice des fonctions concernées.

Elle est requise pour l'accomplissement des formalités d'immatriculation de la société au registre du commerce et des sociétés.

2. Sanctions

11.20 Au plan pénal, le non-respect de l'obligation de déclaration préalable est puni d'un emprisonnement de six mois et d'une amende de 3 750 euros[2].

---

1. L. n° 2006-911, 24 juill. 2006, relative à l'immigration et à l'intégration, JO 25 juill., p. 11047.
2. C. com., art. L. 122-2.

Au plan civil, à l'époque où la carte de commerçant étranger était exigée, les actes passés par un dirigeant non titulaire de cette carte encouraient l'annulation. Mais cette nullité n'était pas opposable au cocontractant de bonne foi[1]. Une telle solution pourrait être transposée au cas où un dirigeant méconnaîtrait l'obligation de déclaration actuellement en vigueur.

B. Activités réservées aux Français et/ou ressortissants de l'Union européenne

Certaines activités sont réservées aux ressortissants d'États membres de l'Union européenne (comme les sociétés de commerce d'armes, les exploitants de casinos) et d'autres ne peuvent être exercées que par des personnes ayant la nationalité française (telles que les concessions d'exploitation de service public). **11.21**

III. Conditions tenant à la nature du mandat social

Le choix du dirigeant n'est pas laissé à l'entière discrétion des associés ou actionnaires de la société. La loi peut ainsi venir limiter cette liberté en imposant certaines conditions d'accès aux fonctions propres à chaque type de sociétés. **11.22**

A. Associé ou non

Certains dirigeants peuvent se voir imposer d'avoir la qualité d'associé de la société. **11.23**

1. Dans les sociétés autres que les sociétés anonymes

Le gérant des **sociétés en nom collectif**, des **sociétés en commandite** (simple ou par actions) et des **SARL** n'a pas l'obligation légale d'être associé. Mais les statuts peuvent restreindre cette liberté en exigeant que le gérant soit associé. **11.24**

Au sein des **sociétés par actions simplifiées**, les actionnaires disposent de la plus grande liberté quant au choix de leur dirigeant qui peut être actionnaire ou non, puisqu'aux termes de l'article L. 227-5 du code de commerce « les statuts fixent les conditions dans lesquelles la société est dirigée ».

---

1. Soc. 19 juill. 1957, Bull. civ. IV, n° 878.

2. Dans les sociétés anonymes

11.25 **Directeurs généraux, directeurs généraux délégués, membres du directoire.** La loi n'exige pas que ces dirigeants aient la qualité d'actionnaire de la société.

Administrateurs, membres du conseil de surveillance. S'agissant des administrateurs et membres du conseil de surveillance, les articles L. 225-25, alinéa 1er, et L. 225-72, alinéa 1er, du code de commerce exigeaient qu'ils soient actionnaires. La loi du 4 août 2008[1] a modifié ces dispositions, qui prévoient désormais que « les statuts peuvent imposer » que chaque administrateur ou membre du conseil de surveillance soit propriétaire d'un nombre déterminé d'actions de la société[2]. Ils ne peuvent donc être tenus de détenir des actions qu'en vertu d'une obligation statutaire. Cette obligation s'impose au président du conseil d'administration qui est élu parmi les administrateurs.

Ces règles appellent deux remarques :

- si les statuts exigent que l'administrateur soit « propriétaire » d'actions, le nu-propriétaire ou l'usufruitier ne peuvent être nommés dirigeants;
- la question s'est posée de savoir si l'administrateur pouvait bénéficier d'un prêt de consommation portant sur des actions afin de lui permettre d'accéder à cette fonction. En effet, le prêt de consommation ne porte en principe que sur des choses se consommant par l'usage, en application de l'article 1892 du code civil. Toutefois, la jurisprudence a reconnu la validité du prêt de consommation portant sur des actions[3].

La loi réserve le cas de l'administrateur (ou membre du conseil de surveillance) qui, au jour de sa nomination, n'est pas propriétaire du nombre d'actions fixé par les statuts. Il dispose alors de six mois pour régulariser sa situation. À défaut, il est réputé démissionnaire d'office.

Remarque(s) *Cette solution est également valable pour l'administrateur ou le membre du conseil de surveillance qui ne détiendrait plus lesdites actions en cours de mandat.*

Contrôle. Il faut enfin souligner le fait que le commissaire aux comptes doit s'assurer du respect de ces dispositions[4].

B. Personne physique ou personne morale

11.26 La loi interdit aux personnes morales d'exercer certains mandats sociaux.

---

1. L. n° 2008-776, 4 août 2008, de modernisation de l'économie, JO 5 août, p. 12471.
2. Ces dispositions ne s'appliquent pas aux administrateurs et aux membres du conseil de surveillance nommés représentants des salariés actionnaires.
3. Civ., 8 mai 1950, JCP 1950, II, 5602 • Voir aussi Rép. min., n° 26594, JO Sénat, 26 oct. 2000, p. 3710, commentée par J.-P. Chazal et Y. Reinhard, « Réflexions sur le problème de la validité du prêt de consommation d'actions », RTD com. 2001, 147.
4. C. com., art. L. 225-26 et L. 225-73.

1. Fonctions ouvertes tant aux personnes physiques qu'aux personnes morales

Gérants de SNC et de sociétés en commandite. Les gérants des sociétés en nom collectif et des sociétés en commandite peuvent être des personnes physiques, mais également des personnes morales. Dans cette dernière hypothèse, les dirigeants de la personne morale gérante sont soumis aux mêmes conditions et obligations que s'ils étaient gérants personnellement. **11.27**

Administrateurs et membres du conseil de surveillance. Des personnes morales peuvent être également membres du conseil de surveillance et administrateurs de sociétés anonymes. La loi exige alors un représentant permanent, qui devra se conformer aux mêmes exigences que s'il était administrateur en son propre nom. **11.28**

La désignation du représentant permanent de la société qui a la qualité d'administrateur ou de membre du conseil de surveillance est effectuée par les représentants légaux de cette dernière. Il n'est pas forcément choisi parmi les organes de direction de cette personne morale.

Le représentant permanent est soumis aux règles relatives aux incapacités, interdictions, déchéances et incompatibilités (voir n°s 11.36 et s.). Il doit également respecter la même limite d'âge que les personnes physiques siégeant en leur nom au sein de ces conseils (voir n° 11.31).

En revanche, la loi n'exige pas qu'il soit titulaire d'actions en son nom propre.

Il convient de souligner le fait que si une personne morale peut être titulaire d'un nombre illimité de mandats d'administrateur, la loi NRE soumet en revanche son représentant, personne physique, aux règles restreignant le cumul des mandats (voir n° 11.60).

La désignation du représentant permanent doit être notifiée à la société. La révocation, la démission ou le décès du représentant permanent doivent être également notifiés et ce, par lettre recommandée en application de l'article R. 225-16 du code de commerce.

Il est enfin nécessaire de respecter les formalités de publicité relatives aux administrateurs (voir n° 12.30).

Dirigeants de sociétés par actions simplifiées. Les fonctions de président ou dirigeant d'une **société par actions simplifiée** sont ouvertes aux personnes morales. Les dirigeants de celle-ci sont alors soumis aux mêmes conditions et obligations que s'ils exercent eux-mêmes ces fonctions. **11.29**

Remarque(s) *Cet élément constitue une différence notable avec la société anonyme qui exclut qu'une personne morale puisse être président.*

2. Fonctions réservées aux personnes physiques

11.30 La loi exige que certaines fonctions soient exercées par des personnes physiques :
- gérant de société à responsabilité limitée;
- président du conseil d'administration;
- directeur général;
- directeur général délégué;
- membre du directoire;
- président du directoire.

C. Limites d'âge

11.31 **Des régimes distincts.** Les fondateurs des sociétés commerciales ont la liberté d'insérer dans les statuts une disposition tenant à la limite d'âge qu'ils souhaitent imposer à leurs dirigeants.

La loi ne prévoit en effet de limite d'âge qu'à **titre supplétif**, sauf en ce qui concerne le gérant de **SARL**, de **SNC** et de **société en commandite simple** ainsi que le dirigeant de **société par actions simplifiée** pour lesquels la loi ne contient aucune disposition sur ce point.

Ainsi, **le gérant de la société en commandite par actions**[1], le **président du conseil d'administration**[2], le **directeur général**, le **directeur général délégué**[3] et les **membres du directoire**[4] ne peuvent avoir plus de 65 ans, à défaut de disposition statutaire contraire.

Toute nomination en violation de cette règle est nulle et le dirigeant qui a atteint cet âge est réputé démissionnaire.

S'agissant des **membres du conseil d'administration** et du **conseil de surveillance**, le code de commerce dispose que les statuts doivent prévoir une limite d'âge s'appliquant à l'ensemble des membres ou à un pourcentage d'entre eux[5]. À défaut de disposition statutaire contraire, le nombre de membres ayant dépassé l'âge de 70 ans ne pourra être supérieur au tiers d'entre eux.

Là encore, toute nomination en méconnaissance de cette limite d'âge est nulle.

En revanche, il convient de souligner une spécificité propre au conseil d'administration et au conseil de surveillance. Les articles L. 225-19 et L. 225-70 du code de commerce disposent en effet, en l'absence de toute autre procédure prévue aux statuts, que c'est l'administrateur ou le membre du conseil de surveillance le plus âgé qui est réputé démissionnaire d'office.

1 C. com., art. L. 226-3.
2 C. com., art. L. 225-48.
3 C. com., art. L. 225-54.
4 C. com., art. L. 225-60.
5 C. com., art. L. 225-19 et L. 225-70.

IV. Conditions tenant à la volonté des associés

Si la loi impose certaines conditions d'accès aux fonctions de direction, les associés peuvent se montrer plus exigeants quant au choix du dirigeant. Ces conditions supplémentaires seront, soit contenues dans les statuts, soit convenues ultérieurement entre les associés. **11.32**

A. Compétence professionnelle du dirigeant

Les statuts peuvent imposer des conditions plus restrictives que celles posées par le code de commerce pour certains mandats sociaux. Ainsi, les statuts peuvent exiger que le dirigeant ait un âge minimum, soit titulaire d'un certain diplôme, ait acquis une certaine expérience professionnelle dans un domaine précis. Ces conditions permettent de s'assurer de la compétence professionnelle du futur dirigeant. **11.33**

Remarque(s) *Ces clauses statutaires sont valables dès lors qu'elles sont conformes à l'intérêt social et ne sont pas discriminatoires.*

B. Représentation des différents associés au sein des organes de direction

Clauses statutaires. Les statuts peuvent contenir une clause statutaire organisant la répartition des différents postes de direction entre les associés. **11.34**

Exemple(s) Cette clause pourra prévoir la répartition des sièges d'administrateurs entre les différents groupes d'actionnaires composant la société.

La jurisprudence admet la validité de ces clauses à la condition qu'elles n'entravent pas le libre droit de vote des actionnaires, notamment à l'occasion de la nomination, de la révocation des dirigeants ou du renouvellement de leurs mandats sociaux.

Les juges ne craignent pas d'écarter les clauses ayant pour but d'imposer aux actionnaires le choix d'une personne. Ainsi il a été jugé que « cette limitation ne saurait, sans violer la loi, aller au point de supprimer pratiquement la liberté des actionnaires de porter leur choix sur diverses personnes et de leur imposer en fait de voter pour un actionnaire déterminé, alors surtout que cette limitation ne se justifie nullement par l'intérêt qu'a la société elle-même à l'équilibre de représentation entre deux ou plusieurs groupes »[1].

11.35 **Conventions extra-statutaires.** Cette répartition des pouvoirs entre les différents associés peut également être décidée en cours de vie sociale par la signature de conventions extra-statutaires, communément appelées « pactes d'actionnaires ».

Exemple(s) Les associés peuvent ainsi convenir que la direction de la société sera assurée en alternance par un représentant de chaque groupe d'actionnaires.

Ces pactes sont valables dès lors que l'intérêt social est protégé[2].

V. Interdictions et déchéances

11.36 Dans le souci constant de moraliser, voire d'« assainir » la vie des affaires, le législateur a édicté, au fil des ans, des interdictions et déchéances frappant les dirigeants qui se rendent coupables de certaines infractions pénales ou fautes graves de gestion.

La méconnaissance de ces interdictions est sévèrement punie, mais l'intéressé peut demander à bénéficier d'un relèvement.

A. Cas d'interdictions et de déchéances

11.37 Il convient de distinguer les cas donnant lieu à une interdiction d'exercer une profession industrielle ou commerciale suite à une condamnation pénale, des cas où une telle interdiction est prononcée dans le cadre d'une procédure collective.

1. Interdictions prononcées à titre de peine complémentaire

11.38 Certaines infractions pénales, comme l'escroquerie ou l'abus de confiance, peuvent être sanctionnées par l'interdiction d'exercer une profession commerciale ou industrielle, de diriger, d'administrer, de gérer ou de contrôler à un titre quelconque, directement ou indirectement, pour son propre compte ou pour le compte d'autrui, une entreprise commerciale ou industrielle ou une société commerciale, suivant les modalités prévues à l'article 131-27 du code pénal.

Sous l'empire du droit antérieur, cette interdiction prenait effet « de plein droit »[3]. Depuis la loi du 4 août 2008[4], il s'agit d'une peine complémentaire[5]. Son prononcé est donc facultatif pour le juge.

---

1. CA Douai, 24 mai 1962, JCP 1962, II, 12871, note D. Bastian • Dans le même sens, T. com. Paris, 1er août 1974.
2. Com. 19 déc. 1983, no 82-12.179, D. 1985, IR 136, obs. J.-C. Bousquet.
3. C. com., anc. art. L. 128-1.
4. L'article 70 de la loi no 2008-776 du 4 août 2008 de modernisation de l'économie (JO 5 août, p. 12471) a abrogé les articles L. 128-1 et suivants du code de commerce et a intégré dans le code pénal les dispositions relatives à l'interdiction d'exercer une profession commerciale ou industrielle.
5. C. pén., art. 313-7, pour l'escroquerie.

2. Interdictions prononcées dans le cadre d'une procédure collective

Principe. Le dirigeant d'une société commerciale à l'encontre de laquelle une procédure collective est ouverte peut se voir interdire de diriger, gérer, administrer toute personne morale ayant une activité économique. **11.39**

Cette interdiction peut résulter du prononcé d'une mesure de faillite personnelle. Elle peut aussi constituer, à elle seule, une sanction personnelle.

Faillite personnelle. Aux termes de l'article L. 653-2 du code de commerce, issu de la loi du 26 juillet 2005[1], la faillite personnelle emporte interdiction de diriger, gérer, administrer ou contrôler, directement ou indirectement, toute entreprise commerciale ayant une activité économique. **11.40**

La faillite personnelle peut être prononcée par le tribunal dans les hypothèses prévues aux articles L. 653-3 à L. 653-6 du code de commerce[2], notamment lorsque le dirigeant a poursuivi abusivement une exploitation déficitaire qui ne pouvait conduire qu'à la cessation des paiements.

En cas de banqueroute, le juge peut également mettre le dirigeant en faillite personnelle, en application de l'article L. 654-6 du code de commerce.

Remarque(s) *Sur ces mesures, voir nos 46.37 et s.*

Interdiction de diriger une société. Une mesure d'interdiction de diriger, gérer, administrer ou contrôler directement ou indirectement une personne morale peut être prononcée par le tribunal à la place d'une mesure de faillite personnelle, conformément à l'article L. 653-8 du code de commerce[3]. **11.41**

Remarque(s) *Sur l'interdiction de diriger, voir no 46.46.*

B. Sanctions et relèvement

La personne qui, en dépit de l'interdiction de gérer ayant été prononcée à son encontre, resterait ou deviendrait dirigeant de société, s'expose à certaines sanctions. Elle peut toutefois, dans certaines conditions, obtenir un relèvement de cette interdiction. **11.42**

1. Sanctions

Évolution. Sous l'empire du droit antérieur la personne qui exerçait une activité commerciale malgré l'interdiction encourait une peine de cinq ans d'emprisonnement et une amende de 375 000 euros. **11.43**

---

1. L. no 2005-845, 26 juill. 2005, loi de sauvegarde des entreprises, JO 27 juill., p. 12187.
2. Ces dispositions sont issues de la loi, préc., du 26 juill. 2005 de sauvegarde des entreprises et de l'ordonnance no 2008-1345 du 18 déc. 2008 portant réforme du droit des entreprises en difficulté, JO 19 déc., p. 19462.
3. Disposition issue de l'ord. du 18 déc. 2008, préc.

L'article L. 128-5 du code de commerce ayant été abrogé par la loi du 4 août 2008[1], le dirigeant n'encourt plus de sanction pénale, sauf si l'interdiction a été prononcée à titre de sanction personnelle dans le cadre d'une procédure collective. Dans ce cas, le fait de diriger ou d'administrer une société en violation d'une mesure de faillite personnelle ou d'une interdiction prononcée à titre de sanction personnelle dans le cadre d'une procédure collective, est puni d'un emprisonnement de deux ans et d'une amende de 375 000 euros[2].

L'adoucissement des sanctions à l'encontre des dirigeants se manifeste également par la suppression de l'article L. 144-3, alinéa 2, du code de commerce par l'ordonnance du 25 mars 2004[3], qui prévoyait que la personne condamnée ne pouvait donner son fonds en location-gérance.

11.44 **Contrôle.** Pour assurer le contrôle des « mesures d'incapacité ou d'interdiction d'exercer une activité commerciale ou professionnelle, de gérer, d'administrer ou de diriger une personne morale résultant d'une décision juridictionnelle passée en force de chose jugée ou d'une décision administrative définitive », l'article R. 123-124 du code de commerce prévoit de mentionner d'office ces mesures au registre du commerce.

Remarque(s) *Les actes conclus par le dirigeant en méconnaissance de ces interdictions restent valables[4].*

2. Durée de l'interdiction

11.45 L'interdiction d'exercer une profession commerciale ou industrielle, de diriger, d'administrer, de gérer ou de contrôler une entreprise commerciale ou industrielle ou une société commerciale, prononcée à titre de peine complémentaire, est soit définitive, soit temporaire. Dans ce dernier cas, elle ne peut excéder une durée de dix ans.

Remarque(s) *Pour les interdictions prononcées à titre de sanction personnelle à l'occasion d'une procédure collective, voir nos 46.37 et s.*

3. Relèvement de l'interdiction

11.46 **Interdiction prononcée à titre de peine par le juge répressif.** Toute personne frappée d'une interdiction de diriger, gérer ou administrer une société, résultant de plein droit d'une condamnation pénale ou prononcée dans le jugement de condamnation à titre de peine complémentaire, peut demander à la juridiction qui a prononcé la condamnation de la relever, en tout ou en partie, de cette interdiction[5].

Sauf lorsqu'il s'agit d'une mesure résultant de plein droit d'une condamnation pénale, la demande ne peut être portée devant la juridiction compétente qu'à l'issue d'un délai de six mois après la décision initiale de condamnation.

1. L. n° 2008-776, 4 août 2008, modernisation de l'économie, JO 5 août, p. 12471.
2. C. com., art. L. 654-15.
3. Ord. n° 2004-274, 25 mars 2004, portant simplification du droit et des formalités pour les entreprises, JO 27 mars, p. 5871.
4. CA Paris, 24 nov. 1972, JCP 1973, IV, p. 134.
5. C. pr. pén., art. 702-1.

Interdiction prononcée à titre de sanction personnelle par le juge de la procédure collective. Le jugement de clôture pour extinction du passif rétablit les dirigeants de la personne morale dans tous leurs droits et les relève de toutes les interdictions et déchéances. 11.47

Il est également possible que le tribunal prononce ce relèvement, qui peut être total ou partiel, si le dirigeant a apporté une contribution suffisante au paiement du passif[1].

Lorsqu'il a fait l'objet de l'interdiction prévue à l'article L. 653-8 du code de commerce, l'intéressé peut en être relevé s'il présente toutes garanties démontrant sa capacité à diriger ou contrôler l'une ou plusieurs des entreprises ou personnes visées au même article[2].

VI. Incompatibilités

Certaines personnes ne peuvent exercer de mandats sociaux en raison de leurs activités professionnelles, gouvernementales ou parlementaires. 11.48

En outre, certaines fonctions sont incompatibles au sein d'une même société.

A. Incompatibilités professionnelles

1. Avocats

Une activité réglementée. La profession d'avocat est une activité réglementée soumise à des règles déontologiques strictes destinées à en préserver l'indépendance. Le décret du 27 novembre 1991 organisant la profession d'avocat[3] prévoit certaines incompatibilités. 11.49

Distinctions. Les avocats ne peuvent être associés de SNC, de sociétés en commandite simple ou par actions, gérant de SARL, président du conseil d'administration, membre du directoire ou directeur général d'une société anonyme sauf à ce que la société ait pour objet la gestion d'intérêts familiaux ou professionnels[4].

L'avocat présentant moins de sept années d'exercice d'une profession juridique réglementée doit solliciter une dispense préalable auprès de son barreau pour être nommé administrateur ou membre du conseil de surveillance d'une société anonyme[5].

L'avocat élu à ces fonctions doit, en outre, en aviser le Conseil de l'Ordre dans un délai de quinze jours. Si ces fonctions sont considérées comme contraire au principe de dignité gouvernant cette profession, le Conseil de l'Ordre peut demander à l'avocat de s'en démettre.

---

1. C. pr. pén., art. 702-1, al. 2.
2. C. com., art. L. 653-11 (réd. Ord. n° 2008-1345, 18 déc. 2008, portant réforme du droit des entreprises en difficulté, JO 19 déc., p. 19462).
3. Décr. n° 91-1197, 27 nov. 1991, organisant la profession d'avocat, JO 28 nov., p. 15502.
4. Décr. n° 91-1197, 27 nov. 1991, art. 111.
5. Décr. n° 91-1197, 27 nov. 1991, art. 112.

Remarque(s) *La violation de ces dispositions n'entraîne pas à elle seule l'annulation des actes accomplis par l'intéressé*[1].

2. Notaires

11.50 **Interdiction de principe.** Le statut du notariat est gouverné par des règles de discipline strictes, dont certaines concernent précisément la compatibilité entre la fonction de notaire et de dirigeant de sociétés commerciales.

Il est interdit aux notaires de s'immiscer, soit par eux-mêmes, soit par personne interposée, soit directement, soit indirectement dans l'administration d'aucune société[2].

Exception. Ce principe connaît une exception, puisqu'un notaire peut être administrateur ou membre du conseil de surveillance d'une société par actions. Il devra alors en informer le procureur de la République et le président de la Chambre des notaires dans les quinze jours. Mais il ne pourra recevoir les actes de cette société.

En application de l'article 13 du décret du 19 décembre 1945, il est interdit aux notaires de s'immiscer dans l'administration d'aucune société ou entreprise de commerce ou d'industrie. La dérogation à cette disposition, prévue à l'article 13-1 du même décret, qui autorise un notaire à être administrateur ou membre du conseil de surveillance d'une société par actions, ne s'étend pas aux fonctions de président du conseil d'administration[3].

Le notaire qui exerce des fonctions de président du conseil d'administration en méconnaissance de l'interdiction qui lui en est pourtant faite, encourt en cas de procédure collective, la sanction de faillite personnelle[4].

La violation des articles 13 à 14 du décret du 19 décembre 1945 est sans influence sur la validité des obligations[5].

3. Commissaires aux comptes

11.51 Les commissaires aux comptes peuvent être dirigeants de sociétés, sous réserve des incompatibilités spéciales et interdictions temporaires prévues aux articles L. 822-12 et L. 822-13 du code de commerce.

4. Personnel des établissements de crédit et des entreprises d'investissement

11.52 Les articles R. 511-2 et R. 533-10 du code monétaire et financier interdisent aux membres du personnel d'un établissement de crédit ou d'une entreprise d'investissement ayant reçu le pouvoir de signer pour le compte de cet établissement ou de

---

1. Crim. 22 avr. 1977, Bull. crim. n° 127.
2. Décr. n° 45-117, 19 déc. 1945, art. 13.
3. Com. 10 oct. 1995, n° 91-21.748, Bull. civ. IV, n° 226; D. 1995, IR 244; D. Affaires 1995, 162.
4. Com. 10 oct. 1995, n° 91-21.748, Bull. civ. IV, n° 226; D. 1995, IR 244; D. Affaires 1995, 162 • Voir nos 46.37 et s.
5. Civ. 1re, 7 avr. 1999, n° 97-11.513, NP.

cette entreprise, sauf autorisation de la direction générale, d'exercer des fonctions d'administration, de gestion ou de direction dans une société commerciale.

5. Fonctionnaires

Interdiction d'exercer une activité privée lucrative. L'article 25 de la loi du 13 juillet 1983[1] dispose que les fonctionnaires doivent consacrer l'intégralité de leur activité professionnelle aux tâches qui leur sont confiées, et ne peuvent exercer à titre professionnel une activité privée lucrative de quelque nature que ce soit. 11.53

La loi du 2 février 2007[2] a précisé qu'est en principe interdite, même si elle est à but non lucratif, « la participation aux organes de direction de sociétés ou d'associations ne satisfaisant pas aux conditions fixées au b du 1° du 7 de l'article 261 du code général des impôts », c'est-à-dire les sociétés ou associations ne correspondant pas à des « œuvres sans but lucratif qui présentent un caractère social ou philanthropique et dont la gestion est désintéressée ». Le législateur a ainsi confirmé la jurisprudence du Conseil d'État, qui avait jugé incompatible avec le statut de fonctionnaire l'exercice de mandats de direction ou de gestion de sociétés commerciales, peu important le caractère gratuit ou rémunéré du mandat[3].

En revanche, la preuve de ce qu'une société commerciale par la forme poursuit en réalité un objet désintéressé, permettrait d'échapper à l'interdiction édictée par l'article 25 susvisé[4].

Remarque(s) *La méconnaissance de cette interdiction n'affecte pas la validité d'une délibération du conseil d'administration*[5].

Exceptions. Le principe d'interdiction d'exercice d'un mandat social par un fonctionnaire comporte certaines exceptions. 11.54

Il est ainsi permis à un fonctionnaire de **créer ou de reprendre une entreprise**, après déclaration à l'autorité dont il relève pour l'exercice de ses fonctions. Cette dérogation est ouverte pendant une durée d'un an à compter de cette création ou reprise[6].

Par ailleurs, un **dirigeant de société, devenu fonctionnaire**, peut continuer à exercer son activité privée, après déclaration. Cette dérogation est ouverte pendant une durée d'un an à compter du recrutement de l'intéressé[7].

En outre, les agents publics, ainsi que ceux dont le contrat est soumis aux dispositions du code du travail[8], occupant un **emploi à temps non complet ou exerçant des fonctions impliquant un service à temps incomplet** pour lesquels la durée du travail est inférieure à la moitié de la durée légale ou réglementaire du travail des agents publics à temps complet, peuvent exercer, à titre professionnel, une activité

1. L. n° 83-634, portant droits et obligations des fonctionnaires, *in* Code de la fonction publique Dalloz.
2. L. n° 2007-148, 2 févr. 2007, de modernisation de la fonction publique, JO 6 févr., p. 2160.
3. CE 3 nov. 1999, Marajo, req. n° 185474 • R. Chapus, Droit administratif général, tome II, 15e éd., Montchrestien, n° 330.
4. Voir, dans ce sens, CE 3 nov. 1999, Marajo, préc.
5. CA Versailles, 26 oct. 1989, Dr. sociétés 1991, n° 25.
6. L. n° 83-634 du 13 juill. 1983, art. 25, II, 1°.
7. L. n° 83-634 du 13 juill. 1983, art. 25, II, 2°.
8. L. n° 2000-321, 12 avr. 2000, relative aux droits des citoyens dans leurs relations avec les administrations, art. 34 et 35, JO 13 avr., p. 5646.

privée lucrative, dès lors que cette activité s'exerce dans des conditions compatibles avec leurs obligations de service et sous réserve qu'elle ne porte pas atteinte au fonctionnement normal, à l'indépendance ou à la neutralité du service. Ils doivent en informer préalablement par écrit l'autorité dont ils relèvent[1].

Enfin, il est permis aux fonctionnaires civils des services publics et entreprises publiques d'exercer, à titre personnel, des mandats d'administrateur ou de membre du conseil de surveillance d'une société anonyme, afin de **favoriser la diffusion des résultats de la recherche publique**. Leur participation dans le capital social de l'entreprise ne peut excéder 20 % de celui-ci. Ils ne peuvent percevoir de l'entreprise d'autres rémunérations que celles prévues aux articles L. 225-45 et L. 225-83 du code de commerce, dans la limite d'un plafond fixé par décret[2].

B. Incompatibilités liées à l'exercice de certaines fonctions publiques

11.55 Ces incompatibilités concernent les membres du gouvernement et les parlementaires.

Remarque(s) *Seules ces fonctions publiques font l'objet de dispositions restrictives. Un mandat local de maire, conseiller municipal, conseiller régional, etc., n'est donc pas incompatible avec un mandat social.*

1. Membres du gouvernement

11.56 En vertu de l'article 23 de la Constitution, les fonctions de membres du gouvernement sont incompatibles avec toute activité professionnelle. Il en résulte qu'ils ne sauraient occuper aucune fonction de dirigeant de société.

L'incompatibilité prend effet à l'expiration d'un délai d'un mois à compter de l'entrée au gouvernement, à moins que celui-ci ait été démissionnaire entre-temps[3]. À la cessation de ses fonctions de membre du gouvernement, l'intéressé reste soumis à cette incompatibilité pendant encore six mois, à moins qu'il ne reprenne son ancienne activité professionnelle[4].

2. Parlementaires

11.57 **Entreprises nationales et établissements publics nationaux.** Aux termes des articles LO 145 et LO 297 du code électoral, les mandats de député et de sénateur sont incompatibles avec les fonctions de président, de membre du conseil d'administration, de directeur général ou de directeur général adjoint, exercées dans les entreprises nationales et les établissements publics nationaux. Cette incompatibilité ne

---

1. L. nº 83-634 du 13 juill. 1983, art. 25, IV • Décr. nº 2007-658, 2 mai 2007, relatif au cumul d'activités des fonctionnaires, des agents non titulaires de droit public et des ouvriers des établissements industriels de l'État, art. 15, JO 3 mai.
2. C. rech., art. L. 413-12.
3. Ord. nº 58-1099, 17 nov. 1958, art. 1er.
4. Ord. préc., 17 nov. 1958, art. 6.

s'applique pas si le parlementaire est désigné en cette qualité, ou du fait d'un mandat électoral local, comme président ou membre du conseil d'administration de ces entreprises et établissements nationaux.

Autres entreprises. L'article LO 146 du code électoral ajoute que le mandat parlementaire est incompatible avec les fonctions de chef d'entreprise, de président de conseil d'administration, de président et de membre de directoire, de président de conseil de surveillance, d'administrateur-délégué, de directeur général, de directeur général adjoint ou gérant dans les sociétés suivantes :

- les sociétés, entreprises ou établissements jouissant, sous forme de garantie d'intérêts, de subventions ou, sous une forme équivalente, d'avantages assurés par l'État ou par une collectivité publique, sauf dans le cas où ces avantages découlent de l'application automatique d'une législation générale ou d'une réglementation générale;
- les sociétés ayant exclusivement un objet financier et faisant publiquement appel à l'épargne, ainsi que les sociétés civiles autorisées à faire publiquement appel à l'épargne et les organes de direction, d'administration ou de gestion de ces sociétés;
- les sociétés ou entreprises dont l'activité consiste principalement dans l'exécution de travaux, la prestation de fournitures ou de services pour le compte ou sous le contrôle de l'État, d'une collectivité ou d'un établissement public ou d'une entreprise nationale ou d'un État étranger;
- les sociétés ou entreprises à but lucratif dont l'objet est l'achat ou la vente de terrains destinés à des constructions, quelle que soit leur nature, ou qui exercent une activité de promotion immobilière ou, à titre habituel, de construction d'immeubles en vue de leur vente;
- les sociétés dont plus de la moitié du capital est constituée par des participations des sociétés, entreprises ou établissements susvisés.

Ces règles sont applicables à toute personne qui, directement ou par personne interposée, exerce en fait la direction de l'un des établissements, sociétés ou entreprises précités.

Enfin, l'article LO 147 du code électoral interdit à tout député ou sénateur d'accepter, en cours de mandat, une fonction de membre du conseil d'administration dans l'un de ces établissements, sociétés ou entreprises.

Membre du conseil de surveillance. Il faut observer que la loi organique n° 95-63 du 19 janvier 1995 est venue abroger cette interdiction concernant les fonctions de membre du conseil de surveillance.

> *Le Conseil constitutionnel a d'ailleurs précisé que le mandat de membre du conseil de surveillance d'une société, qui n'implique aucune fonction de direction ni de gestion, n'est pas incompatible avec l'exercice du mandat de parlementaire*[1].

---

1. Cons. const., 14 sept. 1995, JCP 1995, II, n° 22513, note Nguyen Van Tuong.

C. Incompatibilités spécifiques à certains types de sociétés

11.58 **Commanditaire au sein des sociétés en commandite par actions et simple.** Le commanditaire au sein des sociétés en commandite par actions et simple ne peut pas être gérant[1]. C'est la seule hypothèse dans laquelle les fonctions de direction sont interdites à un associé. Cette règle se justifie par le fait qu'il est interdit au commanditaire de s'immiscer dans la gestion de la société.

11.59 **Membre du conseil de surveillance.** Aucun membre du conseil de surveillance ne peut faire partie du directoire. Cette interdiction résulte des pouvoirs de contrôle devant être assurés par le conseil de surveillance[2]. L'article R. 225-37 du code de commerce précise d'ailleurs que « si un membre du conseil de surveillance est nommé au directoire, son mandat au conseil prend fin dès son entrée en fonction ».

VII. Cumul des mandats

11.60 Une même personne peut détenir simultanément plusieurs mandats sociaux, en principe sans restriction. Il existe toutefois une réglementation particulière tendant à limiter le cumul des mandats dans les sociétés anonymes.

A. Sociétés autres que les SA

11.61 **Principe de liberté du cumul.** Dans les sociétés commerciales autres que les SA, le cumul est théoriquement sans limite.

Exemple(s) Il est donc possible d'assumer en même temps plusieurs gérances de SARL.

Cependant, le dirigeant de plusieurs sociétés doit être en mesure d'exercer pleinement ses mandats, dans chacune d'elles. Son indisponibilité, corrélative à un cumul excessif de fonctions, serait considérée comme une faute, et pourrait engager sa responsabilité.

A ainsi engagé sa responsabilité le gérant d'une SARL dont l'absence de contrôle avait permis un véritable pillage de la société par un cogérant, la division dans la gestion ne le dispensant pas d'exercer sa surveillance sur la situation et le crédit de l'affaire[3].

1. C. com., art. L. 222-6.
2. C. com., art. L. 225-68.
3. Com. 9 déc. 1957, Bull. civ. III, n° 338.

Remarque(s) En pratique, le cumul de mandats ne doit donc pas affecter la disponibilité du dirigeant (limitation de l'éloignement géographique, partage du temps entre les structures, etc.).

Aménagements statutaires. La liberté de principe du cumul peut être restreinte par l'insertion d'une clause dans les statuts limitant expressément le nombre de mandats confiés à une même personne, voire interdisant tout cumul. **11.62**

Cette interdiction peut aussi résulter implicitement des statuts, qui exigeraient une totale disponibilité du dirigeant pour l'exercice de ses fonctions. Il est également possible de soumettre l'exercice par le dirigeant de tout autre mandat social à l'acceptation des associés.

B. Règles particulières aux SA

1. Limitations imposées

Le code de commerce prévoit des limitations particulières à chaque type de mandat. Mais il fixe également une limite d'ensemble à la détention de mandats, tous types confondus. **11.63**

Ces règles de cumul ont été spécialement aménagées dans certains domaines d'activité.

a. Limitations particulières à chaque type de mandat

Une distinction s'opère entre, d'une part, les mandats de direction (directeur général, membre du directoire ou directeur général unique), et d'autre part, les mandats de gestion ou de surveillance (administrateurs ou membres du conseil de surveillance). **11.64**

1. Mandats de direction

Principe. Une même personne physique ne peut exercer qu'un seul mandat de directeur général, de membre du directoire ou de directeur général unique d'une société anonyme[1]. **11.65**

Cette restriction est applicable sur l'ensemble du « territoire français » (et non plus, comme dans l'état du droit antérieur à la loi NRE, sur la seule « France métropolitaine »). Il faut donc tenir compte des mandats détenus dans les sociétés anonymes ayant leur siège dans les départements et territoires d'outre-mer, en Nouvelle-Calédonie ou dans les collectivités territoriales de Mayotte et de Saint-Pierre-et-Miquelon.

1. C. com., art. L. 225-54-1, al. 1er et L. 225-67, al. 1er.

11.66 **Dérogation de groupe.** Une personne physique exerçant un mandat de direction dans une société peut exercer un second mandat du même type dans une société contrôlée, cotée ou non[1].

La notion de contrôle est entendue ici « au sens de l'article L. 233-16 du code de commerce ». La dérogation s'applique donc au mandat détenu dans une société faisant l'objet d'un contrôle exclusif ou conjoint, au sens des règles relatives à la consolidation des comptes. Il convient de rappeler, à cet égard, qu'aux termes de l'article L. 233-16 du code de commerce :

> *« II. Le contrôle exclusif par une société résulte :*
>
> *1. Soit de la détention directe ou indirecte de la majorité des droits de vote dans une autre entreprise ;*
>
> *2. Soit de la désignation, pendant deux exercices successifs, de la majorité des membres des organes d'administration, de direction ou de surveillance d'une autre entreprise. La société consolidante est présumée avoir effectué cette désignation lorsqu'elle a disposé au cours de cette période, directement ou indirectement, d'une fraction supérieure à 40 % des droits de vote, et qu'aucun autre associé ou actionnaire ne détenait, directement ou indirectement, une fraction supérieure à la sienne ;*
>
> *3. Soit du droit d'exercer une influence dominante sur une entreprise en vertu d'un contrat ou de clauses statutaires, lorsque le droit applicable le permet.*
>
> *III. Le contrôle conjoint est le partage du contrôle d'une entreprise exploitée en commun par un nombre limité d'associés ou d'actionnaires, de sorte que les décisions résultent de leur accord ».*

Pour que s'applique la dérogation de groupe, il n'est pas nécessaire que le mandat de direction exercé dans la filiale soit strictement identique à celui détenu dans la société mère.

Exemple(s) Ainsi, le directeur général d'une société mère peut exercer un mandat de membre du directoire ou de directeur général unique dans une société contrôlée.

11.67 **Dérogation horizontale.** La loi du 29 octobre 2002 a créé une seconde dérogation, à l'effet de « favoriser des synergies horizontales » entre PME[2]. Comme la notion de PME est difficile à cerner au plan juridique, le législateur a réservé le bénéfice de cette dérogation aux sociétés dont les titres ne sont pas admis aux négociations sur un marché réglementé.

Ainsi, une personne physique exerçant un mandat de direction dans une société non cotée, peut également exercer un mandat du même type dans une autre société non cotée[3].

---

1. C. com., art. L. 225-54-1, al. 3, et art. L. 225-67, al. 3.
2. C. Malelecki, « Cumul des mandats : la réforme de la loi NRE », D. 2002, chron. 3066.
3. C. com., art. L. 225-54-1, al. 4, art. L. 225-67, al. 4.

Caractère cumulatif des dérogations. Ces deux dérogations sont cumulatives et non exclusives. Une même personne physique peut donc cumuler au maximum trois mandats de direction, si elle remplit les conditions pour bénéficier de chacune des deux dérogations prévues par le code de commerce. 11.68

Exemple(s) Ainsi, le président du directoire d'une société anonyme non cotée peut exercer un deuxième mandat de direction au sein d'une société contrôlée, cotée ou non, et peut encore détenir un troisième mandat de direction dans une autre société, à condition que celle-ci ne soit pas cotée. En revanche, le bénéfice de cette seconde dérogation est exclu si la première société est cotée.

2. Mandats de gestion ou de surveillance

Principe. En principe, une même personne physique ne peut détenir simultanément plus de cinq mandats d'administrateur ou de membre du conseil de surveillance de sociétés anonymes ayant leur siège sur le territoire français[1]. 11.69

Remarque(s) *Il convient d'observer que les **personnes morales** ne sont pas concernées par ces restrictions, et peuvent donc exercer un nombre illimité de mandats d'administrateur; mais leurs représentants permanents, personnes physiques, sont soumis aux règles de cumul.*

Dérogation verticale (groupes). Pour l'application des règles de cumul, ne sont pas pris en compte les mandats d'administrateur ou de membre du conseil de surveillance exercés par une personne dans une société, cotée ou non, dès lors que cette société est contrôlée, au sens de l'article L. 233-16 du code de commerce, par une société dont la même personne est administrateur ou membre du conseil de surveillance[2]. 11.70

Une même personne peut donc cumuler simultanément, sans restriction, des mandats d'administrateur ou de membre du conseil surveillance dans des sociétés contrôlées, cotées ou non, dès lors qu'elle détient l'un de ces mandats dans la société mère.

Par ailleurs, le code de commerce précise que cette dérogation s'applique au mandat de président du conseil d'administration.

Dérogation horizontale (groupes). Une autre dérogation est prévue au sein de groupes composés de sociétés sœurs (rattachées à une société mère suivant une organisation dite « en râteau »). 11.71

À cet égard, la loi prévoit que les mandats d'administrateur ou de membre du conseil de surveillance exercés dans des sociétés non cotées, contrôlées par une même société, ne comptent que pour un seul mandat, sous réserve que le nombre de mandats détenus à ce titre n'excède pas cinq.

---

1. C. com., art. L. 225-21, al. 1er et L. 225-77, al. 1er.
2. C. com., art. L. 225-21 et 225-77, al. 2.

Pour l'application de cette dérogation, il n'est pas nécessaire que l'intéressé détienne un mandat d'administrateur ou de membre du conseil de surveillance dans la société mère (contrairement à l'hypothèse de la première dérogation susvisée). En revanche, les sociétés sœurs ne doivent pas être cotées.

Exemple(s) Ainsi, l'administrateur ou le membre du conseil de surveillance d'une société mère peut cumuler sans restriction des mandats d'administrateur ou de membre du conseil de surveillance de filiales sœurs, cotées ou non. La personne qui n'est pas administrateur ou membre du conseil de surveillance de la société mère peut cumuler cinq mandats d'administrateur ou de membre du conseil de surveillance de sociétés sœurs non cotées (qui ne comptent, dès lors, que pour un seul mandat), et encore quatre autres mandats.

La règle selon laquelle les mandats détenus dans des sociétés sœurs non cotées comptent pour un « sous réserve que le nombre de mandats détenus à ce titre n'excède pas cinq » laisse entendre que, en toute hypothèse, une même personne ne saurait détenir simultanément que cinq mandats de sociétés sœurs appartenant à un même groupe. Elle pourrait, certes, encore exercer quatre autres mandats, mais dans des sociétés extérieures à ce groupe.

Exemple(s) Une même personne est donc susceptible de cumuler, au maximum, cinq fois cinq mandats d'administrateur ou de membre du conseil de surveillance de sociétés sœurs non cotées appartenant à cinq groupes distincts, si cette personne n'est administrateur ou membre du conseil de surveillance d'aucune société mère.

b. Limitation globale du cumul des mandats

11.72 Sans préjudice des dispositions particulières susvisées, l'article L. 225-94-1 du code de commerce restreint globalement les possibilités de cumul des mandats sociaux, tous types confondus.

Une même personne physique ne saurait ainsi exercer simultanément plus de cinq mandats de directeur général, de membre du directoire, de directeur général unique, d'administrateur ou de membre du conseil de surveillance de sociétés anonymes ayant leur siège sur le territoire français.

Pour l'application de cette règle, l'exercice de la direction générale par un administrateur est décompté pour un seul mandat.

Par ailleurs, ne sont pas pris en compte les mandats d'administrateur ou de membre de conseil de surveillance dans les sociétés contrôlées au sens de l'article L. 233-16 du code de commerce.

c. Dérogations particulières à certaines sociétés

11.73 Les règles de cumul ont été spécialement aménagées à l'égard de certaines sociétés, en raison de la spécificité de leurs activités.

Ainsi, ne sont pas pris en compte, pour l'application de ces règles :

– les mandats de président, de directeur général, de directeur général unique, de membre du directoire ou d'administrateur d'une société d'économie mixte locale, exercés par un représentant d'une collectivité territoriale ou d'un groupement de collectivités territoriales[1] ;
– les mandats de représentant permanent d'une société de capital-risque mentionnée à l'article 1er de la loi nº 85-695 du 11 juillet 1985, d'une société financière d'innovation mentionnée au III, B, de l'article 4 de la loi nº 72-650 du 11 juillet 1972, ou d'une société de gestion habilitée à gérer les organismes de placement collectif en valeurs mobilières à règles d'investissement allégées, les fonds communs de placement à risque et les fonds communs de placement dans l'innovation[2] ;
– les mandats de directeur général, de membre du directoire ou de directeur général unique exercés au sein d'une société d'investissement à capital variable (SICAV), ainsi que les mandats de représentant permanent d'une personne morale au conseil d'administration ou de surveillance d'une SICAV[3].

Par ailleurs, il est prévu :

– qu'une même personne physique peut exercer simultanément cinq mandats de directeur général, de membre du directoire ou de directeur général unique de SICAV ayant leur siège sur le territoire français[4] ;
– que les mandats sociaux détenus au sein d'un organe central au sens de l'article L. 511-30 du code monétaire et financier (Crédit agricole SA, Banque fédérale des banques populaires…) ou des établissements qui lui sont affiliés ne sont décomptés que pour un seul mandat[5] ;
– que les mandats d'administrateur d'une société anonyme appartenant à un groupe d'assurance contrôlé, au sens du 1° de l'article L. 334-2 du code des assurances, par une société d'assurance mutuelle ou une société de réassurance mutuelle comptent pour un seul mandat[6].

2. Sanction des règles de cumul

Principe. Une personne peut se trouver en infraction avec les règles de cumul, soit parce qu'elle a été investie d'un nouveau mandat excédant la limite légale, soit parce que l'une des conditions qui lui permettait de bénéficier d'une dérogation a disparu (par exemple, en cas de perte de contrôle d'une société). 11.74

Démission. Dans les trois mois suivant l'un de ces événements, la personne concernée doit se démettre du ou des mandats qui la mettent en situation irrégulière.

À défaut, elle est réputée s'en être démise, et doit restituer les rémunérations de toutes natures perçues au titre des mandats en cause.

La validité des délibérations auxquelles elle a pris part n'est pas affectée.

1. C. com., art. L. 225-95-1.
2. C. com., art. L. 225-95-1.
3. C. mon. fin., art. L. 214-17, 4° et 4° *bis*.
4. C. mon. fin., art. L. 214-17, 4°.
5. C. mon. fin., art. L. 511-31.
6. C. assur., art. L. 322-4-2.

Remarque(s) *Il convient de souligner l'existence d'un* ***régime transitoire*** *tenant aux modifications législatives en la matière.*

La loi NRE avait imposé aux dirigeants de sociétés anonymes de se mettre en conformité avec les nouvelles règles de cumul avant le 17 novembre 2002, mais cette date a été reportée au 30 décembre 2002 par la loi n° 2002-1303 du 29 octobre 2002.

Les personnes qui n'ont pas respecté ce dernier délai sont réputées démissionnaires de tous leurs mandats.

3. Obligation d'information

11.75 Afin de permettre le contrôle du respect des règles de cumul, l'article L. 225-102-1 du code de commerce oblige de faire figurer, dans le rapport annuel présenté par le conseil d'administration ou le directoire à l'assemblée générale ordinaire des actionnaires, la liste de l'ensemble des mandats et fonctions exercés durant l'exercice par chacun des mandataires sociaux « dans toute société ».

CHAPITRE 12

Nomination et formalités

12

La désignation du dirigeant est soumise à une procédure distincte dans chaque société qui est, soit instaurée par les associés lors de l'élaboration des statuts, soit imposée par la loi. En tout état de cause, toute nomination de dirigeant (ou cessation de fonctions) doit faire l'objet de mesures de publicité. **12.11**

I. Modalités de désignation

Distinctions. La société anonyme est la forme sociale la plus réglementée. Les autres sociétés offrent plus de liberté aux associés dans l'organisation de la direction de leur société (gérance collective ou non dans les SARL et dans les sociétés de personnes, direction collégiale ou non dans les SAS). **12.12**

A. Pluralité ou non de dirigeants

La direction des sociétés commerciales est assurée par un ou plusieurs organes, selon la forme de la société. **12.13**

1. Liberté statutaire quant au choix du mode de direction

Des régimes multiples. La gérance des **SARL**, des **SNC**, des **sociétés en commandite simple** et **par actions** peut être assurée par un ou plusieurs gérants. **12.14**

On rappellera en effet le principe inscrit à l'article L. 221-3 du code de commerce selon lequel tous les associés de SNC sont gérants, sauf clause statutaire contraire pouvant désigner un ou plusieurs gérants.

La même liberté statutaire est offerte dans le cadre de la SARL qui peut être gérée, aux termes de l'article L. 223-18 du code de commerce, par un ou plusieurs gérants.

La **société par actions simplifiée** offre la possibilité aux actionnaires d'organiser la direction de leur société comme ils le souhaitent sachant que les modalités de fonctionnement relèvent des statuts[1]. La seule règle impérative à respecter est inscrite à l'article L. 227-6 du code de commerce qui exige la désignation d'un président. En effet, il est investi d'une fonction de représentation de la société envers les tiers. Mais les statuts peuvent décider, en outre, de la création d'un organe collégial à ses côtés.

2. Liberté plus restreinte au sein des sociétés anonymes

12.15 **Une réglementation impérative.** Qu'il soit question de la société anonyme traditionnelle avec conseil d'administration ou de la société anonyme avec directoire et conseil de surveillance, un certain nombre de règles impératives s'imposent en la matière.

12.16 **Présidents et directeur généraux.** La loi NRE du 15 mai 2001[2] a apporté certaines modifications qu'il convient d'indiquer au préalable. Il est désormais possible de dissocier les fonctions de président et de directeur général. Ainsi, la direction de la société peut être, soit confiée au président du conseil, soit assumée par le directeur général. C'est au conseil d'administration de choisir entre ces deux modalités de direction, à charge pour lui d'en informer les actionnaires et les tiers[3].

Remarque(s) *Pour un modèle de délibération du conseil d'administration, voir n° 302.12.*

*Il faut être prudent quant aux terminologies employées pour désigner les différents dirigeants. Il ne faut pas confondre le **directeur général** en charge de la direction de la société et le **directeur général unique** qui désigne la personne exerçant seule les fonctions du directoire dans les sociétés anonymes à conseil de surveillance et directoire[4]. Le titre de directeur général peut être également employé pour désigner le membre du directoire auquel pourra être confié un pouvoir de représentation de la société[5].*

La fonction de président du conseil d'administration ne peut être exercée que par une seule personne.

Avant l'adoption de la loi du 15 mai 2001, la société anonyme pouvait comporter plusieurs directeurs généraux et ce, dans certains cas. Cette faculté a été supprimée par la loi NRE, de sorte qu'il ne peut y avoir désormais qu'**un seul directeur général**.

---

1. C. com., art. L. 227-5.
2. L. n° 2001-420, 15 mai 2001, nouvelles régulations économiques, JO 16 mai, p. 7776.
3. C. com., art. L. 225-51-1.
4. C. com., art. L. 225-58.
5. C. com., art. L. 225-66.

Directeurs généraux délégués. La société anonyme peut en revanche compter jusqu'à **cinq directeurs généraux délégués.**

Conseil d'administration. La loi du 1er août 2003 de sécurité financière[1] impose un nombre minimum et maximum d'administrateurs, puisque le conseil d'administration doit comporter **au moins trois membres** et **au plus dix-huit**[2]. Ce nombre était, antérieurement à la loi NRE, de vingt-quatre. Les statuts doivent donc prévoir le nombre d'administrateurs en respectant ces deux limites. **12.17**

Il existe une exception en cas de fusion, puisque le conseil peut alors compter jusqu'à vingt-quatre membres et ce, pendant un délai de trois ans à compter de la date de la fusion fixée à l'article L. 236-4 du code de commerce.

Remarque(s) *Cette dérogation n'est pas prévue en cas de scission.*

Conseil de surveillance. Cette même règle est applicable au conseil de surveillance qui ne peut comporter **moins de trois membres** et **plus de dix-huit**. La composition du conseil de surveillance et du conseil d'administration est donc identique depuis la réforme du 15 mai 2001. **12.18**

Remarque(s) *Toute nomination excédant ce maximum encourt l'annulation, de même que les délibérations prises par le conseil irrégulièrement constitué.*

Membres du directoire. Le directoire de la société anonyme de type nouveau (à directoire et conseil de surveillance) ne peut comporter plus de **cinq membres** aux termes de l'article L. 225-58 du code de commerce. Le nombre des membres du directoire est fixé par les statuts, ou à défaut, par le conseil de surveillance. **12.19**

Deux exceptions à cette règle doivent être signalées :

- le directoire peut comporter jusqu'à sept membres lorsque les actions de la société sont admises aux négociations sur un marché réglementé;
- en outre, pour les sociétés anonymes dont le capital est inférieur à 150 000 euros, une seule personne peut être habilitée à exercer les fonctions du directoire en qualité de directeur général unique.

B. À quel moment et par quel organe le dirigeant est-il nommé ?

La société nouvellement immatriculée se voit dotée de dirigeants désignés lors de sa constitution. En cours de vie sociale, ceux-ci peuvent être amenés à changer. Les modes de désignation des dirigeants sociaux sont en principe propres à chaque type de sociétés. **12.20**

1. L. n° 2003-706, 1er août 2003, de sécurité financière, JO 2 août, p. 13220.
2. C. com., art. L. 225-17.

Remarque(s) *Pour la nomination dans les statuts, il est important de remarquer que le changement de dirigeant a pour conséquence d'imposer une modification statutaire et donc un coût supplémentaire.*

1. Gérant des SNC et sociétés en commandite simple

12.21 La liberté est entière au sein de la **société en nom collectif** et de **la société en commandite simple** dont le régime est identique concernant la nomination des dirigeants[1].

Il est ainsi prévu à l'article L. 221-3 du code de commerce que tous les associés sont gérants, sauf disposition contraire des statuts qui peuvent désigner un ou plusieurs gérants ou en prévoir la désignation par un acte ultérieur. Cette désignation se fera à l'unanimité ou à la majorité fixée par les statuts[2].

2. Gérant des sociétés en commandite par actions

12.22 Le premier gérant de sociétés en commandite par actions est pour sa part désigné par les statuts aux termes de l'article L. 226-2 du code de commerce.

Sauf clause contraire, le gérant est, en cours de vie sociale, nommé par l'assemblée générale ordinaire avec l'accord de tous les commandités[3].

3. Gérant de SARL

12.23 À la constitution de la société, le gérant de société à responsabilité limitée est nommé dans les statuts ou par un acte séparé[4].

Remarque(s) *Pour un modèle de désignation de gérant par acte séparé, voir n° 302.11.*

La désignation du gérant en cours de vie sociale s'effectue en assemblée ou par une consultation écrite. Cette décision doit alors être prise par le ou les associés représentant plus de la moitié des parts sociales.

4. Dirigeants de sociétés anonymes

a. Administrateurs et membres du conseil de surveillance

12.24 **Principe.** Les premiers administrateurs ou membres du conseil de surveillance sont, dans les sociétés anonymes constituées sans offre au public, désignés dans les statuts[5].

---

1. C. com., art. L. 222-2 : « Les dispositions relatives aux sociétés en nom collectif sont applicables aux sociétés en commandite simple, sous réserve des règles prévues au présent chapitre ».
2. C. com., art. L. 221-6.
3. C. com., art. L. 226-2, al. 2.
4. C. com., art. L. 223-18.
5. C. com., art. L. 225-16.

Pour les sociétés constituées avec offre au public, leur nomination relève de la compétence de l'assemblée constitutive en vertu de l'article L. 225-7, alinéa 2, du code de commerce.

En cours de vie sociale, les administrateurs et les membres du conseil de surveillance sont nommés par l'assemblée générale ordinaire[1]. Toute nomination d'administrateur doit être inscrite à l'ordre du jour de l'assemblée, exception faite en cas de révocation en cours d'assemblée. Les actionnaires sont en droit d'avoir communication d'un certain nombre d'informations sur les candidats (âge, compétence professionnelle…).

L'administrateur, nouvellement nommé, doit accepter ses fonctions. En cas de constitution avec offre au public, cette acceptation est constatée dans le procès-verbal de l'assemblée constitutive[2]. La loi n'impose aucun formalisme quant à l'acceptation par les administrateurs de leurs fonctions. Ce peut être indiqué dans le procès-verbal relatif à leur nomination, ou résulter d'un acte distinct (par exemple par l'envoi d'un courrier). Elle peut être enfin tacite dès lors que l'administrateur se comporte de façon non équivoque en cette qualité au sein de la société.

Situations exceptionnelles. Si l'administrateur est en principe désigné par l'assemblée, il peut arriver, en cas de vacance pour décès ou démission, que celui-ci soit exceptionnellement coopté par les membres du conseil d'administration dans l'attente de la prochaine assemblée, qui devra approuver cette désignation aux termes de l'article L. 225-24, alinéa 4, du code de commerce. Cette ratification est rétroactive au jour de la cooptation. En cas de refus de l'assemblée, cette désignation est anéantie, mais **les décisions du conseil d'administration n'en sont pas affectées**. 12.25

Ce mode de désignation est obligatoire lorsque le nombre des administrateurs est inférieur au minimum inséré aux statuts, sans que celui-ci soit devenu inférieur au minimum légal (qui est de trois administrateurs). Cette cooptation doit intervenir dans un délai de trois mois.

En revanche, aucune cooptation ne peut intervenir dès lors que le nombre d'administrateurs est inférieur au minimum légal. Dans cette hypothèse, une assemblée doit être convoquée[3].

Remarque(s) *Ces règles relatives à la cooptation sont identiques en ce qui concerne le conseil de surveillance.*

b. Président du conseil d'administration, directeur général et directeurs généraux délégués

Président. Le conseil d'administration élit un président parmi ses membres, en application de l'article L. 225-47, alinéa 1er, du code de commerce. 12.26

1. C. com., art. L. 225-18, al. 1er et L. 225-75.
2. C. com., art. L. 225-7, al. 2.
3. C. com., art. L. 225-24, al. 2.

Remarque(s) *Pour un modèle de désignation du président par le conseil d'administration, voir n° 302.12.*

Il peut arriver que le président du conseil d'administration soit temporairement empêché d'exercer ses fonctions de sorte que la loi a prévu la possibilité de déléguer à sa place un administrateur et ce, pour une durée limitée[1]. Il en est de même en cas de décès du président. Si ce remplacement ne s'avère pas possible, un administrateur supplémentaire devra être nommé pour assurer ces fonctions[2].

12.27 **Directeur général, directeur général adjoint.** Le conseil d'administration nomme le directeur général en vertu de l'article L. 225-51-1, alinéa 1er, du code de commerce. Il faut noter que le directeur général n'est plus nommé sur proposition du président depuis la loi NRE en raison du principe d'autonomie gouvernant désormais ces deux fonctions. Enfin, les directeurs généraux délégués sont nommés par le conseil d'administration sur proposition du directeur général[3].

c. Membres du directoire

12.28 Le conseil de surveillance nomme les membres du directoire, ainsi que le président du directoire. Il convient de souligner le fait que celui-ci n'est pas désigné par les membres du directoire[4]. Ce mode de désignation ne souffre aucune exception.

La Cour d'appel de Versailles a jugé que la clause statutaire, prévoyant que le conseil de surveillance ne peut désigner comme membre du directoire que des personnes présentées par le président du directoire, n'est pas valable. Cette disposition est en effet contraire au principe d'organisation des sociétés anonymes de ce type puisque le directoire est précisément soumis au contrôle du conseil de surveillance[5].

Il convient enfin de préciser qu'aux termes de l'article R. 225-36 du code de commerce, tout siège vacant du directoire doit être pourvu dans les deux mois par le conseil de surveillance. La cooptation n'est donc pas possible. À défaut de nomination dans les deux mois, tout intéressé peut demander au président du tribunal de commerce, statuant en référé, de procéder à cette nomination à titre provisoire.

5. Dirigeants de SAS

12.29 Au sein de la société par actions simplifiée, la désignation du président est organisée par les statuts. Cette nomination peut être inscrite dans les statuts ou intervenir ultérieurement.

1. C. com., art. L. 225-50.
2. C. com., art. L. 225-17, al. 2.
3. C. com., art. L. 225-53.
4. C. com., art. L. 225-59.
5. CA Versailles, 8 juill. 1993, Bull. Joly 1993, p. 1024, note P. Le Cannu.

Les modalités de désignation du président de la société par actions simplifiée sont arrêtées par les statuts, de sorte que tous les modes de désignation sont envisageables (décision des actionnaires prise à l'unanimité, à la majorité ou désignation indirecte...).

II. Formalités

Cadre général. De nombreux actes de la vie de la société doivent être publiés afin que les tiers, qui peuvent être amenés à contracter avec celle-ci, soient informés de sa situation exacte et de l'identité des personnes ayant qualité pour engager la société. Ainsi, les changements de personnes au sein de la direction de la société sont soumis à des formalités de publicité. Le non-respect de ces règles peut avoir des conséquences juridiques au plan de l'opposabilité aux tiers. 12.30

A. Présentation

Mesures de publicité. Les nominations (voir nos 12.12 et s.) et cessations des fonctions des dirigeants sociaux (voir chapitre 51) doivent faire l'objet des mesures de publicité prévues au code de commerce : 12.31

- insertion dans un journal d'annonces légales du lieu du siège social de la société;
- dépôt au greffe du tribunal de commerce de deux copies des actes portant désignation ou cessation desdites fonctions;
- inscription au registre du commerce et des sociétés;
- inscription au BODACC à l'initiative du greffier.

Champ d'application. Ces formalités concernent les gérants, les administrateurs, les directeurs généraux, le président du conseil d'administration, les membres du directoire, ceux du conseil de surveillance.

En application de l'article R. 225-17 du code de commerce, la désignation du représentant permanent de la personne morale est également soumise à ces formalités, de même que la cessation de ses fonctions. Il doit être précisé que la personne morale est tenue de désigner un représentant en remplacement de celui qui quitte ses fonctions[1].

C'est logiquement au représentant légal de la société d'effectuer ces formalités[2].

À défaut, tout intéressé peut demander la désignation d'un mandataire ayant pour mission d'accomplir lesdites formalités après une mise en demeure restée infructueuse.

---

1. C. com., art. L. 225-20, al. 2.
2. C. com., art. R. 210-18.

Remarque(s) *Ces mesures de publicité ne s'appliquent pas en cas de renouvellement des fonctions (voir n° 13.19).*

12.32 **Le cas de la SA : publicité du mode de direction choisi.** La loi du 15 mai 2001 prévoit que la direction générale de la société anonyme est assumée sous la responsabilité, soit du président du conseil d'administration, soit du directeur général.

Le conseil d'administration doit ainsi, dans les conditions définies aux statuts, choisir entre ces deux formules. Le décret d'application du 3 mai 2002[1] prévoit la publicité de ce choix. L'extrait du procès-verbal concernant la décision du conseil d'administration portant sur cette question doit faire l'objet d'un dépôt au greffe du tribunal de commerce et d'un avis inséré dans un journal d'annonces légales dans le département du siège social. Tout actionnaire peut prendre connaissance de ce procès-verbal. Le conseil d'administration doit indiquer la formule de direction générale retenue dans son rapport de gestion.

Changement de dirigeant : récapitulatif des formalités

Demande	Elle est adressée ou déposée auprès du centre des formalités des entreprises du lieu du siège social	Obligatoire, sous réserve de la saisine directe du greffe dans le cadre de l'article R. 123-5 du code de commerce Pour connaître le CFE compétent : http://annuaire-cfe.insee.fr/AnnuaireCFE/jsp/Controleur.jsp www.cfenet.cci.fr
Délai	Dans le mois de l'événement	
Formulaire	Pour les SNC, sociétés en commandite : M3-b et, le cas échéant, TNS (M2 peut toujours être employé et, s'il est insuffisant, M3-b comme intercalaire) Pour les SA, SARL, SAS : M3-a (M2 peut toujours être employé et, s'il est insuffisant, M3-a comme intercalaire)	
Publicité légale	Oui	
Pièces à produire	Exemple d'avis d'insertion à adapter : Société .... [*forme de la société : SNC, SARL, SA, SAS*] au capital de .... euros, dont le siège social est .... [*indiquer son adresse*] N° .... RCS [*ville du greffe*] D'un(e) .... [*forme de la décision*] en date du ...., il résulte [*indication*] Ancienne mention : Gérant/Président/Président du conseil d'administration/Direction générale/Composition du conseil d'administration/Membre du directoire/Membre du conseil de surveillance* :	

[1] Décr. n° 2002-803, 3 mai 2002, portant application de la troisième partie de la loi n° 2001-420 du 15 mai 2001 relative aux nouvelles régulations économiques, JO 5 mai, p. 8718.

Pièces à produire (suite)	Nouvelle mention : Gérant/Président/Président du conseil d'administration/Direction générale/ Composition du conseil d'administration/Membre du directoire/Membre du conseil de surveillance* : .... Inscription modificative : au RCS de la ville du greffe	
	Pièces justificatives outre le formulaire dûment complété et signé du représentant légal ou de son mandataire : – éventuellement, le pouvoir – copie de l'insertion au JAL : la majorité des greffes exigent l'original du journal – le titre de paiement *+ s'il y a lieu, les éléments indiqués par l'arrêté du 9 février 1988 et une attestation de non-condamnation*	Dépôt en deux exemplaires (certifiés conformes par le représentant légal) : – la décision (procès-verbal d'AGO ou d'AGE, du conseil d'administration) – le cas échéant, statuts à jour – éventuellement, s'il y a également cession de parts sociales ou actions, deux originaux (si acte sous seing privé) ou deux expéditions (si acte notarié)
Publicité au BODACC	Oui, à la diligence du greffier	

* Rayer la mention inutile.

B. Effets

Principe : opposabilité aux tiers. Lorsque ces formalités ont été accomplies, la nomination ou la cessation des fonctions du dirigeant est opposable aux tiers. L'article L. 210-9, alinéa 1, du code de commerce dispose en effet que « ni la société ni les tiers ne peuvent, pour se soustraire à leurs engagements, se prévaloir d'une irrégularité dans la nomination des personnes chargées de gérer, d'administrer ou de diriger la société, lorsque cette nomination a été régulièrement publiée ». 12.33

A contrario, la société, qui n'aura pas respecté ces mesures de publicité, ne pourra se prévaloir envers les tiers de ces nominations ou cessations de fonctions en application de l'article L. 210-9, alinéa 2 du code de commerce.

Il convient de mentionner enfin la règle contenue à l'article L. 210-5 du code de commerce :

> *« En ce qui concerne les opérations des SARL et des sociétés par actions qui seraient intervenues avant le seizième jour de la publication au BODACC des actes et indications soumis à cette publicité, ceux-ci ne sont pas opposables aux tiers qui prouvent qu'ils ont été dans l'impossibilité d'en avoir connaissance. »*

12.34 **Assouplissements.** Ces règles sont néanmoins assouplies par la jurisprudence.

Par tiers, il faut entendre toute personne extérieure à la société. Ainsi, une société ne peut pas se prévaloir du défaut d'accomplissement de ces formalités à l'encontre d'un ancien dirigeant.

L'administrateur n'est pas un tiers par rapport à la société. Sa démission est donc opposable à la société[1].

La société peut opposer aux tiers la nomination ou la cessation des fonctions de son dirigeant s'il est établi qu'ils en ont eu personnellement connaissance.

Ainsi, une société peut opposer la désignation de son nouveau président à un tiers ayant des liens étroits avec elle, de sorte qu'il ne pouvait ignorer l'identité du nouveau dirigeant. En l'espèce, une société avait envoyé une lettre de résiliation d'un contrat la liant à une autre société. Cette lettre était signée par son nouveau président dont la nomination n'était pas encore publiée au jour dudit courrier. Les juges ont considéré que la société, destinataire de cette lettre, ne pouvait opposer cet argument dès lors qu'elle ne pouvait ignorer cette nomination. Les deux sociétés occupaient les mêmes locaux et la nomination du dirigeant avait été en outre annoncée dans la presse[2].

De façon analogue, les tiers qui auront appris un changement de dirigeants peuvent s'en prévaloir à l'égard de la société.

12.35 **Responsabilité du dirigeant.** Le non-respect de ces formalités ne permet pas au dirigeant poursuivi d'échapper à la responsabilité qu'il encourt en raison de ses fonctions.

Exemple(s) Un dirigeant qui aurait commis une faute au cours de son mandat ne saurait invoquer le défaut de publicité de sa nomination pour échapper à la responsabilité qu'il encourt à ce titre.

De même, le dirigeant qui n'est plus en fonctions ne peut être poursuivi pour des faits qu'il n'a pas commis, dans l'hypothèse où la cessation de ses fonctions n'a pas été publiée.

Ainsi, la responsabilité d'un administrateur, dont la démission n'a pas été publiée au registre du commerce et des sociétés, ne peut pas être recherchée sur le fondement d'une action en comblement du passif dès lors qu'il prouve qu'à son départ, la situation financière de la société était bonne[3].

12.36 **Dommages-intérêts pour le dirigeant.** Enfin, il est à noter que ce défaut de publicité peut donner lieu à l'allocation de dommages-intérêts pour le dirigeant

---

1. Soc. 27 oct. 1999, n° 97-42.994, Dr. sociétés 2000, n° 19, obs. T. Bonneau.
2. CA Paris, 25e ch. A, 15 sept. 1995, Bull. Joly, 1996, 50, note P. Le Cannu • Dans le même sens, Soc. 14 déc. 2005, n° 05-40.306 : en l'espèce les salariés, qui n'étaient pas des tiers à l'égard de la société qui les employait, n'étaient pas recevables à contester la cessation de leurs fonctions.
3. Com. 23 mars 1982, Rev. sociétés 1982, 834.

concerné s'il en résulte pour lui un préjudice (poursuite injustifiée...). Il peut également introduire une action à l'encontre de son ancienne société tendant à voir rectifier les mentions erronées le présentant toujours comme dirigeant de la société.

La Cour d'appel de Paris a rendu à cet égard un arrêt particulièrement sévère à l'encontre d'une société qui faisait toujours figurer sur les documents sociaux le nom d'un ancien administrateur. Elle a été condamnée sous astreinte à rectifier ces documents et à effectuer les formalités de publicité auprès du registre du commerce et des sociétés[1].

[1] CA Paris, 15 mars 2002, Dr. sociétés 2002, n° 157.

CHAPITRE 13

Durée et renouvellement

13.11 La question de la durée des fonctions du dirigeant et du renouvellement de son mandat est confrontée à deux impératifs qui peuvent s'avérer difficilement conciliables. La reconduction des mandats sociaux permet d'assurer une stabilité et une continuité dans la direction de la société. Toutefois, les associés ne peuvent prendre le risque de confier la gestion de leur société à des dirigeants qui seraient pratiquement inamovibles.

I. Durée des fonctions

13.12 **Cadre général.** La liberté statutaire est en principe totale quant à la fixation de la durée du mandat du dirigeant, exception faite pour les sociétés anonymes comportant des durées minimales et maximales pour certaines fonctions.

Le dirigeant reste en principe en fonction pour la durée de son mandat, qui est distincte selon les formes de sociétés. Il se peut néanmoins que celui-ci n'arrive pas à son terme pour des raisons diverses tenant à sa situation personnelle : décès, démission, âge limite (voir n° 11.31), incapacité (voir n° 11.13), interdictions et déchéances (voir nos 11.36 et s.), violation de la règle du cumul des mandats (voir nos 11.60 et s.), mais également tenant à la volonté des associés : révocation (voir nos 51.23 et s.).

Le mandat de dirigeant peut être également renouvelé. Mais il n'existe aucun droit au renouvellement, de sorte qu'un dirigeant peut ne pas être reconduit dans son mandat social.

A. Une durée librement fixée

Distinctions. Le gérant de **SARL** est en principe nommé pour la durée de la société, sauf à ce que les statuts aient prévu une durée précise[1]. Les statuts peuvent également confier aux associés le soin de fixer la durée du mandat à l'occasion de la désignation du gérant. **13.13**

Cette règle est identique en matière de **SNC** et de **sociétés en commandite simple** ainsi que de **sociétés en commandite par actions**, puisqu'en l'absence de stipulation statutaire précisant la durée du mandat, le gérant conserve sa fonction pour la durée de la vie sociale. L'acte de nomination du gérant peut également contenir la durée de son mandat.

Enfin, la durée des fonctions de président au sein de la **société par actions simplifiée** est déterminée par les statuts. En l'absence de clause statutaire sur ce point, la durée est identique à celle de la vie de la société.

Remarque(s) *La fixation d'un mandat assez long permet d'assurer une certaine stabilité à la direction de la société. À l'inverse, l'indication d'une durée limitée peut permettre d'assurer la représentativité de chacun des associés.*

B. Mandats à durée limitée

Société anonyme. Le code de commerce contient des dispositions imposant des durées maximales pour certains mandats sociaux au sein des sociétés anonymes. **13.14**

Président, directeur général et directeurs généraux. Au sein des sociétés anonymes, le **président du conseil d'administration** est nommé pour une durée qui ne pourra être supérieure à celle de son mandat d'administrateur, conformément à l'article L. 225-47 du code de commerce. **13.15**

Le **directeur général** est, pour sa part, nommé pour une durée qui sera déterminée par le conseil d'administration.

La durée des fonctions des **directeurs généraux délégués** relève pareillement du pouvoir du conseil d'administration, qui choisira le plus souvent d'adopter la même durée que celle du mandat du directeur général. Il doit être précisé que ces derniers peuvent être amenés à rester en fonction en cas de décès du directeur général et ce, jusqu'à la désignation de son successeur, à moins que le conseil d'administration n'en décide autrement[2].

Administrateur. La durée du mandat d'administrateur est déterminée par les statuts. Celle-ci ne saurait néanmoins dépasser, aux termes de l'article L. 225-18, alinéa 1er, du code de commerce, trois ans pour les premiers administrateurs des sociétés **13.16**

1. C. com., art. L. 223-18.
2. C. com., art. L. 225-55, al. 2.

anonymes constituées sans offre au public nommés dans les statuts et six ans pour les administrateurs nommés par l'assemblée durant la vie sociale ou pour les premiers administrateurs des sociétés constituées avec offre au public.

Il convient, par ailleurs, d'indiquer que le mandat du représentant permanent de la personne morale administrateur sera de même durée que le mandat de celle-ci. Si le mandat de ce représentant est révoqué, la personne morale doit en informer la société par lettre recommandée en lui communiquant l'identité du nouveau représentant[1].

Toute nomination effectuée pour une durée supérieure à celle prévue aux statuts est nulle[2].

En application de l'article R. 225-15 du code de commerce, les fonctions de l'administrateur prennent fin à l'issue de la réunion de l'assemblée ordinaire des actionnaires statuant sur les comptes de l'exercice écoulé et tenue dans l'année au cours de laquelle expire le mandat de cet administrateur.

13.17 **Membre du conseil de surveillance.** Au sein des sociétés anonymes à directoire et conseil de surveillance, la durée du mandat des membres du conseil de surveillance doit être mentionnée dans les statuts, sous réserve de respecter la durée maximale contenue à l'article L. 225-75 du code de commerce, qui est de six ans en cas de nomination par l'assemblée générale et de trois ans en cas de désignation dans les statuts. L'article R. 225-37 du code de commerce précise, en outre, que « si un membre du conseil de surveillance est nommé au directoire, son mandat au conseil prend fin dès son entrée en fonction ». Enfin, l'article R. 225-41 du code de commerce reprend les dispositions de l'article R. 225-15 précité applicable aux administrateurs. Les fonctions de membre du conseil de surveillance prennent fin à l'issue de la réunion de l'assemblée ordinaire des actionnaires statuant sur les comptes de l'exercice écoulé et tenue dans l'année au cours de laquelle expire le mandat de ce membre.

13.18 **Membre du directoire.** Pour les sociétés anonymes à directoire et conseil de surveillance, les statuts doivent contenir la durée du mandat du directoire qui ne peut être inférieure à deux ans et supérieure à six ans. En l'absence d'une telle précision, l'article L. 225-62 du code de commerce impose une durée de quatre ans.

La loi est en revanche muette en ce qui concerne la durée du mandat du président du directoire. La jurisprudence est donc venue préciser cette question. Elle a ainsi considéré qu'il appartient au conseil de surveillance de limiter la fonction du président du directoire dans le temps. Est valable la délibération par laquelle le conseil de surveillance renouvelle le mandat du président du directoire pour une période limitée. Le statut du président du directoire est donc bien distinct de celui des autres membres.

---

1. C. com., art. R. 225-16, al. 2.
2. C. com., art. L. 225-18, al. 3.

Le mandat social d'un président de directoire arrivant à expiration, le conseil de surveillance a pu valablement décider de le confirmer dans ses fonctions « pour une période limitée au 31 décembre 1994 ». Le président du directoire concerné par cette décision en avait demandé l'annulation en se fondant sur l'article L. 225-62 du code de commerce. La Cour de Paris a rejeté sa demande considérant que cet article, qui concerne uniquement la durée du mandat des membres du directoire, n'est pas applicable au président du directoire[1].

II. Renouvellement des fonctions

À l'arrivée du terme du mandat, se pose la question de la réélection éventuelle du dirigeant. **13.19**

En principe, le mandat du dirigeant est renouvelable. En effet, la loi n'interdit pas le renouvellement des mandats sociaux.

En revanche, les statuts peuvent exclure cette faculté.

A. Principe

Distinctions. Le code de commerce indique expressément que certains mandats peuvent être reconduits. Il est en revanche muet en ce qui concerne certaines fonctions et l'on peut en déduire qu'elles peuvent également être renouvelées. **13.20**

Remarque(s) *Attention : les décisions portant renouvellement de mandats ne sont pas soumises aux formalités de publicité exigées lors de la nomination ou la cessation des fonctions des dirigeants (voir nº 12.31).*

Ainsi, le gérant de **SARL** est rééligible, à moins que les statuts n'en disposent autrement. Si le gérant, dont le mandat a pris fin, reste en fonction, il agit alors en qualité de gérant de fait.

Le président de la **société par actions simplifiée**, les gérants des **sociétés de personnes**, et des **sociétés en commandite par actions** sont rééligibles.

Société anonyme. Concernant les sociétés anonymes, l'article L. 225-18, alinéa 2, dispose que les **administrateurs** sont rééligibles, à moins que les statuts n'excluent cette faculté. L'administrateur n'a néanmoins aucun droit au renouvellement de son mandat. Il appartient à l'assemblée de choisir librement les membres du conseil d'administration. Il ne saurait y avoir en, effet, de droit au renouvellement pour l'administrateur, alors que celui-ci est révocable *ad nutum*. **13.21**

---

1. CA Paris, 10 déc. 1999, Bull. Joly 2000, p. 313, note P. Le Cannu.

Ainsi, la Cour d'appel de Paris a réaffirmé le principe selon lequel « l'assemblée générale n'est tenue d'aucune obligation de réélire l'administrateur dont le mandat vient à expiration »[1].

Aussi, la question de l'éventuelle réélection d'un administrateur, dont le mandat s'achève, n'a pas à être inscrite à l'ordre du jour de l'assemblée. Le conseil d'administration a, en revanche, l'obligation d'inscrire à l'ordre du jour la question du remplacement d'un administrateur dont le mandat prend fin. Il n'est pas tenu de proposer sa réélection.

Dans la pratique, le conseil d'administration fait rarement l'objet d'un renouvellement global et simultané de tous ses membres. Les statuts prévoient, en effet, un renouvellement échelonné pour éviter une rupture dans l'administration de la société qui pourrait lui être préjudiciable.

Aux termes de l'article L. 225-47, le **président du conseil d'administration** est rééligible de la même façon.

Les membres du **conseil de surveillance** sont rééligibles en application de l'article L. 225-75 du code de commerce, sous réserve de la stipulation d'une clause contraire dans les statuts.

À la différence du conseil d'administration, le renouvellement du **directoire** s'effectue en une fois. Il faut signaler une autre différence notable puisque la loi ne précise pas expressément que les membres du directoire sont rééligibles. Les juges ont, en outre, précisé que le mandat du président du directoire peut être renouvelé, sur décision du conseil de surveillance, même pour une durée limitée à quelques mois[2].

B. Limites

13.22 **Non-renouvellement.** Le dirigeant en fonction ne peut exiger le renouvellement de son mandat. Les associés sont en effet libres de ne pas le réélire.

Toutefois, ce non-renouvellement peut être préjudiciable au dirigeant compte tenu des circonstances dans lesquelles celui-ci lui a été annoncé.

La jurisprudence a adopté une solution proche de celle qui est applicable à la révocation *ad nutum* des administrateurs; celle-ci ne doit pas porter atteinte à la réputation de l'intéressé (voir n° 51.23).

Si tel était le cas, l'administrateur non renouvelé pourrait obtenir une indemnisation de son préjudice.

La Cour d'appel de Paris a ainsi considéré que « si l'assemblée générale n'est tenue d'aucune obligation de réélire l'administrateur dont le mandat vient à

1. CA Paris, 27 oct. 1995, Rev. sociétés 1996, 84, note D. Cohen.
2. CA Paris, 10 déc. 1999, Bull. Joly 2000, p. 313, note P. Le Cannu.

expiration, toutefois sa décision de non-renouvellement revêt un caractère abusif lorsqu'elle présente un caractère précipité ou qu'elle a été entourée de circonstances injurieuses ou vexatoires portant une atteinte injustifiée à la réputation de l'administrateur ». L'administrateur avait, en l'espèce, appris le jour de l'assemblée que son mandat ne serait pas reconduit. Il n'a donc pas pu répondre aux reproches mettant en cause ses compétences. De surcroît, la banque de la société avait été informée du retrait immédiat de la signature, ce qui portait atteinte à son honorabilité. Les juges ont qualifié ces agissements d'abus de droit « mettant en péril l'intérêt social au mépris des droits élémentaires de la personne »[1]. La Cour préserve ainsi l'intérêt de la société qui pourrait peut-être primer sur l'intérêt de l'administrateur.

Cette solution a été également admise par la Cour de cassation à l'occasion du non-renouvellement du mandat d'un gérant de SARL.

Après avoir rappelé que le gérant ne bénéficie pas d'un droit au renouvellement de son mandat, les juges ont pu accorder des dommage-intérêts à l'ancien dirigeant, dans la mesure où la société avait utilisé des « procédés vexatoires et humiliants pour se séparer de son dirigeant »[2].

1. CA Paris, 27 oct. 1995, Rev. sociétés 1996, 84, note D. Cohen • Voir aussi Com. 4 nov. 2008, nº 07-19.303, RTD com. 2009, 152 : en l'espèce, bien que brutale et vexatoire, la révocation d'un administrateur trouve un juste motif dans la mésentente qui régnait entre les membres du conseil d'administration. La décision de révocation ne porte donc pas une atteinte injustifiée à la réputation du dirigeant.
2. Com. 17 déc. 2002, nº 98-21.918, Bull. civ. IV, nº 200 ; D. 2003, 106, note Lienhard ; Rev. sociétés 2003, 493, note Barbièri ; RTD com. 2003, 323, note D. Danet et Cl. Champaud.

Titre 2

Statut du dirigeant

Chapitre 21

Cumul du mandat social et d'un contrat de travail

21

Distinctions. Bien que parfois assimilés à des salariés par l'Administration fiscale et la législation de sécurité sociale, les dirigeants de société ne sont pas des salariés[1]. Ce sont, en effet, deux notions radicalement distinctes, puisque, alors que le mandataire social se voit confier par la société une mission exécutée en toute indépendance, le salariat se caractérise à l'inverse par le lien de subordination unissant la société à l'employé. À la différence des salariés, les mandataires sociaux ne peuvent donc prétendre ni aux congés payés, ni au régime d'assurance-chômage de droit commun, ni aux préavis et indemnités de licenciement lors du retrait du mandat (sauf, concernant les indemnités de départ, en cas de révocation sans juste motif ou abusive). En cas de litige, le conseil de prud'hommes ne sera pas compétent, dans la mesure où seul le tribunal de commerce a vocation à trancher les conflits nés entre la société et son mandataire. Ainsi la pratique du cumul du mandat avec un contrat de travail est progressivement apparue, du fait de la volonté de « sécuriser » le caractère précaire de la situation du titulaire d'un seul mandat social. 21.11

Enjeux du cumul. La possibilité de cumuler au sein de la même société, ou d'un même groupe de sociétés, un contrat de travail avec les fonctions de dirigeant de société, permet au dirigeant de bénéficier de la protection du droit du travail, et de pallier ainsi l'incertitude liée au statut de mandataire social, dans la mesure notamment où le mandat social peut être révoqué à tout moment ou ne pas être renouvelé, sans versement d'indemnité d'aucune sorte. Ce cumul est toutefois illicite si le contrat

1 Exception faite des dirigeants des sociétés coopératives ouvrières de production percevant une rémunération de la société au titre de leurs fonctions (L. n° 78-763, 19 juill. 1978, art. 17).

de travail a été conclu dans l'unique but de prévenir une révocation *ad nutum* : il y a alors fraude à la loi, et il appartient à celui qui invoque son caractère fictif d'en apporter la preuve[1], l'appréciation du caractère fictif relevant du pouvoir souverain des juges du fond. La reconnaissance de ce double statut est paradoxale, puisqu'elle revient à admettre qu'un dirigeant de société, auquel sont conférés les pouvoirs « les plus étendus pour agir en toutes circonstances au nom de cette société » (voir chapitre 41), peut dans le même temps être tenu par un **lien de subordination** à l'égard de la société dans le cadre de l'exécution de son contrat de travail.

Cette reconnaissance impose également de concilier le principe d'ordre public de **libre révocabilité** du dirigeant (voir chapitre 51) avec la protection offerte par le statut de salarié. En d'autres termes, le contrat de travail dont bénéficie le dirigeant ne doit pas limiter la liberté des associés ou des administrateurs de mettre fin au mandat social du dirigeant, ni constituer un artifice destiné à faire bénéficier indûment le dirigeant de la protection du droit social.

La jurisprudence a précisé, s'agissant tant des conditions (voir n°s 21.13 et s.) que des conséquences (voir n°s 21.41 et s.) du cumul, les règles communes à toutes les sociétés. Toutefois, il convient également de tenir compte des règles propres à chaque type de société et des situations particulières.

21.12 **Réaction aux abus.** L'actualité a conduit le MEDEF et l'AFEP à formuler le 6 octobre 2008 un certain nombre de propositions intégrant le « **code de bonne gouvernance** » destiné aux conseils d'administration des **sociétés cotées**, tendant à « moraliser » la rémunération des dirigeants, parmi lesquelles figure la recommandation d'interdire le cumul de l'exercice d'un mandat social et d'un contrat de travail.

Remarque(s) *Cette recommandation « ne vise pas les collaborateurs qui, au sein d'un groupe de sociétés, exercent des fonctions de mandataire social dans une filiale du Groupe ». En effet, la jurisprudence admet dans certains cas que l'objet du contrat de travail conclu entre un salarié et une société mère réside dans l'exercice d'un mandat social dans une ou plusieurs de ses filiales, à condition notamment que soit caractérisé un lien de subordination entre le dirigeant et la société mère; tel peut par exemple être le cas lorsque le dirigeant est rémunéré par la société mère, n'a aucune latitude dans l'exercice de son mandat dans la filiale, la société mère lui donnant des directives précises et lui demandant de rendre compte pour toute question importante dans l'exercice de son mandat*[2].

Sont visées par ce texte « les sociétés dont les titres sont admis aux négociations sur un marché réglementé », et plus précisément leurs dirigeants mandataires sociaux suivants : « présidents, directeurs généraux, directeurs généraux délégués des socié-

1. Soc. 10 juil. 2007, n° 05-44.300, NP, RJS 10/2007, n° 1131 • Soc. 12 nov. 2008, n° 07-44.636, NP, RJS 01/2009, n° 69.

2. Soc. 2 oct. 1991, n° 87-45.668, NPT, RJS 11/91, n° 1252, chron. N. de Sevin; RJS 6/92, 391 • Soc. 4 mars 1997, n° 93-44.805, Bull. civ. V, n° 91; JCP 1997, IV, 930, 140; JCP E 1997, pan. 442, 157 • Soc.11 mars 2003, n° 01-40.813, Bull. civ. V, n° 88; D. 2004, 274 • Soc. 25 janv. 2006, n° 04-42.657, NP.

tés à conseil d'administration, membres du directoire des sociétés à directoire et conseil de surveillance et gérants des sociétés en commandite par actions ».

Cependant, les organisations patronales ont expressément pris le soin de préciser qu'« il est également souhaitable et recommandé que les sociétés dont les titres sont admis aux négociations sur un marché organisé (Alternext) et que **les sociétés non cotées** appliquent, comme c'est déjà le cas pour de nombreuses règles de gouvernement d'entreprise, ces recommandations en tout ou en partie en les adaptant à leurs spécificités ».

Ainsi, et dans l'hypothèse où un dirigeant salarié devient mandataire social de l'entreprise[1], le texte préconise désormais de « mettre fin au contrat de travail qui le lie à la société, soit par rupture conventionnelle (voir chapitre 26, n° 26.28), soit par démission. Cette recommandation s'applique aux mandats confiés après la publication de cette recommandation et lors du renouvellement de mandats confiés antérieurement à sa publication, sur appréciation du conseil d'administration ou du conseil de surveillancc ».

Afin d'éviter tout contentieux à l'occasion de la fin du mandat, il est également vivement conseillé aux sociétés non cotées et à leurs dirigeants de suivre ces préconisations. De manière plus contraignante mais à ce jour temporaire, jusqu'au 31 décembre 2010, le décret du 30 mars 2009[2], pris en son chapitre 2 relatif aux seules entreprises publiques, décide que :

> *« les entreprises publiques dont les titres sont admis aux négociations sur un marché réglementé respectent des règles et principes de gouvernance d'un haut niveau d'exigence éthique. Le Président du conseil d'administration ou du conseil de surveillance saisit les organes sociaux de l'entreprise des propositions requises pour répondre à cette exigence ».*

et que :

> *« les règles et principes mentionnés au précédent article incluent en particulier les éléments suivants : Le directeur général ou le président du directoire qui détiendrait le statut de salarié y renonce au plus tard lors du renouvellement de son mandat... ».*

En d'autres termes, et jusqu'au 31 décembre 2010 à tout le moins, le directeur général et le président du directoire d'une entreprise publique ne peuvent plus cumuler avec leur mandat social un contrat de travail, auquel ils doivent renoncer « au plus tard lors du renouvellement » de leur mandat.

Dans une recommandation du 29 avril 2009[3], la Commission Européenne a également établi les nouvelles orientations pour structurer et déterminer la rémunération

---

1. Dans le cas précis du non cumul du mandat et du contrat de travail, le texte de la recommandation vise « le président, le président-directeur général, le directeur général » et non expressément le directeur général délégué.
2. Décr. n° 2009-348, 30 mars 2009, relatif aux conditions de rémunération des dirigeants des entreprises aidées par l'État ou bénéficiant du soutien de l'État du fait de la crise économique et des responsables des entreprises publiques, JO 31 mars, p. 5622.
3. Recomm. n° IP/09/673, complétant les recommandations 2004/913/CE et 2005/162/CE en ce qui concerne le régime de rémunération des administrateurs des sociétés cotées.

des administrateurs (voir chapitre 22, Revenus : Régime juridique et chapitre 52, Indemnités de départ).

Sous les réserves qui précèdent, le cumul d'un mandat social et d'un contrat de travail d'un dirigeant autre que d'une entreprise publique ne peut en tout état de cause être admis que si certaines conditions sont réunies.

I. Conditions de validité du cumul

A. Règles communes à toutes les sociétés

21.13 **Quatre conditions.** Le cumul d'un mandat social et d'un contrat de travail n'est possible que si le contrat de travail est réel et sérieux, correspondant à un emploi effectif. À cet égard, la jurisprudence retient quatre conditions :

- le contrat de travail doit porter sur des fonctions techniques distinctes des fonctions exercées en vertu du mandat social; cette dualité de fonctions doit être perceptible;
- dans le cadre de l'exercice de ses fonctions techniques salariées, le dirigeant doit être placé dans un lien de subordination juridique effective vis-à-vis de l'entreprise; ce critère est essentiel à la validité de tout contrat de travail;
- les fonctions techniques doivent avoir pour contrepartie le versement d'une rémunération distincte de celle éventuellement versée au titre du mandat social;
- enfin, le contrat de travail ne doit pas être conclu en fraude à la loi, et doit observer le formalisme imposé par le code de commerce.

Remarque(s) Ces quatre conditions sont cumulatives.

1. Fonctions techniques distinctes

a. Existence de fonctions techniques distinctes

21.14 **Cadre général.** Pour pouvoir prétendre au cumul, le dirigeant salarié doit être en mesure de montrer l'existence d'attributions professionnelles distinctes des fonctions de direction qu'il exerce dans le cadre de son mandat social. Ces attributions professionnelles (ou « fonctions techniques », par opposition aux fonctions de direction résultant du mandat social) doivent donc correspondre à un véritable emploi dans l'entreprise. Il ne doit y avoir aucune confusion possible.

Ainsi, le cumul a-t-il été admis pour :

– un représentant d'une société désigné en qualité de président du conseil d'administration, ayant continué à effectuer lui-même des livraisons avec son véhicule[1] *;*

– un directeur technique et des achats, désigné en qualité de directeur général par une délibération du conseil d'administration, lui ayant maintenu le bénéfice de son contrat de travail et supervisant le laboratoire de recherche[2] *;*

– l'intéressé qui, ne détenant aucune participation dans le capital social, a continué à exercer ses fonctions techniques antérieures de directeur commercial après avoir été nommé président-directeur général de la société[3] *;*

– le salarié engagé en qualité de responsable administratif et commercial, et ayant poursuivi cette activité après sa désignation comme administrateur puis comme directeur général de la société[4].

La détermination du caractère distinct des fonctions professionnelles et sociales est éminemment factuelle. Toutefois, trois critères sont spécialement pris en compte par la jurisprudence : la taille de l'entreprise, sa spécialisation, et la nature des fonctions techniques revendiquées.

Taille de l'entreprise. Les juges ont tendance à écarter l'existence du contrat de travail lorsque l'entreprise est de petite taille et que les fonctions professionnelles correspondent à l'objet social de la société, voire dans le cas des SARL à juger que la petite taille de la société empêche toute distinction entre les fonctions techniques et sociales[5]. **21.15**

Spécialisation de l'entreprise. Le cumul est généralement refusé lorsque le dirigeant exerce dans une entreprise ayant une activité très spécialisée, même si les fonctions professionnelles exigent un haut niveau de technicité, dans la mesure où les fonctions de direction exigent elles-mêmes de telles qualifications[6]. **21.16**

Nature des fonctions techniques. La distinction entre fonctions techniques et fonctions sociales sera plus ou moins aisée selon la nature des fonctions techniques revendiquées. À cet égard, le dirigeant qui peut se prévaloir de fonctions techniques spécialisées (sans toutefois en détenir le monopole) prouvera plus aisément le cumul qu'un dirigeant dont les fonctions salariées sont de nature administrative[7]. **21.17**

Il est à noter que la reconnaissance du cumul est également possible en cas d'exercice de fonctions de direction **au titre du contrat de travail**, mais à condition qu'elles requièrent une technicité particulière et qu'elles s'exercent sous la subordination de l'entreprise.

---

1. Soc. 21 oct. 1998, n° 97-40.879, NP.
2. Soc. 30 oct. 2001, n° 99-44.425, NP.
3. Soc. 9 nov. 2004, n° 02-43.562, NP.
4. Soc. 23 juin 2004, n° 02-40.534, NP.
5. Soc. 21 mai 1980, n° 79-40.010, NP • CA Versailles, 17e ch. soc., 14 mars 2002, n° 01-502, RJS 7/02, n° 934.
6. CA Bordeaux, 9 oct. 1992, RJS 5/93, n° 558.
7. Ainsi le gérant d'une SARL n'a pas été considéré comme un salarié, dans la mesure où il avait été engagé pour assurer le suivi comptable, financier et de gestion de la société, attributions d'un mandataire social, et qu'il ne pouvait pas être dans un lien de subordination avec la direction de la société : Soc. 15 mars 2006, n° 04-41.786, NP.

Exemple(s) Il en est ainsi d'un directeur commercial nommé P-DG qui a continué d'exercer son activité salariée, distincte de son mandat social, en accompagnant les commerciaux lors des visites à la clientèle, et en assurant les contacts et les négociations de marché[1].

Remarque(s) *Il est souhaitable d'établir un contrat écrit décrivant le plus précisément possible les fonctions techniques assumées par le salarié et les conditions dans lesquelles elles s'exercent, y compris les conditions dans lesquelles le salarié rend compte de son activité, puis de conserver les éléments témoignant de la réalité de cet exercice (comptes rendus, courriels…).*

b. Exercice effectif des fonctions techniques

21.18 L'existence d'un contrat de travail écrit correspondant à un emploi distinct est insuffisante à établir la réalité du cumul. Les tribunaux vérifieront en outre que le dirigeant exerce effectivement les fonctions techniques dont il se prévaut et qu'il rend la prestation de travail y afférent[2].

c. Persistance de la distinction des fonctions professionnelles et techniques

21.19 Les fonctions professionnelles doivent rester distinctes des fonctions sociales tout au long de l'exercice du mandat. Ainsi le cumul ne sera valable que pour autant que le mandat social n'a pas absorbé les fonctions techniques.

Il a notamment été jugé qu'il y a confusion des fonctions salariées de directeur commercial avec les fonctions sociales de directeur général lorsque la société a un objet purement commercial et ne comporte qu'un nombre restreint de salariés[3].

À l'inverse, l'associé gérant minoritaire d'une SARL, qui exerce en vertu d'un contrat de travail écrit des fonctions techniques de directeur des ventes distinctes de son mandat, a été placé dans un lien de subordination juridique avec la société mère et est lié à celle-ci par un contrat de travail[4].

2. Lien de subordination

a. Principe

21.20 La validité du contrat de travail et, en conséquence, la possibilité d'invoquer le cumul des fonctions professionnelles et sociales ne seront admises que s'il existe un lien de subordination entre l'entreprise et l'intéressé lorsqu'il exécute ses fonctions techniques.

[1] Soc. 16 avr. 1991, n° 89-43.723, NPT.

[2] Soc. 21 juill. 1986, n° 85-60.544, n° 85-60.545, Bull. civ. V, n° 403; Bull. Joly 1986, p. 973 • Soc. 27 juin 2001, n° 99-42.297, NP • CA Paris, 4e ch. A, 17 mars 2004, RG n° 03-86, NP.

[3] Soc. 17 oct. 1990, n° 87-43.135, NP.

[4] Soc. 26 nov. 2003, n° 01-45.019, NP.

Remarque(s) *L'appréciation de l'existence de ce lien relève du pouvoir souverain des tribunaux et constitue un critère essentiel de la validité du contrat de travail.*

Ce lien de subordination est caractérisé par le fait que les fonctions techniques sont exécutées sous **l'autorité et le contrôle de la société**. Ce lien implique que l'entreprise donne des ordres et des directives au dirigeant lorsqu'il agit en qualité d'employé, qu'elle exerce effectivement son pouvoir de contrôle, et qu'elle mette le cas échéant en œuvre son pouvoir disciplinaire.

*À cet égard, l'**antériorité du contrat de travail** par rapport au mandat social a été considérée par la jurisprudence comme un indice de l'existence et de la persistance du lien de subordination*[1].

Toutefois, deux hypothèses semblent exclure l'existence d'un lien de subordination : lorsque le dirigeant bénéficie des pouvoirs les plus étendus pour agir au nom de la société, ou lorsqu'il dispose du monopole des connaissances techniques.

b. Limites

Étendue des pouvoirs. Le dirigeant qui dispose du pouvoir de représenter la société à l'égard des tiers ne peut pas invoquer l'existence d'un lien de subordination avec l'entreprise qu'il a tout pouvoir de représenter en qualité d'employeur, ce qui lui permet d'exécuter ses fonctions techniques de manière indépendante. **21.21**

Ce principe qui vaut pour tous les dirigeants est toutefois appliqué avec moins de rigueur aux présidents de conseil d'administration.

La Cour de cassation a en effet jugé qu'il n'existe « pas d'incompatibilité légale entre les fonctions de salarié et celles de président du conseil d'administration », le lien de subordination persistant même si le président ne reçoit pas d'ordres de la société dans le cadre de l'exécution de ses fonctions techniques[2].

Dans une espèce où le contrat de travail était ancien et conclu antérieurement au mandat social, les magistrats ont ainsi considéré que le contrat de travail du Président du conseil d'administration avait été maintenu postérieurement à sa nomination en qualité de mandataire, après avoir constaté qu'il avait continué à assumer ses anciennes fonctions techniques en étant rémunéré à ce titre[3].

En revanche, tel n'était pas le cas dans une espèce où les compétences du Président du conseil d'administration ne revêtaient aucune technicité particulière les distinguant de celles résultant de son mandat social, les fonctions salariées de directeur commercial exercées avant la nomination n'étant soumises qu'à sa propre autorité[4].

---

1. Soc. 16 mai 1990, n° 86-42.681, NP.
2. Soc. 19 févr. 1986, n° 83-42.005, Bull. civ. V, n° 10 ; Rev. sociétés 1986, 600 • Soc. 16 oct. 1991, n° 88-40.188, n° 88-42.392, Bull. civ. V, n° 408 ; JCP 1992, II, 21828, 115, note Chaput ; D. 1991, IR 281 ; Gaz. Pal. 1991, 352-353, 18.
3. Soc. 30 juin 1993, n° 90-40.799, NP.
4. Com. 7 juin 1988, n° 86-17.229, Bull. civ. IV, n° 191.

21.22 **Monopole des connaissances techniques.** Il a également été jugé que le dirigeant disposant du monopole des connaissances techniques ne peut être subordonné à l'entreprise puisque celle-ci ne peut exercer de contrôle sur les prestations de travail accomplies au titre des fonctions techniques[1].

3. Rémunération distincte

21.23 Le dirigeant qui cumule mandat social et contrat de travail peut percevoir soit deux rémunérations distinctes (l'une en contrepartie des fonctions sociales, l'autre en contrepartie des fonctions techniques) soit une seule rémunération, dans la mesure où le mandat social peut être exercé à titre gratuit (voir chapitre 22).

Dans ce dernier cas, il est indispensable que la rémunération soit versée en contrepartie de l'activité salariée, car la validité du contrat de travail est subordonnée au versement d'un salaire relatif aux fonctions techniques distinctes[2].

Remarque(s) *La remise d'un bulletin de salaire, comportant les mentions réglementaires obligatoires, faisant référence aux fonctions techniques et stipulant une rémunération normale (c'est-à-dire ni excessive ni dérisoire par rapport aux fonctions techniques assumées) évoluant conformément aux accords collectifs est conseillée, même si une telle remise ne constituera qu'un simple indice de l'existence du contrat de travail.*

Dans la mesure où le mandat social donne lieu à rémunération, il est souhaitable d'établir pour celle-ci un bulletin de paie distinct faisant référence aux fonctions sociales.

4. Absence de fraude à la loi

21.24 Les hypothèses dans lesquelles la fraude est retenue concernent essentiellement l'établissement de contrats de travail dits fictifs ou apparents, destinés à accorder au dirigeant le statut de salarié sans justification et/ou dans le but de faire échec à la règle d'ordre public de libre révocabilité des dirigeants sociaux ou à toute autre disposition de la loi, avant, pendant ou après le mandat social.

Exemple(s) Il en est ainsi lorsque le dirigeant se fait consentir un contrat de travail dont les conditions de durée, de rémunération, et d'indemnisation en cas de non-renouvellement sont exorbitantes et constituent un avantage de nature à dissuader la société de procéder à son licenciement et à assurer ainsi l'irrévocabilité du mandat social[3].

---

1. Soc. 11 juill. 1995, nº 94-41.447, RJDA 10/95, nº 1096.
2. Soc. 3 oct. 1980, nº 79-11.692, Bull. civ. V, nº 696 • Soc. 21 juill. 1981, nº 79-42.130, nº 80-11.672, Bull. civ. V, nºs 722 et 723.
3. Soc. 15 oct. 1970, nº 69-40.291, Bull. civ. V, nº 534 • Soc. 19 déc. 1979, nº 78-13.664, Bull. civ. V, nº 1021 • Soc. 23 juin 1988, nº 87-60.245, nº 87-60.250, Bull. civ. V, nº 392.

5. Respect du formalisme imposé par le droit des sociétés

Un contrat de travail est déclaré nul lorsqu'il est conclu avec un administrateur de SA en fonction (voir nº 21.31), mais également lorsqu'il est conclu avec les mandataires sociaux en violation des conditions de forme relatives à l'autorisation préalable du conseil d'administration et à l'approbation de l'assemblée générale sur rapport spécial (voir nº 21.36). Il y aura alors restitution des salaires et des sommes perçues sous la dénomination de salaire, et possibilité, le cas échéant, pour le mandataire dont le contrat de travail est nul, de revendiquer le remboursement des cotisations salariales versées à l'assurance chômage (voir chapitre 26) **21.25**

Toutefois, s'il n'est pas administrateur, le mandataire qui a fourni effectivement une prestation de travail distincte des attributions de son mandat, pourrait prétendre à une indemnité en raison de l'activité exercée au profit de la société sur le fondement de l'enrichissement sans cause[1].

6. Charge de la preuve du cumul

Principe. En application de l'article 1315 du code civil et de l'article L. 1221-1 du code du travail[2] c'est à celui qui se prévaut de l'existence du contrat de travail d'en rapporter la preuve[3]. **21.26**

Il appartient donc au dirigeant qui revendique l'existence d'un contrat de travail à l'appui d'une prétention (par exemple, pour obtenir le paiement d'indemnités de licenciement) de prouver que les conditions du cumul sont remplies.

Ainsi, il incombe au gérant d'une SARL qui invoque l'existence d'un contrat de travail conclu pendant l'exercice de son mandat social « d'établir l'existence de fonctions techniques distinctes de son mandat social, dans un lien de subordination à l'égard de la société »[4].

Il a encore été jugé que « la production de bulletins de salaire et la notification d'une lettre de licenciement sont à elles seules insuffisantes à créer l'apparence d'un contrat de travail lorsqu'un prétendu salarié a exercé un mandat social. L'intéressé n'ayant ici exercé aucune activité dans un lien de subordination à l'égard de la société, le conseil de prud'hommes ne peut être compétent pour connaître du litige » [5].

Contrat de travail apparent. En présence d'un contrat de travail apparent, c'est au contraire à celui qui conteste l'existence du contrat de travail (par exemple la société qui refuse d'assumer ses obligations d'employeur[6], les organismes sociaux qui refusent de servir les prestations auxquelles le salarié aurait droit[7], ou le juge-

---

1. Soc. 6 mai 1982, nº 80-40.170, Bull. civ. V, nº 281.
2. C. trav., anc. art. L. 121-1, al. 1er.
3. C. civ., art. 1315 : « Celui qui réclame l'exécution d'une obligation doit la prouver. Réciproquement, celui qui se prétend libéré doit justifier le paiement ou le fait qui a produit l'extinction de son obligation ».
4. Soc. 29 janv. 2008, nº 06-43.581, NP.
5. Soc. 10 juin 2008, nº 07-42.165, Bull. civ. V, nº 127; RDT 2008, 659, note Pagnucco.
6. Soc. 19 nov. 1986, nº 84-45.309, Bull. civ. V, nº 529.
7. Soc. 10 avr. 1991, nº 89-15.335, Bull. civ. V, nº 177; JCP 1991, IV, 222; D. 1991, IR 144 (pour l'Assedic) • Soc. 15 juin 1994, nº 92-14.661, NP (pour l'Urssaf).

commissaire qui refuse de reconnaître la créance salariale du dirigeant au passif de la société [1]) de rapporter la preuve de l'absence de contrat de travail [2].

Remarque(s) *Au-delà de cette distinction, il est par conséquent recommandé de mentionner dans le procès-verbal de la réunion de désignation du dirigeant en qualité de mandataire social, que son contrat de travail préexistant se cumule avec son mandat, compte tenu notamment du maintien de l'exercice par l'intéressé de fonctions techniques distinctes.*

B. Règles spécifiques à certains types de sociétés

21.27 Aux conditions de validité du cumul communes à toutes les sociétés, déjà exposées, s'ajoutent des conditions particulières à certaines sociétés.

1. Conditions du cumul dans les sociétés anonymes à conseil d'administration

21.28 **Deux conditions.** En principe, deux conditions de validité du cumul s'ajoutent à celles déjà examinées : d'une part le contrat de travail doit être antérieur au mandat d'administrateur, d'autre part le nombre d'administrateurs en situation de cumul ne peut dépasser le tiers des administrateurs en fonction. Enfin, il convient d'envisager la situation particulière des directeurs généraux non administrateurs.

Dispositions particulières. Dans les sociétés exploitant un laboratoire d'analyses médicales [3], les sociétés d'exercice libéral à forme anonyme [4], les sociétés par actions simplifiées [5], les sociétés de commissaires aux comptes [6], il n'y a aucune restriction au cumul des fonctions de salarié et d'administrateur. La règle du tiers (voir n° 21.33) ne leur est donc pas applicable, pas plus que les conditions d'antériorité (voir n° 21.29).

a. Antériorité du contrat de travail

21.29 **Principe : contrat de travail antérieur au mandat social.** Dans les SA avec conseil d'administration, le président, le directeur général et le directeur général délégué choisis parmi les administrateurs ne sont autorisés à cumuler un mandat d'administrateur avec un contrat de travail que s'ils étaient titulaires d'un contrat de travail avant d'accepter ces fonctions sociales. Cette règle découle de l'article L. 225-22 du code de commerce.

Avant le 14 février 1994, le salarié qui souhaitait devenir administrateur devait justifier d'une ancienneté de son contrat de travail de deux ans.

---

1. Soc. 5 févr. 1992, n° 89-41.015, NPT.
2. Soc. 10 juill. 2007, n° 05-44.300, NP • Soc. 7 janv. 1997, n° 93-44.126, NPT.
3. CSP, art. L. 6212-4.
4. L. n° 90-1258, 31 déc. 1990, relative à l'exercice sous forme de sociétés des professions libérales soumises à un statut législatif ou réglementaire ou dont le titre est protégé, art. 12, al. 2, JO 5 janv., p. 216.
5. C. com., art. L. 227-1, al. 2.
6. C. com., art. L. 822-9, al. 4.

Remarque(s) *Cette règle reste applicable pour apprécier la situation des administrateurs nommés avant le 14 février 1994. Ainsi, la nomination le 13 février 1994 aux fonctions d'administrateur d'un employé embauché en 1993 est nulle.*

Depuis le 14 février 1994, la loi maintient la condition d'antériorité du contrat de travail par rapport au mandat, mais n'exige plus d'ancienneté minimale. Il en résulte que le contrat de travail devra, en toute hypothèse, être conclu (et probablement entré en application) à une date antérieure à la nomination comme administrateur.

Remarque(s) *L'Administration considérait, sous l'empire de la législation antérieure, que la condition d'antériorité était remplie dès que le contrat de travail était conclu avant l'acceptation des fonctions sociales, même si l'exercice effectif des fonctions salariées intervenait après la conclusion du contrat de travail*[1]*. Il est toutefois conseillé de prévoir que la prise des fonctions salariées, si elle doit intervenir après la conclusion du contrat de travail, précède toujours la date de nomination aux fonctions sociales, car la loi dispose que le contrat de travail doit être réel et sérieux, c'est-à-dire correspondre à un travail effectif.*

Exemple(s) La condition d'antériorité du contrat de travail s'applique même aux premiers administrateurs lorsque la société n'est pas encore immatriculée. Ainsi, le contrat de travail conclu entre un administrateur et une société en formation est nul de nullité absolue[2].

Le président du conseil d'administration peut également, en tant qu'administrateur, cumuler son mandat social avec un contrat de travail, même s'il assume de par la loi la direction générale de la société et représente la société dans ses rapports avec les tiers, car la jurisprudence admet qu'il puisse justifier d'un lien de subordination dans l'exécution de son contrat de travail[3].

Exceptions. Les administrateurs élus par les salariés (par opposition à ceux nommés par l'assemblée générale) sont tenus de justifier d'une ancienneté de deux ans, qu'il s'agisse des sociétés du secteur privé[4] ou des sociétés du secteur public[5]. **21.30**

Conséquences. Le contrat de travail conclu avec un administrateur après la date de nomination aux fonctions sociales est frappé de nullité absolue[6]. En outre, après avoir constaté cette nullité, les juges ne peuvent rejeter une demande en restitution des salaires formée par l'employeur, en retenant que l'intéressé avait droit à l'indemnisation du travail fourni durant cette période (quitte à ce que le mandataire social non administrateur réclame une indemnisation devant les juridictions compétentes). Enfin, un contrat de travail frappé de nullité absolue ne peut être rétroactivement **21.31**

---

1. Rép. min. nº 3716, JOAN Débats, 23 sept. 1978, p. 5251.
2. CA Paris, 29 juin 2001, D. 2001, jur. 2678, note A. Lienhard.
3. Soc. 19 févr. 1997, nº 93-43.690, NP.
4. C. com., art. L. 225-28 • Cette condition ne s'applique pas lorsque la société est constituée depuis moins de deux ans.
5. L. nº 83-675, 26 juill. 1983, *in* Code de la fonction publique Dalloz.
6. Soc. 21 nov. 2006, nº 05-45.416, Bull. civ. V, nº 348; RTD com. 2007, 141, note Cl. Champaud et D. Danet.

confirmé; par conséquent, seul un nouveau contrat peut lier les parties après la fin du mandat social[1].

Remarque(s) *Un administrateur ne peut donc pas devenir salarié.*

Ainsi, l'administrateur démissionnaire ne peut valablement conclure un contrat de travail avant que l'assemblée générale ordinaire n'ait pris acte de sa démission[2].

b. Limitation du nombre d'administrateurs en situation de cumul

21.32 **Principe : la règle du tiers.** Dans les SA, l'article L. 225-22, alinéa 2, du code de commerce dispose qu'au maximum un tiers du nombre total des administrateurs concernés par la règle du tiers (sauf exceptions; voir nº 21.33) peuvent être titulaires d'un contrat de travail.

Exemple(s) Cette règle s'applique strictement : lorsque le nombre des administrateurs n'est pas divisible par trois, il convient de retenir le nombre entier inférieur. Ainsi, lorsque le conseil comporte 2 administrateurs, aucun ne peut être salarié. Pour 3 à 5 administrateurs, 1 seul peut être salarié. Pour 6 à 8 administrateurs, 2 au maximum peuvent être salariés...

21.33 **Exceptions.** Certains administrateurs ne sont pas pris en compte pour l'application de la règle du tiers. Il s'agit :

- des administrateurs élus par les salariés;
- des administrateurs représentant les salariés actionnaires ou le fonds de placement d'entreprise;
- des représentants de la société coopérative de main-d'œuvre dans les sociétés anonymes à participation ouvrière[3].

De plus, la règle du tiers ne s'applique pas dans certaines sociétés (voir nº 21.28), à moins qu'elle n'ait été réintroduite dans les statuts.

21.34 **Conséquences.** Le mandat social consenti à un salarié en violation de la règle du tiers (soit parce que le seuil du tiers est déjà atteint, soit parce que cette nomination a pour effet d'excéder le seuil) est nul, mais le contrat de travail reste quant à lui valable. Toutefois, la nullité du mandat n'entraîne pas celle des décisions du conseil d'administration auxquelles l'intéressé a participé.

Remarque(s) *Le salarié qui souhaiterait néanmoins être nommé administrateur devra donc démissionner préalablement de son contrat de travail.*

Si la limitation du tiers vient à être dépassée involontairement (par exemple par la démission ou le décès d'un administrateur non salarié), il convient alors

1. Soc. 21 févr. 2006, nº 04-41.272, NP.
2. CA Paris, 25 mai 2004, 18e ch. D, nº 03-33.262.
3. C. com., art. L. 225-22, al. 3.

de remettre le conseil en conformité avec la loi dès que possible en nommant un nouvel administrateur non salarié en remplacement ou par la démission d'un administrateur salarié de son contrat de travail ou de son mandat social[1].

c. Situation particulière des directeurs généraux et des directeurs généraux délégués non administrateurs

Les directeurs généraux et directeurs généraux délégués qui ne sont pas choisis parmi les administrateurs sont des mandataires sociaux autorisés à cumuler leur mandat social avec un contrat de travail sans condition d'antériorité du contrat de travail par rapport au mandat social. **21.35**

Remarque(s) *Toutefois, si le contrat de travail était conclu postérieurement à l'acceptation du mandat de directeur général, le contrat devrait être soumis à l'approbation préalable du conseil d'administration, un tel contrat constituant une convention relevant de l'article L. 225-38 du code de commerce (voir nos 31.18 et s.).*

2. Conditions du cumul dans les sociétés anonymes à directoire et conseil de surveillance

a. Absence d'antériorité du contrat de travail par rapport au mandat social

Les membres du conseil de surveillance[2] peuvent, tout comme les membres du directoire[3], cumuler leur mandat social avec un contrat de travail sans condition d'antériorité du contrat de travail, s'ils justifient d'un lien de subordination dans l'exécution de leur contrat de travail, toutes autres conditions du cumul étant par ailleurs remplies. **21.36**

Toutefois, si le contrat de travail était conclu postérieurement à l'acceptation du mandat social, le contrat devrait être soumis à l'autorisation préalable du conseil de surveillance, conformément à l'article L. 225-86 du code de commerce, puis à l'approbation de l'assemblée générale.

b. Application de la règle du tiers aux membres du conseil de surveillance

Depuis le 14 février 1994, les membres du conseil de surveillance peuvent cumuler leur mandat social avec un contrat de travail, dans la limite d'un tiers des membres du conseil en fonction. Cette règle s'applique de la même manière que pour les administrateurs, à savoir que lorsque le nombre des membres du conseil de surveillance n'est pas divisible par trois, il convient de retenir le nombre entier inférieur (voir no 21.32). **21.37**

---

1. Rép. Liot, JO Sénat, 20 août 1974, p. 1084.
2. C. com., art. L. 225-85, al. 2, mod. par L. 11 févr. 1994 : le cumul est autorisé depuis l'entrée en vigueur de cette modification, le 14 févr. 1994 • Soc. 12 mars 2008, no 07-40.042, NP : les juges du fond doivent rechercher si l'intéressé, devenu membre du conseil de surveillance de la société et rémunéré par celle-ci en tant que directeur de recherche, ne justifiait pas d'un contrat de travail correspondant à un emploi effectif et distinct de son mandat.
3. C. com., art. L. 225-61 • Soc. 13 févr. 2008, no 06-44.234, NP.

Toutefois, les membres du conseil de surveillance qui sont élus par les salariés[1] et les membres désignés représentants les salariés actionnaires ou le fonds commun de placement de l'entreprise[2] ne sont pas pris en compte pour le calcul du tiers.

De plus, la règle du tiers ne s'applique pas à certaines sociétés (voir n° 21.32).

Remarque(s) *Comme pour les administrateurs, si la limitation du tiers vient à être dépassée involontairement (démission ou décès d'un membre non salarié), il convient de remettre le conseil en conformité avec la loi dès que possible, par la nomination d'un nouveau membre non salarié en remplacement, ou par la démission d'un membre salarié de son contrat de travail ou de son mandat social.*

3. Conditions du cumul dans les SARL et les EURL

21.38 Le cumul du mandat social et du contrat de travail est en principe possible sans condition d'antériorité du contrat de travail, pour les gérants non associés, pour les gérants associés minoritaires, et pour les gérants associés égalitaires, dès lors que les conditions cumulatives fixées par la jurisprudence (voir nos 21.13 à 21.26) sont réunies.

Il n'y a pas d'incompatibilité légale au cumul pour les gérants associés majoritaires d'une SARL. Toutefois, la jurisprudence et l'administration estiment qu'il est impossible d'établir l'existence d'un lien de subordination, dans la mesure où ceux-ci détiennent les pouvoirs les plus étendus et ne peuvent pas être efficacement contrés[3].

Remarque(s) *L'Unedic leur refuse d'ailleurs toute affiliation au régime d'assurance-chômage.*

Il en est de même pour le gérant majoritaire devenu gérant égalitaire qui aura probablement des difficultés à démontrer que l'exercice du mandat a lieu dans un lien de subordination avec la société au sein de laquelle il a un pouvoir de blocage.

Pour la même raison, l'associé unique d'une EURL qui en serait également le gérant ne pourrait vraisemblablement pas bénéficier d'un contrat de travail. En revanche, le gérant non associé d'une EURL pourrait valablement cumuler ses fonctions sociales avec un contrat de travail si les conditions exigées par la jurisprudence sont remplies.

4. Conditions du cumul dans les SAS

21.39 Contrairement à la situation qui prévaut dans les SA, les administrateurs de sociétés par actions simplifiées (SAS) dotées de conseil d'administration ne sont soumis à aucune condition particulière tenant à l'antériorité du contrat de travail ou à la proportion d'employés administrateurs. Il leur est donc possible, sous réserve du res-

[1] C. com., art. L. 225-79 et L. 225-80.
[2] C. com., art. L. 225-71.
[3] Soc. 31 mars 1982, n° 81-10.448.

pect des conditions générales de validité du cumul, de se voir consentir un contrat de travail avant, après, ou concomitamment à leur nomination aux fonctions d'administrateur.

5. Conditions du cumul dans les SNC

Les gérants associés d'une société en nom collectif (SNC) ne peuvent être titulaires d'un contrat de travail, car ils ont la qualité de commerçant, qui exclut celle de salarié. 21.40

À l'inverse, les gérants non associés de SNC peuvent cumuler leur mandat avec un contrat de travail, sous réserve de remplir les conditions générales de validité du cumul.

II. Conséquences

Il convient désormais d'examiner les conséquences de la situation de cumul par le dirigeant d'un contrat de travail et d'un mandat social lorsque celui-ci est autorisé, ainsi que l'alternative à ce cumul que constitue la suspension du contrat de travail préexistant pendant toute la durée du mandat social du dirigeant. 21.41

Cependant, il doit être ici rappelé (voir n° 21.12) qu'au-delà du décret du 30 mars 2009 prohibant temporairement le cumul du contrat de travail et du mandat social des dirigeants des seules entreprises publiques[1], le MEDEF et l'AFEP ont émis le 6 octobre 2008 un certain nombre de propositions intégrant le « code de bonne gouvernance » destiné aux conseils d'administration des sociétés cotées, tendant à « moraliser » la rémunération des dirigeants, parmi lesquelles figure la recommandation d'interdire le cumul de l'exercice d'un mandat social et d'un contrat de travail[2], et également qu'il est « souhaitable et recommandé que les sociétés dont les titres sont admis aux négociations sur un marché organisé (Alternext) et que **les sociétés non cotées** appliquent, comme c'est déjà le cas pour de nombreuses règles de gouvernement d'entreprise, ces recommandations en tout ou en partie en les adaptant à leurs spécificités ».

A. Conséquences du cumul

Le dirigeant en situation de cumul valable est tout à la fois mandataire social de la société et employé salarié, bénéficiant à ce titre de la protection du droit du travail. Toutefois, le principe d'autonomie des deux régimes n'est pas absolu, et leur coexis- 21.42

[1] Décr. n° 2009-348, 30 mars 2009, relatif aux conditions de rémunération des dirigeants des entreprises aidées par l'État ou bénéficiant du soutien de l'État du fait de la crise économique et des responsables des entreprises publiques, JO 31 mars, p. 5622.

[2] Cette recommandation « ne vise pas les collaborateurs qui, au sein d'un groupe de sociétés, exercent des fonctions de mandataire social dans une filiale du Groupe ».

tence n'est pas sans incidence sur le contrat de travail, tant pendant le cumul (voir n°s 21.43 et s.), qu'à la cessation du cumul (voir n°s 21.57 et s.).

1. Incidences positives du cumul : le bénéfice des avantages sociaux

21.43 Le mandataire social titulaire d'un contrat de travail bénéficie des dispositions des conventions et des accords collectifs de travail applicables dans l'entreprise dont il est employé, et jouit de la plupart des avantages sociaux, notamment pécuniaires, conférés par les codes du travail et de la sécurité sociale.

a. Salaire

21.44 L'activité technique exercée par le dirigeant au titre de son contrat de travail doit être rémunérée par un salaire. Ce salaire doit en tout état de cause être conforme à la réglementation afférente au salaire minimum de croissance, ou aux minima éventuellement supérieurs prévus par les conventions collectives ou accords d'entreprise applicables dans l'entreprise.

b. Congés payés

21.45 Le mandataire social bénéficie des congés payés au titre du contrat de travail dont il est titulaire, calculés sur la base de la rémunération perçue au titre du contrat de travail.

À l'inverse, les mandataires sociaux qui ne sont pas effectivement titulaires d'un contrat de travail ne peuvent bénéficier des congés payés, même s'ils perçoivent par ailleurs une rémunération qualifiée de salaire en vertu de la législation fiscale et sociale[1].

c. Participation, intéressement et plan d'épargne d'entreprise

21.46 Les dispositions relatives à la participation, l'intéressement et au plan d'épargne d'entreprise ont été profondément réaménagées par la loi du 30 décembre 2006[2].

21.47 **Participation aux résultats de l'entreprise.** Comme tout salarié, les mandataires sociaux titulaires d'un contrat de travail peuvent bénéficier de la participation lorsque ce contrat correspond « à un emploi salarié effectif » au sein de la société, comportant un lien de subordination et faisant l'objet d'une rémunération distincte de l'exercice du mandat social[3].

Remarque(s) *À l'occasion d'un contrôle diligenté dans la société par l'Urssaf ou l'Administration fiscale, les sommes versées au titre de la participation à un mandataire social non titulaire d'un contrat de travail seront susceptibles d'être requalifiées en salaire au regard des charges fiscales et sociales.*

1. Soc. 20 oct. 1976, n° 75-40.690, Bull. civ. V, n° 503.
2. L. n° 2006-1770, 30 déc. 2006, développement de la participation et de l'actionnariat salarié et portant diverses dispositions d'ordre économique et social, JO 31 déc., p. 20210.
3. Circ. intermin. 6 avr. 2005, fiche n° 1.

En outre, l'article 11 de la loi du 3 décembre 2008 en faveur des revenus du travail[1] autorise désormais les dirigeants d'entreprises et conjoints collaborateurs ou associés non salariés à bénéficier de la participation dans les entreprises aux conditions suivantes. Les chefs des entreprises, ou s'il s'agit de personnes morales, leurs présidents, gérants ou membres du directoire, ainsi que le conjoint du chef d'entreprise s'il bénéficie du statut de conjoint collaborateur ou conjoint associé mentionné à l'article L. 121-4 du code de commerce, peuvent bénéficier de la participation lorsque :

- l'entreprise compte moins de cinquante salariés et a conclu un accord pour appliquer volontairement le régime de la participation en application de l'article L. 3323-6 du code du travail.
- l'effectif habituel de l'entreprise est compris entre un et deux cent cinquante salariés, et l'entreprise verse une participation supérieure au montant qui découlerait du calcul selon les modalités de droit commun.

Deux décrets du 30 mars 2009[2] précisent les conditions d'application de la loi du 3 décembre 2008 précitée, et prévoient notamment que le dirigeant d'entreprise et le conjoint collaborateur ou associé peuvent exceptionnellement débloquer les sommes attribuées au titre de la participation avant le délai d'indisponibilité en cas de cessation de l'activité par l'entrepreneur individuel, à la fin du mandat social du dirigeant, ou lors de la perte du statut de conjoint collaborateur ou de conjoint associé[3].

Remarque(s) *La répartition de la participation est soumise à un plafonnement individuel : le salaire servant de base à cette répartition est pris en considération à hauteur de quatre fois le plafond annuel de la sécurité sociale[4]. En outre, le montant des droits susceptibles d'être attribués au titre de la réserve spéciale de participation aux dirigeants, au conjoint collaborateur ou associé est limité aux trois quarts du plafond annuel de la sécurité sociale[5] . Il existe une controverse concernant la détermination de l'assiette pour le calcul et la répartition de la participation. L'Administration fiscale considère en effet que l'ensemble des rémunérations qualifiées de salaires au sens fiscal doivent être prises en compte pour le calcul et la répartition de la participation, sans distinguer selon que la rémunération est versée en contrepartie du contrat de travail ou au contraire en contrepartie du mandat social[6].*

Cette conception semble corroborée par les articles D. 3324-1, D. 3324-2, D. 3324-4 et D. 3324-10 à D. 3324-15 du code du travail[7] qui renvoient, pour le calcul et la répartition de la participation, à la conception fiscale du salaire.

Toutefois, cette conception s'oppose à l'esprit des textes légaux en matière de participation, qui n'accordent le bénéfice de la participation qu'aux titulaires d'un contrat de travail. En conséquence, seules les rémunérations qui sont la contrepartie d'un contrat de travail devraient être prises en compte.

1. L. n° 2008-1258, 3 déc. 2008, en faveur des revenus du travail, JO 4 déc., p. 18488.
2. Décr. n°s 2009-350 et 2009-351, 30 mars 2009, portant diverses mesures en faveur des revenus du travail, JO 31 mars, p. 5625.
3. C. trav., art. R. 3324-22.
4. C. trav., art. D. 3324-10.
5. C. trav., art. D. 3324-12.
6. Instr. DGI 30 mai 1968, n° 93 • Rép. min. n° 21025, JOAN Débats 28 mars 1983, p. 1486.
7. C. trav., anc. art. R. 442-2 et R. 442-6.

21.48 **Intéressement.** Le bénéfice de l'intéressement et des plans d'épargne d'entreprise (voir n° 21.49) n'est plus exclusivement réservé au dirigeant salarié.

Désormais, les chefs d'entreprises individuelles, leur conjoint collaborateur ou associé, mais également les présidents, directeurs généraux, gérants ou membres du directoire dans les entreprises ayant la personnalité morale, peuvent bénéficier de l'intéressement[1] même s'ils ne sont pas titulaires d'un contrat de travail, sous certaines conditions[2] :

- les entreprises doivent employer habituellement au moins un salarié (en sus du dirigeant lui-même) et au plus deux cent cinquante salariés depuis le 5 décembre 2008;
- l'accord d'intéressement applicable dans l'entreprise doit expressément envisager ce versement au dirigeant;
- en cas de supplément, les sommes distribuées ne doivent pas avoir pour effet de porter le montant global des sommes perçues au titre de l'intéressement au-delà de 20 % du total de la rémunération versée aux personnes concernées, et pour chaque bénéficiaire au-delà de la moitié du plafond annuel de sécurité sociale.

Remarque(s) *La loi n'accorde donc pas la possibilité de conclure un accord d'intéressement dans l'entreprise dont l'effectif est limité à un salarié, si celui-ci est également président, directeur général, gérant ou membre du directoire de cette entreprise.*

Le dirigeant doit être conscient que toute somme qui lui aurait été versée au titre de l'intéressement ou de la participation aux résultats alors qu'il n'était pas titulaire d'un contrat de travail, est susceptible d'être requalifiée en salaire au sens fiscal et social et de faire l'objet des prélèvements sociaux et fiscaux dont ces sommes avaient été exonérées.

Les dispositions réglementaires relatives à l'intéressement et figurant dans le code du travail[3] sont également applicables aux chefs d'entreprise, mandataires sociaux et conjoint du chef d'entreprise ayant le statut de conjoint collaborateur ou de conjoint associé. À ce titre, ils doivent bénéficier, tout comme les salariés, de la remise d'un livret d'épargne salariale[4].

21.49 **Plan d'épargne d'entreprise.** L'article L. 3332-2 du code du travail[5] ouvre également la possibilité aux dirigeants, salariés ou non salariés, d'entreprises comprenant habituellement au moins un salarié (même à temps partiel), en sus du dirigeant, et au plus deux cent cinquante salariés[6], de bénéficier des avantages des plans d'épargne. Les entrepreneurs individuels, les professions libérales, les membres du directoire et plus généralement tous les chefs d'entreprise, quelle que soit la forme juridique de celle-ci[7] peuvent accéder au plan d'épargne entreprise (PEE) dans les mêmes conditions que les salariés de l'entreprise, mais également au plan d'épargne interentreprises (PEI) et au plan d'épargne pour la retraite collectif (Perco) (voir

1. C. trav., art. L. 3312-3 (anc. art. L. 441-1, al. 6).
2. L. n° 2005-842, 26 juill. 2005, pour la confiance et la modernisation de l'économie, JO 27 juill., p. 12160, mod. par L. n° 2008-1258, 3 déc. 2008, art. 12 • Circ. intermin. 14 sept. 2005, JO 1er nov., p. 17179, fiche 1, § III.
3. C. trav., art. R. 3311-3.
4. Décr. n° 2009-350, 30 mars 2009, préc.
5. C. trav., anc. art. L. 443-1.
6. Seuil relevé de 100 à 250 salariés par L. n° 2008-1258, 3 déc. 2008, en faveur des revenus du travail, JO 4 déc., p. 18488.
7. SA, SARL, SAS, association.

chapitre 27). Il en est de même depuis la loi du 2 août 2005 des conjoints collaborateurs et associés du chef d'entreprise [1].

Le déblocage exceptionnel des sommes attribuées au dirigeant ou au conjoint collaborateur ou associé au titre de la participation est également autorisé en cas de cessation d'activité de l'entrepreneur individuel, lors de la fin du mandat social ou en cas de perte du statut de conjoint collaborateur ou de conjoint associé [2].

En matière de PEE et de PEI, le montant maximum de l'abondement s'établit à 8 % du plafond annuel de sécurité sociale (soit en 2009, 2 744,64 € par salarié). Il est fixé à 16 % de ce même plafond en matière de Perco (soit en 2009, 5 489,28 € par salarié) [3].

Remarque(s) *Les versements volontaires annuels ne peuvent dépasser le quart des rémunérations perçues au titre des fonctions exercées dans l'entreprise, dont le montant est imposé dans la catégorie des traitements et salaires.*

d. Modification du contrat de travail

Toute modification du contrat de travail du dirigeant salarié doit recueillir expressément son aval. Par ailleurs, et lorsque la modification du contrat de travail a pour objet une promotion ou une augmentation de salaire du dirigeant, la convention sera également soumise à l'autorisation des organes sociaux [4], suivant la procédure des conventions réglementées, prévue à l'article L. 225-38 du code de commerce. **21.50**

e. Protection contre le licenciement abusif

La révocation du mandat social et le licenciement du salarié sont deux ruptures indépendantes, la première ressortant de la compétence exclusive du tribunal de commerce et la deuxième du conseil de prud'hommes. Ainsi, le licenciement devra être motivé et avoir une cause réelle et sérieuse. Le licenciement d'un dirigeant salarié, fondé seulement sur la révocation préalable de son mandat social, n'a pas de cause réelle et sérieuse au sens de l'article L. 1232-1 du code du travail [5]. **21.51**

Ce principe subit cependant quelques nuances du fait des circonstances particulières de chaque espèce, comme, par exemple, la persistance des faits fautifs à l'origine de la révocation, postérieurement à celle-ci [6], la perte de confiance réciproque résultant de la révocation [7], ou encore les fautes de gestion commises en tant que dirigeant social [8].

De même, la liquidation judiciaire de la société, qui met fin au mandat social, n'entraîne pas à elle seule la rupture du contrat de travail du dirigeant salarié [9].

---

1. L. n° 2005-882, 2 août 2005, en faveur des petites et moyennes entreprises, JO 3 août, p. 12639.
2. Décr. 30 mars 2009, préc.
3. C. trav., art. R. 3334-2.
4. Soc. 5 nov. 1982, n° 81-14.886, Bull. civ. V, n° 602; Rev. sociétés 1983, 567, note J. Burgard.
5. Soc. 6 juill. 1976, n° 75-40.605 • Soc. 16 déc. 1998, n° 96-43.227 • Soc. 26 sept. 2001, n° 99-45.063, NP • CA Nancy, 16 févr. 2000, ch. soc, Franckhauser c/Sté Nouvelle Franckhauser.
6. Soc. 12 oct. 2005, n° 03-46.752, NP.
7. Soc. 23 juin 1976, n° 75-40.756 • Soc. 25 janv. 2006, n° 04-42.657, NP.
8. Soc. 16 déc. 1981, n° 79-42.754, Bull. civ. V, n° 967; JCP 1983, I, 20048, note Fieschi-Vivet; RTD com. 1982, 267, note E. Alfandari et M. Jeantin.
9. Soc. 13 juin 2006, n° 04-42.702, NP • Soc. 25 janv. 2006, n° 03-47.604, NP.

2. Incidences négatives du cumul sur les avantages sociaux

21.52 **Cadre général.** Le dirigeant titulaire d'un contrat de travail est en revanche privé, par l'effet de la loi, de certaines prérogatives réservées aux seuls salariés non dirigeants.

Par ailleurs, les décisions auxquelles participe l'intéressé en qualité de mandataire social sont susceptibles d'avoir des répercussions négatives sur son contrat de travail, dont il ne pourra éviter les effets.

a. Droits réservés aux salariés non dirigeants

21.53 **Élection des représentants du personnel.** Les dirigeants sociaux, même titulaires d'un contrat de travail, ne sont ni électeurs, ni éligibles au sein des instances représentatives du personnel dans l'entreprise. De plus, ils ne sont pas comptés dans l'effectif de l'entreprise pour le calcul des seuils entraînant l'application des dispositions relatives à la représentation du personnel.

Cette interdiction découle du principe jurisprudentiel selon lequel aucune personne exerçant les pouvoirs de l'employeur ou participant aux pouvoirs de l'employeur ne peut participer, comme électeur ou comme candidat, aux instances représentatives du personnel[1].

Cette solution a été confirmée s'agissant de deux cadres auxquels avaient été délégués des pouvoirs suffisamment larges pour être assimilés aux pouvoirs de l'employeur, ce qui a conduit à les exclure de l'effectif salarié et à faire échec à la constitution d'un troisième collège pour l'élection du comité d'entreprise[2].

En outre, ne peuvent exercer un mandat de représentation du personnel les salariés disposant d'une délégation particulière d'autorité leur permettant d'être assimilés au chef d'entreprise.

En l'espèce, un membre du comité d'hygiène, de sécurité et des conditions de travail (CHSCT), suite à sa promotion comme chef d'établissement, avait reçu une délégation de pouvoir portant sur le respect de la réglementation sociale dans l'établissement et des obligations incombant à la société en matière d'instance représentative du personnel. Il en résultait que le mandat de membre de CHSCT avait cessé à la date à laquelle la délégation de pouvoirs avait été effective[3].

Il a encore été jugé que dès lors que « la salariée bénéficiait d'une large délégation d'autorité, et avait notamment négocié avec les syndicats représentatifs et paraphé le protocole d'accord préélectoral en vue de l'élection des délégués du personnel à laquelle elle se portait candidate », le tribunal d'ins-

---

1. Soc. 3 juill. 1985, nº 84-61.020, Bull. civ. V, nº 392.
2. Soc. 26 janv. 2000, nº 99-60.316, NPT.
3. Soc. 5 déc. 2007, nº 06-43.980, NP.

tance avait légitimement pu annuler sa candidature comme étant « incompatible avec sa fonction de cadre dirigeant »[1].

Désignation en qualité de délégué syndical. Un salarié, et *a fortiori* un dirigeant salarié, ne peut pas être désigné en qualité de délégué syndical lorsqu'il bénéficie d'une délégation particulière d'autorité écrite, lorsqu'il représente, au jour de cette désignation, l'employeur en qualité de président du comité d'hygiène, de sécurité et des conditions de travail, ou du comité d'entreprise, qu'il est responsable de la bonne tenue des réunions de délégués du personnel, lorsqu'il exerce les obligations relevant exclusivement du chef d'entreprise à l'égard des représentants du personnel[2]. **21.54**

En revanche, pourra être désigné en qualité de délégué syndical le salarié qui n'a reçu ou qui ne bénéficie d'aucune délégation particulière d'autorité écrite permettant de l'assimiler au chef d'entreprise même s'il est cadre et « manager » d'un magasin[3]*, responsable des ressources humaines ou directeur d'une agence*[4].

Élections prud'homales. Il convient enfin de préciser que, selon l'article L. 1441-4 du code du travail[5] modifié par l'ordonnance du 24 juin 2004[6], toute personne qui emploie pour son compte ou pour le compte d'autrui un ou plusieurs salariés a nécessairement la qualité d'électeur employeur aux élections prud'homales. **21.55**

Par ailleurs, les associés de sociétés en nom collectif, les présidents des conseils d'administration, les directeurs généraux, les directeurs généraux délégués et les membres du directoire ont la qualité d'électeurs employeurs aux élections prud'homales, sans avoir à démontrer qu'ils emploient un ou plusieurs salariés pour le compte d'autrui.

A contrario, les dirigeants non visés par cet article (gérants de SARL et d'EURL, gérants non associés de SNC, gérants de société en commandite simple ou par actions) doivent faire cette démonstration, en pratique en signant un ou plusieurs contrats de travail pour le compte de l'entreprise.

Remarque(s) *Le dirigeant qui a également la qualité d'employé au titre du contrat de travail dont il est titulaire doit être inscrit sur les listes électorales, soit en qualité d'employé, soit en qualité d'employeur. Pour voter en qualité d'employeur et renoncer à sa qualité d'électeur employé, l'intéressé devra s'identifier comme employeur dans l'imprimé « déclaration nominative des employeurs ».*

b. Incidences des décisions du mandataire sur son contrat de travail

Le dirigeant qui approuve, en qualité de mandataire social, une décision qui a des effets négatifs sur son contrat de travail, ne devrait ensuite pas pouvoir s'opposer aux effets de cette décision en qualité de salarié. **21.56**

Ainsi, un dirigeant qui étant à la fois associé, mandataire social et employé de l'entreprise, a approuvé une décision ayant pour effet de transférer le siège

1. Soc. 30 janv. 2008, nº 07-60.093, NP.
2. Soc. 12 juill. 2006, nº 05-60.300, Bull. civ. V, nº 260.
3. Soc. 5 janv. 2005, nº 03-60.491, NP.
4. Soc. 21 mai 2003, nº 02-60.100, Bull. civ. V, nº 169 ; RJS 8-9/03, nº 1036.
5. C. trav., anc. art. L. 513-1, al. 4.
6. Ord. nº 2004-603, 24 juin 2004, relative aux mesures de simplification dans le domaine des élections prud'homales, JO 26 juin.

social de la société ne peut ensuite contester cette décision en qualité de salarié, quand bien même cette décision constituerait une modification de son contrat de travail[1].

Il en est de même pour un dirigeant titulaire d'un contrat de travail qui approuve une baisse générale des salaires, y compris du sien, et la suppression de l'usage du véhicule de société[2].

B. Conséquences de la cessation du cumul

21.57 La cessation du cumul intervient au moment de la cessation du mandat social et/ou de la rupture du contrat de travail. Ces deux événements sont en principe indépendants, mais dans certaines hypothèses la révocation du mandat social peut également entraîner la rupture du contrat de travail.

1. Principe : autonomie des règles applicables

21.58 **Distinctions.** La cessation du mandat social et la rupture du contrat de travail obéissent chacune à leurs règles propres; ainsi la cessation du mandat n'entraîne pas la rupture du contrat de travail et la rupture du contrat de travail n'entraîne pas la cessation du mandat social.

Les juridictions compétentes sont également distinctes : le contentieux de la cessation du mandat relève de la compétence exclusive des tribunaux de commerce, tandis que celui de la rupture du contrat de travail relève de celle des juridictions prud'homales.

La juridiction prud'homale est ainsi incompétente pour statuer sur les conditions de mise en œuvre d'un pacte d'actionnaires, qui ne constitue pas un accessoire au contrat de travail[3]*, par opposition aux demandes de réparation du préjudice subi par le dirigeant du fait de l'impossibilité de lever les options consenties en raison du licenciement intervenu, qui sont de la compétence du juge du contrat de travail*[4].

a. Cessation du mandat social

21.59 La cessation du mandat social peut intervenir par la démission du mandataire, par l'expiration du terme du mandat, ou par la révocation du dirigeant par les associés (voir chapitre 51).

Du fait de l'autonomie du mandat social et du contrat de travail, le contrat de travail se poursuit à la cessation du mandat, que cette cessation soit intervenue par révocation, non-renouvellement ou démission (voir chapitre 53).

1. Soc. 4 oct. 1972, nº 72-40.027, Bull. civ. V, nº 526.
2. CA Versailles, 5e ch. B, 16 févr. 1996, Doc. pratique sociale Lefebvre, TA, I, nº 10.190.
3. Soc. 18 oct. 2007, nº 06-45.331, NP.
4. Soc. 21 juin 2005, nº 02-45.479, Bull. civ. V, nº 207.

La cessation du mandat social ne constitue pas à elle seule une modification du contrat de travail, pouvant être invoquée par le dirigeant en cas de révocation ou par la société en cas de démission[1]. En outre, la liquidation judiciaire de l'employeur met fin aux mandats sociaux mais n'entraîne pas à elle seule la rupture des contrats de travail[2].

Remarque(s) *Ainsi, l'entreprise qui, après avoir révoqué l'un de ses mandataires, cesse de lui payer le salaire dû au titre du contrat de travail qui s'est poursuivi est responsable de la rupture du contrat de travail, nécessairement dénuée de cause réelle et sérieuse au sens du code du travail.*

b. Rupture du contrat de travail

Il est ici à nouveau rappelé que la rupture du contrat de travail du dirigeant est désormais fortement recommandée par l'AFEP et le MEDEF lorsque le dirigeant salarié devient mandataire social (voir nº 21.11), et ce dans toutes les sociétés, cotées ou non, et que le chapitre 2 du décret du 30 mars 2009[3] prohibe temporairement le cumul du contrat de travail et d'un mandat social dans les entreprises publiques. **21.60**

Les différents cas de licenciement prévus par le code du travail peuvent être prononcés à l'encontre du dirigeant : licenciement pour cause réelle et sérieuse[4] ou encore pour faute grave[5]. En cas de licenciement, le dirigeant salarié bénéficie des règles protectrices du droit du travail et notamment de l'entretien préalable, du préavis, de l'indemnité de licenciement calculée sur la seule rémunération perçue en qualité de salarié, voire de l'indemnité pour licenciement sans cause réelle et sérieuse[6].

Il existe en outre des règles spécifiques s'agissant de la rupture des contrats de travail des administrateurs et des membres du conseil de surveillance élus par les salariés[7].

Remarque(s) *L'indemnité de licenciement est calculée par rapport à l'ancienneté totale du contrat de travail du dirigeant dans l'entreprise, y compris la période de cumul, mais par définition pas lorsque le contrat de travail a été suspendu pendant la durée du mandat. En cas de suspension du contrat de travail (voir nos 21.62 et s.), il est par conséquent conseillé au dirigeant de prévoir contractuellement que la durée de suspension du contrat sera prise en compte pour le calcul de l'ancienneté en qualité de salarié[8].*

L'ancien mandataire social peut également avoir signé un contrat de travail comportant une clause de reprise d'ancienneté[9].

---

1. Soc. 14 juin 2000, nº 97-45.852, nº 97-45.945, Bull. civ. V, nº 229 ; JCP E 2001, 3, 138, note C. Puigelier : « Les directeurs généraux sont révocables à tout moment sans que cette révocation ait d'incidence sur le contrat de travail dont ils ont conservé le bénéfice ».
2. Soc. 13 juin 2006, nº 04-42.702, NP • Soc. 25 janv. 2006, nº 03-47.604, NP.
3. Décr. nº 2009-348, 30 mars 2009, relatif aux conditions de rémunération des dirigeants des entreprises aidées par l'État ou bénéficiant du soutien de l'État du fait de la crise économique et des responsables des entreprises publiques, JO 31 mars, p. 5622.
4. Soc. 12 oct. 2005, nº 03-44.534, NP, RTD com. 2006, 136, note Le Cannu.
5. Soc. 25 janv. 2006, nº 04-42.657, NP (pour un cas d'abus de confiance).
6. Voir dans la même collection, Rupture du contrat de travail, par L. Gamet et H. Ribereau-Gaillon.
7. C. com., art. L. 225-33 et L. 225-80.
8. En ce sens, Soc. 10 févr. 1993, nº 90-44.893, NPT.
9. Soc. 9 juill. 2008, nº 07-44.553, NP.

Pas plus que la fin du mandat ne rompt le contrat de travail, la cessation du contrat de travail ne met fin au mandat social.

2. Effets de la révocation du mandat sur le contrat de travail

21.61 **Cadre général.** L'autonomie entre le contrat de travail et le mandat social n'est pas complète. En effet, les faits ayant servi de base à la révocation du mandat social pourraient en principe être invoqués à l'appui du licenciement du dirigeant, car la révocation du mandat n'est pas une sanction disciplinaire et n'empêche pas l'employeur de fonder le licenciement sur les mêmes faits[1].

Conditions. Toutefois, cette situation est délicate : pour être utilement invoqués, les faits doivent au moins constituer une faute réelle et sérieuse, sinon une faute grave, et ce dans le cadre de l'exécution du contrat de travail. La jurisprudence exige à cet égard que les faits reprochés soient suffisamment précis et objectifs, et interfèrent avec l'exécution du contrat de travail.

Ainsi, est fondé le licenciement du salarié, postérieur à sa révocation, en raison de la persistance des faits fautifs ayant fondé la révocation[2].

Lorsqu'au contraire, les faits reprochés ne se rattachent qu'à l'exécution du mandat social, par exemple en cas de perte de confiance de l'actionnariat en relation avec le mandat social, et que le mandat ne présente aucun lien avec le contrat de travail, ils ne peuvent être invoqués à l'appui du licenciement[3] (sur la protection contre le licenciement abusif, voir n° 21-51).

Gestion sociale défaillante

S'agissant d'un gérant de SARL également salarié en qualité de directeur technique qui a laissé la société dans une situation compromise et recommandé des investissements non rentables, il a été jugé que ces faits, qui se rattachaient non seulement à l'exercice de son mandat social mais aussi à son contrat de travail, pouvaient constituer une faute réelle et sérieuse justifiant le licenciement[4].

Critiques de la gestion sociale

L'opposition au président du conseil d'administration manifestée par écrit, par un administrateur également directeur salarié, a été jugée comme constitutive d'une cause réelle et sérieuse de licenciement[5].

Abuse également de l'exercice de sa liberté d'expression (en qualité de salarié) le directeur technique également administrateur de la société, qui critique ouvertement par les moyens de diffusion interne les dirigeants de la société[6].

1. Soc. 7 avr. 1993, n° 91-42.914, NPT.
2. Soc. 12 oct. 2005, n° 03-46.752, NP.
3. Soc. 8 mars 1990, n° 87-45.509, NP • CA Paris, 21e ch. A, 21 mai 1997 • Soc. 30 sept. 2005, n° 03-47.040, NP : « est dénué de cause réelle et sérieuse le licenciement en raison des propos tenus par le salarié en sa seule qualité de membre du conseil d'administration ».
4. Soc. 16 déc. 1981, n° 79-42.754, Bull. civ. V, n° 967 ; JCP 1983, I, 20048, note P. Fieschi-Vivet ; RTD com. 1982, 267, note E. Alfandari et M. Jeantin.
5. Soc. 2 juill. 1981, n° 79-41.125.
6. Soc. 13 juin 2006, n° 04-45.422, NP.

Mésentente

La mésentente entre un directeur commercial et les autres dirigeants de l'entreprise, lorsqu'elle a motivé la révocation de son mandat et a des conséquences préjudiciables à l'activité de l'entreprise justifie le licenciement[1].

Agissements fautifs

Les agissements fautifs ne justifient le licenciement que pour autant qu'ils se rattachent à l'exécution du contrat de travail. Ainsi en est-il de l'utilisation du secrétariat de l'entreprise à des fins personnelles et de la confusion volontaire entre les comptes de la société et ceux du dirigeant[2].

Procédure. Même si les motifs de révocation du mandat et de licenciement sont similaires, l'entreprise restera tenue de respecter deux procédures distinctes, l'une en révocation et l'autre de licenciement, car les causes juridiques et le régime des deux actions restent distincts.

Remarque(s) *Par conséquent, le dirigeant pourra, selon sa situation, cumuler l'indemnité de dommages et intérêts qui pourrait être due en cas de révocation abusive ou sans juste motif, et l'indemnité liée à un licenciement sans cause réelle et sérieuse en cas de condamnation de la société par le juge prud'homal.*

C. Alternative au cumul : la suspension du contrat de travail

Intérêt. Le dirigeant d'entreprise, notamment lorsqu'il a la qualité d'administrateur, peut se trouver dans l'impossibilité de cumuler son mandat social et son contrat de travail. **21.62**

Dans certaines hypothèses, la suspension du contrat de travail, c'est-à-dire l'interruption momentanée des effets du contrat sans qu'il y ait rupture de la relation contractuelle, est admise.

Ce mécanisme juridique permet au dirigeant d'exercer son mandat social tout en conservant le bénéfice de son contrat de travail, qui retrouvera ses effets à l'expiration du mandat social.

Remarque(s) *Outre la clause contractuelle prévoyant expressément que la durée de la suspension (pendant le mandat) sera néanmoins retenue au titre de l'ancienneté du dirigeant salarié (voir nº 21.60), il est également recommandé de faire figurer, dans les statuts de la société ou dans le procès-verbal de la réunion de désignation du futur dirigeant qui marquera le début de son mandat social,*

---

1. Soc. 23 janv. 1991, nº 88-44.041, NP.
2. Soc. 7 avr. 1993, nº 91-42.914, NPT.

une mention explicite sur la suspension (ou au contraire le maintien) du contrat de travail antérieur.

Lorsque les conditions de validité de la suspension sont remplies (voir nos 21.63 et s.), la suspension qui est de plein droit (voir no 21.66) représente un instrument de sécurité juridique incontestable pour le dirigeant (voir nos 21.67 et s.).

Il est cependant rappelé que la suspension du contrat de travail est probablement une solution en voie de disparition, au profit de la rupture pure et simple du contrat de travail (voir nos 21.11 et 21.41).

1. Conditions de la suspension

21.63 **Principe.** La suspension n'est admise que si un contrat de travail réel et sérieux est effectivement exécuté, avant la désignation en tant que mandataire social et que le maintien du contrat de travail, même suspendu, est licite (voir nos 21.11 et 21.41).

21.64 **Un contrat de travail réel et sérieux.** Le contrat de travail doit correspondre à un emploi effectif dans l'entreprise et être exécuté au moment de la nomination en qualité de mandataire, ce qui exclut tout contrat fictif destiné à garantir frauduleusement le dirigeant des effets de la révocation de son mandat.

Remarque(s) A fortiori, *tout contrat conclu au moment de la nomination ou postérieurement ne peut être suspendu.*

La suspension doit résulter d'une impossibilité momentanée d'exécuter le contrat de travail. Il s'agit notamment de l'hypothèse dans laquelle le lien de subordination à l'égard de l'entreprise disparaît, auquel cas la jurisprudence admet que le contrat de travail n'est suspendu que pour la durée du mandat, à l'expiration duquel renaîtra le lien de subordination[1].

21.65 **Un contrat de travail dont le maintien est licite.** Dans certaines hypothèses, le maintien du contrat de travail devient illicite et le contrat ne peut survivre à la nomination aux fonctions de mandataire social.

Exemple(s) Il en est ainsi lorsque les fonctions sociales conférées par le mandat viennent à absorber les fonctions salariales de l'intéressé.

2. Effet automatique de la suspension

21.66 Il résulte de la jurisprudence que, sauf convention contraire des parties, le contrat de travail est suspendu de plein droit pendant la durée du mandat[2].

---

1. Soc. 18 nov. 1992, no 89-41.252, Bull. civ. V, no 547 ; JCP 1993, IV, 228, 28 ; D. 1992, IR 280.

2. Soc. 12 déc. 1990, no 87-40.596, Bull. civ. V, no 658 ; RJS 1991, no 98, 397 • Soc. 15 mars 2000, no 98-40.448, NPT (pour un cas de cessation du lien de subordination) • Soc. 10 juill. 2007, no 05-44.300, NP.

À la cessation du mandat social, le contrat de travail reprend également ses effets de plein droit[1], même si le salarié n'occupe plus les mêmes fonctions techniques lors de la reprise de son contrat[2].

Remarque(s) *Il appartiendra par conséquent à la société, soit de maintenir le contrat de travail, le cas échéant en le modifiant et à la condition expresse de recueillir le consentement du dirigeant sur cette modification, soit d'entreprendre sa rupture dans le respect des conditions et de la procédure fixée par le code du travail.*

3. Conséquences de la suspension

Ancienneté. À défaut de stipulation contractuelle contraire entre les parties au contrat de travail, la suspension du contrat de travail a pour effet de suspendre le cours de l'ancienneté pendant l'exécution du mandat social. Cependant, le salarié ne perd pas le bénéfice de l'ancienneté acquise antérieurement au mandat social[3]. **21.67**

Remarque(s) *En cas de suspension, le calcul de l'ancienneté s'opère donc en additionnant les périodes de travail antérieures et postérieures au mandat social.*

Assurance chômage et garantie des créances des salariés. Les droits à assurance chômage sont suspendus en même temps que le contrat de travail, dans la mesure où l'intéressé, qui cesse de percevoir des rémunérations en contrepartie d'un travail salarié, cesse dans le même temps de remplir les conditions d'affiliation. **21.68**

Il a été jugé que le versement de cotisations d'assurance chômage pendant la suspension du contrat n'ouvre pas davantage droit aux allocations chômage[4].

Le remboursement des contributions et majorations indûment versées, dans la limite de trois années de cotisations à compter de la date de versement, pourra cependant être demandé[5].

Remarque(s) *Le dirigeant a tout intérêt à interroger systématiquement l'organisme d'assurance chômage lors de la mise en place du mandat, ou à l'occasion de tout changement dans sa situation (voir chapitre 26), afin de connaître son traitement au regard du bénéfice éventuel de l'assurance chômage, quitte à opter, en cas de décision négative de cet organisme, pour un des trois systèmes d'assurance perte d'emploi existants.*

L'intéressé peut bénéficier des droits à l'assurance chômage même dans l'hypothèse où son licenciement interviendrait en même temps que sa révocation, si la période d'exécution du préavis a une durée suffisante. La convention d'assurance-

1. Soc. 14 juin 2005, n° 02-47.320, Bull. civ. V, n° 201 ; RJS 8-9/05, n° 915.
2. Soc. 12 déc. 1990, n° 87-40.596, Bull. civ. V, n° 658, préc.
3. Soc. 14 juin 2000, n° 98-45.328, NP • Soc. 26 avr. 1979, n° 78-40.201, NP • Soc. 28 nov. 2006, n° 05-42.835, NP.
4. Soc. 5 oct. 1994, n° 92-14.430, RJS 11/94, n° 1314.
5. C. trav., art. L. 5422-19.

chômage du 19 février 2009 et son règlement général[6] ont en effet fixé une durée minimum de quatre mois afin de pouvoir bénéficier de l'allocation de retour à l'emploi, soit une équivalence de cent vingt-deux jours ou encore de six cent dix heures au cours des vingt-huit derniers mois, ou des trente-six derniers mois pour le salarié âgé de plus 50 ans.

Si le contrat de travail du dirigeant est suspendu pendant son mandat, il ne bénéficiera pas non plus de l'assurance des créances des salariés en cas de redressement ou liquidation judiciaire de la société, faute de versement de la cotisation patronale AGS (Association pour la gestion du régime d'assurance et des créances des salariés).

---

6 Règlement, art. 3 (voir chapitre 26).

Chapitre 22

Revenus : régime juridique

22

S'il est possible pour un dirigeant d'exercer ses fonctions gratuitement, la perception d'une rémunération est en pratique courante. Dans certains types de sociétés, l'attribution de cette rémunération fait l'objet d'une réglementation particulière tendant à éviter les abus. **22.11**

De manière générale, et en application de l'article L. 242-6 du code de commerce, le dirigeant ne saurait percevoir une rémunération excessive qui serait contraire à l'intérêt social.

Contrôle des abus. Souhaitant réglementer beaucoup plus strictement les revenus perçus par les dirigeants, l'AFEP et le MEDEF ont, aux termes d'une recommandation du 6 octobre 2008, précisé que : **22.12**

> « *La détermination de la rémunération des dirigeants relève de la responsabilité des conseils d'administration ou de surveillance et se fonde sur les propositions du comité des rémunérations. En cas de non-application d'une partie des recommandations, il revient aux conseils d'administration ou de surveil-*

lance d'en expliquer les raisons selon le principe "appliquer ou s'expliquer" » (comply or explain).

Dans la détermination de ces rémunérations, les conseils et comités doivent prendre en compte les principes suivants :

– **exhaustivité** : la détermination d'une rémunération doit être exhaustive. Partie fixe, partie variable (bonus), options d'actions (stock-options), actions de performance, jetons de présence, conditions de retraite et avantages particuliers doivent être retenus dans l'appréciation globale de la rémunération;

– **équilibre** entre les éléments de la rémunération : chaque élément de la rémunération doit être clairement motivé et correspondre à l'intérêt général de l'entreprise;

– **benchmark** : cette rémunération doit être appréciée dans le contexte d'un métier et du marché de référence européen ou mondial;

– **cohérence** : la rémunération du dirigeant mandataire social doit être déterminée en cohérence avec celle des autres dirigeants et celle des salariés de l'entreprise;

– **lisibilité des règles** : les règles doivent être simples, stables et transparentes; les critères de performance utilisés pour établir la partie variable de la rémunération, ou le cas échéant pour l'attribution d'options ou d'actions de performance, doivent correspondre aux objectifs de l'entreprise, être exigeants, explicables, et autant que possible pérennes;

– **mesure** : la détermination de la rémunération et des attributions d'options ou d'actions de performance doit réaliser un juste équilibre et tenir compte à la fois de l'intérêt général de l'entreprise, des pratiques du marché et des performances des dirigeants.

L'AFEP et le MEDEF précisent que ces recommandations s'adressent aux sociétés dont les titres sont admis aux négociations sur un **marché réglementé**, et qu'il est souhaitable et recommandé que les sociétés dont les titres sont admis aux négociations sur un **marché organisé (Alternext)** ainsi que les **sociétés non cotées** appliquent ces recommandations en tout ou partie, en les adaptant à leurs spécificités. Sont ainsi concernés les dirigeants mandataires sociaux de ces sociétés : présidents, directeurs généraux, directeurs généraux délégués des sociétés à conseil d'administration, membre du directoire des sociétés à directoire et conseil de surveillance et gérants des sociétés en commandite par actions.

Enfin, et dans le but d'améliorer la transparence de tous les éléments de la rémunération des dirigeants, l'AFEP et le MEDEF préconisent :

– de suivre la présentation standardisée définie par l'AFEP et le MEDEF de tous les éléments de rémunération des dirigeants (incluant la valorisation des options attribuées selon la méthode retenue pour les comptes consolidés);

– de rendre publics tous les éléments de rémunération des dirigeants, potentiels ou acquis, immédiatement après la réunion du conseil les ayant arrêtés.

Mesures d'encadrement de la rémunération des dirigeants. Des mesures d'encadrement s'appliquant à certains établissements (essentiellement des établissements bancaires) ayant conclu des conventions spécifiques avec l'État ont été promulguées au cours du mois d'avril 2009. Ces mesures ne concernent toutefois qu'un nombre limité d'entreprises. L'article 25 de la loi du 20 avril 2009[1] dispose ainsi que : **22.13**

> *« la convention conclue entre un établissement de crédit et l'État pour bénéficier d'un prêt de la société de refinancement doit présenter les conditions dans lesquelles le conseil d'administration, le conseil de surveillance ou le directoire autorise l'attribution d'options de souscription ou d'achat d'actions ou d'actions gratuites aux président du conseil d'administration, directeur général, directeurs généraux délégués, membres du directoire, président du conseil de surveillance ou gérants [...], ainsi que l'octroi des autres types de rémunération variable, des indemnités et des avantages indexés sur la performance, et les rémunérations différées. »*

Le décret du 20 avril 2009[2], modifiant le décret du 30 mars 2009[3], dispose en outre que, jusqu'au 31 décembre 2010 :

> *« les conventions conclues entre l'État et les bénéficiaires des prêts du Fonds de développement économique et social d'un montant supérieur à 25 millions d'euros doivent préciser que les entreprises emprunteuses s'interdisent d'accorder à leurs président du conseil d'administration, directeur général, directeurs généraux délégués, membres du directoire, président du conseil de surveillance ou gérants :*
>
> *– des options de souscription ou d'achat d'actions dans les conditions prévues aux articles L. 225-177 à L. 225-186-1 du code de commerce;*
>
> *– des actions gratuites dans les conditions prévues aux articles L. 225-197-1 à L. 225-197-6 du code de commerce.*
>
> *Elles précisent également que les éléments variables de la rémunération du président du conseil d'administration, du directeur général, des directeurs généraux délégués, des membres du directoire, du président du conseil de surveillance ou des gérants sont autorisés par le conseil d'administration ou le conseil de surveillance pour une durée déterminée, qui ne peut excéder une année en fonction de critères de performance quantitatifs ou qualitatifs préétablis et qui ne sont pas liés au cours de bourse. Cette autorisation est rendue publique.*

[1] L. n° 2009-431, 20 avr. 2009, de finances rectificative pour 2009, JO 22 avr., p. 6872.

[2] Décr. n° 2009-445, 20 avr. 2009, portant modernisation du fonctionnement du Fonds de développement économique et social, JO 22 avr., p. 6897.

[3] Décr. n° 2009-348, 30 mars 2009, relatif aux conditions de rémunération des dirigeants des entreprises aidées par l'État ou bénéficiant du soutien de l'État du fait de la crise économique et des responsables des entreprises publiques, JO 31 mars, p. 5622.

Les conventions prévoient également que les éléments variables de la rémunération mentionnés à l'alinéa ci-dessus, ainsi que les éléments exceptionnels de rémunération, ne sont pas attribués ou, lorsque leur versement a été différé, ne sont pas versés si la situation de l'entreprise la conduit à procéder à des licenciements de forte ampleur. »

1. Caractères généraux de la rémunération du dirigeant

22.14 La rémunération des mandats sociaux n'a de caractère, ni obligatoire, ni salarial.

A. Rémunération facultative du mandat social

22.15 **Principe.** Les mandats sociaux ne sont pas nécessairement rémunérés. Un dirigeant peut donc accepter d'exercer ses fonctions gratuitement.

Remarque(s) *Afin d'éviter toute difficulté au plan probatoire, le caractère gratuit ou rémunéré du mandat doit être expressément indiqué dans les actes appropriés (statuts ou acte de nomination, selon la forme de la société).*

Conséquences. La gratuité du mandat n'est pas une cause exonératoire de responsabilité en cas de faute : le dirigeant non rémunéré répond de ses actes dans les mêmes conditions que le dirigeant rémunéré (voir chapitres 43, 44, 45, 46). Il est également soumis aux mêmes interdictions et déchéances (voir nos 11.36 et s.).

En revanche, la gratuité du mandat peut avoir des incidences aux plans fiscal et social.

Fiscalement, l'absence de rémunération au titre du mandat empêche le dirigeant de déduire de ses éventuels autres revenus les dépenses qu'il serait contraint de faire dans l'intérêt de la société (voir no 23.15).

Au plan de la protection sociale, la gratuité des fonctions dispense de l'obligation d'affiliation aux assurances du régime général de sécurité sociale (voir no 25.18).

B. Non-assimilation de la rémunération du dirigeant à un salaire

22.16 **Principe.** Les rémunérations spécifiquement allouées à raison de l'exercice d'un mandat social n'ont pas le caractère de salaire.

Conséquences. Ainsi, les dirigeants ne bénéficient pas des privilèges et garanties de paiement accordés aux salariés, en cas de procédure collective.

Il a même été jugé que, les règles relatives au contrat de travail n'étant pas applicables à la rémunération allouée au gérant d'une SARL à raison de son mandat social, cette rémunération était due au gérant dès lors qu'il était en fonction, sans qu'il ait encore à justifier d'une activité effective[1].

Le régime d'insaisissabilité prévu aux articles L. 3252-1 et suivants du code du travail[2] n'est pas applicable[3].

Toutefois, l'absence d'un contrat de travail écrit n'est pas en soi un motif d'exclusion de l'application de l'article L. 3252-1 du code du travail (anc. art. L. 145-1) et la règle de l'insaisissabilité et de l'incessibilité du salaire[4] peut jouer lorsqu'il existe un lien de dépendance entre deux personnes ainsi qu'un rapport d'employeur à employé.

En l'espèce, une Cour d'appel ayant considéré que l'état de subordination du dirigeant par rapport à la société était prouvé, celui-ci pouvait bénéficier de la mesure de protection que représente la saisie des rémunérations prévue par l'article L. 3252-1 du code du travail[5].

Remarque(s) *Sur le cumul d'un mandat social et d'un contrat de travail, voir nos 21.11 et s.*

II. Attribution des rémunérations

Il faut envisager les cas dans lesquels l'attribution d'une rémunération à un dirigeant n'est pas spécialement réglementée, puis ceux où le code de commerce prévoit des dispositions particulières. **22.17**

A. Absence de réglementation particulière

Dans les sociétés autres que les sociétés anonymes et les sociétés en commandite par actions, l'attribution d'une rémunération n'est pas spécialement réglementée. Elle se fait dans le respect des dispositions statutaires et du droit commun. **22.18**

1. Détermination statutaire

Dans les sociétés en nom collectif, les sociétés en commandite simple, les sociétés à responsabilité limitée et les sociétés par actions simplifiées, le mode et le montant de la rémunération des gérants ou dirigeants peuvent être déterminés dans les statuts. **22.19**

---

1. Com. 21 avr. 1992, nº 90-19.860, Bull. civ. IV, nº 175; JCP E 1992, II, 348, 224, note Petit; Quotidien juridique 1992, 89, 3, note P. M. • Com. 21 févr. 1995, nº 93-10.234, NP, Dr. sociétés 1995, nº 103.
2. C. trav., anc. art. L. 145-1.
3. Soc. 11 mars 1982, nº 81-10.241, Bull. civ. V, nº 169.
4. Il y a saisie de la rémunération lorsque celle-ci est directement versée au créancier sans que le consentement du salarié ne soit sollicité. Il y a cession de la rémunération lorsque celle-ci est effectuée en vertu d'un accord entre le salarié et son créancier.
5. CA Pau, 14 oct. 2002, nº 2000/02459.

Toute révision de la rémunération suppose alors une modification statutaire. La lourdeur relative de cette procédure offre une certaine protection contre une diminution, voire une suppression, de la rémunération. Mais elle peut aussi s'avérer très handicapante pour décider d'une augmentation.

Une solution plus souple consiste à confier la détermination de la rémunération à un organe social.

2. Détermination par un organe social

22.20 Il convient de distinguer selon les formes de société.

a. Société à responsabilité limitée

22.21 **Principe.** Quand la rémunération du ou des gérants n'est pas déterminée dans les statuts, elle ne saurait être fixée par les gérants eux-mêmes, de manière unilatérale. Une décision collective des associés est nécessaire.

Dans une affaire où deux associés à parts égales, cogérants d'une SARL, n'étaient pas parvenus à s'entendre sur la rémunération de l'un d'entre eux, la Cour de cassation a considéré que n'était pas abusif le refus par l'un des associés de voter une augmentation de rémunération dès lors qu'il n'était pas établi que ce refus était contraire à l'intérêt de la société en ce qu'elle aurait interdit la réalisation d'une opération essentielle pour celle-ci. Aux termes de ce même arrêt, la Cour de cassation a également estimé qu'il n'appartenait pas au juge de se substituer aux organes sociaux légalement compétents pour fixer la rémunération d'un gérant[1].

Il a été jugé, en outre, que le gérant commettait un abus de biens sociaux en s'octroyant seul une rémunération[2].

Cette décision peut être prise, suivant les prévisions statutaires, en assemblée ou par consultation écrite, ou encore résulter du consentement de tous les associés exprimé dans un acte.

Participation du gérant au vote. La question se pose de savoir si le gérant associé a le droit de participer au vote sur sa rémunération. Répondre par la négative serait considérer qu'on est en présence d'une convention entre la société et son gérant, soumise à la procédure de contrôle prévue à l'article L. 223-19 du code de commerce (voir n° 31.43). Telle a été l'opinion exprimée par la Chancellerie[3]. Cependant, selon la doctrine, la rémunération du gérant, présenterait davantage un caractère institutionnel.

Sur ce point, la jurisprudence n'apparaît toujours pas clairement fixée.

---

1. Com. 31 mars 2009, n° 08-11.860, NP.
2. Crim. 13 déc. 1988, n° 87-82.268, Bull. crim., n° 429 ; JCP 1989, IV, 75 ; Rev. sociétés 1989, 257, note B. Bouloc.
3. Rép. min. n° 36325, JOAN Q, 10 nov. 1980, p. 4766.

Ainsi, dans un litige portant sur le champ d'application de l'expertise de gestion prévue à l'article L. 223-37 du code de commerce, la Cour de cassation a jugé que la décision de l'assemblée des associés d'une société à responsabilité limitée accordant dans des conditions normales au gérant des gratifications, qui font partie de sa rémunération, ne constitue pas une convention entrant dans les prévisions de l'article 50 de la loi du 24 juillet 1966 [C. com., art. L. 223-19][1].

Remarque(s) *Il est permis de s'interroger sur la portée de cette jurisprudence. Soit, en effet, la Cour de cassation a considéré que la rémunération n'avait pas de caractère conventionnel, ce qui devait exclure, en toute hypothèse, l'application de la procédure des conventions réglementées. Soit elle a considéré qu'on était bien en présence d'une convention, mais que, eu égard à ses « conditions normales », l'article 50 de la loi de 1966 [C. com., art. L. 223-19] n'était pas applicable, conformément aux dispositions de l'article 50-1 de la même loi [C. com., art. L. 223-20].*

Dans une autre affaire, la Cour de cassation a donné raison à une cour d'appel qui avait énoncé que le gérant associé ne pouvait prendre part au vote de l'assemblée générale sur la décision fixant sa rémunération[2].

La Cour d'appel d'Aix-en-Provence a estimé que ne constituait pas une convention réglementée l'attribution d'une prime exceptionnelle à un gérant salarié, non associé et non rémunéré[3].

La Cour d'appel de Versailles a estimé que les sommes versées à un gérant de fait constituaient une convention réglementée conformément à l'article L. 223-19 du code de commerce, et non une opération courante au sens de l'article L. 223-20 du code de commerce[4].

Plus récemment, la Cour d'appel de Paris a jugé qu'un gérant pouvait participer au vote de sa rémunération, au motif que la fixation de celle-ci constituait une opération courante au sens de l'article L. 223-20 du code de commerce[5].

Remarque(s) ***Compte tenu des incertitudes jurisprudentielles, il est préférable que le gérant s'abstienne de voter sur sa rémunération.***

b. Société par actions simplifiée

La liberté d'organisation caractéristique de la société par actions simplifiée permet de concevoir différentes modalités d'attribution d'une rémunération aux dirigeants. **22.22**

1. Com. 30 mai 1989, n° 87-18.083, Bull. civ. IV, n° 174; JCP N 1990, II, 311, note M. Marteau Petit; D. 1989, IR 194; Gaz. Pal. 1990, 180-181, pan. 111.
2. Com. 7 nov. 1989, n° 88-12.343, NP.
3. CA Aix-en-Provence, 30 juin 2000, Dr. sociétés 2000, n° 141, note D. Vidal.
4. CA Versailles, 12e Ch., 12 sept. 2002, n° 00-07416.
5. CA Paris, 3e Ch., sect. B, 25 janv.2007, n° 05-24853.

Les statuts peuvent ainsi créer un organe de gestion chargé de fixer la rémunération, ou renvoyer à une décision collective des associés.

Il peut être prévu d'indiquer le mode et les modalités de rémunération dans l'acte de nomination.

Remarque(s) *L'application de la procédure de contrôle des conventions réglementées prévue à l'article L. 227-10 du code de commerce devrait s'appliquer, si la rémunération n'est pas déterminée par une décision collective des associés.*

c. Société en nom collectif et société en commandite simple

22.23 Dans les sociétés en nom collectif et les sociétés en commandite simple, les statuts peuvent laisser à l'assemblée des associés le soin de déterminer, à la majorité qu'ils fixent, la rémunération des gérants.

3. Éléments de rémunération

22.24 **Composition.** Les gérants ou dirigeants perçoivent habituellement un traitement (fixe et/ou proportionnel en fonction du chiffre d'affaires ou des bénéfices). Ils peuvent également bénéficier d'avantages en nature (voir n° 22.29).

Enfin, les articles L. 3332-2 et L. 3312-3 du code du travail[1] prévoient que dans les entreprises dont l'effectif habituel est compris entre un salarié (en sus du dirigeant) et deux cent cinquante salariés, les chefs d'entreprise, les présidents, directeurs généraux, les gérants ou membres du directoire ainsi que le conjoint du chef d'entreprise, s'il a le statut de conjoint collaborateur ou de conjoint associé, peuvent participer au plan d'épargne entreprise et bénéficier de l'intéressement.

B. Existence de réglementations particulières

22.25 Le code de commerce comporte des dispositions particulières relatives à la rémunération des mandataires sociaux des sociétés anonymes et des sociétés en commandite par actions.

1. Société anonyme

22.26 Dans les sociétés anonymes, les rémunérations susceptibles d'être versées aux mandataires sociaux font l'objet d'une réglementation stricte.

On peut distinguer, à cet égard, selon que le bénéficiaire exerce un mandat de direction ou un mandat de gestion.

---

1 C. trav., anc. art. L. 443-1 al. 3 et L. 441-1, issus respectivement des L. n°s 2001-152, 19 févr. 2001 et 2005-842, 26 juill. 2005, préc.

a. Rémunération des personnes investies de mandats de direction

1. Composition de la rémunération

Composantes. La rémunération des dirigeants peut comprendre plusieurs éléments : **traitement fixe et/ou proportionnel** au chiffre d'affaires ou aux bénéfices, **avantages en nature** (mise à disposition d'un logement, voiture de fonction, prise en charge de primes d'assurance-vie...). 22.27

Il peut s'agir également de **sommes ou d'avantages attribués à l'occasion de la cessation des fonctions ou du départ à la retraite** des dirigeants. On parle alors de rémunérations différées (voir chapitre 51).

L'allocation d'un **complément de retraite** peut être analysée comme un mode « différé » de rémunération des fonctions du dirigeant dès lors qu'elle a pour contrepartie les services effectivement fournis par celui-ci dans l'exercice de ses fonctions de dirigeant.

À défaut, une telle allocation revêt un caractère indemnitaire soumis à l'autorisation du conseil puis au vote de l'assemblée des actionnaires [1].

Il a été jugé qu'entrait dans les prévisions de l'article 110 de la loi du 24 juillet 1966 [C. com., art. L. 225-47] l'octroi d'un complément de retraite ayant pour contrepartie des services particuliers rendus à la société pendant l'exercice de ses fonctions par le président, dès lors que l'avantage accordé était proportionné à ces services et ne constituait pas une charge excessive pour la société [2].

En revanche, l'allocation d'une retraite à des directeurs généraux a été considérée comme une libéralité, et non comme un complément de rémunération, dès lors qu'elle n'avait pas eu pour cause les services antérieurement rendus et sous-rémunérés, ce que révélait le fait que cette retraite avait été accordée pour le cas où les intéressés seraient venus à ne plus exercer leurs fonctions, et sans qu'il ait été exigé qu'ils aient effectivement atteint l'âge de la retraite [3].

Encadrement. La loi TEPA du 21 août 2007 [4] relative aux rémunérations des différents dirigeants est toutefois venue encadrer cette pratique pouvant engendrer des abus tels que les « parachutes dorés ». 22.28

Aux termes de l'article L. 225-42-1 du code du commerce, sont dorénavant interdits, dans les sociétés dont les titres sont admis aux négociations sur un marché réglementé, les éléments de rémunération, indemnités et avantages dont le bénéfice n'est pas subordonné au respect de conditions liées aux performances du bénéficiaire, appréciées au regard de celles de la société dont il préside le conseil d'administration ou exerce la direction générale ou la direction générale déléguée.

---

1. CA Paris, 14e ch., 16 nov. 2005, n° 05/19135, NP.
2. Com. 24 oct. 2000, n° 98-18.367, Bull. civ. IV, n° 166 ; D. 2000, 434, note Boizard ; RTD com. 2001, 161, note Chazal et Reinhard.
3. Com. 15 juill. 1987, n° 84-16.222, Bull. civ. IV, n° 194.
4. L. n° 2007-1223, 21 août 2007, en faveur du travail, de l'emploi et du pouvoir d'achat, JO 22 août, p. 13945.

Ces rémunérations doivent être préalablement autorisées par le conseil d'administration, qui fixera les conditions de performance exigées par la loi (voir chapitre 52).

En outre, cette autorisation préalable doit être publiée sur le site internet de la société concernée dans un délai maximum de cinq jours suivant la réunion du conseil d'administration au cours de laquelle elle a été délivrée, puis être soumise à l'approbation de l'Assemblée générale des actionnaires sur rapport spécial du commissaire aux comptes, par une résolution spécifique pour chaque dirigeant bénéficiaire.

Enfin, la constatation de la réalisation des performances puis l'allocation de l'indemnité doivent également être publiées sur le site internet de la société dans les cinq jours suivant la réunion du conseil[1].

2. Compétence initiale

22.29 **Compétence interne.** Au sein des sociétés anonymes de type classique, la rémunération du président du conseil d'administration, du directeur général et des directeurs généraux délégués est déterminée par le conseil d'administration[2].

Au sein des sociétés anonymes de type nouveau, celle de chacun des membres du directoire, ou du directeur général unique, est fixée par le conseil de surveillance, dans l'acte de nomination[3].

La jurisprudence souligne que le conseil d'administration ou de surveillance exerce une « compétence exclusive »[4]. La rémunération doit donc faire l'objet d'une délibération, sur son montant et ses modalités[5].

> *Le conseil d'administration ne saurait donc se limiter à ratifier la décision du président qui, sans obtenir préalablement une décision de ce conseil, s'est alloué de manière unilatérale une rémunération[6].*

Toutefois, rien ne s'oppose à ce que le conseil d'administration ou de surveillance désigne un comité *ad hoc* en vue d'établir différentes propositions de rémunération. Les Comités des rémunérations sont une pratique courante dans les sociétés cotées. Mais là encore, le conseil devra délibérer, quitte à « confirmer les décisions proposées »[7].

Toute rémunération non déterminée par le conseil d'administration ou de surveillance est indûment perçue. Le dirigeant peut être tenu à en rembourser la société[8].

22.30 **Limitation de la compétence judiciaire.** La compétence exclusive du conseil d'administration ou de surveillance limite les possibilités d'intervention judiciaire.

> *Il a été ainsi jugé que, les règles relatives au contrat de travail n'étant pas applicables à la rémunération allouée au président du conseil d'administra-*

---

1. C. com., art. R. 225-34-1 (Décr. n° 2008-448, 7 mai 2008, pris pour l'application des articles L. 225-42-1 et L. 225-90-1 du code de commerce et relatif à la publicité des rémunérations différées, JO 11 mai, p. 7831).
2. C. com., art. L. 225-47 et L. 225-53.
3. C. com., art. L. 225-63.
4. Com. 15 déc. 1987, n° 86-13.479, Bull. civ. IV, n° 280; LPA 1988, 17, note P. Moretti.
5. Com. 27 févr. 2001, n° 98-14.502, NPT.
6. Com. 15 déc. 1987, n° 86-13.479, Bull. civ. IV, n° 280, préc. • Com. 30 nov. 2004, n° 01-13.216, NP, RTD com. 2005, 119, obs. Le Cannu; Rev. sociétés 2005, 631, obs. Barbièri.
7. CA Versailles, 31 janv. 2002, Rev. sociétés 2002, 573, obs. Y. Guyon.
8. Com. 15 déc. 1987, n° 86-13.479, Bull. civ. IV, n° 280, préc. • Voir aussi CA Paris, 22 sept. 2000, Dr. sociétés 2001, n° 47, note F.-X. Lucas.

tion, la détermination de cette rémunération relevait de la compétence exclusive dudit conseil d'administration, et que faute d'avoir saisi ce conseil à cette fin pendant l'exercice de ses fonctions, le président n'était fondé à demander en justice le paiement d'aucune rémunération[1].

Dans le même sens, une cour d'appel a débouté des membres du directoire de leur demande en paiement de rémunération au motif qu'il n'appartient pas au juge de se substituer aux instances sociales légalement compétentes pour déterminer, dans les conditions prévues aux statuts de la société, ces rémunérations. Les membres du directoire ont formé un pourvoi en cassation, en soutenant que le juge aurait eu le pouvoir de fixer le montant de la rémunération d'un mandataire en fonction des circonstances de la cause et des services rendus. La Cour de cassation a rejeté ce pourvoi et donné raison à la cour d'appel, en rappelant à son tour que le conseil de surveillance avait une compétence exclusive pour fixer le mode de rémunération de chacun des membres du directoire[2].

Il a même été jugé que, si le conseil de surveillance ne fixe pas, dans l'acte de nomination des membres du directoire, le mode et le montant de la rémunération de chacun de ces membres, aucune rémunération n'est due[3].

3. Question du respect de la procédure d'approbation des conventions réglementées

Exclusion. Il se déduit encore de la compétence exclusive du conseil d'administration ou de surveillance le caractère institutionnel, et non conventionnel, de la rémunération des dirigeants. Aussi, la détermination de cette rémunération échappe-t-elle à la procédure de contrôle des conventions réglementées. **22.31**

La Cour de cassation a nettement affirmé le caractère exclusif des dispositions relatives, d'une part à la rémunération des dirigeants, et d'autre part aux conventions réglementées, en jugeant que l'octroi d'une rémunération au président du conseil d'administration (en l'espèce, sous la forme d'un complément de retraite) entrait dans les prévisions de l'article L. 225-47 du code de commerce, et non dans celles de l'article L. 225-38[4].

L'exclusion de la procédure des conventions réglementées autorise donc le dirigeant qui serait aussi administrateur à prendre part au vote.

Au contraire, si tel élément de rémunération n'apparaît pas spécifiquement versé à raison de l'exercice du mandat social, en contrepartie des services rendus à la société, et présente en réalité une nature contractuelle, la procédure de contrôle des conventions réglementées s'applique.

Ainsi, la Chambre sociale de la Cour de cassation a fait entrer dans les prévisions de l'article L. 225-38 du code de commerce l'octroi d'un avantage de

1. Com. 12 janv. 1993, n° 91-13.366, NPT, Bull. Joly 1993, p. 338.
2. Com. 12 déc. 1995, n° 94-12.489, NP.
3. CA Paris, 1er déc. 2000, Dr. sociétés 2001, n° 66, note F.-X. Lucas.
4. Com. 3 mars 1987, n° 84-15.726, Bull. civ. IV, n° 64; Gaz. Pal. 1987, nos 126-127, note B. Hatoux.

retraite qui était apparu « corrélatif » à un contrat de travail – et avait donc une nature conventionnelle[1].

4. Modification et suppression de la rémunération

22.32 **Compétence.** Seuls compétents pour attribuer une rémunération au titre d'un mandat de direction, le conseil d'administration et le conseil de surveillance pourraient aussi modifier cette rémunération, voire la supprimer, de manière unilatérale.

Ainsi, dans une affaire où le conseil de surveillance d'une société était revenu, par une délibération du 26 janvier 1980, et à partir de cette date jusqu'au 1er juillet 1980, date de la cessation des fonctions de membres du directoire, sur sa décision d'augmenter la rémunération de ces membres prise le 22 janvier précédent, une cour d'appel avait estimé que la délibération du 26 janvier était irrégulière, aux motifs que celle du 22 aurait fixé « définitivement les conditions de la rémunération », et qu'il aurait été dès lors interdit au conseil de surveillance « de revenir ultérieurement de façon arbitraire et unilatérale sur l'accord ainsi intervenu ». L'arrêt d'appel a été cassé au visa de l'article 123 de la loi du 24 juillet 1966[2]*, la Cour de cassation ayant rappelé que le conseil de surveillance avait une compétence exclusive pour fixer le mode et le montant de la rémunération de chacun des membres du directoire par un pouvoir propre de décision*[3].

Dans le même sens, il a été jugé que le versement à un dirigeant social d'une rémunération (en l'espèce, sous la forme d'une rente viagère réversible au conjoint survivant) relevait de la décision unilatérale du conseil d'administration, qui a seul pouvoir de l'attribuer, de la modifier ou de la supprimer[4].

Dans une autre affaire, la Cour de cassation a jugé que le conseil d'administration d'une société anonyme, seul compétent pour fixer la rémunération du président (en l'espèce, sous la forme d'un complément de retraite), pouvait aussi la modifier ou la supprimer[5].

Encadrement. Le Conseil de surveillance ne saurait toutefois réduire rétroactivement la rémunération des membres du directoire sans l'accord de ceux-ci[6].

De même, la suppression d'une rémunération, décidée unilatéralement par le conseil d'administration ou de surveillance, ne peut être rétroactive (sauf, bien entendu, avec l'accord de l'intéressé[7]). Elle ne doit pas être abusive. Il semble même que la jurisprudence exige, pour ce faire, un juste motif.

Ainsi, pour reconnaître au conseil d'administration d'une société le droit de revenir sur l'octroi d'une rémunération de dirigeant (en l'espèce, sous la forme

---

1. Soc. 14 janv. 1999, nº 93-41.796 et nº 93-41.797, Bull. civ. V, nº 26 ; Dr. sociétés 1999, 310, obs. Ph. Langlois ; RTD com. 1999, 447, obs. Petit et Reinhardt ; Rev. sociétés 1999, 616, obs. Saintourens.
2. C. com., art. L. 225-63.
3. Com. 16 juill. 1985, nº 83-17.416, Bull. civ. IV, nº 217 ; Bull. Joly sociétés 1985, 866 ; Rev. sociétés 1985, 842, note J. G.
4. CA Paris, 19 mai 1998, Dr. sociétés 1998, nº 128, note D. Vidal.
5. Com. 24 oct. 2000, nº 98-18.367, Bull. civ. IV, nº 166 ; D. 2000, 434, obs. M. Boizard ; D. 2001, 1613, obs. B. Thullier ; Rev. sociétés 2001, 95, obs. Le Cannu.
6. Com. 10 févr. 2009, nº 08-12.564, en attente de publication.
7. CA Paris, 1er févr. 2002, Dr. sociétés 2002, nº 67.

d'un complément de retraite), la Cour de cassation a spécialement retenu que, selon les constatations des juges du fond, cette rémunération était devenue une charge excessive pour la société, confrontée à des difficultés économiques, aucun abus de droit n'étant invoqué par ailleurs[1].

Nature contractuelle. Si tel élément de rémunération n'apparaît pas spécifiquement versé à raison de l'exercice du mandat social, et présente en réalité une nature contractuelle, il ne saurait être modifié ou supprimé sans le consentement du bénéficiaire. 22.33

Exemple(s) Il en serait ainsi d'une rémunération ou d'un avantage accessoire ou corrélatif à un contrat de travail.

De même, l'octroi d'un complément de retraite ne peut être analysé comme un élément de la rémunération du dirigeant, s'il n'a pas pour contrepartie des services particuliers rendus à la société pendant l'exercice de ses fonctions par le président ou s'il n'est pas proportionné à ces services.

b. Rémunération des administrateurs ou des membres du conseil de surveillance

Outre les salaires tirés, le cas échéant, d'un contrat de travail correspondant à un emploi effectif, les administrateurs ou membres du conseil de surveillance ne sauraient percevoir de la société que certaines rémunérations. 22.34

Jetons de présence. L'assemblée générale peut décider d'allouer aux administrateurs ou aux membres du conseil de surveillance, en rémunération de leur activité, à titre de jetons de présence, une somme globale, fixe et annuelle. Elle détermine cette somme librement, sans être liée par des dispositions statutaires ou des décisions antérieures[2].

La répartition des jetons de présence entre les administrateurs ou les membres du conseil de surveillance relève ensuite de la compétence exclusive du conseil. Celui-ci doit donc délibérer.

Le partage de la somme globale fixée par l'assemblée générale n'est pas forcément égalitaire. L'article R. 225-33 du code du commerce prévoit ainsi expressément, par exemple, que le conseil d'administration peut allouer aux administrateurs, membres des comités prévus par l'article R. 225-29 alinéa 2 du même code, une part supérieure à celle des autres administrateurs.

Remarque(s) *De manière générale, les éventuelles disparités dans la répartition des jetons de présence doivent être justifiées par des critères objectifs (charge de travail*

---

1. Com. 24 oct. 2000, n° 98-18.367, Bull. civ. IV, n° 166, préc.
2. C. com., art. L. 225-45 et L. 225-83.

plus importante, exercice d'autres responsabilités...), pour éviter de caractériser un abus.

Rémunération de la présidence du conseil. L'administrateur désigné président du conseil d'administration peut se voir allouer une rémunération particulière à ce titre, même s'il n'exerce pas par ailleurs la direction générale de la société. De même, le conseil de surveillance peut, s'il l'entend, verser à son président ou à son vice-président une rémunération spécifique[1].

Rémunérations exceptionnelles. Il arrive que le conseil d'administration ou de surveillance confie à l'un de ses membres, ou à plusieurs d'entre eux, une mission particulière (audit, étude de marché...). Il peut alors allouer, à ce titre, des rémunérations exceptionnelles[2].

Remarque(s) *Cette attribution est soumise à la procédure de contrôle des conventions réglementées (voir nos 31.41 et s.).*

Autres hypothèses. En dehors des hypothèses susvisées, les administrateurs ou membres du conseil de surveillance ne peuvent recevoir de la société aucune rémunération, permanente ou non[3].

Ainsi, un administrateur ne peut fonder une demande d'indemnité pour le travail accompli au service de la société sur l'enrichissement sans cause de celle-ci, l'action de in rem verso *ne pouvant être introduite pour suppléer à une autre action qui se heurte à un obstacle de droit*[4].

2. Société en commandite par actions

22.35 La rémunération du gérant est déterminée dans les statuts. Toute autre rémunération ne peut être allouée que par l'assemblée générale ordinaire des actionnaires, et avec l'accord des commandités. Cet accord doit être donné à l'unanimité, sauf disposition contraire des statuts.

III. Transparence des rémunérations

22.36 Le code de commerce oblige certaines sociétés à publier régulièrement des informations sur les rémunérations de leurs mandataires sociaux. Il donne par ailleurs aux actionnaires ou associés le droit de rechercher de telles informations, sous certaines conditions. En outre, la publicité de tous les éléments de rémunération du dirigeant fait partie des récentes recommandations de l'AFEP et du MEDEF (voir no 22.12).

1. C. com., art. L. 225-81.
2. C. com., art. L. 225-46 et L. 225-84.
3. C. com., art. L. 225-44 et L. 225-85.
4. Com. 16 mai 1995, no 93-14.709, Bull. civ. IV, no 149; JCP 1995, IV, 1683, 214; Quotidien Juridique 1995, no 63, p. 8, note P. B.

A. Informations publiées

Cadre général. L'article L. 225-102-1 du code de commerce prescrit la publication d'informations nominatives sur les rémunérations, des mandataires sociaux des **sociétés anonymes**, dans le rapport annuel de gestion présenté à l'assemblée générale ordinaire des actionnaires. **22.37**

1. Mandataires concernés

Les mandataires concernés sont : **22.38**

- dans la **société anonyme à conseil d'administration** : le président du conseil d'administration, le directeur général, les directeurs généraux délégués et les administrateurs;
- dans la **société anonyme à directoire et conseil de surveillance** : les membres du directoire ou le directeur général unique, et les membres du conseil de surveillance ;
- dans la **société en commandite par actions** : les gérants et les membres du conseil de surveillance.

Si le mandataire social est une personne morale (administrateur ou membre du conseil de surveillance), son représentant permanent n'est pas, en principe, lui-même visé par l'obligation d'information. L'Association nationale des sociétés par actions (ANSA) estime cependant que, si le représentant permanent d'une société administrateur perçoit une rémunération directement de la société administrée au titre du mandat social, cette rémunération doit être déclarée dans le rapport de gestion de la société administrée[1].

2. Rémunérations visées

En premier lieu, le rapport annuel de gestion doit rendre compte de la « rémunération totale et des avantages de toute nature versés, durant l'exercice, à chaque mandataire social ». **22.39**

La rémunération totale comprend toutes sommes d'argent, quelles que soient leur forme ou leur nature (salaires, jetons de présence, indemnités, compléments de retraite...).

La Compagnie nationale des Commissaires aux comptes (ci-après CNCC) précise que, s'agissant de rémunérations « versées », seules doivent être prises en compte les sommes réellement mises à disposition de l'intéressé, soit par paiement effectif ou par inscription sur le bulletin de paie, soit par inscription en compte courant.

---

1. Communication ANSA, CJ du 15 mai 2002, Dossier ANSA juin/juill. 2002, n° 3137.

Ne seraient donc pas visées les sommes portées dans un compte de provision, un compte d'attente ou un compte de régularisation[1].

Remarque(s) *Avantages en nature*

Dans son rapport n° 2327 sur le projet de loi NRE, le député Éric Besson a laissé entendre que la référence à la notion de rémunérations et avantages « versés » aurait été faite intentionnellement pour exclure les avantages en nature (un tel avantage n'étant pas, à proprement parler, « versé »)[2].

Cette subtilité de vocabulaire n'est pas forcément déterminante au plan juridique[3]. Pour sa part, la CNCC indique sans hésitation qu'il doit être aussi rendu compte de la valeur des avantages en nature[4]. L'optique fiscale serait en effet prépondérante.

22.40 En second lieu, le rapport de gestion doit rendre compte de la rémunération totale et des avantages de toute nature versés, durant l'exercice, à chaque mandataire social, y compris sous forme d'attribution de titres de capital, de titres de créances ou de titres donnant accès au capital ou donnant droit à l'attribution de titres de créances de la société ou des sociétés mentionnées aux articles L. 228-13 et L. 228-93 (al. 1er) du code de commerce.

Il doit également indiquer le montant des rémunérations et des avantages de toute nature que chacun de ces mandataires a reçus durant l'exercice de la part des sociétés contrôlées, au sens de l'article L. 233-16 du code de commerce, ou de la société qui contrôle, au sens du même article, la société dans laquelle le mandat est exercé (même article, al. 2).

Afin de prévenir certains abus en matière de rémunération différée (« parachutes dorés »), la loi du 26 juillet 2005[5] a étendu le champ d'application de l'article L. 225-102-1 du code de commerce et ainsi prévu que les rémunérations différées et exceptionnelles devaient également être mentionnées dans le rapport de gestion.

La loi dite « TEPA » du 21 août 2007[6] a, en outre, encadré strictement la pratique des rémunérations différées (voir n° 22.29 et chapitre 52).

Par ailleurs, il est ici rappelé que l'AFEP et le MEDEF ont, le 6 octobre 2008, recommandé que soit améliorée la transparence sur tous les éléments de la rémunération et précisé à cette occasion que :

« Les éléments constitutifs de la rémunération sont rendus publics sur une base individuelle pour les dirigeants, conformément à la loi et aux recommandations complémentaires formulées par l'AFEP et le MEDEF. Toutefois, il existe

1. Bull. CNCC n° 124, déc. 2001, p. 672.
2. Rapport Besson (http://www.assemblee-nat.fr/rapports/r2327-01.asp)
3. A. Viandier, Sociétés et loi NRE, éd. F. Lefebvre 2001, n° 265.
4. Bull. CNCC n° 124, déc. 2001, 672.
5. L. n° 2005-845, 26 juill. 2005, de sauvegarde des entreprises, JO 27 juin., p. 12187.
6. L. n° 2007-1223, 21 août 2007, en faveur du travail, de l'emploi et du pouvoir d'achat, JO 22 août, p. 13945.

encore des marges de progrès dans la lisibilité de ces informations. À cet effet, il est recommandé de :

– suivre la présentation standardisée définie par l'AFEP et le MEDEF de tous les éléments de rémunération des dirigeants (incluant la valorisation des options attribuées selon la méthode retenue pour les comptes consolidés);

– rendre publics tous les éléments de rémunération des dirigeants, potentiels ou acquis, immédiatement après la réunion du conseil les ayant arrêtés. »

3. Sanctions

Pour les sociétés anonymes, le code de commerce prévoit que l'absence de rapport de gestion à l'assemblée annuelle entraîne la nullité de celle-ci[1]. En outre, cette absence de rapport de gestion est sanctionnée pénalement, en vertu des articles L. 242-8 et L. 242-10 du code de commerce. **22.41**

L'omission d'une mention obligatoire dans le rapport annuel est également sanctionnée pénalement. Une telle omission est en revanche sans incidence sur la validité de l'assemblée annuelle[2].

B. Informations délivrées à la demande des actionnaires ou associés

Le code de commerce offre aux actionnaires ou associés, dans certains cas, la possibilité d'être renseignés sur les rémunérations perçues par leurs dirigeants. **22.42**

Information recherchée en vertu de l'article L. 225-115, 4° du code de commerce. L'article L. 225-102-1 du code de commerce sur la transparence des rémunérations ne remet pas en cause les dispositions de l'article L. 225-115, 4° aux termes desquelles tout actionnaire a droit d'obtenir communication du montant global, certifié exact par les commissaires aux comptes, des rémunérations versées aux personnes les mieux rémunérées. Lorsque l'obligation de communiquer n'est pas respectée, les actionnaires peuvent solliciter auprès du président du tribunal de commerce, statuant dans sa formation des référés, d'enjoindre sous astreinte les dirigeants de s'exécuter. **22.43**

Expertise de gestion. Dans les sociétés par actions et les sociétés à responsabilité limitée, le législateur offre aux actionnaires ou associés la possibilité de demander une expertise de gestion. Une telle expertise pourrait notamment porter sur la rémunération de dirigeants, à condition que cette rémunération soit constitutive d'une opération de gestion (c'est-à-dire qu'elle ne résulte pas directement d'une décision collective des actionnaires ou associés). **22.44**

---

1. C. com., art. L. 225-100 et L. 225-121.
2. C. com., art. L. 242-8, art. L. 247-1 et L. 247-2.

La fixation de la rémunération du gérant d'une société à responsabilité limitée, dès lors qu'elle est décidée par l'assemblée des associés, ne constitue pas un acte de gestion entrant dans les prévisions de l'article 64-2 de la loi du 24 juillet 1966 [C. com., L. 223-37][1].

IV. Contrôle du montant des rémunérations

22.45 En principe, le montant des rémunérations de toute nature allouées aux dirigeants est librement fixé. L'Administration fiscale et le juge se réservent toutefois le droit d'en contrôler le caractère excessif ou abusif.

En outre, aux termes de leur recommandation rendue publique le 6 octobre 2008, l'AFEP et le MEDEF ont entendu encadrer strictement la détermination des rémunérations des dirigeants (voir n° 22.12).

A. Contrôle du caractère excessif des rémunérations par l'Administration fiscale

22.46 **Sociétés passibles de l'impôt sur les sociétés.** À l'égard des sociétés passibles de l'impôt sur les sociétés, l'article 39 du code général des impôts, applicable en vertu de l'article 209 du même code, prévoit que les rémunérations ne sont admises en déduction des résultats que dans la mesure où elles correspondent à un travail effectif et ne sont pas excessives eu égard à l'importance du service rendu[2].

Dès lors, si l'Administration fiscale estime, sous le contrôle du juge administratif, qu'une fraction des rémunérations allouées à un dirigeant (y compris les avantages en nature[3]) n'est pas justifiée, eu égard au travail réellement accompli, cette fraction sera réintégrée dans l'assiette de l'impôt sur les sociétés et imposée, entre les mains de son bénéficiaire, dans la catégorie des revenus de capitaux mobiliers.

L'appréciation du caractère excessif des rémunérations se fait par rapport à un ensemble d'éléments de comparaison, pris au sein même de la société et en dehors de celle-ci.

Ainsi, ont été jugées excessives les rémunérations versées à deux dirigeants, ayant représenté, selon les années, de 4,7 à 5 % du chiffre d'affaires, de 125 à 153 % du bénéfice déclaré, de 20 à 21 % de la masse salariale et de 373 à 440 % de la rémunération du salarié le mieux payé, en ce qui concernait

---

1. Com. 30 mai 1989, n° 87-18.083, Bull. civ. IV, n° 174; JCP N 1990, II, 311, note M. Marteau Petit; D. 1989, IR 194; Gaz. Pal. 1990, 180-181, pan. 111.
2. Depuis le 1er janvier 2009, les « parachutes dorés » versés aux dirigeants de sociétés cotées ne sont déductibles du bénéfice imposable que dans la limite de 6 fois le plafond annuel de la sécurité sociale (soit 205 848 € pour 2009) (voir n° 52.26).
3. V. par ex., CAA Paris, 2 nov. 1994, n° 93PA01224.

le premier dirigeant, et de 2,8 à 3,3 % du chiffre d'affaires, de 78 à 102 % du bénéfice déclaré, de 12 à 14 % de la masse salariale et de 222 à 292 % de la rémunération du salarié le mieux payé en ce qui concernait le second dirigeant, la rémunération cumulée des deux dirigeants ayant représenté, par rapport au chiffre d'affaires et à la masse salariale, des pourcentages supérieurs au triple de ceux qui avaient été observés par l'Administration fiscale dans des entreprises similaires[1].

En revanche, dans une affaire où le chiffre d'affaires d'une société était passé de 5 085 000 F à 7 156 000 F [775 203 à 1 090 925 €] en deux ans, et son bénéfice de 136 752 F à 332 565 F [20 847 à 50 699 €], le Conseil d'État a jugé, en l'absence d'autres éléments d'appréciation, que n'était pas démontré le caractère excessif d'une majoration de 100 000 F [15 000 €] de la rémunération du dirigeant, antérieurement fixée à 180 000 F par an [27 400 €][2].

Le Conseil d'État a considéré que la rémunération annuelle du dirigeant, dont les activités de recherche et de relations internationales étaient limitées, qui avait connu une forte et soudaine croissance alors que la société enregistrait une augmentation de son chiffre d'affaires très inférieure à celle constatée lors des exercices précédents et un résultat faible, était excessive au regard du service rendu et ne pouvait, par suite, être déduite du bénéfice imposable[3].

B. Contrôle du caractère abusif des rémunérations par le juge

Tout type de société. Le juge judiciaire peut sanctionner le caractère abusif d'une rémunération, au plan pénal et au plan civil. 22.47

Compte tenu des principes énoncés dans la recommandation AFEP-MEDEF du 6 octobre 2008 (voir nº 22.12), il est plausible que les magistrats soient incités à examiner plus strictement encore le caractère le cas échéant abusif des sommes allouées aux dirigeants à titre de revenus.

Il est en effet rappelé que dans la détermination des rémunérations des dirigeants, les conseils et comités sont invités à prendre en compte les principes généraux d'exhaustivité, d'équilibre entre les éléments de la rémunération, de Benchmark, de cohérence, de lisibilité des règles et de mesure (voir nº 22.11).

Faute de respect de ces principes, le législateur devrait intervenir.

Au plan pénal. Une rémunération excessive peut constituer un abus de biens sociaux. 22.48

1. CE 9 juill. 1986, req. nº 44724, SA Jenny et Cie.
2. CE 1er avr. 1987, req. nº 51831.
3. CE 22 mai 2002, nº 221541, Société Blanchisserie industrielle du Marais.

Le caractère excessif de la rémunération s'apprécie au regard de la situation financière et économique de la société ou lorsque l'activité réelle du dirigeant au profit de la société ne correspond pas à leur montant[1].

Il a été jugé qu'un dirigeant avait fait, à des fins personnelles, de mauvaise foi, un usage des biens de la société qu'il savait contraire à l'intérêt de celle-ci, notamment par l'octroi à son profit de rémunérations excessives, en ayant perçu, pendant les premiers mois d'activité de la société, une somme de plus de 316 000 F [48 173 €] représentant 30 % de la marge bénéficiaire brute de l'entreprise, cette rémunération ayant atteint presque la moitié des frais généraux qui s'étaient élevés à un peu plus de 700 000 F [106 714 €] pendant la même période. Le juge avait observé, en outre, qu'une partie de cette rémunération était constituée par des avances sur commissions atteignant 40 000 ou 50 000 F [6 097 € à 7 622 €] par mois et qui avaient eu pour conséquence de priver de liquidités la trésorerie de l'entreprise[2].

La Chambre criminelle de la Cour de cassation a par ailleurs considéré que l'approbation donnée par le conseil d'administration à la perception d'une rémunération et l'absence de réaction d'intervenants extérieurs ne peuvent faire disparaître à elles seules le caractère délictueux des détournements, et que d'autre part, la régularisation ultérieure de prélèvement illégaux n'enlève pas aux faits leur caractère délictueux[3].

22.49 **Au plan civil.** L'attribution d'une rémunération excessive pourrait, dans certaines circonstances exceptionnelles, être sanctionnée comme un abus de majorité.

Il en a été jugé ainsi dans le cas où un associé majoritaire imposait ses décisions à la minorité, notamment en la forçant à consentir des rémunérations exagérées aux dirigeants de la société et à réduire ainsi d'une façon excessive le montant des bénéfices par rapport à l'activité sociale et au chiffre d'affaires[4].

1. Crim. 19 juin 1997, nº 96-83.274, Bull. crim., nº 250; D. Affaires 1997, 1193; Bull. Joly 1997, 1047, note Le Cannu; Rev. proc. coll. 1998, 182, obs. Soinne; Rev. sociétés 1998, 384, note Bouloc. • Voir l'arrêt de renvoi : CA Paris, 10 nov. 1998, D. Affaires 1999, 220.
2. Crim. 13 déc. 1988, nº 87-82.268, Bull. crim., nº 429; JCP 1989, IV, 75; Rev. sociétés 1989, 257, note B. Bouloc.
3. Crim. 22 sept. 2004, nº 03-82.266, NP; Rev. sociétés, 200, obs. B. Bouloc.
4. CA Grenoble, 6 mai 1964, D. 1964, 783, note A. Dalsace.

CHAPITRE 23

23

Revenus : régime fiscal

Le régime fiscal des rémunérations des dirigeants dépend essentiellement du régime d'imposition de la société qui lui-même varie selon la forme sociale de cette dernière. Il faut néanmoins préciser que d'autres éléments doivent être pris en compte, tels que la qualité d'associé de l'intéressé ou la nature du mandat social exercé. 23.11

I. Sociétés passibles de l'impôt sur les sociétés

Sociétés concernées. Il s'agit des **sociétés par actions** (société anonyme, société en commandite par actions, société par actions simplifiée). 23.12

La **SARL** ainsi que l'**EURL** (lorsque l'associé unique est une personne physique) sont également soumises, en principe, à l'impôt sur les sociétés, mais il leur est possible d'opter pour le régime fiscal applicable aux sociétés de personnes (dans le cas de SARL, quand elle est composée de membres de la même famille).

Par ailleurs, la **société en nom collectif** et la **société en commandite simple**, qui relèvent en principe du régime fiscal des sociétés de personnes, peuvent décider d'être passibles de l'impôt sur les sociétés.

Différents régimes d'imposition sont susceptibles de s'appliquer.

A. Régime des traitements et salaires

1. Champ d'application

23.13 Sont soumis au régime des traitements et salaires :

- dans **les sociétés anonymes de type classique** : le président du conseil d'administration, le directeur général, l'administrateur provisoirement délégué;
- dans **les sociétés anonymes à directoire et conseil de surveillance** : les membres du directoire;
- dans les **sociétés à responsabilité limitée** : le gérant associé minoritaire ou, en cas de gérance collégiale, les gérants ne détenant pas ensemble plus de 50 % des parts sociales (sur l'appréciation du caractère majoritaire ou minoritaire de la gérance, voir n° 23.19);
- dans les **sociétés par actions simplifiées** : les dirigeants. Au plan fiscal, la société par actions simplifiée est assimilée à une société anonyme[1];
- dans les **sociétés en commandite par actions** : les gérants non associés.

2. Détermination du revenu imposable

a. Rémunérations à prendre en considération

23.14 **Revenu imposable.** Il convient de prendre en compte **toutes les rémunérations** perçues par le mandataire intéressé durant l'année d'imposition (voir nos 22.24 et 22.29), que celles-ci aient été versées à ce dernier ou inscrites en compte de charge de la société.

En particulier, il faut prendre en considération les avantages en nature. Aux termes de l'article 54 *bis* du code général des impôts, la nature et la valeur des avantages en nature accordés par la société doivent être inscrites en comptabilité. À défaut, ils sont considérés comme des avantages occultes[2]. Ils sont alors imposables au titre des revenus de capitaux mobiliers et ne constituent pas des charges déductibles pour la société.

Les intérêts produits par les sommes inscrites au compte-courant du dirigeant sont imposables au titre des revenus de capitaux mobiliers (voir n° 32.26).

---

1. CGI, art. 1655 *quinquies*.
2. CGI, art. 111, c.

Sommes exclues du revenu imposable. Certaines sommes sont exclues du revenu imposable :

– les sommes perçues lors de la cessation des fonctions sont exonérées à concurrence d'un certain montant lorsque la cessation d'activité a été forcée (sur la révocation par exemple, voir chapitre 52, II) ;
– les allocations spéciales destinées à couvrir les frais inhérents à la fonction et à l'emploi[1], à condition qu'il s'agisse d'un remboursement de **frais réels**.

L'article 80 *ter* du CGI prévoit en effet que les indemnités, remboursements et allocations **forfaitaires** pour frais versés aux dirigeants de sociétés sont, quel que soit leur objet, soumis à l'impôt sur le revenu.

> *Le Conseil d'État a jugé que ne revêtaient pas un caractère forfaitaire, au sens de l'article 80* ter *du CGI, les remboursements de frais de déplacement du président d'une société anonyme, dès lors que ces frais avaient été calculés selon le barème kilométrique publié par l'Administration, et que l'intéressé justifiait du kilométrage parcouru à titre professionnel, de l'identité des clients rencontrés et des dates et lieux où ils l'avaient été ; par suite, même en l'absence de justificatifs produits par la société, les remboursements sont apparus « fonction des frais effectivement exposés »*[2].

Non-cumul. Le dirigeant ne peut cumuler le régime de l'exonération des allocations pour frais d'emploi avec la déduction des frais réels. Cette exonération ne peut être, par conséquent, pratiquée que par les dirigeants qui opèrent, au titre de leurs frais professionnels, une déduction forfaitaire de 10 %. L'allocation pour frais d'emploi doit alors nécessairement correspondre à des dépenses professionnelles spéciales, qui ne sont pas couvertes par cette déduction forfaitaire de 10 %.

b. Charges déductibles du revenu

Principe. Le montant net du revenu imposable est déterminé en déduisant du montant brut des sommes payées et des avantages en argent ou en nature accordés : **23.15**

– les cotisations de sécurité sociale ;
– les frais inhérents à la fonction ou à l'emploi lorsqu'ils ne sont pas couverts par des allocations spéciales[3].

Frais professionnels. La déduction du chef des frais professionnels s'effectue, soit forfaitairement, soit suivant le régime des frais réels :

– la **déduction forfaitaire** s'élève à 10 % du revenu après soustraction des cotisations sociales. Le montant de cette déduction est plafonné ;

Exemple(s) Pour les revenus de l'année 2008, le plafond est de 13 893 euros[4].

---

1. CGI, art. 81, 1°.
2. CE 10 déc. 1999, n° 180247, Dr. fisc. 2000, n° 251.
3. CGI, art. 83, 3°.
4. BOI, 12 févr. 2009, n° 15.

– s'ils le préfèrent, les intéressés peuvent choisir de déduire leurs **frais réels** et ce, **sur justificatifs**. Cette option ne peut se cumuler avec l'exonération des allocations pour frais d'emploi, qui seront donc prises en compte dans le revenu imposable. De manière générale, les frais déductibles doivent correspondre à des dépenses effectuées en vue de l'acquisition et de la conservation du revenu. Ils doivent être engagés au cours de l'année d'imposition.

Les sommes versées par un dirigeant en exécution d'un engagement de caution souscrit au profit de sa société sont déductibles de son revenu imposable de l'année au cours de laquelle le paiement a été effectué, à condition que l'engagement de caution se rattache directement à la qualité de dirigeant, qu'il ait été pris en vue de servir les intérêts de l'entreprise et qu'il n'ait pas été hors de proportion avec les rémunérations allouées à l'intéressé ou que celui-ci pouvait escompter au moment où il l'a contracté; si cette dernière condition n'est pas remplie, les sommes payées ne sont déductibles que dans la mesure où elles n'excèdent pas cette proportion[1].

Les sommes versées au titre de l'engagement de caution ne sont toutefois déductibles que dans la limite du triple de la rémunération annuelle du dirigeant[2].

Il a, par ailleurs, été jugé qu'en l'absence de rémunération versée au gérant d'une SARL, les sommes acquittées par le premier à titre de caution de la seconde ne peuvent être regardées comme des dépenses effectuées en vue de l'acquisition ou de la conservation d'un revenu au sens de l'article 13 du CGI; elles constituent des pertes en capital, non déductibles du revenu imposable[3].

La cour administrative d'appel de Lyon a, en revanche, jugé que lorsqu'une société ne rémunère pas directement son dirigeant mais contribue au financement de sa rémunération, les sommes versées par le dirigeant à titre de caution au profit de la société sont déductibles de son revenu imposable[4]*. En l'espèce, la société remboursait à une autre société une partie du salaire que cette dernière versait au dirigeant.*

Emprunt (engagement de caution). Si le dirigeant est amené à emprunter des fonds pour exécuter son engagement de caution, les intérêts de l'emprunt sont en principe déductibles[5]. Toutefois, si le dirigeant a déjà procédé à une déduction au titre de l'exécution de son engagement de caution à concurrence du triple de sa rémunération annuelle, il ne saurait bénéficier d'une déduction supplémentaire au titre des intérêts de cet emprunt[6].

Exemple(s) Dans le cadre d'une procédure collective, le dirigeant condamné à combler le passif de la société peut déduire les sommes versées.

1. CE 6 janv. 1993, n° 78729, Dr. fisc. 1994, n° 1355.
2. CE 22 déc. 1989, n° 56905, Dr. fisc. 1990, n° 858.
3. CE 26 janv. 2000, n° 164233, Dr. fisc. 2000, n° 756.
4. CAA Lyon, 14 juin 2007, n° 04LY00903.
5. CE 22 déc. 1989, n° 56905, préc.
6. TA Amiens, 2e ch., 6 nov. 2001, n° 98-1134, Dr. fisc. 2002, n° 519.

Cette déduction n'est toutefois pas possible si le dirigeant a usé des biens de la société d'une manière qu'il savait contraire à l'intérêt de celle-ci, à des fins personnelles ou pour favoriser d'autres sociétés dans lesquelles il était intéressé; dans ce cas, les sommes versées en comblement du passif ne peuvent être regardées, ni comme des frais inhérents à la fonction ou à l'emploi du dirigeant, ni comme des dépenses effectuées en vue de l'acquisition ou de la conservation du revenu[1].

Exemple(s) Le dirigeant peut être amené à utiliser sa voiture dans le cadre de ses fonctions. Il peut déduire de son revenu les frais y afférents (entretien, assurances...). L'Administration fiscale établit tous les ans un barème kilométrique auquel il convient de se référer.

Barème kilométrique voiture 2009[2]

	Moins de 5 000 km	*Entre 5 001 km et 20 000 km*	*Au-dessus de 20 000 km*
3 CV	d × 0,387	(d × 0,232) + 778	d × 0,271
4 CV	d × 0,466	(d × 0,262) + 1 020	d × 0,313
5 CV	d × 0,512	(d × 0,287) + 1 123	d × 0,343
6 CV	d × 0,536	(d × 0,301) + 1 178	d × 0,360
7 CV	d × 0,561	(d × 0,318) + 1 218	d × 0,379
8 CV	d × 0,592	(d × 0,337) + 1 278	d × 0,401
9 CV	d × 0,607	(d × 0,352) + 1 278	d × 0,416
10 CV	d × 0,639	(d × 0,374) + 1 323	d × 0,440
11 CV	d × 0,651	(d × 0,392) + 1 298	d × 0,457
12 CV	d × 0,685	(d × 0,408) + 1 383	d × 0,477
13 et +	d × 0,697	(d × 0,424) + 1 363	d × 0,492

c. *Abattement de 20 %*

Cet abattement a été supprimé à compter de l'imposition des revenus de 2006 par la loi de finances pour 2006[3]. **23.16**

1. CE 7 déc. 1987, n° 65891, Dr. fisc. 1988, n° 1177.
2. BOI, 12 févr. 2009, n° 15.
3. L. n° 2005-1719, 30 déc. 2005, de finances pour 2006, JO 31 déc., p. 20597.

3. Déductibilité des rémunérations versées de l'assiette de l'impôt sur les sociétés

23.17 **Principe.** En principe, les rémunérations versées par la société sont déductibles de l'assiette de l'impôt sur les sociétés, à condition que ces rémunérations correspondent à un emploi effectif et qu'elles ne soient pas excessives. La fraction des rémunérations jugées excessives par l'Administration fiscale est réintégrée dans cette assiette (voir n° 22.46).

La déductibilité suppose que la rémunération ait été accordée dans le respect des procédures d'attribution propres à chaque société.

N'est pas déductible une rémunération attribuée au président d'une société anonyme en l'absence de délibération du conseil d'administration[1].

Limites. Les rémunérations différées des dirigeants de sociétés cotées ne sont toutefois déductibles que dans la limite de six fois le plafond annuel de la sécurité sociale (205 848 € pour 2009) par bénéficiaire[2].

Plus précisément, sont concernés par ce plafond les engagements pris au bénéfice des présidents, directeurs généraux ou directeurs généraux délégués ou encore au profit des membres du directoire, par la société elle-même ou toute société contrôlée ou qui la contrôle, et correspondant à des éléments de rémunération, des indemnités ou des avantages dus ou susceptibles d'être dus à raison de la cessation ou du changement de ces fonctions, ou postérieurement à celles-ci. Il s'agit notamment des indemnités de départ (parachutes dorés) et des indemnités de retraite (retraites chapeau).

B. Régime de l'article 62 du CGI

23.18 Pour l'essentiel, ce régime d'imposition a été aligné sur celui des traitements et salaires. L'article 62 du CGI prévoit que les traitements, remboursements forfaitaires de frais et toutes autres rémunérations sont soumis à l'impôt sur le revenu au nom de leurs bénéficiaires s'ils sont admis en déduction des bénéfices soumis à l'impôt sur les sociétés, même si les résultats de l'exercice social sont déficitaires.

1. Champ d'application

23.19 **Dirigeants concernés.** Sont imposables dans la catégorie particulière prévue à l'article 62 du CGI, les rémunérations perçues par :

- les gérants majoritaires des sociétés à responsabilité limitée n'ayant pas opté pour le régime fiscal des sociétés de personnes;

---

1. CE 6 avr. 2001, n° 198233, Dr. fisc. 2002, n° 518.
2. L. n° 2008-1425, 27 déc. 2008, de finances pour 2009, JO 28 déc., p. 20224.

– les gérants majoritaires des EARL (Exploitation Agricole à Responsabilité Limitée) pluripersonnelles non familiales ;
– les gérants associés commandités des sociétés en commandite par actions ;
– les associés des sociétés en nom collectif, des EURL, les associés commandités des sociétés en commandite simple, les membres des sociétés en participation et des sociétés de fait, lorsque ces sociétés ou entreprises ont opté pour l'impôt sur les sociétés ;
– les associés (gérants ou non) des sociétés civiles de personnes qui, n'ayant pas une forme ou un objet commercial, ont néanmoins opté pour leur assujettissement à l'impôt sur les sociétés ; cette option n'est pas offerte aux sociétés civiles de construction vente, aux sociétés civiles immobilières de copropriété dotées de la transparence fiscale, aux sociétés civiles de moyens, aux SCPI, aux groupements forestiers qui remplissent les conditions prévues par les articles L. 241-1 à L. 246-2 du code forestier ;
– les associés (gérants ou non) des EARL ayant opté pour l'impôt sur les sociétés.

Calcul des parts sociales. Les gérants qui n'ont pas personnellement la propriété de parts sociales sont considérés comme associés si leur conjoint ou leurs enfants non émancipés ont la qualité d'associé. Dans ce cas, comme dans celui où le gérant est associé, les parts appartenant en toute propriété ou en usufruit aux conjoint et enfants non émancipés du gérant sont considérées comme possédées par ce dernier[1]. Il y a également lieu de tenir compte des parts détenues indirectement par le gérant, notamment par l'intermédiaire d'une société qu'il contrôle.

2. Détermination du revenu imposable

Le montant imposable est déterminé, après déductions de certaines cotisations et primes (visées à l'article 154 *bis* du CGI), selon les règles prévues en matière de traitements et salaires. **23.20**

Il y a donc lieu de prendre en considération toutes les rémunérations perçues en contrepartie de l'exercice des fonctions et à l'occasion de la cessation de l'activité.

Remarque(s) *Concernant les charges déductibles, il convient de se reporter au régime des traitements en salaires (voir n° 23.15).*

3. Déductibilité des rémunérations pour la société

En principe, les rémunérations versées par la société sont déductibles de l'assiette de l'impôt sur les sociétés[2], à condition que ces rémunérations correspondent à un emploi effectif et qu'elles ne soient pas excessives. La fraction des rémunérations jugées excessives par l'Administration fiscale est réintégrée dans cette assiette (voir n° 22.46). **23.21**

1. CGI, art. 211, I, al. 3 et 4.
2. Depuis la loi du 17 déc. 2008 (L. n° 2008-1330, 17 déc. 2008, de financement de la sécurité sociale pour 2009, JO 18 déc., p. 19291), les revenus d'activité des associés de SEL sont intégrés dans l'assiette des cotisations de sécurité sociale (voir chapitre 25).

C. Régime des revenus de capitaux mobiliers

1. Jetons de présence alloués aux administrateurs ou aux membres du conseil de surveillance

23.22 **Imposition.** Les jetons de présence versés aux administrateurs, qui n'exercent pas par ailleurs de fonctions de direction, et aux membres du conseil de surveillance, sont imposés dans la catégorie des revenus de capitaux mobiliers.

Il en est de même des rémunérations éventuellement allouées au président et vice-président du conseil de surveillance.

23.23 **Déductibilité.** À l'égard de la société, la déductibilité des jetons de présence est limitée.

Les jetons de présence alloués au titre d'un exercice aux membres du conseil d'administration ou du conseil de surveillance des sociétés anonymes sont déductibles de l'assiette de l'impôt sur les sociétés, dans la limite de 5 % du produit obtenu en multipliant la moyenne des rémunérations déductibles attribuées au cours de cet exercice aux salariés les mieux rémunérés de l'entreprise par le nombre des membres composant le conseil[1].

Pour l'application de cette disposition, les personnes les mieux rémunérées s'entendent, suivant que l'effectif du personnel excède ou non deux cents salariés, des dix ou des cinq personnes dont les rémunérations directes ou indirectes ont été les plus importantes au cours de l'exercice[2].

Pour les sociétés anonymes qui emploient moins de cinq personnes, les jetons de présence alloués au titre d'un exercice aux membres du conseil d'administration ou de surveillance sont déductibles de l'assiette de l'impôt sur les sociétés dans la limite de 457 euros par membre du conseil d'administration ou du conseil de surveillance[3].

2. Fraction des rémunérations jugée excessive par l'Administration fiscale

23.24 **Imposition.** Cette fraction est imposée entre les mains de leurs bénéficiaires dans la catégorie des revenus de capitaux mobiliers.

D. Régime des bénéfices non commerciaux

23.25 Les rémunérations exceptionnelles allouées aux administrateurs ou membres du conseil de surveillance à raison de missions particulières (voir n° 22.34) sont imposées dans la catégorie des bénéfices non commerciaux.

1. CGI, art. 210 *sexies*.
2. CGI, art. 39.
3. CGI, art. 210 *sexies*, al. 3.

II. Sociétés non passibles de l'impôt sur les sociétés

A. Gérants associés

Les gérants associés des sociétés en nom collectif et les gérants commandités des sociétés en commandite simple sont, lorsque ces sociétés n'ont pas opté pour le régime fiscal des sociétés de capitaux, personnellement soumis à l'impôt sur le revenu pour la part de bénéfices sociaux correspondant à leurs droits dans la société[1], dans la catégorie correspondant à l'activité de la société (bénéfices industriels et commerciaux). **23.26**

Il en est de même pour les gérants associés des sociétés à responsabilité limitée de famille ayant opté pour le régime d'imposition des sociétés de personnes dans les conditions prévues à l'article 239 *bis* AA du CGI.

Les rémunérations attribuées par la société aux gérants doivent être rapportées au résultat de l'exercice social au cours duquel elles ont été versées. Elles sont donc imposées au titre de l'impôt sur le revenu au nom de leur bénéficiaire dans la catégorie dont relève l'activité de la société.

Le gérant associé peut également, en cas de résultat déficitaire de la société, imputer la part de déficit lui incombant sur ses revenus.

B. Gérants non associés

Les gérants non associés ou non commandités sont imposés dans la catégorie des traitements et salaires (voir n°s 23.13 et s.). **23.27**

L'auto-entrepreneur

Le statut de l'auto-entrepreneur, créé par la loi de modernisation de l'économie du 4 août 2008[2] et entré en vigueur le 1er janvier 2009, n'est pas abordé dans le présent ouvrage (voir nº 01.11). Son régime fiscal présente néanmoins certaines particularités qu'il convient d'aborder ici.

Selon ce régime, l'auto-entrepreneur est obligatoirement soumis au régime fiscal de la micro-entreprise et est, à ce titre, redevable de l'impôt sur le revenu.

[1] CGI, art. 8.

[2] L. nº 2008-776, 4 août 2008, de modernisation de l'économie, JO 5 août, p. 12471.

Pour le paiement de l'impôt sur le revenu, l'auto-entrepreneur peut opter, soit pour le régime classique (calcul et paiement de l'impôt l'année suivant la réalisation du bénéfice), soit pour le régime micro-fiscal.

Le régime micro-fiscal permet à l'auto-entrepreneur de s'acquitter chaque mois ou chaque trimestre (selon son choix) de l'impôt sur le revenu dont le montant correspond à un pourcentage du chiffre d'affaires enregistré au cours de la période considérée.

Ce pourcentage est égal à :

- *1 % pour les entreprises dont l'activité principale est l'achat/revente, la vente à consommer sur place et la prestation d'hébergement ;*
- *1,70 % pour les entreprises dont l'activité principale est de fournir des prestations de services à caractère commercial ou artisanal ;*
- *2,20 % pour les entreprises de prestation de service imposables dans la catégorie des bénéfices non commerciaux (activités libérales principalement).*

III. Tableau récapitulatif

Source : Précis de fiscalité, sur http://www.impots.gouv.fr 23.28

Régimes d'imposition applicables aux rémunérations des associés et dirigeants de sociétés

Sociétés versantes et qualité des bénéficiaires	*Nature des rémunérations ou allocations*	*Régime d'imposition à l'impôt sur le revenu*[1]
I. Sociétés anonymes dites de type classique		
1° Président du conseil d'administration, directeur général, administrateur provisoirement délégué	Rémunération correspondant à leurs fonctions de direction : – traitement fixe ou proportionnel .... – jetons de présence spéciaux	 TS[2] TS[2,3]
2° Administrateurs ès qualités de membres du conseil d'administration	Jetons de présence ordinaires	RCM
3° Administrateurs membre du comité d'études	Jetons de présence spéciaux	RCM
4° Administrateurs exécutant un travail particulier non salarié	Honoraires	BNC[2]
5° Administrateurs exerçant des fonctions salariées	Salaires	TS[2]
II. Sociétés anonymes de type nouveau		
1° Membres du directoire	Rémunérations correspondant à leurs fonctions de direction : – traitement fixe ou proportionnel .... – jetons de présence spéciaux	 TS[2] TS[2,3]
2° Membres du conseil de surveillance ès qualités	Jetons de présence ordinaires	RCM
	Rémunérations allouées au président et au vice-président en application de l'article L. 225-81 du code de commerce	RCM
3° Membres du conseil de surveillance rémunérés en contrepartie de travaux particuliers (missions ou mandats)	Honoraires	BNC[2]
	Salaires	TS[2]

III. Sociétés anonymes simplifiées		
(Président et autres dirigeants)	Traitement fixe ou proportionnel	TS[2]
IV. Sociétés à responsabilité limitée		
1° Gérants majoritaires	Toutes rémunérations	Art. 62, CGI[2]
2° Gérants minoritaires	Toutes rémunérations	TS[2]
3° Gérants non associés n'appartenant pas à un collège de gérance majoritaire	Toutes rémunérations	TS[2]
4° Membres du conseil de surveillance éventuellement institué	Rémunérations	BNC[2]
V. Sociétés en commandite par actions		
1° Gérants associés commandités	Rémunérations	Art. 62, CGI[2]
2° Gérants non associés	Rémunérations	TS[2]
3° Membres du conseil de surveillance	Rémunérations	BNC[2]
VI. Sociétés de personnes et assimilées (y compris les EURL et les EARL)		
A. N'ayant pas opté pour le régime fiscal des sociétés de capitaux		
– gérants associés	Rémunérations rapportées au bénéfice social	Imposition dans la catégorie de revenus correspondant à l'activité exercée par la société (BIC, BNC, BA, RF)
– gérants non associés	Rémunérations	TS[2]
B. Ayant opté pour le régime fiscal des sociétés de capitaux		
– associés	Toutes rémunérations	Art. 62, CGI[2]
VII. Sociétés civiles		
A. Non soumises à l'impôt sur les sociétés :		
– associés	Rémunérations	Imposition dans la catégorie de revenus correspondant à l'activité exercée par la société [BIC[4], BNC, BA, RF]
– gérants salariés non associés	Rémunérations	TS[2]

B. Soumises à l'impôt sur les sociétés :		
– de plein droit : associés gérants	Rémunérations	BNC[2, 5]
– sur option : associés (gérants ou non)	Rémunérations	Art. 62, CGI[2]
VIII. Sociétés immobilières de copropriété dotées de la transparence fiscale		
– gérants ou dirigeants	Rémunérations	BIC (*cf.* DB 8 H 213, n° 2)

(1) TS : catégorie des traitements et salaires.
RCM : catégorie des revenus de capitaux mobiliers.
BNC : catégorie des bénéfices non commerciaux.
BIC : catégorie des bénéfices industriels et commerciaux.
BA : catégorie des bénéfices agricoles.
RF : catégorie des revenus fonciers.

(2) Sous réserve de constituer la rémunération normale d'un travail effectif et de ne pas être excessives.

(3) Sous réserve de leur non-réintégration dans les résultats imposables en vertu de la limitation du montant global des jetons de présence déductibles (CGI, art. 210 sexies). Dans le cas d'une telle réintégration, les jetons de présence qu'elle concerne présentent le caractère de revenus de capitaux mobiliers.

(4) Cas des sociétés de construction-vente visées à l'article 239 ter du CGI. Toute autre société civile exerçant une activité industrielle ou commerciale au sens des articles 34 et 35 du CGI est passible de l'impôt sur les sociétés en vertu de l'article 206-2 du même code.

(5) Si la société, à objet civil, a pris la forme d'une société de capitaux, les rémunérations qu'elle alloue à ses dirigeants suivent le régime fiscal des rémunérations des dirigeants des sociétés de capitaux dont elle a pris la forme.

Chapitre 24

24

Actions : options de souscription ou d'achat • Attributions gratuites

24.11 Les dirigeants personnes physiques des sociétés par actions (société anonyme, société en commandite par actions et société par actions simplifiée) peuvent se voir attribuer des options de souscription ou d'achat d'actions (communément appelées « stock-options »). Ces options permettent, au gré de leur bénéficiaire, de devenir titulaire d'actions à un prix fixé à l'avance. L'éventuelle augmentation de la valeur des actions, au moment de la levée de l'option (plus-value d'attribution), constitue un revenu supplémentaire.

Par ailleurs, depuis la loi de finances pour 2005[1], les sociétés par actions peuvent procéder à des attributions gratuites d'actions en faveur de certains mandataires sociaux.

Il convient d'examiner les conditions de ces attributions, et la publicité qui doit en être faite.

I. Conditions d'attribution

A. Dirigeants bénéficiaires

24.12 **Dirigeants salariés.** Une société peut attribuer des options à ses salariés, et donc à tout mandataire social muni d'un contrat de travail, en sa qualité de salarié. De

1 L. nº 2004-1484, 30 déc. 2004, loi de finances pour 2005, art. 83, JO 31 déc., p. 22459.

même, des options peuvent être consenties aux dirigeants salariés de sociétés « liées » définies à l'article L. 225-180 du code de commerce, c'est-à-dire :

- les sociétés dont au moins 10 % du capital ou des droits de vote sont détenus, directement ou indirectement, par la société consentant les options;
- les sociétés détenant, directement ou indirectement, au moins 10 % du capital ou des droits de vote de la société consentant les options, sous réserve que cette société soit cotée;
- les sociétés dont 50 % au moins du capital ou des droits de vote sont détenus, directement ou indirectement, par une société détenant elle-même, directement ou indirectement, au moins 50 % du capital de la société consentant les options, sous réserve que cette société soit cotée.

L'attribution d'options est interdite aux dirigeants salariés possédant plus de 10 % du capital.

Dirigeants non salariés. Certains mandataires sociaux non salariés peuvent aussi bénéficier d'options. Il s'agit du président du conseil d'administration, du directeur général, des directeurs généraux délégués ou des membres du directoire et des gérants de sociétés par actions[1]. Ces dirigeants peuvent aussi se voir attribuer des options donnant droit à la souscription ou à l'achat d'actions d'une société qui est liée dans les conditions prévues à l'article L. 225-180 du code de commerce, sous réserve que cette société soit cotée[2]. 24.13

La loi du 3 décembre 2008[3] a précisé que, dans une société dont les titres sont admis aux négociations sur un marché réglementé, des stocks options ne peuvent être attribuées aux dirigeants sociaux que si la société remplit au moins une des conditions suivantes au titre de l'exercice au cours duquel sont attribuées ces options :

- la société procède à une attribution d'options au bénéfice de l'ensemble de ses salariés et d'au moins 90 % de l'ensemble des salariés de ses filiales;
- la société procède à une attribution gratuite d'actions au bénéfice de l'ensemble de ses salariés et d'au moins 90 % de l'ensemble des salariés de ses filiales;
- un accord d'intéressement, de participation dérogatoire ou de participation volontaire est en vigueur au sein de la société et au bénéfice d'au moins 90 % de l'ensemble des salariés de ses filiales.

Les administrateurs ou les membres du conseil de surveillance n'ont pas normalement vocation à recevoir des options.

L'attribution d'options est interdite aux dirigeants possédant plus de 10 % du capital.

Des règles similaires s'appliquent aux attributions gratuites d'actions[4].

---

1. C. com., art. L. 225-185.
2. C. com., art. L. 225-185, al. 5.
3. C. com., art. L. 225-186-1 (L. nº 2008-1258, 3 déc. 2008, en faveur des revenus du travail, JO 4 déc., p. 18488).
4. C. com., art. L. 225-197-1 et s.

B. Modalités d'attribution

24.14 L'attribution d'options ou d'actions fait intervenir l'assemblée générale extraordinaire des actionnaires et le conseil d'administration ou le directoire de la société.

1. Autorisation de l'assemblée générale extraordinaire

24.15 **Prérogatives.** Il appartient à l'assemblée générale extraordinaire d'autoriser l'attribution. Elle prend sa décision au vu du rapport du conseil d'administration ou du directoire, et du rapport spécial du commissaire aux comptes. L'assemblée fixe le délai pendant lequel cette autorisation peut être utilisée, qui ne peut excéder trente-huit mois.

Pour les attributions gratuites d'actions, l'assemblée fixe, en outre :

- le pourcentage maximal du capital social pouvant faire l'objet d'une attribution gratuite, qui ne peut excéder 10 %;
- la durée de la « période d'acquisition », au terme de laquelle l'attribution des actions devient définitive, et qui ne peut être inférieure à deux ans;
- la durée minimale de l'obligation de conservation des actions par les bénéficiaires, qui court à compter de l'attribution définitive des actions, et ne peut être inférieure à deux ans.

2. Intervention du conseil d'administration ou du directoire

24.16 **Stock-options.** Il revient au conseil d'administration ou au directoire, selon le cas, de fixer les modalités dans lesquelles seront consenties les options. La levée des options, ou la cession des actions obtenues, peuvent donc être assorties de conditions particulières[1].

Exemple(s) Le plan d'options peut notamment comporter des clauses d'interdiction de revente immédiate de tout ou partie des actions. Mais le délai imposé pour la conservation des titres ne peut excéder trois ans à compter de la levée de l'option.

La levée de l'option peut être soumise à la réalisation d'un certain chiffre d'affaires ou résultat ou à un cours de bourse plancher.

24.17 **Prix de souscription.** Le conseil d'administration ou le directoire fixe en particulier le prix de souscription au jour où l'option est consentie, selon les modalités déterminées par l'assemblée générale extraordinaire, sur le rapport des commissaires aux comptes.

1. C. com., art. L. 225-177, al. 2.

À cet égard, le code de commerce prévoit que, si les actions de la société ne sont pas cotées, le prix de souscription est déterminé « conformément aux méthodes objectives retenues en matière d'évaluation d'actions en tenant compte, selon une pondération appropriée à chaque cas, de la situation nette comptable de la rentabilité et des perspectives d'activité de l'entreprise »[1]. Si les actions de la société sont cotées, le prix de souscription « ne peut pas être inférieur à 80 % de la moyenne des cours cotés aux vingt séances de bourse précédant ce jour ».

Contrôle des conventions réglementées. La question se pose de savoir si l'attribution d'options doit être soumise à la procédure de contrôle des conventions réglementées (sur cette procédure voir n° 31.18). Il convient d'observer qu'une telle soumission avait été envisagée au cours des débats parlementaires ayant précédé l'adoption de la loi NRE. Mais cette précision a été volontairement supprimée. **24.18**

À cet égard, le sénateur Ph. Marini a observé que si l'assimilation des options de souscription ou d'achat d'actions à des conventions vise à soumettre les options aux formalités réservées aux conventions réglementées, « cette disposition est inutile, car lesdites options sont encadrées dans une procédure au moins aussi stricte que celle des conventions réglementées. Ainsi, le conseil d'administration autorise *de facto* les options puisque c'est lui qui les consent. Par ailleurs, le commissaire aux comptes est informé de toutes les options de souscription et d'achat d'actions qui sont consenties. Enfin, l'assemblée générale est informée chaque année du nombre et du prix des options consenties et de leurs bénéficiaires ainsi que du nombre des actions souscrites ou achetées ».

Il a cependant été jugé, avant la loi NRE, qu'une modification des conditions du plan d'options ne pouvait intervenir qu'après une nouvelle délibération du conseil d'administration de la société, conformément à l'article 101 de la loi du 24 juillet 1966 [C. com., art. L. 225-38][2].

Moment de l'attribution. Afin de prévenir les délits d'initiés, le législateur a empêché, à l'article L. 225-177 du code de commerce, l'attribution d'options à certaines époques. Ainsi, dans une société cotée, les options ne peuvent être consenties : **24.19**

– dans le délai de dix séances de bourse précédant et suivant la date à laquelle les comptes consolidés, ou à défaut les comptes annuels, sont rendus publics;
– dans le délai compris entre la date à laquelle les organes sociaux de la société ont connaissance d'une information qui, si elle était rendue publique, pourrait avoir une incidence significative sur le cours des titres de la société, et la date postérieure de dix séances de bourse à celle où cette information est rendue publique.

Dirigeant non salarié. Enfin, la loi du 30 décembre 2006[3] a imposé une nouvelle obligation lorsque les options sont attribuées à des dirigeants n'ayant pas la qualité de salarié. Dans ce cas, le conseil d'administration ou, le cas échéant, le conseil de **24.20**

---

1. C. com., art. L. 225-177, al. 4.
2. CA Paris, 23 sept. 1999, Dr. sociétés 2000, n° 79, obs. D. Vidal.
3. L. n° 2006-1770, 30 déc. 2006, pour le développement de la participation et de l'actionnariat salarié et portant diverses dispositions d'ordre économique et social, JO 31 déc., p. 20210.

surveillance, « soit décide que les options ne peuvent être levées par les intéressés avant la cessation de leurs fonctions, soit fixe la quantité des actions issues de levées d'options qu'ils sont tenus de conserver au nominatif jusqu'à la cessation de leurs fonctions »[1].

24.21 **Attributions gratuites d'actions.** Pour les attributions gratuites d'actions, le conseil d'administration ou le directoire, selon le cas, détermine l'identité des bénéficiaires des attributions d'actions. Il fixe les conditions et, le cas échéant, les critères d'attribution des actions[2].

Lorsque les actions sont attribuées à des dirigeants non salariés, le conseil d'administration ou le conseil de surveillance, « soit décide que les actions ne peuvent être cédées par les intéressés avant la cessation de leurs fonctions, soit fixe la quantité de ces actions qu'ils sont tenus de conserver au nominatif jusqu'à la cessation de leurs fonctions »[3].

C. Droits des bénéficiaires

1. Stock-options

24.22 **Cadre général.** Les droits résultant des options consenties sont incessibles jusqu'à ce que l'option ait été levée.

En cas de décès du bénéficiaire, ses héritiers peuvent exercer l'option dans un délai de six mois à compter du décès.

Si le bénéficiaire a quitté la société, il conserve le bénéfice de ses options.

Aucune disposition légale n'interdit l'exercice des droits d'option lorsque leurs bénéficiaires ont quitté la société[4].

Toutefois, les organes sociaux ont la possibilité d'assortir les plans d'options de conditions plus restrictives.

Exemple(s) Ainsi, la qualité de mandataire social peut être exigée au moment de la levée de l'option.

24.23 **Régime fiscal.** La plus-value d'attribution constitue, pour le bénéficiaire, un complément de revenu.

Cet avantage est imposé lors de la cession des titres.

Le code général des impôts prévoit trois régimes d'imposition, en fonction notamment de la durée de conservation des actions[5] :

– si les actions sont cédées **moins de quatre ans après l'attribution** de l'option, la plus-value d'attribution est soumise au régime normal d'imposition des revenus;

1. L'information correspondante doit être publiée dans le rapport mentionné à l'article L. 225-102-1 du code de commerce.
2. C. com., art. L. 225-197-1, al. 11.
3. C. com., art. L. 225-197-1, II.
4. CA Paris, 23 sept. 1999, préc.
5. CGI, art. 163 *bis* C, 163 *bis* G et 200 A.

- si les actions sont cédées **entre la quatrième et la sixième année** suivant l'attribution, la plus-value d'attribution est imposée au taux de 30 % à concurrence de la fraction annuelle qui n'excède pas 152 500 euros et de 40 % au-delà;
- si les actions sont cédées **plus de six ans** après l'attribution, la plus-value d'attribution est imposée au taux de 18 % à concurrence de la fraction annuelle qui n'excède pas 152 500 euros et de 30 % au-delà.

2. Attributions gratuites d'actions

Périodes. Il faut distinguer entre la « période d'acquisition » et la « période de conservation ». 24.24

Au cours de la « période d'acquisition », qui ne peut être inférieure à deux ans, le bénéficiaire n'est pas encore pleinement propriétaire des actions attribuées.

Les droits résultant de l'attribution gratuite d'actions sont incessibles jusqu'au terme de la période d'acquisition[1].

En cas de décès du bénéficiaire, ses héritiers peuvent demander l'attribution de ces actions dans un délai de six mois à compter du décès.

Au terme de la période d'acquisition, l'attribution des actions est définitive.

S'ouvre alors une « période de conservation », au cours de laquelle le bénéficiaire ne peut céder les actions.

Cette cession ne pourra donc intervenir qu'à l'issue de la période de conservation.

Société cotée. Toutefois, dans une société cotée, à l'issue de la période d'obligation de conservation, les actions ne peuvent être cédées[2] :
- dans le délai de dix séances de bourse précédant et suivant la date à laquelle les comptes consolidés, ou à défaut les comptes annuels, sont rendus publics;
- dans le délai compris entre la date à laquelle les organes sociaux de la société ont connaissance d'une information qui, si elle était rendue publique, pourrait avoir une incidence significative sur le cours des titres de la société, et la date postérieure de dix séances de bourse à celle où cette information est rendue publique.

II. Publicité

Cadre légal. Les articles L. 225-184 et L. 225-197-4 du code de commerce prévoient qu'un rapport spécial informe chaque année l'assemblée générale ordinaire des opérations réalisées en application des dispositions relatives aux stock-options et aux attributions gratuites d'actions. 24.25

1. C. com., art. L. 225-197-3.
2. C. com., art. L. 225-197-1.

24.26 **Contenu du rapport spécial.** Le rapport spécial doit rendre compte :

- du nombre, des dates d'échéance et du prix des options de souscription ou d'achat d'actions qui, durant l'année et à raison des mandats et fonctions exercés dans la société, ont été consenties à chacun de ces mandataires par la société et par celles qui lui sont liées dans les conditions prévues à l'article L. 225-180 du code de commerce[1] ;
- du nombre, des dates d'échéance et du prix des options de souscription ou d'achat d'actions qui ont été consenties durant l'année à chacun de ces mandataires sociaux par les sociétés contrôlées au sens de l'article L. 233-16 du code de commerce, à raison des mandats et fonctions exercés dans celles-ci[2] ;
- du nombre et du prix des actions souscrites ou achetées durant l'exercice par les mandataires sociaux en levant une ou plusieurs des options détenues sur leur société par une société liée dans les conditions prévues par l'article L. 225-180 du code de commerce ou une société contrôlée au sens de l'article L. 233-16 du code de commerce[3].

Depuis la loi du 3 décembre 2008[4], le rapport doit également indiquer le nombre, le prix et les dates d'échéance des options de souscription ou d'achat d'actions consenties, durant l'année, à l'ensemble des salariés bénéficiaires, ainsi que le nombre de ceux-ci et la répartition des options consenties entre les catégories de ces bénéficiaires.

Des informations similaires doivent figurer dans le rapport spécial concernant les attributions gratuites d'actions[5].

24.27 **Sociétés tenues d'établir le rapport spécial.** En principe, une société n'est tenue d'établir un rapport spécial que si elle a elle-même consenti des options.

Cependant, l'article L. 225-180, II du code de commerce prévoit que l'assemblée générale ordinaire de la société contrôlant majoritairement, directement ou indirectement, celle qui consent les options, est informée dans les conditions prévues à l'article L. 225-184 du même code[6].

L'ANSA souligne ainsi que la société mère doit établir, pour son assemblée générale ordinaire, un rapport spécial sur les options consenties aux bénéficiaires des sociétés contrôlées qui ont consenti des options, ainsi que sur les actions souscrites ou achetées par eux grâce à la levée de ces options, même si la société mère n'a pas elle-même consenti d'options à ses propres mandataires sociaux[7].

---

1. C. com., art. L. 225-184, al. 3.
2. C. com., art. L. 225-184, al. 4.
3. C. com., art. L. 225-184, al. 5.
4. L. nº 2008-1258, 3 déc. 2008, en faveur des revenus du travail, JO 4 déc., p. 18488.
5. C. com., art. L. 225-197-4.
6. La même règle est prévue par l'article L. 225-197-5 du code commerce, concernant les attributions gratuites d'actions.
7. Communication ANSA CJ du 9 janv. 2002, Dossier ANSA févr./mai 2002, nº 3113.

CHAPITRE 25

Statut social

Le statut social d'une personne est d'ordre public et s'impose de plein droit dès lors que sont réunies les conditions de son application[1]. **25.11**

En principe, le dirigeant est affilié à un régime de protection sociale qui dépendra de la forme de la société et de la nature du mandat social exercé : il relève soit du régime général des travailleurs salariés, soit du régime de protection sociale des travailleurs non salariés non agricoles.

Remarque(s) ***Rémunération optimale du dirigeant : ne pas oublier la protection sociale...***

Il est important d'examiner précisément la protection et les droits dont peut bénéficier le dirigeant : l'attention portée à cette question doit être la même que celle consacrée aux rémunérations (traitements et salaires, jetons de présence, etc.). En effet, favoriser les dividendes au détriment du revenu non salarié ou salarié peut aboutir à une protection sociale insuffisante. En outre, la perte de droits peut induire la souscription d'assurances complémentaires dont le coût doit également être pris en compte dans ce calcul.

Sur l'assurance chômage, voir chapitre 26; sur la retraite, voir chapitre 27.

1. Soc. 9 avr. 1998, nº 96-18.706, Bull. civ. V, nº 209; JCP 1998, IV, 2294; JCP E 1998, pan. 929.

1. Affiliation du dirigeant : quel régime ?

25.12 **Dualité de régimes.** Même si le dirigeant n'est qu'un mandataire social, et ne cumule pas avec son mandat un contrat de travail, il peut être assimilé à un salarié au regard de la législation de sécurité sociale.

Dans l'ensemble, et qu'il s'agisse des risques maladie, décès, veuvage, maternité, paternité, et des prestations familiales en général, la couverture sociale d'un dirigeant affilié au régime des indépendants est comparable à celle d'un dirigeant affilié au régime général.

Par exception, le risque d'accident du travail n'est pas spécifiquement couvert pour le dirigeant relevant du régime de protection sociale des non salariés.

Remarque(s) *L'application de la législation sur les accidents du travail est subordonnée à l'existence d'un contrat de travail. Elle est, par exception, applicable aux catégories visées par l'article L. 311-3 du code de la sécurité sociale, soit aux personnes assimilées aux salariés pour l'application de la législation de sécurité sociale.*

A. Affiliation au régime général de la sécurité sociale

25.13 **Cadre général.** Le champ d'application du régime général des assurances sociales est extrêmement large : en effet, aux termes de l'article L. 311-2 du code de la sécurité sociale, sont affiliées **obligatoirement** au régime général toutes les personnes, quelle que soit leur nationalité, salariées ou travaillant à quelque titre que ce soit ou en quelque lieu que ce soit, pour un ou plusieurs employeurs, et quels que soient le montant et la nature de leur rémunération, la forme, la nature ou la validité de leur contrat.

S'il exerce son activité dans les conditions définies par ce texte, le dirigeant aura la qualité de salarié au sens de l'article L. 311-2 du code de la sécurité sociale, et ce même si aucun lien de subordination n'est caractérisé, de telle sorte que l'ensemble des rémunérations servies au dirigeant seront soumises aux cotisations sociales, y compris à CSG et à CRDS.

1. Obligation d'affiliation

25.14 L'article L. 311-3 du code de la sécurité sociale, modifié par la loi du 12 mai 2009[1], dispose que l'affiliation aux assurances sociales du régime général de sécurité sociale est obligatoire pour certains dirigeants énumérés, à condition toutefois qu'ils perçoivent une rémunération.

1. L. nº 2009-526, 12 mai 2009, de simplification et de clarification du droit et d'allégement des procédures, JO 13 mai, p. 7920 (entrée en vigueur le 14 mai 2009).

a. Dirigeants assimilés aux salariés

1. Assimilation aux salariés

Dirigeants concernés. Sont ainsi assimilés aux salariés : **25.15**

- les présidents **du conseil d'administration, les directeurs généraux et les directeurs généraux délégués des sociétés anonymes et des sociétés d'exercice libéral à forme anonyme (SELAFA)**, peu important l'étendue de leurs pouvoirs ou leur participation au capital de la société.

La loi ne mentionnait pas les **directeurs généraux délégués**, qui ont remplacé les directeurs généraux depuis la loi du 15 mai 2001[1]. Cependant, il était considéré que « le directeur général délégué nommé par le conseil d'administration d'une société anonyme et percevant une rémunération en contrepartie de son activité relève du même régime de sécurité sociale que les personnes mentionnées à l'article L. 311-3, 12° »[2]. Les directeurs généraux délégués sont donc désormais des dirigeants expressément assimilés à des salariés pour l'application de la législation de sécurité sociale.

Quant aux **membres du directoire**, ils sont assimilés au président-directeur général par la Caisse nationale d'assurance maladie, et ce bien qu'ils ne soient pas expressément visés par l'article L. 311-3 du code de la sécurité sociale[3].

- les présidents et **dirigeants** des **sociétés par actions simplifiées et des sociétés d'exercice libéral par actions simplifiées**;
- les **gérants non associés** des **sociétés en nom collectif et des sociétés en commandite** sont assujettis au régime général s'ils sont rémunérés;
- les **dirigeants de sociétés étrangères** dès lors qu'ils exercent leur activité sur le territoire français et perçoivent à ce titre une rémunération[4];
- les présidents des **sociétés coopératives de banque**, mentionnées aux articles L. 512-61 à L. 512-67 du code monétaire et financier;
- les **membres et dirigeants des sociétés coopératives ouvrières de production (SCOP)** s'ils n'occupent pas d'emploi salarié dans la même société;
- les **gérants** des **sociétés à responsabilité limitée (SARL) et des sociétés d'exercice libéral à responsabilité limitée (SELARL)**, s'ils ne possèdent pas ensemble plus de la moitié du capital social.

S'agissant de la notion de gérant de SARL ou de SELARL ne devant pas posséder plus de la moitié du capital social, l'article L. 311-3, 11° du code de la sécurité sociale dispose que les parts appartenant, en toute propriété ou en usufruit, **au conjoint, au partenaire lié par un pacte civil de solidarité** et aux **enfants mineurs** non émancipés **d'un gérant** sont considérées comme possédées par ce dernier.

Ce texte doit s'interpréter strictement. Ainsi, le concubin ne peut être assimilé au conjoint au sens du code de la sécurité sociale, et ce bien qu'il bénéficie par ailleurs

---

1. L. n° 2001-420, 15 mai 2001, dite Loi NRE, JO 16 mai, p. 7776.
2. Rép. min. Chartier, n° 43981, JOAN Q, 19 juill. 2005, p. 7187.
3. Lettre CNAMTS, 8 nov. 1972, Bull. UCANSS 72-46.
4. Soc. 18 mars 1999, n° 97-18.829, Bull. civ. V, n° 131; Travail et protection sociale 1999, n° 206 : assujettissement au régime général des dirigeants d'une succursale, située sur le territoire français, d'une société de droit suisse.

de prestations sociales[1]. De même, avant l'intervention de la loi de simplification précitée (voir nº 25.14), l'administration considérait que les parts détenues par le partenaire lié au gérant par un pacte civil de solidarité ne devaient pas être prises en considération dans l'appréciation du caractère majoritaire de la gérance[2].

Par ailleurs, un gérant ne saurait valablement faire valoir qu'il est marié sous le régime de la séparation de biens[3] ou qu'il est en instance de divorce avec son épouse[4] pour éviter que les parts de son conjoint soient prises en considération pour l'appréciation du caractère majoritaire ou minoritaire de la gérance.

Seules sont retenues les parts possédées par les gérants de droit, à l'exclusion des gérants ou cogérants de fait[5].

Outre les parts directement détenues par le gérant, ou indirectement à travers son conjoint, son partenaire dans le cadre d'un PACS et ses enfants mineurs non émancipés, il y a également lieu de prendre en considération l'ensemble des parts possédées par le collège de gérance, lorsque plusieurs gérants ont été nommés dans une seule et même société, ainsi que l'ensemble des parts que le gérant détient par l'intermédiaire d'une société qu'il contrôle.

Les juges ont ainsi pu considérer que l'intéressé avait, par personne physique et morale interposées, la possession de la majorité des parts de la société dont il était le gérant non salarié[6].

Quant aux parts détenues par le gérant en indivision, la Cour de cassation estime qu'elles ne doivent pas être prises en considération pour apprécier le caractère majoritaire ou minoritaire de la gérance, car l'associé propriétaire indivis de parts sociales n'a, tant que dure l'indivision, aucun droit privatif sur les parts composant cette masse indivise, et il ne peut disposer de tout ou partie des droits de ses coïndivisaires, pas plus qu'il ne peut exercer isolément les droits attachés à ces titres[7].

Remarque(s) *L'administration, au contraire, prend en compte les parts sociales indivises pour le nombre de parts correspondant aux droits du gérant dans l'indivision[8].*

Régime fiscal des sociétés de personnes. La jurisprudence a également eu l'occasion de préciser que le fait qu'une société à responsabilité limitée opte pour le régime fiscal des sociétés de personnes dès sa constitution (règle étendue au changement de régime fiscal au cours de la vie sociale) est dépourvu d'incidence sur le régime de sécurité sociale des associés, et n'a donc pas pour effet de leur conférer la qualité de travailleur non salarié[9].

---

1. Soc. 12 mai 1971, nº 70-10.112, Bull. civ. V, nº 353.
2. Circ. Caisse Nationale du Régime Social des Indépendants (RSI), nº 2007/068, 15 mai 2007.
3. CA Bordeaux 19 sept. 1997, RJS 1998, nº 232.
4. Soc. 22 mars 1990, nº 87-16.054, Bull. civ. V, nº 144; JCP 1990, IV, 195; Gaz. Pal. 1990, nºs 278-279, pan. 160.
5. Soc. 21 juill.1986, nº 85-12.228 • Civ. 2e, 6 déc. 2006, nº 05-20.016, Bull. civ. II, nº 336.
6. Soc. 21 janv. 1999, nº 97-14.196, Bull. civ. V, nº 37.
7. Soc. 24 mars 1977, nº 75-14.803, Bull. civ. V, nº 231.
8. Dans le cadre du PACS, voir Doc. Acoss 27 oct. 2006 et Circ. RSI nº 2007/068 du 15 mai 2007, préc.
9. Soc. 22 nov. 1990, nº 87-20.144, NPT, RJS 1991, nº 99 • Soc. 23 janv. 1992, nº 89-20.651, Bull. civ. V, nº 40; JCP 1992, IV, 881, 93; D. 1992, IR 79.

Exonération, report ou fractionnement des cotisations. Les dirigeants assimilés aux salariés peuvent, s'ils sont créateurs ou repreneurs d'entreprise, bénéficier de la mesure de report et/ou de fractionnement de l'ensemble des cotisations et des contributions salariales et patronales afférentes à leur rémunération, dans les conditions fixées par la loi du 1er août 2003 en faveur de l'initiative économique[1]. **25.16**

De même, ces mandataires sociaux ont la faculté de demander le bénéfice de l'exonération de cotisations patronales prévues par la loi du 30 décembre 2003[2] s'ils participent à titre principal au projet de recherche et de développement d'une « jeune entreprise innovante », telle que définie par l'article 44 *sexies*-OA du code général des impôts.

2. Non-assimilation aux salariés

Ne sont pas assujettis au régime général : **25.17**

- le **gérant associé unique d'une entreprise unipersonnelle à responsabilité limitée** (EURL), voire son **cogérant non associé**, sont soumis au même régime que le gérant majoritaire de SARL (voir no 25.11) et ne peuvent être assujettis au régime général;
- les **associés d'une société civile professionnelle**, qui ne peuvent avoir la qualité de salarié au regard de la législation de sécurité sociale[3].

Puisqu'ils ne sont pas énumérés par l'article L. 311-3 du code de la sécurité sociale, ne sauraient non plus être assimilés aux salariés au regard de la sécurité sociale (excepté bien sûr s'ils remplissent les conditions posées par l'article L. 311-2 du code de la sécurité sociale) :

- le **président du conseil d'administration d'une caisse mutuelle de dépôts**, organisme coopératif[4];
- les **administrateurs** qui n'occupent pas d'emploi salarié dans la société[5];
- les présidents **et membres du conseil de surveillance** qui n'occupent pas d'emploi salarié dans la société[6];
- les **associés non gérants des sociétés à responsabilité limitée**;
- les **anciens présidents-directeurs généraux de sociétés anonymes** : le régime de sécurité sociale applicable est fonction des circonstances de l'espèce[7].

b. Dirigeants rémunérés

Les dirigeants susvisés ne sont obligatoirement affiliés aux assurances sociales du régime général de sécurité sociale que s'ils sont rémunérés à raison de leurs fonctions, quels que soient la nature et le montant de la rémunération perçue (sur la rémunération des dirigeants, voir chapitre 21). **25.18**

---

1. L. no 2003-721, 1er août 2003, pour l'initiative économique, JO 5 août, p. 13449.
2. L. no 2003-1311, 30 déc. 2003, Loi de finances pour 2004, JO 31 déc., p. 22530, art. 131.
3. Soc. 18 mai 2000, no 99-10.151, NPT, RJS 7-8/2000, no 880.
4. Soc. 5 juil. 1990, no 87-19.306, Bull. civ. V, no 354; JCP E 1991, II, 324, note C. Lapp; Gaz. Pal. 1991, nos 27-29, pan. 30.
5. Soc. 31 oct. 2000, no 98-22.160, NP, RJS 1/2001, no 124.
6. Rép. min., JOAN 3 déc. 1990, p. 5506.
7. V. not. Soc. 10 juill. 1997, no 95-10.155.

Un président-directeur général qui exerce son mandat gratuitement n'est donc pas assujetti au régime général des salariés[1], de même que le président-directeur général d'une société en liquidation ne percevant plus de rémunération[2].

Les dirigeants non rémunérés ne sont assujettis à aucun autre régime de protection sociale obligatoire.

Ainsi, le fait qu'un gérant minoritaire ne soit pas rémunéré ne peut avoir pour conséquence de lui conférer la qualité de travailleur indépendant au regard de la législation de la sécurité sociale[3].

2. Assiette des cotisations

25.19 **Globalité des rémunération.** Les cotisations sociales sont assises sur l'ensemble des rémunérations perçues par le mandataire social intéressé dans l'exercice de ses fonctions, incluant les jetons de présence, les avantages en nature[4] et les avances en compte-courant[5].

La Cour de cassation a en effet instauré une présomption simple aux termes de laquelle toutes les sommes versées aux dirigeants sont présumées l'être au titre d'une rémunération, et sont dès lors soumises à cotisations sociales[6].

Entrent notamment dans l'assiette des cotisations les jetons de présence alloués au président-directeur général ou au directeur général administrateur[7].

Exemple(s) Entrent, par exemple, dans l'assiette des cotisations, l'avantage en nature résultant de la mise à disposition d'un véhicule[8] ou les sommes exposées pour un voyage d'agrément.

Par conséquent, les indemnités, remboursements et allocations forfaitaires pour frais versés aux dirigeants de sociétés sont par principe et quel que soit leur objet, assujettis aux cotisations sociales.

Les sommes versées au président-directeur général non salarié et à son conjoint en rémunération de « dépenses personnelles » sont dès lors à bon droit réintégrées par l'Urssaf dans l'assiette des cotisations[9].

Il en est de même des sommes versées en compte-courant d'associé au président-directeur général d'une SELAFA sous la mention « rétrocession d'honoraires »[10].

1. Ch. réun., 24 juin 1966, Bull. ch. réun., n° 4.
2. Soc. 23 févr. 1983, n° 80-11.673, Bull. civ. V, n° 106.
3. Soc. 13 janv. 1988, n° 85-11.621, Bull. civ. V, n° 32.
4. CSS, art. L. 242-1 • Sur l'évaluation des avantages en nature des dirigeants pour l'assiette des cotisations à compter du 1er janv. 2003, voir Arr. 10 et 20 déc. 2002, JO 27 déc., p. 21750 et Circ. DSS/SDFSS/5 B, n° 2003-07, 7 janv. 2003, BOSS n° 2003/4 (la situation est différente selon que le dirigeant cumule ou non avec son mandat un contrat de travail).
5. Civ. 2e, 10 mai 2005, n° 03-30.657, NP, RJS 8-9/05, n° 917.
6. Civ. 2e, 3 avr. 2003, n° 01-20.935, NPT, RJS 6/03, n° 815.
7. Soc. 18 oct. 2001, n° 00-13.674, NPT • Civ. 2e, 14 févr. 2007, n° 05-21.106, NPT; RJS 5/07, n° 656 • Civ. 2e, 6 mars 2008, n° 07-13.076, NP.
8. Pour le calcul de cet avantage en nature, voir CE 21 nov. 2007, n° 279872, RJF 2/08, n° 144.
9. Civ. 2e, 15 nov. 2005, n° 04-30.409, NP, RJS 2/06, n° 282.
10. Civ. 2e, 14 sept. 2006, n° 05-12.464, NP.

Il n'en serait autrement que si la société démontre que les sommes versées au dirigeant ont bien pour objet le remboursement de frais réels justifiés, ou se rattachent à une activité indépendante distincte du mandat social en exécution d'un contrat de prestations de services[1], ou bien concernent les indemnités kilométriques qui sont exonérées dans la limite du barème de l'Administration fiscale[2].

Remarque(s) *Pour la question de l'exclusion de l'assiette des cotisations des contributions patronales aux régimes obligatoires de retraite complémentaire, voir chapitre 27 n° 27.15.*

B. Affiliation au régime des non-salariés

RSI. Le dirigeant non assimilé au salarié relève du régime social des indépendants (RSI) créé par deux ordonnances du 8 décembre 2005[3]. **25.20**

Depuis le 1er janvier 2008, l'interlocuteur social unique des indépendants recouvre toutes les cotisations sociales : assurance maladie, maternité, allocations familiales, assurance vieillesse et invalidité-décès, outre la CSG et la CRDS[4].

Remarque(s) *La loi du 1er août 2003[5] permet au créateur ou au repreneur d'entreprise qui débute une activité non salariée de solliciter le report de ses charges sociales pendant les douze mois suivants le début de l'activité, et d'étaler leur règlement durant les années suivantes.*

1. Obligation d'affiliation

a. Gérants

Sont affiliés au régime des non-salariés : **25.21**

- les **gérants majoritaires** de SARL sont considérés comme des employeurs ou travailleurs indépendants (selon qu'ils emploient, ou non, du personnel salarié).

Remarque(s) *Il faut entendre par gérant majoritaire celui qui possède seul ou avec ses cogérants plus de 50 % des parts sociales.*

L'assujettissement des gérants majoritaires au régime des non-salariés n'exige pas le versement d'une rémunération.

Selon la jurisprudence, le fait d'occuper la fonction de gérant majoritaire d'une SARL dont l'activité est industrielle et commerciale est assimilé à l'exercice d'une activité professionnelle, peu important que la société n'ait eu aucune activité effective, dès lors qu'elle n'avait pas cessé d'exister, et que ses fonctions n'aient procuré au gérant aucun revenu[6].

1. Civ. 2e, 15 nov. 2005, n° 04-30.409, NP, préc.
2. Circ. DSS 7, 7 janv. 2003, préc.
3. Ord. n° 2005-1528, 8 déc. 2005, relative à la création du régime social des indépendants et Ord. n° 2005-1529, instituant un interlocuteur social unique pour les indépendants, JO 9 déc., p. 19019.
4. V. le site www.le-rsi.fr
5. L. n° 2003-721, 1er août 2003, pour l'initiative économique, JO 5 août, p. 13449.
6. Soc. 28 mai 1998, n° 96-20.917, Bull. civ. V, n° 289; JCP 1998, IV, 2630, 1405; JCP E 1998, pan. 1241.

– le **gérant non associé** appartenant à un collège de gérance majoritaire ;
– l'**associé unique d'une entreprise unipersonnelle à responsabilité limitée** ;

> *Le cogérant d'une EURL, avec l'associé unique, et en conséquence membre d'une cogérance majoritaire, doit, comme tel, être assujetti au régime d'assurance vieillesse des travailleurs salariés des professions industrielles et commerciales*[1].

L'intéressé doit exercer par lui-même l'activité donnant lieu à l'assujettissement.

> *Ainsi, l'associé unique ayant confié la gérance de l'EURL à un tiers et n'exerçant aucune activité au sein de la société ne relève pas du régime des non-salariés*[2].

– les **gérants associés** des sociétés en nom collectif et les **gérants commandités** des sociétés en commandite simple ou par actions, qui sont des commerçants indépendants[3].

b. Conjoint du dirigeant

25.22 **Évolution.** Des dispositions particulières ont été créées au bénéfice du conjoint du dirigeant : la loi du 2 août 2005[4] dispose que le conjoint du chef d'entreprise doit opter pour le statut de conjoint associé, ou celui de conjoint collaborateur, ou encore celui de conjoint salarié.

Conjoint salarié. S'il participe réellement à l'entreprise ou l'activité de son conjoint à titre professionnel et habituel, et qu'il perçoit à ce titre un salaire normal correspondant à sa catégorie professionnelle, le conjoint du dirigeant aura le statut de conjoint salarié et sera affilié au régime général, et ce sans qu'il soit nécessaire de caractériser un lien de subordination.

Conjoint collaborateur. Le conjoint collaborateur, à l'inverse, est celui qui exerce une activité professionnelle régulière dans la société sans percevoir de rémunération et sans avoir lui-même la qualité d'associé. Dans les SARL et SELARL, ce statut est réservé au conjoint du gérant associé unique ou du gérant associé majoritaire et l'effectif de la société ne doit pas dépasser 20 salariés. L'affiliation du conjoint collaborateur au régime de retraite de base et complémentaire du dirigeant est obligatoire, et il est considéré comme ayant droit du chef d'entreprise par l'assurance maladie.

Remarque(s) *La loi du 4 août 2008*[5] *étend le statut de conjoint collaborateur du chef d'une entreprise artisanale, commerciale ou libérale au partenaire lié par un Pacs au chef d'entreprise.*

---

1. Soc. 3 déc. 1998, n° 96-13.463, NPT, RJS 1999, n° 125.
2. Soc. 3 avr. 1997, n° 95-12.866, Bull. civ. V, n° 139.
3. CSS, art. R. 241-2.
4. L. n° 2005-882, 2 août 2005, en faveur des petites et moyennes entreprises, JO 3 août, p. 12639.
5. L. n° 2008-776, 4 août 2008, de modernisation de l'économie, JO 5 août, p. 12471.

Conjoint associé. Le conjoint associé est, quant à lui, soit salarié et affilié au régime général s'il exerce son activité dans les conditions du conjoint salarié décrites *supra*, soit à défaut, conjoint associé non salarié et sera obligatoirement affilié personnellement au régime d'assurance vieillesse des professions industrielles ou commerciales. Le conjoint associé cotisera sur une assiette égale à la part de bénéfice lui revenant dans la société.

Remarque(s) *Ce statut n'est par définition pas envisageable lorsque l'activité est exercée au bénéfice du conjoint associé dans une EURL, ce type de structure ne comptant qu'un seul associé, le dirigeant.*

2. Assiette des cotisations

Cadre général. Les cotisations d'assurance maladie et maternité et d'allocations familiales, ainsi que les cotisations d'assurance vieillesse sont assises sur le revenu professionnel non salarié[1]. Les cotisations sont dues à titre personnel par le dirigeant. **25.23**

Dans les sociétés passibles de l'impôt sur les sociétés, ces cotisations portent sur les rémunérations versées au dirigeant, à l'exclusion des dividendes, sauf pour les sociétés d'exercice libéral (SEL), en application de l'article 22 de la loi du 17 décembre 2008[2].

SEL. Les revenus d'activité distribués ou payés aux associés des SEL à compter du 1er janvier 2009, incluant notamment les dividendes et les revenus générés par les sommes versées sur des comptes courants, sont désormais intégrés dans l'assiette des cotisations de sécurité sociale[3]. Cette modification d'assiette concerne les cotisations d'assurance maladie et maternité et d'allocations familiales à verser au régime des non salariés, ainsi que la cotisation d'assurance vieillesse des professions libérales[4], la cotisation d'assurance maladie-maternité des praticiens et auxiliaires médicaux conventionnés[5], les cotisations d'assurance maladie et vieillesse du régime des avocats[6], la CSG et la CRDS.

Les revenus intégrés dans l'assiette des cotisations sont les dividendes perçus dans les SEL, les dividendes perçus par le travailleur non salarié non agricole, son conjoint, ou le partenaire auquel il est lié par un pacte civil de solidarité ou leurs enfants mineurs non émancipés, outre les revenus générés par les sommes versées sur des comptes courants.

Régime fiscal des sociétés de personnes. La part de ces revenus d'activité intégrée dans l'assiette des cotisations est celle qui est supérieure à 10 % du capital social, des primes d'émission et des sommes versées en compte-courant détenues en

1. CSS, art. L. 131-6.
2. L. n° 2008-1330, 17 déc. 2008, de financement de la sécurité sociale pour 2009, JO 18 déc., p. 19291.
3. CSS, art. L. 131-6, al. 3 mod. par L. n° 2008-1330, 17 déc. 2008, de financement de la sécurité sociale pour 2009, JO 18 déc., p. 19291.
4. CSS, art. L. 642-2.
5. CSS, art. L. 722-4.
6. CSS, art. L. 723-5 et L. 723-15.

toute propriété ou en usufruit par ces mêmes personnes[7]. Dans les sociétés soumises au régime fiscal des sociétés de personnes, ces cotisations se calculent sur la part de bénéfice (distribuée ou non) revenant au dirigeant.

Il faut ajouter que les intéressés sont redevables de la CSG et de la CRDS conformément aux règles fixées pour les revenus professionnels non salariés.

C. Tableaux récapitulatifs

Récapitulatif de l'affiliation des dirigeants des différentes sociétés

Personnes relevant du régime RSI (travailleurs non salariés non agricoles)	*Personnes relevant du régime général des salariés*
– associé même non gérant d'une entreprise unipersonnelle à responsabilité limitée (EURL) – associé non gérant d'une SARL – gérant majoritaire d'une société à responsabilité limitée (SARL) – gérant majoritaire d'une société d'exercice libéral à responsabilité limitée (SELARL) – gérant appartenant à un collège de gérance majoritaire de société à responsabilité limitée (SARL) – associé exerçant une activité dans une SARL ou SELARL comme non-salarié – associé d'une société en nom collectif (SNC) – associé commandité d'une société en commandite simple, en commandite par actions, ou d'exercice libéral en commandite par actions – associé de société civile professionnelle (SCP) – président du conseil d'administration d'une caisse mutuelle de dépôts, organisme coopératif – administrateur n'occupant pas d'emploi salarié dans la société – président et membre du conseil de surveillance n'occupant pas d'emploi salarié dans la société – ancien président-directeur général des SA	– gérant minoritaire ou égalitaire d'une SARL ou SELARL – gérant non associé d'une SARL ou SELARL – gérant non associé d'une EURL – président du conseil d'administration, directeur général, directeur général délégué, membre du directoire d'une SA et de SELAFA – dirigeant (président, directeur général) d'une SAS et des SELAS – gérant non associé des SNC et des sociétés en commandite se trouvant dans un lien de subordination à l'égard de la société – président des sociétés coopératives de banque mentionnées aux articles L. 512-61 à L. 512-67 du code monétaire et financier – membre et dirigeants des SCOP s'ils n'occupent pas d'emploi salarié dans la même société

(1) CSS, art. R. 131-2, mod. par Décr. n° 2009-423, 16 avr. 2009, relatif à la détermination du capital social et des sommes versées en compte courant d'associés des sociétés d'exercice libéral pour l'application de l'article L. 131-6 du code de la sécurité sociale, JO 18 avr., p. 6995.

Comparaison globale des principaux taux de cotisations sociales pour l'année 2008 : régime des non-salariés et régime des salariés

Régime RSI des travailleurs non-salariés non agricoles : associé d'EURL, de SNC, gérant majoritaire de SARL (taux des artisans et commerçants)		*Régime général des salariés (part patronale et part salariale) : gérant minoritaire ou égalitaire de SARL, Président du CA, directeur général ou directeur général délégué de SA, dirigeant de SAS*		
		Part salarié	*Part employeur*	*Total*
Maladie/Maternité (remboursements + indemnités journalières)	Dans la limite du PA* (33 276 €) : 6,50 % De 33 276 € à 166 380 € (5 × PA*) : 5,90 %	0,75 %	12,8 %	13,55 %
Allocations familiales	5,40 %		5,40 %	5,40 %
Assurance vieillesse de base obligatoire	16,65 % dans la limite du PA*	6,65 % sur le PA* 0,1 % sur la totalité	8,3 % sur le PA* 1,6 % sur la totalité	16,65 %
Assurance vieillesse complémentaire obligatoire	Artisans : 7 % dans la limite de 4 × PA* (133 104 €) Commerçants : 6,50 % dans la limite de 3 × PA* (99 828 €)	AGIRCC Tranche B : 7,70 %	AGIRCC Tranche B : 12,60 %	AGIRCC Tranche B : 20,3 %
		ARCCO Tranche A : 3 %[1] Tranche B : 8 %	ARCCO Tranche A : 4,5 %[1] Tranche B : 12 %	ARCCO Tranche A : 7,5 %[1] Tranche B : 20 %
Invalidité et décès	Artisans : 1,8 % Commerçants : 1,3 %	Inclus dans la cotisation maladie-maternité		
Accident du travail	Couvert partiellement par maladie maternité, possibilité de souscrire une assurance volontaire modique	Taux variable selon l'entreprise		

Régime RSI des travailleurs non-salariés non agricoles : associé d'EURL, de SNC, gérant majoritaire de SARL (taux des artisans et commerçants)		*Régime général des salariés (part patronale et part salariale) : gérant minoritaire ou égalitaire de SARL, Président du CA, directeur général ou directeur général délégué de SA, dirigeant de SAS*		
		Part salarié	*Part employeur*	*Total*
Assurance décès complémentaire		1,5 % si cadre		1,50 %
Aide au logement (FNAL)			0,1 % sur le PA* 0,4 % sur la totalité si entreprise = 20 salariés	
Contribution de solidarité pour l'autonomie		0,3 %		0,3 %
Assurance chômage		2,4 %	4 %	6,4 %
AGS (garantie des salaires)			0,2 %	0,2 %[1]
Participation formation professionnelle	Commerçants : 0,15 % et 0,24 % si conjoint collaborateur		0,55 % si entreprise < 10 salariés 1,05 % si entreprise > 10 salariés et < 20 salariés 1,60 % si entreprise = 20 salariés	
APEC		0,024 %	0,036 %	0,06 %
Construction			0,45 % si entreprise ≥ 10 salariés	0,45 %
Apprentissage			0,68 %	0,68 %
CSG	7,5 %	7,5 %		7,5 %
CRDS	0,5 %	0,5 %		0,5 %

(1) Sauf lorsque la convention collective prévoit une répartition différente.

*PA = Plafond annuel de la sécurité sociale (34 308 € pour 2009).

❶ Assiette mensuelle : 0 à 11 436 €.

II. Pour quelles prestations ?

Les prestations des deux régimes sont assez comparables, sauf en matière de maternité. 25.24

Remarque(s) Sur le chômage et la retraite, voir chapitres 26 et 27.

A. Maladie

L'assurance maladie couvre deux types de prestations : 25.25
- les prestations en nature (remboursement des frais de consultations, de soins, de médicaments et d'hospitalisations) ;
- les prestations en numéraire (versement d'une indemnité journalière pour compenser la perte de revenus des journées non travaillées).

1. Identité des prestations en nature

Les prestations en nature versées aux affiliés du régime des non-salariés sont alignées sur celles versées aux affiliés du régime des salariés depuis le 1er janvier 2001. 25.26

Comparaison des prestations en nature, dans le régime salarié et dans le régime des non-salariés depuis le 1er juin 2009

Prestation	*Taux de remboursement du régime d'assurance maladie des professions indépendantes*	*Taux de remboursement du régime général des salariés*
Affection longue durée	100 %	100 %
Acte d'un montant ≥ à 91 € ou acte de coefficient ≥ à 50	100 %*	100 %*
Hospitalisation < à 30 jours	80 %	80 %
Hospitalisation > à 30 jours	100 % (à compter du 31e jour)	100 % (à compter du 31e jour)
Soins courants : honoraires des praticiens	70 %	70 %**
Médicament vignette blanche barrée	100 %	100 %
Médicament vignette blanche	65 %	65 %
Médicament vignette bleue	35 %	35 %

* Une participation forfaitaire de 18 €, à la charge de l'assuré, s'applique (sauf cas particulier).
** 50 % si l'assuré n'a pas déclaré de médecin traitant ou si l'assuré a consulté un spécialiste directement sans orientation préalable du médecin traitant (sauf cas particulier).

Les prestations en nature qui ne sont pas intégralement remboursées peuvent être couvertes au moyen d'une **assurance complémentaire facultative**. L'entrepreneur affilié au régime TNS (travailleur non salarié) peut déduire de son revenu imposable les cotisations à cette assurance facultative. Il faut pour cela que l'entreprise relève d'un régime réel d'imposition.

Remarque(s) *Les cotisations, qu'elles soient obligatoires ou facultatives, sont en réalité déductibles dans la limite d'un plafond égal à 19 % de huit fois le plafond annuel moyen retenu pour le calcul des cotisations de sécurité sociale, soit 52 148 € pour 2009. À l'intérieur de ce plafond, les cotisations de prévoyance complémentaire ne doivent pas dépasser 3 % (soit 8 234 € en 2009) et les cotisations de perte d'emploi subie (chômage) ne doivent pas dépasser 1,5 % (soit 4 117 € en 2009). Le plafond de déductibilité des cotisations est en fait suffisamment élevé pour permettre de déduire l'intégralité des cotisations.*

2. Rapprochement des prestations en espèce (indemnités journalières)

25.27 Comme les salariés, les artisans (depuis le 1er juill. 1995) et les commerçants (depuis le 1er juill. 2000) bénéficient d'indemnités journalières. Elles peuvent leur être versées pendant trois cent soixante jours sur une période quelconque de trois ans[1]. Pour une maladie de longue durée ou des soins de longue durée, la période d'indemnisation peut aller jusqu'à trois ans.

Les indemnités journalières sont versées à l'artisan ou au commerçant à partir du quatrième jour d'hospitalisation ou à partir du huitième jour de maladie ou d'accident[2]. L'arrêt de travail doit avoir été médicalement constaté, et l'artisan ou le commerçant doit avoir cotisé depuis un an pour en bénéficier.

Pour le régime salarié, l'indemnité journalière maladie est en général égale à la moitié du salaire journalier de base, calculé sur la moyenne des salaires des trois mois précédant l'arrêt de travail[3].

Pour le régime non-salarié, l'indemnité journalière garantit un revenu de remplacement égal à 1/720e du revenu professionnel annuel moyen des trois dernières années civiles[4].

B. Maternité

25.28 En cas de maternité, la femme entrepreneur bénéfice de prestations en nature et de prestations en espèces, comme la femme salariée.

1. Cette durée est applicable au régime non-salarié depuis le 1er oct. 2002.
2. Le salarié perçoit une indemnité journalière à compter du quatrième jour.
3. Au 1er janv. 2009, l'indemnité maximale est de 47,65 € dans le cas général.
4. Au 1er janv. 2009, l'indemnité est de 19,06 € au minimum par jour, 47,65 € au maximum par jour.

1. Identité des prestations en nature

Les soins et examens dispensés pendant les quatre premiers mois de la grossesse, les examens obligatoires pré et postnatals, les frais d'accouchement sont remboursés à 100 %, dans le régime des non-salariés comme dans le régime des salariés. Les conditions de remboursement du prix des consultations de médecine générale et de médecine spécialisée, des frais pharmaceutiques et des frais d'hospitalisation sont identiques dans les deux régimes. 25.29

2. Divergence de régime pour les prestations en espèce (indemnités et allocations)

Indemnité journalière. Dans le régime des **salariés**, la future mère bénéficie d'un congé de maternité d'au moins huit semaines, pendant lequel elle perçoit une indemnité journalière égale à 100 % de son salaire net plafonné[1]. 25.30

Remarque(s) *Il convient de consulter la convention collective applicable afin de connaître les conditions du maintien de salaire pendant votre congé maternité.*

Dans le régime des **non-salariés**, ce congé maternité n'existe pas. Néanmoins, afin d'inciter les femmes non-salariées à s'arrêter de travailler quelque temps, une indemnité journalière forfaitaire d'interruption d'activité est versée pour une interruption d'au moins quarante-quatre jours consécutifs, dont au moins quatorze jours doivent être pris immédiatement avant la date présumée de l'accouchement. L'arrêt de travail peut être prolongé d'une ou deux périodes de quinze jours.

Le montant de l'indemnité varie selon la durée de l'arrêt. Pour 2009, les montants de cette indemnité sont les suivants :

- 2 096,60 euros pour quarante-quatre jours ;
- 2 811,35 euros pour cinquante-neuf jours ;
- 3 526,10 euros pour soixante-quatorze jours.

Allocation de repos maternel. Une allocation de repos maternel est versée en sus, pour inciter la femme bénéficiaire de cette prestation à s'arrêter de travailler avant l'accouchement et éviter les naissances prématurées, et compenser en partie la diminution d'activité qui en résulte. Cette allocation est versée pour moitié à la fin du septième mois et pour moitié après l'accouchement. Son montant est de 2 859 euros pour 2009.

C. Paternité

Congé paternité. Depuis le 1er janvier 2002, le dirigeant affilié au régime général des salariés ou au régime des non-salariés peut prendre un congé paternité à l'occasion de la naissance de son enfant. Ce congé peut durer jusqu'à onze jours consécu- 25.31

1. Au 1er janv. 2009, l'indemnité est de 76,54 € (74,97 € pour les assurés d'Alsace Moselle) au maximum par jour.

tifs (en cas de naissance simple) ou dix-huit jours (en cas de naissances multiples), et doit débuter dans les quatre mois de la naissance (ou dans les quatre mois suivant la sortie d'hôpital, en cas d'hospitalisation néonatale).

Pour les affiliés au **régime salarié**, l'indemnité journalière est identique à celle offerte pour le congé maternité[1].

Pour les affiliés au **régime non salarié**, l'indemnité journalière est égale à 1/60e du plafond mensuel sécurité sociale[2].

Formalités. Le père doit adresser, à la caisse maladie régionale (CMR) dont il dépend, une attestation sur l'honneur qu'il cesse toute activité professionnelle pendant ce congé, et prouver la filiation avec l'enfant.

Remarque(s) *Dans la pratique, il peut, pour une naissance, produire une photocopie de son livret de famille à jour ou d'un extrait d'acte de naissance.*

D. Adoption

25.32 **Conditions d'attribution.** Dans le **régime salarié**, les indemnités journalières versées pendant le congé d'adoption sont attribuées dans les mêmes conditions que les indemnités journalières versées pendant un congé maternité : les conditions d'ouverture des droits pour en bénéficier sont identiques, et les indemnités journalières sont calculées de la même façon.

Dans le **régime non salarié**, si l'intéressé arrête de travailler après l'arrivée de l'enfant dans sa famille, il peut également percevoir une indemnité.

Montant de l'indemnité. Pour l'année 2009, cette indemnité est égale à :

– 2 668,40 euros pour cinquante-six jours;

– 4 097,90 euros pour quatre-vingt-six jours.

Remarque(s) *Une copie du document remis aux parents par le service d'aide sociale à l'enfance ou par l'œuvre autorisée attestant que l'enfant a été confié en vue d'une adoption doit être adressée à la CMR.*

E. Invalidité

25.33 Dans les deux régimes, salarié et non salarié, une pension est versée à l'assuré, le cas échéant à son conjoint, en cas d'invalidité. Le montant de cette pension varie suivant l'activité exercée et le degré d'invalidité[3].

1. V. note précédente.
2. Au 1er janv. 2009, l'indemnité maximale est de 47,65 € par jour.
3. V. les sites www.ameli.fr et www.le-rsi.fr

F. Décès

Dans les deux régimes salarié et non salarié, les ayants droit de l'assuré décédé reçoivent un capital au décès de l'assuré[1]. Le montant de ce capital dépend du régime auquel avait cotisé l'assuré. 25.34

[1] Au 1er janv. 2009, pour le régime salarié, le montant du capital décès est au minimum de 343,08 € et au maximum de 8 577 €.

CHAPITRE 26

Assurance chômage

26.11 Afin de pallier la précarité de leurs fonctions de mandataire social, les dirigeants d'entreprises peuvent s'assurer contre la perte de leur mandat social en souscrivant volontairement à l'un des trois régimes facultatifs gérés par la GSC (Garantie Sociale des Chefs et dirigeants d'entreprise), l'APPI (Association pour la Protection des Patrons Indépendants) et APRIL (voir nos 26.37 et s.). En outre, ils peuvent éventuellement bénéficier des prestations chômage du régime général d'assurance chômage géré par l'Unedic s'ils sont involontairement privés d'un contrat de travail qu'ils cumulaient valablement avec leur mandat social, solution destinée à des cas de plus en plus restreints (voir chapitre 21).

26.12 **Réforme du service public de l'emploi.** La loi du 13 février 2008[1] a créé un opérateur unique chargé d'assurer toutes les missions de service public pour les demandeurs d'emploi, et a supprimé l'ANPE et les Assedic.

Le Pôle Emploi[2] s'est, depuis le 1er janvier 2009, substitué à l'ANPE et aux Assedic, avec pour mission de collecter les offres d'emploi, d'assurer la mise en relation entre les offres et les demandes d'emploi, d'accueillir et accompagner les personnes à la recherche d'un emploi, de procéder aux inscriptions sur la liste des demandeurs d'emploi, d'assurer le contrôle de la recherche d'emploi et le service des allocations chômage[3].

1. L. n° 2008-126, 13 févr. 2008, relative à la réforme du service public de l'emploi, JO 14 févr., p. 2712.
2. C. trav., art. R. 5132-6 et s., mod. par Décr. n° 2008-1010, 29 sept. 2008, JO 30 sept., p. 15040.
3. C. trav., art. L. 5312-1.

Une nouvelle convention d'assurance chômage. Le 19 février 2009 a été signée une nouvelle convention relative à l'indemnisation du chômage[1], valable pour deux années, qui renouvelle la mission de gestion de l'assurance chômage par l'Unedic. **26.13**

1. Régime général (Unedic)

A. Possibilités d'affiliation

Nécessité d'un contrat de travail. Les dirigeants d'entreprise ne peuvent, en leur seule qualité de mandataires sociaux, bénéficier du régime d'assurance chômage de l'Unedic, même s'ils sont par ailleurs affiliés à la sécurité sociale et assimilés à ce titre à des salariés (voir chapitre 25). **26.14**

Le régime général d'assurance chômage de l'Unedic ne peut, en effet, bénéficier qu'aux salariés titulaires d'un contrat de travail[2]. En conséquence, le dirigeant qui revendique le bénéfice de l'assurance chômage devra justifier qu'il cumule valablement un contrat de travail avec son mandat social (voir chapitre 21).

Rappelons les quatre conditions communes à toutes les sociétés pour qu'existe un cumul valable :

- le contrat de travail doit avoir pour objet des fonctions techniques distinctes des fonctions exercées au titre du mandat social;
- le dirigeant doit percevoir en contrepartie de l'exercice des fonctions salariées une rémunération distincte de celle éventuellement versée au titre du mandat social;
- le dirigeant doit être placé dans un lien de subordination juridique effective vis-à-vis de l'entreprise, c'est-à-dire permettant concrètement à sa hiérarchie de diriger son activité salariée, et le cas échéant de sanctionner les manquements commis dans le cadre de ses fonctions techniques, distinctes du mandat;

Remarque(s) *Concernant l'EURL, l'associé unique non gérant, tout comme le gérant associé unique, sont par définition exclus du bénéfice de l'assurance chômage puisqu'ils sont à l'origine de toutes les décisions, et qu'un lien de subordination ne peut par conséquent être caractérisé entre le dirigeant et la société.*

- le contrat de travail ne doit pas être conclu en fraude à la loi.

Validité du cumul. La vérification de la validité du cumul incombe au Pôle Emploi, sous le contrôle des tribunaux.

En toute hypothèse le dirigeant ne pourra participer au régime général d'assurance chômage qu'au titre du ou des contrats de travail qu'il cumule valablement avec son mandat social[3].

1. Arr. 30 mars 2009, portant agrément de la convention du 19 février 2009 relative à l'indemnisation du chômage et de son règlement général annexé, JO 1er avr., p. 5701 (convention également disponible sur le site www.unedic.fr).
2. C. trav., art. L. 5422-13 • Notice DAJ 801, mise à jour en janvier 2009 (site www.unedic2.fr, rubrique « textes juridiques »).
3. Dir. Unedic, n° 36-02, 31 juill. 2002.

En conséquence, le dirigeant qui n'est pas en situation de cumul valable ne peut prétendre bénéficier des prestations chômage, et ce même si des cotisations salariales et patronales ont été payées au régime Unedic.

Remarque(s) *Dans ce cas, il est possible d'obtenir, sur justificatifs, le remboursement des cotisations versées à tort dans la limite de la prescription triennale[1].*

Dès lors, et afin de prévenir les difficultés liées à l'absence de couverture chômage, à la production de justificatifs, et éventuellement à la perte pure et simple des cotisations au-delà de trois années, la vérification préalable et systématique de la situation du dirigeant s'impose.

B. Vérification des conditions de participation au régime Unedic

26.15 Pour s'assurer de sa situation, le dirigeant devra s'attacher au fait de savoir si le contrat de travail dont il bénéficie est bien valable (voir chapitre 21 et nº 26.14).

Il pourra utilement prendre connaissance des précisions fournies directement par l'Unedic (voir nºs 26.16 et s.) et saisir le Pôle Emploi de cette question (voir nºs 26.22 et s.).

1. Précisions de l'Unedic concernant les dirigeants de SA et de SARL

26.16 L'Unedic a été amenée à préciser dans ses circulaires les conditions dans lesquelles les différentes catégories de dirigeants peuvent participer au régime général d'assurance chômage.

a. Société anonyme

26.17 Les règles diffèrent selon le type de SA et les dirigeants concernés :

SA avec conseil d'administration. Les administrateurs, y compris le président du conseil d'administration, les directeurs généraux délégués administrateurs et les directeurs généraux administrateurs, ne peuvent bénéficier d'un contrat de travail et par conséquent de l'assurance chômage des salariés, que si leur contrat de travail est antérieur à leur nomination en qualité de mandataire social[2].

> *Lorsqu'un salarié a été engagé avant l'exercice de tout mandat social, et qu'il justifie en dernier lieu d'un contrat de travail, conclu après la démission de ses mandats d'administrateur et de président du conseil d'administration de la société, et exécuté dans un état de subordination jusqu'au jour de son licenciement, son contrat de travail, conclu alors qu'il n'était plus mandataire*

---

1. C. trav., art. L. 5422-19.
2. Notice DAJ 801, préc.

social, n'est pas atteint de nullité et ouvre droit au bénéfice de l'assurance chômage[1].

Les directeurs généraux, délégués ou non, qui ne sont pas administrateurs, sont mandataires de la société et peuvent bénéficier d'un contrat de travail, même conclu postérieurement à leur mandat, s'ils respectent par ailleurs les autres conditions relatives au cumul, et que leur contrat de travail a été soumis à l'approbation du conseil d'administration conformément à l'article L. 225-38 du code de commerce (voir nos 31.23 et s.).

SA à directoire et conseil de surveillance. Les membres du directoire peuvent bénéficier d'un contrat de travail et de l'assurance chômage si les conditions relatives au cumul sont respectées[2]. Il en est de même pour les membres du conseil de surveillance dans les limites prévues par le code de commerce[3].

Toutes les SA. Les actionnaires majoritaires ne peuvent, en principe, prétendre bénéficier d'un contrat de travail, et donc de l'assurance chômage, dans la mesure où il paraît délicat qu'ils puissent justifier d'un lien de subordination en raison de l'influence qu'ils exercent sur la gestion de la société.

Remarque(s) *Cette position de l'Administration*[4] *a été confirmée par la jurisprudence*[5].

SAS. Le président et le dirigeant désignés par les statuts peuvent bénéficier de l'assurance chômage s'ils justifient de l'existence d'un contrat de travail[6].

b. Société à responsabilité limitée

Situation des associés gérants. L'associé gérant d'une SARL peut bénéficier de l'assurance chômage s'il justifie de l'existence d'un contrat de travail réel et sérieux, ce qui ne pourra être le cas que s'il est associé minoritaire. L'Unedic considère en effet que les gérants associés égalitaires ou majoritaires sont exclus du régime d'assurance chômage[7]. **26.18**

Remarque(s) *L'Unedic applique les mêmes règles qu'en matière de sécurité sociale pour déterminer si le gérant est minoritaire ou non. Elle ajoute aux parts détenues par le gérant celles qui sont détenues en toute propriété ou en usufruit par le conjoint ou les enfants mineurs non émancipés du gérant (voir no 25.15).*

Situation des associés non gérants. Les associés non gérants, même majoritaires, peuvent relever du régime d'assurance chômage s'ils sont titulaires d'un contrat de travail réel et sérieux, ce qui implique la vérification, par le Pôle Emploi, que ces associés ne sont gérants, ni de droit, ni de fait. **26.19**

1. Soc. 10 janv. 2006, no 04-14.319, NP.
2. Notice DAJ 801, préc.
3. C. com., art. L. 225-85 (voir chapitre 21).
4. Rép. min. Cousté, JOAN Q, 30 nov. 1981.
5. Soc. 16 juill. 1998, no 96-42.352, NP.
6. Notice DAJ 801, préc.
7. Notice DAJ 801 préc.

Remarque(s) *Cette vérification s'effectue en s'assurant que le ou les gérants exercent effectivement tous leurs pouvoirs légaux et statutaires sans ingérence de l'associé salarié, notamment en examinant les relations avec les tiers.*

Ainsi, un gérant qui démissionne de ses fonctions tout en restant associé minoritaire est en droit de participer au régime d'assurance-chômage, à condition que le contrat de travail qu'il conclut avec la société soit réel et sérieux. Dans cette hypothèse, et en cas de perte de son emploi, il peut bénéficier des prestations de chômage s'il remplit les autres conditions prévues par le règlement Unedic[1].

26.20 **Situation des gérants non associés.** L'Unedic admet que les gérants non associés de SARL qui cumulent avec leur mandat un contrat de travail bénéficient de l'assurance chômage dans le cadre du contrat de travail à raison des fonctions techniques distinctes qu'ils exercent[2].

2. Situation du conjoint du chef d'entreprise

26.21 Le conjoint du chef d'une entreprise commerciale, artisanale, libérale ou agricole doit désormais[3] opter pour le statut de conjoint associé, de conjoint collaborateur[4] ou de conjoint salarié (voir chapitre 25).

Dans ce dernier cas seulement[5], et parce qu'il participe à l'activité de l'entreprise à titre professionnel et habituel, et perçoit un salaire au moins égal au SMIC, le conjoint salarié bénéficie des prestations du régime général d'assurance chômage découlant de l'exercice de son contrat de travail.

3. Demande d'avis au Pôle Emploi

26.22 **Utilité.** Quel que soit le cas de figure envisagé, il est fortement recommandé de solliciter systématiquement de l'assurance chômage son avis sur le bénéfice éventuel de cette couverture sociale. En effet, le versement des cotisations, même pendant plusieurs années, n'implique aucune reconnaissance par le Pôle Emploi d'un droit aux prestations chômage, car le versement des cotisations s'effectue de manière globale et anonyme pour l'ensemble des salariés.

Remarque(s) *Le dirigeant qui aurait cotisé à tort s'expose donc au risque de ne bénéficier d'aucune couverture et de ne pas se voir rembourser les cotisations versées au-delà de la prescription triennale.*

Les dirigeants concernés, ou la société dont ils estiment être salariés, peuvent donc demander un avis au Pôle Emploi du lieu d'affiliation de la société[6], afin de

1. Rép. min. Durieux, JO Sénat Q, 9 oct. 1980, p. 3812.
2. Notice DAJ 801 préc.
3. L. n° 2005-882, 2 août 2005, en faveur des petites et moyennes entreprises, JO 3 août, p. 12639.
4. La loi du 4 août 2008 (L. n° 2008-776, de modernisation de l'économie, JO 5 août, p. 12471) étend, dans son article 16, le statut de conjoint collaborateur au partenaire lié par un Pacs au chef d'entreprise.
5. Dir. Unedic, n° 2008-13, 27 mars 2008, INSQ0016.
6. Pour la région Ile de France, il s'agit du Pôle Emploi Services (voir www.pole-emploi.fr).

vérifier s'ils bénéficient ou non du régime d'assurance chômage, et de prendre leur disposition en fonction de la réponse de cet organisme.

Remarque(s) *Les règles qui figurent ci-dessous, aux n°s 26.23 et s. sont valables jusqu'à l'entrée en vigueur de la nouvelle convention d'assurance chômage le 1er avril 2009. Les nouvelles modalités d'interrogation le cas échéant applicables au Pôle Emploi Services ne sont pas encore parues à ce jour (juin 2009).*

Modalités. Les modalités et la portée de ces avis ont fait l'objet depuis 1980 d'une réglementation spécifique[1]. 26.23

Il convient tout d'abord que le dirigeant ou la société sollicite du Pôle Emploi territorialement compétent le formulaire de demande de renseignements, portant sur la société, la situation du dirigeant et ses fonctions. Ce formulaire est fourni dans les cinq jours suivant la demande.

Une fois ce document complété et signé par le dirigeant ou la société, le Pôle Emploi instruit le dossier et notifie sa décision dans un nouveau délai de cinq jours, excepté en cas de situation complexe. Dans cette dernière hypothèse, le Pôle Emploi accuse réception du dossier, et précise le délai dans lequel elle se prononcera.

Avis positif. Si le Pôle Emploi constate que le dirigeant cumule avec son mandat social un contrat de travail, il notifie un avis favorable à l'entreprise et au mandataire, donné « sous réserve de l'appréciation souveraine des tribunaux ». 26.24

Cet avis positif emportera plusieurs conséquences :

- L'ensemble des Pôle Emploi sera tenu par son avis, et devra servir les prestations dues[2] même en cas d'erreur d'appréciation à l'origine, sauf en cas de fraude, et dans la mesure où la situation du dirigeant n'aura pas été modifiée postérieurement à son avis.

Remarque(s) *Il est donc hautement souhaitable d'interroger le Pôle Emploi à chaque changement de situation, étant précisé que la situation du dirigeant sera à nouveau vérifiée lorsqu'il demandera le versement des prestations.*

- Si le dirigeant était titulaire d'un contrat de travail avant la demande d'avis, le Pôle Emploi réclamera le versement des contributions d'assurance chômage et des cotisations à l'association pour la garantie des créances des salariés (AGS)[3] impayées, dans la limite de trois années.

Remarque(s) *Cependant, la Directive Unedic du 31 juillet 2002 prévoit expressément que l'Assedic à l'époque n'était plus liée par un avis favorable précédemment donné s'il existe « un différend » entre l'employeur et le dirigeant sur la qualité de ce dernier au jour de la rupture.*

1. Voir, en dernier lieu à ce jour, Dir. Unedic n° 36-02, 31 juill. 2002 et notice DAJ 801, préc.
2. Ce versement s'effectue sous réserve de justifier de l'ensemble des conditions d'ouverture des droits.
3. L'association pour la gestion du régime de garantie des créances des salariés (AGS) gère un régime de garantie de versement des salaires dus aux salariés en cas de redressement, de liquidation judiciaire de l'entreprise voire en cas de sauvegarde (www.ags-garantie-salaires.org).

Ceci peut être lourd de conséquences pour le dirigeant. En effet, si l'entreprise considère que le dirigeant est simplement titulaire d'un mandat social, celui-ci ne bénéficiera pas du régime propre au licenciement des salariés, avec toutes les conséquences financières qui en découlent. En outre, le dirigeant sera également privé de tout revenu de substitution après la rupture, quand bien même les cotisations auraient été versées par la société durant l'exécution de ses missions.

Enfin, si le litige existant entre le dirigeant et la société – d'ordre judiciaire ou non – n'est porté à la connaissance du Pôle Emploi qu'après le versement des allocations au dirigeant, le remboursement des allocations servies pourra probablement être obtenu sur le fondement de la répétition de l'indu.

26.25 **Avis négatif.** Si, au contraire, le Pôle Emploi estime que le dirigeant ne bénéficie pas d'un contrat de travail réel et sérieux, il devra rembourser les contributions et cotisations éventuellement versées à tort, dans la limite de la prescription triennale.

Ce versement ne pourra être effectué que sur présentation d'une attestation du commissaire aux comptes ou de l'expert-comptable de l'entreprise, justifiant le montant des sommes devant être remboursées, puisque le versement des contributions et cotisations n'est pas nominatif.

C. Conditions de versement des prestations Unedic

1. Examen complémentaire du dossier

26.26 **Procédure.** Lors du dépôt de la demande d'allocation, le Pôle Emploi procède à un examen complémentaire du dossier.

Si une demande de renseignement préalable avait été formulée, le Pôle Emploi vérifie que la situation du dirigeant ou de l'entreprise n'a pas été modifiée depuis, en sollicitant le cas échéant du dirigeant une attestation sur l'honneur en ce sens. S'il y a eu des modifications, il examine si le dirigeant a conservé ou non son statut de salarié.

En cas d'absence de demande préalable, un questionnaire est adressé par le Pôle Emploi au demandeur d'allocations, qui dispose de quinze jours pour remplir ce document et y joindre les pièces sollicitées. Une fois le dossier complet reçu, le Pôle Emploi dispose de cinq jours ouvrés pour examiner le dossier et notifier sa décision.

Fin du contrat de travail. Il est par ailleurs entendu que le dirigeant qui perd le bénéfice d'un contrat de travail ne percevra les prestations Unedic que s'il remplit les conditions normalement requises de tout affilié. En principe, les allocations sont calculées sur le seul revenu perçu par le dirigeant en qualité de salarié, à l'exclusion des montants rémunérant son mandat social s'ils existent.

En outre, il n'est pas exclu que le dirigeant conserve ou reprenne d'autres activités, et notamment l'exercice d'un mandat social ou d'un autre contrat de travail. Dans cette hypothèse, il convient de vérifier si le cumul des allocations et d'une autre activité est possible (voir n° 26.30).

2. Conditions d'attribution des allocations chômage

Conditions cumulatives. Les conditions d'attribution du revenu de remplacement servi par le Pôle Emploi (dénommé « allocation d'aide au retour à l'emploi » ou ARE) résultent des articles 3 à 12 du règlement général, annexé à la convention du 19 février 2009[1]. Elles sont au nombre de sept : **26.27**

- justifier d'une période minimale d'affiliation antérieure (exprimée en jours et en heures travaillés, variables selon la période de référence retenue) correspondant à l'exercice d'une activité salariée auprès d'un ou plusieurs employeurs[2];

Une cour d'appel, constatant que les volontés des parties se sont rencontrées pour conclure, après la cessation du mandat social d'un dirigeant, un nouveau contrat de travail reprenant son ancienneté depuis son engagement comme salarié dans la société, décide à bon droit que les stipulations de ce contrat sont opposables à l'Assedic[3].

Remarque(s) *Pour apprécier si le dirigeant pouvait prétendre à la conclusion d'une convention de conversion (aujourd'hui remplacée par la convention de reclassement personnalisé), réservée aux salariés ayant deux ans d'ancienneté, l'Urssaf devait tenir compte de l'ancienneté prévue par les clauses du contrat conclu entre la société et l'ancien mandataire.*

- être âgé de moins de soixante ans (ou soixante-cinq ans au plus pour les personnes qui ne peuvent bénéficier d'une retraite au taux plein qu'après soixante ans);
- s'être inscrit comme demandeur d'emploi dans les douze mois suivant la fin du contrat de travail;
- être physiquement apte à l'exercice d'un emploi;
- être à la recherche effective et permanente d'un emploi;
- résider sur le territoire relevant du champ d'application du régime d'assurance chômage;
- ne pas avoir quitté volontairement son dernier emploi salarié.

Cessation involontaire du contrat de travail. Concernant cette dernière condition, la cessation du contrat de travail est notamment considérée comme involon- **26.28**

---

1. Conv. 19 févr. 2009, relative à l'indemnisation du chômage signée par le MEDEF, la CGPME et la CFDT, à la suite de l'Accord national interprofessionnel du 23 déc. 2008 (Arr. 30 mars 2009, portant agrément de la convention du 19 février 2009 et de son règlement général annexé, JO 1er avr., p. 5701) • Circ. Unedic n° 2009-10, 22 avr. 2009, mise en œuvre des règles issues de la convention du 19 février 2009 relative a l'indemnisation du chômage, fiche 1 : Conditions d'attribution (en ligne sur www.unedic.fr).
2. L'affiliation doit avoir duré cent vingt-deux jours au moins, en application de l'article 3 du règlement général préc. et de l'article 1-2 de la fiche 1, Circ. 22 avr. 2009, préc.
3. Soc. 31 oct. 2006, n° 04-15.966, NP.

taire[1], si elle a pour cause la **fin d'un contrat de travail à durée déterminée**, un **licenciement** (quel que soit le motif de licenciement invoqué par l'employeur dans la lettre de rupture et mentionné dans l'attestation Assedic), ou la rupture conventionnelle du contrat de travail.

Parallèlement au licenciement et à la démission, la loi du 25 juin 2008[2] a effectivement instauré ce nouveau mode de rupture du contrat de travail qu'est la **rupture conventionnelle.** En résumé, l'entreprise et le dirigeant salarié peuvent, après un ou des entretiens préparatoires, décider de se séparer et de signer une convention de rupture, prévoyant notamment le versement d'une indemnité spécifique de rupture conventionnelle. La convention est ensuite soumise pour homologation à la Direction Départementale de l'Emploi et de la Formation Professionnelle compétente. Le contrat de travail peut ainsi être rompu d'un commun accord dans le cadre de cette procédure spécifique, peu important qui prend l'initiative de la rupture, sans qu'il soit nécessaire de justifier d'un quelconque motif puisque la rupture intervient en raison d'une décision commune[3].

Les travailleurs dont le contrat de travail a été rompu conventionnellement selon ce nouveau mode de rupture bénéficient de l'assurance chômage[4].

26.29 La cessation du contrat de travail par le dirigeant est également considérée comme involontaire en cas de « **démission légitime** »[5].

Exemple(s) **Quelques exemples de motifs légitimes de démission :**

– la démission du dirigeant qui, postérieurement à un licenciement ou à une fin de contrat de travail à durée déterminée n'ayant pas donné lieu à une inscription comme demandeur d'emploi, entreprend une activité à laquelle il met fin volontairement au cours ou au terme d'une période d'essai n'excédant pas 91 jours ;

– la démission du dirigeant salarié qui justifie de trois années d'affiliation continue au sens du Règlement Général, qui quitte volontairement son emploi pour reprendre une activité salariée à durée indéterminée, concrétisée par une embauche effective, à laquelle l'employeur met fin au cours ou au terme d'un délai de 91 jours ;

– la démission pour suivre le conjoint/partenaire qui change de résidence pour exercer un nouvel emploi, ou pour rejoindre le futur conjoint à condition que le mariage ou le pacte civil de solidarité soit célébré ou conclu dans les deux mois de la fin du contrat de travail ;

– la démission ayant pour cause le non-paiement de salaires, à condition de produire une ordonnance de référé rendue par le Conseil de prud'hommes condamnant l'employeur à verser des arriérés de salaires ;

1. Règl. général, préc. • Circ. 22 avr. 2009 préc., fiche 1, art. 5.
2. L. n° 2008-596, 25 juin 2008, portant modernisation du marché du travail, JO 26 juin, p. 10224.
3. C. trav., art. L. 1237-11 et s.
4. Règl. général préc., art. 2 • C. trav., art. L. 5421-1 et L. 5422-1 (réd. L. 25 juin 2008, préc., art. 5).
5. Accord d'application n° 14 du 19 févr. 2009, pris pour l'application des articles 2, 4 e) et 9, §2, b) du Règl. préc. • Circ. n° 2009-10, 22 avr. 2009, préc., fiche 1, art. 5.1.4.

– la démission du salarié victime d'un acte présumé délictueux, c'est-à-dire tout comportement réprimé pénalement, comme les menaces d'atteinte à sa personne, le harcèlement sexuel ou moral, à condition de justifier d'un récépissé de dépôt de plainte auprès du procureur de la République[1] ;

– la démission pour créer et reprendre une entreprise dont l'existence cesse pour des raisons indépendantes de l'intéressé, à condition que l'entreprise ait fait l'objet des mesures de publicité obligatoires lors de sa création[2].

Remarque(s) *Le dirigeant qui fait l'objet d'une mesure de licenciement doit veiller à ce qu'une éventuelle transaction avec l'employeur ne puisse apparaître comme une rupture négociée d'un commun accord sous peine de ne pouvoir bénéficier des allocations chômage. En effet, dans le cadre d'une rupture d'un commun accord classique, à ne pas confondre avec la rupture conventionnelle issue de la loi du 25 juin 2008 (voir ci-dessus), la responsabilité de la rupture incombe aux deux parties, y compris à l'employé, et l'Assedic assimilera cette rupture à une démission. La transaction, le cas échéant conclue après le licenciement du dirigeant, doit dès lors impérativement faire apparaître que la rupture du contrat de travail a eu lieu à l'initiative de l'employeur, alors que le dirigeant salarié s'y est opposé, et que la transaction n'a pas pour objet de mettre un terme au contrat de travail mais aux litiges concernant les droits nés ou à naître à la suite du licenciement qui, lui, est indiscutable.*

3. Cumul des allocations chômage avec une autre activité professionnelle

Possibilité du cumul. La question de savoir si le dirigeant peut cumuler les allocations chômage avec une autre activité professionnelle se pose soit parce que le dirigeant conserve un ou plusieurs mandats ou contrats de travail après avoir perdu le bénéfice d'un contrat de travail, soit parce qu'il accepte un mandat ou un contrat de travail pendant qu'il perçoit l'allocation d'aide au retour à l'emploi. **26.30**

L'activité professionnelle peut être conservée ou reprise, et avoir une nature salariée (c'est-à-dire exercée au titre d'un contrat de travail) ou non salariée (par exemple au titre d'un mandat social, rémunéré ou non).

Les textes régissant ces situations de cumul des allocations chômage avec une activité professionnelle figurent aux § 3 et 5 de la convention du 19 février 2009, ainsi qu'aux articles 28 à 32 et 34 du règlement général annexé[3], dans l'accord d'application nº 11 du 19 février 2009[4] et la fiche 1 de la circulaire du 6 mai 2009[5].

---

1. L'article 5.1.4 de la fiche 1 de la circulaire préc. du 22 avril 2009 évoque également la citation directe du tribunal de police ou du tribunal correctionnel, la plainte avec constitution de partie civile devant le juge d'instruction et le fait que « l'intéressé peut présenter une plainte déposée auprès d'un commissariat de police ou d'une gendarmerie ».
2. Accord d'application nº 14, préc., § 9.
3. Règlement général annexé à la Convention du 19 févr. 2009 (voir Arr. 30 mars 2009, portant agrément de la convention du 19 févr. 2009 et de son règlement général annexé, JO 1er avr., p. 5701).
4. Accord d'application pris pour l'application de l'article 32 du règlement général, préc.
5. Circ. Unedic nº 2009-12, 6 mai 2009, mise en œuvre des aides au reclassement résultant de la Convention du 19 février 2009 relative à l'indemnisation du chômage, en ligne sur www.unedic.fr

Remarque(s) *Dans tous les cas, le dirigeant demandeur d'emploi devra déclarer au Pôle Emploi toutes les activités professionnelles conservées ou nouvelles effectuées en France ou à l'étranger, que ces activités soient ou non salariées ou rémunérées.*

a. Conservation ou reprise d'une activité professionnelle salariée

26.31 **Conditions du cumul.** Dans le cadre du règlement général Unedic précité, pris en application de la convention du 19 février 2009 relative à l'indemnisation du chômage, les demandeurs d'emploi sont autorisés sous certaines conditions[1], à cumuler **l'intégralité** de leur allocation d'aide au retour à l'emploi avec les revenus tirés d'une activité salariée, si cette activité est **conservée** et exercée à titre occasionnel ou réduit. Inversement, si cette activité est **reprise**, et exercée à titre occasionnel ou réduit, l'allocation ne sera que **partiellement** cumulable avec ces revenus.

En tout état de cause, le cumul ne peut excéder **quinze mois** au maximum, ce qui signifie qu'au-delà de ce délai, le versement des allocations sera interrompu. Par exception, cette limite de quinze mois n'est pas opposable aux allocataires demandeurs d'emploi âgés de cinquante ans et plus[2].

En cas de **création d'une société** par l'allocataire, le point de départ de ce délai de quinze mois se situe à la date de début d'exploitation de la société créée, et non à la date de son immatriculation au registre du commerce et des sociétés[3].

L'activité salariée ne sera considérée comme **réduite** que si elle n'excède pas cent dix heures par mois[4].

Les **seuils de rémunération** suivants s'appliquent :

- la rémunération salariée conservée ne doit pas excéder 70 % des rémunérations brutes mensuelles perçues avant la perte d'une partie des activités ;
- la rémunération tirée d'un nouveau contrat de travail (qui ne pourra être consenti par l'ancien employeur) postérieurement à la perte de ses activités par le dirigeant ne doit pas excéder 70 % des rémunérations brutes mensuelles prises en compte pour le calcul de l'indemnisation[5].

Exemple(s) Madame A est titulaire de deux contrats de travail pour lesquels elle perçoit un salaire total brut mensuel de 5 000 €, dont 3 000 € au titre du premier contrat et 2 000 € au titre du second.

Si elle perd le bénéfice de l'un ou l'autre de ces contrats, elle pourra cumuler son allocation d'aide au retour à l'emploi avec le salaire qu'elle continue de percevoir, car ce salaire n'excédera pas le seuil de 70 % de ses revenus salariés mensuels bruts antérieurs, soit 3 500 €.

---

1. Circ. Unedic n° 2009-12, préc., art. 2. 2, fiche 1.
2. Règl. général, art. 31, al. 2.
3. CA Paris, 10 avr. 2008, n° 06-15711, NP, ASSEDIC de l'Est Francilien c/Grandclerc.
4. Règl. général préc., art. 28.
5. Règl. général préc., art. 28.

Si Madame A perd le bénéfice des deux contrats et retrouve une activité professionnelle réduite auprès d'un autre employeur, elle pourra également cumuler son allocation avec sa nouvelle rémunération si elle n'excède pas 3 500 € bruts mensuels.

b. Conservation ou reprise d'une activité professionnelle non salariée

Conditions générales. La possibilité de cumuler l'allocation-chômage avec une activité professionnelle non salariée, rémunérée ou non, est conditionnée à l'inscription du dirigeant sur la liste des demandeurs d'emploi et à l'accomplissement d'actes positifs et répétés de recherche d'emploi[1]. **26.32**

Cette question relève de l'examen par le Pôle Emploi, qui apprécie si l'allocation peut être maintenue, le cas échéant, intégralement ou partiellement.

Dirigeants titulaires d'un mandat de direction générale. S'agissant de l'exercice des mandats de direction générale, notamment de président du conseil d'administration, de directeur général ou de gérant, il est vérifié si la société a une activité effective pour déterminer la situation du dirigeant. Si le dirigeant exerce son ou ses mandats à temps plein, même de manière non rémunérée, il n'a pas la possibilité réelle de rechercher un emploi. **26.33**

Exemple(s) Ainsi, le gérant de deux sociétés commerciales qui avait exercé une activité professionnelle au sein d'une société commerciale, n'ayant pas la disponibilité nécessaire à la recherche permanente et effective d'un emploi, ne saurait prétendre au bénéfice des allocations chômage[2].

A contrario, le dirigeant d'une entreprise mise en sommeil peut bénéficier des allocations chômage[3].

Dirigeants titulaires d'un mandat d'administrateur, de membre du conseil de surveillance ou de représentant permanent de société anonyme. D'une manière générale, le fait d'être titulaire d'un ou plusieurs mandats sociaux, même rémunérés, notamment d'administrateur, de membre du conseil de surveillance ou de représentant permanent de société anonyme n'interdit pas *a priori* au dirigeant de bénéficier des allocations chômage, sauf s'il apparaît que l'intéressé y consacre un temps d'activité important ou un plein-temps, auquel cas l'activité sera jugée incompatible avec le maintien des allocations[4]. **26.34**

Dirigeants d'entreprise en procédure de redressement ou de liquidation judiciaire. En cas de redressement judiciaire de l'entreprise et de nomination d'un mandataire de justice, il sera tenu compte des prérogatives qui restent dévolues au dirigeant pour apprécier s'il continue d'exercer une activité professionnelle de nature à le priver de tout ou partie de ses allocations. **26.35**

---

1. Circ. Unedic n° 2009-12, 6 mai 2009, préc., fiche 1, art. 3.1 • Règl. général, art. 32.
2. Soc. 30 juin 2004, n° 02-20.639, NP.
3. Circ. Unedic n° 2009-12, 6 mai 2009, préc., fiche 1, art. 1-6 : la cessation temporaire d'activité de l'entreprise est portée à la connaissance des tiers par déclaration faite au RCS • Voir C. com., art. R. 123-31 et s.
4. Circ. n° 2009-12, 6 mai 2009, préc., fiche 1, art. 1.5.

En revanche, en cas de procédure de liquidation judiciaire, le dirigeant est dessaisi de ses prérogatives et « n'exerce plus d'activité professionnelle » [1].

Remarque(s) *Il est en tout état de cause préférable de procéder immédiatement aux formalités de publicité nécessaires de manière à pouvoir démontrer l'absence d'activité professionnelle.*

Ainsi, lors d'une cessation temporaire d'activité de l'entreprise, il devra en être fait mention dès que possible au registre du commerce ou au répertoire des métiers.

De même, les dirigeants qui perdent leur mandat social devront-ils rapidement régulariser leur radiation auprès du registre du commerce.

II. Régimes spécifiques

26.36 **Trois régimes.** Outre le régime obligatoire d'assurance chômage Unedic qui vise à servir un revenu de remplacement au dirigeant salarié qui perd le bénéfice de son contrat de travail, il existe trois régimes facultatifs gérés par la Garantie sociale des chefs et dirigeants d'entreprise (GSC), par l'Association pour la protection des patrons indépendants (APPI) et par le Groupe APRIL [2].

Ces trois régimes visent à servir un revenu de remplacement au dirigeant non salarié exclu du bénéfice de l'assurance chômage, dont le mandat a été révoqué ou non renouvelé, ou en cas de redressement ou de liquidation judiciaire de la société.

Remarque(s) *Les barèmes sont fixés chaque début d'année pour le montant des cotisations et des prestations. Ils sont disponibles auprès des trois organismes, la GSC, l'APPI et APRIL.*

La comparaison de ceux-ci fait apparaître certaines différences concernant l'affiliation et le champ d'application, les cotisations et les prestations proposées.

A. Conditions d'affiliation et champ d'application

26.37 Les trois régimes examinent au cours de la phase d'admission la situation financière de la société à travers le dossier qui aura été constitué. En général, sont réclamés le justificatif du dernier revenu net fiscal du dirigeant, les statuts et un extrait Kbis de la société, et, le cas échéant, les deux derniers bilans de l'entreprise et les rapports des commissaires aux comptes s'ils ont été établis.

1. Circ. n° 2009-12, 6 mai 2009, préc., fiche 1.
2. Pour les coordonnées de ces organismes, voir DDT, n° 304.15.

GSC. La GSC couvre tous les dirigeants – exceptés ceux qui exercent une profession libérale à titre individuel sans être inscrit au RCS – exerçant en leur nom personnel et les mandataires sociaux qui ne sont pas couverts par le régime Unedic, dès lors qu'ils sont âgés de **moins de 58 ans** et sont en **activité normale** lors de leur adhésion. Ainsi, le dirigeant ne doit pas pouvoir bénéficier d'une pension d'invalidité assimilable à un taux d'invalidité de 66 % et plus, ou de la retraite.

La **société** doit, quant à elle, être obligatoirement affiliée à un syndicat patronal qui adhère à la GSC, et verser la cotisation annuelle y afférente. Un droit unique d'entrée doit, en outre, être réglé par la société[1].

Depuis le 1er janvier 2005, une classe spécifique a été créée au bénéfice des **créateurs et repreneurs d'entreprises** : par exception au principe ci-dessus énoncé, les mandataires d'entreprises ayant moins de trois années d'ancienneté et ayant un revenu inférieur à 50 % du plafond annuel de la sécurité sociale[2] peuvent adhérer à la GSC sans appartenir à une structure patronale[3].

Depuis le 1er janvier 2009, les anciens dirigeants indemnisés par la GSC ont, en outre, la possibilité d'obtenir des points de retraite complémentaire sur la tranche 1 (régime Arrco) dans la limite d'une année et moyennant versement de cotisations[4].

APPI. L'APPI assure les **mandataires sociaux**, commerçants, artisans et professions libérales (même ceux qui exercent **à titre individuel** en leur nom). L'âge limite d'affiliation du bénéficiaire est de **65 ans**. L'inscription à l'APPI implique le versement d'une cotisation annuelle[5].

Lors de l'adhésion de l'entreprise ou lors de la demande d'affiliation du dirigeant, l'entreprise ne doit pas être en état de cessation des paiements, ni *a fortiori* en redressement ou en liquidation judiciaire, et ne doit pas l'avoir été au cours des cinq dernières années.

L'APPI offre trois régimes :

- le **régime commun** concerne tous les dirigeants (y compris les professions libérales) âgés de moins de 65 ans. Il couvre le risque lié au redressement ou à la liquidation judiciaire;
- le **régime révocation** vise, outre le risque de redressement et liquidation judiciaire, les risques de révocation des mandataires âgés de moins de 60 ans, nommés depuis au moins deux ans et ne détenant pas plus de 5 % du capital social;
- le **régime créateur** concerne les dirigeants exerçant depuis moins d'un an dans une structure ayant moins de douze mois d'existence, et qui sont âgés de moins de 65 ans. Il les garantit contre le risque de redressement ou de liquidation judiciaire.

APRIL. Le régime APRIL s'adresse aux mandataires sociaux (excepté les professions libérales exerçant une activité artistique, littéraire ou musicale) âgés de moins

---

1. Ce droit est de 69 € TTC en 2009.
2. Le plafond est fixé à 34 308 € pour 2009.
3. La cotisation annuelle forfaitaire s'élève pour 2009 à 466 €, et ouvre droit à une indemnité forfaitaire annuelle de 4 992 € en cas de révocation ou de non-renouvellement du mandat, ou en cas de cessation d'activité suite à des difficultés économiques.
4. Circ. AGIRC-Arrco, nº 2009-10 DRE, 14 av. 2009, en ligne sur www.agirc-arrco.fr
5. Cette cotisation s'élève à 290 € en 2009, outre 105 € au titre des frais de constitution du dossier.

de **58 ans**, dont la société au sein de laquelle ils exercent leurs fonctions justifie d'au moins deux exercices comptables et n'est pas cotée en bourse. Aucune adhésion à une association patronale professionnelle n'est requise, et aucune cotisation fixe annuelle n'est sollicitée.

Ce régime propose **une option**. Il couvre :

- soit les risques de redressement et de liquidation judiciaires de la société;
- soit, en complément de ce régime de base, les risques de révocation des mandataires en exercice depuis au moins deux années et ne détenant pas plus de 10 % du capital social de l'entreprise adhérente.

26.38 **Bilan.** La GSC couvre des hypothèses exclues par l'APPI et APRIL, comme essentiellement la révocation du dirigeant détenant plus de 5 % du capital social. En outre, la GSC rembourse 100 % des cotisations correspondant aux douze premiers mois indemnisés et ayant permis au dirigeant salarié d'acquérir des points au régime de retraite des Cadres Agirc. Elle offre gratuitement des solutions d'accompagnement professionnel pendant une durée pouvant aller jusqu'à dix-huit mois à compter du début de l'indemnisation.

Cependant, les limites d'âge imposées par la GSC et APRIL, l'exclusion des personnes physiques exerçant une profession libérale à titre individuel, ainsi que la durée du versement des prestations (voir nº 26.39), conduiront certains mandataires sociaux à privilégier le régime de l'APPI.

B. Cotisations

26.39 Les cotisations varient en fonction des régimes choisis.

GSC. La GSC offre deux régimes :

- le **régime de base**, qui comprend six classes de 1 à 6, déterminées par le montant du revenu net fiscal professionnel annuel (classe 1 : de 17 154 € à 34 308 € en 2008, à classe 6 : à partir de 171 540 €). Les cotisations sont comprises en 2009 entre 890 € et 12 015 € annuels. Les prestations sont servies pendant douze mois, mais il est possible d'opter pour une couverture sur dix-huit mois ou vingt-quatre mois après la première année;
- le **régime complémentaire facultatif**, qui permet d'augmenter le montant des prestations servies selon un barème progressif de huit tranches, et de percevoir jusqu'à 70 % du revenu annuel pour une durée de douze, dix-huit ou vingt-quatre mois. Le coût des cotisations varie selon l'importance et la durée de l'indemnisation choisie.

APPI. L'APPI offre les trois régimes ci-dessus mentionnés (voir nº 26.37). Les régimes comportent différentes classes, fonctions de l'allocation globale choisie, qui ne peut être supérieure au revenu annuel dans laquelle se trouve le dirigeant. En cas de versement des cotisations sans interruption pendant une durée de dix ans, quinze ans, vingt ans ou vingt-cinq ans et plus, la durée de versement de l'allocation est augmentée gratuitement et respectivement de douze mois à : quinze mois, dix-huit mois, vingt et un mois ou vingt-quatre mois. Le taux de cotisation est de l'ordre de 8 % du montant garanti pour les dirigeants dont l'entreprise a plus d'un an d'existence. Les cotisations s'échelonnent en 2009 entre 979 euros et 10 684 euros annuels.

APRIL. Le montant de la cotisation APRIL est de 3,63 % des revenus réels déclarés par le dirigeant s'agissant de la garantie de base, dans la limite de 171 540 euros pour 2009 (soit cinq fois le plafond de la sécurité sociale). L'option révocation souscrite en complément est soumise à une cotisation supplémentaire de 1,76 % des revenus déclarés par le dirigeant.

C. Prestations

Ces trois régimes prévoient des **prestations plafonnées**[1]. **26.40**

Le **délai de carence** est identique aux trois régimes : les garanties GSC, APPI et APRIL ne peuvent prendre effet qu'après un délai d'affiliation continue de douze mois. **26.41**

Depuis le 1er janvier 2008, la garantie GSC joue désormais à **taux plein** après douze mois d'affiliation continue, comme les deux autres systèmes d'assurance, et non plus à l'issue de dix-huit mois d'affiliation continue.

Les **indemnités** seront versées à compter du trente et unième jour de chômage par la GSC et par APRIL, et immédiatement à la date de jugement de redressement ou de liquidation judiciaire par l'APPI. Le versement des indemnités par la GSC et APRIL cesse en tout état de cause au soixante-cinquième anniversaire du dirigeant, tandis qu'il perdure jusqu'à son soixante-dixième anniversaire dans le régime APPI.

À cotisations égales, la GSC octroie globalement des indemnisations plus élevées, mais l'APPI étend gratuitement la durée d'indemnisation en cas d'affiliation de longue durée.

D. Déductibilité

Le dirigeant non salarié peut, dans certaines limites, déduire de son revenu imposable les cotisations versées à un système d'assurance perte d'emploi au titre de la loi du 11 février 1994 (dite Loi Madelin)[2]. En revanche, les prestations servies seront imposables au titre de l'impôt sur le revenu du dirigeant non salarié.

Si le dirigeant est salarié au regard de la législation de la sécurité sociale (voir nos 25.12 et s.), mais que lui a été déniée la possibilité de bénéficier de l'assurance

---

1. Pour les coordonnées de ces organismes, voir DDT, no 304.15.
2. CGI, art. 15 *bis*.

chômage de droit commun, la part de cotisation payée par l'entreprise à la GSC, l'APPI ou APRIL est considérée comme un supplément de rémunération relevant de l'article 82 du CGI.

Les cotisations versées par l'entreprise à l'un de ces trois régimes sont donc soumises à cotisations sociales et déductibles des charges de la société (CGI, art. 39), mais ne sont pas déductibles du revenu imposable du dirigeant.

CHAPITRE 27

Retraite complémentaire

27

Dans ce chapitre, seront évoquées les différentes possibilités pour le dirigeant de compléter la pension qui lui sera servie au titre du régime de retraite de base, selon qu'il est assimilé à un salarié ou non. Par ailleurs, le dirigeant salarié ou non salarié a également la possibilité, dans certaines conditions, de bénéficier des mesures fiscales favorables découlant du Plan d'Épargne pour la Retraite Collectif (Perco). Enfin, seront brièvement décrites les mesures dont le dirigeant peut bénéficier, soit au titre d'un régime supplémentaire de retraite, soit au titre d'une retraite dite « chapeau ». 27.11

1. Principes généraux

27.12 Les régimes de retraite complémentaire permettent d'augmenter le montant de la pension de retraite servie au dirigeant au titre du régime de base. Pour la quasi-totalité de ces régimes, la participation est obligatoire.

Affiliation. La question de savoir si un dirigeant doit être affilié à un régime de retraite complémentaire salarié plutôt qu'à un régime non salarié est tranchée selon les règles applicables en matière de sécurité sociale. En conséquence les dirigeants et associés qualifiés de salariés par application des règles de sécurité sociale relèvent des régimes de retraite complémentaire de l'Association des régimes de retraite complémentaire (Arrco) et de l'Association générale des institutions de retraite des cadres (Agirc) prévus pour les cadres salariés (voir n° 27.13), tandis que les dirigeants assimilés à des non-salariés relèvent du régime mis en place pour les non-salariés (voir n° 27.20).

Remarque(s) *Les règles de qualification applicables en matière de droit du travail et de droit de la sécurité sociale diffèrent. Ainsi un dirigeant assimilé à un salarié par la sécurité sociale ne sera pas qualifié de salarié en droit du travail s'il n'est pas titulaire d'un contrat de travail (voir chapitre 21).*

Régimes Agirc et Arrco. Par application de la convention collective de retraite et de prévoyance des cadres du 14 mars 1947[1], toute personne qui assume des fonctions de direction et qui est considérée comme salariée par application de la législation de la sécurité sociale est obligatoirement affiliée au régime de l'Agirc. En outre, les salariés qui relèvent de l'Agirc sont obligatoirement affiliés à une institution relevant de l'Arrco.

Le régime Arrco, qui concerne l'ensemble des salariés y compris les cadres, s'applique aux tranches 1 (entre zéro et une fois le plafond de la sécurité sociale) et 2 (entre une fois et trois fois le plafond de la sécurité sociale) de la rémunération brute soumise aux prélèvements sociaux.

Le régime Agirc, qui concerne uniquement les cadres, s'applique aux tranches B (entre une et quatre fois le plafond de la sécurité sociale) et C (entre quatre et huit fois le plafond de la sécurité sociale) de leur rémunération.

Pour 2009, les différentes tranches sont les suivantes :

– tranche 1 : entre 0 euros et 2 859 euros mensuels (34 308 euros annuels) ;

– tranche 2 : entre 2 859 euros mensuels (34 308 euros annuels) et 8 577 euros mensuels (102 924 euros annuels) ;

---

[1] Convention collective de retraite et de prévoyance des cadres du 14 mars 1947, art. 4.

– tranche B : entre 2 859 euros mensuels (34 308 euros annuels) et 11 436 euros mensuels (137 232 euros annuels) ;
– tranche C : entre 11 436 euros mensuels (137 232 euros annuels) et 22 872 euros mensuels (274 464 euros annuels).

Les deux régimes Agirc et Arrco sont des régimes conventionnels, gérés paritairement par les organisations patronales et salariales. Ils fonctionnent par répartition, les cotisations perçues des affiliés servant à financer les pensions versées aux retraités. Leurs principes de fonctionnement sont assez similaires. Le régime Agirc sera plus précisément abordé.

Remarque(s) Pour les adresses des différents organismes, voir document de travail, n° 304.15.

II. Régime des salariés : l'Agirc

Mise à la retraite. À titre liminaire, il convient de souligner que depuis la loi du 17 décembre 2008 de financement de la sécurité sociale[1], la mise à la retraite d'un salarié âgé de moins de soixante-dix ans ne peut plus intervenir sans le consentement préalable de celui-ci. Cette législation est, par conséquent, applicable au dirigeant s'il cumule avec son mandat un contrat de travail (voir chapitre 21). **27.13**

A. Bénéficiaires

Peuvent bénéficier du régime Agirc les personnes exerçant des fonctions de direction et considérées comme salariées par application des règles de sécurité sociale, c'est-à-dire les dirigeants et associés affiliés au régime général. **27.14**

Il en est ainsi :

– dans les **sociétés anonymes**, pour les présidents du conseil d'administration, les directeurs généraux, les directeurs généraux délégués (voir n° 25.15) et les membres du directoire; en revanche, les présidents de conseil de surveillance ne sont pas considérés comme salariés au regard de la législation de sécurité sociale et ne peuvent donc prétendre au bénéfice de l'Agirc;
– dans les SARL et les SELARL, pour les gérants associés minoritaires et égalitaires, les gérants non associés dont la rémunération est fiscalement déclarée au titre des traitements et salaires, les associés non gérants exerçant une activité salariée contre rémunération fiscalement assimilée à un salaire;
– dans les **sociétés par actions** simplifiées et les sociétés d'exercice libéral par actions simplifiées, pour les présidents et dirigeants[2];

---

1. L. n° 2008-1330, 17 déc. 2008, de financement de la sécurité sociale pour 2009, JO 18 déc., p. 19291.
2. CSS, art. L. 311-3, 23, mod. par L. n° 2009-526, 12 mai 2009, de simplification et de clarification du droit et d'allégement des procédures, JO 13 mai, p. 7920.

– dans les **sociétés en nom collectif**, pour les gérants lorsqu'ils sont nommés en dehors de la société;

– dans les **sociétés en commandite simple ou par actions**, pour les gérants lorsqu'ils sont nommés en dehors de la société;

– pour les gérants ou administrateurs salariés de **sociétés civiles**;

– généralement, pour les **associés** qui, exerçant une activité professionnelle contre rémunération au sein de la société, sont salariés au regard de la législation de la sécurité sociale.

Dans tous les cas, les dirigeants et associés ne peuvent être considérés comme salariés et affiliés au régime Agirc qu'à la condition de percevoir une **rémunération**.

B. Assiette des cotisations

27.15 Depuis le 1er janvier 1996, l'assiette de calcul des cotisations Agirc est identique à l'assiette des cotisations de sécurité sociale.

Par exception à ce principe d'identité d'assiette, sont exclues de l'assiette Agirc et Arrco les contributions patronales versées auxdits régimes, y compris pour la fraction susceptible d'être réintégrée dans l'assiette du régime général de sécurité sociale[1].

C. Taux de cotisation

27.16 **Taux contractuels de cotisation.** Depuis le 1er janvier 2006, le taux contractuel de la cotisation Agirc (ou taux d'acquisition des points) est de 16,24 %.

Pour la tranche B, ce taux contractuel est réparti comme suit :

– 10,08 % à la charge de l'employeur;

– 6,16 % à la charge du cadre affilié.

Pour la tranche C, la répartition des cotisations est déterminée par accord d'entreprise à hauteur de 16 %. L'augmentation du taux de 0,24 % est quant à elle répartie comme suit :

– 0,08 % à la charge de l'employeur;

– 0,16 % à la charge du cadre affilié.

Il est cependant possible pour l'employeur d'opter pour une répartition différente plus favorable au salarié[2].

Ce taux de cotisation de 16,24 % pour les tranches B et C supporte une majoration dite « pourcentage d'appel » (de 125 % depuis 2001) destinée à assurer l'équilibre

1. Circ. Agirc-Arrco nº 2009-10 DRE, 14 avr. 2009, Possibilité d'acquisition de points par les ex-mandataires sociaux indemnisés par la Garantie sociale des chefs et dirigeants d'entreprises, en ligne sur www.agirc-arrco.fr

2. Circ. AGIRC-Arrco nº 2004-25 DRE, 14 oct. 2004, en ligne sur www.agirc-arrco.fr

du régime, qui ne génère pas de droit à la retraite. Ainsi le taux de cotisation effectif sur les tranches B et C est de 20,3 % (16,24 % × 125 %), dont 12,6 % pour l'employeur et 7,7 % pour le salarié (le cadre affilié).

Cotisations supplémentaires. À cette cotisation s'ajoute une **contribution exceptionnelle et temporaire (« CET »)**, de 0,35 %, dont 0,22 % pour l'employeur et 0,13 % pour le salarié, calculée sur la rémunération brute du premier euro jusqu'à huit fois le plafond de la sécurité sociale (c'est-à-dire sur les tranches 1, 2, B et C). Cette contribution devait prendre fin le 31 décembre 2005. Reconduite pour les années 2006, 2007 et 2008, elle a également été maintenue selon les mêmes modalités pour l'année 2009[1]. **27.17**

Enfin, lorsque la rémunération brute du dirigeant est inférieure à un salaire charnière de 3 164 euros par mois (37 973 € annuels) pour l'année 2009, il y a lieu à versement d'une cotisation obligatoire minimale « GMP » (garantie minimale de points), dont le montant est de 62 euros par mois (744 € annuels) pour l'année 2009, incluant le pourcentage d'appel (dont 12,6 % pour l'employeur et 7,7 % pour le dirigeant). Elle permet d'assurer au dirigeant salarié un minimum de 120 points de retraite par an, pour un taux de cotisation de 16 % (soit 7,5 % par point).

Les cotisations sont réparties entre l'employeur et le salarié selon les mêmes modalités que celles prévues pour la cotisation contractuelle tranche B (soit 10,08 % à la charge de l'employeur et 6,16 % à la charge du dirigeant).

D. Calcul des points de retraite

Mode de calcul. La retraite des dirigeants salariés est constituée par les points qu'ils acquièrent au long de leur activité professionnelle, en fonction des cotisations versées. Ces cotisations sont converties en points en divisant le montant des cotisations par le salaire de référence déterminé par le conseil d'administration de l'Agirc, en fonction du salaire moyen des cadres (soit 4,96 € pour 2009). **27.18**

Exemple(s)

Monsieur D, président du conseil d'administration d'une société anonyme, a perçu une rémunération brute de 300 000 € en 2009, soit une rémunération supérieure à la tranche C.

La cotisation et les points de retraite acquis se calculent alors comme suit :

- tranche B : de 34 308 € à 137 232 € par an ;
- tranche C : de 137 232 € à 274 464 € par an.

L'assiette des cotisations est égale à la totalité des rémunérations situées dans les tranches B et C, soit 274 464 € –34 308 € = 240 156 €.

---

[1] Avenant A-252, 11 déc. 2008.

La cotisation contractuelle de 16,24 % est donc égale à : 240 156 € × 16,24 % = 39 001,33 €.

Cette cotisation est majorée du taux d'appel soit : 39 001,33 € × 125 % = 48 751,66 €.

Enfin s'ajoutc la CET dont l'assiette est la rémunération au premier euro dans la limite de la tranche C, soit 274 464 € × 0,35 % = 960,62 €.

Soit un total de cotisations et de CET de 49 712,28 €.

Les points retraite acquis par Monsieur D correspondent au montant de la cotisation contractuelle divisé par le salaire de référence, soit 39 001,33 €/4,96 € = 7 862 points.

Périodes de chômage. Les dirigeants qui cumulent valablement un contrat de travail avec leur mandat social peuvent faire valider gratuitement les périodes de chômage indemnisées par l'Unedic. Pour les dirigeants ne bénéficiant pas d'un contrat de travail, l'Agirc permet sous certaines conditions et depuis le 1er janvier 1988 la validation des périodes de chômage indemnisées par la Garantie sociale des chefs et dirigeants d'entreprise (GSC) (voir chapitre 26), contre paiement des cotisations correspondantes. Le régime Arrco permet également une telle validation depuis le 1er janvier 2009[1].

E. Liquidation de la retraite

27.19 **Cadre général.** Le montant de la retraite servie est égal au total de tous les points inscrits sur le compte de l'intéressé multiplié par la valeur du point au moment du paiement, éventuellement majoré si le dirigeant a trois enfants et plus.

L'âge normal de service de la retraite est de 65 ans[2]. Le dirigeant peut bénéficier de ses droits à la retraite à partir de 60 ans. Dans ce cas, depuis le 1er janvier 2004, la liquidation sans abattement des allocations de retraite complémentaire sur les tranches A 1, 2 et B des rémunérations est uniquement subordonnée à la liquidation de la pension d'assurance vieillesse à taux plein et à la cessation de l'activité. En revanche, une activité non salariée peut être poursuivie.

Retraite anticipée, différée. Le dirigeant peut également prendre sa retraite et obtenir paiement d'une prestation minorée d'un abattement en fonction de l'âge dès 55 ans, comme il peut aussi décider de prendre sa retraite au-delà de 65 ans.

En cas de départ à la retraite à 60 ans, un coefficient d'anticipation est en principe appliqué aux droits du cadre affilié.

---

1. La circulaire Agirc-Arrco no 2009-10 DRE du 14 avril 2009, préc., précise les conditions dans lesquelles les anciens dirigeants indemnisés par GSC peuvent désormais obtenir les points de retraite complémentaire sur la tranche 1 du régime Arrco, dans la limite d'une année et moyennant le versement de cotisations.

2. Convention collective nationale retraite et prévoyance des cadres du 14 mars 1947, annexe I, art. 6 : les dirigeants de société sont considérés comme cadres dans la mesure où leur activité a un caractère salarié au sens de la législation de la sécurité sociale.

III. Régime spécifique des dirigeants non assimilés aux salariés : RSI

Cadre général. Les dirigeants et associés qui n'ont pas la qualité de salarié en vertu de la législation de la sécurité sociale, notamment les gérants majoritaires de SARL, l'associé unique d'une entreprise unipersonnelle à responsabilité limitée ou les associés de sociétés en nom collectif, relèvent d'un régime autonome d'assurance retraite en fonction de l'activité de leur entreprise. **27.20**

Les dirigeants cotisent, soit auprès du régime d'assurance vieillesse des artisans, industriels et commerçants, soit auprès du régime d'assurance vieillesse des libéraux.

Pour les professions libérales, le régime d'assurance vieillesse relève de la CNAVPL, ou de la CNBF pour les avocats.

Le régime d'assurance vieillesse des libéraux étant spécifique pour chaque profession libérale, seul le régime d'assurance vieillesse des artisans, commerçants et industriels sera ici abordé.

Auparavant, les dirigeants non salariés des professions industrielles et commerciales dépendaient de l'une des caisses Organic, tandis que les professions artisanales dépendaient de la CANCAVA. Depuis 2006, ces derniers sont affiliés au régime social des indépendants (RSI).

Le RSI est né de la fusion des caisses de protection sociale des chefs d'entreprise. Il s'agit d'une caisse de sécurité sociale administrée par des représentants des assurés, artisans, commerçants et professions libérales[1]. Cette caisse effectue une mission de service public en gérant la protection sociale obligatoire de plus de quatre millions de chefs d'entreprise indépendants et de leurs ayants droit.

Assurance vieillesse. Le régime d'assurance vieillesse des artisans, commerçants et industriels est composé d'un régime de base et d'un régime complémentaire.

Les cotisations du régime de base s'élèvent à 16,65 %, dans la limite du plafond annuel de la sécurité sociale (soit 34 308 € annuels pour 2009).

Les cotisations du régime complémentaire s'élèvent pour 2009 à :

- pour les artisans : 7,10 %, dans la limite de 33 775 euros et 7,50 % entre 33 776 euros et 137 232 euros;
- pour les commerçants et industriels : 6,50 % dans la limite de 102 924 euros.

Les cotisations minimales pour les revenus annuels inférieurs ou égaux à 1 742 euros sont de 414 euros pour les artisans et 403 euros pour les commerçants et industriels.

1. V. le site : www.le-rsi.fr

Droits de retraite. Les droits de retraite sont calculés différemment selon la période d'assurance concernée :

– pour la période d'assurance ayant débuté avant 1973, les droits sont calculés comme suit :

Nombre de points acquis avant 1972 x valeur du point de retraite revalorisée chaque année.

– pour la période d'assurance ayant débuté après 1973, la retraite de base est calculée selon la formule suivante :

Revenu annuel moyen x Taux x (nombre de trimestres d'assurance artisan ou commerçant après 1972/durée de référence).

27.21 **Auto-entrepreneur.** La loi de modernisation de l'économie du 4 août 2008[1] a instauré le régime de l'auto-entrepreneur, entré en vigueur le 1er janvier 2009[2]. Il s'agit d'un régime micro-social visant à simplifier les modalités de calcul et de paiement des cotisations sociales des bénéficiaires.

Le régime de l'auto-entrepreneur instaure un forfait social, payé chaque mois ou chaque trimestre selon le choix de l'intéressé, comprenant les cotisations dues au titre de l'assurance maladie-maternité, de la CSG/CRDS, des allocations familiales, de la retraite de base et complémentaire obligatoire et du régime invalidité-décès.

Le montant du forfait social est égal à :

– 12 % du chiffre d'affaires pour une activité d'achat-revente, de vente à consommer sur place et de prestation d'hébergement;

– 21,30 % du chiffre d'affaires pour les prestations de services;

– 18,30 % du chiffre d'affaires pour les professions libérales relevant de la CIPAV.

IV. Plan d'épargne pour la retraite collectif (Perco)

27.22 Le Perco a été institué par la loi du 21 août 2003[3]. Il s'agit d'un système collectif d'épargne, qui permet au participant de se constituer volontairement une épargne investie en valeurs mobilières dans un cadre fiscal favorable en échange d'un blocage de celle-ci pendant une période de cinq années.

Initialement réservé aux seuls salariés, le bénéfice du Perco a été étendu, par la circulaire du 14 septembre 2005[4], aux dirigeants et chefs d'entreprises comprenant habituellement au moins un salarié, en sus du dirigeant lui-même, et au plus deux

1. L. n° 2008-776, 4 août 2008, de modernisation de l'économie, JO 5 août, p. 12471.
2. V. X. Delpech, *Devenir auto-entrepreneur*, Delmas Express, à paraître.
3. L. n° 2003-775, 21 août 2003, portant réforme des retraites, JO 22 août, p. 14310.
4. Circ. 14 sept. 2005, relative à l'épargne salariale, JO 1er nov., p. 17179.

cent cinquante salariés[1], ainsi qu'à leur conjoint s'il a le statut de conjoint collaborateur[2] ou de conjoint associé mentionné à l'article L. 121-4 du code de commerce.

Remarque(s) *Le seuil maximal de cent salariés a été relevé à deux cent cinquante salariés pour inciter les dirigeants à mettre en place les dispositifs d'épargne (PEE, PEI, Perco) dans leur entreprise.*

L'épargne est alimentée par le dirigeant et par l'abondement (dans des conditions fiscales et de sécurité sociale favorables) de l'entreprise. L'abondement versé par l'entreprise est déductible de ses bénéfices imposables[3] et échappe à la taxe sur les salaires. Dans la limite du plafond légal (2 300 € par salarié, dirigeant ou chef d'entreprise), l'abondement est, en outre, exonéré de cotisations de sécurité sociale et des prélèvements alignés (cotisations Assedic, Agirc et Arrco, cotisations Fnal, participation taxe d'apprentissage…). L'épargne acquise par le dirigeant sera disponible sous forme de rente ou de capital lors de son départ en retraite[4].

V. Retraites supplémentaires (ou surcomplémentaires)

Cadre général. Outre le bénéfice du régime de retraite de base, le dirigeant sala- **27.23**
rié ou non salarié peut également adhérer à un régime de retraite supplémentaire, dont les prestations viendront en complément des pensions versées au titre des régimes obligatoires. Les régimes supplémentaires sont facultativement proposés par l'entreprise, qui généralement en délègue la gestion à une société d'assurance, à un établissement bancaire ou à une institution de prévoyance, lequel se chargera de verser les prestations au dirigeant lors de son départ en retraite.

Les régimes de retraite supplémentaires sont, soit à prestations définies, ce qui signifie que l'entreprise s'engage sur un montant de retraite déterminé à l'avance, soit à cotisations définies, dans lequel le montant de la pension sera simplement lié aux cotisations effectivement versées.

A. Retraite supplémentaire des dirigeants salariés et assimilés aux salariés (retraite supplémentaire de l'article 83 du CGI)

Régime. Ce régime de retraite supplémentaire permet de bénéficier des avantages **27.24**
fiscaux prévus par l'article 83 du code général des impôts (CGI). Le montant net du

1. C. trav., art. L. 3332-2, mod. par L. n° 2008-1258, 3 déc. 2008, en faveur des revenus du travail, JO 4 déc., p. 18488, art. 12.
2. Le statut de conjoint collaborateur du chef d'une entreprise artisanale, commerciale ou libérale, est étendu par la loi du 4 août 2008 (L. n° 2008-776, 4 août 2008, de modernisation de l'économie, JO 5 août, p. 12471) au partenaire lié par un Pacs au chef d'entreprise (art. 16).
3. CGI, art. 237 *ter* et C. trav., art. L. 3332-27.
4. C. trav., art. L. 3334-14 et L. 3334-15.

revenu imposable est, en effet, déterminé en déduisant du montant brut et dans certaines limites les cotisations ou primes versées aux régimes de retraite supplémentaires auxquels le salarié est affilié à titre obligatoire.

En outre, son financement est exonéré de charges sociales dans certaines limites et aux conditions suivantes :

- les opérations de retraite doivent être organisées par un contrat d'assurance souscrit exclusivement auprès d'une entreprise d'assurance, d'une institution de prévoyance ou d'une mutuelle;
- les droits doivent être payables à l'assuré au plus tôt à la date de liquidation de sa pension retraite (de base ou complémentaire) ou à l'âge de 60 ans;
- le contrat d'assurance doit avoir pour objet l'acquisition et la jouissance de droits viagers personnels payables à l'assuré, telle une rente;
- le contrat ne doit pas permettre à l'assuré de percevoir l'épargne constituée avant le départ en retraite (clause de rachat) sauf en cas d'invalidité (2e et 3e catégories), ou lorsque, suite à un licenciement, les droits à l'allocation-chômage du bénéficiaire ont expiré;
- le contrat doit prévoir le transfert des droits acquis par le salarié, vers un Plan d'Épargne Retraite Populaire (PERP) ou un contrat similaire, notamment dans l'hypothèse d'une rupture du contrat de travail. La notice d'information remise au participant doit préciser cette faculté [1].

Les contributions de l'entreprise au financement de prestations de retraite supplémentaire sont déductibles fiscalement et sont exclues de l'assiette des cotisations patronales de sécurité sociale dans certaines limites.

Ces retraites, dites de l'article 83, ne sont offertes au dirigeant salarié et assimilé au salarié que si l'employeur a fait le choix d'en proposer le bénéfice.

B. Retraite supplémentaire des dirigeants non-salariés

27.25 **Déductibilité des cotisations.** Les professionnels indépendants et libéraux, les gérants majoritaires, les commerçants et artisans, et les conjoints collaborateurs peuvent bénéficier des retraites dites « loi Madelin », dont les cotisations sont en partie déductibles de leurs revenus, dès lors qu'ils sont à jour de leurs cotisations aux régimes obligatoires vieillesse et maladie.

La loi Madelin du 11 février 1994 [2] permet, en effet, de déduire du bénéfice imposable les cotisations versées chaque année pour se constituer un complément de retraite par capitalisation.

[1] Circ. DSS 32, 30 juin 2009.

[2] L. n° 94-126, 11 févr. 1994, relative à l'initiative et à l'entreprise individuelle, JO 13 févr., p. 2493.

Les cotisations sont déductibles dans la limite du plus élevé des deux montants suivants :

– 10 % du plafond annuel de la sécurité sociale (soit 34 308 € pour l'année 2009) ;

– 10 % du bénéfice imposable dans la limite de huit fois le plafond annuel de la sécurité sociale auxquels s'ajoutent 15 % du bénéfice imposable compris entre une fois et huit fois le plafond de la sécurité sociale.

Remarque(s) Pour plus d'information, voir le site www.loi-madelin.com et www.le-rsi.fr

VI. « Retraite chapeau »

Notion. Il est fréquent que les dirigeants possédant une certaine expérience sollicitent de l'entreprise, ou du groupe dans lequel ils exerceront leur mandat social, le bénéfice du versement d'une retraite complémentaire lors de la cessation de leurs fonctions, appelée « retraite chapeau ». **27.26**

Il s'agit d'une « rémunération différée », dont l'octroi ne doit pas remettre en cause le principe de libre révocabilité des mandataires sociaux bénéficiaires, et qui est désormais subordonnée à des conditions strictes en application de la loi TEPA du 21 août 2007[1] (voir chapitre 52, pour la fixation de ces conditions). Son montant varie en général entre 5 % et 20 % des dernières rémunérations du dirigeant.

Vers un renforcement général de l'encadrement des « retraites chapeaux ». **27.27** L'actualité a conduit le MEDEF et l'AFEP à formuler le 6 octobre 2008 un certain nombre de propositions intégrant le « **code de bonne gouvernance** » destiné aux conseils d'administration des **sociétés cotées**, tendant à « moraliser » la rémunération des dirigeants.

Sont visées par ce texte « les sociétés dont les titres sont admis aux négociations sur un marché réglementé », et plus précisément leurs dirigeants mandataires sociaux suivants : « présidents, directeurs généraux, directeurs généraux délégués des sociétés à conseil d'administration, membres du directoire des sociétés à directoire et conseil de surveillance et gérants des sociétés en commandite par actions ».

Cependant, les organisations patronales ont expressément pris le soin de préciser qu'« il est également souhaitable et recommandé que les sociétés dont les titres sont admis aux négociations sur un marché organisé (Alternext) et que les **sociétés non cotées** appliquent, comme c'est déjà le cas pour de nombreuses règles de gouverne-

1. L. n° 2007-1223, 21 août 2007, en faveur du travail, de l'emploi et du pouvoir d'achat, JO 22 août, p. 13945.

ment d'entreprise, ces recommandations en tout ou en partie en les adaptant à leurs spécificités ».

Aux termes de leurs recommandations rendues publiques le 6 octobre 2008, l'AFEP et le MEDEF ont indiqué ce qui suit :

> *« La possibilité pour les entreprises de proposer à des cadres dirigeants des régimes supplémentaires de retraite doit respecter des conditions qui évitent les abus.* ***Les retraites supplémentaires à prestations définies*** *sont soumises à la condition que le bénéficiaire soit mandataire social ou salarié de l'entreprise lorsqu'il fait valoir ses droits à la retraite en application des règles en vigueur.*
>
> *Afin de prévenir tout abus, il est nécessaire de poser certaines règles complémentaires :*
>
> *– la valeur de cet avantage doit être prise en compte dans la fixation globale de la rémunération sur la base des principes généraux ;*
>
> *– le groupe de bénéficiaires potentiels doit être sensiblement plus large que les seuls mandataires sociaux ;*
>
> *– les bénéficiaires doivent satisfaire des conditions raisonnables d'ancienneté dans l'entreprise, fixées par le conseil d'administration ou le directoire ;*
>
> *– les droits potentiels ne doivent représenter, chaque année, qu'un pourcentage limité de la rémunération fixe du bénéficiaire ;*
>
> *– la période de référence prise en compte pour le calcul des prestations doit être de plusieurs années et tout gonflement artificiel de la rémunération sur cette période à la seule fin d'augmenter le rendement du régime de retraite est à proscrire.*
>
> *Les systèmes donnant droit immédiatement ou au terme d'un petit nombre d'années à un pourcentage élevé de la rémunération totale de fin de carrière sont de ce fait à exclure. »*

Le Premier ministre, Monsieur François Fillon, a, en outre, récemment annoncé vouloir instaurer une fiscalité « extrêmement importante » sur les « retraites chapeaux ». Le gouvernement envisage, en effet, de légiférer prochainement afin de **taxer lourdement ce système de retraite**. Ce durcissement fiscal pourrait intervenir lors des prochaines lois de finance.

27.28 **Nature.** Outre le respect de ces dispositions légales, l'allocation de l'indemnité complémentaire de retraite peut, en l'absence de contrepartie, s'analyser en une libéralité qui sera soumise dans cette hypothèse à la procédure des conventions réglementées.

Au contraire, elle s'analysera en un **complément de rémunération** si certaines conditions sont réunies. Ainsi, la Cour de cassation[1] considère qu'un complément de retraite s'analyse en un complément de rémunération au sens de l'article L. 225-47 du code de commerce, lorsqu'il remplit les conditions cumulatives suivantes :

- le complément de retraite a pour contrepartie des services particuliers rendus à la société pendant la durée des fonctions du dirigeant;
- le complément de retraite est proportionné à ces services;
- le complément de retraite ne constitue pas une charge excessive pour la société.

Dans ces conditions, seul l'organe compétent pour déterminer la rémunération du dirigeant (conseil d'administration ou conseil de surveillance pour les SA) peut décider l'attribution d'un complément de retraite répondant à ces conditions. De même, seul l'organe compétent pour fixer la rémunération du dirigeant peut modifier ou supprimer le bénéfice d'un complément de retraite remplissant ces conditions.

Dirigeants concernés. Le président du conseil d'administration, le président du conseil de surveillance, le directeur général, le directeur général délégué des sociétés anonymes et des sociétés en commandites par actions peuvent percevoir un complément de retraite à l'occasion de la cessation de leur fonction. **27.29**

A contrario, il semble que les administrateurs et les membres du conseil de surveillance, dont les modes de rétributions sont limitativement énumérés par le code de commerce (jetons de présence et rémunérations exceptionnelles)[2], ne puissent pas bénéficier de compléments de retraite lors de leur départ.

Régime fiscal. Ce régime de retraite complémentaire bénéficie du régime fiscal de faveur de l'article 39 du code général des impôts. Les indemnités versées par l'entreprise sont donc déductibles. **27.30**

La loi de finances pour 2009 a toutefois limité cette déductibilité à six fois le plafond de la sécurité sociale (soit 205 848 € pour 2009) pour les dirigeants des sociétés cotés (voir nº 23-17).

Cas d'interdiction de « retraite chapeau » instaurés par les décrets des 30 mars et 20 avril 2009. Ces deux décrets[3] interdisent les « retraites chapeau », jusqu'au 31 décembre 2010, pour les seuls dirigeants des établissements bancaires ayant perçu des fonds propres de la société de prise de participation de l'État, les constructeurs automobiles bénéficiaires de prêt de l'État, ainsi que les entreprises bénéficiaires des prêts du fonds de développement économique et social d'un montant supérieur à vingt-cinq millions d'euros. **27.31**

1. Soc. 11 juin 2008, nº 07-42.214, NP • Com. 6 févr. 2007, nº 03-10.085, NP • Com. 11 oct. 2005, nº 02-13.520, Bull. civ. IV, nº 110; D. 2005, 2743, obs. Lienhard; Rev. sociétés, 2006, 79, obs. J.-P. Mattout; RTD com. 2006, 132, obs. P. Le Cannu • CA Paris, 3ᵉ ch., nº 07-09681.
2. C. com., art. L. 225-44 et L. 225-85.
3. Décr. nº 2009-348, 30 mars 2009, relatif aux conditions de rémunération des dirigeants des entreprises aidées par l'État ou bénéficiant du soutien de l'État du fait de la crise économique et des responsables des entreprises publiques, JO 31 mars, p. 5622 • Décr. nº 2009-445, 20 avr. 2009, portant modernisation du fonctionnement du fonds de développement économique et social, JO 22 avr., p. 6897.

Titre 3

Opérations patrimoniales entre le dirigeant et la société

CHAPITRE 31

Conventions interdites et réglementées

31

Le fait pour un dirigeant de conclure un contrat avec la société peut être source d'abus compte tenu de sa situation privilégiée. Dès lors, le législateur a pris soin d'instaurer une réglementation destinée à éviter que l'intérêt social ne soit lésé par la conclusion de contrats favorisant l'intérêt propre des dirigeants. **31.11**

Ainsi, certaines conventions sont purement et simplement interdites. D'autres sont soumises à une procédure de contrôle différente selon les types de sociétés.

Remarque(s) *La loi ne contient aucune disposition sur ce point concernant les* ***sociétés en nom collectif et les sociétés en commandite simple****. En effet, la responsabilité indéfinie et solidaire au passif qui lie les associés de ces sociétés de personnes suffit à elle seule pour assurer la protection de l'intérêt social.*

1. Régime applicable aux sociétés anonymes

31.12 **Cadre légal.** La réglementation des conventions passées entre le dirigeant et la société est exposée en quelques articles du code de commerce. Il s'agit des articles L. 225-38 à L. 225-43 pour les sociétés anonymes comportant un conseil d'administration et L. 225-86 à L. 225-91 pour celles dotées d'un directoire et conseil de surveillance.

La loi distingue les conventions interdites et celles qui sont soumises à une procédure de contrôle, en prévoyant une exception pour les conventions portant sur des opérations courantes et conclues à des conditions normales qui peuvent être librement conclues.

La mise en œuvre de cette réglementation pose de nombreuses difficultés tenant à la délimitation du champ d'application de chacune de ces catégories de conventions. La jurisprudence est riche d'enseignements à ce sujet.

A. Conventions interdites

31.13 Le régime applicable aux conventions interdites est identique dans les deux types de sociétés anonymes.

Les opérations interdites sont les suivantes[1] :

- contracter, sous quelque forme que ce soit, des emprunts auprès de la société;
- se faire consentir par elle un découvert, en compte-courant ou autrement;
- faire cautionner ou avaliser par elle leurs engagements envers les tiers.

1. Personnes concernées

31.14 **Sociétés anonymes à conseil d'administration.** L'article L. 225-43 du code de commerce interdit de passer certaines opérations :

- aux administrateurs, autres que les personnes morales;
- au directeur général;
- aux directeurs généraux délégués;
- aux représentants permanents des personnes morales administrateurs;
- aux conjoint, ascendants et descendants de ces personnes;

[1] C. com., art. L. 225-43 pour les SA à conseil d'administration et art. L. 225-91 pour les SA à directoire et conseil de surveillance.

– à toute personne interposée c'est-à-dire à toute personne physique ou morale qui conclut une convention avec la société au profit d'un dirigeant de celle-ci. Ainsi, par exemple, lorsque la société mère détache un salarié pour diriger une filiale, laquelle lui confère un mandat social. La convention de mise à disposition conclue par une société mère avec sa filiale qui met à partiellement ou totalement à la charge de la filiale la rémunération salariale de ce dirigeant, sera constitutive d'une convention réglementée dans la filiale.

Sociétés anonymes à directoire et conseil de surveillance. Pour ces sociétés, l'article L. 225-91 du code de commerce interdit ces mêmes opérations :

– aux membres du directoire;

– aux membres du conseil de surveillance autres que les personnes morales;

– aux représentants permanents des personnes morales membres du conseil de surveillance;

– aux conjoint, ascendants et descendants de ces personnes;

– à toute personne interposée.

Remarque(s) *La loi NRE[1] a élargi, par souci de cohérence, le champ d'application de ces textes en y incluant le* ***directeur général*** *et les* ***directeurs généraux délégués****, qu'elle a par ailleurs instaurés.*

Tous les dirigeants sont donc concernés, exception faite des personnes morales administrateurs ou membres du conseil de surveillance.

Cette interdiction n'est applicable qu'aux administrateurs ou dirigeants qui occupent leurs fonctions à la date de la conclusion du contrat interdit.

Personne interposée. Le législateur a tenu à soumettre à cette interdiction les conventions qui seraient conclues par une personne interposée. La réelle difficulté d'application de ces dispositions tient précisément à la notion de personne interposée. Selon la Compagnie nationale des commissaires aux comptes (CNCC), « il y a interposition de personne lorsqu'une des personnes visées par l'interdiction (et qui n'apparaît pas directement dans la convention) est le bénéficiaire ultime de l'opération conclue entre la société et une autre personne dite interposée (qui apparaît ostensiblement dans le contrat, masquant le véritable bénéficiaire) »[2].

Il faut donc s'attacher à **rechercher le réel bénéficiaire** de l'emprunt ou du crédit octroyé par la personne interposée, étant précisé que l'interposition ne se présume pas.

Ainsi, le cautionnement d'un prêt consenti par une société anonyme à une autre société dont le gérant n'est autre que le P-DG de la première société n'est pas interdit dès lors que les juges ont constaté que ce cautionnement

1. L. n° 2001-420, 15 mai 2001, nouvelles régulations économiques, JO 16 mai, p. 7776.

2. CNCC, Rapport spécial sur les conventions réglementées, 1999.

*était intervenu **au seul bénéfice** de cette société, jouissant d'une personnalité distincte de son dirigeant. La société ne constituait donc pas une personne interposée*[1].

2. Opérations prohibées

31.15 Le code de commerce[2] vise donc différentes opérations financières :

– les diverses formes de **prêts** (d'argent, à usage, de consommation) ;

Est interdit l'emprunt solidaire souscrit par la société et l'un de ses administrateurs qui en réalité ne profite qu'à celui-ci. Dans cette espèce, une société et son P-DG avaient contracté un emprunt solidaire. La société fut mise en redressement judiciaire. Le syndic invoqua la nullité de la convention, prétendant qu'il s'agissait en réalité d'un cautionnement donné par la société à son dirigeant. La cour a fait droit à cette demande, considérant que le prêt était conclu dans l'intérêt exclusif du président qui avait bénéficié de l'intégralité de son montant[3].

– le **découvert** ;

Exemple(s) Cette interdiction est applicable au compte-courant qui présenterait un solde débiteur (voir n° 32.29).

– les **cautionnements** ou **avals** qui seraient consentis par la société pour garantir l'engagement de son dirigeant.

Une société ne saurait régler une dette au lieu et place d'un de ses administrateurs. Ainsi, deux associés avaient accepté de cautionner leur société envers une banque. La société s'était en outre elle-même portée caution envers la banque pour les dettes personnelles d'un de ses administrateurs. Les associés ont été poursuivis pour le paiement des dettes cautionnées par la société. Ils ont alors invoqué la nullité du cautionnement consenti par la société, nullité retenue ensuite par les juges. En effet, la voie de l'annulation ne vise pas seulement à protéger l'intérêt social, mais indirectement celui des associés[4].

3. Exceptions légales

31.16 L'article L. 225-43 du code de commerce, relatif aux sociétés anonyme avec conseil d'administration, et l'article L. 225-91 alinéa 3 du code de commerce s'agissant des sociétés anonymes avec directoire ou conseil de surveillance, réservent deux hypothèses :

– cette interdiction ne s'applique pas aux opérations courantes de commerce conclues à des conditions normales si la société exploite un établissement bancaire ou financier ;

---

1. Com. 12 avr. 1983, Gaz. Pal. 1983, 2, Pan. p. 239 • Dans le même sens : Com. 7 juill. 2004, n° 01-15.763, NP.
2. C. com., art. L. 225-43 pour les SA à conseil d'administration et art. L. 225-91 pour les SA à directoire et conseil de surveillance.
3. CA Paris, 29 nov. 1974, RTD com. 1975, 547, obs. R. Houin • Dans le même sens : Crim. 26 sept. 2001, n° 00-84.368, NP.
4. Com. 25 nov. 1980, Rev. sociétés 1981, 579, note C. M. • Dans le même sens : Com. 25 avr. 2006, n° 05-12.734, Rev. sociétés 2006, 818.

– sont également autorisés les prêts qui sont consentis par la société en application de l'article L. 313-1 du code de la construction et de l'habitation aux administrateurs salariés.

4. Sanctions

Au plan civil. Les conventions passées en méconnaissance de ces dispositions législatives encourent la nullité, ce qui implique un remboursement de la part du bénéficiaire de la convention interdite. **31.17**

Cette nullité est absolue et d'ordre public. Aucune approbation postérieure ne pourra donc la soustraire à cette sanction. Cette nullité peut être prononcée pendant trente ans.

L'article L. 235-12 du code de commerce prévoit que la société ne peut se prévaloir de cette nullité à l'encontre des tiers de bonne foi. En pratique cela signifie que la société ne peut se prévaloir de la nullité d'un engagement pris par elle ou par l'un de ses associés en violation des dispositions relatives aux conventions réglementées, pour refuser d'exécuter la convention en cause.

Le dirigeant peut également voir sa responsabilité recherchée pour avoir engagé la société dans une opération prohibée.

Au plan pénal. La conclusion d'une convention interdite au sens de l'article L. 225-43 du code de commerce peut être constitutive d'abus de biens sociaux[1].

B. Conventions réglementées

La convention conclue par une société et son dirigeant inspire par définition de la méfiance. Celui-ci pourrait, de par ses fonctions au sein de la société, chercher à privilégier son intérêt personnel au détriment de cette dernière. Répondant à un souci de protection de l'intérêt social, le législateur a dès lors mis en place une procédure spécifique subordonnant la conclusion de ces conventions à l'autorisation du conseil d'administration (ou de surveillance). **31.18**

1. Définition

a. Personnes concernées

Les personnes concernées sont différentes selon qu'il s'agit d'une société anonyme à conseil d'administration ou d'une société anonyme à directoire et conseil de surveillance. **31.19**

---

[1] Voir quelques exemples en matière d'opérations immobilières, chapitre 33.

SA à conseil d'administration. L'article L. 225-38 du code de commerce soumet à l'autorisation préalable du **conseil d'administration** toute convention intervenant directement ou par personne interposée entre la société et :

- son directeur général;
- l'un de ses directeurs généraux délégués;
- l'un de ses administrateurs;
- l'un de ses actionnaires disposant d'une fraction des droits de vote supérieure à 10 % ou, s'il s'agit d'une société actionnaire, la société la contrôlant au sens de l'article L. 233-3.

SA à directoire et conseil de surveillance. L'article L. 225-86 du code de commerce soumet à l'autorisation préalable du **conseil de surveillance** toute convention conclue directement ou par personne interposée entre la société et :

- l'un des membres du directoire;
- l'un des membres du conseil de surveillance;
- un actionnaire disposant d'une fraction des droits de vote supérieure à 10 % ou, s'il s'agit d'une société actionnaire, la société la contrôlant au sens de l'article L. 233-3.

À la lecture de ces dispositions, il est important de relever que leur domaine d'application est très vaste quant aux personnes concernées. La loi NRE du 15 mai 2001 a d'ailleurs contribué à son élargissement en visant désormais très logiquement les **directeurs généraux délégués**.

Le second apport de cette réforme concerne les conventions conclues avec certains **actionnaires** qui doivent dorénavant être approuvées.

Personne indirectement intéressée. Les articles L. 225-38, alinéa 2, et L. 225-86, alinéa 2, étendent en outre cette interdiction aux conventions auxquelles l'une de ces personnes serait **indirectement intéressée**. Cette notion est très générale et imprécise, mais on peut considérer que le dirigeant est intéressé à la conclusion d'un contrat dès lors qu'il en perçoit un bénéfice, que celui-ci soit financier ou non.

Le directeur général d'une société se portant caution d'une société alors qu'il est président-directeur général de la société cautionnée est indirectement intéressé. En effet, l'accroissement du soutien financier consenti par la première société au profit de la seconde lui permettait en réalité de préserver ses fonctions au sein de celle-ci et la rémunération et les avantages qui y étaient attachés[1].

31.20 **Dirigeants communs à deux sociétés.** Enfin, l'article L. 225-38, alinéa 3, soumet à autorisation préalable les conventions conclues entre la société et une entreprise, si le directeur général, l'un des directeurs généraux délégués ou l'un des administrateurs de la société est propriétaire, associé indéfiniment responsable, gérant, administrateur, membre du conseil de surveillance ou de façon générale dirigeant de cette

1 CA Paris, 26 juin 1990, Dr. sociétés 1990, n° 269 • Dans le même sens, s'agissant d'un avantage en nature concernant des conseils en gestion de patrimoine : Com. 3 juin 2008, n° 07-12.307, NP.

entreprise. Il en est de même, aux termes de l'article L. 225-86, alinéa 3, s'il s'agit de l'un des membres du directoire ou du conseil de surveillance de la société.

Cette disposition vise les conventions qui lient des sociétés dont les dirigeants sont communs, ce qui est souvent le cas dans les **groupes de sociétés**. Il s'agit souvent de conventions d'assistance entre société mère et filiales. Cette disposition a vocation à concerner de très nombreuses hypothèses, puisque la nouvelle rédaction fait désormais référence à la notion de « dirigeant ».

b. Conventions concernées

Cadre général. La loi, par la généralité du terme employé – « toute convention » – est applicable à toute sorte de contrats (contrat de vente, de location, de services...). La procédure concerne la **conclusion**, mais également la **résiliation** de conventions[1]. **31.21**

La jurisprudence ne semble pas exiger en revanche que la convention à durée indéterminée fasse l'objet de nouvelles autorisations annuelles[2]. En effet, lorsque le contrat est à durée indéterminée, il s'agit d'un même contrat dont les effets se prolongent dans le temps, si bien qu'une seule procédure est nécessaire. En revanche, le renouvellement du contrat à durée déterminée constitue un nouveau contrat et doit être soumis à une nouvelle procédure afin de tenir compte des nouvelles conditions auxquelles il a été accordé.

La loi n'impose aucun formalisme quant à la conclusion de ces conventions.

La Cour de cassation a reconnu la validité des conventions verbales à l'occasion de la conclusion d'un contrat d'assistance et de conseil passé entre une société et une autre société, qui était administrateur de la première[3].

Exemples. Il faut se reporter à la jurisprudence pour apprécier les cas dans lesquels la procédure de contrôle doit être mise en œuvre.

Exemples de conventions soumises à autorisation

Doivent être soumises à autorisation :

– les conventions d'ouverture de compte-courant, l'octroi d'intérêts pour les sommes déposées en compte-courant, les conventions de blocage du solde du compte-courant, l'abandon de compte-courant (voir n° 32.18);

– le contrat d'approvisionnement exclusif accompagné d'un transfert d'activité et de personnel conclu par le président d'une société au profit d'une société qu'il avait créée. Cette convention aboutissait à une diminution des capacités de production de la première société[4] ;

– la modification du contrat de travail d'un administrateur[5] ;

---

1. Com. 27 févr. 1996, n° 94-12.454, Bull. civ. IV, n° 69; Rev. sociétés 1996, 567, obs. Y. Guyon; RTD civ. 1996, 909, obs. Mestre.
2. Com. 27 févr. 2001, n° 98-14.206, Bull. civ. IV, n° 47; D. 2001, AJ 111, obs. A. Lienhard; Rev. sociétés 2001, 827, note J.-F. Barbièri.
3. Com. 27 févr. 2001, préc.
4. CA Nîmes, 15 févr. 1989, Dr. sociétés 1989, n° 257 • Com. 23 oct. 1990, n° 89-14.950, Rev. sociétés 1991, 92.
5. Soc. 5 nov. 1982, n° 81-14.886, Bull. civ. V, n° 602 • Dans le même sens : Soc. 29 nov. 2006, n° 04-48.219, Rev. sociétés 2007, 547; D. 2007, AJ, 381; RTD com. 2007, 144.

– la convention conclue entre la société et son directeur général portant sur les inventions réalisées par ce dernier[1] *;*

– la promesse de vente portant sur un immeuble appartenant à la société et consentie à l'épouse du dirigeant (voir n° 33.21);

– la souscription d'un contrat d'assurance-vie au profit d'un administrateur[2].

31.22 **Exercice des fonctions.** La convention conclue par le dirigeant alors qu'il n'était pas en fonction, n'a pas à faire l'objet d'autorisation. Échappe également à cette procédure de contrôle le contrat qu'il passe avec la société après la cessation de ses fonctions.

Remarque(s) *Il en va différemment si celle-ci est renouvelée ou modifiée en cours de mandat. La procédure de contrôle devra être respectée.*

Création de la société. La question se pose de savoir si l'autorisation du conseil d'administration ou du conseil de surveillance est requise pour les achats par la société dans les deux ans de son immatriculation, de biens appartenant à ses administrateurs et dont la valeur est au moins égale à 10 % de son capital social, dès lors que l'article L. 225-101 du code de commerce prévoit une procédure spécifique[3].

La procédure d'autorisation des conventions réglementées aura vocation à s'appliquer chaque fois que la convention d'acquisition interviendra directement ou par personne interposée entre la société et ses dirigeants, conformément aux dispositions des articles L. 225-38 et L. 225-86 du code de commerce. Les dispositions de l'article L. 225-101 du même code n'auront vocation à s'appliquer que si l'acquisition ne peut être regardée comme une convention réglementée au regard des articles susvisés[4].

2. Procédure

a. Information et autorisation du conseil d'administration ou de surveillance

31.23 **Cadre général.** Aux termes de l'article L. 225-40 du code de commerce, l'intéressé doit informer le conseil d'administration dès qu'il a connaissance d'une convention relevant de l'article L. 225-38 du code de commerce. Cette procédure est identique au sein des sociétés anonymes à directoire et conseil de surveillance. C'est alors au conseil de surveillance de délivrer l'autorisation sollicitée en vertu de l'article L. 225-88 du code de commerce.

Remarque(s) *Pour un modèle de lettre au président du conseil d'administration, voir n° 302.17.*

---

1. CA Paris, 22 oct. 1987, Bull. Joly 1987, p. 861, § 355 • Dans le même sens, s'agissant d'un brevet d'invention conclu à des conditions normales : CA Paris 4 juin 2003, D. 2003, 931.
2. CA Paris, 1er juin 1982, Bull. Joly 1982, p. 973 • Dans le même sens : Com. 7 juill. 2004, n° 01-15.677, RTD com. 2004, 76.
3. En faveur de l'application de la procédure de contrôle, voir CNCC : Les conventions dans les sociétés commerciales, mars 1990.
4. Sur l'application de l'article L. 225-101 du code de commerce, issu de la Directive n° 2006/68/CE du Parlement européen et du Conseil du 6 sept. 2006 (JOUE 25 sept. 2006, L 264), voir B. Lecourt, Rev. sociétés 2006, 673.

Le conseil d'administration (ou de surveillance) est appelé à statuer sur l'autorisation de ladite convention qui est nécessairement antérieure à sa conclusion. Une délibération du conseil est exigée[1]. Cette question doit en outre figurer à l'ordre du jour.

Remarque(s) *Chaque convention doit faire l'objet d'une délibération particulière.*

Participation au vote. L'intéressé ne peut participer au vote. Dans le cas contraire, la délibération est nulle[2].

Cette interdiction pose des problèmes d'application concrète tenant aux règles de majorité et de quorum. En effet, le conseil d'administration ne peut délibérer que si la moitié de ses membres sont présents et les décisions sont prises à la majorité des membres présents ou représentés. Or, qu'en est-il lorsque le conseil ne peut délibérer valablement pour autoriser une convention à laquelle sont intéressés tous les administrateurs ? La jurisprudence a décidé que dans une telle hypothèse, il appartient à l'assemblée de voter sur ladite convention pour en couvrir la nullité.

> *Cette solution a été admise à l'occasion d'une convention portant sur l'allocation d'une pension à la veuve de tout administrateur[3].*

Remarque(s) *Pour un modèle de délibération du conseil d'administration, voir n° 302.18.*

b. Rôle du commissaire aux comptes

Information. Le président du conseil d'administration (ou du conseil de surveillance) avise le commissaire aux comptes des conventions qui ont été autorisées dans le délai d'un mois à compter de leur conclusion. Cette information porte également sur l'exécution en cours des conventions autorisées lors d'un précédent exercice. **31.24**

Remarque(s) *Pour des modèles de lettres au commissaire aux comptes, voir n°s 302.19 et 302.20.*

Rapport spécial. Le commissaire aux comptes établit alors un rapport spécial destiné à l'assemblée devant se prononcer sur les comptes de l'exercice au cours duquel ces conventions ont été conclues. Il doit également faire état des conventions dont il a pu avoir connaissance lors de sa mission de contrôle et qui n'auraient pas été soumises à l'autorisation du conseil d'administration. Conformément à l'article R. 225-31 du code de commerce, le rapport doit contenir :

- l'énumération des conventions et engagements soumis à l'approbation de l'assemblée générale;
- le nom des administrateurs intéressés et du directeur général ou des directeurs généraux délégués intéressés;

---

1. CA Paris, 23 oct. 1965, JCP 1966, II, 14491 • Dans le même sens : Soc. 12 févr. 1987, n° 85-10.169, Bull. civ. V, n° 73; Bull. Joly 1987, p. 384; Dr. sociétés 1987, n° 145.
2. CA Paris, 11 mars 1976, Dr. sociétés 1976, n° 141 • Dans le même sens : Com. 18 oct. 1994, n° 92-22.052, Bull. civ. IV, n° 304; RTD com. 1995, 434, note Petit et Reinhard.
3. CA Paris, 21 janv. 1981, D. 1983, IR 69, obs. J.-Cl. Bousquet • Dans le même sens : Com. 2 déc. 2008, n° 07-19.698, RTD com. 2009, 159.

– la désignation du ou des actionnaires intéressés disposant d'une fraction des droits de vote supérieure à 10 % et, s'il s'agit d'une société actionnaire, de la société la contrôlant ;
– la nature et l'objet de ces conventions et engagements ;
– les modalités essentielles de ces conventions et engagements, notamment l'indication des prix ou tarifs pratiqués, des ristournes et commissions consenties, des délais de paiement accordés, des intérêts stipulés, des sûretés conférées, de la nature, du montant et des modalités d'octroi de chacun des avantages ou indemnités et, le cas échéant, toutes autres indications permettant aux actionnaires d'apprécier l'intérêt qui s'attachait à la conclusion des conventions et engagements analysés ;
– l'importance des fournitures livrées ou des prestations de service fournies ainsi que le montant des sommes versées ou reçues au cours de l'exercice, lorsque l'exécution de conventions et engagements conclus et autorisés au cours d'exercices antérieurs a été poursuivie au cours du dernier exercice ;
– le rappel des conventions précédemment exécutées.

Le contenu du rapport spécial doit être précis. Les commissaires aux comptes attestent de l'exactitude et la sincérité des informations mentionnées, et engagent, de ce fait, leur responsabilité[1].

> *Le commissaire aux comptes commettrait une faute s'il omettait de faire figurer dans son rapport une convention qui lui a été communiquée et d'où il résulterait un dommage pour la société ou le dirigeant intéressé[2].*

L'omission de la formalité relative à la soumission des conventions litigieuses à l'avis du commissaire aux comptes entraîne, quant à elle, par assimilation au cas de refus d'approbation par l'assemblée générale, la mise à la charge des membres du conseil d'administration des conséquences préjudiciables de la convention irrégulière pour la société (voir n° 32.25).

c. Rôle de l'assemblée

31.25 **Vote.** L'assemblée est appelée à statuer sur lesdites conventions.

Remarque(s) *Pour un modèle d'ordre du jour et de résolution, voir n° 302.21.*

Elle peut également voter pour couvrir la nullité des conventions qui ont été conclues sans avoir été soumises à l'autorisation préalable du conseil d'administration (ou de surveillance).

Là encore, il est interdit à l'intéressé de **participer au vote.** La loi précise expressément que ses actions ne sont pas prises en compte pour le calcul du *quorum* et de la majorité. Il lui est néanmoins possible de prendre part au vote de l'assemblée sur les

❹ C. com., art. R. 823-7 • Voir égal. Ph. Merle, « Les nouvelles obligations des commissaires aux comptes après la loi NRE du 15 mai 2001 », D. 2001, 3516.

❺ Com. 2 juill. 1973, n° 72-12.039, D. 1973, 674.

autres conventions auxquelles il n'est nullement intéressé, ce qui implique que soit prévue une résolution par convention[1].

Effet. Les articles L. 225-41 et L. 225-89 du code de commerce disposent que les conventions, qu'elles soient approuvées ou non par l'assemblée, produisent leurs effets à l'égard des tiers. Elles sont en revanche susceptibles d'annulation en cas de fraude.

Remarque(s) *Refus d'approbation de la convention*

Les conséquences préjudiciables à la société des conventions désapprouvées peuvent être mises à la charge de l'intéressé, voire des autres membres du conseil[2]. C'est donc une action en responsabilité qui pourra être engagée si la convention litigieuse se révélait dommageable pour la société. Les juges doivent alors rechercher l'existence d'un préjudice pour la société.

Dès lors qu'il est établi que la convention litigieuse a permis la survie de la société, celle-ci ne saurait être annulée en l'absence de conséquences dommageables pour cette dernière. Une société avait conclu avec l'un de ses administrateurs une convention par laquelle elle lui confiait une mission d'assistance et de conseil dans la négociation d'un projet, moyennant le versement d'honoraires. Cette convention n'avait pas été soumise au conseil avant d'être signée. L'assemblée ne l'avait pas approuvée puisqu'elle s'était abstenue de la ratifier. Néanmoins, cette convention s'était avérée bénéfique pour la société se trouvant dans une situation financière délicate[3].

3. Sanctions

Nullité. Les conventions conclues sans autorisation préalable du conseil d'administration (ou de surveillance) qui ont causé un préjudice à la société encourent l'annulation[4]. Cette action se prescrit par **trois ans** à compter de la date de conclusion de ladite conclusion et en cas de dissimulation, de la date de sa révélation. 31.26

Cette nullité est donc facultative et suppose de démontrer le préjudice subi par la société. Elle peut être sollicitée soit par la société, soit par les actionnaires.

Ratification postérieure. La loi réserve néanmoins le cas dans lequel l'assemblée peut, par son vote, couvrir la nullité de la convention. Le rapport spécial du commissaire aux comptes expose alors les raisons pour lesquelles l'autorisation du conseil d'administration (ou de surveillance) n'a pas été requise. La jurisprudence a même étendu cette possibilité de ratification postérieure par l'assemblée aux conventions que le conseil avait expressément refusé d'approuver[5].

Responsabilité. Le dirigeant intéressé peut voir en outre sa responsabilité engagée.

1. Com. 3 mai 2000, n° 97-22.510, Bull. Joly 2000, p. 821.
2. C. com., art. L. 225-41, al. 2.
3. CA Versailles, 7 juin 2001, Bull. Joly 2002, p. 117, note A. Constantin.
4. C. com., art. L. 225-42 et L. 225-90.
5. Com. 10 mai 1989, n° 87-19.264 • CA Paris, 18 déc. 1990, Bull. Joly 1991, p. 604, note P. Le Cannu.

4. Règles particulières applicables en présence d'une société cotée

31.27 **Cadre général.** Le législateur est intervenu pour soumettre expressément certains engagements à la procédure des conventions réglementées, en présence d'une société cotée[1] (voir n° 31.23).

Il s'agit des engagements pris au bénéfice des présidents, directeurs généraux, directeurs généraux délégués ou membres du directoire, par la société elle-même ou par toute société contrôlée ou qui la contrôle exclusivement ou conjointement au sens des II et III de l'article L. 233-16 du code de commerce, et « correspondant à des éléments de rémunération, des indemnités ou des avantages dus ou susceptibles d'être dus à raison de la cessation ou du changement de ces fonctions, ou postérieurement à celles-ci »[2].

Ces dispositions concernent, en particulier, la pratique dite des « parachutes dorés ».

Pour les engagements susvisés, la loi du 21 août 2007[3] a introduit des règles supplémentaires, qui s'ajoutent à la procédure normale de contrôle des conventions réglementées.

Critère de performance. Ainsi, les éléments de rémunération, indemnités ou avantages prévus doivent être obligatoirement subordonnés au respect de conditions liées aux performances du bénéficiaire, appréciées au regard de celles de la société dans laquelle il exerce ses fonctions. Sont expressément interdits les engagements qui ne tiennent pas compte de ce critère de performance.

Procédure. Par ailleurs, l'autorisation préalable du conseil d'administration doit être rendue publique, et la soumission à l'approbation de l'assemblée générale doit faire l'objet d'une résolution spécifique pour chaque bénéficiaire. Encore cette approbation est-elle requise à chaque renouvellement de mandat de l'intéressé.

Enfin, aucun versement ne peut intervenir avant que le conseil d'administration ne constate, au moment ou après la cessation ou le changement effectif des fonctions, le respect des conditions prévues. Cette décision doit, là encore, faire l'objet d'une publication. Tout versement effectué en méconnaissance de ces dispositions est nul de plein droit.

Exceptions. Par exception, échappent aux règles supplémentaires susvisées les indemnités dues en contrepartie d'une clause de non-concurrence, et les mécanismes dits de « retraite-chapeau » (c'est-à-dire les engagements de retraite à prestations définies répondant aux caractéristiques des régimes mentionnés à l'article L. 137-11 du code de la sécurité sociale, ainsi que les engagements répondant aux caractéristiques des régimes collectifs et obligatoires de retraite et de prévoyance de l'article L. 242-1 du même code). Ces engagements restent soumis à la procédure normale de contrôle des conventions réglementées.

1. C. com., art. L. 225-42-1 et L. 225-90-1.
2. C. com., art. L. 225-42-1.
3. L. n° 2007-1223, 21 août 2007, en faveur du travail, de l'emploi et du pouvoir d'achat, art. 17, VI, JO 22 août, p. 13945.

Droit transitoire. Ces règles supplémentaires sont applicables aux engagements pris à compter du 22 août 2007. Les engagements en cours à cette date doivent être mis en conformité avec les règles nouvelles au plus tard dans les dix-huit mois suivants. À défaut, ces engagements pourront être annulés.

C. Conventions courantes conclues à des conditions normales

Échappent à la procédure de contrôle, les conventions courantes conclues à des conditions normales[1]. Les conventions répondant à cette définition peuvent en conséquence être librement conclues. **31.28**

La loi NRE de 2001[2] est venue compléter ces dispositions en instaurant une obligation d'information à la charge de l'intéressé et du président du conseil d'administration (ou de surveillance), cette obligation s'inscrivant dans un souci constant de transparence au profit des actionnaires.

1. Définition

L'autorisation des conventions liant un dirigeant à sa société constitue le principe. **31.29**
Les conventions qui peuvent échapper à la procédure de contrôle du conseil sont en conséquence appréciées de façon assez restrictive. Il convient en effet d'éviter que les parties cocontractantes ne cherchent à se soustraire à la procédure de contrôle, au motif que l'opération répondrait à la définition des conventions courantes.

Critères. La jurisprudence a contribué à préciser le domaine d'application de ces textes. Ainsi, une opération courante conclue à des conditions normales correspond à une convention relevant de l'**activité habituelle de la société**, celle-ci étant appréciée par rapport à l'objet social.

Encore faut-il que cette opération soit conclue à des **conditions commerciales identiques à celles pratiquées pour des contrats similaires**.

> *La Cour de cassation a ainsi décidé que la convention doit avoir été conclue dans le cadre de l'activité ordinaire de la société et, s'agissant d'un acte de disposition, avoir une portée limitée et être arrêtée à des conditions suffisamment usuelles pour s'apparenter à une opération habituelle*[3].

L'importance de l'engagement contracté par la société (tant par son coût élevé que par sa durée excessive) constitue un élément d'appréciation pour le juge lui permettant de contester le caractère courant de l'opération litigieuse. Dans une telle

---

1. C. com., art. L. 225-39 et L. 225-87.
2. L. nº 2001-420, 15 mai 2001, nouvelles régulations économiques, JO 16 mai, p. 7776.
3. Com. 1er oct. 1996, nº 94-16.315, Bull. Joly 1997, p. 138, note P. Le Cannu.

hypothèse, la procédure de contrôle propre aux conventions réglementées devra être respectée.

Appliquant le critère de la quantité du matériel cédé, les juges ont refusé la qualification d'opération courante à une cession entre deux sociétés, dont les dirigeants étaient communs, pour un franc symbolique portant sur quatre-vingt-dix films tombés dans le domaine public[1].

Appréciation *in concreto*. Il faut donc se livrer à une appréciation au cas par cas dépendant étroitement de l'activité de la société et du prix convenu entre les parties.

Exemples du rejet de la qualification d'opération courante de l'article L. 225-39 du code de commerce

Les juges ont écarté cette qualification d'opération courante pour une opération immobilière conclue entre deux sociétés dont les dirigeants étaient communs et qui portait sur l'édification de bureaux. Le prix convenu n'était pas conforme à celui habituellement pratiqué dans le même secteur d'activité et la marge nette n'était pas conforme aux taux relevés sur les autres chantiers[2].

La conclusion d'un contrat de bail engageant la société pour une durée de neuf ans n'est pas considérée comme une opération courante conclue à des conditions normales. Dans cette espèce, le président de la société preneuse était associé de la SCI bailleresse par personne morale interposée[3].

Les juges ont considéré qu'une convention d'exclusivité portant sur l'exercice de la radiologie et de l'échographie conclue entre un médecin et une société exploitant une clinique pour une durée de trente ans ne pouvait être qualifiée d'opération courante conclue à des conditions normales. La durée habituelle, selon la cour, était de dix à quinze ans[4].

La cession pour un franc symbolique des droits et obligations sur le matériel de 90 films tombés dans le domaine public ne peut, tant par l'importance du matériel cédé que par les conditions spéciales de la contrepartie fournie au vendeur, constituer une opération courante[5].

La convention par laquelle une holding met au service d'une société cible son activité et son expérience en contrepartie du financement de la holding par la société cible n'est pas une convention courante conclue à des conditions normales[6].

N'est pas une opération courante la convention conclue entre deux sociétés d'expertise comptable qui a pour finalité de réaliser une véritable sous-traitance de l'objet social de l'une d'entre elles[7].

1. Com. 1er oct. 1996, préc.
2. Com. 9 avr. 1996, nº 93-21.472, Bull. civ. IV, nº 118 ; Rev. sociétés 1996, 788, note Y. Guyon.
3. CA Paris, 20 nov. 1998, Bull. Joly 1999, p. 476, note P. Le Cannu.
4. CA Aix-en-Provence, 27 janv. 1994, Bull. Joly 1995, p. 325, note E. Putman • Dans le même sens : Com. 11 mars 2003, nº 01-01.290, JCP E 2003, 1, 1203.
5. Com. 1er oct. 1996, nº 94-16.315, NP.
6. Com. 27 févr. 2001, nº 98-14.206, Bull. civ. IV, nº 47 ; D. 2001, AJ 1103, Bull. Joly 2001, p. 614.
7. Crim. 13 déc. 2000, nº 99-84.855, Bull. crim., nº 378 ; D. 2001, 926, note M. Boizard ; Rev. sociétés 2001, 399, note B. Bouloc ; Bull. Joly 2001, p. 499, § 120.

2. Procédure

Obligation d'information. La loi NRE de 2001[1] a instauré une obligation d'information pour les conventions courantes conclues à des conditions normales. L'article L. 225-39 du code de commerce prévoit ainsi qu'en principe, ces conventions « sont communiquées par l'intéressé au président du conseil d'administration. La liste et l'objet desdites conventions sont communiqués par le président aux membres du conseil d'administration et aux commissaires aux comptes ». Cette obligation est identique au sein des sociétés anonymes à directoire et conseil de surveillance et pèse alors sur le président du conseil de surveillance[2]. **31.30**

Remarque(s) Pour un modèle de lettre au président du conseil d'administration, voir n° 302.22.

Cette règle a suscité des interrogations quant à sa mise en œuvre et des critiques quant à la lourdeur de la procédure instaurée[3]. Le législateur est alors intervenu pour apporter une exception au principe susvisé[4]. Désormais, les conventions courantes conclues à des conditions normales n'ont plus à être communiquées « lorsqu'en raison de leur objet ou de leurs implications financières, elles ne sont significatives pour aucune des parties »[5].

Le président du conseil ne doit communiquer aux membres du conseil et au commissaire aux comptes que la liste et l'objet des conventions. Ces informations doivent être transmises au plus tard le jour du conseil d'administration arrêtant les comptes de l'exercice ou le jour du conseil de surveillance vérifiant et contrôlant les comptes[6].

Remarque(s) Pour un modèle de lettre au commissaire aux comptes et au conseil d'administration, voir n° 302.23.

Le commissaire aux comptes devra informer l'assemblée en cas de défaut de communication de la liste ou de transmission de liste incomplète[7]. Dans cette hypothèse, la responsabilité du président du conseil d'administration pourrait être engagée sur le fondement de l'article L. 225-51 du code de commerce, prévoyant que le président veille au bon fonctionnement des organes de la société et s'assure, en particulier, que les administrateurs sont en mesure de remplir leur mission.

Demande de communication. L'article L. 225-115 du code de commerce vient compléter ce dispositif. Tout actionnaire peut désormais obtenir communication de la liste et de l'objet de ces conventions. L'actionnaire qui ne parvient pas à en obtenir la communication pourra saisir le président du tribunal de commerce statuant en référé (C. com., art L. 238-1) et enjoindre au dirigeant d'y procéder[8].

---

1. L. n° 2001-420, 15 mai 2001, préc.
2. C. com., art. L. 225-87.
3. P. Le Cannu, « Les conventions réglementées après la loi n° 2001-420 du 15 mai 2001 », Bull. Joly 2001, p. 720.
4. L. n° 2003-706, 1er août 2003, sécurité financière. JO 2 août, p. 13220.
5. C. com., art. L. 225-39, al. 2.
6. C. com., art. R. 225-32 pour les sociétés avec conseil d'administration • C. com., art. R. 225-59 pour les sociétés avec directoire ou conseil de surveillance.
7. C. com., art. L. 823-12 (Ord. n° 2005-1126, 8 sept. 2005, relative au commissariat aux comptes, art. 19, JO 9 sept., p. 14638) • Voir auparavant, la position en ce sens du CNCC, Bull. CNCC, n° 125, mars 2002, p. 94.
8. Com. 26 fév. 2008, n° 07-15.269, Bull. civ. IV, n° 45; Rev. société 2008, 378, note Saintourens.

II. Régime applicable aux sociétés en commandite par actions et aux sociétés par actions simplifiées

31.31 Le régime des conventions conclues entre un dirigeant et une société anonyme a largement inspiré le dispositif de contrôle que le législateur a instauré au sein des sociétés en commandite par actions et des sociétés par actions simplifiées.

A. Sociétés en commandite par actions

31.32 La loi transpose expressément aux sociétés en commandite par actions les règles prévues en la matière pour les sociétés anonymes.

Personnes concernées. L'article L. 226-10 du code de commerce précise ainsi que les dispositions des articles L. 225-38 à L. 225-43 sont applicables aux conventions intervenant directement ou par personne interposée entre la société et :

- l'un de ses gérants;
- l'un des membres de son conseil de surveillance;
- l'un de ses actionnaires disposant d'une fraction des droits de vote supérieure à 10 % ou, s'il s'agit d'une société actionnaire, la société la contrôlant au sens de l'article L. 233-3.

Ces dispositions sont applicables aux conventions auxquelles une de ces personnes est indirectement intéressée.

Elles concernent également les conventions intervenant entre une société et une entreprise si l'un des gérants ou l'un des membres du conseil de surveillance de la société est propriétaire, associé indéfiniment responsable, gérant, administrateur, directeur général, membre du directoire ou membre du conseil de surveillance de l'entreprise.

Régime. Il convient d'opérer la même distinction que celle retenue au sein des sociétés anonymes entre les conventions interdites, les conventions réglementées et celles portant sur des opérations courantes conclues à des conditions normales.

Les procédures sont également identiques. Les conventions réglementées doivent être autorisées par le conseil de surveillance. L'obligation d'information portant désormais sur les conventions courantes est à la charge du président du conseil de surveillance.

B. Sociétés par actions simplifiées

Le régime des conventions conclues entre la société par actions simplifiée et l'un de ses dirigeants est proche de celui des sociétés anonymes, tout en comportant des particularités qui méritent d'être soulignées. **31.33**

1. Conventions interdites

L'article L. 227-12 du code de commerce dispose que les interdictions prévues à l'article L. 225-43 du même code s'appliquent au président et aux autres dirigeants de la société par actions simplifiée. **31.34**

La loi ne contient pas de liste précise des organes de direction soumis à cette interdiction, mais vise de façon générale **les dirigeants**. On rappellera en effet que les statuts organisent librement la direction de la société par actions simplifiée, sous réserve de prévoir la désignation d'un président, seul habilité à représenter la société.

Il leur est donc interdit de :

- contracter, sous quelque forme que ce soit, des emprunts auprès de la société;
- se faire consentir par elle un découvert, en compte-courant ou autrement;
- faire cautionner ou avaliser par elle leurs engagements envers les tiers.

2. Conventions réglementées

Procédure. Aux termes de l'article L. 227-10 du code de commerce, il appartient au commissaire aux comptes[1] de présenter aux associés un rapport sur les conventions intervenues directement ou par personne interposée entre la société et : **31.35**

- son président;
- l'un de ses dirigeants;
- l'un de ses actionnaires disposant d'une fraction des droits de vote supérieure à 10 % ou s'il s'agit d'une société actionnaire, la société la contrôlant au sens de l'article L. 233-3.

Les associés sont appelés à statuer sur ce rapport. La loi n'exige donc pas d'autorisation préalable à la conclusion desdites conventions à la différence de ce qui est prévu au sein des sociétés anonymes.

Remarque(s) *Le fonctionnement des sociétés par actions simplifiées se veut en effet plus souple que celui des sociétés anonymes.*

1 La loi de modernisation de l'économie (L. n° 2008-776, 4 août 2008, JO 5 août, p. 12471) précise qu'à défaut de désignation de commissaire aux comptes, il revient au président de la société de présenter aux associés le rapport relatif aux conventions règlementées.

Convention non approuvée. Néanmoins, la loi a réservé le cas des conventions qui ne seraient pas approuvées par les associés. Ces conventions n'encourent pas l'annulation, mais les conséquences dommageables qui en résulteraient pour la société devront être prises en charge par la personne intéressée, voire également par le président et les autres dirigeants éventuels.

SASU. Il faut enfin mentionner le cas particulier de la société par actions simplifiée ne comportant qu'un seul associé (SASU). La loi prévoit qu'il doit être fait mention au registre des décisions des conventions passées directement ou par personnes interposées entre la société et son dirigeant.

3. Conventions portant sur des opérations courantes conclues à des conditions normales

31.36 L'article L. 227-11 du code de commerce impose en principe la communication au commissaire aux comptes des conventions portant sur des opérations courantes conclues à des conditions normales, « sauf lorsqu'en raison de leur objet ou de leurs implications financières, elles ne sont significatives pour aucune des parties ».

Par ailleurs, chaque associé a le droit d'obtenir communication de ces conventions.

III. Régime applicable aux sociétés à responsabilité limitée

31.37 À l'image de la distinction opérée au sein des sociétés anonymes, la loi interdit au gérant de SARL la conclusion de certaines conventions et prévoit pour les autres une procédure spécifique destinée à assurer la protection de l'intérêt social, exception faite des conventions courantes qui échappent à ce dispositif en raison de leur caractère habituel.

A. Conventions interdites

31.38 Le gérant de SARL ne peut conclure avec la société certaines conventions énumérées par le code de commerce. La violation de ces interdictions est sanctionnée.

1. Champ d'application

31.39 **Cadre général.** L'article L. 223-21 du code de commerce interdit :
– aux gérants;

– aux associés autres que les personnes morales;
– aux représentants légaux de ces personnes morales associées;
– aux conjoint, ascendants et descendants de ces personnes;
– à toute personne interposée;

de :

– contracter, sous quelque forme que ce soit, des emprunts auprès de la société;
– se faire consentir par elle un découvert, en compte-courant ou autrement;
– faire cautionner ou avaliser par elle leurs engagements envers les tiers.

Cette interdiction ne concerne que les personnes précitées, tout en étant applicable en cas d'interposition de personne (sur cette notion, voir n° 31.14).

Ces dispositions ne s'appliquent qu'aux cautions et avals des engagements **personnels** *des dirigeants*[1].

Cas particuliers. La personne morale qui est associée d'une SARL est expressément exclue du champ d'application de cet article, de sorte que les **sociétés d'un même groupe** peuvent conclure les opérations financières visées par ce texte, sous réserve de respecter la procédure de contrôle (voir n° 31.18).

Remarque(s) *Cette dérogation n'est pas applicable aux représentants de ces personnes morales qui ne peuvent conclure de telles conventions.*

La loi réserve enfin le cas de la société exploitant un **établissement financier**, cette interdiction ne s'appliquant pas aux opérations courantes conclues à des conditions normales.

2. Sanction

Nullité. La convention conclue en violation de cette interdiction encourt la nullité. Celle-ci est absolue, de sorte qu'elle peut être invoquée par les associés lésés, mais également par les tiers et créanciers qui justifient d'un intérêt légitime. **31.40**

Cette solution a été dégagée dans une espèce où le gérant d'une SARL avait souscrit pour la société un engagement de garantir le remboursement de sommes dont il était personnellement redevable, dont la cause était étrangère à l'objet social[2].

Est nulle la convention par laquelle un gérant se fait consentir un découvert en compte-courant, cette nullité pouvant être soulevée d'office par le juge en raison du caractère impératif de l'article L. 223-21[3].

1. Com. 25 mai 1993, n° 91-13.704, Bull. civ. IV, n° 208.
2. CA Montpellier, 7 janv. 1980, Rev. sociétés 1980, 737, note C. Mouly.
3. CA Aix-en-Provence, 7 févr. 1992, Bull. Joly 1992, p. 1217, note P. Le Cannu.

La nullité prévue par l'art. L. 223-21 du code de commerce est une nullité d'ordre public qui, soulevée par voie d'exception pendant le délai de la prescription trentenaire, est recevable nonobstant l'exécution de la convention en cause, en l'espèce un contrat de prêt[1].

La société peut opposer la nullité de la convention au tiers qui avait connaissance de la qualité de gérant ou d'associé de l'intéressé.

B. Conventions réglementées

31.41 La loi a instauré un contrôle *a posteriori* des conventions intéressant un gérant ou un associé.

1. Champ d'application

a. Personnes concernées

31.42 L'article L. 223-19 du code de commerce impose au gérant ou au commissaire aux comptes, de présenter à l'assemblée ou de joindre aux documents communiqués aux associés en cas de consultation écrite, un rapport sur les conventions intervenues directement ou par personnes interposées entre la société et :

- l'un de ses gérants;
- l'un de ses associés;
- une société dont un associé indéfiniment responsable, gérant, administrateur, directeur général, membre du directoire ou membre du conseil de surveillance est simultanément gérant ou associé de la SARL.

Cet article ne mentionne pas les conjoints, ascendants et descendants mais la loi vise le cas de l'interposition de personnes. Il convient alors de rechercher si le gérant de la société, qui est par ailleurs associé de la société cocontractante, n'est pas en réalité le bénéficiaire de l'opération.

b. Conventions concernées

31.43 La loi vise toute convention, à l'exception de celles portant sur des opérations courantes conclues à des conditions normales.

On peut citer ainsi quelques exemples jurisprudentiels.

L'octroi de gratifications à un gérant à des conditions normales ne constitue pas une convention réglementée, celles-ci faisant partie de sa rémunération[2].

---

1. Com. 25 avr. 2006, nº 05-12.734, RTD civ. 2007, 108, note J. Mestre et B. Fages; Joly sociétés 2006, nºs 8-9, p. 10265.
2. Com. 30 mai 1989, nº 87-18.083, Bull. civ. IV, nº 174.

En cas de transformation d'une SARL en SA (dont le siège social et l'objet social sont restés identiques), il n'est nul besoin de mettre en œuvre de nouveau la procédure de contrôle des conventions réglementées[1].

La décision de l'assemblée générale fixant la rémunération du gérant émane directement de l'assemblée et ne constitue pas une convention intervenue directement entre la société et le gérant devant être soumise à l'assemblée selon les termes de l'article L. 223-19 du code de commerce[2].

Le contrat de travail conclu entre la société et son associé gérant constitue une convention réglementée[3].

2. Procédures de contrôle

La loi prévoit deux procédures distinctes tenant à la désignation ou non d'un commissaire aux comptes au sein de la SARL. **31.44**

SARL dotée de commissaire aux comptes. Le commissaire aux comptes présente à l'assemblée un rapport sur les conventions précitées. L'assemblée statue sur ce rapport, étant précisé que le gérant ou l'associé intéressé ne peut participer au vote. Ses parts ne seront pas comptabilisées pour la détermination du *quorum* et de la majorité. **31.45**

Il s'agit d'un contrôle dit *a posteriori*, à la différence du dispositif mis en place au sein des sociétés anonymes dans lesquelles le conseil doit donner son autorisation pour la signature de ces conventions.

SARL dépourvue de commissaire aux comptes. En l'absence de commissaire aux comptes, c'est au gérant de présenter à l'assemblée un rapport sur les conventions précitées. L'assemblée statue sur ce rapport, étant précisé que le gérant ou l'associé intéressé ne peut participer au vote. Il s'agit là encore d'un contrôle effectué postérieurement à la conclusion de la convention. **31.46**

Remarque(s) *Pour un modèle de rapport spécial du gérant, voir n° 302.24.*
Pour un modèle d'ordre du jour et de résolution, voir n° 302.25.

Gérant non associé. Il existe cependant un cas dans lequel l'assemblée est amenée à délivrer une autorisation préalable. L'article L. 223-19, alinéa 2, du code de commerce prévoit en effet que les conventions conclues par un gérant non associé sont soumises à l'approbation préalable de l'assemblée.

3. Sanctions

Les conventions non approuvées sont valables. **31.47**

1. Com. 4 mars 1969, D. 1969, 687.
2. CA Paris, 6 déc. 2007, n° 06/20667.
3. CA Paris, 23 juin 2006, n° 05/23027.

La méconnaissance de la procédure instaurée par l'article L. 223-19 du code de commerce est en revanche susceptible d'engager la responsabilité du gérant et/ou de l'associé concerné. Ainsi, le gérant ou l'associé concerné pourra être amené à supporter individuellement ou solidairement les conséquences du contrat qui seraient préjudiciables à la société.

La Cour de cassation applique cette règle pour les conventions qui n'ont pas été soumises au contrôle de l'assemblée, ou qui l'ont été de façon irrégulière ou encore qui ont été désapprouvées par celle-ci.

Ainsi, les conventions passées avec des tiers ou ne concernant que les associés et le gérant qui n'ont pas été approuvées par les associés, soit qu'elles ne leur aient pas été soumises, soit qu'elles aient été rejetées par eux, soit encore qu'elles aient été approuvées dans des conditions irrégulières, produisent leurs effets, à charge pour le gérant ou l'associé contractant de supporter individuellement ou solidairement, selon les cas, les conséquences du contrat préjudiciables à la société[1].

Les juges ont condamné un associé salarié d'une SARL qui avait conclu une convention non approuvée lui permettant de percevoir, en qualité de VRP exclusif, une commission forfaitaire de 10 % sur l'ensemble du chiffre d'affaires de la société (et non en fonction de ses propres résultats commerciaux), à rembourser à cette dernière les sommes perçues. Les juges ont en effet relevé que cette commission ne correspondait pas aux usages et était consentie dans l'intérêt personnel de l'associé sans contrepartie pour la société[2].

La responsabilité civile du gérant en cas de défaut de consultation ou de défaut d'approbation par l'assemblée des associés d'une convention intervenue entre ce gérant et la société ne fait pas obstacle à la poursuite de la nullité de cette convention pour un autre motif, tel que l'illicéité de la cause[3].

C. Conventions courantes conclues à des conditions normales

31.48 À l'image de ce qui est prévu au sein des sociétés anonymes, l'article L. 223-20 du code de commerce dispose que la procédure de contrôle ne s'applique pas aux conventions portant sur des conventions courantes conclues à des conditions normales. Il s'agit d'opérations comportant des conditions similaires à celles habituellement pratiquées (prix...).

Remarque(s) *On renverra ainsi le lecteur aux développements consacrés à la société anonyme, qui comportent des exemples d'opérations courantes (voir nº 31.28).*

1. Com. 28 juin 1988, nº 87-11.628, Bull. civ. IV, nº 226; D. 1988, IR 220.
2. Com. 10 déc. 1996, nº 95-11.475; Bull. Joly 1997, p. 311, note J.-J. Daigre.
3. Com. 22 mai 2001, nº 98-15.472; Dr. sociétés 2001, comm. 130.

CHAPITRE 32

Opérations en compte-courant

La société est dotée d'un capital social initial constitué des apports des associés. Mais la société peut, par ailleurs, bénéficier d'autres sources de financement. Il s'agit notamment des apports en compte-courant réalisés par les associés. 32.11

L'utilisation des comptes courants d'associés est très fréquente dans les PME et tient en réalité aux avantages qu'ils présentent tant pour l'associé que pour la société, même si certaines contraintes doivent être respectées par leurs utilisateurs.

I. Qu'est-ce qu'un compte-courant d'associé ?

Cadre juridique. Il n'existe pas de réglementation spécifique des comptes courants d'associés. Le régime des comptes courants relève partiellement du code de 32.12

commerce (concernant les conventions interdites et réglementées) et du code monétaire et financier, mais il est en réalité très largement gouverné par le droit commun des obligations et par les règles dégagées par la jurisprudence.

A. Nature juridique

32.13 La terminologie de « compte-courant » employée usuellement ne correspond pas à sa nature juridique telle que précisée par la jurisprudence.

32.14 **Un contrat de prêt.** Le compte-courant d'associé ne saurait être assimilé au compte-courant bancaire.

La jurisprudence qualifie l'apport en compte-courant de prêt consenti par un associé à la société[1]. Elle rejette ainsi la qualification d'apport en capital.

Cette avance en compte-courant peut s'effectuer par le versement de fonds ou par la non-perception par l'associé de sommes qui doivent en principe lui revenir (sa rémunération par exemple ou encore des dividendes à distribuer).

Le titulaire du compte-courant est donc un **créancier de la société** à laquelle il a consenti une avance. La qualité d'associé est en effet attachée à la notion d'apport en capital.

Cette qualité de créancier a bien évidemment des conséquences lorsque la société fait l'objet d'une procédure collective (voir n°s 32.36 et s.).

Remarque(s) *La somme portée en compte-courant a la nature de bien commun si l'associé est marié sous le régime de la communauté légale.*

32.15 **Rémunéré ou non.** Les comptes courants sont analysés comme des prêts. Ils peuvent en conséquence produire des intérêts au profit de leur titulaire. Mais cette faculté de rémunération doit être expressément prévue. À défaut de stipulation précise dans les statuts ou dans la convention, l'associé ne peut les réclamer.

L'attribution d'intérêts constitue une convention réglementée au sens du code de commerce et doit à ce titre être soumise aux procédures de contrôle instituées dans les SARL et les sociétés par actions (voir chapitre 31).

Les intérêts consentis aux titulaires des comptes courants constituent des charges déductibles sous certaines limites (voir n° 32.24).

B. Conditions de validité

32.16 Il s'agit de s'assurer du respect des dispositions du code monétaire et financier et du code de commerce en matière de conventions réglementées.

[1] Com. 24 juin 1997, n° 95-20.056, Bull. Joly 1997, p. 871, note B. Saintourens • Com. 7 juill. 2004, n° 00-19.975, NP.

Au regard des dispositions du code monétaire et financier. En application de l'article L. 511-5 du code monétaire et financier, il est interdit à toute entreprise, autre qu'un établissement de crédit, de recevoir du public des fonds à vue ou à moins de deux ans de terme. **32.17**

L'article L. 312-2 du code monétaire et financier précise, à cet égard, que ne sont pas considérés comme fonds reçus du public :

- les fonds reçus ou laissés en compte par les associés en nom ou les commanditaires d'une société de personnes, les associés ou actionnaires détenant au moins 5 % du capital social, les administrateurs, les membres du directoire et du conseil de surveillance ou les gérants ainsi que les fonds provenant de prêts participatifs;
- les fonds qu'une entreprise reçoit de ses salariés sous réserve que leur montant n'excède pas 10 % de ses capitaux propres.

Il est donc possible **aux dirigeants de sociétés** de détenir un compte-courant quel qu'en soit le terme.

La loi est en revanche plus restrictive pour les associés qui doivent détenir 5 % du capital pour effectuer un dépôt en compte-courant à moins de deux ans.

Une société peut également procéder à des opérations de trésorerie avec des sociétés ayant avec elle, directement ou indirectement, des liens de capital conférant à l'une de ces sociétés un pouvoir de contrôle effectif sur les autres.

Au regard du régime applicable aux conventions réglementées. L'ouverture d'un compte-courant crée un rapport de droit entre la société et l'associé. Or, un tel acte peut se révéler déséquilibré au détriment de la société. C'est la raison pour laquelle le législateur soumet un certain nombre de conventions liant la société à ses dirigeants à une procédure de contrôle au sein des sociétés par actions (SA, SCA, SAS) et SARL (voir chapitre 31). **32.18**

La **convention portant création d'un compte-courant**, ainsi que ses modalités de fonctionnement relèvent de cette procédure de contrôle[1]. Le législateur prévoit expressément que la convention par laquelle une société anonyme accorde un découvert en compte-courant à ses dirigeants constitue une convention interdite[2].

Ce principe a pu être écarté exceptionnellement par la jurisprudence. Les avances en compte-courant peuvent en effet être considérées comme des conventions portant sur des opérations courantes conclues à des conditions normales, lesquelles ne sont pas soumises à cette procédure de contrôle[3].

Remarque(s) *Cette solution dépend des circonstances de l'espèce (montant des avances, respect de l'intérêt social).*

La **fixation du taux d'intérêt des sommes inscrites en compte-courant** est également une opération soumise à autorisation[4].

1. CNCC, « Étude juridique », mars 1990.
2. C. com., art. L. 225-43 pour une SA avec conseil d'administration • C. com., art. L. 225-91 pour une SA avec conseil de surveillance ou directoire • C. com., art. L. 225-21 pour une SARL.
3. CA Paris, 10 mai 1972, Bull. Joly 1972, p. 502, § 237.
4. CA Paris, 6 juill. 1993, Dr. sociétés 1993, n° 190, obs. H. Le Nabasque.

Remarque(s) Il est vivement conseillé aux dirigeants de sociétés de rédiger la convention d'ouverture de compte-courant par écrit afin d'éviter d'engager sa responsabilité si une difficulté survenait (voir, pour un modèle, n° 302.26).

II. Avantages du compte-courant d'associé

32.19 Le compte courant est couramment utilisé dans les sociétés en raison des avantages qu'il présente tant pour la société que pour son titulaire.

A. Souplesse de fonctionnement

32.20 En l'absence de réglementation spécifique, les parties sont libres de convenir des modalités de fonctionnement du compte-courant.

1. Une alternative aux opérations portant sur le capital social

32.21 **Lourdeur de l'augmentation de capital.** Les statuts peuvent imposer aux associés, outre leurs apports en capital, de verser une somme complémentaire en compte-courant.

En cours de vie sociale, les associés peuvent être également amenés à contribuer de nouveau au financement de leur société au moyen d'avances en compte-courant.

Le recours à ce mode de financement permet d'éviter les règles contraignantes régissant l'augmentation de capital[1].

Décider d'une augmentation du capital requiert en effet la tenue d'une AGE et une modification statutaire corrélative, alors que l'ouverture d'un compte-courant doit simplement respecter la procédure applicable aux conventions réglementées.

En cas d'augmentation du capital, les fonds apportés par les associés sont immobilisés. L'avance en compte-courant présente au contraire l'avantage d'offrir à l'associé titulaire la possibilité de retirer librement les fonds s'y trouvant et de percevoir le cas échéant un intérêt.

2. Un remboursement aisé

a. Principe

32.22 Les associés peuvent en principe demander le remboursement de leur compte-courant à tout moment indépendamment de la situation financière de la société et ce, à défaut de stipulation contraire dans les statuts[2].

1. Voir M. Cozian, A. Viandier, F. Beboissy, Droit des sociétés, Litec, 15e éd., nos 310 et s.
2. Com. 3 nov. 2004, n° 01-17.491, NP.

SARL. L'article L. 223-30 du code de commerce, concernant la SARL, interdit aux associés majoritaires d'obliger un associé à augmenter son engagement social.

En application de cette règle, l'assemblée générale des associés ne peut donc, sauf accord unanime, bloquer les sommes déposées en compte-courant. Cette décision reviendrait en effet à augmenter l'engagement des associés concernés.

Le titulaire du compte-courant est en droit d'obtenir à tout moment le remboursement du solde de son compte-courant en l'absence de dispositions statutaires ou contractuelles prévoyant le blocage des fonds[1].

SA. Ce même principe est rappelé à l'article L. 225-96 du code de commerce, applicable aux sociétés anonymes, qui dispose que l'assemblée générale extraordinaire ne peut augmenter les engagements des actionnaires. La jurisprudence fait une application constante du principe selon lequel les comptes d'associés sont remboursables à tout moment, sauf clause statutaire ou convention particulière.

Ainsi, le blocage d'un compte à hauteur d'une certaine somme et pour une durée imposée constitue une augmentation des engagements de l'actionnaire dès lors que ce compte-courant faisait l'objet de versements et de retraits réguliers[2].

Modalités du remboursement. L'état de la **situation financière de la société** ne saurait être opposé à l'associé pour écarter sa demande de remboursement. Il faut néanmoins se montrer vigilant dans la mesure où en cas d'ouverture d'une procédure collective à l'encontre de la société, le remboursement d'un compte-courant peut être annulé (voir n° 32.38).

Remarque(s) *Il peut être utile, dans ces conditions, de prévoir les modalités de remboursement des comptes courants en insérant par exemple le respect d'un préavis afin de préserver les intérêts de la société qui fait l'objet d'une demande de remboursement.*

La Cour de cassation a également admis que les statuts soumettent le remboursement du compte-courant des associés à la condition que la trésorerie de la société le permette, si cette condition ne dépend pas exclusivement de la décision du conseil d'administration et n'est donc pas purement potestative[3].

En toute hypothèse, la société peut solliciter du juge des **délais de paiement** sur le fondement de l'article 1244 du code civil afin de retarder le remboursement demandé. Comme en toute matière, il ne saurait être fait d'**usage abusif** de ce droit.

Il est bien évident que cette faculté de remboursement peut être préjudiciable à la société qui serait par ailleurs en situation financière délicate. Aussi, les juges ne crai-

1. CA Paris, 5 mai 1995, JCP E 1995, pan. n° 817.
2. Com. 24 juin 1997, n° 95-20.056, Bull. civ. IV, n° 207; D. 1998, 178, note J.-C. Hallouin; RTD com. 1998, 153, note Cl. Champaud et D. Danet.
3. Com. 9 oct. 2007, n° 06-19.060, NP.

gnent pas de sanctionner l'associé qui présenterait une **demande de remboursement abusive**[1].

b. Hypothèse de l'abandon de compte-courant

32.23 Il est toujours possible à l'associé d'abandonner le solde créditeur de son compte-courant au profit de la société. Cette décision peut s'inscrire dans un cadre contractuel ou être motivée par l'intérêt de la société afin d'en conforter la situation.

Cette renonciation ne peut être tacite. Elle doit être **clairement exprimée**.

Il convient de noter que l'abandon de compte-courant constitue une convention réglementée soumise à la procédure de contrôle (voir n° 31.18).

Remarque(s) *La personne morale titulaire d'un compte-courant devra s'assurer que cet abandon est conforme à son propre intérêt social.*

B. Fiscalité

32.24 La fiscalité applicable aux comptes courants est intéressante tant pour la société que pour les associés eux-mêmes.

32.25 **Pour la société.** Les intérêts versés aux titulaires des comptes courants constituent des charges déductibles.

Mais le taux maximum des intérêts déductibles est plafonné. Il ne peut être supérieur à la moyenne des taux effectifs moyens pratiqués par les établissements de crédit pour les prêts à taux variable aux entreprises, d'une durée initiale supérieure à deux ans[2].

En outre, les intérêts ne sont déductibles que si le capital social a été intégralement libéré.

32.26 **Pour les associés.** Les intérêts relèvent soit de l'impôt sur le revenu, soit du prélèvement libératoire majoré de la CSG et de la CRDS.

L'option pour le prélèvement libératoire ne peut être exercée que dans la limite des intérêts qui sont déductibles pour la société.

Cette option n'est pas admise, en ce qui concerne les intérêts des sommes déposées par les associés assurant en droit ou en fait la direction de la société, dans la mesure où le total de ces avances excède 46 000 €.

Par ailleurs, l'option pour le prélèvement libératoire n'est pas admise pour les intérêts des sommes mises à la disposition de la société par les associés, lorsque la constitution et la rémunération de ce placement sont liés, en droit ou en fait, à la souscription ou à l'acquisition de droits sociaux[3].

---

1. CA Paris, 5 mai 1995, Dr. sociétés 1995, n° 183, obs. T. Bonneau.
2. Les moyennes trimestrielles sont publiées au JO • Pour les taux, voir n° 301.11.
3. CGI, art. 125 B.

Comptes bloqués. Un régime spécifique existe pour les comptes bloqués. Mais certaines conditions doivent être remplies :

- le compte-courant bloqué ne doit être détenu que par une seule personne;
- les sommes en compte doivent être incorporées au capital dans un délai de cinq ans;
- les sommes en compte doivent être indisponibles jusqu'à leur incorporation;
- une assemblée générale extraordinaire doit se tenir dans les douze mois précédant cette incorporation pour voter l'augmentation de capital;
- le taux d'intérêt ne peut être supérieur à celui mentionné à l'article 39-1 3° du CGI;
- la société ne doit pas réaliser de réduction de capital non motivé par des pertes ou de prélèvement sur le compte prime d'émission pendant un délai commençant un an avant le dépôt en compte et l'incorporation.

Dans cette hypothèse, il peut être opté pour un prélèvement libératoire[1].

C. Possibilité de capitalisation des sommes portées en compte-courant

Modalités. Il est possible d'incorporer le solde des comptes courants au capital social, ce qui permet à la société d'augmenter ses fonds propres. 32.27

La jurisprudence admet en effet la libération de parts nouvelles par compensation avec une créance contre la société[2].

Cette incorporation peut s'effectuer selon deux modalités distinctes : soit l'apport en nature de la créance, soit l'apport en numéraire libéré par compensation.

Dans la première hypothèse, la procédure de vérification avec désignation d'un commissaire aux apports devra être respectée. Ce n'est pas le cas pour l'apport en numéraire libéré par compensation. Les autres actionnaires doivent renoncer à leur droit préférentiel de souscription et le conseil d'administration doit faire un arrêté de comptes certifié exact par le commissaire aux comptes. Cette capitalisation ne peut pas être imposée à l'associé.

III. Contraintes du compte-courant d'associé

Si le compte-courant d'associé est un outil intéressant pour la société dans la mesure où il lui permet de disposer de fonds, celui-ci peut se révéler néanmoins dangereux pour cette dernière s'il présente un solde débiteur. Il peut également pré- 32.28

---

1. CGI, art. 125 C.

2. CA Versailles, 25 oct. 1990, D. 1992, somm. 180, obs. J.-C. Bousquet et G. Bugeja.

senter certains risques pour son titulaire dont les fonds peuvent être rendus temporairement indisponibles, ainsi qu'en cas d'ouverture d'une procédure collective à l'encontre de la société.

A. Interdiction d'un solde débiteur

32.29 Il convient d'opérer une distinction entre les sociétés dans lesquelles le compte-courant ne saurait présenter un solde débiteur au profit de l'associé et celles dans lesquelles aucune disposition légale ne vient l'interdire.

1. Sociétés par actions et SARL

32.30 Principe. À la différence du domaine bancaire permettant au compte-courant du client de l'établissement de crédit d'être débiteur, un compte-courant d'associé ne saurait présenter un tel solde débiteur.

Cette interdiction figure, pour les **sociétés anonymes**, à l'article L. 225-43 du code de commerce : « À peine de nullité du contrat, il est interdit aux administrateurs autres que les personnes morales de contracter, sous quelque forme que ce soit, des emprunts auprès de la société, de se faire consentir par elle un découvert, en compte courant ou autrement (...) ». Elle concerne en outre le directeur général et les directeurs généraux délégués.

Cette interdiction est identique pour les membres du directoire et ceux du conseil de surveillance[1].

Il est à noter que cette règle ne concerne pas les personnes morales, mais **exclusivement les personnes physiques.** Elle est en revanche applicable aux représentants permanents des personnes morales, aux conjoints, ascendants et descendants et à toute personne interposée.

Ces règles ont été transposées aux **sociétés en commandite par actions** et aux **sociétés par actions simplifiées.**

L'article L. 223-21 du code de commerce, applicable aux **SARL**, interdit de façon analogue, à peine de nullité, « aux gérants ou associés autres que les personnes morales, de contracter, sous quelque forme que ce soit, des emprunts auprès de la société, de se faire consentir par elle un découvert, en compte-courant ou autrement [...] ».

32.31 Sanction. La convention de découvert est nulle en application des dispositions précitées. Cette nullité est d'ordre public et absolu. Elle est encourue pendant trente ans.

L'associé, dont le compte-courant présente un solde débiteur, peut en outre être poursuivi pour abus de biens sociaux[2].

---

1. C. com., art. L. 225-91.
2. Crim. 19 oct. 1978, nº 77-92.742, Bull. crim. nº 82 ; D. 1979, 153, note J. C.

2. Sociétés de personnes

Il n'existe pas d'interdiction analogue pour les sociétés en nom collectif et en commandite simple, mais les associés sont responsables indéfiniment. 32.32

B. Existence de conventions de blocage

Il a été exposé que le titulaire du compte-courant peut exiger à tout moment le remboursement de son compte-courant. Cette règle doit être nuancée en présence de conventions de blocage venant immobiliser les fonds pour une certaine durée. 32.33

Régime. Le principe selon lequel le compte-courant est remboursable à tout moment peut être écarté par les statuts ou par une convention spéciale. 32.34

La première hypothèse n'appelle pas de remarque particulière.

La seconde hypothèse pose en revanche certaines difficultés.

Il est possible de convenir d'une convention de blocage excluant tout remboursement avant l'arrivée d'un terme. Les établissements de crédit soumettent souvent leur concours bancaire à la conclusion de telles conventions afin de se constituer ainsi une garantie.

Remarque(s) *Pour un modèle de convention de blocage voir n° 302.27.*

Cette convention de blocage suppose néanmoins **l'accord** du titulaire du compte. On rappellera en effet qu'un associé ne peut voir son engagement augmenté sans y avoir consenti.

Par ailleurs, la convention de blocage relève du régime des **conventions réglementées** (voir n° 31.18)[1].

Il est possible de prévoir également une **clause de déclassement**. En principe, l'associé est en concours avec les autres créanciers de la société pour obtenir le remboursement de son compte-courant. Cette clause exclut ce concours en ne prévoyant un remboursement qu'après désintéressement des autres créanciers.

Conséquences. Le titulaire du compte qui décide de quitter la société ne peut exiger le remboursement de son compte-courant dès lors qu'il était d'accord sur le blocage des sommes portées dans son compte. 32.35

> *Il a été jugé que le départ volontaire d'un directeur commercial qui avait accepté de laisser en compte une partie de sa rémunération pendant cinq ans moyennant un intérêt de 12 % ne rend pas exigible le solde de son compte-courant[2].*

1. CA Paris, 6 juill. 1993, Dr. sociétés 1993, n° 190, note H. Le Nabasque.
2. Soc. 25 mai 1977, n° 76-40.303, Bull. civ. V, n° 343.

Un administrateur, directeur général, ne peut prétendre, lors de sa révocation, au remboursement des sommes inscrites en compte-courant dès lors qu'elles sont bloquées conformément aux obligations librement convenues[1].

Le fait de bloquer les salaires sur un compte-courant peut faire perdre à son titulaire la garantie des salaires en cas de procédure collective de la société. La créance a subi une novation. Elle a perdu son caractère salarial. Le titulaire du compte-courant ne peut désormais prétendre qu'au seul remboursement d'un prêt[2].

C. Ouverture d'une procédure collective

32.36 Le titulaire du compte-courant est créancier de la société. Cette situation le rend vulnérable en cas de procédure collective ouverte à l'encontre de la société.

Les opérations effectuées sur le compte-courant sont en effet examinées de près par les juges en cas d'ouverture d'une procédure collective à l'encontre de la société.

32.37 **Financement anormal de la société au moyen d'apports en compte-courant.** Il faut se montrer très prudent lors du dépôt de fonds sur le compte-courant dès lors que la société est en situation financière délicate. La responsabilité du titulaire du compte-courant pourrait se trouver engagée s'il est démontré que les apports visaient en réalité à dissimuler les difficultés financières de la société.

Remarque(s) *Sur la responsabilité du dirigeant de la société en difficulté, voir chapitre 46.*

32.38 **Annulation du remboursement du solde du compte-courant effectué pendant la période suspecte.** Le remboursement d'un compte-courant en période suspecte peut être annulé si l'associé connaissait l'état de cessation des paiements de la société.

En effet, les articles L. 632-1 et L. 632-2 du code de commerce précisent qu'est nul tout paiement de dettes non échues effectué pendant la période suspecte et que peut être annulé le paiement de dettes échues lorsque celui qui a traité avec la société connaissait la cessation des paiements de la société.

La preuve de la connaissance de l'état de cessation des paiements de la société résulte notamment de la fonction occupée par le titulaire du compte-courant au sein de la société.

Ainsi, le dirigeant ne peut sérieusement soutenir ne pas être informé de la situation financière de la société. La jurisprudence se montre en conséquence d'autant plus sévère à son égard.

---

1. Com. 10 mai 1988, n° 86-15.937, Dr. sociétés 1988, n° 255.
2. Soc. 22 juin 1993, n° 90-46.005; D. 1994, somm. 80; JCP 1994, I, 3759, obs. M. Cabrillac et P. Petel.

Ainsi, la Cour de cassation a jugé que les gérants d'une SARL qui avaient obtenu le remboursement du solde de leurs comptes courants pendant la période suspecte ne pouvaient ignorer la situation financière de la société au jour de ce paiement. Cet arrêt souligne « la connaissance privilégiée » qu'avaient les titulaires des comptes courants de la situation de leur société laquelle résultait précisément de leurs qualités de dirigeants[1].

À l'inverse, le juge a pu refuser de prononcer l'annulation du remboursement d'un compte-courant ayant eu lieu au cours de la période suspecte, l'état de cessation des paiements de la société n'étant pas connu de l'associé[2].

Régularisation d'une déclaration de créance au titre du solde du compte-courant. En tant que créancier, le titulaire du compte-courant doit, en cas d'ouverture d'une procédure collective de la société, produire sa créance au passif de celle-ci en application de l'article L. 622-24 du code de commerce. **32.39**

Il subit également la règle de l'arrêt des poursuites lui interdisant d'introduire à l'encontre de la société une action tendant au remboursement du solde de son compte-courant.

Impossibilité de compensation entre le solde du compte-courant et la dette de libération du capital. L'article L. 622-7 du code de commerce interdit le paiement des créances nées antérieurement au jugement d'ouverture, tout en réservant le cas du paiement par compensation qui reste possible pour des créances connexes. La difficulté réside donc dans l'appréciation de ce lien de connexité. **32.40**

Or, la jurisprudence refuse d'admettre la compensation entre le solde du compte-courant et la dette de libération du capital en cas d'ouverture d'une procédure collective à l'encontre de la société. Cette solution jurisprudentielle est constante et repose sur le fait que la créance au titre du compte-courant provient d'un prêt alors que celle relative à la libération des apports découle du contrat de société. La connexité est donc exclue.

Il a ainsi été jugé à maintes reprises que ne sont pas connexes la créance détenue par l'associé au titre du solde créditeur de son compte-courant et la dette de celui-ci au titre de l'obligation de libération intégrale du capital social[3].

En revanche, la compensation peut s'opérer avant le jugement d'ouverture de la procédure collective.

La Cour de cassation a rappelé ce principe en censurant l'arrêt de la Cour d'appel de Paris qui avait refusé de retenir la compensation entre le solde d'un compte-courant et la dette résultant de l'absence de libération d'une partie du capital social, alors qu'il lui appartenait de rechercher si la compensation

---

1. Com. 29 mai 2001, nº 98-16.142, Dr. sociétés 2001, nº 161.
2. CA Metz, 4 avr. 1991, Rev. proc. coll. 3/1992, 310, obs. Y. Guyon.
3. Com. 20 mai 1997, nº 95-15.298, Bull. civ. IV, nº 144 ; D. Affaires 1997, 762 ; Bull. Joly 1997, p. 804, note J.-M. Calendini • Com. 18 janv. 2000, nº 97-14.362, Bull. Joly 2000, p. 527, note A. Couret ; Rev. proc. coll. 2002, 179, obs. Lebel.

de plein droit ne s'était pas produite avant le jugement d'ouverture. Dans cette hypothèse, il convient simplement de s'assurer que les conditions de la compensation légale sont remplies[1].

IV. Cession du compte-courant d'associé

32.41 Lorsqu'un associé cède ses parts, il peut entendre obtenir également le remboursement du solde de son compte-courant par le cessionnaire. Or, la cession de parts sociales n'entraîne pas cession du solde créditeur du compte-courant détenu par l'associé cédant[2]. À défaut de toute indication dans l'acte, le prix prévu ne correspondra qu'à l'achat des parts.

La clause selon laquelle le cédant subroge le cessionnaire dans tous ses droits et actions n'emporte pas cession du compte-courant. En l'espèce, une associée avait cédé ses parts à sa belle-sœur. Elle a ultérieurement demandé à la société de lui rembourser le solde de son compte-courant. La société s'y est opposée, prétendant qu'il y avait eu également cession du compte-courant. La Cour rappelle que la cession des parts n'inclut pas le solde du compte-courant[3].

Remarque(s) *Il est par conséquent conseillé d'être précis dans l'acte de cession en veillant à en définir clairement l'objet pour éviter toute difficulté ultérieure.*

La jurisprudence qualifie la cession du compte-courant de cession de créance[4].

Remarque(s) *Il est alors nécessaire de respecter les formalités prévues à l'article 1690 du code civil en matière de cession de créance qui implique la signification de la cession par voie d'huissier ou l'acceptation de la société par acte notarié.*

---

1. Com. 8 janv. 2002, n° 98-22.976, Bull. civ. IV, n° 4; D. 2002, AJ 485, obs. Lienhard; Act. proc. coll. 2002, n° 59, obs. Boulay; Bull. Joly 2002, p. 477, note F.-X. Lucas; Dr. sociétés 2002, n° 112, note Legros; RTD com. 2002, 371, obs. A. Martin-Serf.
2. Com. 7 janv. 1997, n° 94-21.876, RTD com. 1997, 273, obs. Cl. Champaud et D. Danet.
3. CA Paris, 2 juin 1992, Bull. Joly 1992, p. 942, note A. Couret.
4. En ce sens : Com. 4 juill. 2000, n° 98-10.274, NP • Com. 3 juin 1998, n° 95-14.341, NP.

CHAPITRE 33

Opérations immobilières

33

Les opérations immobilières réalisées entre la société et son dirigeant recouvrent des situations variées Ainsi, le dirigeant, propriétaire d'un immeuble, souhaite le céder à la société ou en faire apport à celle-ci. Ou encore, la société est propriétaire d'un immeuble qu'elle met à la disposition de son dirigeant. 33.11

On peut néanmoins dégager deux types d'opérations : celles qui sont encadrées par des dispositions légales et celles qui relèvent de la liberté contractuelle. Celle-ci connaît néanmoins des limites. En effet, ces opérations immobilières présentent un risque certain pour la société, le dirigeant cherchant parfois à privilégier son intérêt personnel au détriment de l'intérêt social. Aussi, ces opérations immobilières relèveront le plus souvent du régime des conventions réglementées et pourront engager la responsabilité pénale du dirigeant intéressé à l'opération.

I. Opérations immobilières réglementées

Distinctions. Plusieurs situations doivent être distinguées. 33.12

Il s'agit en premier lieu de l'hypothèse dans laquelle le dirigeant est propriétaire d'un immeuble, dont il souhaite faire apport à la société. Cet apport portera soit sur la propriété du bien, soit sur sa jouissance. Cette opération est strictement encadrée par le code de commerce.

En second lieu, le dirigeant peut installer à son domicile le siège de sa société, sous certaines conditions.

A. Apport en nature d'un immeuble

33.13 **Notion.** Chaque associé doit effectuer un apport à la société en constitution, qu'il soit en numéraire, en nature ou en industrie. Il perçoit en échange des parts ou actions de la société.

L'apport en nature porte sur des biens de nature variée (bien mobilier, immobilier), dont l'associé accepte de transférer la propriété ou la jouissance à la société.

Un immeuble peut donc faire l'objet d'un apport à la société.

Cette opération est néanmoins soumise à des règles spécifiques et contient certaines limites destinées à assurer la protection des tiers.

1. Règles gouvernant l'apport d'un immeuble

33.14 **Transfert de la propriété ou de la jouissance de l'immeuble.** L'associé, propriétaire d'un immeuble, peut décider d'en faire apport à la société. Il en transférera soit la propriété, soit la jouissance.

Dans le premier cas, la société devient donc propriétaire de l'immeuble. Ce transfert de propriété se réalise au jour de l'immatriculation de la société au registre du commerce et des sociétés lui conférant la personnalité morale. L'apporteur reste néanmoins tenu par sa promesse d'apport jusqu'à cette immatriculation.

Les statuts peuvent prévoir de différer le transfert de propriété, sauf dans les SARL et sociétés anonymes imposant une libération immédiate des apports.

Remarque(s) *Il convient de noter que le transfert des risques est en principe attaché au transfert de propriété. Si le transfert de propriété est conventionnellement retardé, c'est l'apporteur qui supportera les conséquences d'une éventuelle disparition de l'immeuble.*

Dans le second cas, l'associé reste propriétaire de l'immeuble dont il propose la jouissance à la société. Ce bien est mis à sa disposition pour un délai déterminé, à l'issue duquel l'associé récupérera son immeuble. L'associé doit bien évidemment assurer à la société une jouissance paisible de son immeuble.

33.15 **Évaluation de l'apport.** L'apport effectué par l'associé donne droit à des parts sociales ou actions en fonction de la valeur de l'apport.

Cette évaluation est effectuée dans le cadre d'une procédure spécifique réglementée par le code de commerce en ce qui concerne les sociétés à responsabilité limitée et les sociétés anonymes.

Ainsi, aux termes de l'article L. 223-9 du code de commerce, les statuts des **SARL** doivent contenir l'évaluation de chaque apport. Cette valeur est en principe arrêtée par un commissaire aux apports. Toutefois, il n'est pas obligatoire de faire appel à un commissaire aux apports, dès lors qu'aucun apport n'excède la valeur de 7 500 euros et que la somme totale de ces apports en nature ne dépasse pas la moitié du capital social. Dans le cas contraire, le recours à un commissaire aux apports est obligatoire. Celui-ci est alors choisi par décision unanime des associés parmi les professionnels inscrits auprès des juridictions.

Il doit être précisé que la valeur retenue par le commissaire aux apports ne lie pas les associés. Ils sont néanmoins responsables solidairement envers les tiers s'ils retiennent une valeur supérieure à celle proposée par le commissaire aux apports.

Il faut en outre faire état des sanctions pénales prévues à l'article L. 241-3, alinéa 1er, du code de commerce. Les associés encourent une peine d'emprisonnement de cinq ans et une amende de 375 000 euros en cas de surévaluation.

Le recours à un commissaire aux apports est en revanche obligatoire au sein des **sociétés anonymes** en application des articles L. 225-8 et L. 225-14 du code de commerce.

Le fait d'attribuer à un apport une évaluation supérieure à sa valeur réelle est punie d'un emprisonnement de cinq ans et de 9 000 euros[1].

Règles de publicité. La loi prévoit des mesures de publicités destinées à assurer l'opposabilité au tiers de ce transfert de propriété. **33.16**

Ainsi, cet apport doit être publié à la conservation des hypothèques du lieu de situation dudit immeuble. L'acte d'apport doit être passé devant notaire, de même que les statuts portant indication de la valeur de l'apport.

Cette formalité peut être effectuée avant l'immatriculation de la société.

Le non-respect de cette mesure peut engager la responsabilité du dirigeant.

Ces formalités ne sont pas applicables à l'apport en jouissance d'un immeuble.

2. Limites

Garanties dues par l'apporteur envers la société. La société devient, par cet apport, propriétaire de l'immeuble. Elle bénéficie par conséquent des garanties légales offertes par le code civil (garantie des vices cachés, garantie d'éviction si elle se trouve privée du droit d'en jouir…). **33.17**

---

1. C. com., art. L. 242-2.

33.18 **Protection des créanciers de l'apporteur.** Apporter un immeuble à la société que l'on dirige constitue un acte important, dont il faut bien apprécier les conséquences dans la mesure où le dirigeant réduit d'autant la valeur de son patrimoine personnel. Or, les créanciers de ce dernier pourraient être tentés de remettre en cause cet apport pour en poursuivre la saisie.

Le code civil leur offre différentes actions leur permettant de préserver leurs droits tels que l'action paulienne. La jurisprudence retient en effet la fraude dès lors que l'immeuble apporté à la société sort du patrimoine de l'apporteur qui cherche à soustraire ce bien des poursuites engagées à son encontre par ses créanciers. L'argument en défense selon lequel la valeur de cet immeuble est représentée par des parts sociales ou actions de la société n'est pas retenu par les juges qui considèrent que leur prix de vente n'atteindra pas la valeur de l'immeuble.

Il y a fraude aux droits des tiers dès lors que l'apport d'un immeuble est en réalité destiné à échapper aux poursuites diligentées par les créanciers de l'apporteur. Les juges ont considéré que l'immeuble apporté à la société était devenu le gage exclusif des créanciers de celle-ci, de telle sorte que les créanciers du dirigeant apporteur, qui pouvaient auparavant saisir et vendre l'immeuble, n'avaient désormais aucun recours autre que d'appréhender et de réaliser des droits mobiliers représentant la moitié du capital. Ils ont relevé que la valeur des parts sociales est fonction non seulement de celle de l'immeuble composant son actif, mais également des engagements de celle-ci composant son passif. Ils ont donc estimé qu'un tel apport constituait un appauvrissement du patrimoine de l'apporteur et qu'il avait réalisé cet apport en fraude aux droits de ses créanciers puisqu'il n'ignorait pas qu'il ne pouvait plus faire face à ses dettes[1].

Un apport frauduleux a pu être déclaré inopposable au tiers lésé. Dans cette espèce, le propriétaire d'un appartement l'avait vendu à des particuliers, puis en avait ultérieurement fait apport à une société. La Cour de cassation a considéré que cet apport était inopposable aux acquéreurs lésés[2].

B. Installation du siège social au domicile du dirigeant

33.19 **Une faculté.** Les statuts des sociétés commerciales doivent, en application de l'article L. 210-2 du code de commerce, porter indication du siège social. Il s'agit en principe du lieu où se trouve établie la direction de la société. Son activité industrielle et commerciale ne se situe pas nécessairement au même endroit.

L'article L. 123-11-1 du code de commerce prévoit la possibilité d'installer ce siège au domicile du représentant légal, « sauf dispositions législatives ou stipulations contractuelles contraires ».

---

1. Civ. 1re, 21 juill. 1987, no 86-10.357, Bull. civ. I, no 231 • Civ. 1re, 27 févr. 1973, no 71-14.693, Bull. civ. I, no 70.
2. Civ. 3e, 5 févr. 1970, no 66-11.416, Bull. civ. III, no 93.

Toutefois, même en présence d'un texte légal ou de stipulations contractuelles contraires, le représentant légal a toujours la faculté de fixer le siège social à son domicile, **à titre provisoire**.

Modalités. La durée de cette installation ne peut alors excéder cinq ans à compter de la création de la société, ni dépasser le terme légal, contractuel ou judiciaire de l'occupation des locaux.

Si la personne morale entend exercer cette faculté, elle doit en informer par écrit le bailleur, le syndicat de la copropriété ou le représentant de l'ensemble immobilier, préalablement au dépôt de sa demande d'immatriculation ou de modification d'immatriculation.

Remarque(s) *Pour une proposition de rédaction du courrier, voir n° 302.13.*

Avant l'expiration de la période légale d'installation provisoire, la société doit transmettre au greffe du tribunal les éléments justifiant son changement de situation, et ce, à peine de radiation d'office.

Enfin, l'article L. 123-11-1 du code de commerce précise qu'il ne peut résulter de ses dispositions, ni le changement de destination de l'immeuble, ni l'application du statut des baux commerciaux.

II. Opérations immobilières contractuellement convenues entre la société et son dirigeant

Au cours de la vie sociale, la société peut être amenée à conclure des conventions avec ses dirigeants portant sur des immeubles. Les hypothèses sont multiples. Il peut s'agir de vente, de contrat de location, de mise à disposition gratuite, d'avantage en nature... Ces opérations immobilières ne sont cependant pas sans risques pour la société, comme pour le dirigeant. **33.20**

A. Respect de la procédure de contrôle des conventions réglementées

Cadre général. Toute opération immobilière constitue en principe une dépense importante pour la société. Elle peut, dès lors, s'avérer dangereuse pour la société dont le patrimoine viendrait à être appauvri en raison des conditions très onéreuses de la convention signée avec son dirigeant. **33.21**

Aussi, ces opérations sont le plus souvent soumises à la procédure de contrôle des conventions réglementées (voir n° 31.18).

On citera quelques exemples significatifs de conventions devant être approuvées.

Le président d'une société anonyme avait signé un bail pour cette dernière dont les conditions étaient onéreuses. Or il s'est avéré que celui-ci était en réalité intéressé à ce contrat. Les juges ont considéré que cette convention aurait dû être autorisée par le conseil d'administration[1].

De même, doit être soumise à la procédure de contrôle la promesse de vente portant sur un immeuble appartenant à la société et consentie à l'épouse du dirigeant[2].

Enfin, l'attribution d'un logement, propriété de la société, à un administrateur, constitue un avantage en nature soumis à autorisation du conseil d'administration[3].

Procédure particulière. L'article L. 225-101 du code de commerce prévoit une procédure particulière pour les achats par la société dans les deux ans de son immatriculation, de biens appartenant à ses administrateurs et dont la valeur est au moins égale à 10 % de son capital social. Cette opération ne devrait par conséquent pas être soumise à autorisation. Cette question est néanmoins controversée[4].

La convention qui porte préjudice à la société encourt la nullité, de sorte que le dirigeant sera tenu de restituer à ladite société ce qu'il a pu percevoir.

B. Responsabilité pénale du dirigeant

33.22 **Abus de biens sociaux.** La responsabilité pénale du dirigeant peut être recherchée pour abus de biens sociaux, dès lors que l'opération immobilière, à laquelle il est personnellement intéressé, est source d'appauvrissement pour la société qu'il dirige.

Les juges ne craignent pas de sanctionner de tels agissements contraires à l'intérêt social.

La Cour de cassation a approuvé les juges du fond d'avoir retenu le caractère délictueux de l'opération consistant pour le dirigeant à louer à la société des locaux lui appartenant alors que ceux-ci étaient manifestement trop vastes pour ladite société et que le bail comportait des conditions excessives[5].

De façon similaire, le gérant d'une société qui conclut un contrat de bail pour la société qu'il dirige à des conditions désavantageuses pour cette dernière (loyers excessifs), alors qu'il a un intérêt dans la SCI, propriétaire des locaux loués, est coupable d'abus de biens sociaux[6].

1. CA Paris, 20 nov. 1998, RTD com. 1999, 426.
2. Com. 23 janv. 1968, Bull. civ. IV, n° 38.
3. Rép. min. Braconnier, JO Sénat Q, 24 août 1979, p. 2737 • Rép. min. Sergheraert, JOAN Q, 9 mars 1981, p. 1028.
4. En faveur de l'application de la procédure de contrôle : CNCC, « Les conventions dans les sociétés commerciales », mars 1990.
5. Crim. 12 sept. 2001, n° 01-80.895, RJDA 1/2002, n° 55.
6. Crim. 30 sept. 1991, n° 90-83.965 ; Rev. sociétés, 1992, 356, note B. Bouloc ; RJDA 1/1992, n° 44.

CHAPITRE 34

34

Propriété intellectuelle : droits d'auteur, marques et brevets • Nom patronymique

Cadre général. Par hypothèse, le dirigeant est titulaire d'un droit de propriété intellectuelle qui intéresse la société. **34.11**

Exemple(s) Le dirigeant a créé un logiciel ou écrit un ouvrage qui a vocation à être exploité par elle. Il a encore pu déposer un modèle, une marque ou un brevet que la société souhaite valoriser.

Seules les hypothèses où le dirigeant est effectivement titulaire du droit de propriété intellectuelle seront abordées. En effet, elles seules induisent la problématique spécifique d'une opération de transfert, au profit de la société, du droit de propriété intellectuelle du dirigeant. Il s'agit en l'occurrence des hypothèses fréquentes dans lesquelles le dirigeant ne cumule pas un contrat de travail avec son mandat (voir chapitre 21), n'a donc pas le statut de salarié, et n'est par conséquent pas concerné par les règles spéciales relatives aux droits de propriété intellectuelle des salariés, qui prévoient parfois l'attribution directe de ces droits à l'employeur[1].

Le dirigeant créateur, inventeur ou simplement concepteur d'une marque sera le plus souvent titulaire du droit de propriété intellectuelle afférent à l'œuvre, l'invention ou la marque en cause. Si la société souhaite exploiter ce bien incorporel, elle doit donc obtenir du dirigeant une cession ou une concession (licence) de ce droit.

Bien souvent, l'intérêt de la société et celui du dirigeant paraissent si proches, en particulier dans les phases de lancement de projets, que les précautions juridiques peuvent apparaître comme superflues. Mais le changement de statut du dirigeant ou son départ sont susceptibles de bouleverser cette convergence d'intérêts.

Remarque(s) *Il est préférable d'avoir clairement réglé dès l'origine le sort des droits de propriété intellectuelle dont le dirigeant est titulaire.*

Distinctions. Les règles applicables aux contrats de propriété intellectuelle diffèrent selon que le droit en jeu est un droit d'auteur ou un droit voisin du droit d'auteur, un droit de dessin ou modèle, un droit de marque ou un droit de brevet. La question de l'utilisation du nom du dirigeant au sein du nom commercial ou de la dénomination sociale de la société, bien qu'il ne s'agisse pas à strictement parler de propriété intellectuelle, participe d'une problématique voisine et sera donc examinée ensuite.

1. Opérations relatives au droit d'auteur et aux droits voisins

34.12 Malgré la proximité certaine entre ces deux types de droits, il convient, dans un souci de clarté, de distinguer le droit d'auteur d'une part et les droits voisins du droit d'auteur, d'autre part.

1. C'est le cas notamment pour le droit d'auteur sur les logiciels créés par un salarié dans l'exercice de ses fonctions ou sur les instructions de son employeur (CPI, art. L. 113-9) ainsi que pour le droit de brevet afférent aux inventions de salariés (CPI, art. L. 611-7).

A. Droit d'auteur

Le droit d'auteur protège toute création de forme, dès lors qu'elle est originale, c'est-à-dire qu'elle porte la trace de la personnalité de son auteur : écrit littéraire, technique ou d'information, composition musicale, œuvre picturale, photographie, mais aussi œuvre multimédia, logiciel ou encore base de données. **34.13**

Toutes les créations de forme ont vocation à la protection, quels que soient leur genre, leur forme, leur mérite et leur destination[1].

1. Principe : nécessité d'un transfert exprès du droit d'auteur

Principe. Selon l'article L. 111-1, alinéa 1er, du code de la propriété intellectuelle, le droit d'auteur appartient au créateur **du seul fait** de la création. **34.14**

Aucune formalité et notamment aucun dépôt ne sont nécessaires à la naissance du droit d'auteur.

Remarque(s) *Si le dirigeant a conçu et réalisé une création, quelle qu'elle soit, il est titulaire à titre originaire du droit d'auteur afférent à cette création.*

Par ailleurs, l'existence ou la conclusion d'un contrat de louage d'ouvrage ou de services par l'auteur d'une œuvre de l'esprit n'emporte pas dérogation à la jouissance du droit d'auteur[2].

Remarque(s) *Par suite, le transfert au profit de la société des droits patrimoniaux (autrement dit du droit exclusif d'exploitation) afférents à la création doit faire l'objet d'une stipulation expresse.*

Exceptions. Il n'existe que deux exceptions à ce principe : **34.15**

– la première concerne les **logiciels créés par les salariés**; en effet, les droits patrimoniaux d'auteur afférents aux logiciels créés dans le cadre des fonctions ou sur les instructions de l'employeur appartiennent à ce dernier[3].

Cependant, cette règle n'a naturellement pas vocation à jouer lorsque le dirigeant n'est pas salarié. En revanche, si le dirigeant cumule valablement avec son mandat un contrat de travail, la société aura tout intérêt à soutenir que le logiciel a été conçu par celui-ci en sa qualité de salarié, dans le cadre de l'exécution de ses fonctions techniques distinctes, pour revendiquer le bénéfice de l'article L. 113-9, alinéa 1er, du code de la propriété intellectuelle.

– la seconde exception concerne le cas où le dirigeant participe, en tant que créateur, à une **œuvre dite « collective »** (ou **œuvre de collaboration)** dirigée par la société.

1. CPI, art. L. 112-1.
2. CPI, art. L. 111-1, al. 3 [L. no 2006-961, 1er août 2006, relative au droit d'auteur et aux droits voisins dans la société de l'information, JO 3 août, p. 11529].
3. CPI, art. L. 113-9, al. 1er.

L'œuvre collective est celle à laquelle participent plusieurs auteurs et qui est créée sur l'initiative et la direction d'une personne physique ou morale qui la divulgue et l'exploite sous son nom[1]. Ce type d'œuvres procède d'un schéma « vertical » de création, où les différents contributeurs travaillent sous l'égide d'un maître d'œuvre qui, seul, possède la vision d'ensemble du projet.

Exemple(s) L'exemple type d'une œuvre collective est un dictionnaire ou une encyclopédie mais cette qualification a également été retenue pour des créations réalisées en bureau d'études (bâtiment d'architecture, design...).

Le droit d'exploitation afférent à une telle œuvre appartient au maître d'œuvre, qui est, dans notre hypothèse, la société qui a eu l'initiative et la responsabilité de la création. Le dirigeant qui a participé à cette création est, du fait de la loi, dépossédé de ses droits sur sa contribution, en tant qu'elle s'insère dans l'ensemble[2].

Exemple(s) Ce sera le cas de la participation du gérant d'un bureau d'études aux dessins, plans, ouvrages, élaborés collectivement au sein de ce bureau sur l'initiative et sous la direction de la société et publiés sous le nom de cette dernière.

34.16 **Transfert des droits.** Hors ces hypothèses, s'impose la nécessité de stipuler un transfert exprès, au profit de la société, des droits d'exploitation afférents à la création réalisée par le dirigeant.

Le **droit moral** dont est également investi le créateur (essentiellement droit à la mention du nom, droit de divulguer l'œuvre et droit au respect de celle-ci...) est inaliénable : il ne peut donc être valablement transmis par contrat à la société. Ce droit moral reste en tout état de cause entre les mains du dirigeant.

Remarque(s) *Cela étant, on voit mal comment le dirigeant pourrait en user effectivement au détriment de la société, sauf à entrer en conflit évident avec son mandat.*

De la même façon, les **risques** liés au non-respect de l'exigence d'un transfert exprès des droits patrimoniaux peuvent paraître *a priori* théoriques au vu de la convergence des intérêts en présence.

Le départ du dirigeant, pour quelque cause que ce soit, peut néanmoins créer des difficultés importantes si le sort des droits d'auteur afférents à une création exploitée par la société n'a pas été réglé en amont. En effet, le code de la propriété intellectuelle, inspiré largement par une volonté de protection du créateur, présumé partie faible au contrat, impose un certain nombre de règles de forme aux transferts de droit d'auteur, parfois à peine de nullité.

---

1 CPI, art. L. 113-2.

2 CPI, art. L. 113-5.

2. Conditions de forme du transfert du droit d'auteur

Cadre général. Il faut commencer par préciser que, dans le domaine du droit d'auteur, la distinction entre cession et concession (licence) de droits n'a guère d'autre fonction que suggestive. Fondamentalement, il s'agit toujours pour le titulaire du droit d'autoriser son cocontractant à exploiter l'œuvre, de manière plus ou moins étendue. De plus, les règles protectrices du créateur interdisent en fait à ce dernier de se déposséder intégralement de son droit d'exploitation. Il faut plutôt concevoir ce droit comme un pouvoir de contrôle sur l'œuvre, susceptible d'être démultiplié à l'infini en autant de prérogatives et donc, d'autorisations, qu'il existe de modes d'exploitation. **34.17**

Par conséquent, la cession totale et définitive du droit patrimonial d'auteur apparaît comme délicate à organiser : une « cession » de droits d'auteur n'est en fait qu'une autorisation d'exploiter l'œuvre particulièrement étendue dans son champ et dans sa durée; mais cette « cession » couvrira rarement tous les modes d'exploitation, ne serait-ce que ceux encore inconnus au jour du contrat.

Remarque(s) *Il s'agit donc surtout de définir aussi clairement que possible la portée de l'autorisation donnée par le créateur, c'est-à-dire le champ des exploitations concédées.*

Précision de l'écrit. Selon l'article L. 131-2 du code de la propriété intellectuelle, les contrats de représentation, d'édition, de production audiovisuelle doivent être constatés par écrit ainsi que les autorisations gratuites d'exécution. L'écrit est exigé à titre de preuve et non à titre de validité du contrat. *A contrario*, l'écrit ne s'impose pas aux autres contrats de transfert de droit d'auteur. **34.18**

Remarque(s) *Néanmoins, il sera, en pratique, toujours indispensable.*

En effet, l'article L. 131-3 du même code exige que chacun des droits cédés fasse l'objet d'une mention distincte et que le domaine d'exploitation des droits cédés soit « délimité quant à son étendue et à sa destination, quant au lieu et quant à la durée ».

Le contrat stipulant le transfert des droits du dirigeant au profit de la société devra :

- mentionner les droits de reproduction et de représentation et préciser clairement les modes d'exploitation pour lesquels ces droits sont cédés;

Exemple(s) Il peut s'agir de la publication de plaquettes ou de brochures, de l'exploitation en ligne, de la commercialisation à des tiers sous forme de licences, etc.

- fixer une durée (la durée légale des droits ou bien un, cinq, dix ou vingt-cinq ans suivants les intérêts en présence) ainsi que le territoire.

Exemple(s) Le monde entier, la France seule ou encore l'Union européenne peuvent être évoqués.

Interprétation stricte. Il faut retenir que les contrats de transmission de droits d'auteur sont interprétés strictement, en vertu du principe de l'interdiction des exploitations non expressément autorisées.

Cette directive d'interprétation est encore renforcée par la règle selon laquelle la cession de droits pour des modes d'exploitation non prévisibles ou non prévus à la date du contrat doit non seulement être expresse, mais aussi stipuler une participation corrélative de l'auteur aux profits d'exploitation[1].

34.19 **Contenu.** Les clauses qui prévoient la cession des droits pour tous modes d'exploitation présents et à venir sans autre précision sont **nulles.** Elles font ainsi courir des risques importants à l'entreprise dans la perspective notamment du départ du dirigeant.

La transmission des droits doit en principe avoir pour contrepartie une **rémunération proportionnelle** aux recettes d'exploitation[2]. Toutefois, le **forfait** est admis dans les hypothèses où la rémunération proportionnelle n'est pas raisonnablement praticable, et notamment :

- lorsque la base de calcul de la participation proportionnelle ne peut être pratiquement déterminée;
- lorsque les moyens de contrôler l'application de la participation font défaut;
- lorsque les frais des opérations de calcul et de contrôle seraient hors de proportion avec les résultats à atteindre;
- lorsque la nature ou les conditions de l'exploitation rendent impossible l'application de la règle de la rémunération proportionnelle, soit que la contribution de l'auteur ne constitue pas l'un des éléments essentiels de la création intellectuelle de l'œuvre, soit que l'utilisation de l'œuvre présente un caractère accessoire par rapport à l'objet exploité;
- en cas de cession des droits portant sur un logiciel[3].

Remarque(s) *La loi prohibe également la cession globale d'œuvres futures[4]. La société ne pourra obtenir du dirigeant qu'il lui cède l'ensemble de ses droits sur ses créations à venir.*

B. Droits voisins du droit d'auteur

34.20 **Description des droits voisins.** Les droits voisins du droit d'auteur sont les droits des artistes-interprètes sur leurs interprétations, les droits des producteurs de pho-

1. CPI, art. L. 131-6.
2. CPI, art. L. 131-4, al. 1er.
3. CPI, art. L. 131-4, al. 2.
4. CPI, art. L. 131-1.

nogrammes et de vidéogrammes sur les enregistrements qu'ils produisent, et les droits des entreprises de communication audiovisuelle sur leurs programmes.

À ces droits peut être ajouté le droit des producteurs de bases de données, qui n'est pas expressément classé par la loi parmi les droits voisins, mais qui s'en rapproche fortement par son esprit et sa finalité.

Les hypothèses où le dirigeant sera titulaire de tels droits et souhaitera les confier à la société sont marginales. Toutefois, le droit des producteurs de bases de données multiplie ces hypothèses : en effet, un dirigeant a pu lui-même concevoir et réaliser une base de données que la société a ensuite vocation à exploiter. Si l'investissement initial est effectué par le dirigeant, il a la qualité de producteur et donc de titulaire du droit d'exploitation afférent au contenu de la base.

Règles relatives au transfert des droits voisins. Il n'existe pas, pour les droits 34.21
voisins, de règles de forme aussi précises que pour le droit d'auteur.

L'alinéa premier de l'article L. 212-3 du code de la propriété intellectuelle dispose seulement que :

> *« sont soumises à l'autorisation écrite de l'artiste-interprète la fixation de sa prestation, sa reproduction et sa communication au public, ainsi que toute utilisation séparée du son et de l'image de la prestation lorsque celle-ci a été fixée à la fois pour le son et l'image ».*

Il existe, en outre, une présomption de cession des droits de l'artiste-interprète au profit du producteur d'une œuvre audiovisuelle[1].

Cela dit, la logique des différents droits voisins est très proche de celle du droit d'auteur : ces droits confèrent à leur titulaire le pouvoir de contrôler les différentes exploitations de leur prestation. En d'autres termes, chaque utilisation doit être autorisée par eux.

Remarque(s) *On gagnera en efficacité à suivre les règles de forme existantes en matière de droit d'auteur : le contrat entre le dirigeant et la société devra préciser autant que possible les modes d'exploitation, le territoire et la durée pour lesquels l'autorisation d'exploitation de la prestation est conférée.*

II. Opérations relatives aux dessins et modèles

Cadre général. Au contraire du droit d'auteur, le droit de dessin ou modèle néces- 34.22
site une formalité : il s'acquiert par l'enregistrement[2]. Le droit de dessin ou modèle

1. CPI, art. L. 212-4.

2. CPI, art. L. 511-9 • Voir dans la même collection, *Marques, dessins et modèles*, par N. Dreyfus et B. Thomas.

appartient au créateur de ce dessin ou modèle; cependant, celui qui a effectué la demande d'enregistrement de ce dessin ou modèle auprès de l'INPI est présumé bénéficiaire de la protection[3].

Ainsi, le dirigeant sera titulaire d'un droit de modèle lorsqu'il aura effectué le dépôt en son nom.

Exemple(s) Le dépôt du dessin ou du modèle peut avoir lieu, soit avant la constitution de la société, soit au cours du mandat social, parce que l'intérêt du dessin ou du modèle pour la société n'est apparu que dans un second temps.

Le cumul possible, et fréquent, entre le droit de dessin ou modèle et le droit d'auteur impose de respecter certaines règles de forme lors du transfert de ce droit de propriété intellectuelle. En outre, l'opposabilité aux tiers du transfert d'un droit de modèle est conditionnée à son inscription sur un registre national des dessins et modèles.

A. Incidence du cumul entre droit d'auteur et dessins ou modèles

34.23 **Cumul.** Il existe un principe de cumul possible entre le droit d'auteur et le droit de dessin ou modèle sur une même création. En effet, le droit de dessin ou modèle et le droit d'auteur protègent tous deux les créations de forme en deux ou trois dimensions. Leurs objets respectifs sont donc identiques.

La règle d'un cumul possible des deux protections découle du principe de l'unité de l'art, qui interdit de tenir compte de la destination d'une création pour l'attribution du droit d'auteur : une création des arts appliqués est protégée par le droit d'auteur au même titre qu'une œuvre d'art pur. Cette création des arts appliqués est susceptible par ailleurs de faire l'objet d'un enregistrement au titre de dessins et modèles.

Conséquences. Dans ce cas, le bénéficiaire de la protection peut à son gré utiliser les avantages des deux droits de propriété intellectuelle.

Remarque(s) *C'est pourquoi, bien que le transfert d'un droit de dessins et modèles ne soit pas soumis par la loi aux règles de forme contraignantes qui existent en matière de droit d'auteur, il est prudent de respecter lesdites règles : le dessin ou modèle, en effet, a de grandes chances d'être également protégé par un droit d'auteur.*

En tout état de cause, la proximité des deux types de protection induit nécessairement une influence des règles du droit d'auteur sur la pratique en matière de modèles.

---

[1] CPI, art. L. 511-9, al. 2.

Pour ces raisons, le transfert du droit de modèle devra respecter les règles déjà décrites au sujet du droit d'auteur (voir n° 34.17).

Remarque(s) *Il convient de rédiger un écrit qui précisera l'étendue des droits cédés en détaillant les exploitations, la durée et le territoire pour lesquels l'autorisation est conférée.*

Ce contrat prévoira utilement que la société se chargera à l'avenir de la prorogation de l'enregistrement, qui doit dorénavant être réalisée tous les cinq ans, jusqu'à un maximum de vingt-cinq ans[1].

B. Opposabilité aux tiers du transfert du droit de dessin ou modèle

Principe. Selon l'article L. 513-3 du code de la propriété intellectuelle, « tout acte modifiant ou transmettant les droits attachés à un dessin ou modèle déposé n'est opposable aux tiers que s'il a été inscrit au registre national des dessins ou modèles ». **34.24**

Contrefaçons. Cette règle est d'une importance pratique capitale : en effet, elle conditionne la recevabilité des actions en contrefaçon que la société pourrait être amenée à conduire. À défaut d'inscription, l'action en contrefaçon intentée par la société à l'encontre d'un tiers qui aurait exploité le dessin ou modèle sans autorisation serait déclarée irrecevable.

Remarque(s) *Il est donc impératif, pour l'efficacité de la convention conclue entre le dirigeant et la société, de l'inscrire au registre national des dessins et modèles, géré par l'Institut National de la Propriété Intellectuelle, comme les registres consacrés aux marques et aux brevets.*

Si l'action en contrefaçon appartient au propriétaire du dessin ou modèle, toute partie au contrat de licence est néanmoins recevable à intervenir dans l'instance en contrefaçon engagée par une autre partie afin d'obtenir la réparation du préjudice qui lui est propre. En outre, le bénéficiaire d'un droit exclusif d'exploitation peut, sauf stipulation contraire du contrat de licence, exercer l'action en contrefaçon si, après mise en demeure, le propriétaire du dessin ou modèle ne l'exerce pas[2].

L'action civile en contrefaçon se prescrit par trois ans à compter des faits qui en sont la cause[3].

La contrefaçon étant un délit, le délai de prescription de l'action publique est également de trois ans[4].

1. CPI, art. L. 513-1.
2. CPI, art. L. 521-2 (L. n° 2007-1544, 29 oct. 2007, lutte contre la contrefaçon, JO 30 oct., p. 17775).
3. CPI, art. L. 521-3 (L. 29 oct. 2007, préc.).
4. C. pr. pén., art. 8.

III. Opérations relatives aux droits de marque et de brevet

34.25 **Droit de marque.** La marque[1] est un signe distinctif (mots, graphisme, sons) apposé sur les produits ou services commercialisés par la société pour les distinguer des produits ou services des concurrents de cette dernière. Elle a donc pour fonction d'identifier l'origine de produits ou services.

La protection de la marque nécessite un enregistrement auprès de l'INPI. L'étendue de cette protection est limitée aux produits ou services désignés lors de cet enregistrement ou à des produits ou services similaires, s'il existe un risque de confusion.

Le droit de marque est de dix ans, et peut, contrairement au droit de brevet, être renouvelé indéfiniment.

Il est assez fréquent que la marque soit enregistrée par un dirigeant en son nom, en particulier dans la phase de constitution d'une entreprise, pour être ensuite exploitée par la société.

Remarque(s) *Il est en général préférable, dans cette hypothèse, de transférer le droit de marque à cette dernière.*

34.26 **Droit de brevet.** Le brevet protège quant à lui les inventions susceptibles d'application industrielle. Il arrive qu'un dirigeant soit également un inventeur qui, titulaire du brevet, souhaitera en confier l'exploitation à la société. En matière de marques comme en matière de brevets, la validité du transfert de droits est soumise à certaines conditions. L'opposabilité aux tiers du transfert nécessite également l'accomplissement d'une formalité de publicité.

Plus précisément, le dépôt du brevet a pour seul effet de constituer (*a posteriori*) le point de départ du délai de protection de vingt ans, qui n'est pas renouvelable. Le droit de brevet nécessite en effet que le brevet soit délivré, après examen, par l'office français (INPI) ou européen des brevets. La délivrance d'un brevet par l'INPI permet une protection pendant vingt ans sur le territoire français, tandis que le brevet européen assure une protection de vingt ans dans l'ensemble des pays (trente-cinq États à ce jour) ayant contracté la Convention sur le Brevet Européen (CBE)[2].

Ces organismes peuvent refuser de délivrer le brevet, notamment et par exemple, lorsque l'invention est dénuée de nouveauté.

Le brevet peut, en outre, faire l'objet d'une opposition des concurrents durant la période d'examen par l'office des brevets, ou être contesté dans le cadre d'un contentieux.

---

1. Voir dans la même collection, *Marques, dessins et modèles*, par N. Dreyfus et B. Thomas.
2. Voir les sites internet : www.inpi.fr et www.epo.org

A. Conditions de validité du transfert du droit de marque ou de brevet

Les règles de forme relatives aux transferts d'un droit de marque ou de brevet sont quasiment identiques. Seules quelques précisions données par la loi sur les modalités de ces transferts dans l'un et l'autre cas conduisent à distinguer le transfert d'un droit de marque du transfert d'un droit de brevet. **34.27**

1. Transfert du droit de marque

Modalités. L'article L. 714-1 du code de la propriété intellectuelle indique d'emblée que « les droits attachés à une marque sont transmissibles en totalité ou en partie, indépendamment de l'entreprise qui les exploite ou les fait exploiter. La cession, même partielle, ne peut comporter de limitation territoriale ». **34.28**

Cette dernière précision ne doit pas induire en erreur. La cession pure et simple d'un droit de marque est bien possible, même si le code envisage l'hypothèse qui peut paraître curieuse où une telle cession ne serait que partielle.

Exemple(s) Il est possible de céder une marque pour la désignation de certains produits ou services seulement, son utilisation pour d'autres produits ou services restant réservée au titulaire initial.

Cette hypothèse se distingue de la licence en ce sens que « l'acquéreur » devient bien titulaire de la marque avec les droits et obligations qui s'attachent à cette qualité. Il y a un « fractionnement » de la marque qui ne serait réversible qu'au moyen d'une opération inverse de « rachat ».

La loi interdit seulement le « fractionnement » territorial du droit de marque au sein du territoire national, entre deux titulaires distincts.

Cela ne signifie pas qu'une certaine répartition territoriale n'est pas possible par le biais d'une licence ou simple concession, qui n'entraîne pas un transfert du droit de propriété afférent à la marque mais consiste, classiquement, en un simple droit d'utilisation.

L'article L. 714-1 du code de la propriété intellectuelle précise que la licence de marque peut être exclusive ou non exclusive.

Formalisme. Quand la licence n'est pas exclusive, l'article L. 714-1 du code de la propriété intellectuelle admet que la concession puisse résulter d'un simple règlement d'usage. À l'inverse, le transfert de propriété du droit afférent à la marque doit être constaté par écrit à peine de nullité.

La cession de marque entre le dirigeant et la société devra, à l'évidence, répondre à cette exigence.

Le même texte soumet également à l'exigence d'un écrit la mise en gage des droits afférents à une marque.

Dépassement de l'autorisation. Enfin, l'article L. 714-1 du code de la propriété intellectuelle indique que les droits conférés par la demande d'enregistrement de marque ou par la marque (à savoir, celle dont l'enregistrement est achevé) peuvent être invoqués à l'encontre du licencié qui enfreint une des limites de sa licence. En effet, il est de règle générale, en propriété intellectuelle, que celui qui dépasse le champ de l'autorisation qui lui a été conférée se trouve dans la situation d'un vulgaire contrefacteur.

2. Transfert du droit de brevet

34.29 **Modalités.** Comme le droit de marque, le droit attaché à un brevet est transmissible en totalité ou en partie et peut faire l'objet de licences d'exploitation, exclusives ou non exclusives[1].

Le transfert peut concerner les droits nés d'une demande d'enregistrement aussi bien que les droits attachés à un brevet déjà délivré. En effet, le droit exclusif d'exploitation résultant du brevet existe à compter du dépôt de la demande d'enregistrement[2].

Formalisme. Toutes les opérations de transfert, qu'il s'agisse d'une cession totale du brevet ou d'une simple licence, exclusive ou non exclusive, doivent être constatées par **écrit**, à peine de nullité.

Remarque(s) *Le formalisme est donc plus exigeant en matière de brevet qu'en matière de marque, où seul le transfert de propriété est soumis à cette exigence.*

Quelle que soit la nature de l'opération de transfert, la transmission, au profit de la société, des droits attachés au brevet détenu par le dirigeant devra donc faire l'objet d'un écrit.

B. Opposabilité aux tiers du transfert du droit de marque ou de brevet

34.30 **Cadre général.** Comme en matière de dessins et modèles, la transmission ou la modification des droits afférents à une marque ou à un brevet ne sont opposables aux tiers que si elles ont fait l'objet d'une inscription au registre national des marques ou des brevets[3], tenus par l'Institut National de la Propriété Industrielle.

1. CPI, art. L. 613-8.
2. CPI, art. L. 613-1.
3. CPI, art. L. 613-9 pour le brevet • CPI, art. L. 714-7 pour la marque.

En matière de brevet, la loi précise qu'un acte est toutefois opposable, avant son inscription, aux tiers qui ont acquis un droit (sur le brevet) après la date de cet acte, dès lors qu'ils en avaient connaissance au moment de leur acquisition.

Contrefaçon. Comme pour le droit de dessin ou modèle, l'inscription au registre de la convention de transfert est essentielle car elle conditionne la recevabilité de l'action en contrefaçon de marque ou de brevet intentée par la société.

Remarque(s) *À défaut d'inscription, en effet, le seul titulaire, aux yeux des tiers, des droits afférents au brevet ou la marque reste le dirigeant.*

Il faut préciser, à ce sujet, que l'action en contrefaçon de marque ou de brevet ne peut être exercée que par le propriétaire du droit de marque ou de brevet ou bien par le licencié exclusif, à la condition toutefois que le propriétaire lui-même soit resté inactif malgré une mise en demeure dudit licencié[1].

Par contraste, le licencié non exclusif peut seulement intervenir à l'instance en contrefaçon, pour obtenir la réparation du préjudice qui lui est propre.

Remarque(s) *Comme pour les autres droits de propriété intellectuelle, il importe, avant de rédiger le contrat de transfert, d'avoir bien délimité l'étendue des droits transférés.*

IV. Utilisation du nom du dirigeant comme dénomination sociale ou nom commercial de la société

Il n'est pas rare qu'un dirigeant fondateur d'une société donne à celle-ci son propre nom (il s'agit alors de la dénomination sociale de la personne morale figurant aux statuts) ou que son patronyme soit utilisé comme nom commercial (désignant cette fois le fonds de commerce) ou comme enseigne (identifiant les locaux de la société). **34.31**

Exemple(s) Il est des exemples célèbres de cette situation : Worms, Heidsieck, Balmain, Bordas, Mazenod, pour ne citer que ceux qui ont fait l'objet de décisions judiciaires.

Le départ du dirigeant, quelle qu'en soit la cause, peut soulever une question cruciale : est-il fondé à partir avec son nom, c'est-à-dire à interdire à la société de continuer à l'utiliser, ou bien cette dernière a-t-elle au contraire acquis une sorte de « droit d'usage » dudit nom ?

---

1. CPI, art. L. 615-2 pour le brevet • CPI, art. L. 716-5 pour la marque.

Quelques conflits nés au sujet de noms renommés incitent fortement à régler par avance la question par la voie contractuelle.

A. Utilisation du nom sans contrat

34.32 **Données du problème.** Le plus souvent, le dirigeant a donné son nom à la société sans autre précaution juridique que sa mention dans les statuts. En matière de nom commercial, l'utilisation du nom résulte fréquemment d'un simple usage.

Dans ce contexte, on pourrait craindre que la dimension personnaliste du nom patronymique ne conduise à admettre qu'au départ du dirigeant de la société, celui-ci soit fondé à interdire à cette dernière de continuer d'utiliser son patronyme, tandis que lui-même aurait toute liberté de créer une autre société sous son nom.

On conçoit aisément les inconvénients qui résulteraient d'une telle solution pour la société au plan commercial, sans compter qu'au plan juridique, elle-même est fondée à revendiquer un droit sur sa dénomination sociale.

Solution. C'est sans doute pourquoi la Cour de cassation a admis, dans deux arrêts célèbres relatifs pour l'un au nom commercial[1] et pour l'autre à la dénomination sociale[2], l'existence d'une sorte d'autorisation tacite résultant, dans le premier cas, de l'utilisation sans réserve du patronyme en tant que nom commercial et, dans le second cas, de la signature des statuts stipulant l'utilisation du nom dans la dénomination sociale.

> *Selon la Haute juridiction, cette « autorisation » avait transformé le patronyme en « signe distinctif qui s'est détaché de la personne qui le porte, pour s'appliquer à la personne qu'il distingue et devenir ainsi objet de propriété incorporelle... »[3].*
>
> *En conséquence, la Cour de cassation admet qu'à son départ, le dirigeant ne pouvait mettre fin à l'utilisation de son nom par la société.*
>
> *La Cour de cassation a en outre considéré que le nom de famille constituait le signe distinctif de l'EURL, et qu'en conséquence l'usage du nom était cédé en même temps que l'ensemble des parts de l'EURL dès lors que le cédant n'en avait pas interdit l'utilisation[4].*

La jurisprudence fait donc prévaloir les intérêts de la société, personne morale, le cas échéant, au détriment de ceux du dirigeant. Cette solution est fondée sur la preuve de l'existence d'un accord implicite qui implique nécessairement que des clauses contraires soient possibles.

Remarque(s) Pour un exemple d'acte de concurrence déloyale, voir n° 52.21.

---

1. Com. 27 févr. 1990, dit « arrêt Mazenod », JCP 1990, II, 21545, obs. F. Pollaud-Dulian.
2. Com. 12 mars 1985, dit « arrêt Bordas », n° 84-17.163, Bull. civ. IV, n° 95; JCP 1985, II, 20400, concl. Montanier, obs. G. Bonet; D. 1985, Jur. 471, note J. Ghestin.
3. Com. 12 mars 1985, dit « arrêt Bordas », préc.
4. Com. 12 juin 2007, n° 06-12.244, Bull. civ. IV, n° 161.

Par ailleurs, peuvent se présenter des situations concrètes plus complexes, où le nom patronymique, qui a une valeur importante, est porté par plusieurs membres d'une même famille.

Exemple(s) Des difficultés peuvent notamment apparaître en cas de conflit entre héritiers dont le patronyme est devenu une enseigne jouissant d'une certaine notoriété.

Remarque(s) *Pour ces raisons, il paraît donc prudent d'organiser l'utilisation du nom pour désigner la société ou son fonds de commerce au moyen de l'outil contractuel.*

B. Contrat d'utilisation du nom

Validité. Malgré le principe d'inaliénabilité du nom patronymique, il est aujourd'hui admis par la jurisprudence que le nom peut faire l'objet d'un contrat. **34.33**

En effet, si le nom patronymique est incessible en tant qu'attribut de la personne physique, la Cour de cassation considère que le nom patronymique utilisé comme dénomination sociale est un signe distinctif détaché de la personne physique pouvant faire l'objet d'une convention. Les arrêts « Bordas » et « Mazenod » précités (voir n° 34.32) permettent d'affirmer que ce contrat peut consister en une « cession » et non seulement en une autorisation précaire.

Contenu. Selon l'intérêt du dirigeant et sa force de négociation, il pourra préférer n'accorder à la société qu'une **concession**, limitée à la durée de son mandat social ou au maintien de sa qualité d'associé.

Il pourra encore autoriser la société à utiliser son nom après son départ, pour toute son activité ou certaines seulement, tout en se réservant la faculté de l'utiliser lui-même pour telle ou telle activité. Dans cette hypothèse, il sera fréquent que le dispositif soit complété, à la demande de la société, par une **clause de non-concurrence** (voir n°s 53.17 et s.).

Dans le même ordre d'idées, le contrat pourra stipuler que **d'autres membres de la famille** du dirigeant conservent la faculté d'utiliser leur nom pour telle ou telle activité économique voisine.

Remarque(s) *Quelles que soient les stipulations contractuelles, l'essentiel est qu'elles soient aussi précises que possible sur les facultés laissées au dirigeant d'une part et à la société d'autre part, tant pendant qu'après le mandat social assuré par le dirigeant.*

Pour un modèle de contrat d'utilisation du nom, voir document de travail, n° 302.28.

CHAPITRE 35

Cautionnement des dettes de la société par son dirigeant

35.11 **Garanties personnelles.** Il est très fréquent qu'un créancier de la société, comme son banquier, considérant que le patrimoine de celle-ci ne constitue pas pour lui un gage satisfaisant, exige du dirigeant qu'il lui fournisse une garantie personnelle.

Dans ces conditions, le dirigeant peut être amené à donner simplement son aval sur une lettre de change ou un billet à ordre. Il peut quelquefois lui être demandé de garantir à première demande[1] une dette de la société qu'il dirige par une « garantie autonome ».

Remarque(s) *Garantie autonome*

Depuis l'ordonnance du 23 mars 2006[2], la garantie autonome, création de la pratique bancaire, est définie par le code civil à l'article 2321, aux termes duquel : « la garantie autonome est l'engagement par lequel le garant s'oblige, en considération d'une obligation souscrite par un tiers, à verser une somme soit à première demande, soit suivant des modalités convenues.

---

1. Sur les différentes formes de garanties personnelles, voir D. Legeais, Rép. civ. Dalloz, *V°* Sûretés, n°s 33 et s : « La sûreté est dite indépendante lorsque le garant s'engage directement envers le créancier. Il ne garantit pas la dette même du débiteur principal. Il en résulte que le garant, à la différence d'une caution, ne peut opposer aux créanciers les exceptions trouvant leur source dans le rapport principal. Le garant peut ainsi être tenu alors même que le contrat de base peut être annulé ou a été mal exécuté. Le modèle de la sûreté indépendante est la garantie autonome, aussi désignée sous le nom de garantie à première demande. ».

2. Ord. n° 2006-346, relative aux sûretés, JO 24 mars, p. 4475.

Le garant n'est pas tenu en cas d'abus ou de fraude manifestes du bénéficiaire ou de collusion de celui-ci avec le donneur d'ordre. Le garant ne peut opposer aucune exception tenant à l'obligation garantie. Sauf convention contraire, cette sûreté ne suit pas l'obligation principale ».

Mais, le plus souvent, le dirigeant sera conduit à se porter caution de la société.

Cautionnement. Selon les termes du code civil : « celui qui se rend caution d'une obligation, se soumet envers le créancier à satisfaire à cette obligation, si le débiteur n'y satisfait pas lui-même »[1]. 35.12

Autrement dit, le dirigeant caution est celui qui s'engage à l'égard de l'un des créanciers de la société qu'il dirige à s'acquitter des obligations de celle-ci, pour le cas où elle n'y satisferait pas elle-même.

Ce qui caractérise le cautionnement est, dès lors et en premier lieu, son caractère **accessoire**. Il en résulte notamment que :

- le cautionnement ne peut excéder ce qui est dû par le débiteur principal ou être contracté à des conditions plus onéreuses[2];
- la caution peut opposer au créancier toutes les exceptions qui appartiennent au débiteur principal, et qui sont inhérentes à la dette. Mais elle ne peut opposer les exceptions qui sont purement personnelles au débiteur[3].

Cautionnement solidaire. En pratique, il sera généralement demandé au dirigeant de se porter non pas seulement caution, mais caution solidaire. S'il l'accepte, et l'on ne lui laissera souvent guère le choix, il renoncera à la possibilité d'exiger :

- que le débiteur soit préalablement discuté dans ses biens (bénéfice de discussion), en d'autres termes, à la possibilité de demander à ce que le créancier tente d'abord de se faire payer par le débiteur[4];
- que le créancier divise préalablement son action et la réduise à la part et portion de chaque caution (bénéfice de division[5]).

Cadre général. En 1992, le professeur B. Bouloc, s'attachant au cautionnement donné par un dirigeant de société, faisait le constat suivant : « le cautionnement est une garantie très prisée, parce qu'elle est relativement simple et souple. De ce fait, elle est souvent demandée et lorsqu'on la fournit, on ne pense pas qu'elle pourra être un jour appelée. Elle se donne dans la joie, mais elle s'exécute dans la douleur. En sont témoins les multiples procès qu'elle suscite, ainsi que les très nombreux arrêts que, chaque année, la Cour de cassation est amenée à rendre. C'est dire que le cautionnement, dont certains ont pu se demander s'il ne donnait pas lieu à des abus, est une matière très vivante et foisonnante »[6]. Ce constat conserve aujourd'hui encore toute son acuité, puisque la matière a donné lieu, depuis cette date, à d'importantes évolutions, non seulement jurisprudentielles, mais également légales[7]. 35.13

1. C. civ., art. 2288.
2. Il peut, en revanche, « être contracté pour une partie de la dette seulement, et sous des conditions moins onéreuses » (C. civ., art. 2290).
3. C. civ., art. 2313.
4. C. civ., art. 2298.
5. C. civ., art. 2303;
6. B. Bouloc, « Le cautionnement donné par le dirigeant d'une société », Rev. sociétés 1992, p. 1.
7. D. Legeais, « La caution dirigeante », *in* Mélanges B. Bouloc, Dalloz, 2006, p. 599.

35.14 **Évolution législative.** En votant le **1er août 2003**, la **loi pour l'initiative économique** (dite loi Dutreil)[1], le législateur a voulu assurer aux entrepreneurs une plus grande sécurité personnelle face aux aléas de la vie économique, notamment par une meilleure information et protection de ceux qui se portent caution et qui, selon lui, s'engagent parfois sans percevoir tous les dangers de l'activité économique. À cette fin, il a profondément modifié le droit du cautionnement en complétant le titre IV du livre III du code de la consommation relatif au cautionnement par cinq articles (art. L. 341-2 à L. 341-6)[2]. Ces nouvelles dispositions, bien qu'introduites dans le code de la consommation, s'appliquent à « toute personne physique qui s'engage par acte sous seing privé en qualité de caution envers un créancier professionnel » (art. L. 341-2) et donc aux cautions dirigeantes[3]. Force est de constater qu'elles sont venues renforcer considérablement la protection accordée par la loi aux cautions :

- les cautions peuvent à nouveau, en dépit des évolutions passées de la jurisprudence sur ce point, se prévaloir du principe de proportionnalité;
- leur engagement sous seing privé, pour autant qu'il aura été souscrit après le 5 février 2004, ne sera valable que s'il aura donné lieu à une mention manuscrite spécifique et qu'il aura été limité, tant dans son montant, que dans sa durée;
- elles bénéficieront d'une information.

La **loi du 26 juillet 2005 ayant réformé le droit des procédures collectives**[4] est également venue affecter, pour partie, le sort réservé, en pareilles hypothèses, à la caution[5], notamment à raison de l'article L. 650-1 du code de commerce selon lequel « lorsqu'une procédure de sauvegarde, de redressement judiciaire ou de liquidation judiciaire est ouverte, les créanciers ne peuvent être tenus pour responsables des préjudices subis du fait des concours consentis, sauf en cas de fraude, d'immixtion caractérisée dans la gestion du débiteur ou si les garanties prises en contrepartie de ces concours sont disproportionnées à ceux-ci. Pour le cas où la responsabilité d'un créancier est reconnue, les garanties prises en contrepartie de ses concours peuvent être annulées ou déduites par le juge »[6].

35.15 **Évolution jurisprudentielle.** Quant à la jurisprudence, le professeur D. Legeais, faisant à son tour, après le professeur B. Bouloc, un bilan sur la matière, relève

---

1. L. nº 2003-721, 1er août 2003, pour l'initiative économique, JO 5 août, p. 13449.
2. L. Aynès, « La réforme du cautionnement par la loi Dutreil », Dr. et patr., nov. 2003, p. 28 • D. Houtcieff, « Les dispositions applicables au cautionnement issues de la loi pour l'initiative économique », JCP 2003, I, 161 • F.-G. Trébulle, « Renforcement de la protection de la caution », Dr. sociétés 2003, nº 157 • D. Legeais, « Le code de la consommation, siège d'un nouveau droit commun des sociétés », JCP E 2003, 1433.
3. Pour l'application, à peine de nullité du cautionnement consenti à un créancier professionnel, de l'article L. 341-2 du code de la consommation, à une caution, gérant d'une société : CA Lyon, 15 févr. 2007, BICC 15 juin 2007, nº 1334 • CA Amiens, 11 oct. 2007, Banque et Droit, mars-avr. 2008, 44, obs. Jacob.
4. L. nº 2005-845, 26 juill. 2005, Loi de sauvegarde des entreprises, JO 27 juill. 2005, p. 12187.
5. Ch. Léguevaques, « La loi de sauvegarde de l'entreprise : au bonheur des cautions », Rev. proc. coll., déc. 2005, p. 296.
6. Sur cette disposition, voir not. R. Routier, « L'article L. 650-1 du code de commerce : un article "détonnant" pour le débiteur et "détonant" pour le contribuable ? », D. 2006, chron. 2916 • D. Legeais, JCP E 2005, nº 42, p. 1747; « La loi du 26 juillet 2005 relative à la sauvegarde des entreprises », RTD com. 2005, 818 • D. Robine, « L'article L. 650-1 du code de commerce : un "cadeau" empoisonné », D. 2006, chron. 69 • P. Hoang, « De la suppression du dispositif prétorien de la responsabilité pour soutien abusif », D. 2006, 1458 • J. Moury, « La responsabilité du fournisseur de "concours" dans le marc de l'article L. 650-1 du code de commerce », D. 2006, 1743.

qu'aujourd'hui comme il y a dix ans, c'est le juge qui fait preuve de rigueur envers la caution dirigeante. S'il en est ainsi, c'est que la caution dirigeante à moins besoin de protection que la caution profane[1].

Aussi, s'il est exact de considérer que le cautionnement fourni par un dirigeant obéit, pour l'essentiel, aux mêmes règles que celles applicables à tout cautionnement[2], importe-t-il de s'attacher non seulement aux dispositions légales, particulières aux dirigeants, notamment en matière de procédure collective, mais également à cette jurisprudence. L'examen des **moyens de défense** offerts aux dirigeants-caution permet d'appréhender ces spécificités. **35.16**

La caution peut en effet, selon les circonstances de l'espèce, tenter d'opposer au bénéficiaire de la garantie toute une série de moyens relatifs non pas seulement à la validité de son engagement (voir n°s 35.17 et s.), mais également à son extinction (voir n°s 35.35 et s.), ainsi qu'à ses conditions d'exécution (voir n°s 35.42 et s.).

I. Formation et validité du cautionnement

A. Forme du cautionnement

Ancien principe. La seule condition posée par les dispositions du code civil relatives au cautionnement est qu'il soit « exprès » car il « ne se présume point »[3]. Autrement dit, à s'en tenir aux règles du code civil, le dirigeant, pour être tenu en qualité de caution, doit simplement avoir expressément et sans équivoque manifesté sa volonté de garantir tout ou partie des dettes de la société. **35.17**

Aussi la Chambre commerciale de la Cour de cassation a-t-elle cassé l'arrêt par lequel une cour d'appel avait déclaré le président du conseil d'administration d'une société caution de celle-ci, aux motifs qu'il n'avait « pas protesté au reçu d'une lettre recommandée avec accusé de réception d'une société créancière » par laquelle il lui était rappelé qu'il s'était « personnellement » porté avaliste de la société « dont il était le dirigeant » et que son silence impliquait qu'il avait accepté les termes de cette lettre et reconnu sa qualité de caution « de cette société » pour le paiement de la facture litigieuse, alors que « l'engagement de caution (du dirigeant) ne pouvait résulter que d'une manifestation de volonté non équivoque »[4].

Dualité de régime. L'absence de tout formalisme a été la règle jusqu'à ce que le législateur ne vienne, par la Loi Dutreil du 1er août 2003[5], compléter le titre IV du

1. D. Legeais, « La caution dirigeante », Mélanges B. Bouloc, Dalloz, 2006, p. 599.
2. C. civ., art. 1101 et s., art. 2288 et s.
3. C. civ., art. 2292.
4. Com. 16 déc. 1981, n° 80-13.450, Bull. civ. IV, n° 447.
5. L. n° 2003-721, 1er août 2003, pour l'initiative économique, JO 5 août 2003, p. 13449.

livre III du code de la consommation relatif au cautionnement par cinq articles L. 341-2 à L. 341-6. Depuis lors, tel n'est plus le cas. Mais, parce que ces dispositions, en ce qu'elles sont relatives à la forme du cautionnement, ne sont entrées en vigueur que six mois après la publication de la loi du 1er août 2003[1], soit seulement à compter du 6 février 2004, elles n'ont vocation à ne régir que les actes consentis à compter de cette date[2].

Deux régimes juridiques distincts coexistent donc, selon que le cautionnement aura été consenti avant ou à compter du 6 février 2004.

1. Cautionnements consentis jusqu'au 5 février 2004 : absence de règle de forme

35.18 **Principe.** Les cautionnements souscrits jusqu'au 5 février 2004 ne sont soumis à aucune règle de forme particulière qui seraient exigées à peine de nullité. Ce qui importe, c'est seulement que puisse être rapportée la preuve que la caution avait conscience, en s'engageant, de la nature et de la portée de son engagement et que son consentement n'a pas été vicié.

35.19 **Preuve du cautionnement.** Le cautionnement étant un acte unilatéral, trouvent à cet égard matière à s'appliquer les dispositions de l'article 1326 du code civil selon lesquelles : « L'acte juridique par lequel une seule partie s'engage envers une autre à lui payer une somme d'argent ou à lui livrer un bien fongible, doit être constaté dans un titre qui comporte la signature de celui qui souscrit cet engagement ainsi que la mention, écrite par lui-même, de la somme ou de la quantité en toutes lettres et en chiffres… ». Cette mention manuscrite n'est toutefois, malgré les hésitations de la jurisprudence et notamment celle de la première Chambre civile de la Cour de cassation[3], exigée qu'à titre de preuve.

La **qualité de dirigeant** est, à cet égard, déterminante. Elle constitue, pour le créancier, un élément essentiel qui lui facilitera grandement l'administration de la preuve.

En effet, dans l'hypothèse où il ne serait pas satisfait aux exigences de l'article 1326 du code civil, la jurisprudence considère que l'acte de cautionnement est un **commencement de preuve par écrit** susceptible d'être complété par tout élément et que la qualité de dirigeant constitue, en principe, ce complément de preuve de ce que la caution avait conscience de la nature et de la portée de son engagement[4]. Le dirigeant ne pourrait sérieusement contester de bonne foi qu'il avait connaissance de la situation de la société débitrice et de l'importance de ses engagements[5].

---

1. L., art. 12.
2. CA Rennes, 19 déc. 2003, JCP E 2004, n° 36, p. 1339, obs. Simler; Gaz. Pal. 2005, p. 1103, note de Granvilliers; RD banc. fin. 2004, nos 115, obs. Legeais; Bull. Joly 2004, p. 1218, note Routier • CA Paris, 22 oct. 2004, D. 2004, AJ 2994 (2 arrêts); JCP E 2005, nos 1-2, p. 8; Gaz. Pal. 2005, p. 1103, note de Granvilliers.
3. A. Médina, « Formalisme et consentements dans le contrat de cautionnement : évolution de la jurisprudence », D. 2002, 2787.
4. Com. 1er juin 1993, n° 91-10.198, Bull. civ. IV, n° 213; RJDA 10/93, n° 820; JCP E 1993, II, n° 488, note Legeais • Com. 31 mai 1994, RJDA 11/94, nos 1183 et 1184; Dr. sociétés 1994, n° 165.
5. Civ. 1re, 27 juin 2002, n° 98-17.028, D. 2002, somm. 3333, obs. Aynès • Com. 11 juin 2003, n° 00-20.606, NPT; Bull. Joly 2003, p. 1015, obs. Constantin.

Toutefois, cette présomption n'est pas irréfragable, notamment lorsque le dirigeant qui s'est porté caution était une personne âgée ou malade[1].

2. Cautionnement consentis depuis le 6 février 2004 : des mentions manuscrites exigées à peine de nullité

a. Pour tous les cautionnements sous seing privé

Teneur de l'obligation. L'article L. 341-2 du code de la consommation dispose que : « Toute personne physique qui s'engage par acte sous seing privé en qualité de caution envers un créancier professionnel doit, à peine de nullité de son engagement, faire précéder sa signature de la mention manuscrite suivante, et uniquement de celle-ci : "En me portant caution de X..., dans la limite de la somme de... couvrant le paiement du principal, des intérêts et, le cas échéant, des pénalités ou intérêts de retard et pour la durée de..., je m'engage à rembourser au prêteur les sommes dues sur mes revenus et mes biens si X... n'y satisfait pas lui-même" ». Ainsi, depuis le 6 février 2004, la caution doit nécessairement faire précéder sa signature d'une mention manuscrite rédigée dans les termes prévus par l'article L. 341-2 reproduit ci-dessus. 35.20

Nullité de l'acte. Si cette mention fait défaut, en tout ou partie, ou si elle ne correspond pas précisément à la lettre de l'article L. 341-2 du code de la consommation, l'acte sera nul. La loi ne précisant pas le caractère de cette nullité, la jurisprudence devrait en principe considérer qu'il s'agit d'une nullité relative, dans la mesure où c'est l'interprétation à laquelle elle est parvenue en matière de crédit à la consommation, domaine dans lequel le cautionnement est soumis au même formalisme.

Acte notarié. Ce formalisme, qui s'applique, ainsi que le précise le code de la consommation, aux actes sous seing privé, n'est en revanche pas applicable aux cautionnements convenus par acte notarié. En ce cas, l'acte établi par le notaire, constituant un titre exécutoire dès lors qu'il est revêtu de la formule exécutoire, permettra, en cas d'inexécution, la mise en œuvre d'éventuelles mesures d'exécution forcée à l'initiative du créancier, sans que celui-ci n'ait à solliciter préalablement du juge une décision de condamnation de la caution. 35.21

b. Pour les cautionnements solidaires

Formalisme supplémentaire. L'article L. 341-3 du code de la consommation dispose quant à lui que : « Lorsque le créancier professionnel demande un cautionnement solidaire, la personne physique qui se porte caution doit, à peine de nullité de son engagement, faire précéder sa signature de la mention manuscrite suivante : "En 35.22

[1] Com. 6 déc. 1994, n° 90-17.281, Bull. civ. IV, n° 364; Dr. sociétés 1995, n° 69; JCP 1995, IV, 341; D. 1995, IR 21.

renonçant au bénéfice de discussion défini à l'article 2298 du code civil et en m'obligeant solidairement avec X..., je m'engage à rembourser le créancier sans pouvoir exiger qu'il poursuive préalablement X..." ».

Aussi, en présence d'un cautionnement solidaire (voir nº 35.12) consenti par acte sous seing privé, la caution devra-t-elle en plus compléter sa mention manuscrite (voir nº 35.20) en ajoutant la formule prescrite par l'article L. 341-3. À défaut, le créancier ne pourra pas se prévaloir de la clause de solidarité de l'acte de cautionnement.

B. Objet du cautionnement

35.23 Si le principe, résultant du code civil, est que le dirigeant peut se porter caution à la sûreté de l'ensemble des dettes de la société, le code de la consommation a apporté quelques limites que les parties à l'acte doivent connaître.

1. Règles du code civil

35.24 **Obligation valable.** Dès lors qu'il n'a qu'un caractère accessoire, « le cautionnement ne peut exister que sur une obligation valable » (C. civ., art. 2289).

Toute obligation de la société peut donc, dès lors qu'elle n'est pas entachée d'une cause de nullité, être garantie par son dirigeant.

Exemple(s) Le dirigeant peut se porter caution de dettes futures résultant, par exemple, d'une autorisation de crédit. Il peut même s'obliger à la sûreté du remboursement de toute somme que pourrait devoir la société au bénéficiaire de la garantie, la pratique faisant référence, à cet égard, aux « cautionnements omnibus ».

35.25 **Dol à l'encontre du débiteur principal.** S'est posée la question de savoir si la caution peut se prévaloir de la nullité tirée du dol dont aurait été victime le débiteur principal. Ainsi, par exemple, le dirigeant caution de la société, ayant acquis un fonds de commerce d'un vendeur qui l'aurait trompé, peut-il se prévaloir de ce que l'acte de cession serait, de ce fait, nul, pour invoquer la nullité de son engagement et échapper ainsi au paiement du prix d'achat ?

Par arrêt de principe du 8 juin 2007, la Chambre mixte de la Cour de cassation a apporté une réponse négative : la caution – qui dans l'espèce était le dirigeant de la société débitrice principale –, ne pouvant opposer au créancier les exceptions purement personnelles du débiteur principal, n'est pas recevable à invoquer la nullité relative tirée du dol affectant le consentement de ce dernier, qui en l'espèce avait été mis en liquidation judiciaire[1].

---

[1] Ch. mixte, 8 juin 2007, nº 03-15.602, Bull. Ch. mixte, nº 5; BICC 15 sept. 2007, rapp. Pinot, avis de Gouttes; D. 2007, 2201, note Houtcieff; D. 2006, AJ 1782, obs. Avena-Robardet; D. 2008, 514, note L. Andreu; JCP 2007, II, 10138, note Ph. Simler; JCP 2007, Actu. 274, obs. Casey; JCP E 2007, 1861, note S. Piedelièvre; CCC 2007, nº 269, note L. Leveneur; Dr. et proc. 2007, p. 295, note Y. Picod; RLDC 2007/41, nº 2660, note Aynès; Dr. et patr., sept. 2007, p. 85, obs. Ph. Stoffel-Munck; LPA 25 juill. 2007, note S. Prigent; Banque et Droit, juill.-août 2007, p. 48, obs. Jacob; RDC 2007, p. 1226, obs. Houtcieff; RTD com. 2007, 585, obs. D. Legeais.

Annulation du contrat principal. Et qu'en est-il de l'engagement de la caution lorsque, indépendamment de l'action de la caution, le contrat principal est annulé ? **35.26**

En matière de contrats de prêts annulés, il a été jugé que, l'obligation de restituer inhérente au contrat demeurant valable tant que les parties n'ont pas été remises en l'état antérieur à la conclusion de la convention, le cautionnement en considération duquel le prêt a été consenti subsiste tant que cette obligation valable n'est pas éteinte[1].

De même, en cas d'annulation d'un contrat successif, comme un contrat de bail, seule la disparition des obligations nées de ce contrat peut entraîner la disparition du cautionnement, celui-ci conservant son efficacité à l'égard des obligations subsistantes.

Dans une espèce où des cautions avaient garanti les engagements souscrits envers un fournisseur de produits pétroliers par les locataires-gérants d'un fonds de commerce de distribution de carburants, a-t-il été jugé que l'annulation du contrat de location-gérance n'éteignait pas l'obligation de payer les livraisons effectuées et que les cautions restaient tenues de ce chef[2].

2. Limitations prescrites par le code de la consommation

a. Limitation des cautionnements quant à leur montant et à leur durée

Principe. Depuis l'entrée en vigueur de la loi Dutreil de 2003[3], le formalisme précédemment évoqué (voir nos 35.20 et 35.22) a emporté indirectement des restrictions fondamentales à la liberté contractuelle. **35.27**

L'article L. 341-2 précité (voir no 35.20), en imposant, à peine de nullité, une mention manuscrite aux termes de laquelle le dirigeant déclare se porter caution dans la limite d'une somme déterminée et pour une durée déterminée, interdit de fait aux parties de convenir, par acte sous seing privé, de cautionnements à durée indéterminée ou/et encore consentis pour un montant illimité.

Cette prohibition impose une modification des pratiques bancaires, notamment en ce qui concerne les cautionnements dits omnibus par lesquels il était fréquemment demandé aux dirigeants de se porter, sans limitation de durée, garant du remboursement de l'ensemble des sommes que pourrait lui devoir la société.

Acte authentique. Cette limitation n'est pas absolue dans la mesure où l'article L. 341-2 du code de la consommation ne s'applique qu'aux actes sous seing privé.

1. Com. 17 nov. 1982, no 81-10.757, Bull. civ. IV, no 357 ; D. 1983, 527, note Contamine-Raynaud ; JCP 1984, II, 20216, note Ph. Delebecque et Mouly • Civ. 1re, 25 mai 1992, no 90-21.031, Bull. civ. I, no 154 ; JCP 1992, I, 3608, obs. Fabre-Magnan ; RTD civ. 1992, 799, obs. M. Bandrac • Civ. 1re, 4 juin 1996, no 93-18.612, Bull. civ. I, no 236 ; JCP 1996, IV, no 1683, p. 216 ; Gaz. Pal. 1997, nos 99-100, pan. 69 • Civ. 1re, 18 mars 1997, no 95-13.244, Bull. civ. I, no 96 ; JCP N 1998, 771, no 26, obs. André ; JCP 1997, IV, 1012, • Civ. 1re, 1er juill. 1997, no 95-15.642, Bull. civ. I, no 224 ; D. 1998, 32, note Aynès ; Gaz. Pal. 1998, 1, somm. 290, obs. S. Piedelièvre.
2. Com. 4 févr. 1986, no 84-13.496, Bull. civ. IV, no 1 ; D. 1987, somm. 451, obs. Aynès • Com. 18 avr. 1989, no 87-18.167, NP, D. 1990, somm. 387, obs. Aynès • Com. 13 juin 1989, no 88-10.906, Bull. civ. IV, no 183 ; JCP 1989, IV, p. 301 ; JCP E 1989, I, p. 231 • Com. 12 févr. 1991, no 89-10.882, Bull. civ. IV, no 61 ; JCP N 1992, II, 371, note Delebecque ; RTD civ. 1991, 371, obs. Bandrac.
3. L. no 2003-721, 1er août 2003, pour l'initiative économique, JO 5 août, p. 13449.

Aussi, le dirigeant engagé aux termes d'un acte authentique, pourra-t-il encore être valablement tenu, pour une durée illimitée, au paiement d'une somme indéfinie.

Remarque(s) *Ne pouvant plus recourir aux cautionnements consentis sans limite de durée, le banquier sera conduit à veiller à ne pas renouveler ses ouvertures de crédit sans solliciter au préalable du dirigeant qu'il lui consente un nouveau cautionnement. Cette contrainte pourra se révéler difficile à gérer. Le banquier pourra être tenté de s'affranchir de ces règles en sollicitant du dirigeant une garantie à première demande. Les risques sont grands, tant pour le dirigeant, conduit, en ce cas, à s'obliger dans des conditions moins protectrices qu'en matière de cautionnement, que pour le banquier puisqu'un tel acte est sujet à requalification en cautionnement qui serait alors nul pour violation des dispositions de l'article L. 341-2 du code de la consommation. Il resterait alors au banquier la possibilité de recourir au cautionnement authentique, ce qui aurait pour effet de renchérir le coût du crédit des frais d'acte.*

b. Limitation des cautionnements solidaires

35.28 **Cadre légal.** L'article L. 341-5 du code de la consommation dispose que « Les stipulations de solidarité et de renonciation au bénéfice de discussion figurant dans un contrat de cautionnement consenti par une personne physique au bénéfice d'un créancier professionnel sont réputées non écrites si l'engagement de la caution n'est pas limité à un montant global, expressément et contractuellement déterminé, incluant le principal, les intérêts, les frais et accessoires ».

Conditions de validité. La solidarité suppose en premier lieu, pour être valable, que la caution ait fait précéder sa signature de la mention manuscrite prescrite à l'article L. 341-3 du code de la consommation (voir n° 35.22).

Elle suppose en second lieu, toujours en application de l'article L. 341-5, la limitation du montant global du cautionnement. Cette limitation pourrait, il est vrai, apparaître comme sans intérêt dès lors que l'article L. 341-2 exige, à peine de nullité du cautionnement, que le montant pour lequel la caution s'oblige soit limité à une somme indiquée aux termes de la mention manuscrite écrite par la caution. Mais elle se justifie en ce qu'elle a vocation à s'appliquer, indépendamment de l'article L. 341-2 du code de la consommation, lorsque le cautionnement est consenti par acte authentique. En pareille hypothèse, si le cautionnement peut en principe être valablement consenti à la sûreté du remboursement d'une dette illimitée quant à son montant, il ne pourra en revanche, en application de l'article L. 341-5 du code de la consommation (voir n° 35.22), être solidaire.

Remarque(s) *Ces dispositions ne sont pas applicables aux cautionnements souscrits antérieurement à l'entrée en vigueur de la loi du 1er août 2003 dont elles sont issues[1].*

---

1 Com. 13 févr. 2007, n° 05-13.308, Bull. civ. IV, n° 32 ; D. 2007, 652 ; RTD com. 2007, 432, obs. D. Legeais.

C. Protection du consentement

1. Vice de consentement

Il est en pratique extrêmement difficile de soutenir avec succès, pour le dirigeant caution, que son engagement se trouve affecté d'un vice de nature à justifier son annulation. 35.29

En effet, le juge est le plus souvent peu enclin à retenir ce type d'argumentation, qu'il s'agisse notamment de l'erreur sur la solvabilité de la société débitrice[1], ou sur la qualité en laquelle il a signé l'acte de cautionnement[2], ou encore du dol ou de la violence[3]. Ainsi, la chambre commerciale a refusé, par arrêt du 29 octobre 2002, d'annuler le cautionnement consenti par le dirigeant qui invoquait tout à la fois le dol et l'absence de cause de son engagement[4].

Force est de constater que la Cour de cassation n'entend, à cet égard, pas utiliser la notion de cause pour protéger les cautions. Elle retient que la cause existe bien, dès lors qu'elle est constituée par l'octroi du crédit garanti[5]. Elle considère également que la disparition des mobiles qui ont pu inciter une caution à s'engager n'est, en principe, pas une cause d'annulation du cautionnement[6].

2. Principe de proportionnalité

a. Reconnaissance du principe de proportionnalité

Jurisprudence passée. La Chambre commerciale de la Cour de cassation avait, aux termes d'un arrêt remarqué du 17 juin 1997 (arrêt « Macron »)[7], posé, à la charge du créancier, l'obligation de vérifier, dans une certaine mesure, la proportionnalité du montant du cautionnement souscrit par le dirigeant social avec ses moyens financiers. Elle avait en effet estimé dans cette espèce que : 35.30

> *« en raison de l'énormité de la somme garantie par une personne physique [...] dans les circonstances de fait, exclusives de toute bonne foi de la part de la banque, cette dernière avait commis une faute en demandant un tel aval, sans aucun rapport avec le patrimoine et les revenus de l'avaliste ».*

Le recours à ce principe de proportionnalité semblait toutefois avoir été abandonné par la Cour de cassation par un arrêt du 8 octobre 2002 (arrêt « Nahoum »)[8]. Elle avait approuvé les juges du fond d'avoir rejeté l'action en responsabilité de la caution dirigeant contre la banque au motif que la caution n'avait jamais prétendu ni démontré que la banque aurait eu sur ses revenus, son patrimoine et ses facultés de

1. Civ. 1re, 30 mai 1978, no 77-12.088, Bull. civ. I, no 207.
2. Com. 17 juin 1997, no 95-14.105, Bull. civ. IV, no 188 ; D. Affaires 1997, 929 ; JCP 1997, IV, 1721 ; D. 1997, IR 165.
3. Com. 3 mars 1987, no 85-15.157, Bull. civ. IV, no 58.
4. Com. 29 oct. 2002, no 98-21.056, Bull. civ. IV, no 153 ; RTD com. 2003, 152, obs. Legeais.
5. Com. 10 juill. 2001, no 98-17.690, RD banc. fin., nov.-déc. 2001, comm. 220, obs. D. L.
6. V. cependant Com. 1er oct. 2002, no 00-13.189, Bull. civ. IV, no 131 ; RTD civ. 2003, 322, note P. Crocq, admettant que la solvabilité du débiteur principal ait pu constituer une condition tacite de l'engagement de la caution.
7. Com. 17 juin 1997, no 95-14.105, Bull. civ. IV, no 188 ; Bull. Joly 1997, p. 866, note P. Le Cannu ; D. 1998, 208, note J. Casey ; RTD com. 1997, 662, obs. Cabrillac.
8. Com. 8 oct. 2002, no 99-18.619, Bull. civ. IV, no 136 ; D. 2003, 414, note C. Koering ; JCP E 2002, p. 1920, note D. Legeais.

remboursement, raisonnablement prévisible en l'état du succès escompté de l'opération immobilière entreprise par la société, des informations qu'elle-même aurait ignorées.

Un arrêt du 11 juin 2003[1] était toutefois venu démontrer que le juge n'avait finalement pas abandonné ce principe de proportionnalité.

35.31 **Loi du 1er août 2003.** Le principe de proportionnalité est, depuis la loi Dutreil du 1er août 2003, posé à l'article L. 341-4 du code de la consommation. Cet article dispose en effet que :

> *« Un créancier professionnel ne peut se prévaloir d'un contrat de cautionnement conclu par une personne physique dont l'engagement était, lors de sa conclusion, manifestement disproportionné à ses biens et revenus, à moins que le patrimoine de cette caution, au moment où celle-ci est appelée, ne lui permette de faire face à son obligation ».*

Ainsi la caution, quoique dirigeante, pourra être déchargée de ses obligations s'il est établi qu'au moment où elle s'est engagée le montant de la dette garantie était manifestement disproportionné à ses biens et revenus. Le créancier pourra toutefois s'opposer à cette déchéance en démontrant que la caution s'est, depuis la souscription de la garantie, enrichie, de sorte que son patrimoine actuel lui permet de faire face à ses engagements. Il sera enfin observé que la loi n'a pas prévu l'hypothèse dans laquelle la caution, dont l'engagement n'était à l'origine pas disproportionné, s'est au contraire appauvrie; à défaut de disposition particulière, force est d'admettre que la caution restera tenue.

b. Application du principe de proportionnalité

35.32 **Droit transitoire.** La question de savoir si les dispositions précitées de l'article L. 341-4 du code de la consommation s'appliquent aux contrats en cours au jour de l'entrée en vigueur de la loi Dutreil a fait l'objet d'une controverse. La Chambre mixte de la Cour de cassation a finalement clairement affirmé, par arrêt du 22 septembre 2006[2], que cet article, issu de la loi du 1er août 2003, n'est pas applicable aux cautionnements souscrits antérieurement à son entrée en vigueur le 7 août 2003.

35.33 **Cautionnement antérieur au 7 août 2003.** Qu'en est-il, dans ces conditions, du régime applicable aux cautionnements consentis par des dirigeants avant cette date ?

> *La Chambre commerciale de la Cour de cassation, par arrêt du 13 février 2007[3], réaffirmant que les articles L. 341-4 et L. 341-5 du code de la consommation issus de la loi du 1er août 2003 ne sont pas applicables aux cautionnements souscrits antérieurement à son entrée en vigueur et après avoir relevé que la caution était gérante de la société cautionnée, a déclaré que la cour d'appel avait justifié sa décision de rejet de la demande de la caution fondée sur la disproportion de son engagement, en retenant que la caution n'était pas*

1. Com. 11 juin 2003, nº 00-11.913, Bull. civ. IV, nº 95; JCP 2004, I, 115, nº 9, obs. Pétel; RTD com. 2004, 595, obs. Martin-Serf.
2. Ch. mixte, 22 sept. 2006, nº 05-13.517, Bull. Ch. mixte, nº 7; D. 2006, 2391, obs. V. Avena-Robardet; JCP 2006, nº 45, p. 2061, obs. D. Houtcieff.
3. Com. 13 févr. 2007, nº 04-19.727, Bull. civ. IV, nº 31; Rev. sociétés 2007, 534, note J. Stoufflet; RTD com. 2007, 432, note D. Legeais.

fondée à rechercher la responsabilité de cette banque, dès lors qu'elle ne démontrait pas que celle-ci avait eu sur ses revenus, sur son patrimoine et ses facultés de remboursement raisonnablement prévisibles au regard de l'opération entreprise, des informations qu'elle-même aurait ignorées. La banque n'était donc, selon la Cour de cassation, tenue d'aucun devoir de mise en garde à l'égard de cette caution.

En conséquence, c'est de manière tout à fait exceptionnelle que la responsabilité de la banque bénéficiaire du cautionnement d'un dirigeant souscrit antérieurement à la loi Dutreil pourra être engagée, celle-ci supposant en effet que la caution démontre que la banque disposait sur ses capacités financières d'informations que celle-ci n'avait pas[1].

Cautionnements postérieurs au 7 août 2003. Quant aux cautionnements consentis après l'entrée en vigueur de la loi (soit le 7 août 2003 par rapport au principe de proportionnalité), la tentation sera grande, pour les cautions, d'utiliser ce moyen. Mais, en l'état de l'imprécision de la rédaction des articles L. 341-4 et L. 341-5, il y a tout lieu de penser que, s'agissant des cautions dirigeantes, le juge en fera le plus souvent une interprétation restrictive[2]. Ce sera, en toute hypothèse, une appréciation *in concreto* qui sera faite. 35.34

La Cour d'appel de Paris a, par arrêt du 1er juin 2007, jugé disproportionné le cautionnement consenti en juillet 2004 à hauteur de 24 000 euros par une caution dirigeante au regard de ses biens et revenus, alors que la caution justifiait, par la production de ses avis d'imposition, avoir perçu pour l'année 2004 la somme de 10 391 euros pour lui-même et son épouse, pour l'année 2005, la somme de 93 euros, l'avis d'imposition sur les revenus ne portant plus que sur une seule part fiscale, et le RMI en 2006, les avis d'imposition ne faisant mention d'aucun revenu de patrimoine[3].

Par arrêt du 26 juin 2008[4], cette même juridiction a jugé qu'il n'y avait pas de disproportion lorsque la caution disposait, au moment où elle s'est engagée, d'un patrimoine de 400 000 euros hypothéqué pour moitié et de revenus annuels de 60 000 euros.

II. Extinction du cautionnement

A. Cessation des fonctions du dirigeant

Le dirigeant ne s'engage en principe en qualité de caution que pour la raison qu'il est le dirigeant de la société dont les obligations seront garanties. La question se pose par conséquent de savoir si l'arrivée du terme de son mandat social emporte des 35.35

1. Dans le même sens : Com. 13 févr. 2007, n° 04-17.287, Bull. civ. IV, n° 59; JCP 2007, IV, 1585 • Com. 13 févr. 2007, n° 05-20.884, NP • Com. 27 mars 2007, n° 06-13.052, NP.
2. En ce sens : D. Legeais, « La caution dirigeante », Mélanges B. Bouloc, Dalloz, 2006, p. 599.
3. CA Paris, 1er juin 2007, n° 05-22.456, RJDA 12/07, n° 1280.
4. CA Paris, 26 juin 2008, n° 06-17.644, Newsletter Omnidroit, n° 17, p. 4.

effets sur le cautionnement qu'il a pu souscrire ; autrement dit, la cessation des fonctions de dirigeant entraîne-t-elle la caducité du cautionnement ?

Cautionnement à durée déterminée. Lorsque le terme du cautionnement est expressément convenu entre les parties, la cessation des fonctions de la caution est en principe indifférente : sauf à ce que les parties aient précisément fait de cet événement futur et certain une source d'extinction de l'obligation, la caution restera tenue jusqu'au terme du cautionnement.

Cautionnement à durée indéterminée. La question de la caducité du cautionnement mérite en revanche d'être posée lorsque, comme cela était permis avant l'entrée en vigueur de la loi Dutreil de 2003[1], le dirigeant s'est engagé comme caution sans indication de durée, c'est-à-dire à durée indéterminée.

Tenu à durée indéterminée, le dirigeant doit savoir qu'il peut théoriquement résilier à tout moment son engagement. L'article L. 341-6 du code de la consommation impose, en effet, aux créanciers professionnels de rappeler chaque année à la caution personne physique, et donc au dirigeant caution, qu'elle a la faculté de révoquer à tout moment son engagement à durée indéterminée. Mais, en pratique, cette faculté est souvent bien illusoire car le dirigeant sait que, s'il l'exerce, le créancier risquera, à défaut de garantie de substitution, de dénoncer ses concours et d'en exiger le remboursement. En revanche, la caution retrouvera indubitablement cette liberté lorsqu'elle quittera ses fonctions. Il lui faudra, pour éviter toute difficulté, notifier expressément la résiliation de son engagement.

35.36 **Défaut de résiliation expresse.** Mais qu'en est-il, dans cette hypothèse d'un cautionnement à durée indéterminée, lorsque le dirigeant ne notifie pas expressément, lors de la cessation de ses fonctions, la résiliation de son engagement ?

La jurisprudence paraît clairement établie : la cessation des fonctions du dirigeant ne met pas fin à l'acte de cautionnement[2]. Autrement dit, la perte de qualité de gérant ne constitue pas un terme implicite de son engagement[3]. Il n'en va différemment que si le dirigeant a veillé à préciser, dans l'acte, que son engagement prendra fin avec le terme de ses fonctions[4].

> *La Cour d'appel de Paris a rappelé, par arrêt du 24 mai 2006, que le dirigeant d'une société se portant caution des dettes que celle-ci viendrait à contracter, continue d'être tenu des dettes nées après la cessation de ses fonctions, à moins qu'il n'ait stipulé expressément que le cautionnement était lié à l'exercice de ses fonctions et cesserait de plein droits de produire ses effets lorsqu'il y serait mis fin ou que la caution n'ait alors résilié son engagement*[5].

35.37 **Dettes antérieures au départ.** Il n'en reste pas moins vrai que le dirigeant, même dans cette hypothèse ou dans celle de la résiliation expresse de son engagement, res-

---

1. L. n° 2003-721, 1er août 2003, pour l'initiative économique, JO 5 août, p. 13449.
2. Com. 24 avr. 1990, n° 88-13.991, Bull. civ. IV, n° 117 ; D. 1991, jur. 177, note P. Morvan ; Gaz. Pal. 1991, n° 201, p. 7, note P. Morvan • Com. 15 oct. 1991, n° 89-19.122, Bull. civ. IV, n° 285 ; JCP 1991, IV, p. 436 ; D. 1991, IR 245.
3. D. Legais, « La caution dirigeante », préc.
4. Com. 15 oct. 1991, n° 89-19.122, Bull. civ. IV, n° 285, préc.
5. CA Paris, 14e ch. A, 24 mai 2006, Rev. sociétés 2006, p. 919, obs. I. Urbain-Parléani.

tera tenu à la garantie des dettes nées avant son départ : si l'obligation de couverture se trouve éteinte, demeure en revanche son obligation de règlement.

Cautionnement du compte-courant

Exemple(s) Dans l'hypothèse où la caution se serait engagée à la sûreté du remboursement des sommes dues au titre du compte-courant de l'entreprise, l'ensemble des remises en compte effectuées après l'extinction du cautionnement s'imputeront, à l'égard de la caution, sur le solde provisoire arrêté au jour de l'extinction de son obligation de couverture et viendront, en conséquence, en déduction des sommes dues au titre de son obligation de règlement.

Prenons l'exemple suivant d'un cautionnement résilié le 15 janvier :

15/01 : solde débiteur :	20 000 €
16/01 : crédit :	5 000 €
17/01 : débit :	7 000 €
19/01 : crédit :	2 000 €
22/01 : débit :	10 000 €
23/01 : débit :	8 000 €
24/01 : crédit :	13 000 €
24/01 : solde débiteur :	25 000 €

Le 15 janvier, jour de la résiliation ou du terme du cautionnement, le solde provisoire du compte-courant de la société était débiteur d'une somme de 20 000 €. La caution se trouve dès lors tenue à l'égard du banquier à hauteur de cette somme. Le montant cumulé des remises en compte opérées au 24 janvier s'élevant à la somme de 20 000 €, à cette date, la caution se trouve libérée de toute obligation à l'égard du banquier, peu important que le solde du compte de la société soit toujours débiteur, du fait des opérations inscrites, après le 15 janvier, au débit du compte, à hauteur de la somme de 25 000 €.

B. Transformation ou fusion de la société

1. Transformation de la forme juridique

La transformation de la structure juridique de la société est sans incidence quant à la durée de son obligation de caution, dès lors qu'elle n'entraîne pas la création d'une personne morale nouvelle[1]. 35.38

[1] Com. 2 oct. 1979, n° 78-10.114, Bull. civ. IV, n° 240 : pour le cas d'une transformation d'une SARL en SA.

2. Fusion-Absorption

35.39 Le sort du cautionnement en cas de fusion absorption a pour partie été modifié par deux arrêts de la Chambre commerciale de la Cour de cassation du 8 novembre 2005[1].

35.40 **Absorption de la société créancière.** Alors que jusqu'au 8 novembre 2005 il était jugé que l'absorption de la société créancière mettait fin au cautionnement, la caution n'étant plus tenue que du règlement des dettes antérieures à la fusion, la chambre commerciale de la Cour de cassation a déclaré qu'en cas de fusion-absorption d'une société propriétaire d'un immeuble donné à bail, le cautionnement garantissant le paiement des loyers est, sauf stipulation contraire, transmis de plein droits à la société absorbante. Cette décision a été rendue au seul visa de l'article L. 236-3 du code de commerce, aux termes duquel la fusion entraîne la transmission universelle du patrimoine de la société absorbée à la société absorbante, dans l'état où il se trouve à la date de réalisation définitive de l'opération.

35.41 **Absorption de la société débitrice.** Selon l'autre arrêt du 8 novembre 2005, rendu au visa des articles 2015 (désormais article 2292) du code civil et L. 236-3 du code de commerce, « en cas de dissolution d'une société par voie de fusion-absorption par une autre société, l'engagement de la caution garantissant le paiement des loyers consenti à la première demeure pour les obligations nées avant la dissolution de celle-ci ».

La Cour de cassation a fait référence aux obligations nées et non pas seulement aux créances échues, de sorte que « la caution devra garantir tous les loyers jusqu'à la résiliation ou au terme du bail, même s'ils sont échus après l'absorption de la société preneuse »[2].

III. Mise en jeu du cautionnement

35.42 **Cadre général.** Mis en demeure d'avoir à s'acquitter du paiement des sommes dues par la société, le dirigeant caution pourra, dans un certain nombre d'hypothèses, opposer aux créanciers différents moyens de défense. Le créancier qui estimerait ces moyens non fondés devra saisir la juridiction compétente. Il ne pourra, en effet, obtenir l'exécution forcée du cautionnement qu'à la condition de disposer d'un titre exécutoire contre la caution. Il convient donc, avant d'envisager ces moyens (voir n°s 35.44 et s.), de s'attacher à la détermination de la juridiction compétente pour connaître des demandes du créancier (voir n° 35.43).

Acte authentique. Toutefois, lorsque la caution se sera engagée non pas aux termes d'un acte sous seing privé, mais d'un acte authentique, le créancier pourra

---

1. Com. 8 nov. 2005, n° 02-18.449, Bull. civ. IV, n° 219; D. 2005, 2875, note A. Lienhard; RTD com. 2006, 145, note P. Le Cannu; Rev. sociétés 2006, 57, note M.-L. Coquelet.

2. P. Le Cannu, note sous Com. 8 nov. 2005, n° 02-18.449, Bull. civ. IV, n° 219, préc.

immédiatement faire procéder à son encontre à des mesures d'exécution forcée, sans avoir préalablement à saisir le juge. Il appartiendra alors à la caution de s'opposer à ces mesures, notamment devant le juge de l'exécution.

A. Juridiction compétente

Nature commerciale du cautionnement. La qualité de dirigeant caution emporte des conséquences spécifiques, dérogatoires du droit commun, en raison de l'intérêt du dirigeant à souscrire un cautionnement à la sûreté des dettes de la société. Ainsi, pour les tribunaux, l'intérêt personnel que trouvent les dirigeants cautions à la réalisation de l'opération principale garantie, a pour effet de rendre commercial leur cautionnement, alors même qu'il s'agit, par nature, d'un engagement civil. 35.43

La Chambre commerciale de la Cour de cassation considère en effet que la qualité de président du conseil d'administration de la caution fait présumer de ce qu'elle a un intérêt patrimonial à l'opération garantie et, par suite, que son engagement a un caractère commercial[1].

Conséquences. De cette commercialité résultera la **compétence des tribunaux de commerce** qui connaissent, en application des dispositions de l'article L. 721-3 du code de commerce, des contestations « relatives aux actes de commerce entre toutes personnes »[2].

Dès lors que le cautionnement sera fourni au profit d'un commerçant comme un établissement de crédit, l'acte sera commercial pour chacune des parties. Dans ce cas, la **clause compromissoire** donnant compétence à un arbitre pour connaître de tout litige relatif au cautionnement qui serait énoncée dans l'acte, devra être reconnue comme valable.

Limites. En revanche, cette commercialité résultant de l'acte ne saurait conférer la qualité de commerçant au dirigeant. Il en résulte que le cautionnement ne peut efficacement comporter de **clause attributive de compétence territoriale**, laquelle, pour être valable, supposerait, en application des dispositions de l'article 48 du code de procédure civile, qu'elle ait été convenue entre des personnes ayant toutes contracté en qualité de commerçant[3].

B. Moyens de défense au fond

La caution peut, selon les circonstances de l'espèce, soutenir qu'elle ne s'est pas valablement engagée (voir n°s 35.15 et s.), que son obligation est éteinte à titre principal (voir n°s 35.35 et s.) ou encore que l'action du créancier est prescrite. Elle peut 35.44

1. Com. 5 oct. 1993, n° 91-12.372, Bull. civ. IV, n° 310; Rev. sociétés 1994, 47, obs. D. Legeais; JCP 1993, IV, 2523.
2. Com. 7 juill. 1969, D. 1970, 14 • T. com. Paris, 14 déc. 1983, RJ com. 1984, p. 305, note C. Mouly et P. Delbecque.
3. Com. 10 févr. 1981, n° 79-15.687, Bull. civ. IV, n° 75 • Com. 1er avr. 1981, n° 79-16.509, Bull. civ. IV, n° 172; Bull. Joly 1981, p. 542.

également être bien fondée à faire valoir d'autres moyens que ceux relatifs aux questions précédemment évoquées.

1. Extinction de la dette garantie

35.45 Le cautionnement étant l'accessoire de la créance principale, la caution pourra chercher à tirer argument de l'extinction ou de la novation de l'obligation principale.

- l'article 1287 du code civil dispose, à cet égard, que « la remise ou décharge conventionnelle accordée au débiteur principal libère les cautions »;
- l'article 1281, alinéa 2, du code civil dispose quant à lui que « la novation opérée à l'égard du débiteur principal libère les cautions ».

35.46 **Remise de dette ou remise des poursuites consenties au débiteur principal.** Il ne faut pas confondre la remise de dette visée à l'article 1287 du code civil, avec la renonciation à le poursuivre, qu'aurait convenu le créancier avec le débiteur. « Remise des poursuites n'égale pas remise de dette. » [1]

Il résulte de l'arrêt rendu le 22 mai 2007 par la Chambre commerciale de la Cour de cassation que « la renonciation par le créancier au droit à agir en paiement contre le débiteur principal n'emporte pas extinction de l'obligation principale ni du recours de la caution contre ce débiteur, de sorte que la clause ["es parties renoncent de fait à intenter quelque action en justice que ce soit contre l'autre partie, sans pour autant renoncer aux actions à l'encontre des cautions solidaires délivrées dans le cadre du contrat de crédit-bail"] ne fait pas obstacle aux poursuites du créancier contre la caution solidaire »[2].

35.47 **Novation opérée à l'égard du débiteur principal.** Quant à l'application des dispositions précitées de l'article 1281, alinéa 2 du code civil (voir n° 35.45), la caution pourra utilement s'en prévaloir, notamment lorsqu'elle se sera portée caution d'une ouverture de crédit qui aura été, non pas simplement prorogée, mais véritablement renouvelée.

La Chambre commerciale de la Cour de cassation a en effet rappelé, par arrêt du 11 février 1997, que « la tacite reconduction n'entraîne pas prorogation du contrat primitif, mais donne naissance à un nouveau contrat et que le cautionnement doit être exprès et ne peut être étendu au-delà des limites dans lesquelles il a été contracté »[3].

Prorogation. Il ne saurait en être de même en cas de simple prorogation du terme de l'engagement de l'obligation principale. L'article 2316 du code civil[4] dispose, en effet, que « La simple prorogation de terme, accordée par le créancier au débiteur prin-

---

1. O. Deshayes, « La caution ne peut se prévaloir de la remise des poursuites consentie au débiteur principal », D. 2007, 1999.
2. Com. 22 mai 2007, n° 06-12.196, Bull. civ. IV, n° 136; D. 2007, 1999, note O. Deshayes; RTD com. 2007, 833.
3. Com. 11 févr. 1997, n° 95-15.130, Bull. civ. IV, n° 46; JCP E 1997, n° 307, 114; JCP 1997, IV, 736; D. 1998, 552, note D. Boccara.
4. C. civ., anc. art. 2039.

cipal, ne décharge point la caution, qui peut, en ce cas, poursuivre le débiteur pour le forcer au paiement ».

Remarque(s) *Sur les conséquences du défaut de déclaration, au passif du débiteur, de la créance garantie, voir nº 35.54.*

2. Perte du bénéfice de subrogation

Le dirigeant caution peut également échapper à tout règlement en établissant le fait que le créancier lui a fait perdre son bénéfice de subrogation. L'article 2314 du code civil[1] dispose en effet que « la caution est déchargée lorsque la subrogation aux droits, hypothèques et privilèges du créancier ne peut plus, par le fait de ce créancier, s'opérer en faveur de la caution. Toute clause contraire est réputée non écrite ». **35.48**

Exemple(s) La caution sera libérée lorsque le créancier aura failli à son obligation de renouveler son inscription hypothécaire sur un immeuble du débiteur, de sorte que la caution, amenée à payer la dette de ce dernier, ne pourra plus être subrogée dans ses droits hypothécaires et ainsi exercer utilement le recours subrogatoire dont elle dispose contre le débiteur.

De même, la Chambre mixte de la Cour de cassation a-t-elle considéré, par arrêt du 17 novembre 2006, que « le créancier qui, ayant pris un nantissement provisoire sur le fonds de commerce, obtient le même jour un cautionnement, permettant à la caution une subrogation, ne peut plus se borner à agir dans son strict intérêt personnel, mais doit prendre en compte les intérêts de la caution, en sorte qu'il s'oblige nécessairement à rendre définitif le nantissement »[2].

Enfin, par arrêt du 3 avril 2007, la première Chambre civile, se ralliant ainsi à la Chambre mixte, a affirmé que « le prêteur de deniers, bénéficiaire du privilège institué par l'article 2374 du code civil [privilèges spéciaux immobiliers], qui se garantit par un cautionnement, s'oblige envers la caution à inscrire son privilège »[3].

3. Faute du créancier

a. Soutien abusif de la société débitrice par le banquier

Cadre général. L'un des moyens de défense auxquels ont très souvent recours les cautions est la faute de la banque créancière pour soutien abusif ou octroi abusif de crédit. **35.49**

La démonstration d'une telle faute est, en effet, de nature à permettre à la caution d'être libérée de son obligation (1re option) ou, plus simplement, de solliciter l'allo-

1. C. civ., anc. art. 2037.

2. Cass. Ch. mixte, 17 nov. 2006, nº 04-19.123, Bull. Ch. mixte, nº 10 ; D. 2006, 2907, note V. Avena-Robardet.

3. Civ. 1re, 3 avr. 2007, nº 06-12.531, Bull. civ. I, nº 138 ; RTD civ. 2007, 595, note P. Crocq ; D. 2007, 1136, note V. Avena Robardet ; D. 2007, 1572, note D. Houtcieff.

cation de dommages-intérêts pour une somme d'un montant égal à celui qui lui est réclamé afin de faire constater corrélativement l'exécution de ses obligations par compensation (2e option). Elle dispose, à cet égard, d'une option procédurale depuis l'arrêt de la Chambre mixte de la Cour de cassation du 21 février 2003[1].

Application. Ce moyen est toutefois généralement rejeté par les tribunaux lorsque la caution est par ailleurs le dirigeant de la société débitrice[2]. La jurisprudence traite en effet beaucoup plus sévèrement la caution dirigeant de la société débitrice, que la caution tierce à l'entreprise.

Ce n'est, en fait, qu'en présence de **circonstances exceptionnelles** que le dirigeant pourra se prévaloir utilement de la faute de la banque, pour être déchargé de ses obligations[3]. Le dirigeant sera jugé infondé à rechercher la responsabilité de la banque bénéficiaire du cautionnement, faute, pour celui-ci, de pouvoir démontrer que la banque avait eu, sur ses revenus, son patrimoine et ses facultés de remboursement raisonnablement prévisibles en l'état du succès escompté de l'opération entreprise par la société, des informations que lui-même ignorait, ou encore que le banquier savait que la situation du débiteur principal était irrémédiablement compromise[4].

Remarque(s) *Par conséquent, la caution dirigeant, qui a une parfaite connaissance de son entreprise, de ses besoins de financement et de la rentabilité des investissements projetés, n'est de fait pas fondée à reprocher à la banque d'avoir octroyé des concours excessifs à celle-ci.*

Procédure collective. La responsabilité du banquier, en cas de procédure collective du débiteur principal sera appréciée au regard des dispositions de l'article L. 650-1 du code de commerce (voir no 35.59).

b. Information de la caution

35.50 **Information annuelle.** Le dirigeant caution, comme toute caution[5], pourra aussi éventuellement opposer à l'établissement de crédit créancier qui a octroyé un concours financier à la société qu'il dirige, les dispositions de l'article L. 313-22 du code monétaire et financier[6] aux termes duquel :

> *« Les établissements de crédit ayant accordé un concours financier à une entreprise, sous la condition du cautionnement par une personne physique ou une personne morale, sont tenus au plus tard avant le 31 mars de chaque année, de faire connaître à la caution le montant du principal et des intérêts,*

---

1. Ch. mixte, 21 févr. 2003, no 99-13.563, no 99-13.565 et no 99-18.759, Bull. Ch. mixte, nos 2 et 3.
2. Com. 3 mars 1992, no 90-12.710, Bull. civ. IV, no 99; JCP 1992, IV, 1333; Gaz. Pal. 1992, pan. 213 • Com. 15 févr. 1994, no 92-11.591, Bull. civ. IV, no 60; JCP 1994, IV, 1027; JCP E 1994, pan. 564, p. 193.
3. Com. 12 nov. 1997, no 95-17.693, Bull. civ. IV, no 289; JCP E 1998, II, p. 182, note D. Legeais • Pour des espèces où la responsabilité a été retenue, voir aussi, Com. 17 juin 1997, no 95-14.105, Bull. civ. IV, no 188; JCP 1997, IV, 1721; D. 1997, IR 165 • Com. 23 juin 1998, no 95-16.117, Bull. civ. IV, no 208; JCP 1998, IV, 2847, p. 1667; JCP E 1998, jur. 1831, note D. Legeais.
4. Com. 8 oct. 2002, no 99-18.619, D. 2003, jur. 414, note C. Koering; JCP E 2002, 1730, p. 1920 • Com. 18 févr. 2004, no 02-18.064, NP; RTD com. 2004, 583, note Legeais; JCP E 2005, 782, no 37, obs. J. Stoufflet et N. Mathey.
5. Com. 25 mai 1993, no 91-15.183, Bull. civ. IV, no 203; RTD com. 1993, 697; JCP E 1993, no 39, p. 217, note H. Croze.
6. Anc. art. 48, L. no 84-148, 1er mars 1984.

commissions, frais et accessoires restant à courir au 31 décembre de l'année précédente au titre de l'obligation bénéficiant de la caution, ainsi que le terme de cet engagement. Si l'engagement est à durée indéterminée, il rappelle la faculté de révocation à tout moment et les conditions dans lesquelles celle-ci est exercée.

Le défaut d'accomplissement de la formalité prévue à l'alinéa précédent emporte, dans les rapports entre la caution et l'établissement tenu de cette formalité, déchéance des intérêts échus depuis la précédente information jusqu'à la date de communication de la nouvelle information. Les paiements effectués par le débiteur principal sont réputés, dans les rapports entre la caution et l'établissement, affectés prioritairement au règlement du principal de la dette ».

Ainsi, par arrêt du 13 novembre 2007, la chambre commerciale de la Cour de cassation a retenu qu'il résulte de l'article L. 313-22 du code monétaire et financier que les établissements de crédit ayant accordé à une entreprise un concours financier au sens de ce texte doivent se conformer à ses prescriptions jusqu'à l'extinction de la dette garantie, même lorsque le cautionnement a été souscrit par un dirigeant de la société cautionnée en connaissant exactement la situation[1].

Sanctions. Au-delà de la sanction prévue par ce texte, qui semble être limitée à la perte des intérêts conventionnels depuis le 1er avril de l'année au cours de laquelle l'information n'a pas été faite, les tribunaux acceptent, dans certaines hypothèses, de faire droit à l'argumentation des cautions qui justifient avoir subi un préjudice en ayant été privées, en fait, de la possibilité de résilier leur engagement, et par conséquent de condamner à titre reconventionnel le créancier au paiement de dommages et intérêts se compensant avec les sommes réclamées[2].

Ce moyen suppose naturellement que le cautionnement ait été consenti à durée indéterminée et que la caution ait effectivement été en mesure de résilier son engagement.

Incident de paiement. Cette obligation d'information, issue de la loi nº 84-148 du 1er mars 1984, a ensuite été complétée par celle, introduite par la loi du 29 juillet 1998 dans le code de la consommation à l'article L. 341-1, aux termes duquel : « Sans préjudice de dispositions particulières, toute personne physique qui s'est portée caution est informée par le créancier professionnel de la défaillance du débiteur principal dès le premier incident de paiement non régularisé dans le mois de l'exigibilité de ce paiement. Si le créancier ne se conforme pas à cette obligation, la caution ne saurait être tenue au paiement des pénalités ou intérêts de retards échus entre la date de ce premier incident et celle à laquelle elle en a été informée ». **35.51**

Par arrêt du 27 novembre 2007, la Chambre commerciale de la Cour de cassation a refusé de limiter cette obligation aux seules cautions profanes, énon-

---

1. Com. 13 nov. 2007, nº 06-20.168, NP ; RTD com. 2008, 169, obs. D. Legeais.

2. Com. 20 oct. 1992, nº 90-19.872, Bull. civ. IV, nº 311 ; RTD com. 1993, 148 ; JCP E 1992, pan. nº 1321, p. 424 ; D. 1992, IR 261.

çant de façon très claire que « l'obligation doit être respectée même lorsque le cautionnement a été souscrit par un dirigeant de la société cautionnée en connaissant exactement la situation »[1].

35.52 **Code de la consommation.** Depuis la loi Dutreil du 1er août 2003, cette obligation d'information est désormais exigée dans les termes et sous la sanction prévue à l'article L. 341-6 du code de la consommation qui dispose que « Le créancier professionnel est tenu de faire connaître à la caution personne physique, au plus tard avant le 31 mars de chaque année, le montant du principal et des intérêts, commissions, frais et accessoires restant à courir au 31 décembre de l'année précédente au titre de l'obligation garantie, ainsi que le terme de cet engagement. Si l'engagement est à durée indéterminée, il rappelle la faculté de révocation à tout moment et les conditions dans lesquelles celle-ci est exercée. À défaut, la caution ne saurait être tenue au paiement des pénalités ou intérêts de retard échus depuis la précédente information jusqu'à la date de communication de la nouvelle information ».

Mais, ainsi que le rappelle la chambre commerciale de la Cour de cassation aux termes d'un arrêt du 13 février 2007, ce texte « ne peut entraîner la déchéance du droit aux intérêts conventionnels qu'à compter de la date de son entrée en vigueur (7 août 2003) et n'est pas applicable aux situations consommées avant cette date »[2].

35.53 **Limites.** Cette obligation d'information est toutefois limitée à l'objet défini par la loi dont elle est issue.

Ainsi, la Chambre commerciale de la Cour de cassation a-t-elle dû récemment rappeler, par arrêt du 8 janvier 2008, que ni la bonne foi devant régir les relations entre la banque et la caution, ni le devoir d'information, n'impose à la banque d'avertir l'ancien dirigeant de l'octroi d'un nouveau prêt, le cautionnement qu'il a souscrit garantissant toutes les dettes, y compris les dettes futures de la société et ne cessant pas avant que la caution ne révoque expressément celui-ci[3].

Remarque(s) *Voir toutefois sur l'application des dispositions de l'article L. 341-2 du code de la consommation imposant, depuis la loi du 1er août 2003, une limitation de la durée des cautionnements convenus sous seing privé, nos 35.18, 35.24.*

4. Incidences d'une procédure collective ouverte à l'encontre de la société garantie

35.54 **Défaut de déclaration de la créance garantie.** Sous l'empire de la loi ancienne (toujours applicable aux procédures ouvertes avant le 1er janvier 2006), l'extinction

1. Com. 27 nov. 2007, no 06-15.128, Bull. civ. IV, no 253 ; D. 2008, AJ 7, obs. V. Avena-Robardet ; RTD com. 2008, 169, obs. D. Legeais.
2. Com. 13 févr. 2007, no 05-13.308, Bull. civ. IV, no 32 ; D. 2007, 651, obs. V. Avena-Robardet ; RTD civ. 2007, 370, note P. Crocq.
3. Com. 8 janv. 2008, no 05-13.735, Bull. civ. IV, no 1 ; D. 2008, 474, obs. V. Avena-Robardet.

de la créance pour défaut de déclaration au passif dans les délais requis emportait extinction de l'obligation de la caution, eu égard au caractère accessoire du cautionnement. Le dirigeant caution pouvait en conséquence opposer cette extinction au créancier[1]. La Chambre commerciale avait précisé que le juge était tenu de relever le défaut de déclaration de créance[2].

Avec la loi de sauvegarde des entreprises du 26 juillet 2005[3], le défaut de déclaration de créance dans les délais n'est plus sanctionné par l'extinction de la créance. Désormais, il est simplement indiqué que le créancier qui n'a pas déclaré à temps et qui n'a pas été relevé de sa forclusion ne pourra plus se prévaloir de sa créance à l'égard de la procédure : il ne participera pas aux répartitions et dividendes. La caution ne peut plus, en pareille hypothèse, se prévaloir de l'extinction de son obligation. Toutefois, selon la doctrine, la caution devrait « pouvoir se prévaloir de la décharge prévue par l'article [2314] du code civil si, du fait de la non-participation du créancier aux répartitions, il en résulte, par subrogation, un préjudice pour elle, telle la privation du bénéfice d'un droit préférentiel : droit de rétention ou hypothèque »[4] (voir n° 35.48). **35.55**

Suspension des poursuites à l'encontre de la caution. L'ouverture d'une procédure de redressement judiciaire à l'encontre du créancier aura également pour effet de suspendre toute action contre la caution. **35.56**

Reprenant la solution consacrée en 1994 à l'article L. 621-48 du code de commerce, l'article L. 622-28 du code de commerce, issu de la loi de sauvegarde des entreprises et modifié par l'article 166 de l'ordonnance du 18 décembre 2008[5], dispose en son second alinéa que : « Le jugement d'ouverture suspend jusqu'au jugement arrêtant le plan ou prononçant la liquidation toute action contre les personnes physiques coobligées ou ayant consenti une sûreté personnelle ou ayant affecté ou cédé un bien en garantie. Le tribunal peut ensuite leur accorder des délais ou un différé de paiement dans la limite de deux ans. », son troisième alinéa précisant toutefois que « Les créanciers bénéficiaires de ces garanties peuvent prendre des mesures conservatoires ».

Ces dispositions sont applicables tant aux procédures de sauvegarde, qu'aux procédures de redressement judiciaire (application, pour ce dernier cas, des dispositions de cet article, par renvoi opéré par l'article L. 631-14, I).

Arrêt du cours des intérêts. Dans le cadre de la procédure de sauvegarde, l'article L. 621-28 du code de commerce, alinéa 1er, dispose que « le jugement d'ouverture arrête le cours des intérêts légaux et conventionnels, ainsi que de tous intérêts de retard et majorations, à moins qu'il ne s'agisse des intérêts résultant de contrats de prêt conclus pour une durée égale ou supérieure à un an ou de contrats assortis d'un paiement différé d'un an ou plus. Les personnes physiques coobligées ou ayant **35.57**

1. Com. 17 juill. 1990, n° 89-13.439, n° 88-15.630, Bull. civ. IV, nos 214 et 215; D. 1990, 494, note A. Honorat.
2. Com. 23 juin 1998, D. Affaires 1998, 1590, obs. V. A.-R.
3. L. n° 2005-845, 26 juill. 2005, loi de sauvegarde des entreprises, JO 27 juill, p. 12187.
4. A. Lienhard, Sauvegarde des entreprises en difficulté, le nouveau droit des procédures collectives, Delmas, n° 1108.
5. Ord. n° 2008-1345, 18 déc. 2008, portant réforme du droit des entreprises en difficulté, JO 19 déc., p. 19462.

consenti une sûreté personnelle ou ayant affecté ou cédé un bien en garantie peuvent se prévaloir des dispositions du présent alinéa ».

En cas de redressement judiciaire, l'article L. 631-14, alinéa 6, du code de commerce dispose que « Toutefois, les personnes physiques coobligées ou ayant consenti une sûreté personnelle ou ayant affecté ou cédé un bien en garantie ne peuvent se prévaloir [...] des dispositions prévues au premier alinéa de l'article L. 622-28 ».

35.58 **Remises consenties aux débiteurs.** Sous l'empire de la loi ancienne, qui demeure applicable aux procédures ouvertes avant le 1er janvier 2006, l'article L. 621-65 du code de commerce[1] disposait que si le jugement qui arrête le plan rend les dispositions opposables à tous, toutefois, les cautions solidaires et coobligées ne peuvent s'en prévaloir[2].

Désormais, en cas de **plan de sauvegarde**, l'article L. 626-11 du code de commerce dispose que « Le jugement qui arrête le plan en rend les dispositions opposables à tous. À l'exception des personnes morales, les coobligés et les personnes ayant consenti une sûreté personnelle ou ayant affecté ou cédé un bien en garantie peuvent s'en prévaloir ». Cependant, en cas de **redressement judiciaire**, l'article L. 631-20 dispose que « Par dérogation aux dispositions de l'article L. 626-11, les coobligés et les personnes ayant consenti une sûreté personnelle ou ayant affecté ou cédé un bien en garantie ne peuvent se prévaloir des dispositions du plan ».

35.59 **Dispositions du code de commerce relatives à la responsabilité des créanciers ayant octroyé un concours à la société.** Selon les dispositions de l'article L. 650-1 du code de commerce, issues de l'article 126 de la loi du 26 juillet 2005[3], « les créanciers ne peuvent être tenus pour responsables des préjudices subis du fait des concours consentis, sauf les cas de fraude, d'immixtion caractérisée dans la gestion du débiteur ou si les garanties prises en contrepartie de ces concours sont disproportionnées à ceux-ci.

Pour le cas où la responsabilité d'un créancier est reconnue, les garanties prises en contrepartie de ses concours peuvent être annulées ou réduites par le juge »[4]. Ce texte pose le principe de « l'irresponsabilité » du créancier ayant octroyé un concours à la société qui fait l'objet d'une procédure collective. Il n'existe aucune raison pour qu'il ne puisse pas être opposé à la caution qui, pour se défendre, rechercherait la responsabilité du banquier bénéficiaire de la garantie au motif qu'il aurait soutenu abusivement la société qu'il dirigeait, ou encore qu'il lui aurait consenti un crédit ruineux ou inadapté.

1. Anc. art. 64, L. 1985.
2. Sur cette question, voir M.-J. Campana, Gaz. Pal. 1986, 2, Doctr. 317 • A. Liénart. Rev. proc. coll. 1988, p. 121 • S. Frémeaux, LPA 29 déc. 1997 (remises de dettes et plans de règlement) • E. Nsie, « Les remises de dettes consenties au débiteur en difficulté », Rev. proc. coll. 1998, p. 138.
3. L. 26 juill. 2005, préc.
4. Sur l'article L. 650-1 du code de commerce, voir R. Routier, « L'article L. 650-1 du code de commerce : un article "détonnant" pour le débiteur et "détonant" pour le contribuable ? », D. 2006, chron. 2916 • D. Legeais, JCP E 2005, n° 42, p. 1747 ; « La loi du 26 juillet 2005 relative à la sauvegarde des entreprises », RTD com. 2005, 818 • D. Robine, « L'article L. 650-1 du code de commerce : un "cadeau" empoisonné », D. 2006, chron. 69 • P. Hoang, « De la suppression du dispositif prétorien de la responsabilité pour soutien abusif », D. 2006, 1458 • J. Moury, « La responsabilité du fournisseur de "concours" dans le marc de l'article L. 650-1 du code de commerce », D. 2006, 1743 • Sur les modifications issues de l'ordonnance du 18 déc. 2008 : R. Routier, Gaz. Pal. 8-10 mars 2009, p. 53.

C. Voies d'exécution : l'article 1415 du code civil

Engagement du conjoint. Le dirigeant, à l'encontre duquel un créancier de la société, muni d'un titre exécutoire obtenu à son encontre au titre de ses obligations de caution, tenterait de faire mettre en œuvre des voies d'exécution (saisie mobilière ou immobilière) pourra, si son conjoint marié sous le régime de la communauté légale n'a pas donné son consentement exprès au cautionnement qu'il aura souscrit, se prévaloir utilement de l'article 1415 du code civil. 35.60

Cet article dispose en effet que : « Chacun des époux ne peut engager que ses biens propres et ses revenus, par un cautionnement ou un emprunt, à moins que ceux-ci n'aient été contractés avec le consentement exprès de l'autre conjoint qui, dans ce cas, n'engage pas ses biens propres ». Il lui permettra d'obtenir du juge de l'exécution la mainlevée de toute voie d'exécution qui ne porterait pas sur ses biens propres, mais sur ceux de la communauté.

Mais encore faut-il que le dirigeant soit tenu au titre d'un cautionnement proprement dit et non pas au titre de ce que la pratique nommait autrefois un cautionnement réel, c'est-à-dire au titre seulement d'un nantissement ou d'une hypothèque qu'il aurait consenti à la sûreté des obligations de la société[1].

---

1 Ch. mixte, 2 déc. 2005, n° 03-18.210, Bull. Ch. mixte, n° 7 ; BICC 15 janv. 2006, rapp. Foulquié, concl. Sainte-Rose ; D. 2006, p. 729, concl. Sainte-Rose, note Aynès ; JCP 2005, II, 10183, note Ph. Simler ; JCP E 2006, 1056, note S. Piedelièvre ; Defrénois 2006, 586, obs. R. Libchaber, et 1601, obs. Champenois ; AJ fam. 2006, 113, obs. P. Hilt ; Dr. fam. 2006, Étude 13, par B. Beignier ; CCC 2006, n° 62, obs. Leveneur ; Dr. et patr., févr. 2006, p. 128, obs. Ph. Dupichot ; Banque et Droit, janv.-févr. 2006, p. 55, obs. Jacob ; RTD civ. 2006, 357, obs. B. Vareille, et 594, obs. Crocq ; RTD com. 2006, 465, obs. D. Legeais • Civ. 1re, 28 févr. 2006, n° 02-10.602, Bull. civ. I, n° 102 ; D. 2006, pan. 2068, obs. Revel ; JCP E 2006, 2699, note S. Hovasse : à propos du nantissement d'un contrat d'assurance-vie.

Titre 4

Exercice des fonctions

CHAPITRE 41

41

Pouvoirs

Si le dirigeant d'une société commerciale dispose en principe des pouvoirs les plus étendus pour réaliser l'objet social, il doit toutefois veiller à respecter tant les limites posées par la loi que celles, éventuelles, qui ont pu être convenues dans le cadre des statuts ou de conventions particulières. **41.11**

À défaut, outre l'engagement de la responsabilité personnelle du dirigeant, se pose la question de savoir si la société se trouve valablement engagée à l'égard des tiers cocontractants.

C'est dire que les tiers ne pourront se fier aveuglément au principe de la plénitude des pouvoirs du dirigeant pour représenter la société à leur égard : ils devront veiller, selon la nature des actes convenus, à procéder à certaines vérifications de pouvoirs s'ils ne veulent pas que la société puisse se prévaloir à leur égard de l'inopposabilité de ceux-ci.

I. Étendue des pouvoirs

A. Plénitude des pouvoirs

1. Principes généraux

a. Pouvoirs de gestion et de direction économique et juridique de la société

Champ. Bien que couramment qualifié de mandataire social, le dirigeant ne dispose pas seulement des pouvoirs qui seraient attribués par des associés à un mandataire. Tenant ses pouvoirs de la loi, le dirigeant se trouve en principe investi des **41.12**

pouvoirs les plus étendus, sous réserve de ceux qui relèvent des assemblées générales d'associés ou actionnaires, **pour agir en toutes circonstances au nom de la société** afin d'en réaliser l'objet.

Ainsi, le dirigeant est-il libre d'organiser l'entreprise et de la gérer comme il l'entend, mais aussi de recruter, de diriger et de licencier du personnel[1], d'user de la signature sociale ou encore de disposer des biens sociaux, sans avoir, en principe, à solliciter l'accord de ses associés ou actionnaires. Autrement dit, il assure tant la gestion que la direction économique et juridique de la société.

b. Énoncé des pouvoirs

41.13 Plus précisément, ces pouvoirs sont définis par le code de commerce, pour chaque type de société, dans des termes proches, qui laissent place à certaines spécificités.

1. Société en nom collectif (SNC) et société en commandite simple

41.14 L'article L. 221-4 du code de commerce, relatif à la SNC[2] et auquel renvoient les articles L. 222-2 pour la société en commandite simple et l'article L. 223-18 pour la SARL, dispose que « dans les rapports entre associés, et en l'absence de la détermination de ses pouvoirs par les statuts, le gérant peut faire tous actes de gestion dans l'intérêt de la société ».

2. Société à responsabilité limitée (SARL)

41.15 **Cadre légal.** L'article L. 223-18 précité précise encore que, dans la SARL[3], « dans les rapports avec les tiers, le gérant est investi des pouvoirs les plus étendus pour agir en toutes circonstances au nom de la société, sous réserve des pouvoirs que la loi attribue expressément aux associés ». Ces dispositions, issues de la loi de 1966, ont été successivement complétées par l'ordonnance du 25 mars 2004[4], puis par la loi du 2 août 2005[5].

Désormais, l'article L. 223-18 du code de commerce dispose également que : « Le déplacement du siège social dans le même département ou dans un département limitrophe peut être décidé par le ou les gérants, sous réserve de ratification de cette décision par les associés dans les conditions prévues au deuxième alinéa de l'article L. 223-30.

Dans les mêmes conditions, le gérant peut mettre les statuts en harmonie avec les dispositions impératives de la loi et des règlements.

Lorsque des parts sociales ont fait l'objet d'un contrat de bail en application de l'article L. 239-1, le gérant peut inscrire dans les statuts la mention du bail et du nom du locataire à côté du nom de l'associé concerné, sous réserve de la ratification de cette décision par les associés dans les conditions prévues à l'article L. 223-29. Il peut, dans les mêmes conditions, supprimer cette mention en cas de non-renouvellement ou de résiliation du bail. »

---

1. Le code du travail reconnaît au dirigeant la qualité de chef d'entreprise.
2. Voir dans la même collection, *Société en nom collectif – SNC*, par F. Lemeunier.
3. Voir dans la même collection, *Société à responsabilité limitée – SARL*, par F. Lemeunier.
4. Ord. n° 2004-274, 25 mars 2004, portant simplification du droit et des formalités pour les entreprises, JO 27 mars, p. 5871, art. 16 III.
5. L. n° 2005-882, 2 août 2005, en faveur des petites et moyennes entreprises, art. 26, II, JO 3 août, p. 12639.

3. Société anonyme (SA)

Cadre général. Quant à la société anonyme[1], la loi relative aux nouvelles régulations économiques du 15 mai 2001 (dite loi NRE)[2] a redéfini les pouvoirs attribués aux organes d'administration et de direction de la SA : **41.16**

Remarque(s) Auparavant, le code de commerce usait de termes similaires pour le conseil d'administration (art. L. 225-35) et son président (art. L. 225-51), ou encore pour le directoire (art. L. 225-64). Ainsi le président du conseil d'administration était « investi des pouvoirs les plus étendus pour agir en toutes circonstances au nom de la société ».

Conseil d'administration. Le conseil d'administration, auquel les textes conféraient un pouvoir général d'administration, se voit désormais, aux termes de l'article L. 225-35 du code de commerce, attribuer, dans des termes relativement imprécis, une fonction d'organisation et de surveillance. Aux termes du premier alinéa de ce texte, « le conseil d'administration détermine les orientations de l'activité de la société et veille à leur mise en œuvre. Sous réserve des pouvoirs expressément attribués aux assemblées d'actionnaires et dans la limite de l'objet social, il se saisit de toute question intéressant la bonne marche de la société et règle par ses délibérations les affaires qui la concernent ».

Président du conseil d'administration. Le président du conseil d'administration voit ses fonctions d'organe d'administration, jusqu'alors ignorées par les textes, précisées par l'article L. 225-51 du code de commerce : « le président du conseil d'administration organise et dirige les travaux de celui-ci, dont il rend compte à l'assemblée générale. Il veille au bon fonctionnement des organes de la société et s'assure, en particulier, que les administrateurs sont en mesure de remplir leur mission ».

Direction générale de la société. La direction générale de la société, qui relevait jusqu'alors du président du conseil d'administration, encore appelé président-directeur général ou P-DG, ne lui est plus systématiquement dévolue. L'article L. 225-51-1 du code de commerce dispose en effet qu'elle « est assumée, sous sa responsabilité, soit par le président du conseil d'administration, soit par une personne physique nommée par le conseil d'administration et portant le titre de directeur général ». Il importe, par conséquent, de s'attacher au fait de savoir si un directeur général a été désigné, car, en cette hypothèse, c'est à celui-ci que le pouvoir de représentation de la société à l'égard des tiers appartient et non, comme avant l'entrée en vigueur de la loi NRE, au président du conseil d'administration. **41.17**

C'est la raison pour laquelle le code de commerce attribue les pouvoirs de direction au directeur général à l'article L. 225-56, en ces termes :

> *« Le directeur général est investi des pouvoirs les plus étendus pour agir en toutes circonstances au nom de la société. Il exerce ces pouvoirs dans les limi-*

---

1. Voir dans la même collection, *Société anonyme*, par F. Lemeunier.
2. B. Saintourens, « Les organes de direction de la société anonyme après la loi relative aux nouvelles régulations économiques », Rev. sociétés 2001, 515 • F.-X. Lucas, « Redéfinition des pouvoirs des dirigeants », Dr. sociétés, août-sept. 2001, n°s 8-9, hors-série, p. 13.

tes de l'objet social et sous réserve de ceux que la loi attribue expressément aux assemblées d'actionnaires et au conseil d'administration.

Il représente la société dans ses rapports avec les tiers. La société est engagée même par les actes du directeur général qui ne relèvent pas de l'objet social, à moins qu'elle ne prouve que le tiers savait que l'acte dépassait cet objet ou qu'il ne pouvait l'ignorer compte tenu des circonstances, étant exclu que la seule publication des statuts suffise à constituer cette preuve.

Les dispositions des statuts ou les décisions du conseil d'administration limitant les pouvoirs du directeur général sont inopposables aux tiers ».

Il est ensuite précisé, à l'article L. 225-51-1 du même code, que lorsque la direction générale de la société est assumée par le président du conseil d'administration, les dispositions relatives au directeur général lui sont applicables.

4. Société par actions simplifiée (SAS)

41.18 **Cadre légal.** S'agissant enfin de la SAS, l'article L. 227-6 du code de commerce dispose que :

« La société est représentée à l'égard des tiers par un président désigné dans les conditions prévues par les statuts. Le président est investi des pouvoirs les plus étendus pour agir en toutes circonstances au nom de la société dans la limite de l'objet social.

Dans les rapports avec les tiers, la société est engagée même par les actes du président qui ne relèvent pas de l'objet social, à moins qu'elle ne prouve que le tiers savait que l'acte dépassait cet objet ou qu'il ne pouvait l'ignorer compte tenu des circonstances, étant exclu que la seule publication des statuts suffise à constituer cette preuve.

Les statuts peuvent prévoir les conditions dans lesquelles une ou plusieurs personnes autres que le président, portant le titre de directeur général ou de directeur général délégué, peuvent exercer les pouvoirs confiés à ce dernier par le présent article.

Les dispositions statutaires limitant les pouvoirs du président sont inopposables aux tiers. »

41.19 **Publicité au RCS des délégations consenties au directeur général.** Bien que la loi du 1er août 2003 de sécurité financière[1] soit venue expressément permettre, par une stipulation des statuts, la représentation des SAS par une ou plusieurs autres personnes que son président, encore faut-il que ce type de délégation fasse, pour être opposable, l'objet d'une publicité au registre du commerce et des sociétés[2].

1. L. n° 2003-706, 1er août 2003, de sécurité financière, JO 2 août, p. 13220.

2. Com. 3 juin 2008, n° 07-14.457, NP, Rev. sociétés, 2008, 612, note Le Cannu; Propr. intell. 2008, n° 29, p. 458, obs. De Haas.

c. Société étrangère

Dans l'hypothèse particulière d'une société étrangère, les pouvoirs de son dirigeant sont déterminés par la loi nationale de la société[1]. **41.20**

2. Pluralité de dirigeants

En cas de pluralité de dirigeants, le principe est que chacun des gérants détient les mêmes pouvoirs qu'un gérant unique, sous réserve du droit d'opposition qui peut être formé par un gérant aux actes d'un autre gérant[2]. **41.21**

Dans le cadre de la SA, l'article L. 225-56 du code de commerce précise que les éventuels directeurs généraux délégués, dont l'étendue et la durée des pouvoirs sont déterminées par le conseil d'administration, disposent, à l'égard des tiers, des mêmes pouvoirs que le directeur général, c'est-à-dire des pouvoirs les plus étendus pour agir en toutes circonstances au nom de la société.

B. Limites aux pouvoirs

Ces pouvoirs, pour autant qu'ils sont les plus étendus, n'en sont pas absolus : ils souffrent non seulement des limites prescrites par la loi, mais également de celles qui pourraient éventuellement être convenues dans le cadre des statuts de la société ou par des conventions particulières. Il importe, en effet, de distinguer ces deux séries de limites aux pouvoirs du dirigeant, dans la mesure où elles sont sanctionnées différemment, eu égard à la connaissance que peut en avoir le tiers cocontractant. **41.22**

1. Limites légales

a. Pouvoirs attribués par la loi à d'autres organes sociaux

Assemblée d'associés ou d'actionnaires. De façon générale, le code de commerce réserve aux assemblées d'associés ou d'actionnaires la prérogative de modifier les statuts, ou encore d'approuver les comptes. Elles seules peuvent accepter d'augmenter ou de diminuer le capital social, de distribuer ou de mettre en réserve les bénéfices. **41.23**

Ainsi, s'agissant de la SARL :

- l'article L. 223-26 du code de commerce dispose que « le rapport de gestion, l'inventaire et les comptes annuels, établis par les gérants, sont soumis à l'approbation des associés réunis en assemblée, dans le délai de six mois à compter de la clôture de l'exercice [...] » ;
- l'article L. 223-30, que « les associés ne peuvent, si ce n'est à l'unanimité, changer la nationalité de la société. Toutes autres modifications des statuts sont décidées par les associés [...] ».

---

1. Com. 21 déc. 1987, nº 85-13.173, Bull. civ. IV, nº 281 ; Rev. sociétés 1988, p. 398, note H. Synvet ; Bull. Joly 1988, p. 194, note J.-P. Laborde • Civ. 1re, 8 déc. 1998, nº 96-19.514, Bull. civ. I, nº 345 ; Rev. sociétés 1999, 93, note Y. Guyon ; Bull. Joly 1999, p. 458, note M. Menjucq.

2. C. com., art. L. 221-4 pour la SNC • art. L. 222-2 pour la société en commandite simple • art. L. 223-18 pour la SARL • art. L. 226-7 pour la société en commandite par actions.

41.24 **Conseil d'administration ou au conseil de surveillance des SA.** Plus spécialement, la loi attribue au conseil d'administration ou au conseil de surveillance des SA des pouvoirs particuliers. Ce sont eux qui, notamment, convoquent les assemblées générales (C. com., art. L. 225-103) et qui autorisent les conventions conclues entre la société et un dirigeant (voir chapitre 31, nos 31.11 et s.), ainsi que les cautionnements, avals et garanties consentis au nom de la société (C. com., art. L. 225-35).

41.25 **Garanties personnelles.** S'agissant des garanties personnelles consenties à la sûreté des engagements d'un tiers, par une société qui n'est pas un établissement bancaire ou financier, et qui ne relèvent pas des conventions interdites[1], le président du conseil d'administration ou le directeur général doit, pour engager valablement sa société, disposer d'une autorisation préalable du conseil d'administration[2].

L'article L. 225-35, alinéa 4 dispose, à cet égard que : « les cautions, avals et garanties donnés par des sociétés autres que celles exploitant des établissements bancaires ou financiers font l'objet d'une autorisation du conseil d'administration dans les conditions déterminées par décret en conseil d'État. Ce décret détermine également les conditions dans lesquelles le dépassement de cette autorisation peut être opposé aux tiers » (voir no 41.26).

Remarque(s) *Ne sont pas concernées les sûretés réelles, comme le gage ou l'hypothèque afférentes à des engagements propres. Sont en revanche visées, au-delà du cautionnement et de l'aval, les garanties à première demande, ainsi que les lettres d'intention, de confort, voire de patronage, dès lors qu'elles constituent un engagement contractuel de garantie.*

La jurisprudence est venue préciser le champ d'application de ces dispositions.

S'agissant des garanties personnelles visées, il peut s'agir, au-delà des cautionnements et avals expressément visés par le code de commerce, de garantie autonomes[3], de lettres d'intention ou de promesses de port fort lorsqu'elles font naître une obligation de résultat.

Si les garanties relatives aux engagements d'une succursale échappent à l'autorisation préalable, en ce qu'elles ne sont pas données en faveur d'un tiers[4], tel n'est en revanche pas le cas des garanties intragroupe, consenties à la sûreté des obligations d'une filiale qui dispose d'une personnalité juridique distincte[5], ou de celles de la société mère[6].

---

1. Voir chapitre 31.
2. Cette autorisation préalable n'est pas nécessaire lorsqu'il s'agit d'une garantie consentie à la sûreté des engagements de la société elle-même : Com. 11 févr. 1986, no 84-13.959, Bull. civ. IV, no 14 ; Rev. sociétés 1986, 243, note J.-J. Daigre.
3. Com. 26 janv. 1993, Bull. Joly 1993, p. 569, note Delebecque.
4. CA Dijon, 23 avr. 2004, JCP E 2004, no 25, p. 990 ; RJDA 2004, no 1228.
5. Com. 28 avr. 1987, no 85-16.956, Bull. civ. IV, no 102 ; D. 1988, 341, note D. Grillet-Ponton ; Com. 9 déc. 1997, no 96-17.916, no 96-18.134, Bull. civ. IV, no 332 ; D. 1998, IR 49 ; D. Affaires 1998, 170, obs. X. D. ; Bull. Joly 1998, p. 231, note J.-F. Barbièri ; Dr. sociétés 1998, no 47, note Vidal ; JCP E 1998, no 32135, p. 1306, obs. Viandier et Caussain ; Rev. sociétés 1998, 561, note Delebecque • CA Paris, 13 févr. 1991, Bull. Joly 1991, p. 405, note Delebecque • CA Paris, 17 nov. 1992, ibid. 1993. p. 98, note Chaput • CA Paris, 3 nov. 1999 : Bull. Joly 2000, p. 266.
6. CA Paris, 24 avr. 1990, D. 1990, IR 130 ; Bull. Joly 1990, p. 869, note Delebecque.

Modalités de l'autorisation. L'autorisation peut être spéciale en ce qu'elle sera donnée par le conseil d'administration pour une opération déterminée. Elle peut également être plus générale, le conseil d'administration autorisant le dirigeant, pour une période qui ne saurait être supérieure à une année, à consentir des sûretés au nom de la société pour un montant global déterminé. Dans ce dernier cas, l'autorisation peut également être elle-même limitée, pour chaque engagement distinct, à une somme maximale. **41.26**

L'article R. 225-28 du code de commerce précise, à cet égard, que :

> *« Le conseil d'administration peut, dans la limite d'un montant total qu'il fixe, autoriser le directeur général à donner des cautions, avals ou garanties au nom de la société. Cette autorisation peut également fixer, par engagement, un montant au-delà duquel la caution, l'aval ou la garantie de la société ne peut être donné. Lorsqu'un engagement dépasse l'un ou l'autre des montants ainsi fixés, l'autorisation du conseil d'administration est requise dans chaque cas.*
>
> *La durée des autorisations prévues à l'alinéa précédent ne peut être supérieure à un an, quelle que soit la durée des engagements cautionnés, avalisés ou garantis.*
>
> *Par dérogation aux dispositions du premier alinéa, le directeur général peut être autorisé à donner, à l'égard des administrations fiscales et douanières, des cautions, avals ou garanties au nom de la société, sans limite de montant.*
>
> *Le directeur général peut déléguer le pouvoir qu'il a reçu en application des alinéas précédents.*
>
> *Si les cautions, avals ou garanties ont été données pour un montant total supérieur à la limite fixée pour la période en cours, le dépassement ne peut être opposé aux tiers qui n'en ont pas eu connaissance, à moins que le montant de l'engagement invoqué n'excède, à lui seul, l'une des limites fixées par la décision du conseil d'administration prise en application du premier alinéa ».*

Montant indéterminé. Il résulte encore d'une réponse ministérielle que l'autorisation est spécialement requise lorsque le montant des obligations ne peut être précisément chiffré ou lorsque l'engagement ne comporte de précision que sur le montant du capital, hors accessoires[1].

Défaut d'autorisation. Enfin, la Cour de cassation a refusé de considérer que la société pouvait ratifier, *a posteriori*, un cautionnement consenti sans autorisation préalable[2].

Remarque(s) *Pour un modèle de délibération autorisant le dirigeant à délivrer des garanties, voir nº 302.15.*

---

1. Rép. min. nº 30373, JOAN Q, 11 déc. 1995, p. 5258 ; JCP E 1996, I, 541, nº 7, obs. Viandier et Caussain.
2. Com. 17 nov. 1992, nº 90-19.073, Bull. civ. IV, nº 364 ; Rev. sociétés 1993, 585, note P. Delebecque ; JCP 1993, IV, 273.

b. Respect de l'objet social

41.27 **Principe.** Dès lors que le dirigeant dispose des pouvoirs les plus étendus pour réaliser l'objet social, le code de commerce précise, pour certaines sociétés, que ces pouvoirs sont exercés « dans la limite de l'objet social »[1]. Cette limite peut être généralisée à l'ensemble des sociétés, même si l'excès de pouvoirs est sanctionné différemment selon qu'il s'agit d'une société dont la responsabilité des associés est limitée ou, au contraire, illimitée.

Le dirigeant ne saurait dès lors être compétent pour décider seul d'un acte qui porte atteinte, même indirectement, à l'objet social. L'acte ne pourra, dans ces conditions, être décidé que par l'assemblée générale extraordinaire.

Application. Ainsi en est-il de l'aliénation de biens indispensables à la réalisation de l'objet social, puisque cette aliénation entraînerait une modification des statuts qui ne peut être réalisée que par les associés (voir nº 41.18).

> *La Chambre commerciale de la Cour de cassation a précisé qu'à défaut de mention spéciale dans les statuts, le juge qui aurait à connaître de la validité de l'acte convenu par le dirigeant agissant seul avec un tiers doit examiner si « l'aliénation n'implique pas une modification des statuts quant à la détermination de l'objet social pour laquelle la loi attribue expressément compétence aux associés »[2].*

De même, le cautionnement donné par le gérant d'une SARL en garantie du remboursement d'un prêt pour des dettes personnelles de lui-même et de son associé, conclues antérieurement à la constitution de la société, ne constitue pas une opération sociale[3]. Enfin, le gérant qui a consenti des prêts personnels à un particulier en utilisant la signature sociale en dehors des limites de l'objet social défini par les statuts, a excédé ses pouvoirs[4].

c. Respect de l'intérêt social

41.28 Il résulte également de la nature de ses fonctions, davantage que des textes[5], que le dirigeant devra veiller à n'agir que dans l'intérêt de la société et non dans celui d'un tiers ou dans son intérêt personnel. À défaut, il s'expose notamment à commettre un abus de bien social (voir nºs 44.20 et s.).

> *Est ainsi contraire à l'intérêt social l'acte qui a pour effet d'obliger la société sans contrepartie et qui lui fait subir des pertes[6].*

Selon la doctrine « l'intérêt social est un standard, un concept à contenu variable. C'est un impératif de conduite, une règle déontologique, voire morale, qui impose de respecter un intérêt supérieur à son intérêt personnel »[7].

---

1. Pour la SA, voir C. com., art. L. 225-56, al. 1 : « [...] il exerce ces pouvoirs dans la limite de l'objet social [...] ».
2. Com. 18 oct. 1994, nº 92-21.485, Bull. civ. IV, nº 302; RJDA 2/1995, nº 161; Bull. Joly 1994, p. 1330, note B. Saintourens.
3. Com. 16 oct. 1972, nº 70-13.328, Bull. civ. IV, nº 249.
4. Com. 10 mars 1976, JCP 1977, II, 18566, note Chartier.
5. Voir toutefois C. com., art. L. 221-4 qui, dans la SNC prévoit expressément que : « Dans les rapports entre associés, et en l'absence de la détermination de ses pouvoirs par les statuts, le gérant peut faire tous actes de gestion dans l'intérêt de la société ».
6. Crim. 11 mars 1971, nº 70-91.840, Bull. crim., nº 86.
7. M. Cozian, A. Viandier, F. Deboissy, Droit des sociétés, 21e éd., nº 466.

2. Limites statutaires et conventionnelles

Cadre général. Des clauses des statuts, ou encore des conventions ultérieures, peuvent limiter les pouvoirs des dirigeants. Ainsi les statuts peuvent-ils : **41.29**

- interdire au gérant ou au président du conseil d'administration de conclure certains types d'actes d'une gravité exceptionnelle;

Exemple(s) Il en est ainsi de la vente d'un fonds de commerce ou encore de la souscription d'un emprunt important.

- imposer de disposer d'une autorisation préalable des associés ou d'un organe de contrôle, pour engager la société.

Remarque(s) *Pour un modèle de clause statuaire limitant les pouvoirs du gérant de SARL, voir n° 302.16.*

Le dirigeant peut également consentir une délégation de pouvoirs au profit d'une personne déterminée pour la passation d'un acte déterminé (voir chapitre 42).

Société anonyme. La jurisprudence rendue à l'égard des sociétés anonymes précise toutefois que ces limites statutaires ou conventionnelles ne sont valables que pour autant qu'elles ne bouleversent pas la répartition légale des pouvoirs en retirant au conseil d'administration ou à son président (auquel peut être assimilé aujourd'hui le directeur général), leur rôle d'organe de gestion ou en conférant à un tiers les pouvoirs qui en feraient le dirigeant de fait de la société[1].

II. Sanctions appliquées à l'excès de pouvoirs

A. Responsabilité personnelle du dirigeant

Responsabilité civile. Dès lors que la violation de la limitation de ses pouvoirs a causé un préjudice à sa société ou à un tiers cocontractant, le dirigeant peut voir, dans certaines hypothèses, sa responsabilité civile retenue (sur les conditions nécessaires à l'engagement de la responsabilité, voir chapitre 43). **41.30**

Ainsi, peuvent, selon les circonstances de l'espèce, se retourner contre le dirigeant :

- la société contrainte d'exécuter une convention signée sans les pouvoirs nécessaires;
- le cocontractant auquel la société aura pu opposer la nullité de l'acte litigieux.

---

1 Com. 11 juin 1965, n° 63-10.240, Bull. civ. IV, n° 361; D. 1965, jur. 782.

La nature des actions dirigées contre le dirigeant dépend, en premier lieu, du fait de savoir si l'acte entaché de défaut de pouvoirs peut, malgré ce vice, être rendu opposable à la société. Car, s'il est vrai que la sanction naturelle du défaut de pouvoirs réside dans la nullité de l'acte ou son inopposabilité à la société, cette sanction n'est pas retenue dans tous les cas (voir nos 41.23 et s.).

Responsabilité pénale. Le dirigeant peut également, notamment dans l'hypothèse où il aurait participé à un acte contraire à l'intérêt social, voir rechercher sa responsabilité pénale (voir chapitre 44).

B. Inopposabilité à la société ou nullité de l'acte

1. Sanction applicable seulement en cas de manquement à une limite légale

41.31 **Principe.** La sanction naturelle aux différents types de dépassements ou violations de ces limitations de pouvoirs est la nullité ou l'inopposabilité de l'acte à la société qui n'a pu valablement être engagée par son dirigeant.

Cette sanction, appliquée en présence de limites légales tenant à la répartition des pouvoirs entre les différents organes sociaux, est toutefois plus difficilement concevable s'agissant des limites statutaires ou conventionnelles. En effet, celles-ci, le plus souvent, ne sont pas portées à la connaissance des tiers qui ont contracté avec la société.

Aussi, dans l'hypothèse d'une limitation de pouvoirs statutaire ou conventionnelle, la société est-elle valablement engagée à l'égard de ses cocontractants, mais elle pourra agir en responsabilité civile à l'encontre de son dirigeant lorsque l'acte qu'il a signé lui aura causé un préjudice :

- s'agissant de la SARL, l'article L. 223-18 du code de commerce dispose notamment que : « Les clauses statutaires limitant les pouvoirs des gérants qui résultent du présent article sont inopposables aux tiers » ;
- quant à la SA, l'article L. 225-56, alinéa 3, dispose que « Les dispositions des statuts ou les décisions du conseil d'administration limitant les pouvoirs du directeur général sont inopposables aux tiers » ;
- de même, pour la SNC, l'article L. 221-5 dispose-t-il, *in fine*, que « les clauses statutaires limitant les pouvoirs des gérants qui résultent du présent article sont inopposables aux tiers ».

41.32 **Application.** On aurait pu considérer que, dans l'hypothèse où il est établi que le tiers a eu connaissance de la limitation statutaire ou conventionnelle, ou ne pouvait l'ignorer, le régime des sanctions applicables devait être identique à celui retenu en présence d'une limitation légale, à savoir l'opposabilité par la société aux tiers de la violation, par le dirigeant, de ses limitations de pouvoirs. Cette solution n'a toutefois pas été retenue.

La jurisprudence, en application des dispositions du code de commerce (ne distinguant pas selon que les tiers ont eu connaissance ou non des clauses statutaires), a en effet considéré qu'une société à responsabilité limitée ne peut pas se prévaloir efficacement d'une telle clause à l'égard d'un tiers qui exige l'exécution du contrat litigieux, alors même qu'il en a eu connaissance[1].

Responsabilité civile du dirigeant. La société disposera toutefois d'une action en responsabilité civile contre le dirigeant fautif, lorsque cette exécution lui sera préjudiciable. L'article L. 223-22 du code de commerce énonce à cet égard, s'agissant des SARL, que « les gérants sont responsables, individuellement ou solidairement, selon le cas, envers la société ou envers les tiers, soit des infractions aux dispositions législatives ou réglementaires applicables aux sociétés à responsabilité limitée, soit des violations des statuts, soit des fautes commises dans leur gestion. »

> *Ainsi, la Cour d'appel de Paris a pu juger, sur le fondement de ce texte, que commet une faute de gestion, le gérant qui outrepasse ses pouvoirs en concluant une opération exceptionnelle d'acquisition d'un terrain, alors que les statuts limitent ses pouvoirs aux affaires courantes de la société[2].*

Mais, si les clauses statutaires sont inopposables aux tiers, ceux-ci peuvent, en revanche, se prévaloir des limitations statutaires à l'égard des sociétés, les dispositions légales précitées ayant été édictées dans leur intérêt.

2. Actes ne relevant pas de l'objet social

Cadre général. Le code de commerce a envisagé l'hypothèse particulière du dépassement de l'objet social. Si cette limitation découle de la loi, elle ne peut être appréciée qu'au regard de l'objet social de la société, tel qu'il résulte de ses statuts. La limite tirée du respect de l'objet social est donc tout à la fois légale et statutaire. On ne saurait dans ces conditions imposer, en toutes hypothèses, au tiers cocontractant d'avoir à s'assurer de la conformité des actes convenus à l'objet social, tel que défini par les statuts. Aussi, le législateur a-t-il distingué deux régimes applicables. **41.33**

Sociétés à risque limité. Les SARL et sociétés par actions ne peuvent pas opposer aux tiers le dépassement de leur objet social, sauf à ce qu'elles soient en mesure de démontrer que le tiers savait que l'acte dépassait cet objet ou qu'il ne pouvait l'ignorer compte tenu des circonstances, étant exclu que la seule publication des statuts suffise à constituer cette preuve[3].

---

1. Com. 2 juin 1992, nº 90-18.313, Bull. civ. IV, nº 213; Bull. Joly 1992, p. 946, note P. Le Cannu; JCP E 1992, I, 172, nº 3, obs. A. Viandier et J.-J. Cassain.
2. CA Paris, 4 févr. 2000, RJDA 2000, nº 674; RTD com. 2000, 386, obs. Cl. Champaud et D. Danet; Bull. Joly 2000, 817.
3. Pour la SA : C. com., art. L. 225-56, al. 2 • Pour la SARL : C. com., art. L. 223-18, al. 5.

Ainsi, la publication au registre du commerce et des sociétés de l'objet social d'une SARL, limité aux conseils, formation, assistance, vente et réalisation en informatique, ne saurait suffire à exonérer cette société de l'obligation de payer des leçons de pilotage d'avion que son gérant a commandées en son nom[1].

Sociétés à risque illimité. Les SNC et sociétés civiles peuvent, quant à elles, opposer le dépassement de leur objet social pour refuser d'exécuter l'acte convenu à l'égard de leurs cocontractants. Ceux-ci disposeront éventuellement d'une action en responsabilité contre le gérant. L'article L. 221-5 du code de commerce relatif aux SNC dispose, à cet égard, en son premier alinéa, que « dans les rapports avec les tiers, le gérant engage la société par les actes entrant dans l'objet social ».

Remarque(s) *Le législateur a voulu ici protéger les associés des sociétés dont la forme les expose à une responsabilité illimitée contre leurs propres associés dirigeants, qui auraient pu les engager dans des opérations étrangères à l'objet social et partant au-delà de leur volonté.*

Mais la chambre commerciale de la Cour de cassation a toutefois considéré, dans un arrêt du 18 mars 2003, qu'était valable le cautionnement consenti par une SNC en garantie d'une dette personnelle d'un associé, dès lors qu'il avait été donné avec l'accord unanime de tous les associés lors d'une assemblée générale extraordinaire et qu'il n'était pas allégué que cette garantie était contraire à l'intérêt social[2].

En revanche, cette même chambre commerciale a, par arrêt du 25 janvier 2005, sanctionné, au visa de l'article L. 221-5 du code de commerce, la cour d'appel qui avait appliqué ce raisonnement à propos du nantissement d'un fonds de commerce, au motif que « la dette garantie par voie de nantissement sur le fonds de commerce de la SNC ne correspondait pas à une dette sociale, mais à une dette personnelle de [l'associé gérant], d'où il résultait que la garantie litigieuse ne constituait pas un acte entrant dans l'objet social »[3].

Remarque(s) *La jurisprudence reste donc incertaine sur cette question, tant il est vrai qu'il paraît difficile d'expliquer cette divergence par le seul fait que les garanties dont il s'agit n'étaient pas de même nature. Cela devra, en tout cas, conduire les gérants de SNC et leurs cocontractants à une certaine prudence.*

3. Cautions, avals et garanties donnés au nom de la société

41.34 **Inopposabilité de l'acte.** Il a été indiqué dans quelles conditions le conseil d'administration d'une SA peut autoriser le directeur général à consentir des cautions, avals

❶ CA Paris, 15 juin 1995, D. 1995, IR 196; JCP E 1995, I, 505, n° 11, obs. A. Viandier et J.-J. Caussain; Bull. Joly 1995, p. 984, note A. Couret.

❷ Com. 18 mars 2003, n° 00-20.041, Bull. civ. IV, n° 46; D. 2003, AJ 975, obs. Lienhard; D. 2004, somm. 271, obs. Hallouin; JCP E 2004, n°s 1-2, p. 30, obs. Caussain, Deboissy et Wicker; Banque et Droit, mai-juin 2003, p. 49, obs. M. Storck; Dr. sociétés 2003, n° 110, note Monnet; Bull. Joly 2003, p. 643, note J.-F. Barbièri; Rev. sociétés 2003, 500, note Guyon; *ibid.* 2004, p. 104, note D. Randoux; RD banc. fin. 2003, n° 141, obs. Cerles; Dr. et patr. sept. 2003, p. 118, obs. Poracchia; RTD com. 2003, 739, obs. Cl. Champaud et D. Danet.

❸ Com. 25 janv. 2005, n° 02-18.287, NP, Dr. sociétés 2005, n° 71, note Monnet.

ou garanties au nom de la société (voir n° 41.18). Le principe est alors que la société n'est pas engagée à l'égard du bénéficiaire de la garantie si le dirigeant n'a pas été autorisé à cet effet ou s'il a outrepassé les termes de l'autorisation donnée par le conseil d'administration[1].

Remarque(s) *Le bénéficiaire d'une garantie personnelle consentie par une société tierce de son débiteur aura soin de se faire remettre copie de l'autorisation du conseil d'administration et d'en vérifier les limites[2].*

Limites. Tout excès de pouvoirs du dirigeant ne sera toutefois pas sanctionné par l'inopposabilité de l'acte à la société. L'article R. 225-28 du code de commerce précise en effet que « si les cautions, avals ou garanties ont été donnés pour un montant total supérieur à la limite fixée pour la période en cours, le dépassement ne peut être opposé aux tiers qui n'en ont pas eu connaissance, à moins que le montant de l'engagement invoqué n'excède, à lui seul, l'une des limites fixées par la décision du conseil d'administration prise en application de l'alinéa 1er ci-dessus », c'est-à-dire soit le montant total autorisé, soit le montant maximum fixé par engagement. **41.35**

Il faut donc distinguer deux hypothèses :

- soit le dirigeant n'a excédé ses pouvoirs que pour la raison que le montant pour lequel la garantie a été consentie, ajouté à ceux pour lesquels d'autres garanties ont été précédemment octroyées, dépasse la limite totale autorisée pour la période considérée. L'engagement est alors opposable à la société, le bénéficiaire n'ayant pas eu la possibilité de vérifier le respect de cette dernière limite.

Exemple(s) Une autorisation a été donnée pour un montant global de 30 000 €, limité à 15 000 € par cautionnement.

Si le dirigeant consent un cautionnement à hauteur de la somme de 17 000 €, cet acte sera inopposable à la société, comme, *a fortiori*, celui qui serait consenti pour la somme de 32 000 €.

Si le dirigeant consent un cautionnement de 10 000 €, un de 12 000 € et un de 15 000 €, ils seront tous les trois opposables à la société.

- soit le montant sur lequel porte la garantie est à lui seul supérieur au montant total fixé par le conseil d'administration, ou au montant fixé par celui-ci pour chaque engagement. Cet acte est inopposable à la société, le bénéficiaire de la garantie ayant eu la faculté de savoir que la garantie excédait le cadre de l'autorisation.

Responsabilité du dirigeant. Dans cette dernière hypothèse, se pose alors la question de savoir dans quelle mesure le bénéficiaire de la garantie, qui n'a pu s'en prévaloir à l'encontre de la société, pourrait agir en responsabilité contre le dirigeant. Il est en effet constant qu'en consentant un cautionnement au nom de la SA, sans **41.36**

---

1. Com. 29 janv. 1980 et 18 juin 1980, n° 78-12.948 et n° 78-16.419, Bull. civ. IV, n° 47 et Bull. civ. IV, n° 264; Rev. sociétés 1981, 83, note Y. Guyon • Com. 22 mai 2001, n° 98-19.575, Bull. Joly 2001, p. 1007, note J.-F. Barbièri.
2. CA Paris, 3 mars 2000, Bull. Joly 2000, p. 697, note J.-F. Barbièri.

avoir obtenu à cette fin l'autorisation de son conseil d'administration, le dirigeant a commis une faute au préjudice du bénéficiaire de la garantie.

C'est la raison pour laquelle des juges du fond ont retenu, dans cette hypothèse, la responsabilité du dirigeant[1]. La Cour de cassation a toutefois refusé de statuer ainsi considérant « que c'est à bon droit que la cour d'appel a retenu que si [le directeur général d'une société] avait commis une faute en ne vérifiant pas qu'il détenait toujours le pouvoir de consentir un cautionnement au nom de la société, cette faute n'était pas séparable de ses fonctions de directeur général et qu'il n'était pas ainsi établi que sa responsabilité personnelle était engagée »[2].

Remarque(s) *Faute de recours en responsabilité ouvert contre le dirigeant, le bénéficiaire de la garantie se doit d'être particulièrement vigilant quant aux conditions dans lesquelles ce dirigeant aura été autorisé à lui consentir, au nom de la société, ladite garantie.*

1. CA Paris, 3 avr. 1998, Bull. Joly 1998, 1162, note P. Le Cannu.
2. Com. 20 oct. 1998, n° 96-15.418, Bull. civ. IV, n° 254; Rev. sociétés 1999, 111; JCP E 1998, pan. p. 1904 • Voir également Com. 9 mai 2001, n° 98-21.896, NP, RJDA 2001, n° 1214, p. 1013; Bull. Joly 2001, p. 1020 • Com. 9 juin 2004, n° 01-13.969, NP, RJDA 2004, n° 1003, p. 915.

CHAPITRE 42

Délégation de pouvoirs

42

Droit pénal. Si les dirigeants sont investis des plus larges pouvoirs de direction et de gestion à l'intérieur des sociétés et de celui de les représenter et ainsi de les engager à l'égard des tiers, ils sont, corrélativement, responsables pénalement de l'ensemble des infractions à la réglementation commises au sein de l'entreprise. Force est pourtant de constater qu'ils ne peuvent pas toujours, eu égard à la taille de la société qu'ils dirigent, assumer seuls l'ensemble des fonctions qui leur sont dévolues. C'est la raison pour laquelle ils ont parfois recours à la délégation de certains de leurs pouvoirs. **42.11**

En l'absence de texte régissant une telle pratique, les tribunaux sont venus à en admettre la validité et à en prévoir le régime ainsi que les effets, dont le principal est le déplacement de la responsabilité pénale du dirigeant (délégant) au cadre supérieur (délégataire) au titre des pouvoirs délégués (voir nos 42.13 et suivants).

Droit civil et commercial. La délégation de pouvoir intéresse également le droit civil et commercial, les dirigeants et les organes sociaux pouvant, dans certaines conditions, déléguer la possibilité de représenter la société et d'agir en son nom et pour son compte. Le code de commerce, reprenant la loi de 1966 sur les sociétés commerciales, ne présente toutefois pas de règles générales relatives à une telle délégation. Il existe seulement quelques dispositions spéciales y faisant référence. **42.12**

Exemple(s) Ainsi, l'article R. 225-28 du code de commerce[1] expose-t-il les règles qui doivent être respectées par le conseil d'administration pour déléguer à son président le

---

1 Anc. Décr. n° 67-236, 23 mars 1967, relatif aux sociétés commerciales, art. 89, al. 4.

droit de consentir des garanties au nom de la société, à la sûreté des engagements d'un tiers (voir nº 41.18). De même, l'article L. 622-24 du code de commerce[1] s'attache aux conditions dans lesquelles un préposé de la société peut déclarer la créance de celle-ci au passif d'une société en redressement judiciaire.

La jurisprudence est, dans ces conditions, venue palier la carence du législateur et a précisé le régime de la délégation de pouvoir, envisagée comme instrument civil de répartition du pouvoir d'engager la société (voir nos 42.27 et s.).

I. Délégation de pouvoirs en matière pénale

A. Utilité de la délégation de pouvoirs

1. Le dirigeant est responsable pénalement de l'ensemble des infractions à la réglementation commises au sein de l'entreprise

42.13 **Infractions personnellement commises par le dirigeant.** Le chef d'entreprise répond personnellement, c'est-à-dire sur son patrimoine et dans sa liberté, des infractions à la réglementation qu'il commet personnellement du fait de ses agissements.

42.14 **Infractions commises au sein de l'entreprise.** Il n'existe pas de disposition légale qui poserait le principe général de la responsabilité du dirigeant du fait des infractions commises au sein d'une entreprise, mais seulement quelques dispositions particulières inscrites notamment dans le code du travail en matière d'hygiène et de sécurité[2]. Le principe de la personnalité des délits et des peines semble *a priori* s'y opposer. Comment le dirigeant qui n'aurait pas personnellement accompli les éléments matériels constitutifs d'une infraction et qui n'aurait pas davantage donné des instructions tendant à la réalisation de ceux-ci, pourrait-il voir sa responsabilité pénale engagée ?

Pourtant, la jurisprudence a posé, de longue date, le principe général de la responsabilité personnelle du dirigeant à raison des infractions commises au sein de l'entreprise.

« S'il est de principe que nul n'est passible de peine qu'à raison de son fait personnel, il peut en être autrement dans certains cas, où les prescriptions légales engendrent l'obligation d'exercer une action sur le fait d'autrui... En matière d'industrie réglementée (dans un intérêt de salubrité ou de sécurité publique...), il y a nécessité de faire remonter la responsabilité des chefs

---

1. C. com., anc. art. L. 621-43.

2. C. trav., art. L. 4741-1.

d'entreprises parce que les conditions et le mode d'exploitation de leur entreprise leur sont personnellement imposés et qu'ils sont tenus d'assurer l'exécution des règlements »[1].

En d'autres termes, le dirigeant est tenu pour responsable de l'ensemble des infractions commises au sein de son entreprise, dès lors qu'il n'a pas donné les instructions ou mis en place l'organisation qui aurait permis de voir respecter la réglementation, ou qu'il n'a pas veillé à l'exécution de ses propres instructions.

Justification. Cette responsabilité pénale, à première vue d'une grande sévérité en ce qu'elle a pour effet de permettre la condamnation d'une personne qui n'est pas directement l'auteur d'une infraction, trouve en réalité sa justification dans le fait que le juge pénal tient pour responsable celui qui disposait des compétences, des moyens et de l'autorité qui lui auraient permis de veiller au respect de la réglementation applicable et n'en a pas usé.

2. Le dirigeant transfère ses pouvoirs au délégataire

Si le dirigeant est responsable pénalement du non-respect, dans son entreprise, de la réglementation applicable, c'est en raison du fait qu'il dispose de la compétence, mais aussi des moyens et de l'autorité permettant de s'en assurer. **42.15**

Nécessité d'une délégation de pouvoirs. Lorsque la structure de l'entreprise – éparpillement des sites de production ou de commercialisation, taille de la société, chantiers, etc. – le prive, sinon en droit, du moins en fait, de la possibilité matérielle de veiller personnellement au respect de cette réglementation, le dirigeant ne saurait rester inactif, non seulement parce qu'il risquerait d'engager sa responsabilité pénale, mais encore parce que cette situation serait de nature à générer les plus graves conséquences au regard notamment de la sécurité du travail. Il se doit, non pas seulement dans son intérêt personnel, mais également dans celui de ses préposés, de mettre en place une ou plusieurs délégations de pouvoirs au profit de celui ou de ceux des préposés de l'entreprise qui disposent concrètement des qualités leur permettant de veiller au respect de la réglementation.

Le dirigeant transférera ainsi une partie de son autorité et de ses moyens à un préposé qui disposera de la compétence nécessaire pour veiller, en ses lieu et place, au respect de la réglementation, dans un périmètre déterminé.

Effets de la délégation. La délégation de pouvoirs, lorsqu'elle sera valablement mise en place (voir n°s 42.16 et s.), constituera dès lors une cause d'exonération de la responsabilité pénale du dirigeant, qui sera ainsi transférée au délégataire. La responsabilité est en effet le corollaire du pouvoir. Cet effet de la délégation de pouvoirs a été consacré de longue date par la jurisprudence[2].

---

1. Crim. 6 janv. 1938, D. 1938, jur. 51.
2. Crim. 28 juin 1902, D. 1903, I, p. 285 • Crim. 21 janv. 1911, Bull. crim., n° 54.

Le dirigeant auquel sera imputée une infraction à la réglementation dans son entreprise pourra, dans ces conditions, être exonéré de sa responsabilité pénale de chef d'entreprise, dès lors qu'il prouvera que la réalisation de l'infraction poursuivie relevait des pouvoirs du délégué, mais également qu'il n'a pas lui-même participé à la commission de l'infraction[1].

En présence d'une délégation de pouvoir valable, les juges du fond ne pourront pas retenir cumulativement la responsabilité du chef d'entreprise et du préposé à raison des mêmes faits[2].

Un régime jurisprudentiel. La délégation de pouvoirs en matière pénale n'étant prévue par aucun texte, le régime juridique de ce mécanisme exonératoire de responsabilité est entièrement défini par la jurisprudence. L'examen des décisions rendues en la matière permet de dégager des principes généraux quant aux conditions de validité de la délégation de pouvoirs (voir nos 42.16 et s.).

Pour autant, chaque situation de fait devra, lorsqu'un dirigeant invoquera l'existence d'une délégation de pouvoirs, faire l'objet d'une appréciation *in concreto* par les juges du fond. La Cour de cassation considère que les juges du fond disposent sur ce point d'un pouvoir d'appréciation souverain[3]. La Haute juridiction n'opère ainsi qu'un contrôle très limité des décisions qui lui sont soumises : elle vérifie uniquement si les juges du fond ont motivé leur appréciation et si les motifs qu'ils ont retenus ne se contredisent pas. Cette latitude laissée aux juges du fond quant à l'appréciation de l'existence ou non d'une délégation de pouvoirs valable peut conduire à certaines divergences de jurisprudence.

B. Conditions de validité de la délégation de pouvoirs

1. Quelle personne désigner ?

42.16 À quelle personne le chef d'entreprise pénalement responsable peut-il déléguer ses pouvoirs et transférer ainsi la responsabilité pénale y attachée ? Doit-il s'agir nécessairement d'un préposé ? Quelles doivent être ses qualités ?

Il importe pour le dirigeant de s'attacher à ces différentes questions car, à défaut, les délégations auxquelles il a été procédé pourraient être jugées comme dépourvues de tout effet.

a. Un préposé lié au chef d'entreprise par un lien de subordination

1. Faut-il toujours un lien de subordination ?

42.17 **Employé de l'entreprise.** Le délégataire est traditionnellement un préposé de l'entreprise, puisque la délégation a pu être considérée comme « une modalité d'exécution du contrat de travail »[4].

1. Crim. 19 sept. 2007, nº 06-85.003, Bull. crim., nº 217 ; AJDA 2008, 111.
2. Crim. 14 mars 2006, nº 05-85.889, Bull. crim., nº 75 ; D. 2006, jur. 1067 • Crim. 27 mai 2008, nº 07-87.122, NP.
3. Crim. 25 mai 2004, nº 03-84.734, NP • Crim. 23 mai 2007, nº 06-87.590, Bull. crim., nº 138 ; Bull. Joly 2007, p. 1256, note D. Chilstein • Crim. 17 mars 2009, nº 08-84.518, NP • Crim. 15 avr. 2008, nº 07-84.187, NP • Crim. 2 sept. 2008, nº 08-80.408, NP • Crim. 25 nov. 2008, nº 08-80.845, NP.
4. Crim. 21 déc. 1982, nº 82-03.24.

Groupe de sociétés. Certaines décisions sont toutefois venues reconnaître, au sein d'un groupe de sociétés, la possibilité pour le dirigeant du groupe, de déléguer l'obligation de sécurité pour chacune des sociétés du groupe à un salarié investi des pouvoirs nécessaires.

Ainsi, la Cour de cassation a considéré que : « rien n'interdit au chef d'un groupe de sociétés qui est, en outre, le chef de l'entreprise exécutant les travaux, de déléguer ses pouvoirs en matière d'hygiène et de sécurité au dirigeant d'une autre société du groupe sur lequel il exerce son autorité hiérarchique »[1]. En l'occurrence, les juges ont estimé que l'ingénieur délégué avait les compétences, l'autorité et les moyens nécessaires pour exercer effectivement les pouvoirs qui lui avaient été délégués.

Personne extérieure. En revanche, la jurisprudence semble extrêmement réservée à reconnaître qu'un chef d'entreprise puisse déléguer ses pouvoirs à une personne qui ne serait pas préposée de l'entreprise ou du groupe.

Un dirigeant, poursuivi du fait de la méconnaissance des règles d'hygiène et de sécurité sur un chantier, faisait valoir que sa société, maître de l'ouvrage, avait délégué ses pouvoirs en matière d'hygiène et de sécurité au bureau d'études de l'entrepreneur principal. La Chambre criminelle de la Cour de cassation a approuvé la Cour d'appel d'avoir écarté cette argumentation, au motif que « les documents contractuels incombant audit bureau ainsi qu'à l'entreprise pilote et aux divers entrepreneurs ne peuvent avoir pour effet de transférer à des personnes autres que ses dirigeants sociaux ou ses salariés la responsabilité qui pèse sur le maître de l'ouvrage »[2].

De même, par arrêt du 24 septembre 1998, la Chambre criminelle a considéré que le chef d'entreprise ne peut valablement se décharger sur son expert-comptable de la responsabilité qui lui incombe personnellement de respecter les obligations fiscales et comptables des personnes morales[3].

Remarque(s) *Par prudence, il y a par conséquent lieu de considérer que la délégation ne peut être efficacement donnée qu'à un préposé lié au délégant par un lien de subordination.*

2. Doit-on désigner un seul délégataire ?

Il a été jugé que le chef d'entreprise ne pouvait déléguer ses pouvoirs, **au titre d'un même travail**, à plusieurs personnes. **42.18**

La Chambre criminelle a considéré que : « Si le chef d'entreprise a la faculté de déléguer la direction d'un chantier à un préposé investi par lui et pourvu de la compétence, de l'autorité et des moyens nécessaires pour veiller efficacement

1. Crim. 26 mai 1994, nº 93-83.180, D. 1995, 110, note Reinhard ; Bull. Joly 1994, p. 978, note A. Arseguel.
2. Crim. 12 déc. 1989, nº 89-81.074, Bull. crim., nº 477 ; JCP 1990, IV, p. 102.
3. Crim. 24 sept. 1998, nº 97-81.803, NPT, LPA 11 mai 1999, p. 13, note J.-F. Barbièri.

à l'observation des dispositions en vigueur, il ne peut, en revanche, déléguer ses pouvoirs à plusieurs personnes pour l'exécution d'un même travail, un tel cumul étant de nature à restreindre l'autorité et à entraver les initiatives de chacun des prétendus délégataires »[1].

Cette solution paraît être d'un parfait bon sens. En cas de délégation de pouvoirs à plusieurs personnes, pour une même tâche, le chef d'entreprise ne pourra pas, si une infraction pénale lui est reprochée au titre de la tâche déléguée, s'exonérer de sa responsabilité pénale, en arguant de cette double délégation de pouvoirs. En effet, à défaut d'être valable, une telle délégation de pouvoirs sera dépourvue d'effet (voir n° 42.16).

b. Un préposé pourvu de la compétence, de l'autorité et des moyens nécessaires

42.19 **Principe.** Selon une jurisprudence constante[2], le chef d'entreprise ne pourra s'exonérer de sa responsabilité que pour autant :

- qu'il n'aura pas pris part personnellement à l'infraction[3] ;
- qu'il rapportera la preuve qu'il a délégué ses pouvoirs à une personne pourvue de la compétence, de l'autorité et des moyens nécessaires[4].

Compétence. La compétence dont il s'agit est relative à la connaissance que doit avoir le délégataire de la réglementation applicable, ainsi que des bonnes pratiques. Il sera tenu compte, à cet égard, de sa formation et de son expérience professionnelle en matière technique, juridique, etc.

Ainsi, une cour d'appel a-t-elle pu considérer qu'une délégation de pouvoirs n'était pas valable, notamment en raison du fait que le chef d'entreprise n'était pas en mesure « d'apprécier si [le salarié], qui était au chômage à la suite de la faillite de son entreprise et venait d'être embauché par le chef d'entreprise avec lequel il n'avait pas travaillé auparavant, disposait de la compétence nécessaire ». Dans cette espèce, les juges du fond avaient également jugé la délégation de pouvoirs trop générale et imprécise.

La Cour de cassation, conformément à sa jurisprudence constante, considère que les conditions de validité de la délégation de pouvoirs (notamment le fait de savoir si le préposé est suffisamment compétent) relèvent de l'appréciation souveraine des juges du fond[5].

La question de la « compétence professionnelle » est également évoquée dans un arrêt de la Chambre criminelle de la Cour de cassation du 27 février 1979[6].

Autorité. L'autorité pose, quant à elle, la question du pouvoir de commandement dont dispose le délégataire pour s'assurer du respect de ses instructions par les salariés.

---

1. Crim. 23 nov. 2004, n° 04-81.601, Bull. crim., n° 295; D. 2005, 317 • Voir égal. CA Paris, 11e ch. corr., 11 mai 2007, Juris-Data n° 2007-336450.
2. Crim. 28 juin 1902, D. 1903, 1, 285 • Crim. 3 mai 1995, n° 94-82.041, Bull. crim., n° 162; JCP 1995, IV, n° 1966, p. 247; D. 1995, IR 164; Gaz. Pal. 1995, nos 267-269, p. 11-13.
3. Crim. 20 mai 2003, n° 02-84.307, Bull. crim., n° 101; D. 2003, 2205.
4. Crim. 11 mars 1993, n° 90-84.931, n° 91-83.655, n° 92-80.773, n° 91-80.958, n° 91-80.598, Bull. crim., n° 112, cinq arrêts.
5. Crim. 2 sept. 2008, n° 08-80.408, NP.
6. Crim. 27 févr. 1979, n° 78-92.381, Bull. crim., n° 88.

> *Le délégataire devra, à cet égard, disposer d'un véritable pouvoir de décision ; il ne saurait être un simple exécutant*[1].

Corrélativement, il disposera, en principe, du pouvoir de sanctionner les salariés qui n'auront pas respecté ses consignes[2].

Moyens. Les moyens dont devra disposer le délégataire dépendront de la mission qui lui est confiée. L'idée est qu'il puisse disposer des moyens, notamment financiers, lui permettant de s'assurer du respect de la réglementation.

Exemple(s) Ainsi, le délégataire doit pouvoir disposer d'un certain budget pour acheter du matériel en matière de sécurité.

Le juge s'attachera, si l'infraction s'est produite à une date proche de l'émission de la délégation, au fait de savoir si le délégataire disposait de suffisamment de temps après la délégation « pour lui permettre d'engager une action significative dans ce domaine »[3].

2. La subdélégation

Validité. La Cour de cassation admet que le délégataire puisse, à son tour, déléguer une partie des pouvoirs et des missions qui lui ont été confiées par le chef d'entreprise. Si la chambre criminelle exigeait auparavant que le chef d'entreprise ait, à cet égard, donné son accord[4], elle a abandonné cette exigence depuis un arrêt du 30 octobre 2006, aux termes duquel elle retient que : **42.20**

> *« L'autorisation [du chef d'entreprise] n'est pas nécessaire à la validité des subdélégations de pouvoirs, dès lors que celles-ci sont régulièrement consenties et que les subdélégataires sont pourvus de la compétence, de l'autorité et des moyens propres à l'accomplissement de leur mission »*[5].

Limites. Si, toutefois, le chef d'entreprise entend conserver la maîtrise de l'organisation du pouvoir dans son entreprise, il pourra prévoir, aux termes de la délégation de pouvoirs qu'il consentira à l'un de ses préposés, l'interdiction pour ce dernier de subdéléguer sans son autorisation.

3. Quels pouvoirs déléguer ?

a. Domaine de la délégation

Admission des délégations en tout domaine. Dans un premier temps, la jurisprudence n'admettait l'efficacité d'une délégation de pouvoirs qu'en matière **42.21**

1. Crim. 13 mai 1996, n° 95-83.057, NP.
2. Crim. 8 mars 1988, n° 87-83.883, NPT : la Cour considère que les juges du fond peuvent, en vertu de leur pouvoir d'appréciation souveraine, écarter toute délégation de pouvoirs en matière de sécurité des travailleurs, au motif que le salarié n'avait disposé « ni du pouvoir disciplinaire, ni des moyens matériels nécessaires pour diriger le chantier considéré ».
3. Crim. 11 déc. 1996, n° 95-85.341, NPT.
4. Crim. 8 févr. 1983, n° 82-92.364, Bull. crim., n° 48 ; D. 1983, 639, note H. Seillan.
5. Crim. 30 oct. 1996, n° 94-83.650, Bull. crim., n° 389 ; JCP 1997, IV, n° 242, p. 37 ; D. 1997, IR 20 ; Gaz. Pal. 1997, n°s 57-58, p. 34.

d'hygiène et de sécurité. Néanmoins, la Cour de cassation, par cinq arrêts rendus le 11 mars 1993, est venue rompre avec cette limitation, en posant le principe général selon lequel :

> *« Sauf si la loi en dispose autrement, le chef d'entreprise qui n'a pas personnellement pris part à la réalisation de l'infraction peut s'exonérer de sa responsabilité pénale s'il rapporte la preuve qu'il a délégué ses pouvoirs à une personne pourvue de la compétence, de l'autorité, des moyens nécessaires »*[1].

Il en résulte que la délégation est, par principe, possible en tout domaine, dès lors que la loi n'en dispose pas autrement.

Ainsi, la délégation a-t-elle vocation à s'appliquer en matière de[2] :

- hygiène et sécurité dans l'entreprise[3];
- discrimination syndicale[4] et entrave à la libre désignation des membres du comité d'entreprise[5];
- embauchage de travailleurs étrangers[6];
- circulation routière[7];
- sécurité sociale[8];
- publicité trompeuse ou mensongère[9];
- infraction à la législation économique[10];
- contrefaçon dans le domaine de l'habillement[11];
- pollution des eaux[12];
- infraction à la législation douanière[13].

42.22 **Limite.** La Chambre criminelle a toutefois réservé l'hypothèse où la loi en disposerait autrement.

---

1. Crim. 11 mars 1993, nos 90-84.931, 91-83.655, 92-80.773, 91-80.958, 91-80.598, Bull. crim., no 112, cinq arrêts.
2. V. J.-F. Renucci, « La délégation de pouvoirs. Questions d'actualité », RJDA 8-9/1998, p. 679.
3. Crim. 27 févr. 1979, no 78-92.381, Bull. crim., no 88 : absence de port de ceinture de sécurité par des ouvriers travaillant en hauteur • Crim. 8 mars 1988, no 87-83.883, NPT • Crim. 26 mai 1994, no 93-83.180, D. 1995, 110, note Reinhard • Crim. 6 mai 1996, no 95-82.615, NP.
4. Crim. 17 mars 2009, no 08-84.518, NP.
5. Crim. 25 nov. 2008, no 08-80.845, NP.
6. Crim. 10 janv. 1963, no 62-91.111, Bull. crim., no 19 • Crim. 18 juin 1971, no 70-92.119, Bull. crim., no 189.
7. Crim. 11 juill. 1978, no 78-90.340, Bull. crim., no 231; D. 1978, jur. 313 • Crim. 19 janv. 1988, no 87-80.787, NPT, Jurispr. auto 1989, 9.
8. Crim. 13 janv. 1972, no 70-90.649, no 70-90.650, Bull. crim., no 23, deux arrêts.
9. Crim. 7 déc. 1980, Bull. crim., no 525 • Crim. 11 mars 1993, nos 91-83.655 et 91-80.958, no 70-92.119, Bull. crim., no 112 • Crim. 27 mai 2008, no 07-87.122, NP.
10. Par exemple, achats sans facture et reventes à perte : Crim. 11 mars 1993, no 91-80.598 et no 92-80.773, Bull. crim., no 112, préc. • Infraction aux règles de la facturation : Crim. 6 mai 1996, no 95-83.340, NPT, Dr. pénal 1996, no 261, obs. M. Véron • Crim. 5 mars 2008, no 07-84.882, NP • Contravention de publicité de prix sur des articles indisponibles : Crim. 15 avr. 2008, no 07-86.772, NP.
11. Crim. 11 mars 1993, no 90-84.931, Bull. crim., no 112; JCP E 1993, pan. no 594, p. 187; D. 1993, IR 132.
12. Crim. 14 févr. 1973, no 71-91.756, Bull. crim., no 81.
13. CA Amiens, 17 déc. 2008, CT0074, no 18/00369.

Remarque(s) Il n'existe pas, à notre connaissance, de disposition législative excluant expressément la possibilité, pour le chef d'entreprise, de déléguer une partie de ses pouvoirs.

L'examen de la jurisprudence semble néanmoins exclure du domaine de la délégation de pouvoirs, les pouvoirs attribués en propre par le législateur au responsable qu'il désigne.

*Ainsi, a été considérée comme ne pouvant emporter d'effet la délégation opérée par un administrateur judiciaire au profit du président de la société qu'il administrait portant sur les **pouvoirs relatifs à la gestion sociale** de la société, au motif que cette délégation « comprenait des pouvoirs et attributions propres, notamment la mission d'information et de consultation prévues par les articles 20, 24 et 25 de la loi du 25 janvier 1985, prohibant toute délégation de pouvoirs au profit du débiteur, bénéficiaire des obligations mises à la charge de l'administrateur... »[1].*

*Surtout, la Chambre criminelle de la Cour de cassation refuse au chef d'entreprise, poursuivi pour **entrave au fonctionnement du comité d'entreprise ou au comité d'hygiène, de sécurité et des conditions de travail**, la possibilité d'invoquer l'existence d'une délégation de pouvoir pour s'exonérer de sa responsabilité pénale. En effet, les dispositions du code du travail font expressément peser sur le « chef d'entreprise » le soin de veiller au respect de la réglementation en vigueur dans ces domaines[2].*

*Enfin, il a été jugé que le gérant d'une SARL ne pouvait se décharger sur son comptable de la responsabilité qui lui incombait personnellement de respecter les **obligations fiscales et comptables** des personnes morales[3].*

b. Détermination de l'objet de la délégation

Caractère exprès. La délégation ne se présume pas[4]. Pour être valable, elle doit être expresse. Autrement dit, son objet doit être clairement déterminé, de sorte que le délégataire puisse avoir une parfaite connaissance de la nature de la délégation et de son étendue. **42.23**

Elle suppose un transfert exprès des pouvoirs.

Détermination du domaine. La délégation doit être très précisément déterminée quant au domaine de la réglementation pour laquelle s'opère un transfert de pouvoirs. À défaut, la délégation serait totalement inefficace[5]. Il en est de même quant à **42.24**

1. Crim. 30 janv. 1996, nº 94-83.505, Bull. crim., nº 53.
2. Crim. 15 mars 1994, nº 93-82.109, Bull. crim., nº 100; D. 1995, 30, obs. Y. Reinhard; Dr. pénal 1994, nº 142, obs. J.-H. Robert • Dans le même sens : Crim. 3 mars 1998, nº 96-85.098, Bull. crim., nº 81 • Crim. 14 oct. 2003, nº 03-81.366, Bull. crim., nº 190 • Crim. 15 mai 2007, nº 06-84.318, Bull. crim., nº 126; RTD com. 2008, 198.
3. Crim. 24 sept. 1998, nº 97-81.803, NPT, LPA 11 mai 1999, note J.-F. Barbièri.
4. CA Amiens, 17 déc. 2008, CT0074, nº 18/00369.
5. Crim. 5 mars 2008, nº 07-84.882, NP : les juges du fond, disposant d'un pouvoir souverain d'appréciation, ont considéré qu'une délégation de pouvoir prévoyant que le salarié doit « faire appliquer les lois et règlements en vigueur en tous domaines relatifs à l'exploitation de l'entrepôt » ne confère « aucune compétence en matière de facturation », de sorte que le dirigeant ne peut s'exonérer de sa responsabilité, au titre d'infractions relatives à la facturation en invoquant cette délégation de pouvoirs.

la détermination des établissements de l'entreprise pour laquelle la délégation sera mise en place.

3. Conditions de forme et preuve de la délégation

a. L'écrit n'est pas une condition de validité de la délégation de pouvoirs

42.25 **Absence de formalisme.** La délégation de pouvoirs ne répond à aucune condition de forme[1]. À condition d'être certaine et dépourvue d'ambiguïté[2], elle peut résulter d'une clause figurant au sein du contrat de travail[3], d'une note de service ou même d'un organigramme.

Preuve de la délégation. La preuve de la délégation de pouvoirs pourra, dès lors, être rapportée par tout moyen. Il appartiendra naturellement à celui qui l'invoquera d'en établir l'existence, l'étendue et la validité[4]. Les juges disposent en la matière d'un pouvoir souverain d'appréciation[5].

Naturellement, même s'il n'est pas obligatoire, l'écrit constituera un élément important de l'appréciation du juge qui aurait à connaître des effets de la délégation de pouvoirs invoquée par un dirigeant dont la responsabilité pénale serait recherchée[6].

b. Acceptation par le délégataire

42.26 **Modalités.** Le délégataire doit-il expressément accepter la délégation de pouvoirs ? La jurisprudence ne donne pas de réponse tranchée à cette question[7]. Les auteurs sont également divisés, certains considérant qu'une simple information est suffisante. Il n'en demeure pas moins que si le délégataire a expressément refusé la délégation, celle-ci ne pourra produire aucun effet.

Refus du salarié. La question se pose alors également de savoir quelles sont les conséquences de ce refus sur le sort du salarié.

Certains ont pu considérer que la délégation de pouvoirs constituait une modification substantielle du contrat de travail. Ainsi, la rupture des relations salariales consécutive à la mise en place d'une délégation de pouvoirs refusée par le salarié serait imputable à l'employeur.

---

1. Crim. 27 févr. 1979, n° 78 92.381, Bull. crim., n° 88 : cassation d'un arrêt d'appel se fondant pour écarter toute délégation de pouvoir sur l'absence de preuve littérale, « sans rechercher, au regard des circonstances de la cause, s'il était, ou non, établi que la direction eût été déléguée à un préposé investi par l'employeur » • Voir également Crim. 17 mars 2009, n° 08-84.518, NP : admission d'une délégation de pouvoirs alors qu'elle n'avait pas été consentie par écrit.
2. Les juges du fond disposent d'un pouvoir d'appréciation souverain en la matière. Ils s'attacheront dès lors, *in concreto*, à l'examen des circonstances précises de chaque affaire pour déterminer si la délégation de pouvoir est valable ou non.
3. Crim. 23 févr. 1988, n° 87-84.160, Bull. crim., n° 93.
4. Crim. 11 mars 1993, n° 91-83.655, Bull. crim., n° 112, arrêt n° 2; JCP E 1994, n° 17, p. 99, note J. H. Robert.
5. Voir n° 42.15 et la jurisprudence citée.
6. Néanmoins, l'existence d'un écrit constitue un élément parmi d'autre et ne saurait lier les juges du fond : Crim. 26 juin 1979, n° 78-94.462, Bull. crim., n° 232.
7. Voir toutefois Crim. 23 mai 2007, n° 06-87.590, Bull. crim., n° 138; Bull. Joly 2007, p. 1256, note D. Chilstein : la cour d'appel avait refusé de prendre en considération une délégation de pouvoir, notamment au motif qu'elle n'avait pas été « expressément acceptée ». La Cour de cassation rejette le pourvoi dirigé contre cet arrêt au motif que les juges du fond disposent d'un pouvoir d'appréciation souverain quant à l'existence et la validité de la délégation.

Cette analyse n'est, selon nous, pas satisfaisante. Il importe en réalité de distinguer selon les cas d'espèces :

– soit la délégation de pouvoirs n'est que la conséquence des fonctions effectivement exercées par le salarié et résulte de la nature même des missions confiées au salarié et l'on doit considérer qu'il s'agit d'une modification accessoire;

– soit la délégation va bien au-delà et a pour effet de transmettre de nouvelles fonctions au salarié auquel sont délégués de nouveaux pouvoirs et l'on considérera qu'il y a modification substantielle du contrat de travail.

Exemple(s) Ainsi, dans la première hypothèse, si le salarié refuse la délégation de pouvoirs et que les parties ne parviennent pas à s'entendre, la rupture en résultant sera imputable au salarié, à la différence de la seconde hypothèse.

c. Rédaction de la délégation

Cadre général. L'appréciation des juges du fond quant à l'existence d'une délégation de pouvoirs valable ou non étant souveraine, il est, en pratique, conseillé d'établir par écrit la délégation de pouvoirs et ce, de la manière la plus précise possible. Idéalement, la lettre valant délégation mentionnera : la date et la durée de la délégation, des informations sur le délégataire, l'objet et la portée de la délégation, c'est-à-dire les pouvoirs transférés, les moyens mis à disposition et l'acceptation du délégataire. 42.27

Date, durée. La délégation sera en premier lieu datée. Il se peut toutefois que la prise d'effet de la délégation ne corresponde pas à la date de rédaction de la lettre. Il faudra alors veiller à préciser celle-ci.

Remarque(s) *Il n'est, à cet égard, pas impossible de faire remonter dans le temps la prise d'effet de la délégation, mais seulement dans l'hypothèse où la délégation avait déjà été réalisée en fait, sans que les parties aient eu recours à une délégation écrite.*

La délégation peut également être assortie d'un terme qui sera également précisé.

Délégataire. Il importe de rappeler quelles sont les **fonctions** du délégataire dans la société, mais également son **expérience**, ainsi que les **compétences** dont il dispose pour exercer, par l'effet de la délégation, les pouvoirs qui lui sont transférés. 42.28

Remarque(s) *Doivent ici figurer les pouvoirs dont il disposera pour exercer les missions dont il deviendra, par l'effet de la délégation, responsable, et notamment les moyens techniques mis à sa disposition, ainsi que les pouvoirs disciplinaires qui lui sont attribués.*

Le chef d'entreprise aura dès lors tout intérêt, aux termes de sa lettre, de solliciter du destinataire qu'il en retourne une copie sur laquelle il mentionnera un bon pour acceptation de la délégation.

42.29 **Objet et portée de la délégation.** Ces éléments rappelés, l'objet de la délégation sera énoncé par le dirigeant qui exposera au destinataire de la lettre les pouvoirs qu'il entend lui transférer (ou bien lui confirmera le transfert des pouvoirs d'ores et déjà opérés), à l'effet de s'assurer du respect de la réglementation applicable dans tel secteur particulier de la société.

Remarque(s) *Il s'agit d'être précis, sans pour autant énumérer, de façon limitative, la réglementation dont le respect de l'observation est confié au délégataire. Seront ici énoncés les domaines de compétence transférés.*

Au-delà des domaines de compétence, devra également être précisée la portée de la délégation dans l'entreprise, la délégation pouvant être limitée à tel ou tel établissement, ou encore à tel service ou tel secteur d'activités ou à telle zone géographique.

Moyens. Les **moyens** mis à la disposition du délégataire seront également énoncés.

Remarque(s) *Doivent ici figurer les pouvoirs dont il disposera pour exercer les missions dont il deviendra, par l'effet de la délégation, responsable, et notamment les moyens techniques mis à sa disposition, ainsi que les pouvoirs disciplinaires qui lui sont attribués.*

Acceptation. Si l'acceptation du délégataire n'est pas obligatoirement requise (voir n° 42.26), il n'en est pas moins, là encore, utile de recueillir son **acceptation par écrit**. Ainsi sera rapportée plus aisément la preuve de ce qu'il avait conscience de la nature et de la portée de ses obligations et, partant, de la responsabilité y attachée.

Remarque(s) *Le chef d'entreprise aura dès lors tout intérêt, aux termes de sa lettre, de solliciter du destinataire qu'il en retourne une copie sur laquelle il mentionnera un bon pour acceptation de la délégation.*

Ainsi sera rapportée plus aisément la preuve de ce qu'il avait conscience de la nature et de la portée de ses obligations et, partant, de la responsabilité y attachée.

C. Fin de la délégation de pouvoirs

La première cause d'extinction de la délégation est sa caducité résultant de la perte, par le délégataire, de l'autorité, de la compétence et des moyens nécessaires à l'exercice de la délégation. **42.30**

Un terme peut également être expressément stipulé. Il sera alors précisé la date à laquelle la délégation perdra ses effets ou encore l'événement constitutif de la réalisation du terme, comme la fin d'un chantier par exemple.

À notre connaissance, la question de savoir si le changement de direction emporte caducité des délégations de pouvoirs intervenues n'est pas tranchée en matière pénale[1].

Remarque(s) *Aussi, appartient-il à la nouvelle direction, dans un souci d'efficacité, de réitérer les délégations existantes, fût-ce par simples notes de service.*

II. Aspects civils de la délégation de pouvoirs

La délégation de pouvoirs envisagée ici n'est plus celle qui porte sur l'obligation de surveillance. Il s'agit de la délégation du pouvoir social d'engager la société à l'égard des tiers. **42.31**

A. Conditions de validité de la délégation de pouvoirs

Référence aux statuts. Il importe toujours, en premier lieu, de s'attacher, pour chaque société, à ses statuts. Ceux-ci peuvent, en effet, dans les limites posées par la loi, prévoir des conditions de validité aux délégations de pouvoirs qui seraient opérées à l'initiative des dirigeants. Ils peuvent interdire toute délégation, hormis celles qui sont prévues par la loi ou, au contraire, en prévoir la possibilité. Les statuts pourront également fixer les conditions de la délégation. **42.32**

Compétence. Tous les représentants légaux des sociétés commerciales peuvent en principe déléguer une partie des pouvoirs qui leur appartiennent[2]. Quant au délégataire, il ne doit pas nécessairement s'agir d'un mandataire social; il s'agira très souvent d'un préposé de la société, voire d'un associé ou encore d'un tiers[3]. **42.33**

---

1. Seules les chambres commerciales et sociales de la Cour de cassation se sont, à notre connaissance, prononcées (voir n° 42.38). On ne peut, avec certitude, transposer les solutions dégagées en matière civile à la délégation de pouvoirs entendue comme un mode exonératoire de responsabilité pénale.
2. Com. 22 janv. 2008, n° 06-20.379, Bull. civ. IV, n° 9; D. 2008, 413; Bull. Joly 2008, p. 419 : le directoire (investi des pouvoirs les plus étendus pour agir en toute circonstance au nom de la société) peut nommer un préposé pour déclarer les créances.
3. Civ. 2e, 22 oct. 1997, n° 94-13.225, Bull. civ. II, n° 258; D. 1998, 391; JCP N 1998, n° 6, p. 207; Gaz. Pal. 1998, n° 32-34, pan. 24 : le gérant d'une SARL a le pouvoir de donner à un tiers une délégation spéciale en vue d'exercer au nom de la société une action en justice déterminée.

42.34 **Forme, preuve.** Les conditions de forme et la preuve de la délégation de pouvoirs peuvent varier en fonction du domaine de la délégation.

En matière de **représentation en justice**, par exemple, celui qui entend représenter la société, sans en être le représentant légal, doit justifier d'un **pouvoir spécial**, qu'il soit préposé de la société ou tiers à celle-ci, sauf s'il en est l'avocat ou l'avoué[1].

Un régime spécifique est néanmoins prévu par l'article L. 622-24 du code de commerce, s'agissant de la **déclaration de créance** au passif d'un débiteur en sauvegarde, redressement ou liquidation judiciaire, qui équivaut à une demande en justice. Aux termes de ce texte, la déclaration peut être faite par le créancier lui-même, par l'organe habilité de la personne morale ou par « tout préposé ou mandataire de son choix ». Le préposé est alors dispensé de justifier d'un mandat spécial. À l'inverse d'un tiers à la société, qui doit impérativement justifier d'un tel mandat, c'est-à-dire d'un pouvoir spécial et écrit, soit lors de la déclaration de la créance, soit dans le délai légal de cette déclaration[2], le préposé peut rapporter la preuve de l'existence de la délégation de pouvoirs jusqu'à ce que le juge-commissaire statue sur l'admission de la créance[3].

Notons sur ce point une décision de la Cour de cassation, aux termes de laquelle le **service juridique commun** à plusieurs sociétés du même groupe est qualifié de tiers par rapport aux autres sociétés, devant, de ce fait, être investi, au moment de la déclaration, d'un pouvoir spécial donné par écrit. Un tel service juridique commun à plusieurs sociétés du groupe ne peut donc être considéré comme un « préposé » de chaque société du groupe, titulaire d'une délégation du pouvoir lui permettant d'effectuer une déclaration de créance pour le compte de chacune des sociétés du groupe[4].

De manière similaire, la notion de groupe de sociétés est inopérante en ce qui concerne la **représentation devant le tribunal d'instance.** La Cour de cassation considère que le directeur juridique d'un groupe de sociétés, disposant d'une délégation de pouvoirs émanant d'une société filiale et des autres sociétés du groupe pour les représenter en justice, n'est pas habilité, au regard de l'article 828 du code de procédure civile, à représenter cette société filiale devant le tribunal d'instance, dès lors qu'il n'est pas le salarié de cette société[5]. L'article 828 du code de procédure civile énumère, en effet, de manière limitative, les personnes susceptibles d'assister ou de représenter les parties devant cette juridiction. Cet article visant notamment les « personnes exclusivement attachées à leur service personnel ou à leur entreprise », la Cour de cassation considère qu'il ne peut s'agir que des personnes ayant un lien juridique direct avec la société concernée par la procédure.

En revanche, la Cour de cassation est plus libérale, en matière de licenciement, quant à la forme de la délégation de pouvoirs. La Chambre sociale de la Cour de cassation retient, dans un arrêt du 19 janvier 2005, que le directeur des ressources humai-

1. CPC, art. 416.
2. Com. 30 janv. 2007, nº 05-17.141, Bull. civ. IV, nº 16 ; Bull. Joly 2007, p. 279 • Com. 27 mai 2008, nº 07-10.167, NP, Gaz. Pal. 29 juill. 2008, nº 211, p. 44 : arrêt concernant un notaire qui déclare la créance d'un tiers.
3. Com. 4 janv. 2000, nº 97-17.957, NPT.
4. Com. 5 nov. 2003, nº 00-18.497, Bull. civ. IV, nº 163 ; Bull. Joly 2004, p. 228.
5. Soc. 5 mars 2008, nº 06-60.125, Bull. civ. V, nº 56 ; Bull. Joly 2008, 474.

nes du groupe peut avoir reçu « mandat pour procéder à l'entretien préalable et à au licenciement de salariés employés par une filiale du groupe, sans qu'il soit nécessaire que la délégation de pouvoirs soit donnée par écrit »[1].

Subdélégation. La subdélégation est admise par la jurisprudence, mais à la condition d'émaner d'une personne titulaire d'une délégation de pouvoirs valable[2] et comportant une faculté de subdélégation[3]. **42.35**

Limitation. Mais la délégation, pour être valable, doit toujours être limitée. Un dirigeant ne saurait déléguer l'ensemble de ses pouvoirs. **42.36**

Remarque(s) *En d'autres termes, la délégation de pouvoirs, qui ne doit pas être générale, mais avoir un objet précis, doit viser un domaine précis d'intervention[4].*

B. Effets de la délégation de pouvoirs

Le délégataire disposant d'une délégation de pouvoirs qui répond aux précédentes conditions de validité (voir nº 42.33), agit au nom et pour le compte de la société, dans la limite des attributions du délégant. Il tient ainsi son mandat de représentation non pas du délégant, mais de la société elle-même. **42.37**

La société se trouve ainsi engagée à l'égard des tiers qui seront, sauf abus de pouvoirs du délégataire, bien fondés à se prévaloir, à l'égard de la société, du mandat apparent pour échapper aux effets des limitations de pouvoirs auxquelles a pu être soumis le délégataire.

Remarque(s) *Attention : le dirigeant peut engager sa responsabilité civile à l'égard de la société au titre des fautes qu'il commet à son préjudice, à raison de la délégation qu'il a opérée, que ce soit quant au choix du délégataire, de ses attributions, ou encore du fait qu'il n'a pas surveillé son action[5].*

C. Fin de la délégation de pouvoirs

Cadre général. La durée de la délégation peut être expressément fixée. À défaut, il peut y être mis fin à tout moment. **42.38**

1. Soc. 19 janv. 2005, nº 02-45.675, Bull. civ. V, nº 10; Bull. Joly 2005, 719 • Dans le même sens : Soc. 18 nov. 2003, nº 01-43.608, Bull. civ. V, nº 287; D. 2003, 3008 : le salarié avait été licencié par le « Directeur financier » du groupe, préposé d'une société distincte. La Cour de cassation relève que « aucune disposition légale d'exige que la délégation de pouvoir de licencier soit donnée par écrit » et casse l'arrêt d'appel ayant fait droit à la demande, du salarié, en nullité du licenciement pour défaut de preuve d'une délégation de pouvoirs.
2. Com. 5 févr. 2008, nº 06-21.879, Bull. civ. IV, nº 27; D. 2008, p. 611; Bull. Joly 2008, p. 426 : si une délégation de pouvoirs aux fins d'effectuer une déclaration de créance est annulée, les effets de cette annulation se reportent sur la subdélégation, le préposé subdélégataire n'étant alors plus habilité à déclarer valablement la créance pour le compte de la société.
3. Com. 10 mai 2005, nº 04-12.214, Bull. civ. IV, nº 97; Bull. Joly 2005, p. 1405 • Cette jurisprudence diverge de celle adoptée par la Chambre criminelle de la Cour de cassation (voir nº 42.20).
4. Com. 22 déc. 1976, JCP 1976, IV, p. 51 • Com. 3 juin 1997, nº 94-12.450, Bull. civ. IV, nº 167; D. 2000, 73 : la délégation de pouvoir accordée pour déclarer des créances ne permet pas le délégataire de représenter le délégant pour former une requête en revendication.
5. Com. 6 févr. 1962, Bull. civ. IV, nº 80.

La Chambre sociale de la Cour de cassation a toutefois considéré que, lorsqu'à l'occasion d'un arrêt maladie de plusieurs mois de son directeur général, également directeur commercial, une SA a retiré à celui-ci la procuration dont il disposait sur les comptes de la société dans deux banques, ce retrait a constitué une modification d'un élément substantiel du contrat de travail de l'intéressé, qui entraînait la rupture de son contrat de travail[1].

Remarque(s) *Il convient par conséquent de faire preuve d'une certaine prudence en la matière.*

Survie de la délégation. Enfin, la Cour de cassation est venue préciser qu'une « société reste engagée par la délégation de pouvoirs faite par un président du conseil d'administration au nom et pour le compte de la société, et non en son nom personnel, à un préposé de celle-ci, malgré le changement de président du conseil d'administration, tant que cette délégation n'a pas été révoquée »[2], et que « les effets d'une délégation de pouvoirs sont indépendants de la personne du délégant et du délégataire »[3]. Il semble donc acquis, en matière civile, que la délégation de pouvoirs survit au départ du dirigeant délégant.

1. Soc. 22 juill. 1986, nº 83-45.418.
2. Com. 15 mars 2005, nº 03-13.032, Bull. civ. IV, nº 64 ; D. 2005, 957 ; Bull. Joly 2005, p. 972.
3. Soc. 13 mai 2008, nº 07-40.002, NP.

CHAPITRE 43

Responsabilité civile • Assurance

Cadre juridique. Au même titre que tous les justiciables, les dirigeants sociaux engagent leur responsabilité civile dès lors que, par leurs agissements, ils causent un dommage à autrui. Les dirigeants sont ainsi responsables de leurs fautes, tant envers la société et ses associés qu'envers les tiers. 43.11

Cette responsabilité, posée à l'article L. 223-22 du code de commerce pour les SARL, à l'article L. 225-251 du code de commerce pour les SA et à l'article 227-8 du code de commerce pour les SAS, vaut pour toutes les sociétés.

Les articles précités disposent en effet que :

Article L. 223-22

« Les gérants sont responsables, individuellement ou solidairement, selon le cas, envers la société ou envers les tiers, soit des infractions aux dispositions législatives ou réglementaires applicables aux sociétés à responsabilité limitée, soit des violations des statuts, soit des fautes commises dans leur gestion.

Si plusieurs gérants ont coopéré aux mêmes faits, le tribunal détermine la part contributive de chacun dans la réparation du dommage.

Outre l'action en réparation du préjudice subi personnellement, les associés peuvent, soit individuellement, soit en se groupant dans les conditions fixées par décret en Conseil d'État, intenter l'action sociale en responsabilité contre les gérants. Les demandeurs sont habilités à poursuivre la réparation de l'entier préjudice subi par la société à laquelle, le cas échéant, les dommages-intérêts sont alloués.

Est réputée non écrite toute clause des statuts ayant pour effet de subordonner l'exercice de l'action sociale à l'avis préalable ou à l'autorisation de l'assemblée, ou qui comporterait par avance renonciation à l'exercice de cette action.

Aucune décision de l'assemblée ne peut avoir pour effet d'éteindre une action en responsabilité contre les gérants pour faute commise dans l'accomplissement de leur mandat ».

Article L. 225-251

« Les administrateurs et le directeur général sont responsables, individuellement ou solidairement selon le cas, envers la société ou envers les tiers, soit des infractions aux dispositions législatives ou réglementaires applicables aux sociétés anonymes, soit des violations des statuts, soit des fautes commises dans leur gestion.

Si plusieurs administrateurs ou plusieurs administrateurs et le directeur général ont coopéré aux mêmes faits, le tribunal détermine la part contributive de chacun dans la réparation du dommage ».

Article L. 227-8

« Les règles fixant la responsabilité des membres du conseil d'administration et du directoire des sociétés anonymes sont applicables au président et aux dirigeants de la société par actions simplifiées ».

À défaut de texte spécial pour les gérants de SNC ou de société en commandite simple, l'article 1382 du code civil, selon lequel « tout fait quelconque de l'homme, qui cause à autrui un dommage, oblige celui par la faute duquel il est arrivé, à le réparer » s'applique.

43.12 **Cadre général.** Ainsi, conformément aux dispositions des articles précités, le dirigeant doit en principe répondre de ses infractions aux lois et règlements, de ses violations des statuts, ou encore de ses fautes de gestion. L'action contre le dirigeant suppose la démonstration de sa faute, du préjudice subi par le demandeur à l'action, ainsi que du lien de causalité entre cette faute et ce préjudice[1].

Remarque(s) *La responsabilité civile du dirigeant est, le plus souvent, recherchée en période de crise, autrement dit lorsque la société fait l'objet d'une procédure collective*

1. CA Paris, 18 déc. 1998, Dr. sociétés 1999, nº 615, obs. D. Vidal.

de sauvegarde, de redressement ou de liquidation judiciaire. La spécificité de cette dernière matière conduit à réserver à cette question des développements spéciaux (voir chapitre 46).

Ainsi, l'objet du présent chapitre est-il de rappeler les principes essentiels dégagés et consacrés par la jurisprudence relatifs à la responsabilité civile du dirigeant d'une société commerciale *in bonis*.

1. Conditions de mise en œuvre de la responsabilité civile

A. Cas de responsabilité

1. Responsabilité envers la société ou un associé

La responsabilité du dirigeant pourra être retenue dès lors qu'il aura causé un préjudice à la société ou à un ou plusieurs de ses associés du fait de ses agissements, constitutifs d'une faute. **43.13**

a. Fautes

1. Différents types de fautes

Selon les dispositions du code de commerce, les dirigeants sont responsables, soit des infractions aux lois et règlements, soit de la violation des statuts, soit de leurs fautes de gestion [1]. **43.14**

Violation de la loi. Ont ainsi été sanctionnés : **43.15**
- la tenue irrégulière de la comptabilité [2];
- le défaut de mention par un gérant de ce que sa société était en liquidation [3];
- la distribution de dividendes fictifs ou le défaut de mise en paiement des dividendes dans le délai imparti;
- le non-respect des dispositions relatives à la présentation des comptes sociaux;
- les irrégularités commises dans la convocation, la tenue et la constatation des décisions d'assemblées

Violation des statuts. Les statuts et le règlement intérieur, qui vient parfois compléter les statuts, s'imposent aux dirigeants en ce qu'ils tiennent lieu de loi entre tous les membres de la société (C. civ., art. 1134). C'est la raison pour laquelle le dirigeant qui aura engagé la société à l'égard des tiers au mépris des limitations de **43.16**

1 Pour la SARL, C. com., art. L. 223-22 • Pour les SA, C. com., art. L. 225-251 • Pour les SAS, C. com., art. L. 227-8.

2 Com. 12 oct. 1993, nº 91-17.629, NP, Bull. Joly 1993, p. 1257.

3 Com. 18 févr. 1997, nº 95-11.248, NPT, Rev. sociétés 1997, 523, note P. Didier.

pouvoirs statutaires pourra être condamné à en supporter personnellement les conséquences dommageables pour la société[1].

Exemple(s) Il en sera ainsi du dirigeant de SA qui aurait consenti un cautionnement au profit d'un tiers pour un montant qui, se cumulant avec celui d'autres cautionnements consentis, aurait pour effet de dépasser le montant global de l'autorisation consentie par son conseil d'administration, sans pour autant dépasser le montant maximum prescrit pour chaque opération (voir n° 41.62).

43.17 **Fautes de gestion.** Le plus souvent, la responsabilité du dirigeant sera recherchée au titre des fautes de gestion qu'il aura pu commettre.

Définition. La notion de faute de gestion est susceptible de recouvrir des situations variées, puisqu'elle s'entend aussi bien :

- de la simple négligence ou imprudence, mais aussi des manœuvres frauduleuses caractérisées, qu'elles qu'en soient les conséquences, minimes ou graves;
- d'une action ou, au contraire, d'une abstention fautive commise par le dirigeant.

Dès lors, les tribunaux se réfèrent, pour retenir ou non la faute de gestion, au comportement d'un dirigeant normalement prudent, diligent et respectueux des règles de la gestion des sociétés commerciales. Ils ont recours, à cette fin, aux notions de loyauté, de transparence ou de respect de légalité[2] et retiennent ainsi comme fautif tout comportement du gérant jugé contraire à l'intérêt social[3].

Appréciation. Pour apprécier la faute de gestion, les tribunaux doivent se placer à la date de commission de la faute pour éviter de remettre en cause une décision qui, si elle semble déraisonnable au jour où le juge statue, était adaptée à l'intérêt de la société au moment où elle a été prise.

Ainsi, a notamment pu être condamné :

- le dirigeant, manquant à son obligation de loyauté, qui agit dans son intérêt propre et non dans celui de la société[4]*;*

- le dirigeant qui se désintéresse des affaires sociales[5]*;*

- le dirigeant qui fait concurrence à la société dont il est le dirigeant[6] *ou qu'il a dirigée*[7] *(voir n*os *52.15 et s.);*

- le dirigeant qui avait créé son entreprise sans études sérieuses de marchés et n'avait pas reconnu qu'elle n'était pas viable[8]*;*

- le dirigeant dont la totale incompétence financière est prouvée par une comptabilité particulièrement succincte[9]*;*

1 CA Paris, 4 févr. 2000, RJDA 2000, n° 674; RTD com. 2000, 386, obs. Cl. Champaud et D. Danet.

2 Voir L'expert face à la faute de gestion, colloque sous la présidence de P. Bézard, RJ com. sept. 2000, n° spéc.

3 Com. 7 oct. 1997, n° 94-18.553, NPT, Bull. Joly 1997, p. 1074, note J.-J. Daigre.

4 CA Paris, 13 nov. 1996, Dr. sociétés 1997, n° 33, obs. D. Vidal • Com. 18 juin 1996, n° 94-16.448, NP, RJDA 10/1996, n° 1211.

5 CA Paris, 19 sept. 1995, Dr. sociétés 1996, n° 19, note D. Vidal.

6 Com. 7 oct. 1997, n° 94-18.553, NPT, préc.

7 Com. 10 févr. 1998, n° 96-12.638, Rev. sociétés 1998, 546, note M.-L. Coquelet.

8 CA Paris, 28 févr. 1977 et 11 mars 1977, D. 1977, IR 298, note A. Honorat.

9 CA Versailles, 24 janv. 1980, Rev. sociétés 1981, 100 • CA Rouen, 20 oct. 1983, D. 1985, jur. 161 • Com. 4 févr. 1980, n° 78-13.760, Bull. civ. IV, n° 80.

– le dirigeant qui a passé outre aux instructions formelles, précises et réitérées, exprimées par un associé majoritaire, ce qui a eu pour conséquence de faire perdre à ce dernier le contrôle de sa filiale[1] *;*

– le dirigeant qui conclut une opération exceptionnelle (acquisition d'un terrain), alors que les statuts limitent ses pouvoirs aux affaires courantes de la société[2] *;*

– le dirigeant qui n'a pas souscrit une assurance garantie décennale rendue obligatoire par l'article L. 241-1 du code des assurances[3].

2. Preuve de la faute

Charge de la preuve. La mauvaise situation sociale ne permet pas, à elle seule, de présumer la faute de gestion du dirigeant[4] : la faute commise doit être impérativement démontrée[5]. 43.18

Il n'en va différemment que lorsque le dirigeant méconnaît des dispositions légales ou statutaires. On considère alors que de telles atteintes suffisent à établir la faute du dirigeant, lequel, en qualité de mandataire social, a l'obligation de ne pas se rendre coupable de tels manquements.

Moyens de preuve. La faute constituant un fait juridique, sa preuve peut se faire par tous moyens, notamment à l'aide des divers documents écrits rédigés par les organes sociaux. 43.19

Ces écrits n'étant toutefois pas tous communiqués aux associés ou aux tiers, la preuve d'une telle faute n'est pas toujours ainsi rapportée. Aussi le demandeur dispose-t-il de la possibilité de recourir soit au dépôt d'une plainte pénale, soit à une mesure d'expertise de gestion dans les SA ou les SARL (C. com., art. L. 223-37 et L. 225-231), ou *in futurum* dans les autres formes de sociétés pour lesquelles il n'existe pas de textes spécifiques (CPC, art. 145).

b. Dommage

Notion. La condamnation du dirigeant suppose également que la société ou l'un ou plusieurs de ses associés aient subi un dommage[6]. En vertu des principes du droit commun, ce dommage doit être actuel, direct, certain, personnel et porter atteinte à un droit acquis. 43.20

Celui-ci peut consister en :

– une perte ou un manque à gagner, privant la société de bénéfices, ou de l'économie qu'elle a pour but de réaliser;

– une perte de chance[7] ;

– un dommage moral, comme l'atteinte à la réputation, à l'image de marque ou au nom de la société.

---

1. CA Lyon, 27 mai 2004, RJDA 2005, n° 829.
2. CA Paris, 4 févr. 2000, préc.
3. CA Montpellier, 8 juin 2002, BICC 2002, n° 984.
4. Com. 1er avr. 1968, Bull. civ. IV, n° 125; JCP 1968, IV, 91.
5. Com. 1er avr. 1968, préc. • CA Versailles, 21 janv. 1993, Rev. sociétés 1993, 884.
6. Crim. 14 oct. 1991, n° 90-86.829, NP, Rev. sociétés 1992, 782, note B. Bouloc.
7. CA Paris, 26 sept. 2003, Bull. Joly 2004, p. 84, note J.-J. Daigre.

Preuve. Il appartient au demandeur à l'action en responsabilité de prouver le dommage ainsi subi par lui. Si le demandeur n'est pas la société elle-même, mais l'un des associés, il devra y procéder, soit dans le cadre d'une action individuelle lorsqu'il a subi un dommage personnel (nos 43.25 et s.), soit dans le cadre d'une action sociale *ut singuli*, lorsque le dommage subi est collectif (no 43.34).

c. Lien de causalité

43.21 Conformément au droit commun, la responsabilité des dirigeants ne peut être retenue que si le demandeur prouve l'existence d'un lien de causalité entre la faute et le dommage[1].

2. Responsabilité envers les tiers

43.22 **Procédure collective.** L'hypothèse de la responsabilité à l'égard des tiers se rencontre, le plus souvent, lorsque la société a fait l'objet d'une procédure collective. Les tiers qui auraient à souffrir de la perte de leurs créances pourront, dans certaines limites, obtenir réparation de ce préjudice lorsque le dépôt de bilan de l'entreprise aura eu pour cause notamment les fautes de gestion commises par le dirigeant qui, par exemple, aurait tardé à déclarer la cessation des paiements de la société et ce, dans un intérêt personnel. Le régime de ce chef de responsabilité du dirigeant est soumis à un corps de règles spéciales, propre au droit des procédures collectives qui sera abordé ultérieurement (voir chapitre 46).

Société *in bonis*. Lorsque la société est *in bonis*, se pose en particulier la question de la recevabilité de l'action dirigée non pas contre celle-ci, mais contre le dirigeant.

a. La société joue normalement un rôle de « bouclier »...

43.23 En dehors des procédures collectives, lorsqu'un tiers souffre de l'inexécution ou de la mauvaise exécution d'un contrat conclu avec une société, comme par exemple le défaut de paiement d'une facture ou encore la mauvaise exécution d'une prestation convenue, le principe est qu'il appartient, non pas au dirigeant, mais à la société, de répondre du préjudice subi par son cocontractant.

On considère que le dirigeant n'a fait qu'agir au nom de la société qui lui sert, en quelque sorte, de bouclier[2].

b. ... sauf en cas de faute personnelle du dirigeant détachable de ses fonctions

43.24 La responsabilité de la société vis-à-vis des tiers ne pourra être retenue que pour autant que le dirigeant n'aura pas commis de faute personnelle détachable de ses fonctions.

---

1. Com. 27 sept. 2005, no 04-10.738, NP, Dr. sociétés, comm. 221, obs. J. Monnet.
2. Com. 4 oct. 1988, no 86-18.974, Bull. civ. IV, no 265; Rev. sociétés 1989, 212, note A. Viandier • Com. 27 janv. 1998, no 97-81.720, NP, D. 1998, 607, note D. Gibirila • Com. 28 avr. 1998, no 96-10.253, Bull. civ. IV, no 139; D. 1998, IR 136; D. Affaires 1998, 1008, obs. A.L.; Bull. Joly 1998, p. 808, note Le Cannu; JCP E 1998, no 31, 1258, note Guyon; Dr. sociétés 1998, no 115, note Vidal; JCP 1998, II, 10177, note D. Ohl; Rev. sociétés 1998, 767, note B. Saintourens.

La notion de faute personnelle, détachable des fonctions du dirigeant se définit par des critères ne résultant pas de la loi, mais de la seule jurisprudence.

Faute personnelle. Celle-ci suppose par définition qu'elle ait été commise par le dirigeant lui-même et non, par exemple, par l'un de ses préposés. La simple constatation d'un fait délictuel ou quasi délictuel imputable à la société n'implique pas nécessairement une faute personnelle du dirigeant[1].

Faute détachable des fonctions. La responsabilité personnelle du dirigeant suppose encore que soit établie l'existence d'une « faute détachable » des fonctions exercées par celui-ci. La notion de faute détachable, étant soumise au contrôle de la Cour de cassation et ne se définissant pas aisément, a laissé place à une certaine incertitude[2]. C'est la raison pour laquelle la Chambre commerciale de la Cour de cassation, a, par un important arrêt en date du 20 mai 2003[3], défini la faute séparable ou détachable des fonctions comme « une faute intentionnelle d'une particulière gravité incompatible avec l'exercice normal des fonctions sociales ».

Remarque(s) *Antérieurement à cette décision de principe, la responsabilité personnelle d'un dirigeant à l'égard des tiers n'était retenue que si ce dernier avait « commis une faute séparable de ses fonctions et qui lui soit imputable personnellement »[4]. Une telle solution, largement critiquée par la doctrine, conduisait à cantonner la responsabilité personnelle du dirigeant aux seules fautes commises par lui pour des mobiles personnels, ce qui lui conférerait une certaine impunité à l'égard des tiers victimes, donnant ainsi lieu à des solutions particulièrement injustes pour ces derniers[5].*

Depuis l'arrêt du 20 mai 2003, la notion de faute détachable se définit donc au moyen de deux critères principaux et cumulatifs :

- d'une part, le caractère intentionnel de la faute qui suppose que le dirigeant social a conscience de causer un dommage à autrui;
- d'autre part, la particulière gravité de la faute commise.

Cette solution a également été adoptée par la première Chambre civile de la Cour de cassation[6] et confirmée par la Chambre commerciale à plusieurs reprises[7]. Ces dernières décisions attestent de la volonté des tribunaux d'avoir une approche plus

1 Com. 4 juin 1991, nº 89-16.847, Bull. civ. IV, nº 211; JCP E 1991, pan. 924; Rev. sociétés 1992, 55, note Y. Chartier.

2 D. Vidal, « La responsabilité des dirigeants sociaux, colloque Toulouse du 17 nov. 2000 », JCP E, Cah. dr. entr. 3/2001, p. 16.

3 Com. 20 mai 2003, nº 99-17.092, Bull. civ. IV, nº 84; D. 2003, 2623, note Dondero; JCP E 2003, nºs 32-35, 1331, obs. Caussain, Deboissy et Wicker; Bull. Joly 2003, p. 786, note Le Nabasque; Dr. sociétés 2003, nº 148, note Monnet; Rev. sociétés 2003, 479, obs. J.-F. Barbièri; RTD com. 2003, 523, obs. Chazal et Reinhard; RTD com. 2003, 741, obs. Cl. Champaud et D. Danet • Voir avis R. Viricelle, RJDA août-sept. 2003, 717 • Voir aussi I. Grossi, Bull. d'actualité Lamy sociétés commerciales, sept. 2003.

4 Com. 28 avr. 1998, nº 96-10.253, Bull. civ. IV, nº 139.

5 Com. 28 avr. 1998, nº 96-10.253, Bull. civ. IV, nº 139 : n'est pas retenue la responsabilité du dirigeant qui ment dans l'exercice de ses fonctions en attestant que la société est propriétaire de marchandises couvertes par une clause de réserve de propriété pour obtenir un crédit.

6 Civ. 1re, 16 nov. 2004, nº 02-21.615, NP, Bull. Joly 2005, p. 370, note Dondero.

7 Voir not. Com. 13 déc. 2005, nº 04-11.020, NP, Bull. Joly 2006, 636, note J.-F. Barbièri : ayant retenu que « ne commet pas une telle faute le dirigeant qui agit ès qualités dans les limites de l'objet de la société et dont il n'est pas démontré qu'il aurait eu un intérêt personnel à utiliser celle-ci dans un dessein illicite ».

concrète de la faute détachable, supposant qu'il soit procédé à une analyse, au cas par cas, des actes commis par les dirigeants qui tiennent notamment compte de la durée de leurs manquements mais également de leur caractère délibéré et persistant.

43.25 Applications jurisprudentielles.

Cas dans lesquels a été retenue la responsabilité du dirigeant à l'égard des tiers pour avoir commis une faute séparable de ses fonctions

Constitue une faute détachable des fonctions :

– le fait, pour un gérant ayant cédé le fonds de commerce de la société, de s'abstenir de mentionner lors de la cession qu'il était titulaire d'une indemnité de fin de carrière quasi certaine[1] ;

– le fait pour un gérant de passer outre le désaccord sérieux l'opposant à l'associé majoritaire de la SARL en ne provoquant pas la réunion d'une assemblée générale pour en débattre avant de prendre une décision sociale déterminante[2] ;

– le fait pour un dirigeant d'avoir initié et participé activement à des actes de contrefaçon de marque et de concurrence déloyale[3] ;

– le fait, pour un dirigeant de société exploitant une discothèque, de diffuser de la musique sans verser de droits d'auteur à la SACEM et de refuser obstinément et sans justification de se mettre en règle[4] ;

– le fait, pour les cogérants d'une station-service en location-gérance, d'avoir masqué les couleurs, le logo et la marque de carburant, pour vendre des carburants d'une autre provenance[5] ;

– le fait pour un gérant d'avoir autorisé un salarié à utiliser un véhicule dépourvu d'assurance[6] ;

– le fait pour un gérant d'avoir signé des contrats de sous-licence, alors qu'il savait que les brevets correspondants, pour lesquels il avait personnellement déposé une demande en son nom, n'avaient été ni délivrés, ni publiés[7] ;

– le fait pour un dirigeant des sociétés du groupe, par l'intermédiaire de ses sociétés, d'interrompre brutalement de façon injustifiée ses relations avec une société en réduisant à néant son activité, de s'opposer à la désignation judiciaire d'un mandataire demandée par cette société et, enfin, de cesser la livraison des commandes passées par ses clients directement à son dirigeant[8] ;

---

1. CA Besançon, 2 déc. 2003, JCP E 2004, n° 19, 742 ; Dr. sociétés 2004, n° 148, note Monnet.
2. CA Lyon, 3e ch., 27 mai 2004, RJDA 2005, n° 829.
3. Com. 7 juill. 2004, n° 02-17.729, NP, RJDA 2004, n° 1223 • Com. 25 janv. 2005, n° 01-10.740, NP, RJDA 2005, n° 576.
4. Civ. 1re, 16 nov. 2004, n° 02-21.615, NP, RDJA 2005, n° 277 • CA Rouen, 29 mars 2006, JCP E 2006, n° 24, 1080.
5. Com. 8 févr. 2005, n° 02-18.017, NP, RJDA 2005, n° 575.
6. Com. 4 juill. 2006, n° 05-13.930, Bull. civ. IV, n° 166 ; D. 2006, AJ 1958, obs. Lienhard ; D. 2007, pan. 269, obs. J.-C. Hallouin et E. Lamazerolles ; RTD com. 2006, 848, obs. Cl. Champaud et D. Danet ; Dr. sociétés 2006, n° 143, note H. Hovasse ; LPA 22 nov. 2006, 18, note J.-F. Barbièri ; Bull. Joly 2007, 93, note B. Dondero.
7. Com. 26 févr. 2008, n° 05-18.569, NP, JCP E 2008, 1523.
8. Com. 26 juin 2007, n° 06-13.566, NP, RTD com. 2008, 128, note P. Le Cannu et B. Dondero.

– pour une application stricte du critère de la faute détachable, alors même que le dirigeant n'était pas sorti, au sens strict, de ses fonctions[1].

Remarque(s) *Pour d'autres exemples, voir les notes sous les articles L. 223-22 et L. 225-251 du code de commerce, telles que figurant dans le code des sociétés (éditions Dalloz).*

Cas dans lesquels la faute détachable des fonctions du dirigeant n'a pas été retenue

Ne constitue pas une faute détachable des fonctions du dirigeant :

– le fait pour le président du conseil d'administration d'une SA de consentir un cautionnement sans autorisation du conseil[2] *;*

– le fait pour un dirigeant de ne pas souscrire des assurances obligatoires de dommages et de responsabilité, et ce, alors même qu'un tel défaut de souscription est constitutif du délit prévu et réprimé par les articles L. 111-34 du code de la construction et de l'habitation et L. 243-3 du code des assurances., et qui caractérise une abstention fautive imputable au dirigeant de la personne morale assujettie à l'obligation d'assurance[3] *;*

– le fait pour un dirigeant de prendre au nom de sa société l'engagement de garantir le paiement de dettes contractées par une société filiale et de ne pas révéler à un tiers la situation économique précaire de sa société[4] *;*

– le fait pour un président-directeur général, qui avait eu connaissance du caractère en partie erroné des prévisions du chiffre d'affaire de sa société diffusées dans le public, de ne pas les avoir corrigées ne constitue pas une faute détachable des fonctions engageant sa responsabilité personnelle à l'égard de l'un de ses souscripteurs d'obligations[5].

B. Causes d'exonération

Clauses statutaires. Conformément aux articles L. 223-22, alinéa 4 (pour les SARL) et L. 225-253 (pour les SA) du code de commerce, est réputée non écrite toute clause des statuts ayant pour objet de faire obstacle à l'exercice de l'action en responsabilité à l'encontre des dirigeants. Ce principe, bien que non expressément prévu par le code de commerce, vaut également pour les autres sociétés. **43.26**

Une telle solution, justifiée par le fait que la responsabilité des dirigeants est d'ordre public, conduit à déclarer nulle toute clause statutaire prévoyant une quelconque exonération des dirigeants.

---

1. Com. 6 nov. 2007, nº 05-13.402, NP, RJDA 2/08, nº 157, Juris-Data nº 2007-041274; Dr. sociétés 2008, comm. 27, 19, note M. Renaud.
2. Com. 9 juin 2004, nº 00-19.773, NP, RJDA 2004, nº 1003.
3. Civ. 3e, 4 janv. 2006, nº 04-14.731, Bull. civ. III, nº 7; D. 2006, AJ 231, obs. A. Lienhard; D. 2007, pan. 269, obs. J.-C. Hallouin et E. Lamazerolles; JCP E 2006, nº 26, 1170, obs. J-J. Caussain, F. Deboissy et G. Wicker; Dr. sociétés 2006, nº 40, note J. Monnet; Bull. Joly 2006, 526, note S. Messaï-Bahri; LPA 19 avr. 2006, 10, note J.-F. Barbièri; Rev. sociétés 2006, 548, note D. Poracchia.
4. Com. 20 juin 2006, nº 05-10.052, NP, JCP E 2006, nº 30, 1339; LPA 22 nov. 2006, 18, note J.-F. Barbièri; Bull. Joly 2007, 84, note Dondero.
5. CA Paris, 3e ch. B, 26 juin 2008, RTD com. 2009, 182, obs. N. Rontchevsky.

43.27 **Conformité à l'objet social.** Le dirigeant, dès lors qu'il est débiteur d'une simple obligation de moyen, peut s'affranchir de sa responsabilité en démontrant que son acte de gestion, bien qu'il soit préjudiciable à la société, est conforme à l'objet ou à l'intérêt social de celle-ci[1].

43.28 **Délégation de pouvoirs.** Voir chapitre 42.

43.29 **Force majeure.** Conformément aux dispositions de l'article 1148 du code civil, la force majeure peut exonérer les dirigeants de tout ou partie de leur responsabilité.

Pour justifier d'un cas de force majeure, le dirigeant devra démontrer que le fait en cause constitue un événement extérieur à la fois imprévisible, irrésistible et insurmontable.

Ainsi, sera exonéré de sa responsabilité le dirigeant qui n'a pu payer à temps les cotisations patronales de sécurité sociale dès lors que l'actif de la société avait d'ores et déjà été absorbé par des impôts et des taxes[2].

II. Régime de la responsabilité civile

A. Régime propre à l'exercice de l'action en responsabilité par la société ou les associés

1. Action exercée par la société

43.30 La société qui a subi personnellement un préjudice du fait de la faute de son dirigeant a qualité pour ester en justice. On parle dans ce cas de l'action sociale exercée *ut universi* dont le but est de maintenir ou reconstituer le patrimoine social affecté par les manquements commis par le dirigeant.

Cette action est exercée par les organes ou les représentants déterminés par la loi ou les statuts et dotés du pouvoir pour agir au nom de la société (C. civ., art. 1843-5).

Lorsque la société fait l'objet d'une procédure collective, voir chapitre 46, nº 46.22.

2. Action exercée par un associé

a. Action individuelle

43.31 **Préjudice individuel.** Malgré la rédaction des textes du code de commerce qui, en visant la responsabilité envers la société, semblent signifier que le dommage doit être

---

1. Com. 7 oct. 1974, nº 73-13.067, NPT, RTD com. 1976, 544, obs. R. Houin.
2. Civ. 2e, 25 janv. 1963, Bull. civ. II, nº 89.

subi par l'ensemble des associés, la jurisprudence a admis que l'action en responsabilité contre un dirigeant puisse être engagée par l'un ou plusieurs de ses associés qui auraient eu à souffrir individuellement des agissements du dirigeant, distinguant ainsi le préjudice social, du préjudice individuel[1].

Admission. Les hypothèses de préjudices individuels, même si elles restent rares, se rencontrent pour l'essentiel lorsque le dirigeant a méconnu les droits des associés ou a commis une infraction au droit des sociétés entraînant un préjudice individuel. **43.32**

On peut ainsi retenir les exemples suivants[2] :

- l'ostracisme à l'encontre d'un actionnaire jamais convoqué aux assemblées générales;
- le détournement des fonds déposés par un actionnaire;
- le défaut d'information des actionnaires de la nécessité de présenter leur titre en vue d'une mise au nominatif[3];
- le fait de provoquer les difficultés financières d'une seconde société pour pouvoir en prendre le contrôle au moyen d'une augmentation de capital imposée aux actionnaires par la menace de la ruine de la seconde société[4];
- la surévaluation infondée des apports réalisée par un associé[5];
- la publication par la société d'un avis pessimiste erroné ayant conduit les actionnaires à céder leurs actions au cours de bourse, perdant ainsi la chance d'apporter leurs titres à une ultérieure garantie de cours[6].

Refus. En revanche, ne sont pas fondées les actions individuelles lorsque le préjudice invoqué par l'associé n'est en réalité que le corollaire de celui subi par la société. **43.33**

Il en est ainsi dans les hypothèses suivantes :

- réduction puis augmentation du capital justifiées par d'importantes pertes sociales[7];
- perte de valeur des actions du fait des fautes commises dans la gestion sociale ayant entraîné la mise en redressement judiciaire de la société et la réduction du capital social à zéro suivie d'une augmentation[8];
- le détournement de trésorerie ayant entraîné une perte de dividendes[9];
- le simple amoindrissement du patrimoine de la société du fait des agissements fautifs du dirigeant[10];
- le fait pour un gérant associé d'une SARL d'avoir volontairement organisé la ruine de la société en vue de reprendre seul l'activité sociale et ce, alors même que les fautes avaient entraîné avec la ruine de l'entreprise la perte quasi-totale de la valeur des parts sociales[11].

---

1. Arrêt de principe : Civ. 26 nov. 1912, DP 1913, 1, 377, note E. Thaller.
2. M. Cozian, A. Viandier, M. Deboissy, Droit des sociétés, Litec, 20e éd.
3. Com. 19 mai 1992, no 90-16.110, NPT, Bull. Joly 1992, p. 775, note D. Lepeltier.
4. Com. 18 févr. 1997, no 94-19.790, RJDA 1997, no 569.
5. Com. 28 juin 2005, no 03-13.112, Bull. civ. IV, no 146; RJDA 10/2005, no 110, 924, rapp. M. Petit.
6. CA Paris, 26 sept. 2003, JCP E 2003, pan. 1692.
7. Com. 1er avr. 1997, no 94-18.912, NPT, RJDA 1997, no 659.
8. Com. 15 janv. 2002, no 97-10.886, NPT, RJDA 2002, no 650.
9. CA Paris, 6 déc. 2002, Bull. Joly 2003, p. 474, note Barbièri.
10. Com. 21 sept. 2004, no 03-12.663, NP, RJDA 2005, no 261, 218.
11. Com. 19 avr. 2005, no 02-10.256, NP, RJDA 2005, no 813.

Remarque(s) *Dans le cadre de cette action individuelle en responsabilité, les dommages-intérêts sont personnellement alloués aux associés et non à la société en réparation du préjudice subi par eux[1].*

b. Action sociale *ut singuli*

43.34 Lorsque le préjudice est subi par la société, l'action en réparation tend, ainsi que cela a été exposé (voir nº 43.23), à la reconstitution des fonds sociaux.

Afin que celle-ci ne soit pas paralysée par le fait que le dirigeant serait toujours en fonction, la loi offre à un ou plusieurs associés la faculté d'agir contre le dirigeant au nom et pour le compte de la société : c'est l'action *ut singuli.*

L'action ne leur est ouverte que s'ils justifient disposer de 1/10e du capital, s'ils sont associés d'une SARL[2], ou de 1/20e du capital s'ils sont actionnaires d'une SA[3].

La doctrine semble par ailleurs être opposée sur le fait de savoir si les associés des sociétés autres que la SARL et la SA disposent de la possibilité d'exercer l'action sociale *ut singuli.* Ainsi, le Professeur Deen Gibirila, considère qu'à défaut de fondement législatif, la mise en œuvre d'une telle action par les associés n'est pas possible, de sorte que lorsque plusieurs associés entendent poursuivre en responsabilité le gérant pour une même faute, ils doivent agir séparément. Le Professeur Jacques Mestre précise pour sa part que, faute pour le code de commerce d'avoir prévu une telle possibilité pour les autres sociétés, la jurisprudence a initialement refusé d'étendre cette action à celles-ci. Il précise toutefois que la loi nº 88-15 du 5 janvier 1988, instituant l'article 1843-5 du code civil, a désormais généralisé la possibilité pour le ou les associés de ces sociétés de mettre en œuvre l'action sociale *ut singuli*[4].

Remarque(s) *L'existence de l'action sociale ouverte aux associés ne prive naturellement pas la société de son propre droit d'agir en responsabilité[5].*

B. Juridiction compétente

1. Compétence d'attribution

43.35 Conformément aux dispositions de l'article L. 721-3 du code de commerce, l'action intentée par les associés contre un dirigeant relève de la compétence du tribunal de commerce. Toutefois, l'article L. 721-3 du code de commerce prévoit qu'une clause compromissoire peut être valablement insérée dans les statuts. Lorsque l'action est intentée par des tiers, celle-ci peut être portée devant la juridiction commerciale à condition que les faits allégués se rattachent par un lien direct à la gestion de la société.

1. Com. 8 nov. 2005, nº 04-10.906, BRDA 23/2005, nº 1.
2. C. com., art. R. 223.-31.
3. C. com., art. R. 225-169 • Lorsque le capital est supérieur à 750 000 €, le pourcentage du capital social à représenter est : 4 % jusqu'à 750 000 € ; 2,5 % entre 750 000 et 7 500 000 € ; 1 % entre 7 500 000 et 15 000 000 € ; 0,5 % pour le surplus du capital.
4. J-Cl. com., fasc. 1053, « Dirigeants sociaux – Responsabilité civile », nº 42 • *Contra* : J. Mestre et D. Veladocchio, Lamy Sociétés commerciales, 2006, nº 785.
5. Com. 14 déc. 2004, nº 01-11.059, NP, Bull. Joly 2005, p. 493.

Les juridictions pénales sont par ailleurs compétentes dès lors que le dirigeant se rend coupable d'une infraction et que la victime se constitue partie civile. À cet égard, les juridictions pénales ont à connaître des actions sociales *ut singuli* exercée sur le fondement de l'abus de biens sociaux (voir chapitre 44).

2. Compétence territoriale

Action sociale. Concernant l'action sociale, la juridiction compétente est celle du lieu du siège social, puisque la personne morale est mise en cause (CPC, art. 43). **43.36**

Action individuelle. Concernant l'action individuelle, sont alternativement compétents :

- le tribunal du lieu du domicile du ou des dirigeants défendeurs;
- le tribunal du lieu de production du fait dommageable, soit le lieu du siège social de la société (CPC, art. 46).

C. Extinction de l'action

Prescription. Les actions en responsabilité individuelle et sociale se prescrivent par trois ans à compter du fait dommageable ou, s'il a été dissimulé, de sa révélation[1]. **43.37**

Exceptions. Par dérogation au délai triennal,

- l'action en responsabilité se prescrit par dix ans dans trois hypothèses :
- lorsque le fait dommageable est un crime[2];
- lorsque le préjudice résulte d'un défaut de mention obligatoire dans les statuts ou de l'omission ou de l'accomplissement irrégulier d'une formalité prescrite pour la constitution de la société[3];
- l'action en responsabilité se prescrit désormais par cinq ans lorsque l'on est en présence d'un dirigeant de fait[4] ou d'un gérant de société en nom collectif ayant la qualité de commerçant[5].

Quitus. Le quitus donné au dirigeant par la collectivité des associés n'éteint pas l'action en responsabilité (C. com., art. L. 223-22 al. 5 et L. 225-253, al. 2). **43.38**

Il ne saurait faire obstacle à l'exercice de l'action sociale en responsabilité contre les administrateurs et les membres du directoire des SA pour des fautes commises en cours de vie sociale[6].

Renonciation. Sont réputées non écrites dans les SARL et les sociétés par actions les clauses de renonciation anticipée à l'exercice d'une action sociale en responsabilité (C. com, art. L. 223-22 et L. 225-253). **43.39**

---

1. C. com., art. L. 223-23 pour les SARL • art. L. 226-1 pour les sociétés en commandite par actions • art. L. 225-256 pour les SAS.
2. C. com., art. L. 223-23, L. 225-254 et 225-257.
3. C. civ., art. 1840 et C. com., art. L. 210-8.
4. C. civ., art. 2224.
5. C. com., art. L. 110-4.
6. Com. 15 déc. 1987, nº 86-13.479, Bull. civ. IV, nº 280; LPA 1998, nº 17, note P. Moretti • Voir égal. Civ. 3e, 4 nov. 1976, nº 75-12.274, Bull. civ. III, nº 380.

Ainsi, un dirigeant ne saurait faire obstacle à l'action *ut singuli* en introduisant dans les statuts une clause ayant pour objet de subordonner l'action en responsabilité exercée à son encontre à l'avis ou à l'autorisation préalable de l'assemblée ou par laquelle les associés renonceraient par avance à l'exercice de certaines actions[1].

Désistement en cours d'audience. Une discussion s'est engagée sur l'incidence du désistement en cours d'instance de l'associé qui a engagé l'action sociale *ut singuli*. En vertu des dispositions des articles R. 223-31, alinéa 2 et R. 225-169, alinéa 2 du code de commerce, le désistement de certains des associés s'étant groupés pour exercer l'action *ut singuli* ne saurait être un obstacle à la poursuite de l'action.

Les tribunaux adoptent toutefois des positions divergentes sur la possibilité pour un associé de reprendre la procédure abandonnée par un autre associé ou sur la possibilité de plusieurs associés de poursuivre l'instance malgré le désistement des certains d'entre eux[2].

III. L'assurance responsabilité civile

43.40 **Cadre général.** Les risques de devoir répondre sur son patrimoine propre des fautes commises dans l'exercice de ses fonctions de dirigeant se sont multipliés. C'est pourquoi, la pratique a cherché les moyens techniques d'assurer le dirigeant contre ces risques[3]. Prenant appui sur des contrats nés dans les pays anglo-saxons, le contrat d'assurance de responsabilité civile est souscrit par la société au profit d'un ou plusieurs dirigeants personnes physiques.

Le dirigeant a-t-il un intérêt à négocier la conclusion d'un tel contrat à son profit avant son entrée en fonction ? À n'en pas douter. Il s'agit pour celui-ci de faire prendre en charge par l'assureur non seulement les condamnations pécuniaires dont il pourrait être redevable en sa qualité de mandataire social, mais également les frais de défense civile ou pénale.

A. Conclusion du contrat d'assurance

43.41 **Modalités.** Le contrat est souscrit par la société pour le compte et au profit d'un ou plusieurs dirigeants, personnes physiques et leurs héritiers.

Il convient, à cet égard, de distinguer « le souscripteur » du contrat d'assurance, savoir l'entreprise dans laquelle les dirigeants exercent leur mandat social, de « l'assuré » qui est principalement le dirigeant de droit.

---

1. C. com., art. L. 223-22 et L. 225-253.
2. CA Paris, 30 oct. 1978, JCP 1979, II, 19209, note Y. Guyon; D. 1980, 116, note Guyénot : la Cour d'appel retient que le demandeur à l'action *ut singuli* peut se désister de son instance et de son action et renoncer au jugement à condition qu'il ne soit pas passé en force de chose jugée • *Contra* : CA Versailles, 29 mars 1978, JCP 1979, II, 19209, note Y. Guyon; D. 1979, IR 106, note Bousquet; Rev. sociétés 1978, 711, note Schmidt • Voir dans le même sens, CA Paris, 14 mars 1982, BRDA 17/1982, 11.
3. C. Freyria, « L'assurance de responsabilité civile du management », D. 1995, chron. 120 • A. Constantin, « De quelques aspects de l'assurance responsabilité civile des dirigeants sociaux », RJDA 7/2003, chron.

Les dirigeants peuvent être nommément désignés ou énumérés au titre de leurs fonctions au sein de l'entreprise (ex. : gérant, directeur général).

Le contrat, généralement d'une durée d'un an, peut assurer les dirigeants passés, présents et futurs.

Vérifications préalables. Dans tous les cas, l'assureur procédera à un examen minutieux de la situation de l'entreprise et peut demander copie des comptes sociaux, et des informations précises sur la structure juridique de l'entreprise, l'identification des administrateurs, des cadres supérieurs, des risques encourus et des litiges passés, etc.

Exemple(s) **Le cas du dirigeant de fait**

L'on peut se poser la question de savoir si les dirigeants de fait sont couverts par le contrat d'assurance. Certains contrats assimilent simplement le dirigeant de fait au dirigeant de droit. Le contrat peut également viser toutes les personnes exerçant des fonctions de gestion et de direction au sein de la société.

En cas de changement de dirigeant, il convient d'opérer une distinction selon que le contrat couvre une personne désignée ou une fonction au sein de l'entreprise.

Remarque(s) *Dans tous les cas, il faudra prendre soin d'avertir la compagnie dans les conditions imposées par la police.*

B. Garantie et exclusions

1. Garantie

a. Objet de la garantie

Exercice des fonctions. L'assurance des dirigeants sociaux a pour objet de garantir ces derniers contre les conséquences pécuniaires de la responsabilité civile qu'ils peuvent encourir au titre d'une faute commise dans l'exercice de leurs fonctions. **43.42**

Ainsi que le rappelle le Professeur Alexis Constantin, « le champ d'application matériel du contrat d'assurance se trouve donc circonscrit à l'activité couverte, qui est celle de dirigeant de société. La plupart des contrats parlent de faute professionnelle des dirigeants; mais cela ne signifie pas que seul un dirigeant exerçant ses fonctions de manière principale, habituelle et rémunérée peut être couvert, mais seulement que le fait générateur de la responsabilité garantie doit naître à l'occasion, et du fait, de l'exercice par le dirigeant de ses fonctions, et non en dehors, par exemple dans le cadre de la vie privée »[1].

1. Chronique d'A. Constantin, préc.

Nature de la responsabilité. S'agissant de la nature de la responsabilité garantie, les contrats d'assurance ne distinguent pas en principe la responsabilité contractuelle de la responsabilité délictuelle, de sorte que l'une ou l'autre pourra être invoquée selon les circonstances.

Frais de défense. Enfin, les contrats d'assurance « responsabilité des dirigeants » disposent en principe de clauses « défense recours » qui couvrent les frais de défense de l'assuré (et notamment les honoraires des avocats) dans le cadre du procès civil dans le cadre duquel il serait défendeur.

b. Bénéficiaires de la garantie

43.43 **Associés.** Les associés peuvent bénéficier de la garantie du contrat d'assurance « responsabilité des dirigeants » dans le cadre d'une action individuelle en réparation de leur préjudice personnel, distinct de celui subi par la société.

Ils peuvent également bénéficier de cette garantie dans le cadre de l'action *ut singuli* (voir no 43.34).

43.44 **Tiers.** L'hypothèse d'une responsabilité du dirigeant envers les tiers est expressément prévue par la loi (voir nos 43.11 et s.).

Il convient toutefois de distinguer selon que la société est *in bonis* ou fait l'objet d'une procédure de sauvegarde, de redressement ou de liquidation judiciaire :

Société *in bonis*. Lorsque la société est *in bonis*, le contrat d'assurance « responsabilité des dirigeants » a nécessairement vocation à jouer en présence d'une faute détachable du mandataire social.

En cas de faute non détachable des fonctions, seule la société devrait être tenue de réparer le dommage causé par celui qui agit pour son compte, puisque dans une telle hypothèse, c'est la responsabilité de la société elle-même qui est engagée et non celle du dirigeant.

La doctrine s'interroge toutefois sur le fait de savoir comment pourrait être couverte une telle responsabilité.

On pourrait envisager que la responsabilité de la société soit couverte par l'assurance RC exploitation (responsabilité civile) de l'entreprise à condition que la rédaction de la police le prévoit expressément;

À défaut d'être couverte par son assurance générale RC, la société, après avoir indemnisé la victime des fautes commises par son dirigeant, pourrait s'adresser à l'assureur de celui-ci afin d'obtenir remboursement des sommes dont elle s'est acquittée pour le compte de son dirigeant. L'hypothèse reste toutefois largement théorique car cela supposerait que le dirigeant exerce contre lui-même l'action récursoire au nom de la société. Dès lors, une telle action ne semble envisageable que par le biais de l'action sociale *ut singuli* des associés minoritaires ou par la nouvelle équipe dirigeante après départ du dirigeant responsable.

Procédure collective. Lorsque la société fait l'objet d'une procédure collective, le contrat d'assurance « responsabilité des dirigeants » accepte en principe de couvrir, dans le cadre d'une action en comblement de passif impliquant une faute de gestion commise par le dirigeant, cette responsabilité particulière, à condition toutefois que les fautes commises par ce dernier soient survenues avant la date d'ouverture de la procédure collective.

Société. Dans l'hypothèse où la société a subi personnellement un préjudice causé par la faute de son dirigeant. Le contrat d'assurance peut prévoir que la société bénéficiera de l'assurance souscrite par elle. **43.45**

Qu'en est-il à défaut de stipulation contractuelle expresse ?

L'article L. 112-1 du code des assurances dispose que « l'assurance peut être contractée pour le compte de qui il appartiendra. La clause vaut, tant comme assurance au profit du souscripteur du contrat que comme stipulation pour autrui au profit du bénéficiaire connu ou éventuel de ladite clause ».

Ainsi, si les parties au contrat d'assurance peuvent exclure que le contrat bénéficiera à la société dans la mesure où ces dispositions légales ne sont pas impératives, à défaut de toute mention relative à cette question, la société pourra elle-même se prévaloir de l'indemnisation due par l'assureur.

2. Exclusions

Exclusion légale. Est classiquement exclue la faute intentionnelle, c'est-à-dire celle dont le dirigeant savait qu'elle causerait un préjudice à la société (C. assur., art. L. 113-1). **43.46**

À défaut de toute mention relative à cette question, la société pourra elle-même se prévaloir de l'indemnisation due par l'assureur.

Exclusions conventionnelles. À titre d'exemples, on peut citer : **43.47**

- les dommages matériels ou corporels, ainsi que tout dommage immatériel consécutif à un dommage corporel ou matériel, qui sont couverts par la police RC générale de l'entreprise;
- les réclamations à l'encontre du dirigeant dont le souscripteur avait connaissance antérieurement à la souscription du contrat d'assurance;
- les sanctions qu'encourt le dirigeant au titre de sa personne comme les déchéances ou interdictions de gérer (voir chapitre 46, n°s 46.27 et s.);

– les amendes pénales ou les garanties consenties par le dirigeant au soutien d'engagements pris par la société (voir chapitre 35) ;
– les réclamations issues des actions sociales *ut universi* exercées par les dirigeants légaux de la société souscriptrice ;
– les réclamations issues des actions relatives aux conflits sociaux.

C. Risques du contrat d'assurance

43.48 Trois risques principaux s'attachent à la conclusion de ces contrats.

– En premier lieu, les conditions dans lesquelles ces contrats sont signés. Doivent-ils être soumis à une procédure particulière ? Non, en principe car le dirigeant n'est pas une partie contractante à la convention, à strictement parler (voir n° 43.20). Il n'en demeure pas moins que celui-ci est intéressé à la signature de ce contrat. Il faut donc à tout le moins que l'organe de direction collectif de la société soit parfaitement informé sur le contrat et ses clauses et au mieux, qu'il donne son accord à sa conclusion.

Remarque(s) *Il s'agit souvent d'une exigence des compagnies d'assurance.*

– En deuxième lieu, les conditions de paiement de la prime du contrat. En effet, il ne serait pas impossible de voir, dans le paiement de cette prime par la société, un abus de biens sociaux, en particulier en présence d'une franchise qui serait mise à la charge de la société en cas de dommage. De même, pour une assurance couvrant les activités qu'un dirigeant pourrait avoir dans des sociétés tierces. Ce risque est toutefois écarté dès lors que l'assurance souscrite ne couvre que les conséquences des actes de gestion commis pour le compte de la société et à l'occasion de l'exercice du mandat social du dirigeant.
– En dernier lieu, le régime fiscal de la prime à l'égard du dirigeant. Si la société peut déduire de ses résultats le montant de la prime souscrite si le contrat couvre uniquement des risques inhérents à l'activité du dirigeant, la réponse n'est pas aussi claire pour les dirigeants. L'Administration fiscale avait, dans un premier temps, considéré que cette prime constituait pour les dirigeants salariés une indemnité représentative de frais, exonérée d'impôt sur le revenu en application de l'article 81, 1° du CGI[1], sans pour autant étendre cette solution aux dirigeants non salariés, créant ainsi des disparités entre ces deux types de dirigeants.

L'Administration fiscale a donc tenté ultérieurement, ainsi que l'expose le Professeur Alexis Constantin[2], de clarifier le régime fiscal applicable aux primes d'assurance :

> *« Soit la garantie s'étend aux condamnations prononcées contre le dirigeant, au titre d'agissements de celui-ci contraires à l'intérêt social. Dans cette*

1. Rép. min. n° 25786, JOAN Débats 26 oct. 1987.
2. Chronique d'A. Constantin, préc.

hypothèse, la prime payée par le dirigeant soumis au régime fiscal des salariés ne revêt en aucun cas le caractère de dépense professionnelle déductible au sens des dispositions de l'article 83-3° du CGI. Dans le cas où la prime est prise en charge par la société, elle s'analyse comme un avantage en argent imposable dans les conditions de droit commun.

Soit la garantie ne couvre que les actes accomplis par le dirigeant dans l'exercice de ses fonctions sociales, à l'exclusion de ceux contraires à l'intérêt social. Dans cette seconde hypothèse, la prime payée directement par le dirigeant pourra être déduite par lui de ses frais professionnels, en cas d'option pour la déduction de ceux-ci, pour leur montant réel et justifié. En revanche, si la prime est réglée par la société, elle s'analyse alors à un avantage en argent et non en une allocation pour frais d'emploi, exonéré au sens de l'article 81-1° du CGI ».

CHAPITRE 44

Responsabilité pénale

44

44.11 Même si l'on constate, ces dernières années, un mouvement tendant à une certaine dépénalisation de la vie des affaires[1], les infractions susceptibles d'être commises par les dirigeants de sociétés commerciales demeurent très nombreuses. L'introduction, dans le code pénal[2], de la responsabilité des personnes morales n'a pas exclu celles des personnes physiques auteurs et complices de mêmes faits, ce qui a été expressément précisé par la loi du 10 juillet 2000[3].

Ces infractions échappent, pour une grande part, au droit des sociétés. Elles sont spécifiques à certaines matières ou relèvent des dispositions plus générales du code pénal.

Aussi, après la présentation de quelques exemples d'infractions de droit commun ou spéciales, seront essentiellement examinées, dans le cadre du présent ouvrage, les infractions relatives au droit des sociétés, et, en premier lieu, l'abus de biens sociaux.

Remarque(s) *Sur la banqueroute, voir nos 46.47 et s.*

1. Voir le numéro spécial de la revue AJ pénal 2008, no 2, « Quelle dépénalisation pour le droit des affaires ? », et notamment l'interview de J.-M. Coulon à la suite du dépôt de son rapport le 20 février 2008, AJ pénal 2008, 61 • Y. Muller, « La dépénalisation de la vie des affaires ou... de la métamorphose du droit pénal », AJ pénal 2008, 63.
2. C. pén., art. 121-2.
3. L. no 2000-647, 10 juill. 2000, tendant à préciser la définition des délits non intentionnels, JO 11 juill., p. 10484.

1. Quelques exemples d'infractions

A. Des infractions spéciales très variées

Le dirigeant est exposé à la commission d'infractions dans des domaines spécifiques très différents relevant tant du droit du travail, que du droit fiscal, du droit des transports, du droit boursier ou encore que du droit de l'environnement. 44.12

En matière sociale. À titre d'exemple, en matière sociale et, plus précisément, d'hygiène et de sécurité, la chambre criminelle rappelle de façon constante qu'il appartient au chef d'entreprise de veiller personnellement à la stricte et constante exécution des dispositions édictées par le code du travail ou les règlements pris pour son application en vue d'assurer l'hygiène et la sécurité des travailleurs. Il en est ainsi, notamment, des dispositions des articles L. 4741-1 et suivant du code du travail (voir nº 42.13). 44.13

Selon ces textes, les chefs d'établissement, directeurs, gérants ou préposés qui, par leur faute professionnelle, ont enfreint la réglementation de l'hygiène et de la sécurité du travail, sont punis d'une amende de 3 750 euros[1].

Le code pénal réprime également sévèrement les infractions d'atteintes involontaires à la vie et à l'intégrité de la personne causées par un manquement à une obligation de sécurité ou de prudence imposée par la loi ou le règlement[2].

De même peut-on citer pour mémoire, en matière de droit syndical, le délit d'entrave incriminé par l'article L. 2328-1 du code du travail aux termes duquel le fait d'apporter une entrave soit à la constitution d'un comité d'entreprise, d'un comité d'établissement ou d'un comité central d'entreprise, soit à la libre désignation de leurs membres, soit à leur fonctionnement régulier, notamment par la méconnaissance des dispositions des articles L. 2324-3 à L. 2324-5 et L. 2324-8, est puni d'un emprisonnement d'un an et d'une amende de 3 750 euros.

En matière fiscale. L'article 1741 du code général des impôts, résultant de l'ordonnance du 7 décembre 2005[3], permet, en matière fiscale, de sanctionner toute soustraction frauduleuse à l'établissement ou au paiement de l'impôt. 44.14

Sont ainsi visées et réprimées l'omission volontaire de déclaration dans les délais, la dissimulation volontaire d'une part des sommes sujettes à l'impôt, l'organisation d'insolvabilité ou encore toutes manœuvres frauduleuses.

En matière économique et environnementale. Les infractions en droit de la **concurrence** (ex. : revente à perte, prix abusivement bas), de la **consommation** (ex. : publicité trompeuse, démarchage à domicile irrégulier, prime illicite, etc.), en matière de **propriété intellectuelle** (ex. : contrefaçon), ou d'**environnement** sont 44.15

---

[1] En cas de récidive, les peines sont les suivantes : une amende de 9 000 € et/ou une peine d'emprisonnement d'un an (C. trav., art. L. 4741-1).

[2] C. pén., art. 221-6, 222-19 et 222-20.

[3] Ord. nº 2005-1512, 7 déc. 2005, relative à des mesures de simplification en matière fiscale et à l'harmonisation et l'aménagement du régime des pénalités, JO 8 déc., p. 18912.

extrêmement nombreuses et impliquent du dirigeant qu'il acquiert une parfaite connaissance des réglementations applicables aux secteurs d'activités dans lesquels intervient la société dont il assure la direction.

B. Infractions pénales de droit commun

44.16 En tant qu'acteur de la vie économique, le dirigeant peut, de façon plus générale, être porté à commettre des infractions de droit commun comme l'escroquerie, l'abus de confiance, le faux en écriture ou encore l'usage de faux.

Ces infractions sont définies et réprimées dans les termes suivants par le code pénal.

44.17 **Escroquerie.** L'escroquerie, punie de cinq ans d'emprisonnement et de 375 000 euros d'amende, est définie par l'article 313-1 du code pénal comme « le fait, soit par l'usage d'un faux nom ou d'une fausse qualité, soit par l'abus d'une qualité vraie, soit par l'emploi de manœuvres frauduleuses, de tromper une personne physique ou morale et de la déterminer ainsi, à son préjudice ou au préjudice d'un tiers, à remettre des fonds, des valeurs ou un bien quelconque, à fournir un service ou à consentir un acte opérant obligation ou décharge ».

L'ancien dirigeant peut également faire l'objet de cette incrimination.

Ainsi la chambre criminelle de la Cour de cassation a-t-elle notamment considéré que le fondateur et premier gérant d'une société fictive, constituée pour persuader l'existence d'une entreprise qui était fausse, est responsable pénalement même des escroqueries qui ont été commises après la cessation de ses fonctions de gérant, dès lors qu'il résulte des constatations des juges du fond que toutes les escroqueries s'enchaînent les unes aux autres comme procédant de la manœuvre frauduleuse initiale et voulue par lui dans toutes ses conséquences[1].

44.18 **Abus de confiance.** L'abus de confiance, puni de trois ans d'emprisonnement et de 375 000 euros d'amende est, aux termes de l'article 314-1 du code pénal, « le fait par une personne de détourner au préjudice d'autrui, des fonds, des valeurs ou un bien quelconque qui lui ont été remis et qu'elle a acceptés à charge de les rendre, de les représenter ou d'en faire un usage déterminé ».

Exemples de condamnation pour abus de confiance

A été condamné pour abus de confiance :

– le gérant d'une SARL qui, ayant en cette qualité et à titre de mandat, reçu le versement d'un souscripteur à une augmentation de capital, a affecté les

---

1. Crim. 9 janv. 1978, n° 77-92.241, Bull. crim., n° 10.

fonds aux besoins de trésorerie de la société, et les a ainsi détournés en les employant à une fin autre que celle prévue au contrat[1].

– le gérant d'une société en commandite par actions[2] *et le président-directeur général d'une société anonyme*[3] *qui ont également agi de la sorte ;*

– le gérant d'une SCI qui a prélevé des fonds dans la société, par versement sur son compte bancaire personnel, et qui a utilisé ces fonds à d'autres fins que celles pour lesquelles ils devaient servir, sans avoir reçu mandat d'effectuer de telles opérations, dépourvues de toute régularité comptable[4] *;*

– le gérant d'une société en nom collectif qui a prélevé frauduleusement des fonds dans la trésorerie de la société, sans pouvoir justifier, ni de l'utilisation qui en a été faite, ni d'un accord des associés à qui le détournement a causé préjudice[5] *;*

– le gérant d'une société de gestion immobilière, chargé de collecter les loyers pour le compte de propriétaires, qui a confondu les sommes recueillies avec celles de sa société, alors qu'il n'ignorait pas que celle-ci était en difficulté financière[6] *;*

– le cogérant d'une société en nom collectif qui a fait prendre en charge par celle-ci des dépenses personnelles étrangères à son objet, alors que le montant des dépenses n'a pas été débité de son compte-courant[7].

Faux. Constitue un faux, puni de trois ans d'emprisonnement et d'une amende maximale de 45 000 euros en application de l'article 441-1 du code pénal, « toute altération de la vérité, de nature à causer un préjudice et accomplie par quelque moyen que ce soit, dans un écrit ou tout autre support d'expression de la pensée qui a pour objet ou qui peut avoir pour effet d'établir la preuve d'un droit ou d'un fait ayant des conséquences juridiques ». **44.19**

Les hypothèses de faux sont extrêmement diverses.

Ainsi, a même été jugé coupable de faux et d'usage de faux le dirigeant d'une entreprise de spectacle en difficultés financières, qui avait volontairement apposé sur un chèque important une signature manifestement différente de celle déposée à la banque, ce qui a entraîné le rejet du chèque et des délais de paiement indus au préjudice de la partie civile, qui n'a été payée, avec quatre ans de retard, qu'en exécution de la décision rendue[8].

---

1. Crim. 6 mai 1969, nº 68-91.356, Bull. crim., nº 151 • Crim. 3 janv. 1974, nº 73-91.587, Bull. crim., nº 1 • Crim. 9 janv. 1980, nº 79-91.056, Bull. crim., nº 14.
2. Crim. 11 déc. 1936, Bull. crim., nº 147 ; S. 1938, 1, 313, note Roux ; Gaz. Pal. 1937, 1, 341.
3. Crim. 7 mai 1969, nº 68-92.699, Bull. crim., nº 155.
4. Crim. 4 sept. 1996, nº 95-83.718, Bull. crim., nº 314 ; Bull. Joly 1997, p. 107, note Rontchevsky ; JCP E 1996, pan. nº 1265, p. 433 ; D. 1996, IR 260.
5. CA Aix-en-Provence, 18 nov. 1997, JCP 1998, IV, 1952.
6. Crim. 26 nov. 1998, nº 97-84.834, Bull. crim., nº 318 ; JCP 1999, IV, 1712.
7. Crim. 10 avr. 2002, nº 01-81.282, Bull. crim., nº 86 ; JCP 2002, I, 188, nº 6 ; Dr. pénal 2002, 119, obs. Véron.
8. CA Grenoble, 21 nov. 1997, Dr. pénal 1998, 79, obs. Véron.

II. Abus de biens sociaux

44.20 **Pratique.** La presse se fait régulièrement l'écho des infractions d'abus de biens sociaux poursuivies. L'interprétation donnée par la jurisprudence des dispositions applicables au point de départ de la prescription a conduit, de façon peut-être excessive, le juge à poursuivre des agissements sous cette qualification alors qu'ils relevaient d'autres infractions comme la corruption.

La poursuite pénale du dirigeant pour abus de biens sociaux apparaît également souvent comme un succédané de l'action en responsabilité civile. La procédure pénale offre, en effet, aux associés ou aux organes de la procédure collective une grande efficacité de poursuite à peu de frais, la recherche de la preuve étant réalisée par le juge d'instruction qui dispose, à cette fin, de moyens exorbitants du droit commun.

A. Définition de l'infraction

44.21 Le droit pénal étant d'interprétation stricte[1], il importe de définir précisément l'infraction et de rappeler la peine applicable.

Incrimination. Le délit d'abus de biens sociaux est défini en des termes identiques pour le gérant de la SARL[2] et les dirigeants de la SA et de la SAS (président, administrateurs, directeurs généraux)[3], comme « le fait de faire, de mauvaise foi, des biens ou du crédit de la société, un usage qu'ils savent contraire à l'intérêt de celle-ci, à des fins personnelles ou pour favoriser une autre société ou une autre entreprise dans laquelle ils sont intéressés directement ou indirectement ».

L'infraction est punie d'un emprisonnement de cinq ans et d'une amende de 375 000 euros.

Champ d'application. Ce délit ne vise que les dirigeants de sociétés à risque limité. L'incrimination d'abus de biens sociaux ne peut être étendue à des sociétés que la loi n'a pas prévues.

Tel est le cas des sociétés de droit étranger, pour lesquelles seule la qualification d'abus de confiance est susceptible d'être retenue[4].

De même a-t-il été jugé de longue date que le gérant d'une société en nom collectif ne peut être déclaré coupable du délit d'abus de biens sociaux, alors même qu'il a opéré des prélèvements importants[5].

Quant aux sociétés dans lesquelles l'infraction peut être commise, l'incrimination s'applique au dirigeant, qu'il soit salarié ou non[6].

---

1. C. pén., art. 111-3.
2. C. com., art. L. 241-3, 4°.
3. C. com., art. L. 242-6, 3° et art. L. 244-1.
4. Crim. 3 juin 2004, n° 03-80.593, Bull. crim., n° 152; D. 2004, 3213.
5. Crim. 3 oct. 1963, D. 1963, 734; Rev. sociétés 1964, 35.
6. Pour un salarié devenu gérant de fait : Crim. 28 juin 1993, n° 92-85.607, NPT, Bull. Joly 1993, p. 1111, note G. Cuisance.

B. Éléments constitutifs de l'infraction

L'infraction est constituée par : 44.22
– un acte d'usage d'un bien ou du crédit de la société (voir n°s 44.23 et s.);
– un acte contraire à l'intérêt social (voir n°s 44.26 et s.);
– un usage à des fins personnelles (voir n°s 44.31 et s.);
– un usage de mauvaise foi (voir n° 44.34).

1. Un acte d'usage

L'usage pourra porter sur un bien de la société, c'est-à-dire sur tout élément de son actif, qu'il s'agisse de ses biens meubles ou immeubles, ou sur son crédit. 44.23

a. Usage d'un bien

Définition. L'usage d'un bien pourra naturellement résulter d'un acte de disposition (prélèvement, détournement), mais également d'un acte d'administration (contrat, emprunt). L'abus de biens sociaux ne suppose par conséquent pas nécessairement le prélèvement de fonds, mais peut être constitué notamment par le fait de donner à bail un immeuble de la société pour un loyer dérisoire. 44.24

Il n'est pas nécessaire que soit rapportée la preuve que le dirigeant ait entendu s'approprier définitivement un bien de la société[1].

Application. Les exemples jurisprudentiels sont extrêmement nombreux.

Ainsi se rend notamment coupable du délit d'abus de biens sociaux le dirigeant :
– qui se verse des **rémunérations indues ou indemnités** auxquelles il n'a pas droit[2];
– qui fait régler par la société des **prestations sans contrepartie** pour elle, ou au contraire encaisse personnellement des fonds lui revenant[3];
– qui fait supporter par la société le **paiement des amendes** auxquelles il est condamné pour infractions aux dispositions du code de la route sur les conditions de mise en circulation et l'équipement des véhicules de l'entreprise[4];
– qui fait acquérir à un **prix excessif** par sa société des terrains pour favoriser la société venderesse dans laquelle il a des intérêts personnels[5];

1. Crim. 21 août 1991, n° 90-86.505, NPT, RJDA 12/1991, n° 1032.
2. Pour la SARL : Crim. 19 oct. 1971, n° 70-90.661, Bull. crim., n° 272 • Crim. 15 oct. 1998, n° 97-80.757, NPT, Rev. sociétés 1999, 184, note Bouloc • CA Paris, 27 févr. 1990, Dr. sociétés 1991, n° 22, obs. J.-H. Robert • Pour la SA : Crim. 9 mai 1973, n° 72-93.501, Bull. crim., n° 216 • CA Paris, 15 déc. 1994, Dr. sociétés 1995, n° 63, obs. Vidal • Crim. 6 oct. 1980, n° 79-93.802, Bull. crim., n° 248; Rev. sociétés 1981, 133, note Bouloc.
3. Pour la SARL : Crim. 20 févr. 2002, n° 01-86.329, Bull. crim., n° 37; JCP E 2002, n° 15, p. 643; Rev. sociétés 2002, 546, note Bouloc • Pour la SA : Crim. 16 mars 1970, n° 68-90.226, Bull. crim., n° 107; Rev. sociétés 1970, 480, note Bouloc • Crim. 10 nov. 1964, n° 64-90.071, Bull. crim., n° 291; D. 1965, 43 • Crim. 29 oct. 1998, n° 97-83.016, Rev. sociétés 1999, 180, note Bouloc • CA Paris, 23 mars 1999, BICC 1999, n° 1083; JCP E 1999, n° 42, p. 1657, confirmé par Crim. 13 déc. 2000, n° 99-82.875, RJDA 2001, n° 458; Bull. Joly 2001, p. 386, note Barbièri.
4. Crim. 3 févr. 1992, n° 90-85.431, Bull. crim., n° 49; RJDA 7/1992, n° 709 • Crim. 3 févr. 1992, n° 90-85.431, Bull. Joly 1992, p. 745; Rev. sociétés 1992, 535, note Bouloc; Gaz. Pal. 1992, 2, 687, note Doucet • Voir aussi CA Grenoble, 25 févr. 1998, Gaz. Pal. 1999, 2, somm. 568, obs. Fagot et Manseur-Rivet.
5. Crim. 16 déc. 1975, n° 75-91.045, Bull. crim., n° 279; Rev. sociétés 1976, 353, note M. Guilberteau.

– ou encore qui cède, sans réelle contrepartie, un **contrat de crédit-bail** au profit d'une société dans laquelle il est associé[1] ;

Compte-courant débiteur. L'abus de biens sociaux peut être réalisé par l'intermédiaire d'un compte-courant débiteur d'associé. C'est, en effet, le cas du dirigeant qui s'acquitte de dépenses personnelles à l'aide des moyens de paiement de la société en portant lesdites dépenses au débit de son compte-courant d'associé, alors que celui-ci est déjà débiteur ou dont le solde est inférieur à celui de la dépense[2].

Remarque(s) *Il est interdit, pour le dirigeant, de disposer d'un compte-courant d'associé débiteur[3].*

b. Usage du crédit

44.25 Le dirigeant ne saurait davantage user du crédit de la société à des fins personnelles.

En d'autres termes, il ne saurait obtenir de celle-ci qu'elle se porte garante de ses obligations, en consentant notamment un cautionnement ou une hypothèque à la sûreté du paiement de ses dettes personnelles[4].

2. Un acte contraire à l'intérêt social

a. Hypothèse générale

44.26 La condamnation du dirigeant suppose, en deuxième lieu, que soit caractérisé en quoi l'usage fait par celui-ci des biens de la société était contraire à l'intérêt social[5].

Absence de contrepartie. L'acte répréhensible est, en principe, celui qui a pour effet d'obliger la société sans contrepartie et qui lui fait ainsi subir une perte[6].

But illicite. La chambre criminelle considère également que « l'usage des biens d'une société est nécessairement abusif lorsqu'il est fait dans un but illicite »[7]. En effet, quel que soit l'avantage à court terme qu'elle peut procurer, l'utilisation des fonds sociaux ayant pour seul objet de commettre un délit tel que la corruption est contraire à l'intérêt social en ce qu'elle expose la personne morale au risque anormal de sanctions pénales ou fiscales contre elle-même et ses dirigeants et porte atteinte à son crédit et à sa réputation[8].

Société tiers. De même a-t-il été jugé que l'utilisation des fonds d'une société, aurait-elle cessé toute activité, à seule fin de permettre le fonctionnement d'une structure dépourvue de la personnalité morale, est nécessairement contraire à l'intérêt social[9].

---

1. Com. 13 déc. 2005, n° 03-18.002, NP, Rev. sociétés 2006, 382, note Bouloc.
2. CA Bordeaux, 17 févr. 2004, JCP E 2005, n° 20, p. 818, obs. Muller.
3. Crim. 9 mai 1988, n° 87-90.069, NPT, BRDA 1988/13, p. 7 : pour un compte courant d'associé débiteur pendant une durée de 8 mois consécutifs • Crim. 31 mai 2006, n° 05-86.635, RSC 2006, 844, obs. Rebut; Rev. sociétés 2007, 121, note Bouloc • Sur le compte courant d'associé, voir chapitre 32, n°s 32.11 et s.
4. En ce sens : Dirigeants de sociétés commerciales, Mémento Francis Lefebvre, n° 14601.
5. Crim. 11 mars 1971, n° 70-91.840, Bull. crim., n° 86; Rev. sociétés 1971, 600, note Bouloc.
6. Crim. 8 déc. 1971, n° 70-93.020, Bull. crim., n° 346, Rev. sociétés 1972, 514, note Bouloc • Pour une hypothèse de manque à gagner, CA Colmar, 30 avr. 1985, Rev. sociétés 1985, 833, note J.-P. Storck.
7. Crim. 11 mars 1971, n° 70-91.840, Bull. crim., n° 86, préc.
8. Crim. 27 oct. 1997, n° 96-83.698, Bull. crim., n° 352; D. 1997, IR 251; D. Affaires 1997, 1429, note Boizard; LPA 7 nov. 1997, p. 6, note C. Ducouloux-Favard; JCP 1998, II, 10017, note M. Pralus; Rev. sociétés 1997, 869, note Bouloc • CA Paris, 19 mai 1998 (arrêt de renvoi), Rev. sociétés 1998, 810, note Bouloc; RSC 1999, 332, obs. Renucci.
9. Crim. 19 oct. 2005, n° 05-81.799, Bull. crim., n° 261; Rev. sociétés 2006, 155, note Bouloc; RJDA 2006, n° 792.

En revanche, il importe peu qu'un contrat intervienne avec une société tierce à laquelle le dirigeant est intéressé, dès lors que ce contrat est convenu à des conditions conformes au marché[1].

Accord des associés. Certains ont tenté de soutenir que l'intérêt social était celui défini par les associés et que, dans ces conditions, l'opération critiquée, fût-elle réalisée dans l'intérêt personnel de son dirigeant, ne pourrait être considérée comme contraire à l'intérêt social dès lors qu'elle aurait été acceptée par l'ensemble des associés. La jurisprudence a toutefois rejeté un tel raisonnement en considérant que l'accord des associés n'était pas à même de faire disparaître le caractère délictueux de l'opération[2]. La solution se justifie par le fait que la loi protège le patrimoine de la société et les intérêts des tiers, au même titre que les intérêts des associés[3].

b. Opérations réalisées entre sociétés d'un même groupe

Particularisme. La question de la contrariété à l'objet social se pose de manière sensible en matière de groupe de sociétés[4]. En principe, le fait que l'opération litigieuse ait été réalisée au profit d'une société du groupe n'est pas suffisant à écarter la qualification pénale de l'opération réalisée dans un intérêt qui ne serait pas celui de la société[5]. **44.27**

Toutefois, la notion d'intérêt de groupe peut, dans certaines hypothèses, être prise en considération[6], et, selon la jurisprudence, à certaines conditions.

> *Ainsi, selon la Chambre criminelle de la Cour de cassation, pour échapper aux prévisions des articles L. 241-3 et L. 242-6 du code de commerce, le concours financier apporté par les dirigeants de fait ou de droit d'une société à une autre entreprise d'un même groupe dans laquelle ils sont intéressés directement ou indirectement, doit être dicté par l'intérêt économique, social ou financier commun, apprécié au regard d'une politique élaborée pour l'ensemble de ce groupe. Il ne doit être, ni démuni de contreparties ou rompre l'équilibre entre les engagements respectifs des diverses sociétés concernées, ni excéder les possibilités financières de celles qui en supportent la charge*[7].

Selon cette jurisprudence, l'infraction ne sera écartée, à raison de la justification d'un intérêt de groupe, qu'aux conditions cumulatives suivantes.

1. CA Paris, 8 nov. 1991, Juris-data n° 024714.
2. Crim. 30 sept. 1991, n° 90-83.965, NP, Rev. sociétés 1992, 356, note B. Bouloc; Gaz. Pal. 1992, n°s 40-42, 12.
3. Crim. 8 mars 1967, n° 65-93.757, Bull. crim., n° 94; D. 1967, 586, note A. Dalsace; Gaz. Pal. 1967, 1, 255 • Crim. 19 oct. 1971, n° 70-90.661, Bull. crim., n° 272 • Crim. 30 sept. 1991, n° 90-83.965, NP, Bull. Joly 1992, p. 153, note D. Baraderie; Rev. sociétés 1992, 356, note Bouloc.
4. M. E. Boursier, « Le fait justificatif de groupe de sociétés dans l'abus de biens sociaux : entre efficacité et clandestinité. Analyse de vingt ans de jurisprudence criminelle », Rev. sociétés 2005, 273.
5. Crim. 9 déc. 1991, n° 91-80.297, Bull. crim., n° 467; Rev. sociétés 1992, 358, note B. Bouloc; JCP 1992, IV, n° 1033, 110; Gaz. Pal. 1992, n° 180-182, 9.
6. B. Bouloc, « Droit pénal et groupes d'entreprises », Rev. sociétés 1988, 181.
7. Crim. 4 févr. 1985, n° 84-91.581, Bull. crim., n° 54; Rev. sociétés 1985, 648, note B. Bouloc; JCP E 1985, II, 16614, note W. Jeandidier • Voir aussi, Crim. 4 sept. 1996, n° 95-83.718, Bull. crim., n° 314; JCP 1996, IV, 2505, 317; D. 1996, IR 260; Gaz. Pal. 1997, n° 38-39, 24 • Crim. 20 mars 2007, n° 05-85.253, Bull. crim., n° 86; Rev. sociétés 2007, 590, note B. Bouloc; Dr. sociétés 2007, n° 141, note R. Salomon; Bull. Joly 2007, p. 953, note J.-F. Barbièri; RJDA 2007, n° 9.

44.28 **Un groupe aux intérêts communs.** Doit être établie, en premier lieu, l'existence d'un groupe caractérisé par un intérêt économique, social ou financier commun, au sein duquel est mise en œuvre une véritable politique de groupe.

Il importe à cet égard que les sociétés appartiennent à un groupe partageant un intérêt économique commun. Il doit s'agir d'une unité d'entreprise et non pas seulement d'un groupe personnel, dont le seul lien serait l'actionnariat[1].

Aussi le juge refuse-t-il de prendre en considération un intérêt de groupe en l'absence « de concrétisation d'intérêts économiques communs et de coordination des activités »[2].

44.29 **Une réelle contrepartie.** L'opération litigieuse ne doit pas, en deuxième lieu, être sans contrepartie pour la société ou avoir pour effet de rompre l'équilibre entre les engagements respectifs des diverses sociétés concernées[3]. Aussi, pour apprécier si le délit d'abus de biens sociaux a été commis par les dirigeants communs de sociétés de construction au profit de l'une d'elles sans contrepartie, le juge doit rechercher si les obligations contractées réciproquement par les deux sociétés s'équilibrent sur le plan économique[4].

La contrepartie dont il s'agit ne doit pas tendre à la stricte contre-valeur de la prestation fournie; la notion de groupe serait inutile. Il importe seulement que la société qui s'oblige puisse bénéficier d'une contrepartie substantielle.

Remarque(s) *Selon Dominique Vidal, « on peut imaginer qu'un concours financier ait une contrepartie autre que financière : une société de production pourrait ainsi accorder des avances à une société de distribution du groupe qui assure le débouché de ses produits à des fins d'investissement commercial, et l'on ne voit pas pourquoi il faudrait exclure, à l'inverse, qu'une société de distribution prospère contribue au programme de recherche-développement d'une autre société du groupe dans la perspective d'un renouvellement ou d'une diversification de sa gamme de produits. Ce qui compte, c'est le caractère réel et le caractère substantiel de la contrepartie »[5].*

44.30 **Respect des possibilités financières de la société.** L'opération ne doit pas, enfin, excéder les possibilités financières de la société. L'acte réalisé par une société du groupe ne doit pas la mettre ainsi en péril en compromettant la poursuite de son activité. La jurisprudence semble toutefois souple en la matière.

Ainsi le Tribunal correctionnel de Paris[6] a pu admettre que la politique d'ensemble du groupe et l'intérêt commercial et financier puissent justifier d'importantes avances faites par une société elle-même en difficulté.

---

1 Crim. 29 oct. 1984, n° 83-92.268, BRDA 1985, n° 3, 10.

2 Crim. 13 févr. 1989, n° 88-81.218, Bull. crim., n° 69; BICC n° 284, 12; Rev. sociétés 1989, 692, note B. Bouloc; JCP 1989, IV, 165 • Voir égal. Crim. 23 avr. 1991, n° 90-81.444, Bull. crim., n° 193; Rev. sociétés 1991, 785, note B. Bouloc.

3 Crim. 4 févr. 1985, n° 84-91.581, Bull. crim., n° 54, préc. • Crim. 4 sept. 1996, n° 95-83.718, Bull. crim., n° 314, préc. • Crim. 20 mars 2007, n° 05-85.253, Bull. crim., n° 86, préc.

4 CA Paris, 18 mai 1965, Gaz. Pal. 1965, 2, 260.

5 D. Vidal, Droit des sociétés, LGDJ, 6e éd., 2008, n° 465.

6 T. corr. Paris, 15 nov. 1985, Gaz. Pal. 1986, 1, p. 365, note J.-P. Marchi.

3. Un usage à des fins personnelles

44.31 La loi pose fort pratiquement les deux hypothèses, d'une part, de l'acte réalisé par le dirigeant au nom de la société mais à des fins personnelles et, d'autre part, de celui réalisé pour favoriser une autre société ou une autre entreprise dans laquelle il est intéressé directement ou indirectement.

La notion de fin personnelle ne pose pas de difficultés. L'intérêt direct ou indirect du dirigeant dans une autre société mérite quelques précisions (voir nº 44.32). De même doit-il encore être précisé l'hypothèse dans laquelle serait commise par le dirigeant une infraction à des fins non personnelles (voir nº 44.33).

a. L'intérêt du dirigeant dans une autre entreprise

44.32 Quant à la notion d'entreprise dans laquelle le dirigeant « est intéressé directement ou indirectement », il n'est pas nécessaire que le dirigeant participe au capital de cette entreprise.

Il peut :

- l'avoir créée[1] ;
- en être le dirigeant de fait[2] ;
- s'agir d'une société qui n'est pas dans le périmètre de consolidation du groupe, mais dont il est avec son fils le seul propriétaire[3].

Son intérêt peut être tout aussi bien commercial que financier, voire moral (tel que le souci d'avantager un ami)[4].

Nombre de dirigeants ont été sanctionnés pour avoir voulu entretenir de bonnes relations avec un tiers proche du monde politique[5].

Mais, le respect purement formel de la procédure d'approbation des conventions réglementées ne peut, à lui seul, permettre d'exclure l'atteinte à l'intérêt social, en particulier lorsqu'il est avéré que le dirigeant détient tous les pouvoirs et qu'il est assuré du soutien inconditionnel de la majorité des actionnaires principaux[6].

b. Commission de l'infraction à des fins non personnelles

44.33 **Acte illicite et intérêt social.** Une question reste relativement controversée : tout acte illicite est-il contraire à l'intérêt social ? En effet, l'acte illicite peut avoir été réalisé à des fins qui ne sont pas personnelles au dirigeant. C'est notamment le cas d'actes de corruption.

---

1. Crim. 14 févr. 1974, nº 73-91.516, Bull. crim., nº 68 ; D. 1974, somm. 32.
2. CA Paris, 18 janv. 1995, Dr. sociétés 1995, nº 100, obs. Chaput.
3. CA Versailles, 30 juin 2005, D. 2005, AJ 1942, obs. Lienhard ; Dr. sociétés 2005, nº 202, note R. Salomon ; Bull. Joly 2006, 54, note J.-F. Barbièri • Arrêt confirmé par Com. 25 oct. 2006, nº 05-85.998, Bull. crim., nº 254 ; D. 2006, AJ 2736, obs. Lienhard ; Dr. sociétés 2007, nº 16, note R. Salomon ; Bull. Joly 2007, p. 243, note J.-F. Barbièri.
4. Crim. 8 déc. 1971, nº 70-93.020, Bull. crim., nº 346.
5. Crim. 15 sept. 1999, nº 98-83.237, NPT, Bull. Joly 2000, p. 65.
6. Com. 25 oct. 2006, nº 05-85.998, Bull. crim., nº 254, préc.

La Chambre criminelle de la Cour de cassation semble avoir, dans un premier temps, répondu par l'affirmative à cette question, l'acte illicite étant jugé comme nécessairement contraire à l'intérêt social qui ne peut être de réaliser une infraction[1]. Dans un deuxième temps, cette même chambre a distingué selon que les prélèvements opérés l'étaient pour rémunérer des employés non déclarés ou, au contraire, l'étaient dans l'intérêt personnel du dirigeant, ces derniers étant constitutifs d'un délit[2].

Revenant apparemment sur l'interprétation qu'elle avait donnée aux textes applicables aux termes de sa décision rendue le 6 février 1997[3], la Chambre criminelle de la Cour de cassation a, en dernier lieu, affirmé que « quel que soit l'avantage à court terme qu'elle peut procurer, l'utilisation des fonds sociaux ayant pour seul objet de commettre un délit tel que la corruption est contraire à l'intérêt social en ce qu'elle expose la personne morale au risque anormal de sanctions pénales ou fiscales contre elle-même et ses dirigeants et portes atteintes au crédit et à sa réputation »[4].

Remarque(s) *On peut dès lors considérer, à notre sens, que si les prélèvements litigieux sont opérés dans le seul but de permettre la commission d'un délit, il y a abus des biens sociaux, car cet acte est nécessairement contraire à l'intérêt social. Il en est différemment si ces prélèvements n'ont pas pour fin unique de commettre un délit, mais par exemple de rémunérer un travail accompli, fût-ce dans des conditions illicites.*

La doctrine est toutefois, en cet état de la jurisprudence, controversée[5].

4. Un usage de mauvaise foi

44.34 **Délit intentionnel.** Le délit d'abus de biens sociaux est un délit intentionnel. Il doit être établi que le dirigeant avait conscience du caractère abusif de l'acte et de l'avantage personnel qu'il en retirerait, au moment de l'acte.

Une simple imprudence ou légèreté ne peut, en revanche, constituer le délit[6].

> *Les juges du fond ne pourraient, sans se contredire ou mieux s'en expliquer, après avoir constaté l'élément matériel des abus de biens sociaux reprochés au dirigeant, déduire la bonne foi de celui-ci du seul fait que la rigueur des comptes lui échappait et que ceux-ci n'avaient pas été clairement établis lors de la création de la société[7].*

---

1. Crim. 22 avr. 1992, n° 90-85.125, Bull. crim., n° 169; Dr. pénal 1993, comm. 115, obs. J.-H Robert; JCP E 1992, pan. 433; D. 1995, 59, note H. Matsopoulou.
2. Crim. 11 janv. 1996, Dr. pénal 1996, comm. 108, obs. J-H. Robert.
3. Crim. 6 févr. 1997, n° 96-80.615, Bull. crim., n° 48; D. 1997, Jur. 334, note J.-F. Renucci; JCP 1997, II, 22823, 179, note M. Pralus; Gaz. Pal. 1997, Jur. 4, A. Damien; Gaz. Pal. 1997, jur. obs. 22, J. P. Doucet : ne met pas la Cour de cassation en mesure de s'assurer de la légalité de sa décision la cour d'appel qui, pour déclarer un président de société anonyme coupable d'abus de biens sociaux, se borne à énoncer que le versement de 760 000 F [115 860 €] à un intermédiaire, afin que celui-ci intervienne en sa faveur auprès du ministre du commerce extérieur, qui ne correspond à aucune prestation réelle, est contraire à l'intérêt d'une société. Celle-ci s'est appauvrie en contrepartie, alors que cette démarche du dirigeant a pu avoir pour résultat, en échange de ce versement, de minorer substantiellement la dette de la société envers le Trésor public.
4. Crim. 27 oct. 1997, n° 96-83.698, Bull. crim., n° 352; Dr. pénal 1998, comm. 21, note J-H. Robert; JCP 1998, II, 10007, note M. Pralus.
5. A. Dekeuwer, « Défense et illustrations de l'incrimination d'abus de biens sociaux dans un système de corruption », JCP E 1998, 310.
6. Crim. 19 déc. 1973, n° 73-90.224, Bull. crim., n° 480; Rev. sociétés 1974, 363, note B. Bouloc.
7. Crim. 27 mai 1992, RJDA 1992, n° 1026; Bull. Joly 1992, p. 1214.

C. Prescription

Cadre général. Si le **délai de prescription** est, s'agissant d'un délit, de trois ans, la question s'est posée du **point de départ** de celui-ci. Le principe est qu'il court à compter du jour de l'infraction. Mais une difficulté peut résulter de ce que l'infraction a pu être dissimulée. 44.35

1. Infraction dissimulée

Évolution. Lorsque l'infraction a été dissimulée, le délai commencera à courir postérieurement à la réalisation de l'infraction, à compter du jour où le délit est apparu et a pu être constaté dans des conditions permettant l'exercice de l'action publique[1]. Cette interprétation avait permis de considérer que l'action était en fait imprescriptible. 44.36

La Chambre criminelle de la Cour de cassation a nuancé cette affirmation dans une série d'arrêts. Elle a cassé une décision de cour d'appel au motif que cette dernière n'avait pas répondu au chef « péremptoire » des conclusions du prévenu aux termes desquelles ce dernier soutenait que les dépenses qui lui étaient reprochées figuraient dans les bilans de la société, de sorte que, l'infraction n'étant pas dissimulée, la prescription avait commencé à courir du jour de la présentation des comptes annuels[2].

Ainsi, si les frais engagés par la société dans l'intérêt du dirigeant se trouvent comptabilisés dans les comptes sociaux de l'entreprise dans des conditions normales, c'est-à-dire sans déguisement, maquillage, fausse facture ou changement d'affectation comptable, la prescription commence à courir[3].

Il en est de même par exemple lorsque la convention litigieuse a fait l'objet d'un rapport émanant du commissaire aux comptes[4] ou d'un audit interne ou externe. En revanche, un rapport mettant à jour des indices de mauvaise gestion ne permet pas de faire courir la prescription[5].

Solutions actuelles. En somme, ainsi que le résume le Professeur B. Bouloc, « si l'abus de biens est consommé lors de l'utilisation effective des biens, et si en conséquence la prescription court du jour de la présentation des comptes aux associés, il en va différemment en cas de dissimulation derrière de faux documents ou des circuits un peu complexes »[6]. 44.37

---

1. Crim. 10 août 1981, n° 80-93.092, Bull. crim., n° 244; Rev. sociétés 1983, 368, note B. Bouloc.
2. Crim. 5 mai 1997, n° 96-81.482, Bull. crim., n° 159; Rev. sociétés 1998, 127, note B. Bouloc; JCP 1997, IV, 2031, 316 • Crim. 13 oct. 1999, n° 96-80.774, n° 96-83.874, n° 98-80.044, Bull. crim., n° 219; Rev. sociétés 2000, 360, note B. Bouloc • Crim. 27 juin 2001, n° 00-87.414, Bull. crim., n° 164; RSC 2002, 339, obs. Renucci; RTD com. 2002, 180, note Bouloc; Rev. sociétés 2001, 873, note Bouloc.
3. Crim. 10 avr. 2002, n° 01-80.090, Bull. crim., n° 85; Rev. sociétés 2002, 549, note Bouloc.
4. CA Paris, 25 janv. 2002, D. 2002, AJ 1206.
5. Crim. 7 mai 2002, n° 02-80.796, Bull. crim., n° 106; D. cah. aff. 2002, 2336; D. 2003, somm. 248, obs. G. Roujou de Boubée; Dr. pénal 2002, 84, obs. J.-H. Robert; RSC 2002, 827, obs. Rebut.
6. B. Bouloc, note ss Crim. 31 janv. 2007, n° 02-85.089, Bull. crim. n° 28; RSC 2007. 310, obs. D. Rebut; RTD com. 2007, 618; Rev. sociétés 2007, 379. L'auteur cite la jurisprudence suivante : Crim. 27 juin 2001, n° 00-87.414, Bull. crim., n° 164, préc. • Crim. 10 avr. 2002, n° 01-80.090, Bull. crim., n° 85, préc. • Crim. 8 oct. 2003, n° 02-81.471, Bull. crim., n° 184; Rev. sociétés 2004, 155, note Bouloc D. 2003, AJ 2695, obs. Lienhard; JCP E 2004, n° 1-2, p. 28, obs. Caussain, Deboissy et Wicker; ibid., n° 12, p. 467, note J.-H. Robert; JCP 2004, II, 10028, note S. Jacopin; Dr. et patr. janv. 2004, 91, obs. Renucci; Bull. Joly 2004, 54, note J.-F. Barbièri; Dr. sociétés 2004, n° 68, note R. Salomon • Voir également L. Saenko, « la notion de dissimulation », RTD com. 2005, 671.

Dans l'affaire dite Elf, la chambre criminelle a considéré, par arrêt du 31 janvier 2007, que justifie sa décision la cour d'appel qui constate une dissimulation, de nature à retarder le point de départ de la prescription de l'abus de biens sociaux, par le recours à des sociétés off shore ou par l'établissement de fausses pièces justificatives, qui n'a été révélée qu'à l'occasion d'investigations effectuées en l'espèce entre 1996 et 1998[1].

La dissimulation peut naturellement résulter de faits plus communs.

Ainsi, caractérise une dissimulation de nature à retarder le point de départ du délai de prescription, le fait que des compléments de rémunérations du gérant n'ont pas été portés à la connaissance des associés, que des achats de meubles n'apparaissent pas dans les comptes sociaux et que des compléments de rémunération n'ont pas été inclus dans les sommes soumises aux cotisations sociales[2].

2. Infraction non dissimulée

44.38 Le délit d'abus de biens sociaux d'une société est une infraction instantanée, consommée lors de chaque usage abusif des biens de la société[3].

Il résulte de ce principe que :

– s'agissant d'un cautionnement hypothécaire, le délai de prescription commence à courir du jour où le cautionnement a fait l'objet d'une mesure de publication[4];

– le délit d'abus de biens sociaux résultant du versement de salaires rémunérant un emploi fictif est une infraction instantanée, consommée lors de chaque paiement indu[5].

D. Constitution de partie civile

44.39 **Cadre général.** L'action civile de la victime d'un délit d'abus de biens sociaux est régie par les articles 3, 8 et 10 du code de procédure pénale et peut être exercée en même temps que l'action publique et devant la même juridiction, tant que l'action publique n'est pas prescrite[6].

La société, qui est la première victime des agissements du dirigeant, peut se constituer partie civile[7], de même que le cessionnaire de parts ou encore les associés ayant souffert un préjudice personnel.

---

1. Crim. 31 janv. 2007, n° 02-85.089, préc.
2. Crim. 25 oct. 2006, n° 05-86.993, Bull. crim., n° 253; Rev. sociétés 2007, 365, note B. Bouloc.
3. Crim. 8 oct. 2003, n° 02-81.471, Bull. crim., n° 184, préc.
4. Crim. 28 févr. 2007, n° 06-80.200, NP, Rev. sociétés 2007, 887, note B. Bouloc.
5. Crim. 28 mai 2003, n° 02-83.544, Bull. crim., n° 109; D. 2003, AJ 2015; Dr. pénal 2003, n° 100, note J.-H. Robert; Bull. Joly 2003, p. 1147, note J.-F. Barbièri; Dr. et patr. déc. 2003, 101, obs. Poracchia; Rev. sociétés 2003, 906, note B. Bouloc; RSC 2004, 358, obs. D. Rebut.
6. Crim. 7 déc. 1967, n° 66-91.972, Bull. crim., n° 321; D. 1968, 617, note J.-M.R.; Rev. sociétés 1969, 237.
7. Com. 8 mars 2006, n° 04-86.648, NP, RJDA 2006, n° 655 (2e esp.); Dr. sociétés 2006, n° 115, note R. Salomon; Bull. Joly 2006, p. 1048, note P. Scholer.

Préjudice personnel. Encore faut-il que le préjudice invoqué par ces derniers leur soit réellement personnel. Si tel n'est pas le cas, faute d'avoir subi un préjudice personnel, ils seront déclarés irrecevables en leur constitution de partie civile.

Ainsi, la dépréciation des titres d'une société découlant des agissements délictueux de ses dirigeants constitue, non pas un dommage propre à chaque associé, mais un préjudice subi par la société elle-même.

> *Dès lors, est irrecevable l'action civile exercée à titre personnel par deux actionnaires qui invoquent, à titre de préjudice, la réduction du capital social intervenue et leur éviction de la société*[1].
> *En revanche, en cas de fusion de sociétés, les actionnaires de la société absorbante sont recevables à demander réparation du dommage résultant d'actes délictueux qui auraient été commis au préjudice de la société absorbée et de ses filiales par leurs dirigeants sociaux*[2].

En revanche, sont irrecevables les **créanciers** de la société[3] ou le **comité d'entreprise** de celle-ci[4], de même qu'un syndicat professionnel[5].

III. Autres infractions au droit des sociétés

Le code de commerce, en ses dispositions relatives au droit des sociétés, incrimine, au-delà de l'abus de bien social, un certain nombre de faits susceptibles d'être commis par le dirigeant de société tout au long de la vie sociale. **44.40**

Ces infractions sont énoncées au titre IV du livre deuxième du code de commerce[6], reproduit en annexe et auquel le lecteur est invité à se reporter (voir document de travail n° 303.11).

On citera, pour mémoire :
– les abus de pouvoirs et de voix[7];
– la présentation ou publication de comptes annuels ne donnant pas une image fidèle[8].

---

1. Crim. 13 déc. 2000, n° 99-80.387, Bull. crim., n° 373; JCP E 2001, n° 27, 1138, note J.-H. Robert; Bull. Joly 2001, p. 497, note Barbièri; RTD com. 2001, 446, obs. Cl. Champaud et D. Danet; Rev. sociétés 2001, 394, note B. Bouloc; Dr. et patr. oct. 2001, 103, obs. Poracchia; V. Grossi, Bull. Lamy sociétés commerciales, mai 2001, 1 • Voir égal. : Crim. 18 sept. 2002, n° 02-81.892, NPT, Bull. Joly 2003, p. 63, note Barbièri; RJDA 2003, n° 146 • Crim. 9 mars 2005, n° 04-81.575, Rev. sociétés 2005, 886, note B. Bouloc • Crim. 20 juin 2007, n° 07-80.065, NP, Dr. sociétés 2007, n° 204, note R. Salomon.
2. Crim. 2 avr. 2003, n° 02-82.674, Bull. crim., n° 83; D. 2003, AJ 1504; Bull. Joly 2003, p. 929, note J.-F. Barbièri; Rev. sociétés 2003, 568, note B. Bouloc.
3. Crim. 24 avr. 1971, n° 69-93.249, Bull. crim., n° 117; D. 1972, somm. 4; Rev. sociétés 1971, 608, note B. Bouloc • Crim. 9 nov. 1992, n° 92-81.432, Bull. crim., n° 361; Bull. Joly 1993, p. 317; Rev. sociétés 1993, 433, note Bouloc.
4. Crim. 19 juin 2002, n° 01-88.306, RJDA 2003, n° 268.
5. Crim. 27 nov. 1991, n° 89-86.983, Bull. crim., n° 439; D. 1992, IR 65 • Crim. 11 mai 1999, n° 97-82.169, Bull. crim., n° 89 • Crim. 28 juill. 1999, n° 97-86.238, NPT, Bull. Joly 2000, p. 63, note J.-F Barbièri • Crim. 27 oct. 1999, n° 98-85.213, Bull. crim., n° 236; Rev. sociétés 2000, 364, note B. Bouloc • Crim. 23 mars 2005, n° 04-84.406, NP, Dr. pénal 2005, n° 77, note J.-H. Robert.
6. C. com., art. L. 241-1 à L. 248-1 et R. 247-1 à R. 247-4.
7. Pour les SARL, C. com., art. L. 241-3, 5° • Pour les SA, C. com., art. L. 242-6 • Pour les SAS, C. com., art. L. 244-1.
8. Pour les SARL, C. com., art. L. 241-3, 3° • Pour les SA, C. com., art. L. 242-6, 2° • Pour les SAS, C. com., art. L. 244-1.

CHAPITRE 45

Responsabilité fiscale

45

45.11 **Cadre légal.** L'article L. 267 du Livre des procédures fiscales (LPF), dans sa rédaction issue de l'article 15 de la loi du 26 juillet 2005 pour la confiance et la modernisation de l'économie[1], met en place un régime de responsabilité spécial, dérogatoire du droit commun, à l'encontre des dirigeants de société. Ceux-ci peuvent en effet être rendus solidairement responsables avec la société du paiement des impositions et pénalités dues par la société.

La mise en œuvre de cette responsabilité suppose naturellement la réunion d'un certain nombre de conditions, prévues dans les termes suivants par l'article L. 267 du LPF :

> *« Lorsqu'un dirigeant de société, d'une personne morale ou de tout autre groupement, est responsable des manœuvres frauduleuses ou de l'inobservation grave et répétée des obligations fiscales qui ont rendu impossible le recouvrement des impositions et des pénalités dues par la société, la personne morale ou le groupement, ce dirigeant peut, s'il n'est pas déjà tenu au paiement des dettes sociales en application d'une autre disposition, être déclaré solidairement responsable du paiement de ces impositions et pénalités par le président du tribunal de grande instance. À cette fin, le comptable de la direction générale de la comptabilité publique ou le comptable de la direction générale des impôts assigne le dirigeant devant le président du tribunal de grande instance du lieu du siège social. Cette disposition est applicable à toute personne exerçant en droit ou en fait, directement ou indirectement, la direction effective de la société, de la personne morale ou du groupement ».*

Cette responsabilité n'est pas de plein droit : le dirigeant ne peut être tenu au paiement des impositions de la société qu'au titre d'une condamnation prononcée en ce sens[2].

1. L. nº 2005-845, 26 juill. 2005, de sauvegarde des entreprises, JO 27 juin, p. 12187.
2. Com. 15 mars 1994, nº 92-12.410.

Remarque(s) *La Direction générale des impôts et la Direction de la comptabilité publique ont précisé les conditions d'application de ce texte dans une instruction commune[1].*

Évolution. Antérieurement à l'adoption de l'article 15 de la loi du 26 juillet 2005[2], l'article L. 266 du Livre des procédures fiscales, abrogé par ce texte dans un souci de simplification, prévoyait un régime spécifique de responsabilité fiscale réservé aux gérants majoritaires de SARL et assimilés. Ce régime était sensiblement plus strict. En effet, à l'inverse de l'article L. 267 du LPF, il ne prévoyait pas, pour condition d'application, que le gérant exerce la « direction effective », ce qui concrètement interdisait aux gérants majoritaires de SARL ou assimilés de s'exonérer de leur responsabilité, même en cas de délégation effective de pouvoir. De même, l'article L. 266 du LPF prévoyait que la responsabilité des gérants majoritaires de SARL était engagée en cas d'inobservations « répétées » des obligations fiscales, tandis qu'aux termes de l'article L. 267 du LPF, cette inobservation des obligations fiscales doit être « grave et répétée ». **45.12**

Entrée en vigueur des nouvelles dispositions. L'article 15 de la loi du 26 juillet 2005 est entré en vigueur le lendemain de la publication de celle-ci au Journal officiel, soit le 28 juillet 2005. En l'absence de disposition transitoire, le régime spécifique de l'article L. 266 du LPF devrait continuer à s'appliquer, sous réserve des règles de prescription, pour les manquements commis par les gérants majoritaires de SARL antérieurement au 28 juillet 2005.

I. Domaine et conditions de la responsabilité fiscale

A. Domaine de la responsabilité

1. Impositions et pénalités concernées

Champ d'application. Le texte vise les « impositions » et « pénalités dues » par la société, la personne morale ou le groupement. Au-delà des impôts directs de toute nature, sont également concernés les impôts indirects[3]. **45.13**

Naturellement, les dispositions de l'article L. 267 du LPF s'appliquent également au recouvrement des impositions et des pénalités, résultant de redressements fiscaux, par exemple en cas de fausses factures[4].

1. Instr. DGI, nº 12 C-20-88, 6 sept. 1988 et Instr. DGCP nº 88-108-A3, 15 sept. 1988 ; BF Lefebvre 11/1988, textes et comm., 579 ; Dr. fisc. 1988, nº 42, instr. 9562.
2. L. préc.
3. Com. 28 nov. 1989, nº 88-16.966, Bull. civ. IV, nº 302 ; Dr. fisc. 1990, nº 507 : arrêt rendu nonobstant les termes d'une instruction du 9 juill. 1981 de la direction de la comptabilité publique (Instr. nº 81-102 A 3, Dr. fisc. nº 47, instr. 7093).
4. Com. 7 déc. 1993, nº 92-12.380, Bull. civ. IV, nº 463 ; RJF 1994, nº 343 ; Dr. fisc. 1994, nº 1050.

Mais, l'article L. 267 du LPF étant d'application stricte, il ne vise que les impositions et les pénalités dues par la société, à l'exclusion des frais accessoires tels que les sommes demandées par l'Administration fiscale au titre des frais engagés pour la garantie et le recouvrement des impositions dues par la société[1].

45.14 **Exigibilité des sommes.** L'article L. 267 du LPF ne peut être mis en œuvre que si les impositions ou pénalités dues par la société sont exigibles.

Tel n'est pas le cas si l'administration a accordé des délais de paiement à la société pour s'acquitter des impositions ou pénalités dont elle est redevable, que ce soit dans le cadre d'un plan de règlement ou d'une procédure collective, et que les délais sont respectés par le contribuable.

45.15 **Extinction de la créance.** La créance de l'administration à l'encontre de la société ne doit pas être éteinte. Ainsi, l'administration n'est pas recevable à agir à l'encontre du dirigeant si son action en recouvrement à l'encontre de la société est prescrite[2]. De même, l'administration ne peut rechercher la responsabilité solidaire du dirigeant, si sa créance à l'encontre de la société est éteinte pour défaut de déclaration au passif de la société admise au bénéfice d'une procédure collective, en application de l'article L. 621-46, alinéa 4 ancien du code de commerce[3] qui frappait d'extinction les créances non déclarées. La loi nouvelle ne prévoyant pas une telle extinction, il y a lieu de considérer que l'administration pourra agir à l'encontre du dirigeant, quand bien même elle n'aurait pas déclaré sa créance au passif de la société redevable des impositions ou pénalités éludées.

45.16 **Sommes futures.** Le dirigeant ne peut être rendu responsable du paiement de sommes complémentaires qui pourraient être mises ultérieurement à la charge de la société, mais seulement d'impôts déjà dus et dont le recouvrement a été rendu impossible par l'inobservation d'obligations fiscales. En effet, s'agissant des sommes pouvant être ultérieurement mises à la charge de la société, on ne peut savoir, à l'avance, si le recouvrement en sera possible ou non[4].

2. Dirigeants concernés

45.17 **Cadre général.** L'article L. 267 du LPF permet de rechercher la responsabilité de tous les dirigeants d'une société, d'une personne morale ou d'un groupement. Le texte exclut néanmoins de son champ d'application le dirigeant « déjà tenu au paiement des dettes en application d'une autre disposition ».

Remarque(s) *Échappent, par exemple, aux dispositions de l'article L. 267 du LPF, les dirigeants des sociétés de personnes, ainsi que des sociétés de fait et en participation, qui sont tenus indéfiniment au passif social[5].*

1. Com. 9 mars 1993, n° 90-19.565, Bull. civ. IV, n° 97; RJF 6/93, n° 937; Dr. fisc. 1993, n° 31, comm. 1596.
2. Voir n° 45.33.
3. Abrogé par L. n° 2005-845, 26 juill. 2005, de sauvegarde des entreprises, JO 27 juin, p. 12187.
4. Com. 10 juill. 1989, n° 87-19.589, NPT, Dr. fisc. 1989, n° 2314; RJF 1989, 660.
5. Instr. DGI n° 12 C 3381, 25 août 1981, § 16 et Doc. adm. (DGI) 12 C 2251, n° 38, 30 juin 1994 • Tel est le cas des associés de SNC, des associés commandités des sociétés en commandite simple ou en commandite par actions, des associés commanditaires des sociétés en commandite simple ou en commandite par actions et des administrateurs d'un GIE qui sont en même temps membres de ce groupement.

De même, l'administration considère que ne sauraient faire l'objet de poursuites de l'administration sur le fondement de l'article L. 247 du LPF, les dirigeants déjà condamné par un juge à répondre de la totalité des dettes sociales, y compris le passif fiscal susceptible d'être mis à leur charge en application de l'article L. 267 du LPF. Il en est ainsi au cas où la solidarité prononcée en vertu de l'article 1745 du CGI porte sur toutes les impositions et pénalités dont le dirigeant poursuivi pourrait s'être rendu responsable sur le fondement de l'article L. 267 du LPF[1].

En revanche, la Cour de cassation considère que cette exclusion ne s'applique que si le dirigeant est tenu au passif social, « en vertu d'une autre disposition légale ». Elle en déduit que l'administration est fondée à poursuivre le dirigeant, quand bien même celui-ci aurait déjà fait l'objet d'une action en comblement de passif ou, depuis l'entrée en vigueur de la loi du 26 juillet 2005 sur la sauvegarde des entreprises, d'une action en responsabilité pour insuffisance d'actif[2] ou d'une action en paiement des dettes sociales[3]. En effet, dans ces hypothèses, les sommes versées par le dirigeant à ce titre entrent dans le patrimoine de la société débitrice et sont affectées, en cas de continuation de l'entreprise, selon les modalités du plan d'apurement du passif, tandis qu'en cas de liquidation, elles sont réparties entre tous les créanciers au marc-le-franc[4].

Direction effective de la société. L'article L. 267 du LPF, qui institue un régime de responsabilité personnelle pour faute, vise à sanctionner les dirigeants auxquels sont directement imputables les manœuvres frauduleuses ou l'inobservation grave et répétée des obligations fiscales à l'origine de l'impossibilité de recouvrer les impositions. Il prévoit donc qu'il « est applicable à toute personne exerçant en droit ou en fait, directement ou indirectement, la direction effective de la société, de la personne morale ou du groupement ». L'administration doit s'attacher à rechercher concrètement qui exerce la direction effective de la société, quelle que soit la désignation du dirigeant dans les statuts[5]. **45.18**

Le dirigeant qui n'était pas en fonction au moment de l'inexécution des obligations fiscales en cause échappe, par conséquent, au régime de responsabilité de l'article L. 267 du LPF, tout comme le dirigeant de droit qui démontre qu'il n'a pas exercé effectivement ses pouvoirs.

Délégation de pouvoirs

Ainsi, le dirigeant échappe à sa responsabilité s'il a délégué ses pouvoirs à une autre personne[6], c'est-à-dire lui a transféré de la compétence, l'autorité et les moyens nécessaires en matière fiscale (voir chapitre 42).

Toutefois, une simple délégation de signature des pièces comptables ou des déclarations fiscales au directeur administratif et financier, placé sous l'auto-

---

1. Instr. DGI n° 12 C 3381, 25 août 1981, § 17; Dr. fisc. 1981, n° 40, instr. 7015.
2. C. com., art. L. 651-2.
3. C. com., art. L. 652-1.
4. Sur la jurisprudence et l'indépendance de ces procédures avec l'action fondée sur l'article L. 267 du LPF, voir n° 45.38.
5. Com. 6 déc. 2005, n° 03-21.196, NP : a été retenue la responsabilité de la personne physique qui assumait la direction effective de la société, désignée comme gérante dans les statuts d'une société en participation.
6. Com. 7 févr. 1989, n° 87-13.988, Bull. civ. IV, n° 56; Défrénois 1989, 1276, obs. A. Honorat; Com. 3 mars 2004, n° 02-14.882, NP.

rité du gérant, n'exonère pas ce dernier de ses obligations inhérentes à son pouvoir de contrôle et de surveillance[1].

Direction de fait

Tel est le cas, également, lorsque l'entreprise était, en fait, dirigée par une autre personne[2]. *Les dirigeants, par exemple, ne peuvent pas être condamnés sur le fondement de l'article L. 267 du LPF au titre d'impositions et pénalités dues par la société pour la période postérieure au prononcé de la liquidation judiciaire, puisqu'aussi bien le dirigeant est, à compter de cette date, dessaisi de l'administration et de la disposition de ses biens et que les droits et actions concernant son patrimoine sont exercés par le mandataire judiciaire*[3]. *Il appartient au dirigeant poursuivi de rapporter la preuve du dessaisissement.*

En revanche, la simple mission d'assistance de l'administrateur désigné lors de l'ouverture d'une procédure de redressement judiciaire ne saurait soustraire le dirigeant à ses obligations fiscales, celui-ci conservant ses pouvoirs de direction effective de l'entreprise[4].

Décès du dirigeant. En cas de décès du dirigeant, ses héritiers pourront être tenus au paiement de la dette fiscale, sur le fondement de l'article 873 du code civil[5].

B. Conditions de la responsabilité

45.19 **Cadre général.** L'action en responsabilité ne peut être mise en œuvre à l'encontre du dirigeant que s'il peut être établi que le recouvrement des impositions et des pénalités dues par la société, pour le montant desquelles sa condamnation est sollicitée, a été rendu impossible du fait de ses manœuvres frauduleuses ou de l'inobservation grave et répétée, par celui-ci, des obligations fiscales.

L'action suppose par conséquent la démonstration :

- d'une part, de l'impossibilité du recouvrement de l'impôt (voir n°s 45.20 et s.) ;
- d'autre part, de manœuvres frauduleuses ou de l'inobservation grave et répétée des obligations fiscales (voir n°s 45.22 et s.) ;
- et enfin, du lien de causalité entre ces deux éléments, celui-ci s'appréciant notamment au regard des chances qu'aurait eues le Trésor public de recouvrer l'impôt si les déclarations avaient été faites régulièrement à l'époque[6] (voir nº 45.28).

---

1. Com. 26 juin 2007, nº 06-15.867, Bull. civ. IV, nº 179 ; D. 2007, 2037.
2. Com. 19 nov. 1991, nº 90-15.104, NPT, RJF 2/92, nº 260 • CA Versailles, 6 sept. 2001, Bull. Joly déc. 2001, p. 1266.
3. Com. 9 mars 1993, nº 90-19.565, Bull. civ. IV, nº 97 ; Juris-Data nº 1993-000780 ; JCP E 1993, pan. 619 ; D. 1993, IR 100 ; Gaz. Pal. 1993, pan. 250.
4. Com. 16 janv. 2001, nº 97-21.059, NP • Com. 25 avr. 2006, nº 04-10.226, NP • CA Grenoble, 25 oct. 2005, Juris-Data nº 2005-290379.
5. C. civ., art. 873 : « Les héritiers sont tenus des dettes et charges de la succession, personnellement pour leur part et portion virile, et hypothécairement pour le tout ; sauf leur recours, soit contre leurs cohéritiers, soit contre les légataires universels, à raison de la part pour laquelle ils doivent y contribuer ».
6. Com. 1er févr. 1994, nº 92-11.723, NPT, RJF 1994, nº 635.

1. Impossibilité de recouvrement

Appréciation *in concreto*. Il appartient à l'Administration d'établir, en premier lieu, l'impossibilité de recouvrement[1]. Pour que le dirigeant poursuivi soit condamné, l'article L. 267 du LPF exige en effet que ses manquements rendent impossible le recouvrement des impositions et pénalités dues par la société. L'administration doit, à cet égard, justifier de poursuites vaines à l'encontre de la société ou de l'impossibilité de toute poursuite (par exemple, en cas de liquidation judiciaire de la société). **45.20**

Selon une jurisprudence constante, l'impossibilité de recouvrement suppose que le comptable public poursuivant ait « utilisé en vain tous les actes de poursuite à sa disposition pour obtenir en temps utile paiement des impositions par la société »[2].

L'impossibilité des poursuites a été reconnue comme établie lorsque l'Administration avait exercé toutes diligences utiles afin de recouvrer la créance fiscale, que notamment cette créance avait été authentifiée par neuf avis de mises en recouvrement, que le receveur avait procédé à quatre mises en demeure, puis à deux avis à tiers détenteur qui n'ont permis d'obtenir qu'une somme sans commune mesure avec les montants dus et qu'il a encore fait procéder à deux saisies mobilières, qui n'ont pu être suivies d'une vente effective, compte tenu de l'ouverture de la procédure collective[3].

En revanche, l'impossibilité de recouvrement a été considérée comme non établie, lorsque les premiers manquements du dirigeant social remontent au mois de juillet de l'année n et que les premiers titres exécutoires n'ont été établis qu'au mois d'avril de l'année n + 1, six mois avant le jugement prononçant le redressement judiciaire[4].

Il en est de même lorsque, la société n'ayant déposé aucune déclaration depuis le début de l'année 1986, le receveur ne lui a adressé les mises en demeure qu'à partir du mois de juin 1986 et que, pour les sommes dues jusqu'au 30 novembre 1986, les redressements n'ont été notifiés que le 22 décembre 1986 et suivis, après réception des observations du contribuable, d'un avis de mise en recouvrement émis le 27 février 1987[5].

L'impossibilité de recouvrement de l'imposition ou des pénalités s'apprécie donc au cas par cas, en fonction de la situation concrète de la société.

Procédures collectives. La jurisprudence considère généralement que l'impossibilité de recouvrement n'est pas établie lorsque la société débitrice est *in bonis*[6]. Pour autant, l'ouverture d'une procédure collective ne permet pas, de manière systématique, de caractériser l'impossibilité de recouvrement[7]. **45.21**

---

1. Com. 10 mars 1998, nº 96-11.395, NP, RJF 1998, nº 720 • Com. 17 déc. 2002, nº 01-02.490, Bull. civ. IV, nº 198.
2. Com. 22 mai 1991, nº 89-19.675, Bull. civ. IV, nº 171; JCP E 1991, pan. 1266 • Com. 16 juill. 1991, nº 89-19.792, Bull. civ. IV, nº 263; Dr. fisc. 1991, nº 2306 • Com. 10 juill. 2007, nº 06-11.131, NP.
3. Com. 1er juin 1999, nº 96-22.141, NPT, RFJ 1999, nº 1084.
4. Com. 13 déc. 1994, nº 93-10.943, NP, Dr. fisc. 1995, nº 597.
5. Com. 27 janv. 1998, nº 96-14.149, NPT, RJF 1998, nº 722.
6. CA Versailles, 25 oct. 1988, Juris-Data nº 1988-045999.
7. Com. 3 oct. 1995, nº 94-10.108, NPT, Dr. fisc. 1996, comm. 28; RJF 1995, nº 1431 • Com. 5 mai 1998, nº 96-15.569, NPT, RJF 1998, nº 859 • Com. 31 oct. 2006, nº 05-15.302, NP.

En effet, si un **plan de sauvegarde ou de continuation** est arrêté, prévoyant le règlement de l'intégralité de la créance fiscale en plusieurs annuités, l'administration ne peut rechercher la responsabilité solidaire du dirigeant, tant que le plan est respecté, le recouvrement de la créance fiscale n'étant pas impossible, mais seulement retardé[1]. De même, l'éventualité de l'adoption d'un tel plan interdit de retenir l'impossibilité de recouvrement[2].

La situation est différente si un **plan de cession** est arrêté ou si la **liquidation judiciaire** est prononcée, car il peut alors apparaître de manière certaine que l'Administration fiscale ne pourra être réglée de la totalité de sa créance. Dans ce cas, l'impossibilité de recouvrement est établie, ce qui permet à l'administration d'assigner le dirigeant, si les autres conditions de la responsabilité sont réunies, sans attendre le prononcé de la clôture de la procédure pour insuffisance d'actif[3].

2. Manœuvres frauduleuses ou manquements graves et répétés

45.22 **Deux conditions alternatives.** L'Administration, pour obtenir un paiement du dirigeant, devra rapporter la preuve que ce dernier :

- soit a commis des manœuvres frauduleuses;
- soit a manqué, de façon grave et répétée, à son obligation d'observer les obligations fiscales applicables.

Il s'agit de conditions alternatives, de sorte que lorsqu'il est démontré que le dirigeant s'est rendu coupable d'une inobservation grave et répétée des obligations fiscales, il est sans intérêt d'établir, en plus, l'existence de manœuvres frauduleuses[4].

Remarque(s) *L'Administration a, le plus souvent, recours à la notion d'inobservation grave et répétée, plutôt qu'à celle de manœuvres frauduleuses qui suppose la démonstration de la mauvaise foi du dirigeant.*

a. Manœuvres frauduleuses

45.23 **Définition.** La notion de manœuvres frauduleuses a été précisée par l'Administration[5]. Les manœuvres frauduleuses s'entendent de la mise en œuvre de procédés ayant pour finalité d'éluder la déclaration ou le paiement de l'impôt, accomplis en toute connaissance de cause et ne pouvant être considérés comme des erreurs excusables ou des omissions involontaires.

La notion de manœuvres frauduleuses repose donc sur deux types d'éléments d'appréciation :

- l'élément intentionnel, qui consiste dans l'accomplissement conscient des infractions fiscales, lesquelles revêtent alors un caractère de mauvaise foi;

1. Com. 24 nov. 1992, nº 91-10.185, NPT, RJF 1993, nº 285; Dr. fisc. 1993, comm. nº 690; LPA 7 mars 1994, 11, note J. Dadouche.
2. Com. 18 juin 1991, nº 89-17.864, Bull. civ. IV, nº 226; RJF 8 sept. 1992, nº 1991.
3. Com. 3 mai 1995, nº 92-16.983, NPT, RJF 1995, nº 1024.
4. Com. 13 mars 1978, nº 77-12.701, Bull. civ. IV, nº 88 • Com. 12 oct. 1993, nº 91-20.396, NPT.
5. Doc. adm. DGI 12 C 22-52, nº 8, 30 juin 1994.

– l'élément matériel, constitué par des agissements tendant soit à égarer ou à restreindre le pouvoir de contrôle et de vérification de l'Administration, soit à faire obstacle au recouvrement de l'impôt par le Trésor.

Remarque(s) *En règle générale, précise encore l'Administration[1], la simple constatation des agissements suffira à qualifier les manœuvres frauduleuses[2].*

Assiette. Au sens de l'assiette, constituent des manœuvres frauduleuses les actes, opérations, artifices ou manœuvres ayant pour effet soit de faire disparaître ou de réduire la matière imposable, soit d'obtenir de l'État des remboursements injustifiés. **45.24**

Lorsqu'elle constate des telles manœuvres, l'Administration est amenée à assortir les suppléments d'impôts découlant du redressement de ces insuffisances ou omissions, de sanctions fiscales prévues à l'article 1729-1 du code général des impôts (CGI).

Le comptable qui engage l'action visée par l'article L. 267 du LPF aura donc tout intérêt à fonder sa demande en justice sur l'existence de manœuvres frauduleuses, lorsque ces dernières ont été constatées par les services d'assiette à l'occasion d'opérations de contrôle fiscal.

Manœuvres frauduleuses reconnues comme suffisamment caractérisées[3]

– Dissimulation de recettes taxables encaissées sur des comptes privés avec une comptabilité portant des mentions fictives ou falsifiées[4] ;

– déduction de taxes figurant sur de fausses factures émanant de sociétés inexistantes[5] ;

– non-comptabilisation des recettes et falsification des pièces justificatives de ces recettes[6] ;

– minoration systématique des recettes accompagnée de l'exagération des frais professionnels et d'indications erronées sur le lieu de résidence[7] ;

– surévaluation systématique des prix de revient d'appartements en cours de construction et donc du montant de la taxe déductible accompagnée de l'absence de dépôt de déclarations de régularisation après achèvement de l'immeuble[8].

Recouvrement. Au sens du recouvrement, constituent des manœuvres frauduleuses les agissements qui caractérisent l'intention délibérée du dirigeant de priver le comptable des chances de recouvrer les créances fiscales sur le patrimoine du débiteur[9]. **45.25**

1. Doc. adm. DGI 12 C 22-52, nº 9, 30 juin 1994.
2. Voir également les renvois de l'administration à sa documentation plus ancienne et à la jurisprudence : DB 13 N 1223, nº 17 • CA Aix-en-Provence, 29 oct. 1992, nº 91/2614.
3. Doc. adm. DGI 12 C 2252, nº 10, 30 juin 1994.
4. CE 6 mars 1981, nºs 20018 et 20376 • Sur les dissimulations de revenus, Com. 24 mai 1971, nº 69-11.867, Bull. civ. IV, nº 143 ; JCP 1972, II, 17280, note M. Boitard et A. Rabut.
5. Com. 7 déc. 1993, nº 92-12.380, Bull. civ. IV, nº 463 ; JCP 1994, IV, 412, 53 ; Gaz. Pal. 9 nov. 1994, pan. 23 • Com. 18 mars 1994, Dr. fisc. 1994, nº 15, instr. 11101 • Com. 21 janv. 2004, nº 00-16.089, NP.
6. CE 24 févr. 1986, req. nº 50433.
7. CE 4 mai 1979, req. nº 9358.
8. CE 17 févr. 1982, req. nº 18935.
9. Doc. adm. DGI, 12 C 22-52, nº 11, 30 juin 1994.

Ainsi, constitue une manœuvre frauduleuse le fait de distraire du gage du Trésor des fonds facilement appréhendables, en les gaspillant sciemment ou en les mettant en sûreté chez des tiers dont le gérant ne révèle pas l'identité[1].

Mais la preuve de la mise en œuvre de manœuvres frauduleuses peut découler plus simplement de circonstances révélant la mauvaise foi du redevable[2].

Remarque(s) *Toutefois, l'Administration conseille à ses représentants de ne pas s'en tenir au seul caractère intentionnel des infractions et d'apporter, en outre, la preuve matérielle des agissements et de ne réserver la notion de manœuvres frauduleuses qu'aux cas dans lesquels la démonstration est particulièrement évidente.*

b. Inobservation des obligations fiscales

45.26 **Définition.** Cette notion concerne toutes les obligations dont le respect est exigé des redevables[3].

Cas où l'inobservation des obligations a été retenue

- *Le non-dépôt de plusieurs déclarations fiscales*[4] *;*
- *le dépôt tardif de nombreuses déclarations*[5] *;*
- *le défaut de paiement de l'impôt lorsque les déclarations sont régulièrement déposées*[6] *;*
- *la minoration volontaire des bases d'imposition*[7] *;*
- *la conversation de la TVA collectée auprès de plusieurs clients et l'utilisation des sommes perçues comme moyen courant de trésorerie*[8].

45.27 **Gravité de l'inobservation.** L'article L. 267 du LPF exige que l'inobservation répétée des obligations fiscales revête un caractère de gravité[9]. C'est au comptable poursuivant qu'il incombe de rapporter la preuve de ce caractère[10]. La gravité est appréciée souverainement par les juges du fond[11], sous le contrôle de la Cour de cassation[12].

La notion de gravité s'apprécie généralement au regard de la nature de l'inobservation ou de la fréquence des manquements aux obligations fiscales[13]. En revanche,

1. TGI Nancy, 6 janv. 1971, Mém. percept. 1971, 56.
2. Com. 15 juill. 1992, nº 90-12.522, NPT, RJF 1992, nº 1574.
3. Doc. adm. DGI 12 C 2252, nº 2, 30 juin 1994.
4. Com. 9 févr. 1981, nº 79-11.293, Bull. civ. IV, nº 73.
5. Com. 10 mars 1975, nº 74-10.963, Bull. civ. IV, nº 76 • Com. 13 mars 1978, nº 77-12.701, Bull. civ. IV, nº 88.
6. Com. 29 mai 1990, nº 88-16.062, NPT • Com. 19 nov. 1991, nº 90-10.910, NPT.
7. Com. 16 juill. 1991, nº 90-15.002, NPT, RJF 1991, nº 1306.
8. Com. 24 oct. 1989, nº 87-17.777, NP • Com. 26 févr. 2002, nº 98-21.744, NPT • Com. 19 déc. 2006, nº 05-17.577, NP • Com. 30 mai 2007, nº 05-16.944, NP.
9. Ce caractère n'était pas requis par l'ancien article L. 266 du LPF, dont les dispositions s'appliquaient aux gérants majoritaires de SARL ou assimilés, avant son abrogation par la loi nº 2005-842 du 26 juillet 2005.
10. Com. 17 déc. 2002, nº 01-02.490, Bull. civ. IV, nº 198.
11. Com. 24 nov. 1987, nº 86-16.678, NPT • Com. 10 mars 1992, RJF 1992, nº 746.
12. Com. 7 févr. 1989, nº 87-17.282, Bull. civ. IV, nº 55; JCP 1989, IV 15, 131; JCP N 1989, II, 363 • Com. 4 juill. 2006, nº 04-15.521, Bull. civ. IV, nº 163.
13. Doc. adm. 12 C 22-52, nº 6.

elle n'exige pas que soit établie la mauvaise foi du dirigeant. Au contraire, si les conditions de l'article L. 267 du LPF sont remplies, et notamment s'il est constaté des manquements « graves et répétés » aux obligations fiscales, les juges du fond ne peuvent pas prendre en considération les circonstances de la cause et la bonne foi des dirigeants pour limiter le montant de la condamnation à prononcer[1].

Appréciation de la gravité des inobservations en matière de TVA

Le défaut de paiement de cette taxe est particulièrement grave puisque l'entreprise redevable conserve dans sa trésorerie des fonds collectés auprès de ses clients et destinés à être reversés au Trésor[2].

Cette pratique fait obstacle à la neutralité de la TVA et au libre jeu de la concurrence entre les entreprises assujetties. Pour cette même raison, la Cour de cassation a approuvé les juges qui retenaient le caractère de gravité des inobservations résultant de la minoration du chiffre d'affaires taxable, constatée au cours d'une vérification de comptabilité et obligeant l'Administration à procéder par voie de rappel d'impôt[3].

3. Lien de causalité

Principe. La responsabilité du dirigeant ne pourra enfin être retenue qu'à la condition que soit démontré par l'administration un lien de causalité entre l'impossibilité de recouvrer l'impôt et les manquements du dirigeant[4]. **45.28**

L'échec des tentatives de recouvrement qui concrétise l'impossibilité de recouvrement doit être la conséquence des manœuvres ou manquements reprochés au dirigeant concerné.

La Cour de cassation rappelle, de manière constante, l'obligation de caractériser ce lien de causalité par des circonstances, autres que les seuls défauts de déclaration ou de paiement, en raison desquelles le comptable public s'est trouvé dans l'impossibilité de recouvrer les impositions dues par la société[5].

Action de l'administration. La jurisprudence écarte l'application des dispositions de l'article L. 267 du LPF, lorsque les services fiscaux ont fait preuve d'inertie et de carence en n'épuisant pas les moyens de poursuite à leur disposition pour obtenir le paiement des impositions ou pénalités avant l'ouverture de la procédure collective[6]. La Cour de cassation considère en effet que si l'administration avait agi avec diligence, le recouvrement aurait pu être possible.

1. Com. 11 janv. 1995, n° 02-16.597, Bull. civ. IV, n° 7.
2. Com. 7 juin 1988, n° 86-19.253, Bull. civ. IV, n° 196 • Com. 16 juill. 1991, n° 89-17.756, n° 90-13.286, Bull. civ. IV, n° 267 ; RJF 1991, n° 1306 • Com. 23 juin 2004, n° 01-11.821, Bull. civ. IV, n° 133 • CA Versailles, 18 mai 2006, n° 05/03405.
3. Com. 10 mars 1992, n° 90-15.277, NPT, RJF 1992, n° 746.
4. Com. 17 déc. 2002, n° 01-02.490, Bull. civ. IV, n° 198.
5. Com. 15 déc. 1987, n° 86-13.313, Bull. civ. IV, n° 279 • Com. 31 mai 1988, n° 86-18.429, Bull. civ. IV, n° 184 • Com. 16 janv. 1990, n° 88-16.167, NPT.
6. Com. 9 mars 1993, n° 90-19.565, Bull. civ. IV, n° 97 ; RJF 1993, n° 937 • Com. 13 déc. 1994, n° 93-10.943, NP, RJF 1995, n° 407 • Com. 8 juill. 1997, n° 95-14.537, NPT • Com. 11 janv. 2005, n° 02-16.597, Bull. civ. IV, n° 7 • Com. 10 juill. 2007, n° 06-11.131, NP.

II. Action en responsabilité

45.29 La responsabilité du dirigeant fondée sur les dispositions de l'article L. 267 du LPF suppose une décision de justice. Le comptable public ne saurait directement mettre en œuvre à l'encontre du dirigeant une mesure d'exécution.

A. Exercice de l'action

1. Qualité pour agir

45.30 **Comptable chargé du recouvrement.** L'article L. 252 du Livre des procédures fiscales donne compétence pour agir au comptable chargé du recouvrement. Il s'agira du receveur ou du percepteur territorialement compétent.

N'ont en revanche pas qualité pour agir le directeur général des impôts[1] ou le directeur des services fiscaux[2].

45.31 **Autorisation préalable.** L'instruction de la Direction générale des impôts[3] prévoit que le comptable public ne pourra engager l'action fondée sur l'article L. 267 du LPF que s'il y a été autorisé par une décision personnelle du directeur des services fiscaux ou du trésorier-payeur général, qui sont invités à s'assurer que les circonstances propres à l'affaire justifient l'engagement de l'action.

Le contribuable est fondé à **opposer cette procédure au comptable** poursuivant.

À défaut de pouvoir justifier de l'existence d'une décision de son autorité hiérarchique, le receveur est irrecevable en son action[4].

Toutefois, le contribuable qui ne conteste pas la réalité de l'autorisation, ne saurait se prévaloir de griefs de forme (absence de date et défaut de mention de la qualité du signataire), dès lors que cette autorisation a été signée par le directeur des services fiscaux et que la mention distincte de son nom permettait de vérifier tant la qualité de celui-ci que sa compétence territoriale[5].

En revanche, le contribuable est fondé à se prévaloir de l'irrégularité de la procédure, s'il apparaît que l'autorisation a été donnée, sans que le directeur des services fiscaux ou le trésorier-payeur général ait eu connaissance de la situation particulière du contribuable[6].

La Cour de cassation ne va toutefois pas jusqu'à exiger que l'autorisation d'agir soit motivée[7]*, de sorte qu'elle ne peut aisément exercer son contrôle.*

---

1. Com. 5 mai 1981, n° 79-11.292, Bull. civ. IV, n° 209.
2. Com. 12 oct. 1993, n° 91-19.518, NPT, RJF 1993, n° 1587 • Com. 24 juin 1997, n° 95-14.937, NPT, RJF 1997, n° 1059.
3. Instr. DGI, 6 sept. 1988, 12 C 20-88 • Instr. CP 9 juill. 1981, 81-102, Dr. fisc. 1981, n° 47, inst. 7093 • Instr. CP 15 sept. 1988, 88-102-A3.
4. Com. 23 févr. 1993, n° 91-13.501, Bull. civ. IV, n° 76 ; RJF 1993, n° 733 ; JCP 1993, IV, 1087, 125 ; Gaz. Pal. 1993, n°s 321-322, pan. 250.
5. Com. 23 juin 2004, n° 01-11.821, Bull. civ. IV, n° 133.
6. Com. 21 janv. 2004, n° 01-12.718, NP.
7. Com. 16 nov. 2004, n° 02-15.162, NP.

2. Juridiction compétente

Président du TGI. Cette action est exercée devant le président du tribunal de grande instance dans le ressort duquel se trouve le siège de la société. **45.32**

Le président, en application des dispositions de l'article R. 267-1 du Livre des procédures fiscales, statue selon la procédure à jour fixe dont le régime est fixé aux articles 788 à 792 du code de procédure civile[1].

Le jugement prononcé est susceptible d'appel, puis d'un pourvoi en cassation.

B. Régime de l'action

1. Délai de l'action • Prescription

Prescription. Aucun délai spécifique n'étant prévu par l'article L. 267 du LPF, l'action peut être exercée tant que les poursuites tendant au recouvrement des créances fiscales ne sont pas atteintes par la prescription, telle que fixée par l'article L. 275 ou l'article L. 274 du Livre des procédures fiscales[2]. **45.33**

L'article L. 274 du LPF dispose, à cet égard, que :

> *« Les comptables du Trésor qui n'ont fait aucune poursuite contre un contribuable retardataire pendant quatre années consécutives, à partir du jour de la mise en recouvrement du rôle perdent leur recours et sont déchus de tous droits et de toute action contre ce redevable.*
>
> *Le délai de quatre ans, par lequel se prescrit l'action en vue du recouvrement, est interrompu par tous actes comportant reconnaissance de la part des contribuables et par tous autres actes interruptifs de la prescription. »*

L'article L. 275 du LPF dispose quant à lui que :

> *« La notification d'un avis de mise en recouvrement interrompt la prescription courant contre l'Administration et y substitue la prescription quadriennale.*
>
> *Le délai de quatre ans mentionné au premier alinéa est interrompu dans les conditions indiquées à l'article L. 274. »*

Responsabilité solidaire. La responsabilité solidaire des dirigeants fondée sur l'article L. 267 du LPF n'étant pas de droit, mais devant être prononcée par le juge, l'interruption de la prescription de l'action ouverte à leur encontre en vue du prononcé de celle-ci est sans effet sur la prescription de l'action en recouvrement à l'encontre de la société[3].

Délai raisonnable. L'instruction du 6 septembre 1988 invite les comptables poursuivants à agir dans un « délai raisonnable ». La jurisprudence, qui considère cette **45.34**

---

1. Toutefois, la Cour d'appel de Nancy a admis que le fait que le demandeur ait saisi le Tribunal de grande instance et non pas le président de celui-ci n'affectait pas la validité de l'assignation, ni de la procédure subséquente (CA Nancy, 24 avr. 2007, Juris-Data n° 2007-339133).
2. Com. 9 mars 1993, n° 90-19.565, Bull. civ. IV, n° 97, préc.
3. Com. 31 oct. 2006, n° 04-15.497, Bull. civ. IV, n° 211 ; Dr. sociétés 2007, comm. 10, note H. Hovasse • Voir également CA Angers, 6 mars 2007, Juris-Data n° 2007-333695.

instruction opposable par le contribuable, apprécie au cas par cas le caractère raisonnable du délai[1].

Le moyen ne peut toutefois pas être relevé d'office, sous peine de violation du principe du contradictoire[2].

45.35 **Procédure collective.** La production d'une **créance d'impôt** à une procédure collective interrompt la prescription de l'action tendant à faire déclarer le dirigeant solidairement responsable de cette imposition due par la personne morale. Cet effet interruptif est prolongé jusqu'à la date à laquelle la procédure collective est parvenue à son terme par le jugement de clôture pour insuffisance d'actif[3], de sorte qu'un nouveau délai de quatre ans recommence à courir à compter de cette date.

La suspension des poursuites individuelles contre les sociétés en redressement ou liquidation judiciaire ne fait en revanche pas obstacle à la mise en œuvre d'une procédure fondée sur les dispositions de l'article L. 267 du LPF[4].

Enfin, aux termes d'une jurisprudence constante, l'interdiction des poursuites contre la société débitrice après la clôture de la procédure pour insuffisance d'actif n'entraîne pas pour autant extinction de la dette. La Cour de cassation admet dès lors parfaitement l'exercice de l'action fondée sur les dispositions de l'article L. 167 du LPF après le prononcé du jugement de clôture de la liquidation judiciaire pour insuffisance d'actif[5].

2. Autonomie de l'action

45.36 **Principe.** L'action fondée sur l'article L. 267 du LPF est une action d'ordre patrimonial, propre au droit fiscal, indépendante des procédures qui relèvent du droit pénal et du droit commercial.

45.37 **Autonomie à l'égard de la procédure pénale.** La Chambre criminelle de la Cour de cassation considère que l'action diligentée par le comptable du Trésor devant le président du Tribunal de grande instance sur le fondement de l'article L. 267 du LPF contre les dirigeants de droit ou de fait d'une personne morale n'a ni la même cause, ni le même objet, ni le même demandeur que l'action diligentée devant la juridiction pénale sur le fondement des dispositions de l'article 1745 du code général des impôts par le directeur des services fiscaux.

La première, action civile, nécessite la démonstration de manœuvres frauduleuses et de l'inobservation grave et répétée des obligations fiscales imposées à la personne morale contribuable, ayant rendu impossible le recouvrement des impôts par elle dus, tandis que la seconde action, diligentée devant les juridictions pénales, impose la condamnation préalable des dirigeants de droit ou de fait de la personne morale en

1. Arrêts ayant retenu la recevabilité de l'action du comptable : Com. 3 oct. 2006, nº 05-15.017, NP, et Com. 7 juin 2006, nº 04-14.017, NP • Arrêt ayant considéré l'action irrecevable car tardive : Com. 26 mai 2004, nº 01-02.838, NP.
2. Com. 22 mars 2005, nº 03-16.537, NP.
3. Com. 16 juin 1992, nº 90-14.524, Bull. civ. IV, nº 242; Dr. fisc. 1992, nº 2494.
4. Com. 9 déc. 1997, nº 95-11.974, NPT, Rev. sociétés, 1998, 316, note J.-J. Daigre • Com. 11 févr. 1992, nº 89-20.852, Bull. civ. IV, nº 71; JCP E 1992, II, 335, 195, note D. F. • Instr. 25 janv. 1990, BOI 12C-2-90.
5. Com. 30 mai 2000, nº 98-10.926, Bull. civ. IV, nº 115; D. 2000, AJ 302, obs. A. Lienhard; Bull. Joly 2000, p. 903.

cause, voire de leurs complices, pour les délits visés aux articles 1741 et 1743 du code général des impôts[1].

Remarque(s) *Il en résulte que lorsque le dépôt d'une plainte en matière fiscale a été décidé, l'Administration fiscale garde la faculté d'engager de surcroît l'action en responsabilité.*

L'existence d'une procédure pénale en cours n'a pas d'influence sur la décision à prendre dans le litige civil.

Une décision de non-lieu ou de relaxe dans l'instance pénale ne prouve pas que le dirigeant n'a pas méconnu de façon répétée ses obligations fiscales[2]. Le juge civil peut toujours relever une faute distincte de celle visée par la loi pénale sans violer l'autorité de la chose jugée au sens de l'article 1351 du code civil[3].

Toutefois, dès lors que les mêmes faits caractérisant la fraude sont l'objet de la plainte pénale et le fondement de la demande en paiement solidaire de l'article L. 267 du LPF, les juges sont fondés à surseoir à statuer dans l'attente de la décision de la juridiction pénale[4].

Si l'action fondée sur l'article L. 267 du LPF est autonome, il n'en demeure pas moins que l'administration considère qu'une telle action est exclue dans l'hypothèse où le juge pénal aurait préalablement prononcé, en application de l'article 1795 du CGI, une solidarité entre la société et le dirigeant au titre de la totalité des impositions et pénalités dont le dirigeant serait susceptible d'être rendu responsable sur le fondement de l'article L. 267 (voir n° 45.17 et les références citées).

Autonomie à l'égard de l'action en responsabilité pour insuffisance d'actif. **45.38**
Les conditions d'exercice de l'action visée par l'article L. 267 du LPF sont totalement étrangères à celles de l'action en comblement de passif, tout comme à celles, depuis la loi de sauvegarde des entreprises en difficultés, de responsabilité pour insuffisance d'actif.

Le juge peut appliquer les dispositions de l'article L. 267 du LPF à la personne visée, bien que l'action en comblement de passif dirigée contre elle ait été rejetée par une décision antérieure[5].

De la même manière, lorsque l'action en comblement de passif est prononcée, elle ne fait pas obstacle à l'application des dispositions de l'article L. 267 du LPF, peu important que le dirigeant ait été condamné à supporter une partie des dettes sociales[6]. En revanche, dans l'hypothèse où un dirigeant se serait acquitté de l'inté-

---

1. Crim. 13 oct. 1986, n° 86-90.179, Bull. crim., n° 281.
2. Com. 26 juin 2007, n° 06-15.867, Bull. civ. IV, n° 179; Proc. n° 6, oct. 2007, comm. 234, obs. J.-L. Pierre.
3. Civ. 2e, 14 janv. 1987, n° 85-15.866, Bull. civ. II, n° 13.
4. Com. 2 févr. 1988, n° 85-18.872, NPT, Mémorial des percepteurs, mars 1989, n° 3 • On soulignera sur ce point que les magistrats disposent d'un pouvoir d'appréciation. S'ils peuvent surseoir à statuer pour des motifs tenant à une bonne administration de la justice, ils n'y sont néanmoins pas tenus.
5. Com. 20 nov. 1990, n° 89-11.649, Bull. civ. IV, n° 289; RJF 1/91, n° 125; Rev. proc. coll. 1991, 374, obs. Y. Guillou.
6. Com. 11 oct. 1988, n° 86-10.331, Bull. civ. IV, n° 273; JCP N 1989, II, 125; LPA 1989, 22, note J. Dadouche • Com. 11 févr. 1992, n° 89-20.852, Bull. civ. IV, n° 71; RJF 5/92, n° 745 • Com. 9 déc. 1997, n° 96-12.292, Bull. civ. IV, n° 331; Rev. sociétés 1998, 316, note J.-J. Daigre; D. Affaires 1998, 159, obs. J.F.; RJDA 1/1998, n° 87, concl. Piniot, p. 3.

gralité du passif, à la suite d'une condamnation en ce sens dans le cadre d'une action en comblement de passif, l'Administration fiscale ne serait, à notre sens, plus recevable à agir sur le fondement de l'article L. 267 du LPF. En effet, si l'administration a reçu, ensuite de la répartition des sommes versées par le dirigeant au mandataire judiciaire, l'intégralité des sommes restant dues au titre des impositions ou pénalités par la société, elle n'aura plus d'intérêt à agir[1].

3. Compétence et pouvoirs du président du tribunal de grande instance

45.39 **Limites.** Tout d'abord, le juge saisi sur le fondement de l'article L. 267 du LPF « n'a pas compétence pour se substituer au juge de la procédure collective pour apprécier le **bien fondé de l'admission d'une créance** »[2]. Le juge-commissaire est en effet « seul compétent pour vérifier l'existence de conditions d'admission d'une créance fiscale »[3].

Par ailleurs, la Cour de cassation refuse au juge du fond tout **pouvoir modérateur**. Dès lors que l'inobservation grave et répétée des obligations fiscales incombant aux dirigeants a rendu impossible le recouvrement de l'impôt, le dirigeant poursuivi devra être condamné à supporter la totalité du montant du ou des impôts éludés. Le juge ne peut pas prendre en considération les circonstances et la bonne foi des dirigeants (qui, par exemple, ont pu agir pour sauver leur entreprise et sauver des emplois) pour limiter le montant de la condamnation à prononcer[4].

4. Moyens de défense

45.40 Le dirigeant poursuivi peut opposer à l'Administration l'irrecevabilité de son action ou encore le fait qu'elle est mal fondée.

45.41 **Irrecevabilité de l'action.** S'agissant de l'irrecevabilité de l'action, le dirigeant est en droit d'opposer à l'administration le non-respect de la procédure prévue par l'instruction du 6 septembre 1988.

Outre la nécessité pour le comptable poursuivant d'avoir obtenu l'autorisation hiérarchique préalablement à toute action[5], l'instruction du 6 septembre 1988 relative à la mise en œuvre de l'article L. 267 du LPF prévoit que le comptable public qui accorde un **plan de règlement** à une société ne peut poursuivre son dirigeant en paiement solidaire de la dette à défaut de respect du plan, que s'il l'a préalablement informé que, dans une telle hypothèse, il serait amené à engager sa responsabilité.

Aux termes d'une jurisprudence constante, le dirigeant poursuivi est fondé à se prévaloir des dispositions de cette instruction[6], de sorte que l'action peut

---

1. Néanmoins cette hypothèse étant marginale, aucune jurisprudence n'a, à notre connaissance, été rendue en ce sens.
2. Com. 11 janv. 2005, nº 02-16.597, Bull. civ. IV, nº 7 ; Dr. sociétés, 2005, comm. 135, J.-P. Legros.
3. Com. 28 avr. 2004, nº 01-01.649, Bull. civ. IV, nº 77.
4. Com. 11 janv. 2005, nº 02-16.597, Bull. civ. IV, nº 7, préc.
5. Voir nº 45.31.
6. Com. 18 mai 1999, nº 97-13.733, NPT • Com. 17 déc. 2002, nº 01-02.490, Bull. civ. IV, nº 198 : le plan de règlement peut résulter d'un accord verbal non contesté entre les parties, de sorte qu'il appartient, dans cette hypothèse, à l'administration de rapporter la preuve de l'information préalable du dirigeant de la poursuite éventuelle à son encontre en cas de non respect du plan • Com. 5 oct. 2004, nº 03-14.334, NP, Dr. fisc. 2004, nº 49, comm. 878 • Com. 20 mars 2007, nº 05-17.284, NP.

être déclarée irrecevable si la procédure prévue par celle-ci pour la mise en œuvre des dispositions de l'article L. 267 du LPF n'a pas été respectée.

En revanche, l'obligation d'information n'est pas applicable lorsque les délais de paiement sont consentis à la société dans le cadre de l'adoption d'un plan de sauvegarde ou d'un plan de redressement judiciaire, la jurisprudence considérant que, dans ces hypothèses, l'administration n'accorde pas à la société un « plan de règlement » au sens de l'instruction du 6 septembre 1988[1].

Contestation du bien-fondé de la créance. Le dirigeant, dans la mesure où il est poursuivi pour être déclaré personnellement tenu au paiement de la dette fiscale de la société, est également en droit d'en contester l'existence et le montant[2], quand bien même il n'a pas contesté cette créance devant le tribunal de commerce[3]. La Cour de cassation considère en effet que l'admission définitive de la créance fiscale, prononcée par le juge-commissaire, ne prive pas le dirigeant de contester le bien-fondé de cette créance[4]. Il peut, à cet égard, s'associer à la procédure de plein contentieux fiscal que la société aurait choisi d'initier ou encore engager lui-même une telle procédure. Dans cette hypothèse, le dirigeant pourra solliciter du président du tribunal de grande instance, saisi en application des dispositions de l'article L. 267 du LPF, un sursis à statuer, dans l'attente de la décision du juge de l'impôt[5]. **45.42**

Il est en droit, dans les mêmes conditions, de soulever l'irrégularité de la procédure d'imposition engagée à l'encontre de la société[6].

Délais. Si le dirigeant ne peut solliciter du juge des délais, il le pourra en revanche auprès du comptable chargé du recouvrement. Il pourra également éventuellement déposer une demande en décharge de responsabilité, en application de l'alinéa 6 de l'article L. 247 du LPF, selon lequel « L'administration peut également décharger de leur responsabilité les personnes tenues au paiement d'impositions dues par un tiers ». Les articles R. 247-10 et R. 247-11 du LPF déterminent le service administratif devant être saisi, celui-ci dépendant de l'autorité en charge du recouvrement de l'impôt concerné. En outre, ces textes prévoient l'autorité compétente pour statuer sur la demande, en fonction du montant des sommes faisant l'objet de cette demande. En cas de refus total ou partiel, le tribunal administratif peut être saisi par la voie d'un recours pour excès de pouvoir, dans les deux mois de la notification de la décision. **45.43**

---

1. Com. 6 déc. 2005, nº 03-17.218, Bull. civ. IV, nº 243 • Com. 6 déc. 2005, nº 03-19.730, NP • Com. 28 nov. 2006, nº 05-11.964, NP, RJF 5/2007, nº 621.
2. Com. 9 avr. 1996, nº 94-15.515, NPT • Com. 3 mars 2004, nº 02-14.882, NP • Com. 16 nov. 2004, nº 03-12.160, NP.
3. Com. 10 déc. 1996, nº 95-10.303, NPT, D. 1997, somm. 353, obs. F. Kulbokas.
4. Com. 21 mars 1995, nº 93-16.909, NP : l'autorité de la chose jugée n'a lieu qu'à l'égard des parties qui étaient présentes ou représentées dans la précédente instance.
5. Com. 25 avr. 2001, nº 98-12.244, NPT : le sursis à statuer doit être prononcé dès lors que la contestation soulevée devant le juge des impôts revêt un caractère sérieux.
6. Com. 17 déc. 1991, nº 90-12.653, Bull. civ. IV, nº 392 ; RJF 1992, 254.

5. Action récursoire

45.44 Lorsque le juge retient la responsabilité d'une personne physique en sa qualité de dirigeant, il la déclare solidairement tenue au paiement des dettes fiscales de la société. S'il y a plusieurs dirigeants concernés pour la même période, le juge doit condamner chacun pour le tout : il n'a pas à établir de partage entre eux.

La solidarité joue donc entre la société et ses dirigeants et entre les dirigeants eux-mêmes, de sorte que l'un des codébiteurs actionnés peut se retourner contre les autres, celui qui paie plus que sa part ayant un recours subrogatoire contre les autres[1].

[1] C. civ., art. 1213 et s.

CHAPITRE 46

Responsabilité du dirigeant de la société en difficulté

46

Cadre général. Le dirigeant d'une société commerciale peut engager sa responsabilité civile, voire pénale, tant à l'égard des tiers que de ses associés pour des raisons variées, tel que notamment le dépassement de ses pouvoirs ou la faute de gestion (voir chapitres 43, 44, 45). Le plus souvent, les fautes du dirigeant seront révélées à l'occasion de la procédure collective dont peut faire l'objet la société. **46.11**

C'est en effet à ce moment-là que des tiers à la société pourront souffrir du défaut de règlement de leurs créances et que, les organes de la procédure collective pourront mettre en lumière les éventuelles fautes de gestion du dirigeant.

Né du constat de l'impropriété du droit commun à résoudre les difficultés rencontrées par les entreprises, le droit des procédures collectives a pour objet d'imposer aux parties de nouvelles règles propres à les redresser, dans la mesure du possible, ou, à défaut, de les liquider dans un souci d'égalité entre les créanciers[1].

La procédure collective ainsi engagée et poursuivie par de nouveaux organes est l'occasion d'apprécier le comportement qui a été celui du dirigeant, notamment au regard des difficultés rencontrées. Elle est, par conséquent, souvent le moment d'une mise en cause de la responsabilité du dirigeant.

---

1. Voir dans la même collection, A. Lienhard, *Procédures collectives*, 2009, 1re éd.

La gravité des fautes que le dirigeant aura pu commettre l'exposera soit simplement à la mise en cause de sa responsabilité civile, soit à des sanctions civiles, voire à des sanctions pénales.

C'est cette originalité des procédures collectives qui impose un examen distinct de ces causes de responsabilité, différentes de celles évoquées précédemment (voir chapitres 43, 44, 45).

Le régime juridique de cette responsabilité relève du code de commerce. Remanié par la loi de sauvegarde des entreprises du 26 juillet 2005[1], applicable aux procédures ouvertes à compter du 1er janvier 2006, il vient d'être à nouveau réformé par l'ordonnance du 18 décembre 2008[2] applicable, celle-ci, aux procédures ouvertes à compter du 15 février 2009[3]. Cette ordonnance a ensuite été complétée par le décret du 12 février 2009[4].

1. Responsabilité civile

46.12 **Principe.** Qu'il soit dirigeant de droit ou de fait[5], qu'il soit rémunéré ou pas[6], qu'il soit une personne physique ou une personne morale ou encore le représentant permanent d'une personne morale, le dirigeant d'une société qui fait l'objet d'une procédure collective est susceptible de voir engager sa responsabilité civile.

L. 25 janv. 1985. En cas de redressement ou de liquidation judiciaire de la société, sous l'empire des dispositions de la loi du 25 janvier 1985, codifiées alors aux articles L. 624-3 et L. 624-5 du code de commerce, son dirigeant pouvait :

- soit faire l'objet d'une action en comblement de passif, lorsqu'il était établi qu'il avait commis des fautes de gestion ayant contribué à l'insuffisance d'actif de la société (ancien article L. 624-3) ;
- soit voir étendue à son encontre la procédure collective dont faisait l'objet la société dès lors qu'il était démontré qu'il avait traité la société, non pas simplement comme son mandant, mais plutôt comme sa chose propre, autrement dit qu'il avait usé des biens de la société comme de siens (ancien article L. 624-5)[7].

L. 26 juill. 2005. Cette loi a réformé quelque peu la matière. Si, comme le relève A. Lienhard, « le législateur de 2005 a incontestablement la main plus légère que ses

1. L. n° 2005-845, 26 juill. 2005, de sauvegarde des entreprises, JO 27 juin., p. 12187.
2. Ord. n° 2008-1345, 18 déc. 2008, portant réforme du droit des entreprises en difficulté, JO 19 déc., p. 19462.
3. A. Lienhard, « Réforme du droit des entreprises en difficulté : présentation de l'ordonnance du 18 décembre 2008 », D. 2009, 110.
4. Décr. n° 2009-160, 12 févr. 2009, pris pour l'application de l'ordonnance n° 2008-1345 du 18 décembre 2008 portant réforme du droit des entreprises en difficulté et modifiant les procédures de saisie immobilière et de distribution du prix d'un immeuble, JO 13 févr., p. 2596 • A. Lienhard, « Réforme du droit des entreprises en difficulté : présentation du décret du 12 février 2009 », D. 2009, 420.
5. Il n'est pas nécessaire, lorsque l'action est dirigée contre un dirigeant de fait que le dirigeant de droit soit mis en cause : CA Paris, 19 mai 1995, RJDA 1995, n° 1047 • Sur la notion de dirigeant de fait : J. -L. Rives Lange, « La notion de dirigeant de fait », D. 1975, chron. 41.
6. Si l'ancien article L. 624-3 du code de commerce le prévoyait expressément, les dispositions du code de commerce applicables pour les procédures ouvertes à compter du 1er janvier 2006 sont muettes sur cette question. Il n'y a toutefois aucune raison de voir modifier le régime applicable.
7. Voir Dirigeant de société, 1re éd., chapitre V.

prédécesseurs quant aux incidences sur leurs dirigeants et associés des procédures frappant les personnes morales, [...] rien, en revanche, ne vient adoucir la rigueur de l'action en comblement de passif pour faute de gestion, rebaptisée "action en responsabilité pour insuffisance d'actif" »[1].

Ainsi le code de commerce, dans sa rédaction issue de la loi de sauvegarde, distinguait toujours deux types d'actions :

- l'action en responsabilité pour insuffisance d'actif, aux articles L. 651-1 à L. 651-4 complétés par les articles R. 651-4 à R. 651-6 (voir n°s 46.13 et s.) ;
- l'action en paiement des dettes sociales, aux articles L. 652-1 à L. 652-5 complétés par les articles R. 652-1 à R. 652-2 (voir n°s 46.30 et s.).

Mais, alors que, avant la loi de sauvegarde des entreprises, les deux types d'actions étaient susceptibles d'être engagées quelle qu'ait été la nature de la procédure collective – redressement ou liquidation judiciaire –, sous l'empire de la loi de sauvegarde, si les procédures pouvaient toutes deux être engagées en cas de liquidation judiciaire, il en allait différemment en cas de sauvegarde ou de redressement judiciaire : seule l'action en responsabilité pour insuffisance d'actif pouvait être mise en jeu, lorsque la résolution du plan de sauvegarde ou de redressement faisait apparaître une insuffisance d'actif (voir n°s 46.14 et s.).

Il résultait de l'article 191, 5° de la loi du 26 juillet 2005 – en principe applicable aux procédures ouvertes à compter du 1er janvier 2006 –, que les dispositions relatives à l'obligation au paiement des dettes sociales étaient applicables aux procédures déjà en cours à la date du 1er janvier 2006, cependant que celles relatives à la responsabilité pour insuffisance d'actif ne concernaient que les procédures ouvertes à compter du 1er janvier 2006.

Ord. 18 déc. 2008 et Décr. 12 févr. 2009. Cette ordonnance, applicable aux procédures ouvertes à compter du 15 février 2009, qui touche à peu près tous les aspects des procédures collectives, a purement et simplement supprimé l'action en paiement des dettes sociales en abrogeant les articles L. 652-1 à L. 652-5 du code de commerce. Ne demeure plus, pour l'avenir, que l'action en responsabilité pour insuffisance d'actif qui ne pourra désormais plus être exercée contre le dirigeant qu'en cas de liquidation judiciaire de la société.

Dispositions transitoires. Trois régimes distincts de responsabilité ont donc vocation à être appliqués par le juge, selon la date à laquelle la procédure collective aura été ouverte : celui issu de la loi du 25 janvier 1985 pour les procédures ouvertes jusqu'au 31 décembre 2005, celui résultant de la loi de sauvegarde pour les procédures ouvertes entre le 1er janvier 2006 et le 14 février 2009, et enfin celui résultant de l'ordonnance du 18 décembre 2008 pour les procédures ouvertes à compter du 15 février 2009.

---

1. A. Lienhard, *Sauvegarde des entreprises en difficulté*, Delmas, 2e éd., n° 2401.

A. Responsabilité pour insuffisance d'actif

46.13 **Cadre général.** Dans certaines hypothèses, le dirigeant d'une société en difficulté est susceptible de voir exercer à son encontre une action dont l'objet est de lui faire supporter tout ou partie du passif de la société : il sera alors tenu pour responsable de tout ou partie de l'insuffisance d'actif.

En effet, aux termes de l'article L. 651-2, alinéa 1er du code de commerce, lorsque la résolution d'un plan de sauvegarde ou de redressement judiciaire ou la liquidation judiciaire (L. 26 juill. 2005), ou lorsque la liquidation judiciaire (Ord. 18 déc.) « d'une personne morale fait apparaître une insuffisance d'actif, le tribunal peut, en cas de faute de gestion ayant contribué à cette insuffisance d'actif, décider que les dettes de la personne morale seront supportées, en tout ou partie, par tous les dirigeants de droit ou de fait ou par certains d'entre eux, ayant contribué à la faute de gestion. En cas de pluralité de dirigeants, le tribunal peut, par décision motivée, les déclarer solidairement responsables. »

Cette action, autrefois appelée action en comblement de passif, expose les dirigeants à des conséquences patrimoniales importantes (voir nos 46.18 et s.). Il est donc primordial que ces derniers connaissent les conditions auxquelles elle est soumise afin d'éviter de voir leur responsabilité civile engagée (voir nos 46.14 et s.). L'action relève d'un régime juridique particulier qui tient aux spécificités de la procédure collective dont fait l'objet la société (voir nos 46.22 et s.).

1. Conditions de mise en œuvre de l'action

a. Existence d'une procédure collective

46.14 **Condition.** Dans le régime applicable aux procédures ouvertes entre le 1er janvier 2006 et le 14 février 2009, à la différence de l'action en paiement des dettes sociales qui ne peut être exercée que lorsque la société fait l'objet d'une liquidation judiciaire, l'action en responsabilité pour insuffisance d'actif peut également être exercée en cas de procédure de sauvegarde ou de redressement judiciaire.

Mais, l'action supposant, par définition, la démonstration d'une insuffisance d'actif (voir no 46.15), encore faudra-t-il que le plan de sauvegarde ou de redressement judiciaire adopté ait été résolu… ce qui débouche, en pareille hypothèse, sur le prononcé de la liquidation judiciaire de la société[1]. Aussi, l'action en responsabilité pour insuffisance d'actif ne pourra concrètement être exercée qu'en cas de liquidation judiciaire. C'est finalement ce qui est formellement retenu dans le régime applicable aux procédures ouvertes à partir du 15 février 2009.

1 C. com., art. L. 626-27.

b. Insuffisance d'actif

Définition. L'action en responsabilité pour insuffisance d'actif ne peut être exercée, en premier lieu, que pour autant que la procédure collective ouverte à l'encontre de la société fait apparaître une insuffisance d'actif, c'est-à-dire une impossibilité, pour la société, de s'acquitter de l'intégralité de ses dettes grâce à son actif. 46.15

Appréciation. Il n'est pas toutefois pas nécessaire, pour que l'action soit exercée, d'attendre que le passif soit entièrement chiffré, ni que l'actif ait été réalisé : il suffit, selon la jurisprudence, que l'insuffisance d'actif soit certaine[1].

La juridiction saisie de l'action appréciera l'actif et le passif de la société au jour où elle statue[2].

L'actif est déterminé en considération de la valeur vénale des biens et créances de la société, telle qu'évaluée par expert ou telle que résultant des opérations de liquidation. Quant au passif, il ne devra prendre en compte, ni les dettes[3], ni les frais de justice dès lors que les unes et les autres sont nées postérieurement à l'ouverture de la procédure[4].

En application des dispositions de l'article L. 641-4 du code de commerce, la mise à la charge des dirigeants sociaux de droit ou de fait de tout ou partie du passif impose la vérification du passif chirographaire.

Une **condamnation provisionnelle** est toutefois possible avant l'arrêt définitif de l'état des créances[5].

Sursis à statuer. Il y aura lieu, en principe, de faire droit à la demande de sursis à statuer sur l'action en paiement de l'insuffisance d'actif émanant du liquidateur lorsque l'un des dirigeants poursuivi a contesté la quasi-totalité des créances et que la vérification, compte tenu de ces contestations, est susceptible de durer plus de trois ans, délai de prescription de l'action[6].

En revanche, il n'y a pas lieu à surseoir à statuer s'agissant des conséquences tenant à l'existence d'une action pénale en cours contre le dirigeant pour abus de biens sociaux, banqueroute ou diffusion d'informations fausses ou trompeuses, celle-ci n'étant pas de nature à exercer une influence sur l'action en comblement de passif[7].

De même, il n'y a pas lieu de surseoir à statuer dès lors qu'il est établi que l'action en comblement de passif, engagée et destinée à obtenir la réparation du préjudice causé aux créanciers de l'entreprise par les fautes de gestion du dirigeant, ne présente aucune identité de fondement ou d'objet avec l'instance pénale en faux en écritures[8].

---

1. Com. 28 mai 1991, nº 89-21.116, Bull. civ. IV, nº 187 ; JCP 1991, IV, 291 ; Gaz. Pal. 1991, nºs 363-365, pan. 329 • Com. 25 janv. 1994, nº 91-20.236, Bull. civ. IV, nº 31 • Com. 7 juin 2005, nº 04-13.262, NP, JCP E 2005, nº 48, 2058, note Delattre ; Dr. sociétés 2005, nº 194, note Legros • CA Aix-en-Provence, 27 févr. 2002, Dr. sociétés 2002, nº 195, note Legros.
2. Com. 30 janv. 1990, nº 88-15.873, Bull. civ. IV, nº 30 ; JCP 1990, IV, 121 ; D. 1990, IR 52 ; Gaz. Pal. 1990, 180-181, pan. 106 • Com. 18 fév. 1992, nº 90-10.664, NPT, RJDA 5/1992, nº 521.
3. Com. 28 févr. 1995, RJDA 1995, nº 651.
4. Com. 2 juin 1987, Bull. civ. IV, nº 130 ; D. 1988, somm. 39.
5. Com. 8 juill. 1986, nº 84-16.193, Bull. civ. IV, nº 148.
6. CA Paris, 28 mars 1997, JCP 1997, IV, 2119.
7. CA Versailles, 4 mai 1995, JCP E 1995, pan. 812 • CA Paris, 15 mai 1997, RJ com. 1998, 206, obs. Legrand.
8. Com. 18 janv. 2000, nº 96-18.512, NP, Bull. Joly 2000, p. 498.

c. Lien de causalité

46.16 **Une conception étendue.** Il faut encore que puisse être démontré que le dirigeant a commis une « faute de gestion ayant contribué à cette insuffisance d'actif », autrement dit qu'il existe un lien de causalité entre l'insuffisance d'actif constatée et une faute de gestion commise par le dirigeant[1].

Il n'est toutefois pas nécessaire que ce lien de causalité soit exclusif. Il suffit, en réalité, que, par ses fautes de gestion, le dirigeant ait contribué à la réalisation de l'insuffisance d'actif.

> *Même si sa faute n'est à l'origine que d'une partie des dettes sociales, le dirigeant pourra condamner à les supporter en totalité*[2].

En revanche, aucune condamnation ne peut intervenir lorsque les difficultés de la société ne résultent pas des fautes de gestion du dirigeant, mais trouvent, par exemple, leur source dans l'échec d'un projet et dans la défaillance d'un partenaire qui avait déposé son bilan[3], ou encore dans la mésentente entre les associés[4].

La responsabilité du dirigeant qui n'était plus en fonction au jour de l'ouverture de la procédure collective peut être recherchée dès lors qu'il existe un « lien étroit » entre sa gestion et l'insuffisance d'actif[5].

d. Faute de gestion

46.17 **Définition.** Il reste naturellement au demandeur à prouver l'existence de la faute de gestion à l'origine de l'insuffisance d'actif, en d'autres termes que **le dirigeant a manqué à ses obligations de compétence et de diligence**.

Cette question relève de l'appréciation du juge saisi. Le principe établi en jurisprudence est que toute faute de gestion, fût-elle légère, peut être retenue. Elle peut être délibérée ou seulement résulter d'une imprudence ou d'une négligence[6].

Retard abusif du dépôt de bilan. La principale faute de gestion retenue en pratique est le fait, pour le dirigeant, de retarder abusivement le dépôt de bilan[7].

---

1. Com. 17 nov. 1992, nº 90-20.299, Bull. civ. IV, nº 359 ; JCP 1003, IV, 262, 31 ; D. 1992, IR 277 ; Gaz. Pal. 1993, nºs 134-135, pan. 108.
2. Com. 30 nov. 1993, nº 91-20.554, Bull. civ. IV, nº 440 ; Bull. Joly 1994, p. 410, note Pétel • Com. 19 mars 1996, nº 93-13.468, NPT, Bull. Joly 1996, p. 526, note Le Cannu ; Rev. proc. coll. 2000, 24, obs. Martin-Serf • Com. 17 févr. 1998, nº 95-18.510, Bull. civ. IV, nº 78 ; JCP 1998, IV, 1807, 680 ; D. 1998, IR 82 ; Gaz. Pal. 1998, 102-106, pan. 92 • Com. 21 juin 2005, nº 04-12.087, Bull. civ. IV, nº 134 ; D. 2005, AJ 1850, obs. Lienhard.
3. CA Paris, 24 févr. 1998, Rev. proc. coll. 2000, 25, obs. Martin-Serf.
4. CA Paris, 1er févr. 2002, RJDA 2002, nº 673.
5. Com. 6 mars 1979, Gaz. Pal. 1979, 2, somm. 330 • Com. 24 nov. 1981, RTD com. 1982, 441.
6. Quenillet, « La faute de gestion du dirigeant de société en cas d'insuffisance d'actif – Pratiques judiciaires », JCP 1998, I, 112.
7. Com. 8 déc. 1998, nº 96-16.339, NP, RTD com. 1999, 983, obs. Mascala • Com. 8 oct. 1996, nº 94-14.459, Bull. civ. IV, nº 225 ; D. Affaires 1996, 1356 ; Bull. Joly 1996, 1057, note Calendini • Com. 28 mai 1991, nº 89-21.116, Bull. civ. IV, nº 187 ; D. 1992, somm. 184, obs. Honorat ; Rev. sociétés 1992, 373, note Honorat (loi de 1967) • CA Paris, 21 sept. 2001, Dr. sociétés 2002, nº 62, note Legros • Comp. : Com. 19 janv. 1993, nº 91-12.365, Bull. civ. IV, nº 18 ; Rev. huiss. 1993, 673, note Vidal • Com. 18 janv. 2000, nº 96-18.512, NP, RJDA 2000, nº 704 • CA Paris, 16 nov. 1993, Bull. Joly 1994, 101 • CA Rennes, 5 avr. 2000, Dr. sociétés 2001, nº 42, obs. Chaput ; RTD com. 2001, 922, obs. Champaud et Danet : retard justifié par l'activité de concessionnaire du débiteur • CA Paris, 27 févr. 2001, RJDA 2001, nº 888 : société ayant cessé son activité plus d'un an avant le dépôt de bilan.

La faute de gestion pourra par exemple être retenue à l'encontre du dirigeant qui a poursuivi, en toute connaissance de cause, l'exploitation d'un fonds de commerce déficitaire, alors que la charge imposée à la société, sans contrepartie, au profit d'une société du groupe, excédait ses possibilités financières[1].

En cas de poursuite d'une exploitation déficitaire, la faute de gestion n'est pas subordonnée à la constatation d'un état de cessation des paiements de la société antérieure ou concomitante à cette poursuite[2].

Inaction. L'inaction peut également être sanctionnée. Tel a été le cas pour un dirigeant qui s'était abstenu de mettre en place une structure compétente et des outils de gestion fiables, permettant à la personne morale et à lui-même d'appréhender la situation économique et financière exacte et, en conséquence, de prendre en temps utiles les mesures de redressement qui s'imposaient. En l'espèce, cette anarchie totale dans la gestion était à l'origine de l'insuffisance d'actif qui avait ainsi pu se créer et s'accroître sans que le gérant puisse s'en apercevoir[3].

Autres illustrations. Il est naturellement impossible de déterminer, *a priori*, quels seront les faits susceptibles de constituer des fautes de gestion. On peut, tout au plus, présenter des exemples tirés de l'examen de la jurisprudence rendue en la matière.

Exemples de fautes de gestion

Ont notamment été sanctionnés :

– le financement de l'investissement, par les fonds propres au lieu du recours à un emprunt à long terme[4]*;*

– le financement de travaux dans un local dont la société n'était pas propriétaire et pour un montant sans proportion avec sa situation financière ainsi que la poursuite d'exploitation déficitaire[5]*;*

– les manœuvres destinées à minorer les pertes réelles, ces manœuvres ayant permis de masquer la situation de la société et de tromper l'opinion des banquiers dispensateurs de crédit[6]*;*

– la tenue approximative de la comptabilité[7]*;*

– le financement de travaux par une SA au bénéfice d'une SCI dans laquelle le dirigeant de la SA était associé et qui a abouti à la ruine de cette dernière[8]*;*

– la souscription d'emprunts hors de proportion avec les capacités de remboursement du groupe, le non-respect de la procédure applicable aux conventions réglementées et la tenue d'une comptabilité irrégulière et incomplète[9]*;*

---

1. Com. 30 mars 1999, n° 95-17.905, NPT, RJDA 6/1999, n° 704 • Com. 14 mai 1991, n° 89-19.081, Bull. civ. IV, n° 164; Gaz. Pal. 1991, n°s 359-362, pan. 301.
2. Com. 27 avr. 1993, n° 91-14.204, Bull. civ. IV, n° 151; Bull. Joly 1993, p. 687, note Y. Chaput.
3. Com. 14 déc. 1993, n° 91-20.839, Bull. civ. IV, n° 473; JCP 1994, IV, 480, 62; JCP E 1994, pan. 80.
4. Com. 2 nov. 1993, Rev. huissiers 1993, 226.
5. Com. 13 nov. 1990, n° 89-15.841, Bull. civ. IV, n° 276; JCP 1991, IV, 15; Gaz. Pal. 1991, n°s 97-99, pan. 94.
6. Com. 18 janv. 2000, n° 96-18.512, NP, Bull. Joly 2000, p. 498.
7. CA Paris, 28 janv. 2000, Rev. proc. coll. 2000, 226, obs. O. Barret.
8. Com. 14 déc. 1993, n° 91-21.362, NPT, Rev. huissiers 1994, 778, note M. Pariente.
9. CA Paris, 5 déc. 1997, Bull. Joly 1998, p. 253, note J.-J. Daigre.

– l'absence de désignation d'un commissaire aux comptes[1] *;*

– le dirigeant qui avait, à plusieurs reprises, fait régler par la société ses dépenses personnelles et avait utilisé les fonds sociaux afin de rembourser des dettes contractées par une autre société dans laquelle il était intéressé, qui s'était lancé, malgré l'endettement chronique de la société, dans des achats de véhicules inconsidérés, bien qu'aucun financement par l'entreprise ne fût possible[2] *;*

– le dirigeant qui s'est octroyé une rémunération excessive[3] *;*

– le versement de rémunérations à un salarié dont il n'était pas démontré qu'il avait exercé une activité réelle[4]*.*

Non-condamnation du dirigeant

Inversement, le dirigeant ne saurait être condamné :

– en l'absence de tout comportement frauduleux et de faute de gestion nettement caractérisée et suffisamment grave pour trancher avec le comportement habituel du commerçant malheureux de bonne foi[5] *;*

– dès lors qu'il n'a commis aucune faute de gestion, malgré les mauvais résultats de l'entreprise[6]*.*

2. Effets patrimoniaux de l'action

a. Condamnation au paiement du passif

46.18 **Pouvoir d'appréciation du tribunal.** Le tribunal, qui constate la faute du dirigeant (voir nº 46.17), dispose, en application des dispositions de l'article L. 651-2 du code de commerce, d'un large pouvoir d'appréciation : il peut décider que les dettes seront supportées par les dirigeants en totalité, ou simplement en partie, avec ou sans solidarité. Son appréciation est souveraine. Simplement, le montant de la condamnation ne peut excéder celui de l'insuffisance d'actif tel qu'il est constaté au jour où le juge statue[7].

Ainsi, le dirigeant ne pourra-t-il être condamné à l'intégralité du passif lorsque la société débitrice est propriétaire de terrains dont la valeur ne peut être tenue pour nulle[8]*.*

Exonération de responsabilité. Le dirigeant poursuivi aura, par conséquent, intérêt non seulement à démontrer qu'il n'a pas commis de faute ayant contribué à l'insuffisance d'actif, mais également à développer les motifs pour lesquels, bien que les conditions de sa responsabilité soient remplies, il est bien fondé à solliciter une

1. CA Paris, 18 nov. 1997, Bull. Joly 1998, p. 250, note J.-D. Barbier.
2. Com. 11 juill. 1995, nº 93-15.864, NPT, JCP 1995, II, 22549, note D. Gibirila.
3. Com. 4 janv. 2000, nº 96-22.091, NP, RJDA 6/2000, 5.
4. Com. 23 nov. 1999, nº 97-17.635, NPT, Bull. Joly 2000, p. 379, note Barbièri.
5. CA Bourges, 3 juin 1998, JCP E 1999, nº 37, 1417.
6. CA Paris, 8 sept. 2000, Dr. sociétés 2001, comm. nº 5, obs. Y. Chaput.
7. Com. 21 janv. 1993, Act. proc. coll. 2003, nº 77 • Com. 27 juin 2006, nº 05-11.690, NP, JCP E 2007, 1117, note Delattre.
8. CA Paris, 30 mai 1997, Dr. Sociétés 1998, nº 41, obs. Chaput.

exonération totale ou partielle de responsabilité. En effet, au-delà de la gravité des fautes, le juge doit tenir compte également de la **situation personnelle** du dirigeant et de ses **facultés contributives**[1].

Ainsi, en dépit de ses fautes de gestion, la Cour d'appel de Paris a-t-elle tenu compte de l'exécution par le dirigeant de ses engagements de caution et de ce qu'il ne percevait que le revenu minimum d'insertion pour ne pas prononcer de sanction pécuniaire à son encontre[2].

De même, une autre cour d'appel a pu estimer inopportun de faire application de l'ancien article L. 624-3 à un dirigeant auquel il était reproché d'avoir déclaré tardivement la cessation des paiements et poursuivi une action déficitaire dans un intérêt exclusif, alors qu'il suivait un traitement psychiatrique depuis plusieurs années et qu'il n'était pas le seul à la tête de ses affaires[3].

Gravité des fautes. Quant au **montant de la condamnation**, la Cour d'appel de Versailles a jugé que pour déterminer la somme mise à la charge du dirigeant social ayant commis des fautes de gestion, le tribunal doit tenir compte non pas des sommes dues par la personne morale à un créancier déterminé, mais de la gravité des fautes de gestion commises par le dirigeant et de la proportion dans laquelle ces fautes ont contribué à l'insuffisance d'actif[4]. Cela, même si en principe, le seul fait que le dirigeant ait commis une faute permet de le condamner à payer l'intégralité de l'insuffisance d'actif (voir n° 46.15).

Répartition de la contribution au passif entre les dirigeants. Le juge n'est pas tenu de se prononcer sur la part de responsabilité incombant à chaque dirigeant condamné[5]. Il peut prononcer une condamnation solidaire, mais n'y est pas tenu. **46.19**

Ainsi, la condamnation solidaire a-t-elle été écartée dans une espèce où des dirigeants de fait très expérimentés, ayant géré antérieurement des sociétés ayant fait l'objet de procédures collectives, ont profité du jeune âge et de l'inexpérience de la gérante de droit pour l'abuser. Dans cette affaire, les juges ont choisi de moduler les condamnations prononcées au regard des responsabilités respectives des dirigeants[6].

Lorsque le juge ne statue pas sur cette question, les rapports entre les codébiteurs sont régis par les dispositions du droit commun de la solidarité des articles 1213 et 1214 du code civil[7].

« L'obligation contractée solidairement envers le créancier se divise de plein droit entre les débiteurs, qui n'en sont tenus entre eux que chacun pour sa part et portion »[8].

---

1. CA Versailles, 27 sept. 2001, RJDA 2002, n° 184 ; Bull. Joly 2002, p. 48, note Daigre • CA Paris, 9 mai 2006, RJDA 2006, n° 1061.
2. CA Paris, 9 oct. 1998, Act. proc. coll. 1999, n° 41.
3. CA Grenoble, 7 janv. 1999, JCP E 1999, n° 17, 745.
4. CA Versailles, 3 mai 1990, Bull. Joly 1990, p. 664, note J.-J. Daigre.
5. Com. 3 janv. 1995, Bull. Joly 1995, p. 266, note A. Couret.
6. CA Versailles, 21 déc. 2000, NP.
7. CA Paris, 4 févr. 1992, Dr. sociétés 1992, n° 79, Y. Chaput.
8. C. civ., art. 1213.

« Le codébiteur d'une dette solidaire, qui l'a payée en entier, ne peut répéter contre les autres que les part et portion de chacun d'eux. Si l'un d'eux se trouve insolvable, la perte qu'occasionne son insolvabilité se répartit, par contribution, entre tous les autres codébiteurs solvables et celui qui a fait le payement »[1].

b. Affectation des sommes

46.20 En application de l'article L. 651-2 du code de commerce, les sommes auxquelles les dirigeants peuvent être condamnés « entrent dans le patrimoine du débiteur » et « sont réparties au marc-le-franc entre tous les créanciers ». Le texte, modifié par l'ordonnance du 18 décembre 2009, précise que « Les dirigeants ne peuvent pas participer aux répartitions à concurrence des sommes au versement desquelles ils ont été condamnés ».

c. Sanction du défaut d'exécution de la condamnation

46.21 **Évolution.** Sous l'empire de la loi de 1985, le dirigeant qui ne se serait pas acquitté de ses dettes pouvait notamment voir le tribunal ouvrir à son encontre une procédure de redressement ou de liquidation judiciaire en application de l'article L. 624-4 du code de commerce, et être frappé de faillite personnelle ou d'une interdiction de gérer, en application des articles L. 625-6 et L. 625-8 du code de commerce.

La loi de sauvegarde des entreprises de 2005[2] a abrogé les dispositions de l'article L. 624-4 du code de commerce sans les reprendre. Toutefois, le tribunal pourra encore ouvrir à l'encontre du dirigeant une procédure de redressement ou de liquidation judiciaire si les conditions du droit commun sont remplies. Mais encore faudra-t-il, pour ce faire, que ce dirigeant soit une personne morale.

Quant aux dispositions des articles L. 625-6 et L. 625-8 du code de commerce, relatives à la faillite personnelle et à l'interdiction de gérer, elles ont été reprises aux articles L. 653-6 et L. 653-8 (voir n°s 46.36 et s.).

3. Régime de l'action

a. Non-cumul des actions en responsabilité

46.22 **Principe.** L'action en responsabilité pour insuffisance d'actif est une action spécifique. Aussi, dès lors que ses conditions de mise en œuvre sont réunies, elle ne saurait en principe pouvoir se cumuler avec une action en responsabilité de droit commun fondée sur les dispositions générales du code civil (art. 1382 et 1383), ou encore avec les actions en responsabilité prévues par le code de commerce à l'encontre des dirigeants de sociétés *in bonis*[3].

Bien que ce principe de non-cumul des actions ait été dégagé par la Cour de cassation sous l'empire de la loi du 25 janvier 1985, aucune des dispositions nouvelles de

---

1. C. civ., art. 1214.
2. L. n° 2005-845, 26 juill. 2005, de sauvegarde des entreprises, JO 27 juin., p. 12187.
3. C. com., art. L. 223-22 (SARL), art. L. 225-251 (SA), art. L. 227-8 (SAS).

la loi de sauvegarde des entreprises ou de l'ordonnance du 18 décembre 2009 ne devrait avoir pour effet de le remettre en cause.

Responsabilité civile. Ainsi, s'agissant des dispositions du droit commun de la responsabilité, la Cour de cassation a considéré que les dispositions des articles 180 et 183 [C. com., art. L. 651-2 et L. 651-3] ne peuvent être cumulées avec celles des articles 1382 et 1383 du code civil. L'action subsidiaire formée par le liquidateur, sur le fondement de ces articles, en réparation du préjudice global des créanciers résultant de l'insuffisance d'actif est donc irrecevable[1].

Droit des sociétés. De même, quant à l'exercice des actions propres au droit des sociétés, a-t-il été jugé que lorsque le redressement ou la liquidation judiciaires d'une SARL fait apparaître une insuffisance d'actif, les dispositions des articles 180 et 183 de la loi du 25 janvier 1985 [C. com., art. L. 651-2 et L. 651-3], qui ouvrent, à certaines conditions, une action en paiement des dettes sociales ayant contribué à l'insuffisance d'actif, ne se cumulent pas avec celles de l'article 52 de la loi du 24 juillet 1966 [C. com., art. L. 223-22], de sorte qu'un créancier est irrecevable à exercer contre le gérant, à qui il impute des fautes de gestion, l'action en réparation du préjudice résultant du non-paiement de sa créance.[2]. Et, peu importe, à cet égard, le fait que le dirigeant n'ait pas été poursuivi en paiement des dettes sociales sur le fondement de l'art. 180 [C. com., art. L. 651-2][3].

Mais encore faut-il, naturellement, que le redressement ou la liquidation judiciaire fasse effectivement apparaître une insuffisance d'actif[4].

De même, seule la gestion du dirigeant social antérieure au jugement d'ouverture pouvant ouvrir l'action en paiement des dettes sociales prévue par l'article 180 [C. com., art. L. 651-2], a été jugée recevable l'action d'un créancier de l'article 40 [C. com., art. L. 622-17] tendant à la mise en jeu de la responsabilité du dirigeant pour des faits postérieurs au jugement d'ouverture fondée sur l'article 244 de la loi du 24 juillet 1966 [C. com., art. L. 225-251][5].

b. Exercice de l'action

Cette action échappe, quant à son régime, au droit commun de la responsabilité.

Prescription de l'action. L'action se prescrit par trois ans à compter du jugement qui prononce la liquidation judiciaire ou la résolution du plan[6]. **46.23**

---

1. Com. 20 juin 1995, n° 92-16.647, Bull. civ. IV, n° 186; D. 1995, 448; Bull. Joly 1995, p. 988, note Saintourens; Rev. sociétés 1995, 766.
2. Com. 28 févr. 1995, n° 92-17.329, Bull. civ. IV, n° 60; D. 1995, 390, note Derrida; Rev. sociétés 1995, 555, note Derrida; RTD com. 1995, 663, obs. Haehl; LPA 11 août 1995, 37, note Chartier; Quot. jur. 21 mars 1995, 7, note P. M.
3. Com. 11 avr. 1995, Bull. Joly 1995, p. 684, note Daigre.
4. Com. 27 juin 2006, n° 05-14.271, Bull. civ. IV, n° 152; D. 2006, AJ 1891, obs. Lienhard; Act. proc. coll. 2006, n° 172, obs. Regnaut-Moutier; Gaz. Pal. 6-7 oct. 2006, 38, obs. Montéran; Dr. sociétés 2007, n° 6, note Legros • Voir aussi, pour le cas où l'insuffisance d'actif n'était pas alléguée : Com. 28 mars 2000, n° 97-11.533, Bull. civ. IV, n° 70; D. 2000, AJ 227; JCP E 2000, n° 40, 1566, obs. Pétel; Rev. proc. coll. 2000, 135, obs. Martin-Serf; Act. proc. coll. 2000, n° 113, obs. Saintourens; RD banc. fin. 2000, n° 73, obs. F.-X. Lucas; Bull. Joly 2000, 606, note Daigre; RTD com. 2001, 452, obs. Champaud et Danet.
5. Com. 14 mars 2000, n° 97-17.753, Bull. civ. IV, n° 59; D. 2000, AJ 187, obs. Lienhard; JCP E 2000, n° 39, 1527, note Poracchia; Rev. proc. coll. 2000, 135, obs. Martin-Serf; Gaz. Pal. 2000, somm. 2770, obs. Guével; Gaz. Pal. 2002, 52, note Courtier; LPA 21 nov. 2000, 13, note Gibirila; Dr. sociétés 2000, n° 75, obs. Chaput; RD banc. fin. 2000, n° 73, obs. F.-X. Lucas; Bull. Joly 2000, p. 602, note Daigre.
6. C. com., art. L. 651-2, al. 2.

La prescription est acquise, en application de l'article 2261 du code civil, lorsque le dernier jour du terme est accompli. Toutefois, les dispositions de l'article 642 du code de procédure civile selon lesquelles sont prorogés au premier jour ouvrable suivant les délais de procédure expirant un samedi, un dimanche ou un jour férié ou chômé ne s'appliquent pas à l'action en responsabilité pour insuffisance d'actif[1].

46.24 **Tribunal compétent.** Le tribunal compétent pour statuer est celui qui a ouvert ou prononcé la sauvegarde, le redressement ou la liquidation judiciaire de la personne morale[2].

46.25 **Qualité à agir.** Le tribunal peut être saisi par le mandataire judiciaire, le liquidateur ou le ministère public[3]. Il ne peut plus, comme sous l'empire de la loi ancienne, se saisir d'office[4].

En revanche, la loi de sauvegarde des entreprises de 2005[5] a prévu à l'article L. 651.3 du code de commerce que :

> *« dans l'intérêt collectif des créanciers, le tribunal peut également être saisi par la majorité des créanciers nommés contrôleurs lorsque le liquidateur n'a pas engagé les actions prévues au même article, après une mise en demeure restée sans suite dans un délai et des conditions fixés par décret en Conseil d'État » (C. com., art. L. 651-3).*

L'article R. 651-4 dispose, à cet égard, que :

> *« Pour l'application de l'article L. 651-3, la mise en demeure faite au mandataire de justice d'engager l'action en responsabilité est délivrée par au moins deux créanciers contrôleurs. Leur action n'est recevable que si cette mise en demeure, adressée au mandataire de justice par lettre recommandée avec demande d'avis de réception, est restée infructueuse pendant deux mois à compter de la réception de la mise en demeure ».*

Aucune autre personne que celles visées par l'article L. 651-3 n'est recevable à agir. Il en est ainsi non seulement des créanciers, mais également, ainsi que l'avait déjà jugé la Cour de cassation, des dirigeants qui souhaiteraient, à titre de garantie, exercer l'action contre d'autres dirigeants[6].

46.26 **Pouvoirs du président du tribunal.** L'article L. 651-4 du code de commerce dispose que :

> *« Pour l'application des dispositions de l'article L. 651-2, d'office ou à la demande de l'une des personnes mentionnées à l'article L. 651-3, le président du tribunal peut charger le juge-commissaire ou, à défaut, un membre de la juridiction qu'il désigne d'obtenir, nonobstant toute disposition législative contraire, communication de tout document ou information sur la situation patrimoniale des dirigeants et des représentants permanents des dirigeants personnes morales mentionnées à l'article L. 651-1 de la part des administra-*

---

1 Com. 10 janv. 2006, n° 04-10.482, Bull. civ. IV, n° 5 ; D. 2006, AJ 301, obs. Lienhard.

2 C. com., art. R. 651-1.

3 C. com., art. L. 651-3, al. 1er.

4 C. com., anc. art. L. 624-6.

5 L. n° 2005-845, 26 juill. 2005, de sauvegarde des entreprises, JO 27 juin., p. 12187.

6 Com. 6 juin 1995, n° 91-21.173, Bull. civ. IV, n° 168 ; D. 1995, IR 171 ; Bull. Joly 1995, p. 986, note Le Cannu • Com. 1er avr. 2003, n° 99-16.992, NPT, RJDA 2003, n° 752.

> *tions et organismes publics, des organismes de prévoyance et de sécurité sociale et des établissements de crédit.*
>
> *Le président du tribunal peut, dans les mêmes conditions, ordonner toute mesure conservatoire utile à l'égard des biens des dirigeants ou de leurs représentants visés à l'alinéa qui précède.*
>
> *Les dispositions du présent article sont également applicables aux personnes membres ou associées de la personne morale en procédure de sauvegarde, de redressement ou de liquidation judiciaire, lorsqu'elles sont responsables indéfiniment et solidairement de ses dettes ».*

Ces dispositions sont complétées par celles de l'article R. 651-5 selon lesquelles :

> *« Pour l'application de l'article L. 651-4, le juge désigné par le président du tribunal peut se faire assister de toute personne de son choix dont les constatations sont consignées dans son rapport. Ce rapport est déposé au greffe et communiqué par le greffier au ministère public. Le ou les dirigeants mis en cause sont avertis par le greffier, au moins un mois avant la date de l'audience, qu'ils peuvent en prendre connaissance.*
>
> *Le tribunal statue sur le rapport du juge désigné après avoir entendu ou dûment appelé les contrôleurs ».*

Convocation du dirigeant. Le ou les dirigeants mis en cause sont convoqués, à la diligence du greffier, un mois au moins avant leur audition, par acte d'huissier de justice ou dans les formes prévues à l'article R. 631-4 du code de commerce[1] selon lesquelles : **46.27**

> *« Lorsque le ministère public demande l'ouverture de la procédure, il présente au tribunal une requête indiquant les faits de nature à motiver cette demande. Le président du tribunal, par les soins du greffier, fait convoquer le débiteur par acte d'huissier de justice à comparaître dans le délai qu'il fixe. À cette convocation est jointe la requête du ministère public ».*

Depuis le décret du 23 décembre 2006[2], l'audition du dirigeant n'a plus à avoir lieu en chambre du conseil.

Par ailleurs, selon la jurisprudence, la nullité d'un acte de procédure ne peut être prononcée pour vice de forme qu'à charge pour celui qui l'invoque de prouver le grief que lui cause l'irrégularité commise[3].

> *Ainsi, lorsque le dirigeant devait encore être entendu en chambre du conseil avait-t-il été jugé que dès lors que le dirigeant, qui avait été, au préalable, régulièrement assigné en paiement des dettes sociales et avait reçu une convocation mentionnant sans équivoque l'obligation d'avoir à se présenter en personne pour être entendu en chambre du conseil, n'invoquait aucun grief*

---

1. C. com., art. R. 651-2.
2. Décr. nº 2006-1709, 23 déc. 2006, pris en application de la loi nº 2005-845 du 26 juillet 2005 de sauvegarde des entreprises et portant diverses dispositions relatives aux administrateurs judiciaires et aux mandataires judiciaires, JO 29 déc., p. 19846.
3. Com. 24 avr. 2007, nº 06-10.273, Bull. civ. IV, nº 112 ; D. 2007, AJ 1267, obs. Lienhard ; Act. proc. coll. 2007, nº 108, obs. Cagnoli ; Gaz. Pal. 27-31 mai 2007, 11, note Jullien ; Dr. sociétés 2007, nº 156, note Legros ; Procédures 2007, nº 195, note Croze ; Dr. et procédures 2007, 274, obs. Salati ; Bull. Joly 2007, p. 1157, note Staes ; Rev. proc. coll. 2007, 235, obs. Martin-Serf • Voir aussi Laroche, RLDA 2007, nº 21, 58.

découlant du fait que cette convocation avait été faite par voie de notification et non par acte d'huissier de justice, le moyen tiré de la nullité de la procédure devait être écarté[1].

46.28 **Audience.** En application des dispositions de l'alinéa 2 de l'article L. 662-3 du code de commerce, les débats ont lieu en audience publique. Toutefois, si le dirigeant poursuivi le demande avant l'ouverture des débats, le président peut décider qu'ils ont lieu en chambre du conseil. Cette décision constitue une mesure d'administration judiciaire et, à ce titre, n'est pas susceptible de recours.

Le juge-commissaire ne peut, ni siéger dans la formation de jugement, ni participer au délibéré[2].

46.29 **Jugement.** Le jugement est communiqué par le greffier au procureur de la République[3].

Contrairement aux jugements et ordonnances rendus en matière de sauvegarde, de redressement et de liquidation judiciaire, il n'est pas exécutoire de plein droits[4]. Il semble toutefois que le tribunal puisse éventuellement assortir sa décision de l'exécution provisoire, l'article R. 661-1, dans sa rédaction issue du décret du 23 décembre 2006, prévoyant que le premier président de la cour d'appel peut arrêter l'exécution provisoire des décisions qui ne sont pas exécutoires de plein droits.

Le jugement, faute de disposition particulière, est susceptible d'appel, selon les règles de droit commun en matière de procédure collective, dans les dix jours[5], y compris à l'initiative du ministère public qui n'aurait pas agi comme partie principale[6].

B. Obligation aux dettes sociales

46.30 **Anciennes dispositions.** Au-delà de l'action en comblement de passif, le tribunal de commerce pouvait, dans certaines hypothèses, en application des dispositions de l'ancien article L. 624-5 du code de commerce, ouvrir, parallèlement à celle dont faisait l'objet la société, une **procédure de redressement ou de liquidation judiciaire à l'encontre du ou des dirigeants**, alors même qu'ils n'étaient pas eux-mêmes en état de cessation de leurs paiements, de façon à mettre à leur passif personnel, celui de la personne morale.

Si les termes utilisés par le code de commerce étaient ceux de la mise en redressement ou en liquidation judiciaire du dirigeant fautif, la pratique considérait généralement qu'il y avait **extension de la procédure ouverte contre une société à son dirigeant**.

L'expression n'était certes pas rigoureuse car il y avait bien, juridiquement, deux procédures collectives ouvertes parallèlement. Toutefois, elle reflétait bien l'esprit

---

1. Même arrêt • *Contra* auparavant : Com. 6 juin 1995, n° 93-14.320, Bull. civ. IV, n° 167 ; D. 1995, IR 183 ; Quot. jur. 3 août 1995, 4, note P. M. • Voir aussi Com. 28 janv. 2004, RJDA 2004, n° 875.
2. C. com., art. L. 651-3, al. 3.
3. C. com., art. R. 651-3.
4. C. com., art. R. 661-1.
5. C. com., art. R. 661-3.
6. C. com., art. L. 661-11.

de la sanction puisqu'il s'agissait de mettre au passif personnel du dirigeant, celui de la société. Il y avait donc bien, en quelque sorte, extension de la procédure collective.

Cette sanction, extrêmement grave, avait pour effet de rendre le dirigeant personnellement redevable de l'ensemble des dettes de la société, au préjudice, du reste, de ses propres créanciers qui allaient, par son effet, être placés en concurrence avec les créanciers de l'entreprise.

Dispositions applicables aux procédures soumises à la loi de sauvegarde. Cette procédure de redressement ou de liquidation judiciaire du dirigeant a été supprimée par la loi de sauvegarde des entreprises. Il lui a été substitué une action en paiement des dettes sociales dont le principe, posé à l'article L. 652-1 (ancien) du code de commerce, est la mise à la charge de l'un des dirigeants de droit ou de fait d'une personne morale, de tout ou partie des dettes de cette société.

Présentée lors des débats parlementaires comme une « action en comblement de passif aggravée »[1], cette action n'en est pas moins proche de l'ancienne action en extension de la procédure collective. L'énoncé des fautes justifiant le recours à la procédure a été repris, à l'exception de celles relatives aux irrégularités comptables graves sanctionnées cette fois-ci par la faillite personnelle de l'article L. 653-5 du code de commerce (voir n° 46.47).

À cet égard, l'article L. 652-1 (ancien) du code de commerce dispose que dans le cas où l'une de ces fautes serait constituée « il ne peut être fait application des dispositions de l'article L. 651-2 » relatif à l'action en responsabilité pour insuffisance d'actif.

S'agissant du non-cumul des actions contre le dirigeant, on relèvera également une décision rendue par la Cour d'appel de Versailles en matière de banqueroute selon laquelle, dès lors que l'ancien gérant de fait d'une société atteste qu'il a déjà été condamné par le tribunal correctionnel à régler un montant correspondant à l'intégralité du passif, notamment au liquidateur, ce dernier n'est plus recevable, faute d'intérêt, à poursuivre la même demande au plan civil sur le fondement de l'article L. 652-1 (ancien) du code de commerce.

Dispositions applicables aux procédures ouvertes à compter du 15 février 2009. Ainsi que cela a déjà été indiqué, l'ordonnance du 19 décembre 2008 a abrogé les articles L. 652-1 à L. 652-5 du code de commerce. L'action en paiement des dettes sociales ne pourra, dès lors, plus être mise en œuvre dans le cadre des procédures collectives ouvertes à compter du 15 février 2009. On a, en effet, considéré que cette action faisait double emploi avec l'action en responsabilité pour insuffisance d'actif. **46.31**

[1] Rapp. J.-J. Hyest, n° 335, 460.

Les dispositions abrogées du code de commerce relatives à l'action en paiement des dettes sociales restent néanmoins applicables aux procédures ouvertes entre le 1er janvier 2006 et le 14 février 2009.

C'est la raison pour laquelle il convient de connaître le régime juridique de cette action. C'est l'objet des développements suivants.

1. Conditions de fond de l'action en paiement des dettes sociales

46.32 **Conditions.** L'article L. 652-1 (abrogé : voir nº 46.31) du code de commerce dispose que :

> *« Au cours d'une procédure de liquidation judiciaire, le tribunal peut décider de mettre à la charge de l'un des dirigeants de droit ou de fait d'une personne morale la totalité ou une partie des dettes de cette dernière lorsqu'il est établi, à l'encontre de ce dirigeant, que l'une des fautes ci-après a contribué à la cessation des paiements :*
>
> *1° Avoir disposé des biens de la personne morale comme des siens propres;*
>
> *2° Sous le couvert de la personne morale masquant ses agissements, avoir fait des actes de commerce dans un intérêt personnel;*
>
> *3° Avoir fait des biens ou du crédit de la personne morale un usage contraire à l'intérêt de celle-ci à des fins personnelles ou pour favoriser une autre personne morale ou entreprise dans laquelle il était intéressé directement ou indirectement;*
>
> *4° Avoir poursuivi abusivement, dans un intérêt personnel, une exploitation déficitaire qui ne pouvait conduire qu'à la cessation des paiements de la personne morale;*
>
> *5° Avoir détourné ou dissimulé tout ou partie de l'actif ou frauduleusement augmenté le passif de la personne morale.*
>
> *Dans les cas visés au présent article, il ne peut être fait application des dispositions de l'article L. 651-2 ».*

L'action en paiement des dettes sociales pourra par conséquent être exercée contre un dirigeant, qu'il soit de droit ou de fait, d'une société en liquidation judiciaire, dès lors qu'il sera démontré, d'une part, qu'il a commis au moins l'une des cinq fautes visées à l'article L. 652-1 du code de commerce et, d'autre part, que cet agissement fautif a contribué à la cessation des paiements de la société.

Ces fautes devront naturellement avoir été commises avant l'ouverture de la procédure de liquidation judiciaire[1].

---

[1] Jurisprudence rendue sur le fondement de l'ancien article L. 624-5 du code de commerce : Com. 12 oct. 1993, nº 89-18.900, Bull. civ. IV, nº 332; D. 1993, IR 245; Bull. Joly 1993, p. 1268, note Pétel • Com. 28 nov. 2000, RJDA 2001, nº 349 • Com. 20 févr. 2001, Dr. sociétés 2001, nº 98, note Legros.

Elles doivent constituer au moins l'une des causes, non point seulement de l'insuffisance d'actif, mais de la cessation des paiements de la société. *A contrario*, ainsi que cela a déjà été jugé au fond[1], ne peut être tenu à l'obligation aux dettes sociales, prévue à l'article L. 652-1 du code de commerce, le dirigeant d'une personne morale à qui est imputée une faute qui n'a pas contribué à la cessation des paiements.

Applications. Les cas d'espèces où ces fautes ont été caractérisées sous l'empire de l'article 182 de la loi du 25 janvier 1985, codifié à l'ancien article L. 624-5 du code de commerce sont nombreux. **46.33**

Ainsi, ont été retenus :

- *des prélèvements importants dans la caisse sociale*[2] *;*
- *des ventes à prix coûtant à la famille du dirigeant de véhicules sociaux et la prise en charge par la société de dépenses personnelles*[3] *;*
- *des mobilisations de créances fictives et des cessions de créances à des conditions anormalement avantageuses pour le cessionnaire*[4] *;*
- *des remboursements indus de frais de voyage*[5] *;*
- *le paiement par la société, sans l'accord du conseil d'administration, de mensualités d'une assurance retraite souscrite par le président*[6] *;*
- *le recel du produit d'escroquerie aux cartes bancaires dérobées à la clientèle*[7] *;*
- *la conclusion par un gérant, au profit d'une association dont il est président, de contrats pour lesquels il a fait un usage des biens et du crédit de la société contraire à l'intérêt de cette dernière*[8] *;*
- *l'achat, par la société, d'actifs d'une autre société à la seule fin de permettre à celle-ci de rembourser un prêt cautionné par le dirigeant de la première société*[9] *;*
- *le virement, sans contrepartie, du compte de la société débitrice à celui d'une autre société dans laquelle le dirigeant a un intérêt direct*[10] *;*
- *la mise en place d'un montage juridique masquant la situation réelle du groupe, dont les dirigeants ont retiré des avantages financiers au détriment du groupe et des petits actionnaires, poursuivant une exploitation déficitaire qui ne pouvait conduire qu'à la cessation des paiements*[11] *;*
- *la rupture, par un gérant, d'un contrat de location-gérance à seule fin de pouvoir céder son fonds dans de bonnes conditions*[12] *;*
- *la présentation de nombreuses lettres de change non causées, tirées sur des tierces personnes non averties, alors que cela pouvait exposer la société et*

---

1. CA Orléans, 29 juin 2006, BICC 2006, nº 2174; RJDA 2006, nº 1254 • CA Versailles, 7 déc. 2006, Gaz. Pal. 19-20 janv. 2007, 50, obs. Montéran; RJDA 2007, nº 1268.
2. CA Paris, 2 nov. 1988, Rev. proc. coll. 1989. 595, obs. Chaput.
3. Com. 14 oct. 1997, nº 94-14.146, NPT, Bull. Joly 1998, p. 56.
4. Com. 25 nov. 1997, nº 95-17.631, NPT, Bull. Joly 1998, p. 148.
5. Com. 8 déc. 1998, nº 96-21.540, Bull. civ. IV, nº 295; Bull. Joly 1999, 453, note J.-F. Barbièri.
6. Com. 8 déc. 1998, nº 96-21.540, préc.
7. CA Paris, 16 oct. 1990, D. 1990, IR 267.
8. Com. 28 mai 1991, nº 89-20.206, NPT, Bull. Joly 1991, p. 840, note Jeantin.
9. Com. 4 janv. 2000, nº 96-22.091, NP, RJDA 2000, nº 460.
10. Com. 26 mai 1998, nº 95-13.529, Bull. civ. IV, nº 167; D. 1998, IR 216; D. Affaires 1998, 1130, obs. P. P.
11. CA Versailles, 4 mai 1995, Bull. Joly 1995, p. 788, note Couret • Com. 5 mars 2002, nº 98-17.497, NPT, Act. proc. coll. 2002, nº 119 • CA Versailles, 28 oct. 1999, RJDA 2000, nº 74.
12. CA Grenoble, 23 nov. 1995, Dr. sociétés 1997, nº 88.

son dirigeant au risque anormal de poursuites pénales et fiscales et porter atteinte au crédit et à la réputation de la société[1] *;*

– la poursuite abusive de l'exploitation[2] *:*

- malgré une procédure d'alerte déclenchée par le commissaire aux comptes[3] *en vue de retarder la mise en œuvre des garanties personnelles qu'ils ont consenties aux créanciers sociaux*[4] *;*

- par un dirigeant qui a pris soin de régler le passif social qu'il garantissait par préférence aux autres charges courantes qui, elles, sont demeurées impayées[5] *;*

- dans des circonstances caractérisant un intérêt personnel[6]*.*

2. Régime de l'action

46.34 L'action se prescrit par trois ans à compter du jugement qui prononce la liquidation judiciaire[7].

L'article L. 652-5 (abrogé : voir nº 46.31) du code de commerce renvoie, quant à la procédure applicable à cette action, aux dispositions relatives à l'action en responsabilité pour insuffisance d'actif auxquelles il est ici également renvoyé (voir nºs 46.13 et s.).

3. Condamnations pouvant être prononcées

46.35 Même lorsque les conditions d'applications de l'obligation aux dettes sociales sont réunies, la condamnation du dirigeant par le tribunal n'est que facultative. Cela résulte du texte de l'article L. 652-1 (abrogé : voir nº 46.31) du code de commerce, selon lequel « le Tribunal peut décider de mettre à la charge de l'un des dirigeants [...] la totalité ou une partie des dettes » de la société. La jurisprudence rendue sur le fondement de l'ancien article L. 625-5 se trouve ainsi confirmée[8].

Si le Tribunal décide de condamner le dirigeant le montant de la condamnation dépendra là encore de l'appréciation du tribunal : il pourra retenir une somme égale à tout ou partie des dettes de la société.

En cas de pluralité de dirigeants responsables, l'article L. 652-2 (abrogé : voir nº 46.31) du code de commerce dispose que « le tribunal tient compte de la faute de chacun pour déterminer la part des dettes sociales mises à sa charge » et que « par décision motivée, il peut les déclarer solidairement responsables ».

---

1. Com. 21 juin 2005, nº 04-12.087, Bull. civ. IV, nº 134; D. 2005, AJ 1850, obs. Lienhard.
2. Com. 12 juin 2001, nº 98-10.557, NP, RJDA 2001, nº 1238 • CA Paris, 8 oct. 1991, Bull. Joly 1991, 1139 • CA Paris, 9 juill. 1993, Gaz. Pal. 1994, 1, 21, note Marchi • Com. 25 juin 1996, nº 93-20.509, NPT, Bull. Joly 1996. p. 1063, note Daigre.
3. CA Pau, 23 mai 1995, Dr. sociétés 1996, nº 6, obs. Chaput.
4. Com. 8 oct. 1996, nº 94-19.397, NPT, RJDA 1997, nº 134.
5. Com. 27 oct. 1998, nº 96-16.686, NP, RJDA 1999, nº 450 • Rappr. : CA Paris, 11 févr. 2000, Rev. proc. coll. 2001, 111, obs. Barret.
6. Com. 14 janv. 1997, nº 94-12.251, NPT, RJDA 1997, nº 582 • 23 janv. 2001, nº 97-16.322, NP, Rev. proc. coll. 2002, 115, obs. Barret • Com. 3 avr. 2001, nº 98-14.195, NPT, Dr. sociétés 2001, nº 144, note Legros • Com. 13 nov. 2002, nº 99-15.393, NP, RJDA 2003, nº 292 • Com. 15 mars 2005, nº 03-19.268, NP, Gaz. Pal. 6-7 juill. 2005, 50, obs. Montéran.
7. C. com., art. L. 652-4.
8. CA Rennes, 6 sept. 2000, Rev. proc. coll. 2001, 108, obs. Barret • *Contra* : CA Bourges, 12 juin 2001, Act. proc. coll. 2001, nº 235.

Les sommes recouvrées sont affectées au désintéressement des créanciers selon l'ordre de leurs sûretés[1] et non au marc-le-franc, comme en matière de responsabilité pour insuffisance d'actif.

II. Sanctions civiles

Cadre légal. Au-delà de la responsabilité civile engagée dans les hypothèses précitées, le législateur a entendu protéger la sécurité des relations commerciales en écartant les dirigeants indignes d'exercer leurs fonctions du fait de leurs agissements. À cette fin, il a mis en place des sanctions civiles qui tendent à l'interdiction de diriger aux articles L. 653-1 et suivants du code de commerce. **46.36**

Ainsi, le code de commerce, en ses articles L. 653-1 et suivants, relatifs à la faillite personnelle et aux autres mesures d'interdiction, sanctionne, pour l'essentiel par une interdiction de gérer, les dirigeants qui ont commis des actes de déloyauté particulièrement graves.

Champ d'application. Peuvent être frappés de ce type de sanctions, **tous les dirigeants de droit ou de fait, rémunérés ou non.**

Remarque(s) *La qualification de dirigeant de fait se caractérise par l'exercice, en toute souveraineté et indépendance, d'activités positives de gestion et de direction engageant la société[2].*

Ne sont, en revanche, pas concernés les dirigeants de personnes morales qui exercent une activité professionnelle indépendante et sont, à ce titre, soumis à des règles disciplinaires[3].

Ces sanctions sont applicables en cas de redressement ou de liquidation judiciaire, mais non en cas de procédure de sauvegarde.

Appréciation du juge. Le juge qui constatera que le dirigeant s'est rendu coupable de l'une des irrégularités visées par le code dispose d'une large liberté d'appréciation : il pourra prononcer la faillite personnelle du dirigeant ou, plus simplement, son interdiction de gérer, forme atténuée de la faillite personnelle.

A. Faillite personnelle

1. Définition

Effets. La faillite personnelle est définie, par ses principaux effets, aux termes de l'article L. 653-2 du code de commerce : **46.37**

> *« La faillite personnelle emporte interdiction de diriger, gérer, administrer ou contrôler, directement ou indirectement, toute entreprise commerciale ou arti-*

1. C. com., art. L. 652-3.
2. CA Paris, 16 déc. 1997, D. 1998, IR 44 ; Bull. Joly 1998, p. 369.
3. C. com., art. L. 653-1, 1°.

sanale, toute exploitation agricole ou toute entreprise ayant toute autre activité indépendante et toute personne morale ».

2. Cas de faillite personnelle

46.38 Sous réserve de la **prescription des actions de trois ans** à compter du jugement qui prononce l'ouverture de redressement ou de liquidation judiciaire[1], les dirigeants de sociétés peuvent faire l'objet d'une faillite personnelle en application des dispositions des articles L. 653-4 à L. 653-6 du code de commerce.

Dirigeant de personne morale. L'article L. 653-4, propre aux dirigeants des personnes morales, disposait, avant l'ordonnance du 18 décembre 2008, en premier lieu que :

> *« Le tribunal peut prononcer la faillite personnelle de tout dirigeant, de droit ou de fait, d'une personne morale, qui a commis l'une des fautes mentionnées à l'article L. 652-1 ».*

Ce texte reste applicable aux procédures ouvertes avant le 15 février 2009. Ainsi, la faillite personnelle pourra, dans ce cadre, être prononcée contre le dirigeant qui aurait commis l'une des fautes susceptibles de l'obliger aux dettes sociales[2] (voir n° 46.32).

Quant aux procédures ouvertes depuis le 15 février 2009, on sait que, corrélativement à l'abrogation de l'article L. 652-1 du code de commerce, les cas d'ouverture de cette l'action en paiement des dettes sociales ont été repris aux termes de l'article L. 653-4 du même code. La modification des textes applicables laisse, par conséquent, inchangé le régime de la faillite personnelle.

La faillite personnelle pourra également lui être appliquée lorsqu'il n'aura pas acquitté les dettes sociales mises à charge par le tribunal en application de l'article L. 653-6.

Tous dirigeants. Enfin, l'article L. 653-5, applicable également aux commerçants, agriculteurs et artisans, pose des cas de faillite personnelle particulier, en énonçant que :

> *« Le tribunal peut prononcer la faillite personnelle de toute personne mentionnée à l'article L. 653-1 contre laquelle a été relevé l'un des faits ci-après :*
>
> *1° Avoir exercé une activité commerciale, artisanale ou agricole ou une fonction de direction ou d'administration d'une personne morale contrairement à une interdiction prévue par la loi;*
>
> *2° Avoir, dans l'intention d'éviter ou de retarder l'ouverture de la procédure de redressement judiciaire ou de liquidation judiciaire, fait des achats en vue d'une revente au-dessous du cours ou employé des moyens ruineux pour se procurer des fonds;*

---

1. C. com., art. L. 653-1, II.
2. Voir n° 46.30.

3° Avoir souscrit, pour le compte d'autrui, sans contrepartie, des engagements jugés trop importants au moment de leur conclusion, eu égard à la situation de l'entreprise ou de la personne morale;

4° Avoir payé ou fait payer, après cessation des paiements et en connaissance de cause de celle-ci, un créancier au préjudice des autres créanciers;

5° Avoir, en s'abstenant volontairement de coopérer avec les organes de la procédure, fait obstacle à son bon déroulement;

6° Avoir fait disparaître des documents comptables, ne pas avoir tenu de comptabilité lorsque les textes applicables en font obligation, ou avoir tenu une comptabilité fictive, manifestement incomplète ou irrégulière au regard des dispositions applicables ».

Remarque(s) *Le sixième cas visé par ce texte est une nouveauté de la loi de sauvegarde des entreprises*[1]*. Sous l'empire de la loi ancienne, une cour d'appel avait été censurée d'avoir prononcé la faillite personnelle de dirigeants pour défaut de remise de la comptabilité et de la liste des créanciers et des dettes de la société*[2]*. Telle ne serait donc probablement plus la solution qui serait aujourd'hui donnée par la Cour de cassation*[3]*.*

Banqueroute. Enfin, le juge répressif qui reconnaît coupable un dirigeant de banqueroute peut, en application des dispositions de l'article L. 654-6 du code de commerce, prononcer la faillite personnelle de celui-ci, à moins qu'une juridiction civile ou commerciale ait déjà prononcé une telle mesure par une décision définitive, à moins, a précisé l'ordonnance du 18 décembre 2008, « qu'une juridiction civile ou commerciale ait déjà prononcé une telle mesure par une décision définitive prise à l'occasion des mêmes faits ». **46.39**

3. Saisine du tribunal et liberté d'appréciation du juge

Saisine. Le tribunal compétent, c'est-à-dire en principe celui qui a ouvert la procédure de redressement ou de liquidation judiciaire à l'encontre de la société[4], est, aux termes de l'article L. 653-7 du code de commerce, saisi par le mandataire judiciaire, le liquidateur ou le ministère public. **46.40**

Cet article, applicable aux procédures en cours au jour de l'entrée en vigueur de la loi de sauvegarde des entreprises[5], c'est-à-dire au 1er janvier 2006, précise encore que :

« dans l'intérêt collectif des créanciers, le tribunal peut également être saisi à toute époque de la procédure par la majorité des créanciers nommés contrôleurs lorsque le mandataire de justice ayant qualité pour agir n'a pas engagé

1. L. n° 2005-845, 26 juill. 2005, de sauvegarde des entreprises, JO 27 juin., p. 12187.
2. Com. 27 févr. 2007, n° 05-21.795, Bull. civ. IV, n° 70; D. 2007, AJ 1021, obs. Lienhard.
3. A. Lienhard, *Procédures collectives*, Delmas.
4. Voir toutefois n° 46.39.
5. L. préc., art. 191.

les actions prévues aux mêmes articles, après une mise en demeure restée sans suite dans un délai et des conditions fixés par décret en Conseil d'État »[1].

Le juge-commissaire ne peut, en application de ce même texte, ni siéger dans la formation de jugement, ni participer au délibéré.

Appréciation. Le tribunal conserve, en toute hypothèse, la faculté de ne pas prononcer de faillite personnelle à l'encontre du dirigeant pour lequel il serait établi qu'il a commis l'une des irrégularités permettant l'application de la sanction[2] (voir nº 46.38).

Le tribunal peut ordonner l'exécution provisoire de sa décision[3] qui est par ailleurs susceptible d'être soumise à la réformation de la cour d'appel.

4. Effets de la faillite personnelle

46.41 **Interdiction professionnelle.** Le principal effet de la faillite personnelle, prescrit à l'article L. 653-2, est l'interdiction de diriger, gérer, administrer ou contrôler directement ou indirectement, toute entreprise commerciale ou artisanale, toute exploitation agricole ou toute entreprise ayant toute autre activité indépendante et toute personne morale.

46.42 **Droits sociaux.** La faillite personnelle a également pour effet d'affecter les droits sociaux du dirigeant et en particulier ses droits de vote. En effet, l'article L. 653-9, qui reprend la rédaction de l'ancien article L. 625-9 du code de commerce, dispose que :

> *« Le droit de vote des dirigeants frappés de la faillite personnelle ou de l'interdiction prévue à l'article L. 653-8 est exercé dans les assemblées des personnes morales soumises à une procédure de redressement judiciaire ou de liquidation judiciaire par un mandataire désigné par le tribunal à cet effet, à la requête de l'administrateur, du liquidateur ou du commissaire à l'exécution du plan. »*
>
> *Le tribunal peut enjoindre à ces dirigeants ou à certains d'entre eux, de céder leurs actions ou parts sociales dans la personne morale ou ordonner leur cession forcée par les soins d'un mandataire de justice, au besoin après expertise. Le produit de la vente est affecté au paiement de la part des dettes sociales dans le cas où ces dettes ont été mises à la charge des dirigeants.*
>
> *Le tribunal ne peut étendre la mesure prévue par ce texte aux parts sociales que les dirigeants peuvent détenir dans d'autres personnes morales, l'interdiction de contrôler ces personnes, de les gérer ou de les administrer, conséquence de la faillite personnelle, ne nécessitant pas obligatoirement une telle cession*[4].

1. Voir C. com., art. R. 653-2.
2. Com. 23 mai 2000, Act. proc. coll. 2000, nº 155.
3. C. com., art. L. 653-11.
4. CA Versailles, 25 févr. 1993, D. 1993, IR 101 ; Bull. Joly 1993, nº 602 ; Dr. sociétés 1994, nº 52 • CA Versailles, 5 mai 1994, RJDA 11/94, nº 1143.

Fonction publique élective. En outre, en application des dispositions de l'article L. 653-10 du code de commerce, le tribunal peut prononcer l'interdiction d'exercer une fonction publique élective pour une durée égale à celle de la faillite personnelle, dans la limite de cinq ans. **46.43**

5. Durée de la sanction

Lorsque le tribunal prononce la faillite personnelle[1], il en fixe la durée dans la limite de quinze années[2]. Les déchéances, les interdictions et l'interdiction d'exercer une fonction publique élective cessent de plein droits au terme fixé, sans qu'il y ait lieu au prononcé d'un jugement[3]. **46.44**

6. Réhabilitation du dirigeant

Jugement de clôture pour extinction de passif. Le jugement de clôture pour extinction du passif rétablit le chef d'entreprise ou les dirigeants de la personne morale dans tous leurs droits. Il les dispense ou les relèves de toutes les déchéances, incapacités et interdictions[4]. **46.45**

Demande spécifique. L'intéressé peut, en outre, demander au tribunal de le relever, en tout ou partie, des déchéances et interdictions et de l'incapacité à exercer une fonction publique élective, s'il a apporté une contribution suffisante au paiement du passif.

À cette fin, il doit adresser sa demande, sous forme de requête, à la juridiction qui les a prononcées. Il doit joindre à celle-ci tous documents justifiant de la contribution au paiement du passif ou, lorsqu'il a fait l'objet de l'interdiction prévue à l'article L. 653-8, des garanties démontrant sa capacité à diriger ou contrôler l'une ou plusieurs des entreprises ou personnes visées par cet article. Ces garanties peuvent consister en une formation professionnelle[5].

La juridiction statue après avoir entendu le demandeur et recueilli l'avis du ministère public.

Relèvement total. Lorsqu'il y a un relèvement total des déchéances et interdictions et de l'incapacité, la décision du tribunal emporte réhabilitation[6].

B. Interdiction de diriger

Cadre légal. Le tribunal saisi, qui dispose d'un large pouvoir d'appréciation, peut décider de limiter les effets de la faillite personnelle. **46.46**

---

1. Il en est de même pour l'interdiction de gérer prévue à l'article L. 653-8 du code de commerce.
2. C. com., art. L. 653-11.
3. *Idem.*
4. C. com., art. L. 653-11.
5. C. com., art. R. 653-4.
6. C. com., art. L. 653-11.

L'article L. 653-8 du code de commerce lui en offre la possibilité :

> *« Dans les cas prévus aux articles L. 653-3 à L. 653-6, le tribunal peut prononcer, à la place de la faillite personnelle, l'interdiction de diriger, gérer, administrer ou contrôler, directement ou indirectement, soit toute entreprise commerciale ou artisanale, toute exploitation agricole et toute personne morale, soit une ou plusieurs de celles-ci.*
>
> *L'interdiction mentionnée au premier alinéa peut également être prononcée à l'encontre de toute personne mentionnée à l'article L. 653-1 qui, de mauvaise foi, n'aura pas remis au mandataire judiciaire, à l'administrateur ou au liquidateur les renseignements qu'il est tenu de lui communiquer en application de l'article L. 622-6 dans le mois suivant le jugement d'ouverture. Elle peut également être prononcée à l'encontre de toute personne mentionnée à l'article L. 653-1 qui aura omis de faire, dans le délai de quarante-cinq jours, la déclaration de cessation des paiements, sans avoir, par ailleurs demandé l'ouverture de la procédure de conciliation ».*

Aux termes de l'article L. 653-1, I du code de commerce, ces dispositions sont applicables :

> *« 1° Aux personnes physiques exerçant la profession de commerçant, d'agriculteur ou immatriculées au répertoire des métiers et à toute autre personne physique exerçant une activité professionnelle indépendante y compris une profession libérale soumise à un statut législatif ou réglementaire ou dont le titre est protégé;*
>
> *2° Aux personnes physiques, dirigeants de droit ou de fait de personnes morales;*
>
> *3° Aux personnes physiques, représentants permanents de personnes morales, dirigeants des personnes morales définies au 2°. »*

Date de cessation des paiements. La date retenue pour la cessation des paiements ne peut être différente de celle retenue en application de l'article L. 631-8 du code de commerce[1]. Or, selon cette disposition :

> *« Le tribunal fixe la date de cessation des paiements. À défaut de détermination de cette date, la cessation des paiements est réputée être intervenue à la date du jugement qui la constate.*
>
> *Elle peut être reportée une ou plusieurs fois, sans pouvoir être antérieure de plus de dix-huit mois à la date du jugement constatant la cessation des paiements. Sauf cas de fraude, elle ne peut être reportée à une date antérieure à la décision définitive ayant homologué un accord amiable en application du II de l'article L. 611-8.*
>
> *Le tribunal est saisi par l'administrateur, le mandataire judiciaire ou le ministère public. Il se prononce après avoir entendu ou dûment appelé le débiteur.*
>
> *La demande de modification de date doit être présentée au tribunal dans le délai d'un an après le jugement d'ouverture de la procédure ».*

[1] C. com., art. R. 653-1.

Application. La jurisprudence rendue avant la loi de sauvegarde avait déjà affirmé que le juge conserve la liberté de sanctionner ou non les agissements dont la réalité est établie.

Ainsi, la cour d'appel de Douai avait-elle pu infirmer le jugement par lequel un tribunal avait condamné un dirigeant sur ce fondement juridique par une interdiction de gérer, alors que les griefs, décelables depuis de nombreuses années, n'avaient été formulés par le mandataire liquidateur que sept années après le prononcé de la liquidation judiciaire, à une date à laquelle l'intéressé avait créé une entreprise génératrice de bénéfices, employant quatorze salariés et lui permettant de subvenir aux besoins de sa famille[1].

Le tribunal pourra moduler sa mesure d'interdiction de gérer, par exemple en limitant celle-ci à la direction de sociétés[2].

III. Banqueroute et autres infractions

Cadre général. Au-delà des sanctions civiles examinées, le code de commerce a porté au rang de délit, sous la qualification de banqueroute à l'article L. 654-2, un certain nombre d'actes de fraudes, qui se caractérisent par des dissimulations, commis par le dirigeant d'une société qui a fait l'objet d'une procédure collective[3]. **46.47**

En outre, les articles L. 654-8 et suivants incriminent certains faits qui peuvent être commis par le dirigeant d'une société faisant l'objet d'une procédure collective.

A. Banqueroute

1. Définition de l'infraction

Cadre légal. L'infraction est incriminée par l'article L. 654-2 du code de commerce : **46.48**

« En cas d'ouverture d'une procédure de redressement judiciaire ou de liquidation judiciaire, sont coupables de banqueroute les personnes mentionnées à l'article L. 654-1[4] *contre lesquelles a été relevé l'un des faits ci-après :*

1° Avoir, dans l'intention d'éviter ou de retarder l'ouverture de la procédure de redressement judiciaire, soit fait des achats en vue d'une revente au-dessous du cours, soit employé des moyens ruineux pour se procurer des fonds ;

2° Avoir détourné ou dissimulé tout ou partie de l'actif du débiteur ;

---

1. CA Douai, 18 sept. 1997, Rev. proc. coll. 2000, 67, obs. F. Bach.
2. CA Paris, 25 sept. 1990, D. 1990, IR 229.
3. C. Robaczewski, « La non-réforme des sanctions pénales dans la loi de sauvegarde des entreprises », Gaz. Pal. 2005, doctr. 3027 • J.-H. Robert, « Banqueroute et autres infractions : commentaire des dispositions pénales de la loi n° 2005-845 du 26 juillet 2005 », Dr. pénal 2005, étude 15 ; Cah. dr. Entr. 2006, n° 1, 34 • Sur le régime antérieure à la loi de sauvegarde du 26 juillet 2005 : P. Gioanni, « La cessation des paiements dans l'infraction de banqueroute », D. 1994, chron. 53 • A. Dekeuwer, « Cessation des paiements, détournements d'actif et pouvoirs du juge pénal en matière de banqueroute », JCP E 1995, I, n° 420.
4. C. com., art. L. 654-1 : « Les dispositions de la présente section sont applicables : [...] 2° À toute personne qui a, directement ou indirectement, en droit ou en fait, dirigé ou liquidé une personne morale de droit privé [...] ».

3° Avoir frauduleusement augmenté le passif du débiteur ;

4° Avoir tenu une comptabilité fictive ou fait disparaître des documents comptables de l'entreprise ou de la personne morale ou s'être abstenu de tenir toute comptabilité lorsque les textes applicables en font obligation ;

5° Avoir tenu une comptabilité manifestement incomplète ou irrégulière au regard des dispositions légales. »

Tentative. Mais, faute de texte, la tentative de banqueroute n'est pas punissable[1].

a. Condition préalable : ouverture d'une procédure collective

46.49 Le juge ne pourra condamner le dirigeant qu'à la condition que le tribunal de commerce ait, au préalable, ouvert une procédure de redressement ou de liquidation judiciaire à l'encontre de la société débitrice et ait, ainsi, constaté son état de cessation des paiements.

Le tribunal correctionnel dispose de la liberté de retenir une date de cessation des paiements différente de celle fixée par la juridiction commerciale[2].

La banqueroute ne peut, en revanche, être retenue en cas de procédure de sauvegarde.

b. Éléments matériels de l'infraction

46.50 Le dirigeant ne pourra être condamné que s'il est établi qu'il a commis l'un des faits visés à l'article L. 654-2 (voir nº 46.48). L'examen de la jurisprudence rendue en la matière permet d'appréhender ces différents cas.

On citera, pour les différents éléments matériels de l'infraction pouvant être retenus, les quelques exemples suivants.

46.51 **Emploi de moyens ruineux pour se procurer des fonds.** A été sanctionné, au titre de l'emploi de moyens ruineux pour se procurer des fonds :

– l'escompte de fausses factures et de traites de complaisance dont le coût n'a pu qu'aggraver la situation financière de l'entreprise[3] ;

– l'accumulation de prêts et d'opérations relevant de la cavalerie[4].

En revanche :

– l'utilisation de fonds à un autre usage que celui auquel ils étaient destinés ne constitue pas un emploi de moyens ruineux pour se procurer des fonds[5] ;

– de même, le président d'une société anonyme qui a fait tout son possible pour réduire l'endettement de sa société et qui y est parvenu dans une très large mesure, ne saurait se voir reprocher d'avoir recouru à des moyens rui-

---

1. Crim. 7 avr. 1998, nº 97-83.801, NPT, Rev. sociétés 1998, 624, note B. Bouloc.
2. Crim. 18 nov. 1991, nº 90-83.775, Bull. crim. nº 415 ; Rev. proc. coll. 1992, 319, note J. Devèze.
3. Crim. 6 déc. 1993, nº 93-81.475, Bull. crim., nº 370 ; JCP 1994, IV, 715, 95 ; Gaz. Pal. 1994, 75-76, chron. 15 ; D. 1994, IR 50 • Crim. 24 mai 2000, nº 99-83.815, NPT, Dr. pénal 2000, nº 129.
4. Crim. 19 sept. 1994, nº 93-85.629, NP, Bull. Joly 1994, p. 1309, note J.-F. Barbiéri.
5. Crim. 16 juin 1999, Rev. proc. coll. 2000, 34, obs. J. Devèze.

neux dans l'intention d'éviter ou de retarder la constatation de la cessation des paiements[1].

Toutefois, le délit de banqueroute est constitué, que les faits constatés soient antérieurs ou postérieurs à la date de la cessation des paiements, dès lors que, procédant d'une même intention et tendant au même but, ils ont pour objet ou pour effet soit d'éviter ou de retarder la constatation de cet état, soit d'affecter la consistance de l'actif disponible dans des conditions de nature à placer l'intéressé dans l'impossibilité de faire face au passif exigible[2].

Détournement d'actif. Le délit de banqueroute par détournement d'actif suppose l'existence d'une dissipation volontaire d'un élément du patrimoine d'un débiteur en état de cessation des paiements[3]. 46.52

Tout acte de disposition volontaire accompli sur un élément du patrimoine du débiteur après la cessation des paiements, en fraude des droits des créanciers, constitue le délit de banqueroute par détournement d'actif[4].

Exemples d'actes constitutifs du délit

– octroi de rémunérations excessives au regard de la situation financière de l'entreprise[5] *;*

– règlement d'importantes dépenses personnelles[6] *;*

– position débitrice du compte-courant d'associé[7] *;*

– occupation d'un appartement loué par la société sans versement de loyers[8].

L'intérêt de groupe ne peut constituer, en cas de poursuite pour banqueroute par détournement d'actifs, un fait justificatif[9].

Comptabilité fictive, dissimulée, absente ou insuffisante. L'examen de la jurisprudence permet, là encore de préciser l'incrimination. 46.53

Constitue le délit de banqueroute par **abstention de la tenue de toute comptabilité** le fait, pour un dirigeant de s'abstenir, au mépris des dispositions de l'article L. 123-12 du code de commerce, de l'enregistrement chronologique des mouvements affectant le patrimoine de l'entreprise et de l'établissement de l'inventaire périodique des éléments actifs et passifs de ce patrimoine[10].

---

1. CA Paris, 22 avr. 1992, Dr. sociétés 1992, n° 225, obs. Y. Chaput.
2. Crim. 21 sept. 1994, n° 93-85.544, NPT, Gaz. Pal. 1994, 2, somm. 712; JCP E 1995, II, 690, note A. Dekeuwer • Crim. 6 févr. 1995, n° 94-82.469, NP, Rev. proc. coll. 1996, 133, obs. Devèze • Crim. 7 avr. 1998, n° 97-83.801, RSC 1998, 773, obs. Renucci; RTD com. 1998, 947, obs. Mascala. • Comp. : Crim. 18 juin 1998, n° 97-82.527, NPT, JCP E 1999, n° 4, 174, note J.-H. Robert; Rev. sociétés 1998, 817, note Bouloc.
3. Crim. 10 mai 1993, n° 92-83.004, Bull. crim., n° 168; JCP 1993, IV, 2038, 246.
4. Crim. 11 mai 1995, n° 94-83.515, Bull. crim., n° 172.
5. Crim. 18 juin 1998, n° 97-82.527, NPT, préc.
6. CA Paris, 4 déc. 1996, Dr. sociétés 1997, n° 155.
7. Crim. 8 sept. 2004, JCP E 2005, n° 20,818, obs. Muller.
8. CA Paris, 30 oct. 1996, Dr. sociétés 1997, n° 8, obs. Chaput.
9. Crim. 27 avr. 2000, n° 99-85.192, Bull. crim., n° 169; D. 2000, AJ 327, obs. Lienhard; D. 2002, somm. 206, obs. Sortais; Act. proc. coll. 2000, n° 170, obs. Regnaut-Moutier; RSC 2000, 842, obs. Renucci; RTD com. 2000, 1030, obs. Bouloc; LPA 9 avr. 2001, 13, note Sordino.
10. Crim. 6 déc. 1993, n° 93-81.475, Bull. crim., n° 370; JCP 1994, IV, 715, 95; Gaz. Pal. 1994, n°s 75-76, chron. 15; D. 1994, IR 50.

De même, commet le délit de banqueroute par **soustraction de comptabilité** le gérant d'une société à responsabilité limitée mise en redressement judiciaire qui ne représente pas la comptabilité, pourtant régulièrement tenue au sein de l'entreprise, aux organes de la procédure collective ou aux autorités judiciaires[1].

L'existence de pièces permettant de **reconstituer une comptabilité** n'équivaut pas à l'existence de cette comptabilité[2].

Constitue également le délit de banqueroute le fait, pour un dirigeant d'une société, de donner personnellement des directives pour l'établissement de **traites fictives**[3].

Enfin, naturellement, l'incrimination peut concerner les **exercices comptables antérieurs** à la date de cessation des paiements[4].

2. Peines encourues

46.54 **Peine principale.** La banqueroute est punie de cinq ans d'emprisonnement et de 75 000 euros d'amende[5].

Lorsque l'auteur de l'infraction, ou son complice, est un dirigeant d'une entreprise prestataire de services d'investissement, les peines sont portées à sept ans d'emprisonnement et 100 000 euros d'amende[6].

46.55 **Peines complémentaires.** Le juge peut, en outre, condamner le coupable de l'infraction, en application des dispositions de l'article L. 654-5 du code de commerce, à l'une ou les peines complémentaires suivantes :

- interdiction des droits civiques, civils et de famille;
- interdiction, pour une durée de cinq ans au plus, d'exercer une fonction publique ou d'exercer l'activité professionnelle ou sociale dans l'exercice ou à l'occasion de l'exercice de laquelle l'infraction a été commise, à moins qu'une juridiction civile ou commerciale ait déjà prononcé une telle mesure par une décision définitive;
- exclusion des marchés publics pour une durée de cinq ans au plus;
- interdiction, pour une durée de cinq ans au plus, d'émettre des chèques autres que ceux qui permettent le retrait de fonds par le tireur auprès du tiré ou ceux qui sont certifiés;
- affichage ou diffusion de la décision prononcée dans les conditions prévues par l'article 131-35 du code pénal.

Enfin, la juridiction répressive qui reconnaît l'une des personnes mentionnées à l'article L. 654-1 coupable de banqueroute peut, en outre, prononcer soit la faillite personnelle de celle-ci, soit l'interdiction prévue à l'article L. 653-8 (voir n° 46.46), à moins qu'une juridiction civile ou commerciale ait déjà prononcé une telle mesure par une décision définitive[7].

---

1. Crim. 19 oct. 1992, n° 91-86.761, NPT, RJDA 1993, n° 33.
2. CA Riom, 13 mars 1991, Gaz. Pal. 1992, 2, somm. 537.
3. Crim. 5 nov. 1999, JCP 1999, IV, 1326.
4. Crim. 17 nov. 2004, n° 03-86.988, NP, Dr. pénal 2005, n° 61, note J.-H. Robert. • Crim. 26 janv. 2005, n° 04-81.206, NP, Dr. sociétés 2005, n° 146, note R. Salomon.
5. C. com., art. L. 654-3.
6. C. com., art. L. 654-4.
7. C. com., art. L. 654-6.

3. Procédure

S'agissant d'une infraction pénale, le dirigeant sera jugé non par le tribunal de commerce en charge de la procédure collective, mais par le tribunal correctionnel territorialement compétent. **46.56**

Les règles de procédure spécifiques à cette infraction sont exposées aux articles L. 654-16 à L. 654-20 du code de commerce.

Prescription. La prescription de trois ans ne court que du jour du jugement prononçant l'ouverture de la procédure de redressement ou de liquidation judiciaire lorsque les faits sont apparus avant cette date[1]. **46.57**

Saisine du tribunal. La juridiction répressive est traditionnellement saisie : **46.58**

- soit sur la poursuite du ministre public;
- soit sur constitution de partie civile de l'administrateur, du mandataire judiciaire, du représentant des salariés, du commissaire à l'exécution du plan ou du liquidateur.

La loi de sauvegarde des entreprises[2] a ajouté au nombre des personnes susceptibles de saisir le tribunal, la majorité des créanciers nommés contrôleurs agissant dans l'intérêt collectif des créanciers, lorsque le mandataire de justice ayant qualité pour agir n'a pas agi, après une mise en demeure restée sans suite pendant deux mois à compter de la réception de la mise en demeure[3].

Seules ces personnes, limitativement énumérées par l'article L. 626-16 du code de commerce peuvent mettre en mouvement l'action publique[4].

> *Toutefois, l'irrégularité résultant de l'ouverture d'une information du chef de banqueroute sur plainte avec constitution de partie civile d'une personne autre que celles-ci est couverte par l'ordonnance de renvoi devant le tribunal correctionnel et ne peut plus être invoquée devant les juges du fond[5].*

Limites de l'action civile. La constitution de partie civile d'un créancier ne peut avoir pour seul effet que de corroborer l'action publique déjà engagée. Elle ne peut pas constituer la base d'une demande en réparation du préjudice résultant de l'inexécution du contrat conclu entre le créancier et le débiteur faisant l'objet de la procédure collective[6].

Toutefois, le créancier qui aurait souffert d'un préjudice particulier distinct du montant de sa créance et résultant directement de l'infraction peut se constituer partie civile[7].

Communication d'éléments. Le ministère public peut requérir de l'administrateur ou du liquidateur la remise de tous actes ou documents qu'ils détiennent[8]. **46.59**

---

1. L'article L. 654-16 du code de commerce, applicable également aux « autres infractions », vise aussi l'ouverture de la procédure de sauvegarde.
2. L. n° 2005-845, 26 juill. 2005, de sauvegarde des entreprises, JO 27 juill., p. 12187.
3. C. com., art. L. 654-17 et R. 654-1.
4. Crim. 20 févr. 1997, n° 96-81.201, Bull. crim., n° 72; JCP 1997, IV, 1528, 240.
5. Crim. 5 mai 1997, n° 96-81.482, Bull. crim., n° 159; JCP 1997, IV, 2031, 316; Gaz. Pal. 1997, n°s 269-270, chron. 192.
6. Crim. 6 janv. 1992, n° 90-83.097, NPT, RJDA 5/92, n° 522.
7. Crim. 11 oct. 1993, n° 92-81.260, Bull. crim., n° 283; Rev. sociétés 1994, 303, note B. Bouloc.
8. C. com., art. L. 654-18.

46.60 **Frais et dommages-intérêts.** Les **dommages-intérêts** qui peuvent être alloués le sont en principe au profit du patrimoine du débiteur, sauf à ce que des créanciers aient été par ailleurs admis au titre d'un préjudice personnel distinct du préjudice collectif.

En cas de **relaxe**, les frais de la poursuite intentée par l'administrateur, le mandataire judiciaire, le représentant des salariés, le commissaire à l'exécution du plan ou le liquidateur sont supportés par le Trésor public.

En cas de **condamnation**, le Trésor public ne peut exercer son recours contre le débiteur qu'après la clôture des opérations de liquidation judiciaire[1].

B. Autres infractions

46.61 Le dirigeant peut également être condamné pénalement, sur le fondement des dispositions de l'article L. 654-8 du code de commerce, à une peine d'emprisonnement de deux ans et à une amende de 30 000 euros notamment pour avoir :

- consenti, pendant la période d'observation, une **hypothèque ou un nantissement** ou avoir fait un **acte de disposition** sans l'autorisation prévue par le deuxième alinéa de l'article L. 622-7 du code de commerce ou avoir payé, en tout ou partie, une dette née antérieurement à la décision d'ouverture de la procédure collective;
- effectué un **paiement en violation des modalités de règlement du passif** prévues au plan de sauvegarde ou au plan de redressement ou fait un acte de disposition sans l'autorisation préalable prévue par l'article L. 626-14 du code de commerce ou procédé à la cession d'un bien rendu inaliénable, dans le cadre d'un plan de cession, en application de l'article L. 642-10.

46.62 Le dirigeant peut également être condamné sur le fondement :

- de l'article L. 654-14 du code de commerce aux termes duquel :

> *« Est puni des peines prévues aux articles L. 654-3 à L. 654-5 le fait, pour les personnes mentionnées aux 2° et 3° de l'article L. 654-1, de mauvaise foi, en vue de soustraire tout ou partie de leur patrimoine aux poursuites de la personne morale qui a fait l'objet d'un jugement d'ouverture de sauvegarde, de redressement judiciaire ou de liquidation judiciaire ou à celles des associés ou des créanciers de la personne morale, de détourner ou de dissimuler, ou de tenter de détourner ou de dissimuler, tout ou partie de leurs biens, ou de se faire frauduleusement reconnaître débitrice de sommes qu'elles ne devaient pas »;*

- ou encore, de l'article L. 654-15 du code de commerce selon lequel :

> *« Le fait, pour toute personne, d'exercer une activité professionnelle ou des fonctions en violation des interdictions, déchéances ou incapacité prévues par les articles L. 653-2 et L. 653-8, est puni d'un emprisonnement de deux ans et d'une amende de 375 000 euros ».*

---

[1] C. com., art. L. 654-19.

Titre 5

Cessation des fonctions

CHAPITRE 51

Démission • Révocation

51

Cadre général. Le dirigeant peut cesser ses fonctions pour différentes causes. Son mandat peut parvenir à son terme, sans être renouvelé. Le dirigeant peut également être empêché de poursuivre son mandat (décès, incapacité, interdiction de gérer, faillite personnelle, déchéance, limite d'âge) (Voir chapitre 11). La dissolution de la société impliquera également nécessairement la cessation de ses fonctions. **51.11**

Les cas de cessation de fonctions les plus fréquents et qui peuvent poser des difficultés juridiques sont en fait, d'une part, la démission, et, d'autre part, la révocation. Ils seront examinés successivement.

Publicité. Il importe, dans tous les cas, de conserver à l'esprit que la cessation des fonctions, pour être opposable aux tiers de la société, doit faire l'objet de mesures de publicité. L'article L. 210-9, alinéa 2, du code de commerce dispose en effet que « la société ne peut se prévaloir, à l'égard des tiers, des nominations et cessations de fonction des personnes (chargées de gérer, d'administrer ou de diriger la société), tant qu'elles n'ont pas été régulièrement publiées ».

Remarque(s) *Cette publicité doit être réalisée dans les conditions posées aux articles R. 210-10 du code de commerce (voir n°s 12.31 et s.).*

1. Démission

A. Types de démissions

51.12 **Définition.** La démission est l'acte par lequel le dirigeant renonce, spontanément ou sous l'effet d'une contrainte, à l'exercice de ses fonctions.

51.13 **Démission d'office.** Si la démission est en principe un acte volontaire, le code de commerce a prévu un certain nombre de démissions d'office. Est ainsi réputé démissionnaire le dirigeant qui se trouve dans une situation incompatible avec ses fonctions.

C'est le cas du dirigeant frappé d'une incapacité (voir n°s 11.12 et s.), d'une mesure d'interdiction ou de déchéance (voir n°s 11.36 et s.), d'une incompatibilité (voir n°s 11.48 et s.) ou encore, s'agissant de l'administrateur, de celui qui ne détient plus le nombre minimum d'action fixé par les statuts[1] (voir n°s 11.23 et s.), de celui qui a atteint la limite d'âge légale ou statutaire[2] (voir n° 11.31), ou encore de celui qui ne satisfait pas aux règles applicables en matière de cumul de mandats[3] (voir n°s 11.60 et s.).

51.14 **Démission en blanc.** En pratique, le dirigeant est parfois amené à signer, lors de son entrée en fonction, une lettre non datée de démission en blanc, qui pourra être utilisée par son détenteur au moment où ce dernier souhaitera voir le dirigeant quitter ses fonctions.

Des doutes ne peuvent qu'être formulés quant à la validité de telles pratiques, qui ont pour effet de détourner la loi.

> *La Chambre commerciale a eu l'occasion de juger que l'utilisation d'une telle lettre de démission en blanc constituait en fait une révocation susceptible de donner lieu à réparation pour le dirigeant évincé*[4].

51.15 **Révocation déguisée.** Il arrive parfois qu'un dirigeant soit « démissionné ». Il en est ainsi lorsque la démission masque en réalité une révocation. En ce cas, elle pourra précisément être requalifiée en révocation, ce qui permettra éventuellement au dirigeant d'obtenir des dommages et intérêts pour révocation sans juste motif. S'appliquera ainsi, si la démonstration est faite de cette dissimulation, le régime de la révocation (voir n°s 51.23 et s.).

> *La jurisprudence assimile très clairement une démission donnée sous une contrainte physique ou morale et non pas librement, à une révocation abusive débouchant sur l'allocation d'une indemnité au profit du dirigeant « démissionné »*[5].

---

1. C. com., art. L. 225-25.
2. C. com., art. L. 225-19.
3. C. com., art. L. 225-21.
4. Com. 5 janv. 1973, n° 71-14.130, Bull. civ. IV, n° 6; Rev. sociétés 1973, 495, note J. Hémard; D. 1973, 581, note J. Guyénot; JCP 1973, II, 17404, note J. Rousseau.
5. Com. 30 mai 1980, n° 78-15.032, Bull. civ. IV, n° 224; Rev. sociétés 1980, 734, note Ph. Merle; Rev. sociétés 1980, 723, note Ph. Merle • CA Paris 8 juin 1999, Rev. sociétés 1999, 660, note Y. Guyon.

Démission volontaire. La démission est en principe un acte purement volontaire, l'exercice d'une liberté sous conditions offerte au dirigeant. **51.16**

Le code du commerce est, pour l'essentiel, muet quant à la question de la démission du dirigeant. Les statuts pourront, au cas par cas, préciser les conditions de la démission du dirigeant. Pour le reste, le régime de la démission relève de l'application de principes généraux qu'il convient d'examiner (voir nos 51.17 et s.), en considération des solutions données par la jurisprudence.

B. Régime juridique de la démission

Le dirigeant, mandataire social, n'est toutefois pas un mandataire comme un autre, ainsi que cela transparaît de l'examen de la jurisprudence rendue[1], non seulement en ce qui concerne le principe même de la liberté de démissionner (voir nos 51.18 et s.), mais également quant à la forme que la démission devra prendre (voir nos 51.20 et s). **51.17**

1. La liberté de démissionner et ses limites

Liberté. Le principe est acquis qu'un dirigeant ne peut être contraint de demeurer en fonctions. Il dispose en conséquence de la liberté de démissionner. Si les statuts peuvent, ainsi que cela a été indiqué, poser un certain nombre de conditions à l'exercice de cette liberté, ils ne peuvent la faire disparaître. **51.18**

Limites. La démission du dirigeant est toutefois un acte grave pour la société. Aussi, le juge a entendu la protéger des agissements de son dirigeant qui pourraient lui causer un préjudice. À cette fin, il s'est reconnu, en dehors de tout texte spécifique, le pouvoir de contrôler le fait que la démission en cause n'est pas abusive et de sanctionner le dirigeant, si tel est le cas, en le condamnant à payer à la société des dommages et intérêts en réparation du préjudice qu'il lui aurait ainsi causé. **51.19**

Dans le silence de la loi, le juge considère en effet que le régime de la démission doit être déterminé par transposition des règles applicables en matière de révocation.

C'est ainsi que la Cour d'appel de Paris a jugé que « la libre révocation des administrateurs d'une société anonyme ou d'un gérant d'une SARL a pour corollaire le droit pour ces mandataires sociaux de mettre fin unilatéralement à leurs fonctions à condition que cette démission intervienne sans faute », considérant qu'en l'espèce aucune faute ne pouvait être retenue, alors que le dirigeant était en désaccord sur un point important de la gestion financière de la société et que celui-ci avait respecté un délai de préavis raisonnable de deux mois[2].

---

1. Voir A. Lecourt, « Retour sur la démission des dirigeants de groupements », Dr. sociétés 2006, no 7, Étude no 15.
2. CA Paris, 12 mai 1993, RJDA 3/94, no 289.

Aussi, peut-on considérer que le dirigeant échappera à tout risque de condamnation lorsque sa démission procède d'un motif légitime et intervient dans le respect d'un délai de préavis raisonnable.

Il en serait différemment s'il était établi que la démission est intervenue de façon intempestive, à contretemps ou avec l'intention de nuire[1].

2. Formes de la démission

51.20 **Conditions.** La démission doit, en toute hypothèse, être expresse.

Les statuts peuvent définir les formes que doit respecter la démission pour être opposable à la société. À défaut, aucune forme n'est exigée. Le dirigeant aura toutefois le plus grand intérêt de notifier par lettre recommandée avec avis de réception sa démission, en principe aux organes compétents pour révoquer le dirigeant, et, pratiquement, pour éviter toute difficulté, à l'ensemble des associés s'il s'agit notamment d'une SARL.

Remarque(s) *Pour des modèles de lettres de démission, voir nos 302.29 et s.*

51.21 **Accord de la société.** La Cour de cassation est venue clarifier le régime de la démission par un arrêt de principe du 22 février 2005, dans lequel elle retient que :

> *« Sauf stipulation contraire des statuts, la démission d'un dirigeant de société, qui constitue un acte juridique unilatéral, produit tous ses effets dès lors qu'elle a été portée à la connaissance de la société; elle ne nécessite aucune acceptation de la part de celle-ci et ne peut faire l'objet d'aucune rétractation, son auteur pouvant seulement en contester la validité en démontrant que sa volonté n'a pas été libre et éclairée »*[2].

Cette clarification est opportune, dans la mesure où certaines juridictions étaient auparavant enclines à considérer que l'accord de la société était nécessaire pour que la démission soit effective[3]. Désormais, il est clair que la démission prend effet, à l'égard de la société, à la date à laquelle elle lui est notifiée[4].

51.22 **Opposabilité.** Néanmoins, afin que la démission soit opposable aux tiers, le dirigeant démissionnaire doit procéder aux mesures de publicité[5] (voir nos 12.31 et s.). Il doit, à cet effet, adresser au greffe du tribunal de commerce deux exemplaires de sa lettre de démission.

Remarque(s) *La radiation du nom du dirigeant démissionnaire peut en pratique donner lieu à certaines difficultés en cas de vacances du poste. Le greffier peut alors refuser de procéder à la radiation immédiate et suspendre celle-ci à la nomination d'un nouveau dirigeant. En cas de refus prolongé du greffe, il est toujours*

---

1. CA Versailles, 11 juin 1998, RJDA 11/98, no 2144; Bull. Joly 1998, 1168, § 358, note Baillod.
2. Com. 22 févr. 2005, no 03-12.902, Bull. civ. IV, no 38; D. 2005, AJ 716, obs. A. Lienhard; pan. 2953, obs. Hallouin et Lamazerolles; Rev. sociétés 2005, 625, note J.-J. Daigre; Bull. Joly 2005, 892, note B. Saintourens.
3. CA Pau, 7 mai 2007, RTD com. 2007, 776, note Le Cannu et Dondero : arrêt d'espèce rendu postérieurement à l'arrêt de principe de la Cour de cassation.
4. Voir également Soc. 12 oct. 2005, no 03-44.534, NP, RTD com. 2006, 136.
5. C. com., art. R. 210-16 et s.

possible pour le dirigeant démissionnaire de saisir le juge chargé de la surveillance du RCS.

II. Révocation

Cadre général. La révocabilité des dirigeants sociaux est un principe d'ordre public : la fonction de dirigeant est toujours révocable. Sont ainsi nulles les conventions qui auraient pour effet d'y faire obstacle. 51.23

Le droit de révoquer, qui appartient aux associés réunis en assemblées, ou en organes sociaux, doit toutefois être exercé avec mesure. Le législateur a, pour la plupart des dirigeants de sociétés (à l'exception notable de la SA) entendu les protéger des révocations décidées sans juste motif par l'allocation de dommages et intérêts.

SA. S'agissant des SA, sauf en ce qui concerne, depuis la loi NRE du 15 mai 2001[1], les directeurs généraux, le principe est celui de la révocation *ad nutum* des dirigeants (administrateurs, président du conseil d'administration, membres du conseil de surveillance), ce qui signifie qu'ils peuvent en principe être révoqués à tout moment, sans qu'il ne soit nécessaire de justifier d'un juste motif et sans indemnité, pour la seule raison qu'ils auraient cessé de plaire.

Si le législateur a mis en place deux régimes de révocation, l'un contrôlé qui suppose, si la société veut éviter d'être condamnée à verser des dommages-intérêts, l'existence de juste motif (voir nos 51.24 et s.) et l'autre, discrétionnaire, qui permet la révocation *ad nutum*, sans indemnité (voir nos 51.38 et s.), force est de constater que le juge a notablement atténué la différence existant entre ces deux régimes en assouplissant, d'un côté, les conditions de la cessation des fonctions du dirigeant s'agissant de la révocation « pour juste motif », tout en durcissant, de l'autre, le régime de la révocation *ad nutum*[2].

SAS. S'agissant des dirigeants de SAS, leur sort est librement fixé par les statuts, de sorte qu'il convient d'examiner séparément le régime juridique de leur révocation (voir nos 51.38 et s.).

A. Révocation pour juste motif

1. Mise en œuvre de la révocation

Champ d'application. Sont concernés par ce régime contrôlé de révocation les gérants de SARL ou de SNC, les membres du directoire des SA, les directeurs généraux de SA qui ne cumulent pas les fonctions de président du conseil d'administration, ainsi que les directeurs généraux délégués de SA. 51.24

---

1. L. n° 2001-420, 15 mai 2001, nouvelles régulations économiques, JO 16 mai, p. 7776.
2. M.-H. De Laender, « La révocation des dirigeants sociaux », Dr. sociétés 2000, chron. n° 9 • K. Adom, « La révocation des dirigeants de sociétés commerciales », Rev. sociétés 1998, 487.

a. Gérant de SARL

51.25 **Décision des associés.** Le régime de la révocation du gérant de SARL est, pour l'essentiel, prévu par l'article L. 223-25 du code de commerce, qui dispose, en son alinéa 1er, que :

> *« Le gérant peut être révoqué par décision des associés dans les conditions de l'article 223-29[1], à moins que les statuts prévoient une majorité plus forte. Si la révocation est décidée sans juste motif, elle peut donner lieu à des dommages et intérêts. »*

51.26 **Révocation judiciaire.** Le gérant, s'il est associé, participe au vote[2]. Ainsi, afin d'éviter que le gérant majoritaire soit, de ce fait, irrévocable, l'article L. 223-25, alinéa 2 du code de commerce prévoit que : « En outre, le gérant est révocable par les tribunaux pour cause légitime, à la demande de tout associé ».

Si le gérant dispose de la majorité des voix, ses associés n'auront donc d'autre solution, pour le révoquer, que de s'adresser à justice, en assignant non seulement ledit gérant, mais également la société et tous les associés[3].

L'action étant ouverte « à tout associé », chaque associé peut agir individuellement, sans avoir à consulter préalablement ses associés, ni *a fortiori* à obtenir leur accord[4].

En cas d'urgence, la révocation judiciaire peut être prononcée par le Tribunal de commerce, statuant en référé[5].

Pour aboutir, l'action en révocation suppose que son auteur démontre qu'il existe une « cause légitime » de révocation, celle-ci étant assimilable aux « justes motifs » (voir nos 51.32 et s.).

Actes qualifiés de cause légitime

– l'abandon des fonctions[6] ;

– la paralysie de la société du fait de l'opposition entre les cogérants[7] ;

– la mise en curatelle du gérant[8] ;

– le fait pour le gérant de ne pas procéder à la réunion d'une assemblée d'associés dans les six mois de clôture des exercices comptables considérés, en l'absence de prolongation de ce délai accordée par décision de justice, et l'impossibilité d'assumer sa mission en raison de la mésentente des associés[9] ;

---

1. C. com., art. L. 223-29, al. 1er : « Dans les assemblées ou lors des consultations écrites, les décisions sont adoptées par un ou plusieurs associés représentant plus de la moitié des parts sociales ».
2. En effet, la règle prévue par l'article L. 223-28 du code de commerce, selon laquelle chaque associé est en droit de participer aux décisions, est d'ordre public, seule une disposition légale pouvant priver un associé de son vote. Or, ni l'article L. 223-25 du code de commerce, ni aucune disposition n'exclut le gérant intéressé du vote de sa révocation.
3. CA Paris, 3e ch. B, 26 mai 2000, RJDA 2001, 168, § 358 ; JCP E 2000, no 36, 1359.
4. CA Paris, 8 nov. 1996, Bull. Joly 1997, p. 213, note Lesguillier; JCP E 1997, I, 639, no 4, obs. Viandier et Caussain ; RJDA 1997, no 219.
5. T. com. Paris, 18 juin 1974, Bull. Joly 1974, p. 596 • CA Pau, 6 mars 2003, Dr. sociétés 2003, no 149, note Monnet ; RJDA 2003, no 1191.
6. T. com. Paris, 18 juin 1974, Bull. Joly 1974, p. 596.
7. CA Aix-en-Provence, 9 juill. 1982, Bull. arrêts Aix 1982, no 2, 97.
8. CA Paris 4 avr. 1997, Juris-Data no 020959 ; Dr. sociétés 1997, no 177.
9. CA Paris, 25 avr. 2000, no 1998/16203.

– le fait pour le cogérant d'exercer une activité à temps complet dans une autre entreprise et de reconnaître que cet emploi l'empêche de participer effectivement au fonctionnement de la société. Dans cette espèce, il existait au surplus un profond conflit entre les cogérants[1] *;*

– le fait pour le gérant d'une SARL familiale de ne respecter aucune procédure concernant les associés, ces derniers n'ayant jamais été convoqués à une assemblée générale et n'ayant jamais bénéficié d'une quelconque information relative à la société. Dans cette espèce, un conflit familial mettait en péril la pérennité de la société[2] *;*

– le fait, pour le gérant, de déménager à 500 kilomètres de la ville où était exploitée la parapharmacie et de perdre tout contact avec la clientèle, alors que ce contact était très important s'agissant d'un commerce de proximité. Par ailleurs, le gérant faisait remplir son rôle en grande partie par les vendeuses, puisqu'il leur avait demandé de tenir la caisse, mais également d'effectuer des démarches auprès des banques et de recevoir les représentants, sans pour autant avoir modifié leur contrat de travail. Enfin, des problèmes de trésorerie importants étaient apparus dans la société[3] *;*

– le fait, pour le gérant, de ne pas avoir convoqué dans les délais légaux les assemblées générales ordinaires des deux derniers exercices et d'avoir déposé les liasses fiscales de ces exercices avec un retard de six mois, ce qui peut avoir comme conséquence le rejet de la déductibilité des amortissements et provisions. En outre, dans cette espèce, la situation financière de la société laissait apparaître un endettement de représentant près de trois ans de chiffres d'affaires et le gérant n'a pas respecté le délai de résiliation d'un bail commercial ayant pour objet des locaux inexploités depuis deux ans (aboutissant à une reconduction du bail pour une nouvelle période triennale)[4].

Actes non qualifiés de cause légitime

– le refus par le gérant associé de communiquer un contrat de licence à ses coassociés en pourparlers avec un groupe de sociétés pour la cession de leur participation, le gérant estimant risquée la communication de ce contrat, élément essentiel de l'actif social, à un groupe concurrent. Dans cette espèce, les juges considèrent que l'intérêt de la société est mieux défendu par le gérant que par les associés, qui ne cherchent qu'à partir de la société dans des conditions plus avantageuses[5] *;*

– la mésentente entre deux frères, n'affectant pas de manière significative la situation des sociétés[6].

Gérant unique. Dans l'hypothèse d'un gérant unique, celui-ci sera naturellement peu enclin à convoquer l'assemblée. Les associés pourront alors, seul ou à plusieurs, **51.27**

1. CA Amiens, 10 janv. 2008, Juris-Data n° 2008-356191.
2. CA Nîmes, 12 janv. 2006, Juris-Data n° 2006-308993.
3. CA Pau, 6 mars 2003, Dr. sociétés 2003, n° 149, note Monnet ; RJDA 2003, n° 1191.
4. CA Versailles, 2 mars 2005, RJDA 2005, n° 1240.
5. CA Poitiers, 2 sept. 2003, Juris-Data n° 2003-221164.
6. CA Caen, 2 févr. 2006, JCP E 2007, 1575 ; RJDA 2007, n° 741 • Arrêt confirmé par Com. 10 juill. 2007, n° 06-13.520, NP, RJDA 2007, n° 979 ; Bull. Joly 2007, p. 1337, note Saintourens ; Dr. sociétés 2008, n° 56, note Monnet.

saisir en référé le président du tribunal de commerce à l'effet de voir désigner un mandataire dont la mission sera de convoquer l'assemblée et de fixer son ordre du jour.

51.28 **Ordre du jour.** La révocation peut être décidée par l'assemblée, alors même que la question n'aurait pas été expressément inscrite à l'ordre du jour, si la révocation du gérant se rattache par un lieu suffisant avec une question régulièrement inscrite à l'ordre du jour, telle que « l'examen de la gestion »[1], « l'étude de la situation actuelle de la société et de son administration »[2] ou encore l'examen de « l'activité de la société » durant l'année écoulée et celui des « perspectives d'avenir »[3].

La jurisprudence semble admettre que, quel que soit l'ordre du jour prévu, la révocation puisse intervenir en cours de séance, à la suite d'incidents graves et imprévus[4], c'est-à-dire, pour reprendre l'expression utilisée par la pratique, sur « incidents de séance ».

b. Gérant de SNC

51.29 **Conditions de révocation.** Les conditions de révocation sont, s'agissant du gérant de SNC, différentes selon la qualité du dirigeant[5].

Si tous les associés sont gérants ou si un ou plusieurs gérants choisis parmi les associés sont désignés dans les statuts[6], la révocation de l'un d'eux de ses fonctions ne peut être décidée qu'à l'unanimité des autres associés. Elle entraîne la dissolution de la société, à moins que sa continuation ne soit prévue par les statuts ou que les autres associés ne la décident à l'unanimité. La Cour de cassation est stricte dans l'application de ce texte.

> *À défaut de clause statutaire de continuation, la dissolution d'une société revêtant un caractère irrévocable, la Chambre commerciale considère que la société est dissoute à l'issue de l'assemblée générale ayant révoqué le gérant et ce, même si la continuation de la société est votée, une demi-heure après, lors d'une seconde assemblée générale*[7].

Remarque(s) *Pour éviter cette dissolution de plein droit à la suite de la révocation du gérant statutaire, il est recommandé aux fondateurs de prévoir une clause statutaire prévoyant la continuation de la société.*

---

1. Com. 28 févr. 1977, n° 75-14.163, Bull. civ. IV, n° 65; D. 1977, IR 312, obs. Bousquet; Rev. sociétés 1978, 245, note Gastaud; RJ com. 1978, 294, note Merle.
2. CA Paris, 24 sept. 1981, Rev. sociétés 1982, 283, note Le Cannu; Gaz. Pal. 1982, 1, 85, note A.P.S.
3. Com. 29 juin 1993, n° 91-14.778, Bull. civ. IV, n° 277; Rev. sociétés 1994, 63, note Pasqualini; Bull. Joly 1993, 1142, note Le Cannu; Dr. sociétés 1993, n° 205, obs. Le Nabasque; Quot. jur. 1993, n° 96, note P.M. : rejet du pourvoi contre CA Paris, 12 févr. 1991, Bull. Joly 1991, p. 410, note Le Cannu; D. 1992, somm. 181, obs. Bousquet et Bugeja.
4. CA Paris, 26 nov. 1999, RJDA 3/00, n° 290 • *Contra* : CA Versailles, 7 janv. 1992, Bull. Joly 1992, p. 553 : arrêt semblant exclure cette possibilité lorsqu'aucun motif ni urgence ne vient justifier ce comportement.
5. C. com., art. L. 221-12.
6. Sur la notion de gérant statutaire, voir Com. 12 juill. 1955, Bull. civ. III, n° 254; D. 1956, 593, note J. Copper-Royer; JCP 1955, II, 8908, note Bastian : le gérant peut être désigné dans les statuts lors de la constitution de la société ou postérieurement en cours de vie sociale.
7. Com. 26 nov. 2003, n° 00-20.478, Bull. civ. IV, n° 187; D. 2003, AJ 3055, obs. Lienhard; JCP E 2004, n° 12, 471, note Reifegerste; JCP E 2004, n° 17, 668, obs. Caussain, Deboissy et Wicker; Dr. sociétés 2004, n° 28, note Monnet; Bull. Joly 2004, 428, note Le Cannu; RJ com. 2004, 175, note Ginestet; RTD com. 2004, 330, obs. Champaud et Danet; LPA 26 juill. 2004, 17, note Gibirila; Rev. sociétés 2004, 675, note De Laender.

Le gérant révoqué peut alors décider de se retirer de la société en demandant le remboursement de ses droits sociaux, dont la valeur est déterminée conformément à l'article 1843-4 du code civil. Toute clause contraire à cet article est réputée non écrite.

Si **un ou plusieurs associés sont gérants, sans avoir été désignés par les statuts**, chacun d'eux peut être révoqué de ses fonctions, dans les conditions prévues par les statuts ou, à défaut, par une décision des autres associés, gérants ou non, prise à l'unanimité.

Le **gérant non associé** peut être révoqué dans les conditions prévues par les statuts ou, à défaut, par une décision des associés prise à la majorité.

Dommages-intérêts. Dans tous les cas, si la révocation est décidée sans juste motif, elle peut donner lieu à dommages et intérêts.

Révocation judiciaire. Enfin, à l'inverse des dispositions applicables aux gérants de SARL, de société en commandite par actions et de société civile, l'article L. 221-12 du code de commerce ne prévoit pas la possibilité pour les associés de recourir à la révocation judiciaire du gérant. Pour autant, la jurisprudence a admis, même en l'absence de disposition légale spécifique, que la mise en péril de l'intérêt social justifie la révocation judiciaire du gérant[1].

c. Membres du directoire dans les SA « duales »

Modalités. Les membres du directoire et le directeur général unique peuvent être révoqués par l'assemblée générale, ainsi que, si les statuts le prévoient, par le conseil de surveillance. Si la révocation est décidée sans juste motif, elle peut donner lieu à dommages et intérêts[2]. **51.30**

Au cas où l'intéressé aurait conclu avec la société un contrat de travail, la révocation de ses fonctions de membre du directoire n'emporte pas résiliation de ce contrat.

d. Directeurs généraux de SA « classiques » n'exerçant pas la fonction de président du conseil d'administration

Modalités. Si aux termes de l'article L. 225-55 du code de commerce, le directeur général et les directeurs généraux délégués, sur proposition du directeur général, sont révocables à tout moment par le conseil d'administration, le législateur a, depuis la loi du 15 mai 2001[3], rompu avec leur révocation discrétionnaire, en instituant le principe d'une indemnisation en cas de révocation « sans juste motif ». **51.31**

La loi réserve toutefois le cas du directeur général qui assume également les fonctions de président du conseil d'administration, celui-ci restant soumis au principe de la révocation *ad nutum* (voir n° 51.38).

---

1. Com. 8 févr. 2005, n° 01-14.292, NP, RJDA 2005, n° 582 ; Bull. Joly 2005, p. 781 ; Dr. sociétés 2005, n° 139, note Monnet : décision rendue à propos d'une société en commandite simple, mais transposable aux SNC.
2. C. com., art. L. 225-61.
3. L. n° 2001-420, 15 mai 2001, nouvelles régulations économiques, JO 16 mai, p. 7776.

<u>Remarque(s)</u> *Même sous l'empire du régime ancien de la révocation discrétionnaire, la jurisprudence accordait déjà une certaine protection aux directeurs généraux et directeurs généraux délégués, lorsque leur révocation était jugée abusive au regard des circonstances vexatoires ou injurieuses qui l'entouraient, ou encore, au non-respect du principe de la contradiction, consistant à permettre à l'intéressé d'être entendu[1] (voir n° 51.41).*

Vacance. Lorsque le directeur général cesse ou est empêché d'exercer ses fonctions, les directeurs généraux délégués conservent, quant à eux, sauf décision contraire du conseil, leurs fonctions et leurs attributions jusqu'à la nomination du nouveau directeur général[2].

2. Définition du juste motif

51.32 **Cadre général.** En l'absence de définition légale du juste motif, il appartient au juge de dire si le motif de révocation est juste au sens des dispositions de la loi[3]. La notion de juste motif a ainsi été précisée par la doctrine et la jurisprudence. Elle repose essentiellement sur la faute du dirigeant, mais également, dans certains cas, sur l'intérêt social.

51.33 **Faute de gestion.** Le juste motif traditionnellement retenu est la faute de gestion commise par le dirigeant, à l'instar des agissements frauduleux[4], des irrégularités graves et répétées[5], des actes de concurrence déloyale[6], ou encore du désintérêt pour ses fonctions[7].

Cette faute de gestion peut également résulter d'une **abstention**.

> *Ainsi la Cour d'appel de Rennes a-t-elle retenu l'existence d'un juste motif s'agissant de l'inertie du dirigeant à l'origine de la dégradation de la situation de la société[8].*

Il importe que la ou les fautes retenues par les associés présentent une certaine **gravité**. La faute légère ne saurait être suffisante. Est en effet injustifiée une révocation sans indemnité pour des motifs dépourvus de toute objectivité et constitutifs d'un simple prétexte pour se séparer du dirigeant évincé[9].

---

1. Com. 30 nov. 2004, n° 01-15.382, NP, Dr. sociétés n° 3, mars 2005, comm. 51, obs. H. Hovasse; Rev. sociétés 2005, 639, note L. Godon : a été considéré abusif le stratagème consistant à faire démissionner le président-directeur général (et par voie de conséquence les directeurs généraux délégués), avant de faire renommer le même président-directeur général, sans faire renommer, de la même façon, les directeurs généraux délégués.
2. C. com., art. L. 225-55.
3. R. Baillod, « Le juste motif de révocation des dirigeants sociaux », RTD com. 1983, 395 • M.-H. De Laender, « La révocation des dirigeants sociaux », Dr. sociétés 2000, Chron. n° 9.
4. Com. 6 oct. 1980, Bull. Joly 1981, 31 : fait d'avoir mentionné comme étant présente lors de l'assemblée générale une personne absente • CA Paris, 7 juill. 1995, JCP E 1996, pan. 14 : remboursement indu par la société des frais en présentant des justificatifs inexacts, falsifiés ou insuffisants.
5. CA Paris, 23 janv. 1992, Juris-Data n° 020457 : absence de tenue régulière de comptabilité • CA Paris, 25 avr. 2000, Rev. sociétés 2000, 586, obs. Guyon; JCP E 2000, n° 46, 1808, obs. Viandier et Caussain : absence de réunion de l'assemblée dans le délai légal.
6. CA Douai, 13 mai 1955, JCP 1956, II, n° 9062, note Rousseau.
7. CA Nancy, 9 déc. 1949, Rev. sociétés 1950, 38.
8. CA Rennes, 28 mars 1973, JCP 1974, II, n° 17743, note H. Synvet.
9. CA Paris, 4 nov. 1992, Bull. Joly 1993, 110.

De même, faut-il que la faute invoquée soit commise par le dirigeant en cette qualité. À ce titre, elle doit être intimement **liée à la gestion de la société**[1].

La révocation du gérant de la société mère ne constitue pas un juste motif de révocation du mandat social exercé au sein de la filiale[2].

Le juste motif doit donc s'apprécier uniquement en fonction de la gestion de la société concernée et non de fonctions, salariées ou non, qui pourraient avoir été exercées par l'intéressé dans d'autres sociétés du même groupe.

Enfin, la faute invoquée doit être **actuelle**, des griefs anciens au soutien d'une révocation tardive ne pouvant constituer des justes motifs, privatifs de dommages et intérêts.

Intérêt social. Au-delà de la faute objective, la jurisprudence fait de plus en plus place à une conception subjective du juste motif en relation avec l'appréciation de l'intérêt social[3], n'hésitant plus à retenir, au soutien d'une révocation sans indemnité, un **désaccord grave sur l'organisation ou la politique générale de la société**[4], l'incapacité notoire du gérant, voire la perte de confiance des associés, **à condition que celle-ci paralyse le fonctionnement de la société**[5]. 51.34

3. Conséquences de l'absence de juste motif

Révocabilité du dirigeant. Ainsi que cela a été indiqué, la révocabilité du dirigeant est un droit d'ordre public. Il en résulte que, même en l'absence de juste motif, les associés peuvent révoquer le dirigeant sans que leur décision ne puisse faire l'objet d'une annulation. 51.35

L'absence de juste motif est seulement sanctionnée par l'allocation de dommages et intérêts en réparation du préjudice effectivement subi par le dirigeant en pareille hypothèse.

Les associés disposent par conséquent, en toutes circonstances, de la liberté de révoquer le dirigeant. Cette liberté a toutefois un prix lorsqu'elle est exercée sans cause légitime, caractérisée par un juste motif.

1. CA Reims, 23 avr. 1979, JCP 1979, II, 19410.
2. CA Reims, 10 nov. 1975, Rev. sociétés 1976, 307.
3. La Cour d'appel de Paris a jugé que « la notion de juste motif se définit non pas seulement en fonction de l'activité ou du comportement du membre du directoire intéressé, mais aussi en fonction de l'intérêt social, réel et certain » (CA Paris, 20 nov. 1980, Rev. sociétés 1981, 583, note P. Le Cannu).
4. CA Paris, 22 fév. 2007, Dr. sociétés, juin 2006, comm. 118, obs. Monnet, Juris-Data n° 2007-329435 : souhait formulé par le gérant de faire prononcer la dissolution de la société contre l'avis de la majorité • CA Paris, 20 fév. 2007, Dr. sociétés juin 2006, comm. 118, obs. Monnet, Juris-Data n° 2007-329422 : présentation alarmiste de la situation de la société contre l'avis des associés.
5. La mésentente entre associés et la perte de confiance constituent un juste motif de révocation à condition de contrarier l'intérêt social ou le fonctionnement de la société : Com. 4 mai 1999, n° 96-19.503, Bull. civ. IV, n° 94; D. 2000, somm. 236, obs. Hallouin; JCP 1999, I, n° 162; JCP E 1999, n° 29, 1237, obs. Viandier et Caussain; Dr. sociétés 1999, n° 126, note Bonneau; Bull. Joly 1999, p. 914, note Le Cannu; Defrénois 1999, 1188, obs. J. Honorat • Com. 4 mai 1993, n° 91-14.693, Bull. civ. IV, n° 175; Rev. sociétés 1993, 800, note Didier; D. 1993, IR 148; Bull. Joly 1993, p. 769, note Baillod; JCP E 1993, I, 288, n° 12, obs. Viandier et Caussain • Com. 22 nov. 2005, n° 03-18.651, NP, Dr. sociétés 2006, comm. 24, obs. Monnet • Com. 12 juin 2007, n° 06-13.900, NP, RTD com. 2008, 131, obs. Le Cannu et Dondero; Rev. sociétés 2008, 124, note JP Dom • CA Versailles, 25 janv. 2007, Dr. sociétés juin 2007, comm. 118; Juris-Data n° 2007-329880.

51.36 **Indemnisation du dirigeant.** Si le dirigeant révoqué sans juste motif ne pourra obtenir sa réintégration dans la société par l'effet de l'annulation de la décision prise dans ces conditions, il pourra en revanche obtenir de celle-ci réparation (voir n° 51.26).

Il lui faudra, à cette fin, démontrer qu'il a subi un préjudice qui pourrait être constitué, par exemple, par le fait d'avoir été contraint à vendre ses parts dans des conditions défavorables, ou encore d'avoir été conduit à rechercher un emploi ou à en accepter un moins bien rémunéré.

4. Circonstances de la rupture

51.37 **Abus de droit.** Indépendamment de la nécessité d'un juste motif, la révocation doit être exempte de tout abus de droit. Si la révocation intervient dans des conditions brusques et vexatoires[1], le dirigeant pourra demander, en application du droit commun de la responsabilité civile, réparation du préjudice qui en résulterait, préjudice distinct de celui lié à l'existence ou non d'un juste motif de révocation[2].

De même, la Cour de cassation considère que la révocation doit être exempte de tout abus de droit tenant au non-respect du contradictoire, consistant à permettre au dirigeant évincé de présenter sa défense préalablement à sa révocation[3].

La Chambre commerciale de la Cour de cassation a même accepté de voir condamner, non pas la société elle-même, mais les associés qui avaient voté la révocation, au motif « que la décision de révocation avait été prise en violation flagrante des règles légales relatives à la tenue et à la convocation des assemblées des associés et alors qu'une décision inspirée par une intention vexatoire et contraire à l'intérêt social, caractérise de la part de ses auteurs une volonté de nuire constitutive d'une faute »[4].

B. Révocation *ad nutum*

1. Dirigeants concernés

51.38 **Cadre légal.** Le régime de la révocation *ad nutum* s'applique aux **dirigeants des SA**, administrateurs, président du conseil d'administration, membres du conseil de surveillance et président du directoire.

L'article L. 225-18, alinéa 2, du code de commerce dispose, s'agissant des **administrateurs** de SA, qu'ils « peuvent être révoqués à tout moment par l'assemblée générale ordinaire ».

---

1. Com. 1er févr. 1994, n° 92-11.171, Bull. civ. IV, n° 53; Rev. sociétés 1994, 281, note Y. Chartier; JCP 1995, 20, 189, note D. Gibirila.
2. CA Versailles, 3 mars 2005, Dr. sociétés juill. 2005, comm. 137; Juris-Data n° 2005-269537 : même décidée pour un juste motif, la révocation d'un gérant de SARL peut être susceptible de porter atteinte à son honorabilité et de lui causer un grief particulier, dont il est fondé à demander réparation.
3. Voir CA Rouen, 16 déc. 2004, Juris-Data n° 2004-258513; Dr. sociétés 2005, comm. n° 52, J. Monnet : la désignation du nouveau dirigeant, intervenue avant la révocation de l'ancien, a été jugée déloyale, car elle ne permettait pas au dirigeant de présenter ses observations préalablement à sa révocation • CA Paris, 26 janv. 2006, RTD com. 2006, 416, note Champaud et Danet : non respect du principe du contradictoire, dès lors que la convocation a été envoyée à une adresse où le dirigeant ne pouvait pas la recevoir.
4. Com. 13 mars 2001, n° 98-16.197, Bull. civ. IV, n° 60.

Quant au **président du conseil d'administration**, l'article L. 225-47, alinéa 3, dispose que « le conseil d'administration peut le révoquer à tout moment » et que « toute disposition contraire est réputée non écrite ».

Remarque(s) *Le président du conseil d'administration est révocable à double titre, puisqu'il peut non seulement être révoqué par son conseil d'administration, mais également, indirectement, en sa qualité d'administrateur par l'assemblée.*

L'article L. 225-75, alinéa 2 du code de commerce précise, enfin, que les **membres du conseil de surveillance** « peuvent être révoqués à tout moment par l'assemblée générale ordinaire ».

2. Conséquences du caractère *ad nutum* de la révocation

Liberté de révocation. Dans tous ces cas, la révocation résultera de **décisions ordinaires**, qui ne sont soumises à aucune exigence de *quorum* ou de majorité. 51.39

S'agissant de révocation *ad nutum*, celle-ci n'a pas à procéder d'un juste motif, elle relève d'un **pouvoir discrétionnaire**.

La décision peut être prise, selon le cas, par l'assemblée ou le conseil d'administration, quand bon lui semble. Le dirigeant peut ainsi être révoqué du jour au lendemain, selon la théorie des incidents de séance, qui permet notamment au conseil d'administration de révoquer son président sans que cette question n'ait été inscrite à l'ordre du jour (voir n°s 51.25 et s.).

Le dirigeant ainsi révoqué, fût-ce sans juste motif, ne pourra prétendre ni à sa réintégration, ni même à des dommages et intérêts, toute convention contraire tendant notamment à l'allocation d'indemnités étant, en principe, nulle.

En d'autres termes, la révocation intervient **sans motif, sans préavis et sans indemnité**.

3. Limites au caractère *ad nutum* de la révocation

Le juge est toutefois de plus en plus porté à atténuer le principe de la révocabilité *ad nutum*. Cette tendance se développe tant quant à la mise en œuvre de la révocation, que quant à ses effets. 51.40

a. Principe du contradictoire et des droits de la défense

Principe. Par un arrêt du 26 avril 1994, la Chambre commerciale de la Cour de cassation, a énoncé que la révocation d'un directeur général peut intervenir à tout moment et n'est 51.41

abusive que si elle a été accompagnée de circonstances ou a été prise dans des conditions qui portent atteinte à la réputation ou à l'honneur du dirigeant révoqué ou si elle a été brutalement décidée sans respecter le principe de la contradiction[1].

Ce principe de la contradiction est défini à l'article 14 du code de procédure civile dans les termes suivants :

« Nulle partie ne peut être jugée sans avoir été entendue ou appelée ».

L'introduction de ce principe du contradictoire se heurte, par conséquent, manifestement au caractère *ad nutum* de la révocation qui postule au contraire que la révocation puisse intervenir à tout moment, sans que la société n'ait à justifier d'un juste motif. Le principe du contradictoire implique, en effet, que le dirigeant puisse s'expliquer, dans des conditions satisfaisantes, pour faire valoir sa défense. Cela signifie implicitement :
- en premier lieu, que sa révocation doit avoir pour cause des griefs sur lesquels il doit pouvoir s'expliquer;
- en second lieu, que la révocation ne doit pas intervenir sans délai, afin de laisser suffisamment de temps au dirigeant pour préparer sa défense.

La Cour d'appel de Paris a considéré que le délai d'un mois laissé au dirigeant pour présenter ses observations, était suffisant pour écarter tout caractère abusif à la révocation décidée finalement à son encontre[2].

L'application de la théorie de l'abus de droit en cas de violation du principe du contradictoire permet ainsi à certains dirigeants d'obtenir des dommages et intérêts, en dépit du caractère discrétionnaire que la loi attache à leur révocation.

51.42 **Atténuation.** Par un arrêt de principe en date du 15 mai 2007, la Cour de cassation est toutefois venue recadrer l'application du principe du contradictoire dans le cadre du processus de révocation du dirigeant, afin de mettre un terme à la conception trop extensive de cette notion que les tribunaux adoptaient.

Sans supprimer l'exigence d'une phase préalable à la révocation, lors de laquelle le dirigeant doit pouvoir être en mesure de s'exprimer, la Cour de cassation refuse que cette exigence soit instrumentalisée par le dirigeant afin de contourner l'application de la révocation *ad nutum* ou pour « justes motifs » lorsque ceux-ci sont caractérisés.

Selon la Cour de cassation, le dirigeant en cause « ayant été averti en temps utile des griefs formulés au soutien de la proposition de révocation qui devait être présentée lors de l'assemblée générale », la société ne viole pas le principe du contradictoire et les dispositions de l'article 1382 du code civil, en ne différant pas la tenue de cette assemblée, bien que le dirigeant menacé ne soit pas en mesure d'y assister, en raison d'un arrêt maladie de trois jours[3].

1. Com. 26 avr. 1994, nº 92-15.884, Bull. civ. IV, nº 158; JCP 1995, II, 22369, note D. Giribila; Bull. Joly 1994, § 221, 831, note P. Le Cannu.

2. CA Paris, 24 nov. 1998, Dr. sociétés 1999, nº 25, note D. Vidal.

3. Com. 15 mai 2007, nº 05-19.464, Bull. civ. IV, nº 133; D. 2007, AJ 1511, obs. Lienhard; JCP E 2007, 2158, note A. Viander; Gaz. Pal. 2007, nº 220, p. 5, note F. Guerchoun; RTD com. 2007, 773, note Le Cannu et Dondero.

Préjudice. Dans ce même arrêt, la Cour de cassation rappelle fermement que le préjudice découlant de la violation du principe du contradictoire ne saurait se confondre avec celui découlant de la révocation elle-même. La cour d'appel est ainsi censurée pour avoir caractérisé le préjudice subi par le dirigeant évincé au mépris du principe du contradictoire, en tenant compte tant des « répercussions de la décision critiquée sur sa situation personnelle », que de « l'importance des revenus perçus avant sa révocation », de « l'incidence de son éviction sur ses chances de valorisation de ses droits sociaux » et de « l'évolution des profits d'une société en difficulté financière », ces éléments se rattachant manifestement au préjudice causé par la révocation elle-même[1]. **51.43**

Au-delà de cette cause autonome de l'abus de droit de révocation, le juge a, depuis longtemps, contrôlé les circonstances entourant la mise en œuvre de la révocation.

b. Contrôle des circonstances de la rupture

Volonté de nuire. La limite du droit de révocation réside, en application de la théorie de l'abus de droit, dans la volonté de nuire. C'est ainsi que le juge s'est reconnu la possibilité de contrôler les circonstances dans lesquelles intervient la révocation du dirigeant. **51.44**

Le dirigeant peut, dans ces conditions, obtenir réparation de la société lorsque sa révocation s'est accompagnée de propos ou de comportements qui ont porté atteinte à son honorabilité[2].

> *Il a ainsi par exemple été jugé que l'absence de tout grief antérieur, l'absence d'ordre du jour et la préméditation d'une révocation brutale caractérisent le caractère déloyal de la révocation[3].*

Préjudice. Tout comme en cas de violation du principe du contradictoire (voir nos 51.41 et s.), la jurisprudence rappelle toutefois que le préjudice découlant de l'existence de circonstances vexatoires et abusives ne saurait être assimilé à celui découlant de la révocation elle-même. **51.45**

> *Ainsi, aux termes d'un arrêt du 13 novembre 2003, la Chambre commerciale de la Cour de cassation a-t-elle énoncé que « le préjudice constitué par la perte d'une chance de conserver les fonctions est sans lien avec les fautes commises lors de la révocation », les fautes étant en l'espèce constituées par les propos malveillants du nouveau dirigeant[4].*

Le préjudice découlant des circonstances abusives entourant la révocation pourra, par exemple, être moral[5].

1. Cet arrêt prolonge de manière opportune l'arrêt de principe rendu par la Chambre commerciale de la Cour de cassation le 13 novembre 2003 à propos du préjudice découlant des circonstances abusives ayant entouré la révocation (voir no 51.45 et les arrêts cités).
2. Jurisprudence constante depuis Cass. 2 juin 1924, JS, 1925, 150 • Voir égal. Com. 26 avr. 1994, no 92-15.884, Bull. civ. IV, no 158, préc.
3. CA Paris, 4 juill. 1996, Dr. sociétés 1996, no 217, note D. Vidal.
4. Com. 13 nov. 2003, no 01-00.376, NP, Bull. Joly Sociétés, 1er avril 2004, no 4, 551, D. Vidal et F. Pujol.
5. En ce sens : CA Versailles 3 mars 2005, Juris-Data no 2005-269537 ; Dr. sociétés no 7, juill. 2005, comm. 137, J. Monnet.

51.46 **Conventions visant à limiter les conséquences financières de la révocation.** Depuis la loi du 21 août 2007[1], l'attribution de rémunérations différées aux dirigeants est désormais strictement encadrée (voir à cet égard le chapitre 52).

C. Libre détermination des causes et de la mise en œuvre de la révocation des dirigeants de SAS

51.47 **Liberté.** Dans le cadre des SAS, les statuts permettent aux associés de déterminer librement les conditions de nomination, de durée, mais également de cessation des fonctions de président ou dirigeant de SAS[2]. Les statuts déterminent ainsi les causes et la procédure de révocation.

Les associés peuvent choisir d'opter pour l'une des deux formules décrites ci-dessus, à savoir la révocation « pour juste motif » ou la révocation *ad nutum*. Mais ils peuvent également imaginer d'autres formules et prévoir, par exemple, que la révocation ne pourra être décidée que pour « faute grave », ou qu'elle ne pourra intervenir qu'à l'issue d'un préavis ou moyennant une indemnisation fixée à l'avance[3].

Les règles de majorité, ainsi que l'organe compétent pour révoquer le président et/ou les dirigeants de SAS sont également librement fixés, la compétence pouvant même être réservée à certains des associés seulement.

De même, la majorité des auteurs s'accordent sur la possibilité, pour les associés, de prévoir dans les statuts que le président ou certains dirigeants seront irrévocables[4].

Cette hypothèse n'est bien sûr pas sans danger pour la société, car en l'absence de clause statutaire prévoyant la possibilité d'une révocation judiciaire[5], les associés peuvent se retrouver dans une impasse juridique.

Remarque(s) *Il leur sera toutefois toujours possible, afin de débloquer une telle situation, de solliciter la désignation d'un administrateur provisoire, celui-ci pouvant, le cas échéant, être autorisé par le président du tribunal de commerce à faire voter une modification des statuts.*

51.48 **Limite.** La seule limite à la liberté contractuelle et statutaire s'agissant des conditions de la révocation réside dans la théorie de **l'abus de droit**. En application des articles 1382 et suivants du code civil, le dirigeant évincé bénéficie, en effet, quelle que soit la formule retenue par les associés de la SAS, de la protection accordée par la

[1] L. n° 2007-1223, 21 août 2007, en faveur du travail, de l'emploi et du pouvoir d'achat, JO 22 août, p. 13945.

[2] Voir C. com., art. L. 227-5 : les « statuts fixent les conditions dans lesquelles la société est dirigée ».

[3] Il s'agira alors d'une clause pénale, soumise aux dispositions de l'article 1152 du code civil et donc à une éventuelle réduction judiciaire en cas d'excès manifeste.

[4] P. Bertel, « Liberté contractuelle et sociétés, Essai d'une théorie du "juste milieu" en droit des sociétés », RTD com. 1996, 601 • P. Le Cannu, « Les dirigeants de la société par actions simplifiées » Rev. sociétés 1994, 246 • J.- J. Caussain, « Du bon usage de la SAS dans l'organisation des pouvoirs » JCP E 1999, p. 1664 • Certains auteurs sont plus réservés à cet égard. Ne s'agit-il pas en effet alors d'un engagement perpétuel illicite ? Voir P. Didier, Droit commercial. L'entreprise en société, PUF, 1999, 3e éd., t. 2, 529 • Voir égal. F. Masquelier et N. Simon de Kergunic, SAS, Création, Gestion, Évolution, Delmas, 2007, 5e éd., § 1023.

[5] Aucune disposition légale ne prévoyant la révocation judiciaire dans le cas des dirigeants d'une SAS, il semble que la liberté contractuelle gouvernant les rapports entre les associés dans une telle société exclut la révocation judiciaire si les associés n'ont pas, eux-mêmes, fait le choix de l'inscrire dans les statuts.

jurisprudence à tous les dirigeants s'agissant des circonstances de la révocation. À l'instar des régimes décrits ci-dessus (voir n°s 51.40 et s.), ces circonstances ne doivent être ni vexatoires, ni injurieuses, ni attentatoires au principe du contradictoire, à défaut de quoi le dirigeant évincé pourrait solliciter du juge l'allocation de dommages et intérêts en réparation du préjudice qu'il subirait de ce fait[6].

1 Voir par ex. CA Paris, 4 avr. 2006, Rev. sociétés 2006, 667, note I. Urbain-Parleani; Bull. Joly 2006, 1055, § 215, note P.-L. Périn; RTD com. 2006, 863, note P. Le Cannu; RTD com. 2006, 849, note Champaud et Danet • Voir égal. CA Paris, 16 mai 2006, n° 10, oct. 2006, comm. n° 15, J. Monnet : espèce dans laquelle le principe du contradictoire a été respecté et les circonstances de la rupture ne sont pas abusives.

CHAPITRE 52

Indemnités de départ

52.11 **Cadre général.** La condition de dirigeant est d'une très grande précarité eu égard aux conditions dans lesquelles il peut être révoqué (voir chapitre 51). Cette précarité est particulièrement forte lorsqu'il peut être révoqué *ad nutum*[1] puisque, aussi bien, le dirigeant ne peut alors prétendre à aucune indemnisation, alors même qu'il n'aurait pas commis de faute. À cet égard, le droit anglais[2] a une conception plus protectrice du dirigeant que le droit français.

Face à cette rigueur, le dirigeant peut trouver intérêt à souscrire une assurance chômage (voir chapitre 26). Il peut également bénéficier d'une pension de retraite complémentaire (voir chapitre 27). La pratique a, par ailleurs, conçu le bénéfice d'indemnités de départ (golden parachute)[3], dont le régime a été profondément modifié ces dernières années.

Il reste que si la jurisprudence a validé le principe de telles indemnités de départ, comme celui des promesses de rachat de ses actions au président en cas de révocation[4] (voir nº 52.15), ces conventions, pour être licites, ne doivent pas, comme en matière de pension de retraite complémentaire, faire échec au principe de la révocation *ad nutum*[5].

1. Le mandant – la société au sens large – peut révoquer sa procuration donnée au dirigeant, « quand bon lui semble », sans délai de préavis, sans avoir à se justifier, et, sauf abus de droit, sans dédommagement (C. civ., art. 2004).
2. A. Tunc, Le droit anglais des sociétés anonymes, Economica, p. 176.
3. J.-J. Caussain, « La précarité de la fonction de mandataire social », Bull. Joly 1993, § 151, p. 523 • J. Delga, « Révocation sans indemnités des P-DG, Mythe ou réalité », D. Affaires 1996, 763.
4. Com. 7 févr. 1989, Rev. sociétés 1989, 643, note Y. Chartier; Bull. Joly 1989, p. 334, note P. Le Cannu.
5. Com. 2 juin 1992, nº 90-17.873, Rev. sociétés 1992, 750, obs. Y. Guyon.

Loi TEPA. Les indemnités sont, en outre, soumises depuis la **loi TEPA du 21 août 2007**[1] à des conditions de validité strictes et à une publicité contraignante. Le risque est, en effet, pour le dirigeant, de voir ces conventions remises en cause au moment de sa révocation, autrement dit au moment de leur mise en jeu. **52.12**

Recommandation AFEP-MEDEF. L'actualité a conduit **l'AFEP et le MEDEF** à émettre le **6 octobre 2008** une **série de recommandations** destinées aux conseils d'administration et de surveillance des sociétés cotées, mais également aux sociétés non cotées[2], tendant notamment à « mettre définitivement un terme aux indemnités de départ abusives (parachutes dorés) ». **52.13**

Les conditions de performance exigées par la loi TEPA (voir nos 52.20 et s.) sont rappelées par ce texte, qui va beaucoup plus loin dans l'encadrement de l'allocation des indemnités de départ :

> *« Il n'est pas acceptable que des dirigeants dont l'entreprise est en situation d'échec ou qui sont eux-mêmes en situation d'échec la quittent avec des indemnités... Le versement d'indemnités de départ à un dirigeant mandataire social doit être exclu s'il quitte à son initiative la société pour exercer de nouvelles fonctions, ou change de fonctions à l'intérieur d'un groupe, ou encore s'il a la possibilité de faire valoir à brève échéance ses droits à la retraite. L'indemnité de départ ne doit pas pouvoir excéder, le cas échéant, deux ans de rémunération (fixe et variable).*
>
> *Ces règles et ce plafond s'appliquent à l'ensemble des indemnités et incluent notamment les éventuelles indemnités versées en application d'une clause de non-concurrence. Tout gonflement artificiel de la rémunération dans la période préalable au départ est à proscrire ».*

Décret du 30 mars 2009. Le décret du 30 mars 2009[3], pris en son chapitre 2, relatif aux seules entreprises publiques, et jusqu'au 31 décembre 2010 uniquement[4], précise que s'il est prévu une indemnité de départ, celle-ci doit être fixée à « un montant inférieur à deux années de rémunération. Elle n'est versée qu'en cas de départ contraint, à la condition que le bénéficiaire remplisse des critères de performance suffisamment exigeants. Elle n'est pas versée si l'entreprise connaît des difficultés économiques graves ». **52.14**

Commission européenne. Une recommandation du 29 avril 2009[5] établit de nouvelles orientations pour structurer et déterminer la rémunération des administrateurs des sociétés cotées, et préconise, notamment, de « plafonner (au maximum à deux années de la composante fixe de la rémunération) les indemnités de fin de contrat (parachutes dorés) et les interdire en cas d'échec ».

---

1. L. nº 2007-1223, 21 août 2007, en faveur du travail, de l'emploi et du pouvoir d'achat, JO 22 août, p. 13945.
2. Selon cette recommandation, « il est également souhaitable et recommandé que les sociétés dont les titres sont admis aux négociations sur un marché organisé (Alternext) et que les sociétés non cotées appliquent, comme c'est déjà le cas pour de nombreuses règles de gouvernement d'entreprise, ces recommandations en tout ou en partie en les adaptant à leurs spécificités ».
3. Décr. nº 2009-348, 30 mars 2009, relatif aux conditions de rémunération des dirigeants des entreprises aidées par l'État ou bénéficiant du soutien de l'état du fait de la crise économique et des responsables des entreprises publiques, JO 31 mars, p. 5622.
4. Décr. nº 2009-348, 30 mars 2009, préc., art. 7.
5. Recomm. IP/09/673, 29 avr. 2009.

Régime fiscal et social. Enfin, le régime social et fiscal des indemnités de départ versées au dirigeant est devenu considérablement moins attractif. Depuis le 1er janvier 2006, la fraction exonérée, par exception au principe d'assujettissement, n'est plus celle équivalente à la moitié de la première tranche du barème de l'ISF, mais est désormais fixée par référence à un coefficient multiplicateur du plafond annuel de la sécurité sociale, qui aboutit à des règles moins favorables tant pour la société que pour son dirigeant[1]. En outre, depuis le 1er janvier 2009, l'article 14 de la loi du 17 décembre 2008[2] assujettit intégralement à cotisations et à CSG-CRDS les indemnités liées à la rupture du contrat de travail et à la cessation forcée des fonctions de mandataire social d'un montant supérieur à trente fois le plafond annuel de la sécurité sociale.

1. Conditions de validité des indemnités conventionnelles

52.15 Les conventions par lesquelles la société et son dirigeant conviennent que ce dernier bénéficiera d'une indemnité dans l'hypothèse où il devait être révoqué, étaient traditionnellement considérées comme nulles en ce qu'elles portaient atteinte au principe de révocation *ad nutum*[3].

La pratique a toutefois résisté à ce courant jurisprudentiel en ayant recours à ce que les Anglo-saxons nomment les « golden parachute ». Il s'agit de conventions conclues entre le dirigeant révoqué d'une part, et la société, un actionnaire ou un tiers d'autre part, ayant pour objet l'allocation d'une indemnité du fait de la cessation des fonctions sociales. L'atteinte qui est portée au principe de la révocation *ad nutum* par ces conventions, a incité les juges à réglementer cette pratique. Là encore l'intérêt social va être le critère déterminant dans la validation de ces conventions.

Remarque(s) *Cependant, les entreprises et leurs dirigeants doivent également prendre en considération les contraintes et recommandations figurant au no 52.12 et au no 52.13, explicités au § B (voir nos 52.20 et s.).*

A. Convention d'indemnités conclue entre le dirigeant révoqué et un tiers, la société ou un actionnaire

52.16 **Évolution jurisprudentielle.** La jurisprudence a évolué très nettement sur ce point : après avoir longtemps refusé de valider ces conventions, les juges ont finalement toléré leur existence, en précisant tout d'abord que seules les conventions pas-

1 Voir nos 52.28 et s.

2 L. no 2008-1330, 17 déc. 2008, de financement de la sécurité sociale pour 2009, JO 18 déc., p. 19291 • Lettre circ. Acoss no 2009-021, 11 févr. 2009 (voir no 52.29).

3 Com. 17 janv. 1984, Gaz. Pal. 1984, 1, p. 389 • Com. 21 janv. 1988, Bull. Joly 1988, p. 687.

sées avec un tiers à la société étaient valables. En effet la société n'aura pas à supporter le coût de cette indemnité, ce qui le cas échéant aurait pu peser sur la décision même de révoquer le dirigeant.

Ainsi, la Chambre commerciale de la Cour de cassation a déclaré que : « la cession d'actions d'une société au président du conseil d'administration de cette société, avec promesse de rétrocession et de rachat dans le cas où ses fonctions cesseraient, ne porte pas atteinte au principe de libre révocabilité, et n'est donc pas nulle dès lors que d'une part, le cédant avait agi dans son propre intérêt en obligeant ce dirigeant à une telle acquisition et que, d'autre part, le rachat des actions ne présentait qu'une dépense relativement peu élevée, de sorte que l'opération n'était pas susceptible d'avoir une influence réelle sur la décision de révocation, laquelle est au demeurant effectivement intervenue »[1].

Remarque(s) *La doctrine a considéré qu'il résultait de cette décision qu'une « convention qui se traduit par le versement d'une certaine somme à un dirigeant de société anonyme à l'occasion de la cession de ses fonctions échappe à la nullité... lorsque d'une part, étant conçue dans l'intérêt même de la société, elle n'a pas pour finalité d'indemniser l'intéressé pour la cessation de ses fonctions et, d'autre part, la somme à verser est sans influence réelle sur la décision de révocation ».*

La jurisprudence est allée plus loin encore dans le sens de la validité des indemnités de départ. Refusant initialement de valider les conventions passées avec la société ou un actionnaire, eu égard au fait que le montant parfois élevé de l'indemnité allouée risquait de peser sur la décision de révocation, les juges ont ensuite opéré une distinction en utilisant la notion de « charge excessive » pour la société.

Ainsi, la Chambre commerciale de la Cour de cassation a, de façon moins restrictive, considéré qu'est « illicite la convention qui a pour objet de restreindre ou d'entraver la révocation ad nutum du directeur général d'une SA, par les conséquences financières importantes qu'elle entraîne pour un tiers qui peut exercer une influence sur la décision de révocation »[2].

Jurisprudence actuelle. Il semble désormais possible d'affirmer, à la lecture de la jurisprudence, que « dès lors que l'indemnité conventionnelle prévue ne constitue pas une charge excessive pour celui qui la verse, et tout particulièrement pour la société ou un actionnaire, de sorte qu'elle n'aurait pas d'influence sur la décision de révoquer, elle sera validée par le juge », de même que dans l'hypothèse où « le tiers n'a aucune influence sur le vote concernant la révocation »[3]. **52.17**

---

1. Com. 7 févr. 1989, Rev. sociétés 1989, 643, note Y. Chartier.
2. Com. 4 juin 1996, Bull. Joly 1996, p. 930.
3. M.-H. De Laender, « La révocation des dirigeants sociaux », Dr. sociétés 2000, chron. nº 9.

C'est en ce sens qu'a statué la Cour d'appel de Paris[1]*, dans une espèce où elle a considéré que « le paiement de l'indemnité promise n'était pas de nature à peser sur la décision de l'actionnaire détenant le contrôle absolu de sa filiale », celui-ci s'étant engagé au paiement d'une indemnité de 1 million de francs [150 000 €] alors qu'il s'agissait d'une personne morale dont le capital propre s'élevait à 1,5 milliard de francs [225 000 000 €].*

Dans un arrêt du 19 avril 2005, la Cour de cassation a réaffirmé sa position en rappelant que les conventions prévoyant le versement d'une indemnisation de révocation aux directeurs généraux ou aux présidents de conseil d'administration de sociétés sont valables dès lors qu'elles ne présentent pas un caractère dissuasif et ne portent pas atteinte à leur libre révocabilité[2].

52.18 **Appréciation *in concreto*.** C'est en réalité au cas par cas, en considération des données spécifiques de l'espèce qui lui est soumise, que le juge appréciera si, selon lui, l'indemnité promise constitue ou pas une charge excessive pour celui qui s'est engagé à la verser.

Remarque(s) *Les parties qui voudraient avoir recours à de telles indemnités de départ auront en conséquence intérêt à faire preuve de mesure si elles veulent s'assurer de la validité des indemnités de départ convenues. Elles veilleront à ce que la convention ne puisse exercer d'influence sur l'éventuelle révocation de son bénéficiaire en raison de ses conséquences financières très limitées, ou à raison de ce qu'elle pèse sur un tiers n'exerçant pas d'influence sur le vote.*

52.19 **Procédure.** Il conviendra naturellement d'observer les procédures fixées par le code de commerce (voir le régime des conventions réglementées, n° 31.18). Ainsi, seront annulées les conventions conclues entre la société et un de ses administrateurs sans **autorisation préalable** du conseil d'administration, ayant notamment pour objet l'allocation d'une indemnité de rupture importante ou l'octroi du bénéfice d'un complément de retraite, lorsqu'elles ont des conséquences dommageables pour la société en application de l'article L. 225-42 du code de commerce[3].

B. Renforcement du contrôle des rémunérations différées opéré depuis la loi du 21 août 2007

52.20 **Cadre normatif.** La loi TEPA du 21 août 2007[4] modifie notamment l'article L. 225-42-1 du code de commerce. Elle renforce le contrôle des rémunérations versées en cas de modification ou de cessation des fonctions des dirigeants des sociétés cotées, ou des sociétés non cotées mais contrôlées par une société cotée ou contrô-

1. CA Paris, 26 juin 1998, Bull. Joly 1998, p. 1155, note J.-P. Dom; Dr. sociétés 1999, n° 14, note D. Vidal.
2. Com. 19 avril 2005, n° 02-17.059.
3. Pour un exemple récent, voir Soc., 11 juin 2008, n° 07-42.214, NP : augmentation de la durée du délai du préavis, institution d'un complément de retraite et indemnité de rupture égale à deux années de salaires, ajout d'une prime d'intéressement, sans information et sans autorisation du conseil d'administration.
4. L. n° 2007-1223, 21 août 2007, en faveur du travail, de l'emploi et du pouvoir d'achat, JO 22 août, p. 13945.

lant une société cotée. L'attribution d'une « rémunération différée », et notamment d'un « golden parachute », est désormais nécessairement subordonnée à des critères de performance, ainsi qu'au respect d'une procédure très contraignante et d'une publication dont les modalités ont été fixées par le décret du 7 mai 2008[1].

Postérieurement à la loi TEPA, la recommandation AFEP-MEDEF du 6 octobre 2008, le décret du 30 mars 2009 et la recommandation IP/09/673 de la Commission européenne sont également venus réglementer les indemnités de départ (voir n° 52.24).

1. Champ d'application de la loi TEPA

Domaine. Ces nouvelles obligations concernent les éléments de rémunération différée alloués au président du conseil d'administration, au directeur général, au directeur général délégué ainsi qu'aux membres du directoire des sociétés cotées, qu'il s'agisse des indemnités forfaitaires pour cause de cessation ou de changement de ces fonctions (golden parachute), de la levée d'options de souscription d'actions et de l'octroi d'avantages matériels ou en nature. **52.21**

Ne sont en revanche et notamment pas visés par cette procédure spécifique les indemnités de non-concurrence, ni les engagements de retraite complémentaire à prestations définies (retraite chapeau), qui restent cependant soumis à la procédure d'autorisation des conventions réglementées[2].

Droit transitoire. Ces exigences récentes s'appliquent aux engagements pris à compter du 22 août 2007, date d'application de la loi TEPA, ainsi qu'aux engagements conclus antérieurement, qui devaient, sous peine de nullité, être mis en conformité avec les nouvelles dispositions légales avant le 23 février 2009. À défaut, ils seront annulés dans les mêmes conditions que les conventions réglementées non autorisées (voir n° 31.26).

2. Critère de performance posé par la loi TEPA

Désormais, la validité de l'octroi de la rémunération différée sera, outre la notion de charge excessive pour la société (voir n° 52.20), subordonnée à des conditions de performance liées non seulement au bénéficiaire lui-même, mais également au regard de celles de la société dans laquelle le dirigeant exerce sa fonction ou son mandat. **52.22**

Notion de performance. La nature des performances à réaliser par le dirigeant n'est pas précisée par l'article 225-42-1 du code de commerce. Il ressort des travaux parlementaires qu'elles peuvent notamment concerner l'évolution de la cotation en bourse de la société, son chiffre d'affaires, ses résultats avant impôts, sa marge d'exploitation, l'atteinte d'objectifs commerciaux, la réalisation d'un projet défini...

---

1. Décr. n° 2008-448, 7 mai 2008, pris pour l'application des articles L. 225-42-1 et L. 225-90-1 du code de commerce et relatif à la publicité des rémunérations différées, JO 11 mai, p. 7831.
2. C. com., art. L. 225-42-1, al. 6.

Remarque(s) *En pratique, les organes sociaux disposent d'une grande latitude pour définir ces critères de performance, à condition qu'ils soient objectifs et mesurés, et que soit fixée la date d'appréciation de ceux-ci.*

Exemple(s) Récemment, le Conseil d'administration du groupe Pernod Ricard a fixé un bonus spécial au profit de deux de ses dirigeants, « fonction, d'une part, du taux de croissance moyen du résultat net courant au cours des 10 années précédant le départ, et, d'autre part, de ce même critère évalué sur les trois derniers exercices fiscaux entiers, ceci afin de prendre en compte la performance à long terme et la performance récente »[1].

Au sein du groupe L'Oréal, l'octroi d'une indemnité à l'un des dirigeants a été soumis à des conditions de performance « assises pour moitié sur l'évolution de la croissance du chiffre d'affaires de L'Oréal par rapport au marché, et pour l'autre moitié sur l'évolution du bénéfice net par action..., le tout apprécié au cours des quatre derniers exercices précédant l'année de fin du mandat social »[2].

Compétence. C'est au conseil d'administration ou au conseil de surveillance qu'il convient de définir ces critères, qui doivent être désormais obligatoirement prévus.

Dans un deuxième temps, le conseil devra également s'assurer avant tout versement d'indemnité au dirigeant que les conditions de performances sont remplies. À défaut, c'est la nullité de plein droit qui frapperait les éventuels versements effectués en application de la loi.

Enfin, il est rappelé que les conventions en cours doivent être mises en conformité avec cette obligation de fixation de critères de performance, au plus tard dix-huit mois après la publication de la loi (soit le 22 février 2009), à peine de nullité.

3. Une plus grande transparence

52.23 **Procédure interne.** Les rémunérations différées doivent être préalablement autorisées par le conseil d'administration ou de surveillance, puis faire l'objet d'un rapport spécial des commissaires aux comptes, avant d'être soumises à l'approbation préalable de l'assemblée générale des actionnaires par une résolution spécifique pour chaque dirigeant bénéficiaire. Cette approbation de l'engagement en assemblée générale doit en outre intervenir à chaque renouvellement de mandat social[3].

Publicité. La décision du conseil doit être rendue publique dans les plus brefs délais. À cet effet, le décret du 7 mai 2008[4] précise que l'autorisation initiale de la convention par le conseil d'administration ou de surveillance, ainsi que la constatation dans un deuxième temps de la réalisation des conditions de performance prévues et la décision de versement de l'indemnité, doivent être publiées sur le site

1. Informations figurant sur le site internet du groupe Pernod Ricard.
2. Informations figurant sur le site internet du groupe L'Oréal.
3. C. com., art. L.225-42-1.
4. Décr. n° 2008-448, 7 mai 2008, préc.

Internet de la société concernée dans un **délai maximum de cinq jours suivant la réunion du conseil** (et par conséquent avant la soumission de l'engagement à l'assemblée générale).

Cette publicité doit être consultable pendant toute la durée des fonctions du dirigeant bénéficiaire, s'agissant de la décision initiale, et jusqu'à la prochaine assemblée générale ordinaire pour la décision constatant la réalisation des conditions de performances et décidant du versement de l'indemnité au dirigeant.

Commissaires aux comptes. La loi TEPA[1] renforce en outre les obligations pesant sur les commissaires aux comptes, qui devront désormais s'assurer que le mandat social est mis en conformité avec l'obligation nouvelle de fixation des critères de performance, et attester spécialement l'exactitude et la sincérité des informations relatives aux rémunérations et aux avantages de toute nature versés à chaque mandataire social (C. com., art. L. 225-235, al. 3). **52.24**

4. Réglementation spécifique aux indemnités de départ versées par les sociétés non cotées, les sociétés cotées et les entreprises publiques

Pluralité de restrictions. Il est recommandé dans les sociétés cotées et les sociétés non cotées que le montant de « l'ensemble des indemnités de départ » alloué au dirigeant n'excède pas deux années de rémunération (fixe et variable), indemnités versées en application d'une clause de non-concurrence comprises (voir n° 52.12). **52.25**

La Commission européenne recommande pour sa part de plafonner les indemnités de fin de contrat (parachutes dorés) versés par les sociétés cotées « au maximum à deux années de la composante fixe de la rémunération ».

Il est prohibé dans les entreprises publiques (voir n° 52.13) d'attribuer une indemnité de départ égale ou supérieure à deux années de rémunération.

II. Régime social et fiscal des indemnités de départ

Plafond. Les dirigeants concernés sont les dirigeants de droit ou de fait[2] assimilés aux salariés d'un point de vue fiscal et de sécurité sociale. Par principe, les indemnités de départ versées aux dirigeants constituent une rémunération imposable. En outre, depuis le 1er janvier 2009, les « parachutes dorés » versés aux dirigeants ne **52.26**

1. L. n° 2007-1223, 21 août 2007, en faveur du travail, de l'emploi et du pouvoir d'achat, JO 22 août, p. 13945.

2. CGI, art. 80 *duodecies*, 2°, qui concerne les dirigeants visés à l'article 80 *ter* du CGI • Circ. DSS5/B, n° 2006-175,18 avr. 2006 • Instr. DGI 31 oct. 2006, 5 F-16-069, BOI 2006, n° 178.

sont déductibles du bénéfice imposable des entreprises cotées que jusqu'à six fois le plafond annuel de sécurité sociale, soit jusqu'à 205 848 euros en 2009 exclusivement. Au-delà de ce montant, les indemnités sont réintégrées au bénéfice imposable[1].

A. Indemnités versées en cas de cessation volontaire du mandat

52.27 **Assujettissement.** En cas de cessation volontaire du mandat (démission, départ à la retraite, rupture d'un commun accord du mandat ou des fonctions de dirigeant), les indemnités sont intégralement assujetties à cotisations de sécurité sociale ainsi qu'aux cotisations alignées et à l'impôt sur le revenu, qu'elles aient été négociées par le mandataire ou le dirigeant dès sa prise de fonctions, ou qu'elles soient versées à l'intéressé à titre transactionnel par l'entreprise, après la rupture du mandat social et/ou du contrat de travail, dans le cadre d'un accord conclu en vue de régler les conséquences financières de cette rupture[2].

Ces indemnités sont également assujetties à la CSG et à la CRDS, après application d'un abattement de 3 % pour frais professionnels[3].

B. Indemnités versées en cas de cessation forcée du mandat

52.28 **Exonération partielle.** Lorsque le dirigeant justifie du caractère forcé de la cessation de ses fonctions, telle une révocation, les indemnités perçues seront partiellement exonérées de cotisations[4] si et seulement si le montant total versé ne dépasse pas trente fois le plafond annuel de la sécurité sociale[5]. L'appréciation du caractère forcé de la cessation repose sur l'examen de circonstances de fait, la preuve en incombant au dirigeant[6].

Les indemnités seront dans cette hypothèse exonérées de cotisations de sécurité sociale, de cotisations alignées, de CSG, de CRDS et d'impôt dans la limite du plus élevé des montants suivants :

- soit deux fois la rémunération annuelle brute perçue au cours de l'année civile précédant la cessation forcée des fonctions;
- soit 50 % du montant total des indemnités perçues.

Limite. Toutefois, le montant exonéré ne peut en tout état de cause pas excéder la **limite de six fois le plafond annuel de sécurité sociale** en vigueur à la date de versement des indemnités[7].

1. CGI, art. 39,5° *bis* (mod. par L. nº 2008-1425, 27 déc. 2008, de finances pour 2009, JO 28 déc., p. 20224) qui ne vise que les « rémunérations différées », et non les indemnités légales ou conventionnelles de rupture liées à un éventuel contrat de travail avant le mandat social.
2. Instr. DGI 31 oct. 2006, 5 F-16-069, BOI 2006, nº 178.
3. CSS, art. L. 136-2.
4. CSS, art. L. 242-1 • CGI, art. 80 *duodecies*.
5. Ce montant est fixé à 1 029 240 € pour 2009 (CSS, art. L.242-1, al. 12, mod. par L. nº 2008-1330, 17 déc. 2008, de financement de la sécurité sociale pour 2009, JO 18 déc., p. 19291, art. 14 • Lettre-circ. Acoss nº 2009-021, 11 févr. 2009).
6. Instr. DGI 31 oct. 2006, nº 5 F-16-069, BOI 2006, nº 178.
7. Soit 205 848 € en 2009 (CSS, art. L. 136-2 et L. 242 et CGI, art. 80 *duodecies*).

La fraction excédentaire sera soumise à impôt, à cotisations et contributions sociales en totalité. Les sommes imposables peuvent, sur demande du bénéficiaire, se voir appliquer le système de quotient prévu par l'article 163-O A du code général des impôts. L'Administration fiscale a également précisé que les limites d'exonération ne jouent qu'une seule fois, même si le dirigeant est révoqué de plusieurs mandats sociaux auprès de sociétés d'un même groupe. Il doit donc être fait masse de toutes les indemnités liées à la cessation forcée des fonctions de mandataire social[1].

Retour au principe d'assujettissement intégral à cotisations sociales. Depuis le 1er janvier 2009, lorsque les indemnités liées à la cessation forcée du mandat social excèdent un montant supérieur à trente fois le plafond annuel de sécurité sociale, ces sommes sont désormais intégralement assujetties – « dès le premier euro »[2] – à cotisations sociales ainsi qu'à CSG et CRDS. Seules les indemnités d'un montant inférieur ou égal à 1 029 240 euros en 2009 sont donc partiellement exonérées dans les conditions ci-dessus. 52.29

Remarque(s) *Ce nouveau dispositif destiné à limiter la pratique des « parachutes dorés » ne concerne que l'assujettissement à cotisations sociales, et non l'assujettissement à l'impôt sur le revenu. Les indemnités de départ resteront par conséquent exonérées d'impôt sur le revenu dans la limite de six fois le plafond annuel de sécurité sociale (voir n° 52.28).*

Retraite. Dans le cas spécifique de la mise à la retraite du dirigeant, les indemnités perçues au titre de la rupture du mandat social seront assujetties ou exonérées dans les mêmes conditions que précédemment (dans la limite du plus élevé des montants suivants, soit deux fois la rémunération annuelle brute perçue au cours de l'année civile précédant la mise à la retraite, soit 50 % du montant total des indemnités perçues et à condition de ne pas excéder trente fois le plafond annuel de la sécurité sociale) mais dans la limite de cinq fois (et non six fois) le plafond annuel de la sécurité sociale en vigueur à la date de versement[3]. 52.30

C. Cumul d'un contrat de travail et d'un mandat social

Si le mandataire cumule ses fonctions avec un contrat de travail (voir chapitre 21), il peut percevoir tout à la fois une indemnité au titre de la cessation de son mandat et une indemnité au titre de la rupture de son contrat de travail. 52.31

Il est à cet égard rappelé que l'indemnité contractuelle de rupture allouée au dirigeant salarié peut être réduite par le juge dans la mesure où elle a le caractère d'une clause pénale[4]. La prudence est par conséquent et là encore de mise, puisqu'à défaut le dirigeant prend le risque, au terme d'un long contentieux, de se voir allouer

1. CSS, art. L. 242-1.
2. CSS, art. L. 136-2, 11, 5° et 5° *bis*.
3. Soit jusqu'à 171 540 € pour 2009.
4. C. civ., art. 1152 : La clause pénale est la clause d'un contrat par laquelle les parties, dès la conclusion de celui-ci, évaluent forfaitairement les dommages et intérêts qui seront dus par le débiteur en cas d'inexécution d'une ou plusieurs de ses obligations contractuelles.

une partie seulement de l'indemnité prévue si le juge considère qu'elle présente un caractère « manifestement excessif » [1].

Régime social. L'indemnité de rupture du contrat de travail sera assujettie ou non aux cotisations sociales en fonction de sa nature (indemnité de licenciement, de mise à la retraite, etc.), de même que le régime social de l'indemnité de cessation du mandat dépendra du caractère forcé ou non de la cessation des fonctions (voir n°s 52.26 et s.).

Remarque(s) *En ce qui concerne la limite de deux fois la rémunération annuelle brute perçue au cours de l'année civile de référence, cette somme figure en zone 20A de la déclaration annuelle de salaires (DADS) remplie par la société.*

Régime fiscal. Cependant, en cas de cumul d'un contrat de travail et d'un mandat social, l'Administration fiscale considère que ces limites d'exonération s'appliquent au montant total perçu par le dirigeant « au titre de la rupture de l'ensemble de ces fonctions », c'est-à-dire à la somme des indemnités versées au dirigeant salarié et mandataire [2].

Le législateur a consacré cette approche et envisage expressément l'hypothèse de la rupture du mandat et du contrat de travail du dirigeant, précisant qu'il « est fait masse des indemnités liées à la rupture du contrat de travail et de celles versées en cas de cessation forcée des fonctions » des mandataires sociaux et dirigeants [3], pour apprécier tant le dépassement du seuil de trente fois le plafond annuel de sécurité sociale (voir n° 52.29) que les autres règles d'assujettissement des indemnités de départ.

Remarque(s) *Attention : si le dirigeant est également titulaire d'un contrat de travail et revendique à ce titre une certaine ancienneté, le montant de l'indemnité de licenciement alloué par la convention collective et/ou le cas échéant par le contrat de travail doit être intégré dans ce plafond, ce qui peut en pratique réduire considérablement la part exonérée de charges sociales et d'impôts des indemnités globales versées par la société.*

1. Voir not. Soc., 21 sept. 2005, n° 03-45.827, NP.
2. Circ. Acoss 2001-22, 25 janv. 2001, n° 4.
3. CSS, art. L. 136-2, II, 5°.

CHAPITRE 53

53

Conséquences pour le dirigeant : non-concurrence, sort des contrats, cession des droits sociaux

Le fait pour un dirigeant de quitter ses fonctions au sein de la société, quelle qu'en soit la cause, affecte tant sa situation personnelle, que la vie de la société. Les questions qui se posent à cette occasion sont, en effet, variées. **53.11**

- Reste-t-il tenu, en tant qu'ancien mandataire social, à une obligation de non-concurrence envers la société ?
- Quelles sont les conséquences de son départ sur les engagements souscrits par la société tant à son égard, qu'envers les tiers ?
- En cas de cession de ses droits sociaux, quelle garantie doit-il au cessionnaire ?

Remarque(s) *Les réponses apportées à ces questions sont le plus souvent jurisprudentielles. Les parties disposent, en effet, d'une certaine liberté pour convenir de leurs obligations respectives, ce qui n'est pas sans risques, compte tenu de l'imprécision rédactionnelle de certaines clauses.*

1. Obligation de non-concurrence

53.12 **Cadre général.** Il convient de s'interroger ici sur l'obligation de non-concurrence qui pourrait être celle du dirigeant, **en sa seule qualité de mandataire social**, et non celle à laquelle il pourrait être tenu en tant que salarié de la société.

L'ancien dirigeant peut, en principe, travailler aux services d'une société concurrente, en s'abstenant toutefois de se livrer à une concurrence déloyale. Il peut être également tenu de respecter une clause de non-concurrence expressément convenue.

A. Restrictions légales de concurrence

53.13 Le dirigeant en fonction est tenu d'un devoir de loyauté et de fidélité envers la société et les associés. Celui-ci subsiste jusqu'à l'expiration **effective** de son mandat.

Il peut ensuite exercer une activité concurrente, sous réserve de ne pas commettre de concurrence déloyale[1].

1. Jusqu'à la fin du mandat social : devoir de loyauté et de fidélité

53.14 **Principe.** Le dirigeant doit agir dans l'intérêt social. Il ne saurait dès lors commettre d'agissements de nature à porter atteinte à la société qu'il dirige. La jurisprudence a ainsi dégagé un devoir de loyauté et de fidélité à la charge du dirigeant envers la société, mais également envers les associés[2]. Tout acte de concurrence réalisé à l'encontre de la société lui est interdit. Il ne saurait ainsi constituer une société concurrente à celle qu'il dirige.

Préavis. Cette obligation subsiste tant que le dirigeant est en fonction. Il reste par conséquent tenu de respecter ce devoir de loyauté et de fidélité durant son préavis. Cette obligation est pourtant souvent méconnue par les dirigeants démissionnaires. Les juges sont dès lors amenés à sanctionner leurs comportements déloyaux.

Un gérant démissionnaire de SARL qui, en cours de préavis, a constitué une société concurrente ayant commencé concomitamment son activité, a été condamné au paiement de dommages-intérêts[3].

Cessation effective des fonctions. Cette solution est également applicable lorsque le dirigeant a été révoqué et qu'il reste en fonction quelque temps après sa révo-

---

1. L. Godon, « L'obligation de non-concurrence des dirigeants sociaux », Bull. Joly 1999, p. 5.
2. Com. 27 févr. 1996, n° 94-11.241, D. 1996, jur. 518, note Ph. Malaurie.
3. Com. 12 févr. 2002, n° 00-11.602, Bull. Joly 2002, p. 617, note B. Saintourens.

cation. Cette obligation de loyauté et de fidélité prend fin au jour de la cessation effective des fonctions.

Remarque(s) *Il lui est dès lors possible de se mettre au service d'une société concurrente, à la condition de ne pas commettre d'actes de concurrence déloyale.*

2. Après la fin du mandat social : liberté de concurrence loyale

a. Principe et limites

Principe. L'ancien dirigeant peut en principe travailler dans une société concurrente. La seule limite tient aux règles de droit commun qu'il convient de respecter en matière de concurrence. Tout n'est pas permis. La concurrence déloyale réalisée par des procédés malhonnêtes est sanctionnée. **53.15**

Il y a concurrence déloyale si l'ancien dirigeant débauche les salariés de son ancienne société ou s'il détourne sa clientèle par des moyens visant à créer la confusion entre la nouvelle et l'ancienne société.

Applications. Les juges devront se livrer à une appréciation minutieuse des faits pour déterminer s'il y a eu manœuvres de la part de l'ancien dirigeant pour concurrencer la société.

Faits non constitutifs d'actes de concurrence déloyale

La Cour de cassation a affirmé que les actes constitutifs de concurrence déloyale fondés sur les dispositions des articles 1382 et 1383 du code civil ne sauraient se déduire de simples présomptions. En l'espèce, la personne poursuivie était ancien gérant salarié et avait créé une société concurrente. Les juges ont considéré que le simple fait d'aviser la clientèle de son départ et de la création de cette société n'était pas constitutif de faute, la clientèle disposant d'un libre choix[1].

Les juges ont rejeté l'action intentée contre un ancien dirigeant, considérant que la démission d'un nombre faible de salariés ne constituait pas un débauchage. Ils ont relevé que la nouvelle société avait pris soin d'adresser à la clientèle une note d'information destinée à éviter toute confusion éventuelle[2].

Faits constitutifs d'actes de concurrence déloyale

Les juges ont pu retenir un acte de concurrence déloyale à la charge de l'ancien dirigeant qui a procédé à un recrutement important de personnel de son ancienne société[3].

Le fait pour l'ancien dirigeant d'utiliser son nom patronymique pour la nouvelle société qu'il exploite, alors qu'il était déjà utilisé par l'ancienne société à

1. Com. 13 mai 1997, n° 95-12.578, RJDA 12/1997, n° 1568.
2. CA Versailles, 8 sept. 1988, Gaz. Pal. 1989, 1, p. 150.
3. Com. 7 mai 1980, n° 78-14.831, Bull. civ. IV, n° 179.

titre de dénomination sociale, a été sanctionné par la Cour de cassation. C'est en effet susceptible d'entraîner la confusion auprès de la clientèle. Cette utilisation semble en revanche possible si l'ancien dirigeant exploite en son nom personnel[1].

Un ancien gérant, qui avait créé avant la fin de son mandat une société dont la dénomination, le sigle et l'objet social étaient pratiquement similaires à la première société, a manqué à son devoir de loyauté et a commis un acte de concurrence déloyale[2].

b. Sanctions

53.16 L'action en responsabilité intentée pour concurrence déloyale est fondée sur les articles 1382 et 1383 du code civil. La charge de la preuve incombe au demandeur. Cette action aboutit à l'allocation de dommages-intérêts pour la victime. Le juge consulaire peut également faire injonction à l'ancien dirigeant de cesser les actes déloyaux et ce, sous astreinte.

B. Obligation contractuelle de non-concurrence

53.17 S'il est établi qu'il existe un devoir de loyauté et de fidélité à la charge du dirigeant, qui résulte de sa fonction au sein de la société, celui-ci cesse à l'expiration de son mandat social.

Il est néanmoins possible que l'ancien dirigeant soit tenu de respecter une obligation contractuelle de non-concurrence envers son ancienne société. Cette clause, qui restreint le principe de la liberté du commerce et de l'industrie, est appréciée de façon stricte par la jurisprudence.

La violation de cette obligation conventionnelle engage la responsabilité contractuelle de son auteur.

1. Conditions de validité de la clause de non-concurrence

a. Source conventionnelle ou statutaire

53.18 **Statuts.** La clause de non-concurrence peut être prévue aux statuts.

Est valable la clause de non-concurrence insérée dans les statuts d'une société commerciale interdisant à son ancien associé et cogérant de s'occuper pendant trente ans d'une entreprise ayant le même objet que cette société et située dans quatre départements, dès lors qu'elle ne confère pas à la restriction à la liberté du commerce ou du travail qu'elle impose un caractère illimité à la fois dans le temps et l'espace[3].

---

1. Com. 12 févr. 2002, nº 00-11.602, Bull. Joly 2002, p. 617, note B. Saintourens • CA Paris 2 avr. 2008, nº 06/04013, NP.
2. Com. 7 juin 1994, nº 92-14.725, Bull. Joly 1994, p. 1232.
3. Com. 20 févr. 1979, nº 77-13.653, Bull. civ. IV, nº 70.

Elle ne s'imposera au dirigeant non associé que s'il est établi qu'il l'a **expressément acceptée**.

Une société ne peut se prévaloir de la clause statutaire interdisant aux associés et aux gérants de créer ou de gérer une entreprise concurrente, dès lors qu'elle ne démontre pas que le gérant salarié, non associé, l'avait expressément acceptée. En l'espèce, le premier gérant était intervenu à l'acte constitutif et en était même signataire, alors que le gérant poursuivi n'avait pas la qualité d'associé[1].

Acte de nomination. La clause de non-concurrence peut également être contractuellement convenue par la société et son dirigeant lors de sa nomination.

Le président d'une société avait, lors de sa nomination, souscrit une clause de non-concurrence. Après sa révocation, il a tenté d'en contester la validité. La Cour l'a débouté au motif que cette souscription trouve sa justification dans les avantages et obligations inhérents à sa fonction[2].

b. Rédaction et contenu de la clause

Conditions générales. La clause de non-concurrence constitue une restriction au principe de la liberté du commerce et de l'industrie. À ce titre, sa validité est soumise au respect de certaines conditions. **53.19**

Précision. La clause de non-concurrence doit indiquer avec précision l'activité concernée. Une clause trop générale pourrait être annulée, dès lors qu'elle interdirait en fait à l'ancien dirigeant tout exercice professionnel. Les juges devront rechercher si l'activité exercée par l'ancien dirigeant concerne la même clientèle que celle de la société prétendument concurrencée.

Les juges retiennent comme élément de comparaison **l'activité réelle** de la société (et non l'objet social porté aux statuts généralement très large)[3].

Limitation. La clause de non-concurrence doit être limitée dans le temps et/ou l'espace[4]. Les juges annulent les clauses comportant une interdiction illimitée ou comportant une durée excessivement longue. De même, est nulle la clause ne prévoyant pas de délimitation géographique.

Une clause limitée à cinq ans mais illimitée dans l'espace est nulle dans la mesure où le débiteur de cette obligation était âgé de 45 ans et qu'il ne lui serait pas possible alors de se convertir[5].

Proportionnalité. La clause doit enfin être proportionnée aux intérêts qu'elle est censée protéger. Les juges confrontent l'intérêt du créancier de l'obligation de non-

1. Com. 12 nov. 1996, nº 94-16.216, RJDA 2/1997, nº 209 ; RTD civ. 1997, 422, note Mestre.
2. Com. 23 janv. 1978, nº 76-13.017, D 1979, IR 108, obs. J.-Cl. Bousquet.
3. Soc., 18 déc. 1997, nº 94-45.548, D. 1998, somm. 214, obs. Y. Serra.
4. Com. 27 oct. 1981, nº 79-15261, D. 1982, IR 204.
5. Com. 17 févr. 1982, RTD com. 1983, 243.

concurrence avec la protection de la liberté du commerce et de l'industrie à laquelle le débiteur peut prétendre. La Cour de cassation apprécie la proportionnalité de la clause de non-concurrence aux intérêts légitimes à protéger, en tenant compte de la durée du contrat et du lieu d'exercice de la profession[1].

> *Doit être cassé l'arrêt qui fait droit à une demande de dommages et intérêts pour concurrence déloyale sans rechercher si la clause de non-concurrence, même limitée dans le temps et l'espace, n'était pas disproportionnée au regard de l'objet du contrat*[2].
>
> *Une clause de non-concurrence interdisant à un membre du directoire d'exercer en métropole et dans les Dom-Tom une activité identique à celle qu'il a exercée pendant 20 ans, est nulle car disproportionnée à l'objet du contrat liant ce salarié à sa société*[3].

Interprétation. Une rédaction imprécise de ces clauses de non-concurrence est souvent à l'origine de contentieux. Les juges sont alors contraints de se livrer à une interprétation. C'est une interprétation stricte qui est généralement retenue, dans la mesure où cette clause restreint la liberté du commerce et de l'industrie.

> *Le salarié soumis à une clause de non-concurrence lui interdisant d'exercer directement ou indirectement, pour son propre compte ou pour celui d'un nouvel employeur, une activité le plaçant en concurrence avec son ancien employeur, ne viole pas cette clause lorsqu'il exerce chez un nouvel employeur, concurrent du précédent, une fonction qui ne porte pas sur cette activité concurrente*[4].

Les juges peuvent être également amenés à rechercher la commune intention des parties.

53.20 **Contrepartie financière.** Les conditions de validité des clauses de non-concurrence insérées dans des contrats de travail ont été renforcées par la Cour de cassation depuis 2002. Elle a, au visa notamment du principe fondamental de libre exercice d'une activité professionnelle, rendu une série d'arrêts, aux termes desquels :

> *« Une clause de non-concurrence n'est licite que si elle est indispensable à la protection des intérêts légitimes de l'entreprise, limitée dans le temps et dans l'espace, qu'elle tient compte des spécificités de l'emploi du salarié et comporte l'obligation pour l'employeur de verser au salarié une* contrepartie financière*, ces conditions étant cumulatives »*[5].

Cette solution jurisprudentielle a été rendue dans le cadre de litiges relatifs à des clauses de non-concurrence insérées dans des contrats de travail. La validité d'une

1. Civ. 1re, 11 mai 1999, no 97-14.493, D. 1999, somm. 385, obs. J. Penneau et 312, obs. Y. Serra.
2. Com. 4 janv. 1994, no 92-14.121, D. 1995, Jur. 205, note Y. Serra.
3. Com. 16 déc. 1997, no 96-10.859, Bull. Joly 1998, p. 351, note Th. Granier.
4. Soc., 29 juin 1999, no 97-40.082, D. 2000, somm. 318, obs. Y. Picod.
5. Trois arrêts rendus le même jour : Soc. 10 juill. 2002, nos 00-45.135, 99-43.334 à 99-43.336, 00-45.38, D. 2002, jur. 2491, note Y. Serra.

telle clause est dorénavant subordonnée à l'exigence d'une contrepartie financière[1], en plus des autres conditions cumulatives. Ces arrêts s'inscrivent dans le cadre d'un mouvement jurisprudentiel sévère à l'égard des clauses de non-concurrence, en ce qu'elles portent atteinte à la liberté du travail[2].

Remarque(s) *Il est permis de s'interroger sur la portée de cette jurisprudence au regard de la validité des clauses de non-concurrence à la charge des anciens mandataires sociaux, non salariés de la société, dans la mesure où cette décision est rendue notamment au visa* ***du principe fondamental de libre exercice d'une activité professionnelle****. Elle ne paraît donc pas limitée aux seules clauses de non-concurrence insérées dans des contrats de travail.*

Cette exigence d'une contrepartie financière pose néanmoins une difficulté lorsque la clause de non-concurrence s'impose à un ancien dirigeant. En effet, l'insertion d'une indemnité à son profit pourrait porter atteinte au principe de la libre révocabilité des mandataires sociaux et plus particulièrement, au principe de la révocation ad nutum des administrateurs, président du conseil d'administration et membres du conseil de surveillance au sein des sociétés anonymes, laquelle n'est pas assortie d'indemnité compensatrice (voir n° 51.38)

Un modèle de clause est présenté au n° 302.32.

2. Sanctions

Le fondement de l'action en responsabilité engagée à l'encontre de l'ancien dirigeant est contractuel. La méconnaissance de cette obligation donne lieu au versement de dommages-intérêts. Le juge peut également prononcer une injonction à l'encontre du dirigeant fautif d'avoir à cesser ces agissements. **53.21**

L'action dirigée contre une société commerciale en raison de la violation d'une clause de non-concurrence par son nouvel employé, relevant de la compétence du tribunal de commerce, supposait que soit tranchée la question préalable de la violation de la clause de non-concurrence par le débiteur de l'obligation de non-concurrence, laquelle relevait de la compétence exclusive de la juridiction prud'homale[3].

II. Sort des contrats en cours

Distinctions. La fin du mandat social du dirigeant peut avoir des conséquences quant aux contrats le liant à la société, ceux-ci pouvant avoir été conclus en raison de sa qualité de dirigeant. **53.22**

---

1. Cette solution été confirmée par de nombreux arrêts, dont Soc., 18 sept. 2002, n° 99-46136, D. 2002, 3229, note Y. Serra et somm. 3111, obs. J. Pélissier : l'exigence de contrepartie financière est cumulative avec les autres conditions de validité de la clause de non concurrence • Voir aussi Soc. 5 avr. 2006, n° 04-45.205, précisant que « l'exigence d'une contrepartie financière à la clause de non-concurrence répond à l'impérieuse nécessité d'assurer la sauvegarde et l'effectivité de la liberté fondamentale d'exercer une activité professionnelle ».
2. Avis de M. l'avocat général Kehrig, Gaz. Pal. 2002, nos 340 à 341, p. 9.
3. Com. 6 mai 2003, n° 01-15.268, Bull. civ. IV, n° 67 ; JCP E 2003, n° 27, p. 1120 ; RJDA 2003, n° 1145.

En revanche, la cessation des fonctions de dirigeant ne devrait, en principe, nullement affecter les contrats qui ont pu être conclus entre la société et des tiers. Il est néanmoins possible que certains de ces contrats aient été passés en considération de la personne du dirigeant et qu'en conséquence, leur sort soit lié au sien.

A. Contrats liant la société et l'ancien dirigeant

53.23 Le dirigeant peut être lié à la société par un contrat de travail indépendant de son mandat social et ce, sous certaines conditions précédemment exposées (voir chapitre 21). La fin de ses fonctions au sein de la direction de la société ne met pas un terme à ce contrat de travail.

De même, un contrat de travail suspendu pendant la durée du mandat social peut être repris.

La fin des fonctions du dirigeant ne constitue pas non plus une cause d'extinction du cautionnement qu'il a pu souscrire à la sûreté des engagements de la société, sauf disposition contractuelle contraire (voir n° 35.35).

L'ancien dirigeant qui a bénéficié d'avantages en nature, liés à sa fonction, ne peut en revanche continuer à en bénéficier.

Exemple(s) L'ancien dirigeant devra restituer son logement de fonction.

B. Contrats liant la société et les tiers

53.24 **Clause.** Il n'est pas interdit aux cocontractants de la société de prévoir une clause dans leur contrat prévoyant que celui-ci prendra fin si les dirigeants sociaux viennent à changer en cours d'exécution. Cette clause peut notamment être insérée dans les contrats par lesquels des tiers apportent un concours financier à la société en considération du dirigeant en fonction au jour de la conclusion desdits contrats.

III. Cession des droits sociaux

53.25 **Cadre général.** Le dirigeant associé, dont le mandat social prend fin, n'en perd pas pour autant cette qualité. Il peut néanmoins souhaiter quitter la société et devra en conséquence céder ses droits sociaux (parts sociales ou actions). Cette cession met à la charge du dirigeant un certain nombre d'obligations en sa qualité de cédant.

Ces garanties sont d'origine légale, mais peuvent être d'origine conventionnelle afin d'assurer une meilleure protection des intérêts du cessionnaire.

A. Garanties légales

Assimilation à la vente. La cession de droits sociaux est analysée comme une vente, de sorte que le cédant est tenu de respecter les obligations mises à la charge de tout vendeur. Mais ces garanties légales sont appréciées, en matière de cession de droits sociaux, de façon restrictive par la jurisprudence et sont donc rarement protectrices des intérêts de l'acquéreur. 53.26

Garantie d'éviction. Le cédant doit garantir la jouissance paisible des droits sociaux qu'il cède. Ainsi, il doit bien évidemment s'abstenir de tout acte de concurrence déloyale envers la société cédée, qui porterait ainsi atteinte aux droits du cessionnaire. 53.27

La violation de la garantie d'éviction a été caractérisée, d'une part par la réinstallation du cédant dans une autre agglomération à une date antérieure à celle conventionnellement prévue, et d'autre part, par ses manœuvres pour capter la clientèle de la société quittée et priver ainsi la cession de son objet[1].

Garantie des vices cachés. Le cédant est également tenu à la garantie des vices cachés. Mais celle-ci a une portée limitée en matière de cession de droits sociaux. Ainsi, la jurisprudence considère que les droits sociaux constituent l'objet de la cession et qu'en conséquence, la révélation d'un passif inconnu lors de la vente n'en affecte pas l'usage[2]. La garantie des vices cachés porte sur les prérogatives attachées aux droits sociaux (tels que le droit de vote, la participation à la distribution des dividendes...) et non sur leur valeur[3]. 53.28

La Cour de cassation a néanmoins admis qu'il peut y avoir vice caché dès lors que **le vice révélé rend impossible l'activité économique constituant son objet social**.

Ainsi, les juges ont rejeté l'action fondée sur la garantie des vices cachés dans la mesure où il était possible de remédier au prétendu vice. Il s'agissait de la cession de droits d'une société exploitant un hôtel qui s'était révélé non conforme aux normes de sécurité. Or, il était possible d'engager des dépenses pour en poursuivre l'activité économique constituant son objet social[4].

B. Garanties conventionnelles

Sécurité. Compte tenu de la protection insuffisante offerte par les garanties légales, les parties conviennent le plus souvent de garanties conventionnelles qu'elles insèrent dans l'acte de cession. 53.29

1. Civ. 1re, 24 janv. 2006, no 03-12.736, Bull. civ. I, no 32 ; D. 2007, pan. 272, obs. Hallouin et Lamazerolles ; LPA 18 juill. 2006, note Gibirila ; Rev. sociétés 2006, 561, note Lecourt.
2. Com. 4 juin 1996, no 94-13.047, Bull. civ. IV, no 154 ; RTD com. 1996, 680, note Champaud et Danet ; RTD com. 1997, 111, note Reinhard et Petit : la révélation d'un passif ne constitue pas un vice caché des droits sociaux cédés, dès lors que n'est invoqué aucun défaut de la chose vendue elle-même.
3. Civ. 1re, 21 mai 1979, no 77-14.873, s'agissant des parts d'une SCI.
4. Com. 12 déc. 1995, no 93-21.304, JCP E 1996, II, 798, note Y. Guyon.

1. Clause de non-concurrence

53.30 Les cessions de droits sociaux peuvent ainsi contenir une clause de non-concurrence à la charge du cédant[1].

Remarque(s) Sur la clause de non-concurrence, voir n° 53.17.

2. Clause de garantie de passif

a. Mécanisme général

53.31 **Protection du cessionnaire.** La cession des droits sociaux détenus par le dirigeant emporte souvent cession de contrôle de la société.

C'est en considération de la situation financière de la société qu'une personne décide de se porter acquéreur de droits sociaux et que le prix de vente sera déterminé. La révélation, après la cession, d'un passif important peut s'avérer préjudiciable au cessionnaire, l'économie du contrat de vente s'en trouvant affectée. Cette situation résulte souvent de l'apparition d'un passif fiscal, l'Administration fiscale disposant de trois ans pour effectuer un contrôle auprès de la société. De même, la société peut faire l'objet d'une condamnation judiciaire pour des faits antérieurs à la cession.

Aussi, le cessionnaire recherche le plus souvent du cédant une garantie pour le cas où la situation financière de la société s'avérerait différente de celle qui lui a été présentée lors de la vente. Les parties conviennent ainsi fréquemment de clauses ayant vocation à protéger le cessionnaire en cas de révélation d'un passif né antérieurement à la cession.

Aux termes de cette clause, le cédant devra sa garantie pour les dettes ne figurant pas dans le bilan et dont l'origine est pourtant antérieure à la cession.

b. Bénéficiaire

53.32 **Distinction.** Une distinction s'opère traditionnellement entre les **clauses de révision du prix** (ou clauses de garantie de valeur) et les **garanties de reconstitution**.

Si la clause a pour objet la garantie du prix versé par le cessionnaire, il s'agit d'une garantie de valeur des droits cédés qui sera donc limitée à ce prix. Le bénéficiaire de cette garantie est le cessionnaire.

Si le cédant s'est engagé à supporter le passif révélé après la cession, mais dont l'origine est antérieure à celle-ci, il est alors question de garantie de reconstitution. Le cédant peut être tenu au-delà du prix perçu. Cette clause peut alors bénéficier tant au cessionnaire qu'à la société.

1. CA Versailles, 20 avr. 1995 et 23 mai 1995, D. 1996, somm. 247, obs. Y. Serra.

Remarque(s) *Les clauses de garantie au sens strict du terme relèvent de la catégorie des garanties de reconstitution.*

Cette distinction est critiquée par certains auteurs[1]. La jurisprudence semble, pour sa part, considérer qu'à défaut de stipulation pour autrui, la clause de garantie est réputée bénéficier au seul cessionnaire.

> *Ainsi, la Cour de cassation a admis la recevabilité de l'action engagée par le cessionnaire tendant à obtenir la mise en œuvre de la clause de garantie de passif*[2].
>
> *La clause par laquelle le cédant s'obligeait, au cas où un passif non « écrituré » dans la situation comptable au 31 janvier 1989 et ayant une cause ou une origine antérieure viendrait à se révéler, à reverser dans les caisses sociales les sommes correspondant à l'appauvrissement net de la société, constitue une stipulation pour autrui au bénéfice de la société. Celle-ci, titulaire d'un droit propre et direct contre le cédant, est alors recevable à agir contre ce dernier*[3].
>
> *La Cour d'appel de Paris a affirmé le principe suivant lequel,* ***en l'absence de stipulation pour autrui****, la convention de garantie, qui a pour objet de protéger le cessionnaire, ne bénéficie qu'à ce dernier et non à la société cédée qui n'est pas partie à cette convention*[4].
>
> *Elle a ensuite précisé qu'« en l'absence de mention expresse relative à une imputation des sommes dues au titre de la garantie de passif sur le prix de cession des parts et de reprise des comptes courants, les bénéficiaires de la garantie de passif consentie par les cédants sont les cessionnaires des parts de la SARL, à l'exclusion de toute autre personne »*[5].

Il est vrai que la cession de droits sociaux ne lie que le cédant et le cessionnaire. La société est par conséquent tierce à cette convention. Ce n'est que par le mécanisme de la stipulation pour autrui que la société pourrait prétendre au bénéfice de cette garantie.

Remarque(s) *Au regard de cette jurisprudence, les parties doivent indiquer* ***expressément*** *si elles entendent rendre la société créancière de cette garantie au lieu et place du cessionnaire*[6].

c. Applications

Passifs couverts par la garantie. Ces clauses, communément appelées « clause de garantie de passif », sont en réalité variées. Elles portent le plus souvent sur la révélation d'un passif inconnu lors de la cession, mais peuvent également concerner d'autres éléments, tels que la conformité des installations de la société aux normes 53.33

1 J. Paillusseau, « Le bénéficiaire de la garantie de passif dans la cession de contrôle », JCP 2002, I, nº 112.

2 Com. 1er avr. 1997, nº 95-11.191, Bull. civ. IV, nº 94.

3 Com. 7 oct. 1997, nº 95-18.119, Bull. civ. IV, nº 251 ; D. 1998, somm. 112, obs. Delebecque ; JCP 1998, I, 131, nº 6, obs. A. Viandier et Caussain.

4 CA Paris, 12 oct. 2001, JCP 2002, I, nº 112, note J. Paillusseau.

5 CA Paris, 28 juin 2002, nº 2000/09608.

6 CA Paris, 28 juin 2002, nº 2000/09608.

en vigueur. Les parties sont libres de convenir de l'étendue de la garantie qui sera due par le cédant. Leur rédaction, souvent ambiguë, donne lieu à un important contentieux.

Remarque(s) *Il est par conséquent conseillé d'être précis dans les termes employés lors de l'élaboration de ces clauses.*

Un modèle de clause est présenté au n° 302.33.

Limitations de la garantie. La garantie offerte peut être limitée dans le **temps**. Ainsi, en matière fiscale, douanière ou de sécurité sociale, la durée de la garantie est généralement alignée sur les délais de prescription applicables à ces matières.

Exemple(s) La clause prévoit alors que le cédant ne pourra être tenu de garantir le cessionnaire que pendant X années. Si un passif se révèle postérieurement, la garantie ne peut plus être sollicitée.

La clause peut également contenir une garantie limitée quant à son **montant**.

Exemple(s) Le cédant limite la garantie offerte à la somme de X euros ou la subordonne à la révélation d'un passif de X euros.

Les parties peuvent prévoir une **clause de garantie d'actif** portant sur l'existence des éléments inscrits au bilan. La jurisprudence considère en effet que la clause de garantie du passif ne protège pas le cessionnaire d'une diminution de l'actif de la société, sauf disposition contraire[1].

Conditions de mise en œuvre. Enfin, la clause prévoit souvent des conditions de mise en œuvre qui devront être respectées par le cessionnaire. Les parties doivent préciser avec soin les obligations à la charge du cessionnaire, la jurisprudence s'en tenant à une application stricte des stipulations contractuelles.

À défaut de toute obligation particulière, le cessionnaire n'est pas tenu d'informer le cédant du contrôle fiscal dont fait l'objet la société[2].

53.34 **Modalités de mise en œuvre.** Les modalités de mise en œuvre de la garantie sont variées. La clause peut ainsi imposer au cessionnaire un **délai** pour présenter sa réclamation au cédant, au-delà duquel il serait irrecevable à prétendre à une quelconque indemnisation.

La mise en œuvre de la garantie peut être subordonnée à l'envoi par le cessionnaire d'un **courrier recommandé** avec accusé de réception au cédant, dans un certain délai à compter de la révélation de ce passif, afin de l'informer de toute réclamation fiscale (ou autre) à l'encontre de la société, afférente à une période antérieure à la vente.

1. Com. 14 mai 1985, Juris-Data 1985-799722, Bull. Joly, 1985, p. 782.
2. Com. 23 nov. 1993, n° 91-21.536, Bull. Joly 1994, p. 168, note A. Couret.

Le cessionnaire risque de perdre le bénéfice de la garantie en cas de réclamation tardive ou de réclamation qui ne serait pas présentée dans les formes prescrites. Ces formalités sont en effet destinées à permettre au cédant de faire-valoir ses observations à l'occasion de la révélation de ce passif.

Ainsi, les juges ont rejeté l'action d'un cessionnaire n'ayant pas informé le cédant dans les formes et délais prescrits. En l'espèce, le cédant s'obligeait à indemniser le bénéficiaire en cas de survenance d'un événement fiscal ou social dont la cause était antérieure, à la double condition d'en avertir le cédant par lettre avec accusé de réception dans les soixante jours de sa manifestation et d'être mis en mesure d'assurer la défense de ses droits et de pouvoir participer aux opérations de contrôle fiscal[1].

1 CA Paris, 12 avr. 1996, n° 94.3174, Dr. sociétés 1996, n° 152.

Documents de travail

301. Récapitulatifs

301.11 Comptes courants d'associé

Taux limite de déductions des intérêts des comptes courants d'associés

Année/Trimestre	*Taux (en %)*	*Année/Trimestre*	*Taux (en %)*
2005/1	4,34	2007/1	5,05
2005/2	4,25	2007/2	5,21
2005/3	4,14	2007/3	5,63
2005/4	4,12	2007/4	5,73
2006/1	4,16	2008/1	5,54
2006/2	4,25	2008/2	5,60
2006/3	4,63	2008/3	6,93
2006/4	4,88	2008/4	6,78

- Exemple de calcul pour un exercice clos au 31 décembre 2008.

Le compte-courant ordinaire du gérant majoritaire de la SARL est créditeur de 25 000 €. Il est rémunéré à 6 %.

Le capital social, intégralement libéré, est de 10 000 €, soit un plafond maximal d'avances égal à 15 000 €.

Calcul du taux moyen de référence :

$(3 \times 5{,}54) + (3 \times 5{,}60) + (3 \times 6{,}93) + (3 \times 6{,}78)/12 = 6{,}21$ %.

Pour la société, calcul des intérêts non déductibles :

$25\,000 \times (7\ \% - 6{,}21\ \%) = 197{,}50$ €, à réintégrer pour déterminer le résultat fiscal de la société.

Pour le dirigeant, le montant global des intérêts perçus est égal à 1 750 €.

Il est imposable à l'impôt sur le revenu au titre des revenus de créance ou, sur option, au prélèvement libératoire pour la partie des intérêts déductibles. Il est imposable à l'impôt sur le revenu au titre des revenus de parts ou actions, pour le surplus.

301.12 Chômage : situation des différents dirigeants

Type de société	*Fonction*	*Situation au regard de l'assurance chômage*
SARL	Associé – majoritaire – égalitaire – minoritaire	Participation, si contrat de travail
	Gérant ou collège de gérance – majoritaire – égalitaire (50 % du capital)	Exclusion : souscription à une assurance privée
	Gérant ou collège de gérance – minoritaire – non associé	Participation, si contrat de travail
Entreprise unipersonnelle à responsabilité limitée (EURL)	Associé unique Gérant associé unique	Exclusion : souscription à une assurance privée
	Gérant non associé	Participation, si contrat de travail
Société anonyme (SA) à directoire et conseil de surveillance	Membre du conseil de surveillance Membre du directoire Président du directoire Directeur général Directeur général unique	Participation, si contrat de travail
Société anonyme (SA) à conseil d'administration	Administrateur Directeur général délégué administrateur Directeur général administrateur Président	Participation, si contrat de travail antérieur à la nomination en tant que mandataire
	Directeur général délégué non administrateur Directeur général non administrateur	Participation, si contrat de travail
Société par actions simplifiée (SAS)	Président Dirigeant désigné par les statuts	Participation, s'il cumule avec le contrat de mandat, un contrat de travail
Société en nom collectif (SNC)	Associé Gérant associé	Exclusion : souscription à une assurance privée
	Gérant non associé	Participation, si contrat de travail
Société en commandite simple ou par actions	Associé commandité Gérant commandité Membre du conseil de surveillance	Exclusion : souscription à une assurance privée
	Associé commanditaire	Participation, si contrat de travail
	Gérant non associé	Participation, si contrat de travail

301.13 Indemnités de rupture : régime fiscal et social

Tableau récapitulatif

	Impôt sur le revenu	*Cotisations sociales*	*CSG/CRDS Avec abattement de 5 %*
Indemnités compensatrices de préavis, de congés payés Indemnité de non-concurrence	Imposables	Assujetties	
Indemnité de licenciement			
Hors plan social	Exonérée dans la limite la plus élevée : – du montant légal ou conventionnel sans limitation – de 50 % de l'indemnité totale ou du double de la rémunération annuelle brute de l'année civile précédente sans pouvoir excéder 205 848 € en 2009		
Plan social	Exonérée en totalité		
Prime ou indemnité de départ volontaire			
Hors plan social	Imposable	Assujettie en totalité	Assujettie
Plan social	Exonérée en totalité		Exonérée
	Impôt sur le revenu	Cotisations sociales	CSG/CRDS Avec abattement de 5 %
Indemnité de retraite			
Départ volontaire : hors plan social	Exonérée dans la limite de 3 050 €	Assujettie en totalité	Assujettie
Départ volontaire : plan social	Exonérée en totalité		Exonération partielle
Mise à la retraite par l'employeur	Exonérée dans la limite la plus élevée : – du montant légal ou conventionnel sans limitation – de 50 % de l'indemnité totale ou du double de la rémunération annuelle brute de l'année civile précédente sans pouvoir excéder 171 540 € en 2009		Exonération partielle
Indemnité de cessation des fonctions de mandataire social et dirigeant			
Cessation forcée des fonctions	Exonérée dans la limite la plus élevée : – de 50 % de l'indemnité totale – du double de la rémunération annuelle brute de l'année civile précédant la rupture du mandat social ou, le cas échéant, le contrat de travail, sans pouvoir excéder 205 848 € en 2009		
Autres cas de cessation des fonctions (démission, départ à la retraite, etc.)	Imposables en totalité	Assujetties en totalité	

* Ce plafond s'applique au montant global perçu au titre de la rupture de tous les mandats sociaux, si le dirigeant en avait plusieurs.
Sources : Lettre circulaire n° 2001-022, disponible sur le site www.urssaf.fr et Précis de fiscalité, n°s 423 et s., disponible sur www.impots.gouv.fr; lettre circulaire n° 2006-073 du 24 mai 2006, disponible sur le site www.urssaf.fr

Exemples

Exemple 1

Un dirigeant salarié ayant 20 ans d'ancienneté percevant une rémunération égale à 3 fois le plafond de la sécurité sociale (soit 102 924 € par an en 2009, ou 8 577 € par mois) reçoit une indemnité égale au montant prévu par la convention collective de branche, qui prévoit le versement d'un tiers de mois de salaire par année d'ancienneté.

Pour ce dirigeant salarié, le montant conventionnel de l'indemnité de licenciement est donc égal à : 2 859 € × 20 = 57 180 €.

L'indemnité versée étant égale au montant conventionnel, elle est totalement exonérée de cotisations et contributions de sécurité sociale.

Exemple 2

Un dirigeant salarié d'une entreprise soumise à la même convention collective, ayant également 20 ans d'ancienneté, perçoit une rémunération égale à 4 fois le plafond annuel de la sécurité sociale (137 232 € en 2009, ou 11 436 € par mois).

Pour ce dirigeant salarié, le montant de l'indemnité conventionnelle est de : 3 812 × 20 =76 240 €.

Cependant, ce dirigeant salarié reçoit une indemnité conventionnelle de licenciement égale à 2 fois le montant de sa rémunération annuelle, soit 274 464 €.

L'indemnité versée étant supérieure à la fois à 6 fois le plafond annuel de la sécurité sociale et au montant de l'indemnité conventionnelle, elle est assujettie :

- aux cotisations de sécurité sociale pour sa fraction excédant 205 848 €;
- à la CSG et la CRDS pour sa fraction excédant 76 240 €.

Exemple 3

Un dirigeant salarié ayant 30 ans d'ancienneté perçoit une rémunération annuelle brute égale à 5 fois le plafond annuel de la sécurité sociale (171 540 € en 2009, ou 14 295 € par mois).

En cas de mise à la retraite, la convention collective prévoit le versement d'une indemnité égale à 6 mois de salaire pour 30 ans d'ancienneté. Lors de sa mise à la retraite, le dirigeant salarié reçoit donc une indemnité de 85 770 €.

L'indemnité versée étant égale au montant conventionnel, elle est totalement exonérée de cotisations et de contributions sociales.

Textes du code général des impôts

Art. 80 *ter* — a. Les indemnités, remboursements et allocations forfaitaires pour frais versés aux dirigeants de sociétés sont, quel que soit leur objet, soumis à l'impôt sur le revenu.

b. Ces dispositions sont applicables :

1° Dans les sociétés anonymes :
- au président du conseil d'administration,
- au directeur général,
- à l'administrateur provisoirement délégué,
- aux membres du directoire,
- à tout administrateur ou membre du conseil de surveillance chargé de fonctions spéciales;

2° Dans les sociétés à responsabilité limitée : aux gérants minoritaires;

3° Dans les autres entreprises ou établissements passibles de l'impôt sur les sociétés : aux dirigeants soumis au régime fiscal des salariés;

4° Dans toute entreprise : à toute personne occupant un emploi salarié dont la rémunération totale excède la plus faible des rémunérations allouées aux dirigeants de cette entreprise. Toutefois, il n'est pas tenu compte des rémunérations versées aux administrateurs ou aux membres du conseil de surveillance chargés de fonctions spéciales pour l'application de cette disposition.

Art. 80 *duodecies* — 1. Toute indemnité versée à l'occasion de la rupture du contrat de travail constitue une rémunération imposable, sous réserve de l'exonération prévue au 22° de l'article 81 et des dispositions suivantes.

Ne constituent pas une rémunération imposable :

1° Les indemnités mentionnées aux articles L. 1235-2, L. 1235-3 et L. 1235-11 à L. 1235-13 du code du travail;

2° Les indemnités de licenciement ou de départ volontaire versées dans le cadre d'un plan de sauvegarde de l'emploi au sens des articles L. 1233-32 et L. 1233-61 à L. 1233-64 du code du travail;

3° La fraction des indemnités de licenciement versées en dehors du cadre d'un plan de sauvegarde de l'emploi au sens des articles L. 1233-32 et L. 1233-61 à L. 1233-64 du code du travail, qui n'excède pas :

a Soit deux fois le montant de la rémunération annuelle brute perçue par le salarié au cours de l'année civile précédant la rupture de son contrat de travail, ou 50 % du montant de l'indemnité si ce seuil est supérieur, dans la limite de six fois le plafond mentionné à l'article L. 241-3 du code de la sécurité sociale en vigueur à la date du versement des indemnités;

b Soit le montant de l'indemnité de licenciement prévue par la convention collective de branche, par l'accord professionnel ou interprofessionnel ou, à défaut, par la loi;

4° La fraction des indemnités de mise à la retraite qui n'excède pas :

a Soit deux fois le montant de la rémunération annuelle brute perçue par le salarié au cours de l'année civile précédant la rupture de son contrat de travail, ou 50 % du montant de l'indemnité si ce seuil est supérieur, dans la limite de cinq fois le plafond mentionné à l'article L. 241-3 du code de la sécurité sociale en vigueur à la date du versement des indemnités;

b Soit le montant de l'indemnité de mise à la retraite prévue par la convention collective de branche, par l'accord professionnel ou interprofessionnel ou, à défaut, par la loi;

5° La fraction des indemnités de départ volontaire versées aux salariés dans le cadre d'un accord collectif de gestion prévisionnelle des emplois et des compétences dans les conditions prévues à l'article L. 2242-17 du code du travail, n'excédant pas quatre fois le plafond mentionné à l'article L. 241-3 du code de la sécurité sociale en vigueur à la date du versement des indemnités;

6° La fraction des indemnités prévues à l'article L. 1237-13 du code du travail versées à l'occasion de la rupture conventionnelle du contrat de travail d'un salarié lorsqu'il n'est pas en droit de bénéficier d'une pension de retraite d'un régime légalement obligatoire, qui n'excède pas :

a Soit deux fois le montant de la rémunération annuelle brute perçue par le salarié au cours de l'année civile précédant la rupture de son contrat de travail, ou 50 % du montant de l'indemnité si ce seuil est supérieur, dans la limite de six fois le plafond mentionné à l'article L. 241-3 du code de la sécurité sociale en vigueur à la date de versement des indemnités;

b Soit le montant de l'indemnité de licenciement prévue par la convention collective de branche, par l'accord professionnel ou interprofessionnel ou, à défaut, par la loi.

2. Constitue également une rémunération imposable toute indemnité versée, à l'occasion de la cessation de leurs fonctions, aux mandataires sociaux, dirigeants et personnes visés à l'article 80 *ter*. Toutefois, en cas de cessation forcée des fonctions, notamment de révocation, seule la fraction des indemnités qui excède les montants définis aux 3 et 4 du 1 est imposable.

302. Exemples d'actes

[**Avertissement :** Les exemples d'actes ci-après présentés sont donnés à titre indicatif et doivent être impérativement adaptés aux circonstances de l'espèce.]

A. Nomination du dirigeant

302.11 Nomination du premier gérant de SARL par acte séparé

[▶ Voir chapitre 12, n° 12.23]

M. .... [▶ état civil : date et lieu de naissance, domicile]

M. .... [▶ état civil : date et lieu de naissance, domicile]

Seuls associés de la société .... [▶ dénomination sociale], SARL au capital de .... euros, ayant son siège social .... [▶ lieu], en cours de constitution,

Désignent, en application de l'article .... des statuts établis le ...., M. .... [▶ état civil : date et lieu de naissance, domicile] en qualité de gérant pour une durée de .... [▶ à préciser]

M. .... déclare ne pas être frappé d'une mesure d'interdiction de diriger, gérer ou administrer une société.

M. .... déclare accepter ces fonctions de gérant.

[▶ Indication de la date et du lieu de l'établissement de l'acte]

[▶ Indication du nombre d'exemplaires de l'acte]

[▶ L'acte est signé par tous les associés]

302.12 Désignation du président du conseil d'administration de SA

[▶ Voir chapitre 12, n° 12.26]

[▶ Il pourra être utile de rappeler dans un préambule que la loi du 15 mai 2001 offre désormais la faculté pour le conseil d'administration de choisir le mode de direction de la société, qui peut prévoir soit le cumul des fonctions de président et de directeur général, soit la dissociation de ces fonctions et qu'en application de ces nouvelles dispositions législatives, les statuts ont été modifiés par une AGE du ....]

1. Choix du mode d'organisation de la société en application de l'article L. 225-51-1 du code de commerce

Conformément à l'article .... des statuts, le conseil d'administration décide que la direction générale de la société sera assurée par le président du conseil d'administration.

2. Nomination du président

Le conseil d'administration désigne M. .... [▶ état civil : date et lieu de naissance, domicile] en qualité de président du conseil d'administration pour une durée de .... [▶ à préciser]

M. .... déclare ne pas être frappé d'une mesure d'interdiction de diriger, gérer ou administrer une société.

M. .... déclare accepter ces fonctions.

302.13 Lettre à adresser en cas de domiciliation provisoire du siège social d'une société dans un local d'habitation

[▶ Voir chapitre 33, n° 33.19]

[▶ Cette lettre doit être adressée au propriétaire ou au syndic de copropriété.]

M. ....

[▶ Adresse]

M. ....

[▶ Adresse]

À ...., le ....

Monsieur,

J'ai l'honneur de vous informer qu'en application de l'article L. 123-11-1 du code de commerce, la société .... [▶ dénomination], dont je suis .... [▶ indiquer la qualité], aura son siège social provisoirement domicilié dans mon local d'habitation situé au .... [▶ adresse], dont je suis locataire [▶ ou propriétaire].

Je vous précise qu'aucune activité commerciale n'y sera effectuée et que je n'y recevrai ainsi ni clientèle, ni marchandises.

Je vous prie d'agréer, Monsieur, ... [▶ formule de politesse]

[▶ Signature]

302.14 Demande de renseignements au Pôle emploi

Un formulaire de demande de renseignements est disponible (au format PDF), à compléter puis à imprimer et envoyer pour demande d'avis au Pôle Emploi, sur le site www.assedic.fr, onglet « Employeur », rubrique « Créateur d'entreprise », sous-rubrique « Statut du dirigeant, vérifier vos droits à l'assurance chômage ».

B. Pouvoirs du dirigeant

302.15 Autorisation des cautions, avals et garanties • Délibérations du conseil d'administration

[▶ Voir chapitre 41, n° 41.24]

Autorisation spéciale pour une opération déterminée

Le conseil d'administration, après en avoir délibéré, conformément aux dispositions de l'article R. 225-28 du code de commerce, autorise le président [*ou* : le directeur général] à consentir, jusqu'au .... [▶ la durée ne peut excéder un an], au nom de la société, un cautionnement, pour un montant limité à .... euros, au bénéfice de la société ...., à la sûreté des engagements de la société .... souscrits à l'égard de cette dernière par l'effet de la convention [▶ à déterminer] intervenue entre elles le ....

Autorisation générale

Le conseil d'administration, après en avoir délibéré, conformément aux dispositions de l'article R. 225-28 du code de commerce, autorise le président [▶ ou le directeur général] à consentir, jusqu'au .... [▶ la durée ne peut excéder un an], au nom de la société, des cautionnements, avals ou garanties pour montant global limité à .... euros, [▶ avec pour limite que chacun de ces cautionnements, avals ou garanties qui seraient consentis ne le soit pas pour un montant qui excéderait la somme de .... euros].

Au terme de cette autorisation, ainsi qu'à tout moment où le conseil d'administration le lui demanderait, le président [▶ *ou* : le directeur général] établira un état des engagements contractés et le soumettra à la plus prochaine réunion du conseil d'administration.

302.16 Clause statutaire de limitation des pouvoirs du gérant de SARL

[▶ Voir chapitre 41, n° 41.29]

Dans les rapports entres associés, le gérant ne peut, sans y être préalablement autorisé par une décision collective ordinaire des associés .... [▶ indiquer la nature des actes visés comme : souscrire des emprunts, acquérir ou vendre un immeuble, consentir des sûretés réelles, etc.]

C. Conventions conclues entre la société et le dirigeant

1. Dans une SA

302.17 Lettre à adresser au président du conseil d'administration par la personne souhaitant conclure une convention relevant de l'article L. 225-38 du code de commerce

[▶ Voir chapitre 31, n° 31.33]

M. ....

[▶ Adresse]

M. ....

Président du conseil d'administration

Société .... [▶ dénomination]

[▶ Adresse]

À ...., le ....

Monsieur le Président,

En application de l'article L. 225-40 du code de commerce, j'ai l'honneur de vous informer que la convention que je souhaite conclure avec la société .... [▶ dénomination], dont vous trouverez ci-joint le projet, doit être soumise à l'autorisation du conseil d'administration.

Je vous prie d'agréer, Monsieur le Président, ... [▶ formule de politesse]

[▶ Joindre une copie du projet de convention]

[▶ Signature]

302.18 Autorisation d'une convention réglementée par le conseil d'administration

Le président précise au conseil d'administration que, par courrier en date du ...., M. .... [▶ qualité] l'a informé qu'il souhaite conclure une convention avec la société .... [▶ dénomination] laquelle relève de l'article L. 225-38 du code de commerce.

[▶ Voir chapitre 31, n° 31.23]

Cette convention porte sur .... [▶ indiquer l'objet de la convention]

Après en avoir délibéré, le conseil autorise .... [▶ ou à l'unanimité ou par… voix contre… voix] la conclusion de cette convention, l'intéressé n'ayant pas pris part au vote.

302.19 Avis au commissaire aux comptes de la conclusion d'une convention réglementée

[▶ Voir chapitre 31, n° 31.24]

M. ....

[▶ Adresse]

M. ....

[▶ Adresse]

À ...., le ....

Lettre recommandée avec AR

Monsieur le Commissaire aux comptes,

En application de l'article L. 225-40 du code de commerce, j'ai l'honneur de vous informer, que par une délibération en date du ...., le conseil d'administration a autorisé la conclusion d'une convention entre la société .... [▶ dénomination] et M. .... [▶ qualité], qui a été signée le .... [▶ à préciser]

Je vous prie d'agréer, Monsieur le Commissaire aux comptes, ... [▶ formule de politesse]

[▶ Joindre une copie du procès-verbal de la délibération du conseil d'administration et une copie de ladite convention]

[▶ Signature]

302.20 Avis au commissaire aux comptes de la poursuite de conventions réglementées au cours de l'exercice

[▶ Voir chapitre 31, n° 31.24]

M. ....

[▶ Adresse]

M. ....

[▶ Adresse]

À ...., le ....

Lettre recommandée AR

Monsieur le Commissaire aux comptes,

En application de l'article R. 225-30 du code de commerce, j'ai l'honneur de vous informer de la poursuite de la (ou des) convention(s) suivante(s) qui avai(en)t été autorisée(s) et conclue(s) au cours de l'exercice .... [▶ à préciser]

Je vous prie d'agréer, Monsieur le Commissaire aux comptes, ... [▶ formule de politesse]

[▶ Joindre une copie des conventions susvisées]

[▶ Signature]

302.21 Résolution de l'assemblée générale portant sur l'approbation des conventions réglementées

[▶ Voir chapitre 31, n° 31.25]

L'assemblée générale des actionnaires, après avoir entendu la lecture du rapport spécial du commissaire aux comptes relatif aux conventions réglementées visées à l'article L. 225-38 du code de commerce, approuve ce rapport et la convention conclue ente M. .... et la société .... [▶ dénomination] qui y est présentée.

Cette résolution est adoptée .... [▶ ou à l'unanimité ou par... voix contre... voix], l'intéressé n'ayant pas pris part au vote.

[▶ Établir une résolution par convention compte tenu de l'interdiction qui est faite à l'intéressé de prendre part au vote]

302.22 Lettre à adresser au président du conseil d'administration par la personne ayant conclu une convention relevant de l'article L. 225-39 du code de commerce

[▶ Voir chapitre 31, n° 31.30]

M. ....

[▶ Adresse]

M. …………

Président du conseil d'administration

Société ………… [▶ dénomination]

[▶ Adresse]

À …………, le …………

Monsieur le Président,

En application de l'article L. 225-39 du code de commerce, j'ai l'honneur de vous adresser une copie de la convention que j'ai conclue avec la société ………… [▶ dénomination] et qui porte sur une opération courante conclue à des conditions normales.

Je vous prie d'agréer, Monsieur le Président, ………… [▶ formule de politesse]

[▶ Joindre une copie de la convention susvisée]

[▶ Signature]

302.23 Communication par le président de conventions courantes aux conseil d'administration et commissaire aux comptes

[▶ Voir chapitre 31, n° 31.30]

M. …………

J'ai l'honneur de vous informer avoir reçu, en application de l'article L. 225-39 alinéa 2 du code de commerce, communication de conventions portant sur des opérations courantes conclues à des conditions normales.

Vous en trouverez ci-après la liste et l'objet :

- …………
- …………
- …………

[▶ Indiquer pour chaque convention, les parties intéressées, la date de conclusion, l'objet]

Je vous prie d'agréer, Messieurs, ………… [▶ formule de politesse]

Le Président

2. Dans une SARL

302.24 Rapport spécial du gérant de SARL sur les conventions réglementées

[▶ Voir chapitre 31, n° 31.46]

Mesdames, Messieurs,

Conformément aux dispositions des articles L. 223-19 du code de commerce et R. 223-17 du code de commerce, j'ai l'honneur de vous présenter le rapport spécial relatif aux conventions conclues entre la société et l'un de ses gérants ou associés.

Les conventions conclues au cours du présent exercice sont les suivantes :

- …………
- …………
- …………

[▶ Énumérer les conventions concernées, le nom des parties intéressées, la nature et l'objet desdites conventions, les modalités essentielles de ces conventions (prix, tarifs pratiqués, ristournes et commissions consenties, délais de paiement accordés, intérêts stipulés, sûretés conférées et toutes autres indications permettant aux associés d'apprécier l'intérêt s'attachant à la conclusion de ces conventions)]

Les conventions conclues au cours d'exercices antérieurs mais dont l'exécution s'est poursuivie au cours du présent exercice sont les suivantes :

- …………
- …………
- …………

[▶ Énumérer les conventions concernées, le nom des parties intéressées, la nature et l'objet desdites conventions, les modalités essentielles de ces conventions (prix, tarifs pratiqués, ristournes et commissions consenties, délais de paiement accordés, intérêts stipulés, sûretés conférées et toutes autres indications permettant aux associés d'apprécier l'intérêt s'attachant à la conclusion de ces conventions), et préciser en outre l'importance des fournitures livrées et des prestations de services fournies et le montant des sommes versées ou reçues]

À …………, le …………

Le gérant

302.25 Ordre du jour et résolution de l'assemblée générale sur les conventions réglementées dans les SARL

[▶ Voir chapitre 31, n° 31.46]

Ordre du jour

- Rapport spécial du gérant [▶ ou du commissaire aux comptes] sur les conventions réglementées de l'article L. 223-19 du code de commerce.
- Approbation de ces conventions.

Résolution

[▶ Établir une résolution par convention compte tenu de l'interdiction qui est faite à l'intéressé de prendre part au vote]

L'assemblée des associés, après avoir entendu la lecture du rapport spécial du gérant [▶ ou du commissaire aux comptes], approuve ce rapport et la convention conclue entre la société ………… [▶ dénomination] et M. …………

Cette résolution est adoptée ………… [▶ ou à l'unanimité ou par… voix sur…], l'intéressé n'ayant pas pris part au vote.

3. Compte-courant d'associé

302.26 Convention d'ouverture de compte-courant

[▶ Voir chapitre 32, n° 32.18]

Entre

La société .... [▶ dénomination], au capital social de .... euros, dont le siège social se situe ...., immatriculée au RCS de ...., sous le n° ...., représentée par M. ...., ... [▶ qualité], domicilié en cette qualité audit siège.

D'une part,

M. .... [▶ état civil], demeurant ....

D'autre part,

Il est rappelé ce qui suit :

[▶ Décrire la situation du titulaire du compte-courant au sein de la société : associé, dirigeant...]

[▶ Rappeler que cette convention relève de la procédure de contrôle des conventions réglementées et qu'elle a donc été autorisée conformément aux dispositions du code de commerce applicables au type de société concernée]

Il a été convenu ce qui suit :

Article 1er

M. .... verse à la société .... la somme de .... euros à titre d'avance en compte-courant. Cette somme sera inscrite au nom de M. .... en compte-courant dans les livres de la société.

Article 2

Cette somme sera productive d'intérêts au taux de .... % qui seront capitalisés.

Article 3

M. .... pourra solliciter le remboursement de cette somme et des intérêts produits par l'envoi d'une lettre recommandée avec accusé de réception à la société .... [▶ dénomination] en respectant un préavis de .... [▶ indiquer une durée]

Article 4

Le compte-courant de M. .... ne pourra pas présenter de solde comptable débiteur.

Fait à ...., le .... en .... exemplaires

302.27 Convention de blocage

[▶ Voir chapitre 32, n° 32.34]

Les sommes inscrites en compte-courant resteront bloquées au profit de la société pour une durée de .... [▶ à préciser]. Aucun remboursement de ces fonds ne pourra intervenir avant le .... [▶ préciser une date]

4. Utilisation du nom du dirigeant comme dénomination sociale ou nom commercial de la société

302.28 Contrat d'utilisation du nom

[▶ Voir chapitre 34, n° 34.33]

Entre les soussignés

La Société ...., ... [▶ SA, SARL, etc.] au capital de .... euros, immatriculée au RCS de .... sous le numéro ...., dont le siège social est ...., représentée par .... en sa qualité de ....,

Ci-après dénommée « La Société »,

d'une part,

Et

M. .... [▶ nom, prénom, titre]

[▶ Adresse]

Ci-après dénommé « Le Fondateur »,

d'autre part,

Il a été préalablement exposé ce qui suit :

Le Fondateur est associé fondateur de la Société et il a été décidé lors de la constitution de cette dernière que sa dénomination sociale serait constituée du nom du Fondateur.

La Société souhaite également utiliser ce nom en tant que nom commercial, marque et pour ses enseignes.

Le Fondateur a accepté qu'il soit ainsi fait usage de son nom et le présent contrat précise donc les modalités de l'autorisation donnée par le Fondateur à la Société.

Ceci étant exposé, il est convenu et arrêté ce qui suit :

Article 1er – Objet du contrat

Le Fondateur confère à titre onéreux à la Société, qui l'accepte, l'autorisation exclusive de reproduire et d'utiliser son nom au sein de sa dénomination sociale, de son enseigne et de son nom commercial ainsi que le droit de le déposer et de l'utiliser comme marque, selon les modalités ci-après définies.

Article 2 – Modalités de l'autorisation

L'autorisation est conférée pour tout type d'usage commercial conforme à l'objet social de la Société, sans limitation ni réserve.

Elle est conférée pour le monde entier et sans limitation de durée.

En particulier, il est expressément précisé que le départ du Fondateur de la Société, pour quelque que cause que ce soit, ne mettra pas fin à la présente autorisation. En conséquence, la Société pourra après cet événement continuer d'utiliser librement le nom de celui-ci.

Compte tenu du caractère exclusif de l'autorisation, le Fondateur s'interdit, à son départ de la Société, d'utiliser son nom pour créer ou développer une activité directement concurrente de celle de la Société ou de conférer autrement l'usage de son nom pour identifier une telle activité.

Le Fondateur pourra néanmoins utiliser son nom pour développer une activité de .... [▶ préciser les activités autorisées]; il pourra en outre l'utiliser pour des activités de parrainage ou caritatives et toute activité non commerciale.

Le nom du Fondateur devra être utilisé à l'identique, sans adjonction ni suppression, autre que celle de la forme sociale lorsqu'elle est nécessaire.

Article 3 – Rémunération

En contrepartie de l'autorisation accordée, le Fondateur (ou ses ayants droit) percevra une indemnité de .... euros, qui lui sera versée selon les modalités suivantes : ....

[▶ Toutes les modalités de versement sont imaginables. Il peut être intéressant pour la Société de ne verser une indemnité qu'au départ du Fondateur, indemnité qui peut être fixée par avance, par exemple en l'indexant sur le chiffre d'affaires. Un système de redevances peut également être mis en place]

Article 4 – Garanties

Le Fondateur garantit à la Société la jouissance entière, libre et paisible de son nom dans les limites de l'autorisation conférée et se porte-fort du respect de cette autorisation par ses ayants droit porteurs du même patronyme.

Article 5 – Loi applicable

La loi applicable pour l'interprétation et l'exécution du présent contrat est la loi française.

Fait à ...., le .... en deux exemplaires

D. Fin des fonctions du dirigeant

302.29 Lettre de démission d'un administrateur

[▶ Voir chapitre 51, nº 51.20]

M. ....

[Adresse]

M. ....

[Adresse]

À ...., le ....

Lettre recommandée avec AR

Monsieur le Président,

J'ai l'honneur, par la présente, de vous informer de ma décision de démissionner du mandat d'administrateur qui m'a été confiée par l'assemblée générale en date du ....

Les motifs de ma démission, qui prendra effet à compter du ...., tiennent à ce que ....

Je vous prie, dans ces conditions, de bien vouloir en informer le conseil et de procéder à toutes formalités.

Je vous prie de croire, Monsieur le Président, ... [▶ formule de politesse]

[▶ Signature]

302.30 Lettre de démission du président du conseil d'administration

[▶ Voir chapitre 51, n° 51.20]

M. ....

Président du conseil d'administration

[▶ Adresse]

[▶ À adresser : aux administrateurs, aux commissaires aux comptes, aux délégués du CE]

Messieurs

[▶ Adresse]

À ...., le ....

Lettre recommandée avec AR

Monsieur,

J'ai l'honneur, par la présente, de vous informer de ma décision de démissionner de mes fonctions de Président du conseil d'administration à compter du ....

Les motifs de ma démission tiennent à ce que ....

Je vous prie, dans ces conditions, de bien vouloir assister à la réunion du conseil d'administration qui se tiendra le ...., à ...., dont l'ordre du jour sera :

- démission du Président;
- nomination d'un nouveau Président;
- pouvoirs et rémunération du nouveau Président.

Je vous prie de croire, ... [▶ formule de politesse]

[▶ Signature.]

302.31 Lettre de démission du directeur général dans une SA

[▶ Voir chapitre 51, n° 51.20]

M. ....

Directeur Général

[▶ Adresse]

Lettre recommandée avec accusé de réception

[▶ À adresser : au président du Conseil d'administration et à tous les administrateurs.]

Monsieur le Président, Messieurs les administrateurs,

J'ai l'honneur, par la présente, de vous informer de ma décision de démissionner du mandat de directeur général qui m'a été confiée par délibération du conseil d'administration en date du ....

Les motifs de ma démission, qui prendra effet à compter du ...., tiennent à ce que ....

Je vous prie, dans ces conditions, de bien vouloir en informer le conseil et de procéder à toutes formalités.

Je vous prie de croire, Monsieur le Président, ... [▶ formule de politesse]

[▶ Signature]

302.32 Lettre de démission du gérant

[▶ Voir chapitre 51, nº 51.20]

M. …………

Gérant de la société …………

[▶ Adresse]

M. …………

[▶ Adresse]

À …………, le …………

Lettre recommandée avec AR

[▶ À adresser à tous les associés, aux éventuels co-gérants, et le cas échéant au commissaire aux comptes]

Monsieur,

J'ai l'honneur, par la présente, de vous informer de ma décision de démissionner de mes fonctions de gérant à compter du …………

Les motifs de ma démission tiennent à ce que …………

Je m'assure, dans ces conditions, de la convocation d'une assemblée à l'effet de désigner un nouveau gérant.

Je vous prie de croire, Monsieur, ………… [▶ formule de politesse]

[▶ Ou bien]

J'ai sollicité de M. …………, cogérant, qu'il convoque une assemblée afin de voir celle-ci désigner mon remplaçant.

Je vous prie de croire, Monsieur, …………

[▶ Signature]

302.33 Garantie de passif

[▶ Voir chapitre 53, nº 53.33]

Entre

M. ………… [▶ état civil], ci-après « le garant »

D'une part

et

M. ………… [▶ état civil], ci-après « le bénéficiaire »

D'autre part

Il est rappelé ce qui suit :

Par acte en date du …………, le garant a cédé au bénéficiaire ………… [▶ indiquer le nombre] parts sociales [▶ ou actions] de la société ………… [▶ indiquer la dénomination, le capital social, le siège social, le numéro RCS].

La présente convention détermine l'étendue de la garantie consentie par le garant au bénéficiaire et ses conditions de mise en œuvre.

Il a été convenu ce qui suit :

Article 1er

Le garant garantit le bénéficiaire contre tout passif non comptabilisé ou non suffisamment provisionné, toute diminution ou insuffisance d'actif aux bilan et compte de résultat de la société ………… [▶ dénomination] arrêtés le ………… [▶ à préciser] et joints en annexe, ayant une origine antérieure à la date de la cession des droits sociaux et qui viendrait néanmoins se révéler ultérieurement.

Le garant devra en conséquence prendre en charge ce passif, afin que la situation nette de la société ………… [▶ dénomination] corresponde à celle inscrite au bilan en date du ………… [▶ à préciser]

Article 2

Le bénéficiaire devra avertir le garant par lettre recommandée avec demande d'accusé de réception de toute réclamation (fiscale ou autre) pouvant être adressée à la société ………… [▶ dénomination] et ce, dans un délai de ………… [▶ à préciser] à compter de la réception de ladite réclamation.

Article 3

La présente garantie est consentie pour une durée de ………… [▶ à préciser]

Fait à …………, le …………

En deux exemplaires.

302.34 Clause de non-concurrence pour un dirigeant non salarié

[▶ Voir chapitre 51, n° 51.33]

Le gérant [▶ ou tout autre dirigeant selon la forme sociale de la société] s'engage à ne pas exercer, après l'expiration de son mandat social, quelle que soit la cause de la cessation de ses fonctions, directement ou indirectement, une activité concurrente de celle de la société ………… [▶ dénomination], et ce, pendant ………… [▶ indiquer la durée] et dans l'étendue de ………… [▶ indiquer la zone géographique concernée]

[▶ Recommandé] En contrepartie de cet engagement de non-concurrence, le gérant [▶ ou tout autre dirigeant selon la forme sociale de la société] percevra la somme de ………… euros.

303. Textes législatifs et réglementaires

303.11 Code de commerce (extraits)

LIVRE II

Des sociétés commerciales et des groupements d'intérêt économique

TITRE II

Dispositions particulières aux diverses sociétés commerciales

CHAPITRE Ier

DES SOCIÉTÉS EN NOM COLLECTIF

Art. L. 221-1 — Les associés en nom collectif ont tous la qualité de commerçant et répondent indéfiniment et solidairement des dettes sociales.

Les créanciers de la société ne peuvent poursuivre le paiement des dettes sociales contre un associé, qu'après avoir vainement mis en demeure la société par acte extrajudiciaire.

Art. L. 221-2 — La société en nom collectif est désignée par une dénomination sociale, à laquelle peut être incorporé le nom d'un ou plusieurs associés et qui doit être précédée ou suivie immédiatement des mots « société en nom collectif ».

Art. L. 221-3 — Tous les associés sont gérants, sauf stipulation contraire des statuts qui peuvent désigner un ou plusieurs gérants, associés ou non, ou en prévoir la désignation par un acte ultérieur.

Si une personne morale est gérant, ses dirigeants sont soumis aux mêmes conditions et obligations et encourent les mêmes responsabilités civile et pénale que s'ils étaient gérants en leur nom propre, sans préjudice de la responsabilité solidaire de la personne morale qu'ils dirigent.

Art. L. 221-4 — Dans les rapports entre associés, et en l'absence de la détermination de ses pouvoirs par les statuts, le gérant peut faire tous actes de gestion dans l'intérêt de la société.

En cas de pluralité de gérants, ceux-ci détiennent séparément les pouvoirs prévus à l'alinéa précédent, sauf le droit pour chacun de s'opposer à toute opération avant qu'elle soit conclue.

Art. L. 221-5 — Dans les rapports avec les tiers, le gérant engage la société par les actes entrant dans l'objet social.

En cas de pluralité de gérants, ceux-ci détiennent séparément les pouvoirs prévus à l'alinéa précédent. L'opposition formée par un gérant aux actes d'un autre gérant est sans effet à l'égard des tiers, à moins qu'il ne soit établi qu'ils en ont eu connaissance.

Les clauses statutaires limitant les pouvoirs des gérants qui résultent du présent article sont inopposables aux tiers.

Art. L. 221-6 — Les décisions qui excèdent les pouvoirs reconnus aux gérants sont prises à l'unanimité des associés. Toutefois les statuts peuvent prévoir que certaines décisions sont prises à une majorité qu'ils fixent.

Les statuts peuvent également prévoir que les décisions sont prises par voie de consultation écrite, si la réunion d'une assemblée n'est pas demandée par l'un des associés.

Art. L. 221-7 — Le rapport de gestion, l'inventaire et les comptes annuels établis par les gérants sont soumis à l'approbation de l'assemblée des associés, dans le délai de six mois à compter de la clôture dudit exercice.

À cette fin, les documents visés à l'alinéa précédent, le texte des résolutions proposées ainsi que, le cas échéant, le rapport des commissaires aux comptes, les comptes consolidés et le rapport sur la gestion du groupe sont communiqués aux associés dans les conditions et délais déterminés par décret en Conseil d'État. Toute délibération, prise en violation des dispositions du présent alinéa et du décret pris pour son application, peut être annulée.

Toute clause contraire aux dispositions du présent article et du décret pris pour son application est réputée non écrite.

Les troisième à sixième alinéas de l'article L. 225-100 et l'article L. 225-100-1 s'appliquent au rapport de gestion lorsque l'ensemble des parts sont détenues par des personnes ayant l'une des formes suivantes : société anonyme, société en commandite par actions ou société à responsabilité limitée.

Art. L. 221-8 — Les associés non gérants ont le droit, deux fois par an, d'obtenir communication des livres et documents sociaux et de poser par écrit des questions sur la gestion sociale, auxquelles il doit être répondu également par écrit.

Art. L. 221-12 — Si tous les associés sont gérants ou si un ou plusieurs gérants choisis parmi les associés sont désignés dans les statuts, la révocation de l'un d'eux de ses fonctions ne peut être décidée qu'à l'unanimité des autres associés. Elle entraîne la dissolution de la société, à moins que sa continuation ne soit prévue par les statuts ou que les autres associés ne la décident à l'unanimité. Le gérant révoqué peut alors décider de se retirer de la société en demandant le remboursement de ses droits sociaux, dont la valeur est déterminée conformément à l'article 1843-4 du code civil. Toute clause contraire à l'article 1843-4 dudit code est réputée non écrite.

Si un ou plusieurs associés sont gérants et ne sont pas désignés par les statuts, chacun d'eux peut être révoqué de ses fonctions, dans les conditions prévues par les statuts ou, à défaut, par une décision des autres associés, gérants ou non, prise à l'unanimité.

Le gérant non associé peut être révoqué dans les conditions prévues par les statuts ou, à défaut, par une décision des associés prise à la majorité.

Si la révocation est décidée sans juste motif, elle peut donner lieu à dommages-intérêts.

Art. L. 221-13 — Les parts sociales ne peuvent être représentées par des titres négociables. Elles ne peuvent être cédées qu'avec le consentement de tous les associés.

Toute clause contraire est réputée non écrite.

Art. L. 221-14 — La cession des parts sociales doit être constatée par écrit. Elle est rendue opposable à la société, dans les formes prévues à l'article 1690 du code civil. Toutefois, la signification peut être remplacée par le dépôt d'un original de l'acte de cession au siège social contre remise par le gérant d'une attestation de ce dépôt.

Elle n'est opposable aux tiers qu'après accomplissement de ces formalités et, en outre, après publicité au registre du commerce et des sociétés.

Art. L. 221-15 — La société prend fin par le décès de l'un des associés, sous réserve des dispositions du présent article.

S'il a été stipulé qu'en cas de mort de l'un des associés, la société continuerait avec son héritier ou seulement avec les associés survivants, ces dispositions sont suivies, sauf à prévoir que pour devenir associé, l'héritier devra être agréé par la société.

Il en est de même s'il a été stipulé que la société continuerait, soit avec le conjoint survivant, soit avec un ou plusieurs des héritiers, soit avec toute autre personne désignée par les statuts ou, si ceux-ci l'autorisent, par dispositions testamentaires.

Lorsque la société continue avec les associés survivants, l'héritier est seulement créancier de la société et n'a droit qu'à la valeur des droits sociaux de son auteur. L'héritier a pareillement droit à cette valeur s'il a été stipulé que, pour devenir associé il devrait être agréé par la société et si cet agrément lui a été refusé.

Lorsque la société continue dans les conditions prévues au troisième alinéa ci-dessus, les bénéficiaires de la stipulation sont redevables à la succession de la valeur des droits sociaux qui leur sont attribués.

Dans tous les cas prévus au présent article, la valeur des droits sociaux est déterminée au jour du décès conformément à l'article 1843-4 du code civil.

En cas de continuation et si l'un ou plusieurs des héritiers de l'associé sont mineurs non émancipés, ceux-ci ne répondent des dettes sociales qu'à concurrence des forces de la succession de leur auteur. En outre, la société doit être transformée, dans le délai d'un an, à compter du décès, en société en commandite dont le mineur devient commanditaire. À défaut, elle est dissoute.

Art. L. 221-16 — Lorsqu'un jugement de liquidation judiciaire ou arrêtant un plan de cession totale, une mesure d'interdiction d'exercer une profession commerciale ou une mesure d'incapacité est devenu définitif à l'égard de l'un des associés, la société est dissoute, à moins que sa continuation ne soit prévue par les statuts ou que les autres associés ne la décident à l'unanimité.

Dans le cas de continuation, la valeur des droits sociaux à rembourser à l'associé qui perd cette qualité est déterminée conformément aux dispositions de l'article 1843-4 du code civil. Toute clause contraire à l'article 1843-4 dudit code est réputée non écrite.

Art. L. 221-17 — Les sociétés en nom collectif qui, à la date du 1er avril 1967, utilisaient dans leur raison sociale le nom d'un ou plusieurs associés fondateurs décédés peuvent, par dérogation aux dispositions des articles L. 221-2 et L. 222-3, être autorisées à conserver ce nom dans leur dénomination sociale.

Un décret en Conseil d'État détermine les conditions auxquelles est subordonnée cette autorisation.

Ce décret fixe en outre les conditions dans lesquelles une opposition peut être formée par les tiers devant les juridictions de l'ordre judiciaire.

CHAPITRE III
DES SOCIÉTÉS À RESPONSABILITÉ LIMITÉE

Art. L. 223-1 — La société à responsabilité limitée est instituée par une ou plusieurs personnes qui ne supportent les pertes qu'à concurrence de leurs apports.

Lorsque la société ne comporte qu'une seule personne, celle-ci est dénommée « associé unique ». L'associé unique exerce les pouvoirs dévolus à l'assemblée des associés par les dispositions du présent chapitre. Un décret fixe un modèle de statuts types de société à responsabilité limitée dont l'associé unique, personne physique, assume personnellement la gérance et les conditions dans lesquelles ces statuts sont portés à la connaissance de l'intéressé. Ces statuts types s'appliquent à moins que l'intéressé ne produise des statuts différents lors de sa demande d'immatriculation de la société.

La société à responsabilité limitée dont l'associé unique, personne physique, assume personnellement la gérance est soumise à des formalités de publicité allégées déterminées par décret en Conseil d'État. Ce décret prévoit les conditions de dispense d'insertion au Bulletin officiel des annonces civiles et commerciales.

La société est désignée par une dénomination sociale, à laquelle peut être incorporé le nom d'un ou plusieurs associés, et qui doit être précédée ou suivie immédiatement des mots « société à responsabilité limitée » ou des initiales « SARL » et de l'énonciation du capital social.

Les sociétés d'assurance, de capitalisation et d'épargne ne peuvent adopter la forme de société à responsabilité limitée. [...]

Art. L. 223-18 — La société à responsabilité limitée est gérée par une ou plusieurs personnes physiques.

Les gérants peuvent être choisis en dehors des associés. Ils sont nommés par les associés, dans les statuts ou par un acte postérieur, dans les conditions prévues à l'article L. 223-29. Dans les mêmes conditions, la mention du nom d'un gérant dans les statuts peut, en cas de cessation des fonctions de ce gérant pour quelque cause que ce soit, être supprimée par décision des associés.

En l'absence de dispositions statutaires, ils sont nommés pour la durée de la société.

Dans les rapports entre associés, les pouvoirs des gérants sont déterminés par les statuts, et dans le silence de ceux-ci, par l'article L. 221-4.

Dans les rapports avec les tiers, le gérant est investi des pouvoirs les plus étendus pour agir en toute circonstance au nom de la société, sous réserve des pouvoirs que la loi attribue expressément aux associés. La société est engagée même par les actes du gérant qui ne relèvent pas de l'objet social, à moins qu'elle ne prouve que le tiers savait que l'acte dépassait cet objet ou qu'il ne pouvait l'ignorer compte tenu des circonstances, étant exclu que la seule publication des statuts suffise à constituer cette preuve.

Les clauses statutaires limitant les pouvoirs des gérants qui résultent du présent article sont inopposables aux tiers.

En cas de pluralité de gérants, ceux-ci détiennent séparément les pouvoirs prévus au présent article. L'opposition formée par un gérant aux actes d'un autre gérant est sans effet à l'égard des tiers, à moins qu'il ne soit établi qu'ils en ont eu connaissance.

Le déplacement du siège social dans le même département ou dans un département limitrophe peut être décidé par le ou les gérants, sous réserve de ratification de cette décision par les associés dans les conditions prévues au deuxième alinéa de l'article L. 223-30.

Dans les mêmes conditions, le gérant peut mettre les statuts en harmonie avec les dispositions impératives de la loi et des règlements.

Lorsque des parts sociales ont fait l'objet d'un contrat de bail en application de l'article L. 239-1, le gérant peut inscrire dans les statuts la mention du bail et du nom du locataire à côté du nom de l'associé concerné, sous réserve de la ratification de cette décision par les associés dans les conditions prévues à l'article L. 223-29. Il peut, dans les mêmes conditions, supprimer cette mention en cas de non-renouvellement ou de résiliation du bail.

Art. L. 223-19 — Le gérant ou, s'il en existe un, le commissaire aux comptes, présente à l'assemblée ou joint aux documents communiqués aux associés en cas de consultation écrite, un rapport sur les conventions intervenues directement ou par personnes interposées entre la société et l'un de ses gérants ou associés. L'assemblée statue sur ce rapport. Le gérant ou l'associé intéressé ne peut prendre part au vote et ses parts ne sont pas prises en compte pour le calcul du quorum et de la majorité.

Toutefois, s'il n'existe pas de commissaire aux comptes, les conventions conclues par un gérant non associé sont soumises à l'approbation préalable de l'assemblée.

Par dérogation aux dispositions du premier alinéa, lorsque la société ne comprend qu'un seul associé et que la convention est conclue avec celui-ci, il en est seulement fait mention au registre des décisions.

Les conventions non approuvées produisent néanmoins leurs effets, à charge pour le gérant, et, s'il y a lieu, pour l'associé contractant, de supporter individuellement ou solidairement, selon les cas, les conséquences du contrat préjudiciables à la société.

Les dispositions du présent article s'étendent aux conventions passées avec une société dont un associé indéfiniment responsable, gérant, administrateur, directeur général, membre du directoire ou membre du conseil de surveillance, est simultanément gérant ou associé de la société à responsabilité limitée.

Art. L. 223-20 — Les dispositions de l'article L. 223-19 ne sont pas applicables aux conventions portant sur des opérations courantes et conclues à des conditions normales.

Art. L. 223-21 — À peine de nullité du contrat, il est interdit aux gérants ou associés autres que les personnes morales de contracter, sous quelque forme que ce soit, des emprunts auprès de la société, de se faire consentir par elle un découvert, en compte-courant ou autrement, ainsi que de faire cautionner ou avaliser par elle leurs engagements envers les tiers. Cette interdiction s'applique aux représentants légaux des personnes morales associées.

L'interdiction s'applique également aux conjoint, ascendants et descendants des personnes visées à l'alinéa précédent ainsi qu'à toute personne interposée.

Toutefois, si la société exploite un établissement financier, cette interdiction ne s'applique pas aux opérations courantes de ce commerce conclues à des conditions normales.

Art. L. 223-22 — Les gérants sont responsables, individuellement ou solidairement, selon le cas, envers la société ou envers les tiers, soit des infractions aux dispositions législatives ou réglementaires applicables aux sociétés à responsabilité limitée, soit des violations des statuts, soit des fautes commises dans leur gestion.

Si plusieurs gérants ont coopéré aux mêmes faits, le tribunal détermine la part contributive de chacun dans la réparation du dommage.

Outre l'action en réparation du préjudice subi personnellement, les associés peuvent, soit individuellement, soit en se groupant dans les conditions fixées par décret en Conseil d'État, intenter l'action sociale en responsabilité contre les gérants. Les demandeurs sont habilités à poursuivre la réparation de l'entier préjudice subi par la société à laquelle, le cas échéant, les dommages-intérêts sont alloués.

Est réputée non écrite toute clause des statuts ayant pour effet de subordonner l'exercice de l'action sociale à l'avis préalable ou à l'autorisation de l'assemblée, ou qui comporterait par avance renonciation à l'exercice de cette action.

Aucune décision de l'assemblée ne peut avoir pour effet d'éteindre une action en responsabilité contre les gérants pour faute commise dans l'accomplissement de leur mandat.

Art. L. 223-23 — Les actions en responsabilité prévues aux articles L. 223-19 et L. 223-22 se prescrivent par trois ans à compter du fait dommageable ou, s'il a été dissimulé, de sa révélation. Toutefois, lorsque le fait est qualifié crime, l'action se prescrit par dix ans.

Art. L. 223-24 — En cas d'ouverture d'une procédure de sauvegarde, de redressement ou de liquidation judiciaire en application des dispositions du livre VI, titre II, les personnes visées par ces dispositions peuvent être rendues responsables du passif social et sont soumises aux interdictions et déchéances, dans les conditions prévues par lesdites dispositions.

Art. L. 223-25 — Le gérant peut être révoqué par décision des associés dans les conditions de l'article L. 223-29, à moins que les statuts prévoient une majorité plus forte. Si la révocation est décidée sans juste motif, elle peut donner lieu à des dommages et intérêts.

En outre, le gérant est révocable par les tribunaux pour cause légitime, à la demande de tout associé.

Par dérogation au premier alinéa, le gérant d'une société à responsabilité limitée exploitant une entreprise de presse au sens de l'article 2 de la loi n° 86-897 du 1er août 1986 portant réforme du régime juridique de la presse, n'est révocable que par une décision des associés représentant au moins les trois quarts du capital social.

Art. L. 223-26 — Le rapport de gestion, l'inventaire et les comptes annuels établis par les gérants, sont soumis à l'approbation des associés réunis en assemblée, dans le délai de six mois à compter de la clôture de l'exercice.

À cette fin, les documents visés à l'alinéa précédent, le texte des résolutions proposées ainsi que le cas échéant, le rapport des commissaires aux comptes, les comptes consolidés et le rapport sur la gestion du groupe sont communiqués aux associés dans les conditions et délais déterminés par décret en Conseil d'État. Toute délibération, prise en violation des dispositions du présent alinéa et du décret pris pour son application, peut être annulée.

À compter de la communication prévue à l'alinéa précédent, tout associé a la faculté de poser par écrit des questions auxquelles le gérant est tenu de répondre au cours de l'assemblée.

L'associé peut, en outre, et à toute époque, obtenir communication, dans les conditions fixées par décret en Conseil d'État, des documents sociaux déterminés par ledit décret et concernant les trois derniers exercices.

Toute clause contraire aux dispositions du présent article et du décret pris pour son application, est réputée non écrite.

Les troisième à sixième alinéas de l'article L. 225-100 et l'article L. 225-100-1 s'appliquent au rapport de gestion. Le cas échéant, l'article L. 225-100-2 s'applique au rapport consolidé de gestion.

CHAPITRE V
DES SOCIÉTÉS ANONYMES

Section II
De la direction et de l'administration des sociétés anonymes

Sous-section 1
Du conseil d'administration de la direction générale

Art. L. 225-17 — La société anonyme est administrée par un conseil d'administration composé de trois membres au moins. Les statuts fixent le nombre maximum des membres du conseil, qui ne peut dépasser dix-huit.

Toutefois, en cas de décès, de démission ou de révocation du président du conseil d'administration et si le conseil n'a pu le remplacer par un de ses membres, il peut nommer, sous réserve des dispositions de l'article L. 225-24, un administrateur supplémentaire qui est appelé aux fonctions de président.

Art. L. 225-18 — Les administrateurs sont nommés par l'assemblée générale constitutive ou par l'assemblée générale ordinaire. Dans le cas prévu à l'article L. 225-16, ils sont désignés dans les statuts. La durée de leurs fonctions est déterminée par les statuts sans pouvoir excéder six ans en cas de nomination par les assemblées générales et trois ans en cas de nomination dans les statuts. Toutefois, en cas de fusion ou de scission, la nomination peut être faite par l'assemblée générale extraordinaire.

Les administrateurs sont rééligibles, sauf stipulation contraire des statuts. Ils peuvent être révoqués à tout moment par l'assemblée générale ordinaire.

Toute nomination intervenue en violation des dispositions précédentes est nulle, à l'exception de celles auxquelles il peut être procédé dans les conditions prévues à l'article L. 225-24.

Art. L. 225-19 — Les statuts doivent prévoir, pour l'exercice des fonctions d'administrateur, une limite d'âge s'appliquant soit à l'ensemble des administrateurs, soit à un pourcentage déterminé d'entre eux.

À défaut de disposition expresse dans les statuts, le nombre des administrateurs ayant dépassé l'âge de soixante-dix ans ne peut être supérieur au tiers des administrateurs en fonctions.

Toute nomination intervenue en violation des dispositions de l'alinéa précédent est nulle.

À défaut de disposition expresse dans les statuts prévoyant une autre procédure, lorsque la limitation statutaire ou légale fixée pour l'âge des administrateurs est dépassée, l'administrateur le plus âgé est réputé démissionnaire d'office.

Art. L. 225-20 — Une personne morale peut être nommée administrateur. Lors de sa nomination, elle est tenue de désigner un représentant permanent qui est soumis aux mêmes conditions et obligations et qui encourt les mêmes responsabilités civile et pénale que s'il était administrateur en son nom propre, sans préjudice de la responsabilité solidaire de la personne morale qu'il représente.

Lorsque la personne morale révoque son représentant, elle est tenue de pourvoir en même temps à son remplacement.

Art. L. 225-21 — Une personne physique ne peut exercer simultanément plus de cinq mandats d'administrateur de sociétés anonymes ayant leur siège sur le territoire français.

Par dérogation aux dispositions du premier alinéa, ne sont pas pris en compte les mandats d'administrateur ou de membre du conseil de surveillance exercés par cette personne dans les sociétés contrôlées au sens de l'article L. 233-16 par la société dont elle est administrateur.

Pour l'application des dispositions du présent article, les mandats d'administrateur des sociétés dont les titres ne sont pas admis aux négociations sur un marché réglementé et contrôlées au sens de l'article L. 233-16 par une même société ne comptent que pour un seul mandat, sous réserve que le nombre de mandats détenus à ce titre n'excède pas cinq.

Toute personne physique qui se trouve en infraction avec les dispositions du présent article doit se démettre de l'un de ses mandats dans les trois mois de sa nomination, ou du mandat en cause dans les trois mois de l'événement ayant entraîné la disparition de l'une des conditions fixées à l'alinéa précédent. À l'expiration de ce délai, elle est réputée s'être démise, selon le cas, soit de son nouveau mandat, soit du mandat ne répondant plus aux conditions fixées à l'alinéa précédent, et doit restituer les rémunérations perçues, sans que soit, de ce fait, remise en cause la validité des délibérations auxquelles elle a pris part.

Art. L. 225-22 — Un salarié de la société ne peut être nommé administrateur que si son contrat de travail correspond à un emploi effectif. Il ne perd pas le bénéfice de ce contrat de travail. Toute nomination intervenue en violation des dispositions du présent alinéa est nulle. Cette nullité n'entraîne pas celle des délibérations auxquelles a pris part l'administrateur irrégulièrement nommé.

Le nombre des administrateurs liés à la société par un contrat de travail ne peut dépasser le tiers des administrateurs en fonction.

Toutefois, les administrateurs élus par les salariés, les administrateurs représentant les salariés actionnaires ou le fonds commun de placement d'entreprise en application de l'article L. 225-23 et, dans les sociétés anonymes à participation ouvrière, les représentants de la société coopérative de main-d'œuvre ne sont pas comptés pour la détermination du nombre des administrateurs liés à la société par un contrat de travail mentionné à l'alinéa précédent.

En cas de fusion ou de scission, le contrat de travail peut avoir été conclu avec l'une des sociétés fusionnées ou avec la société scindée.

Art. L. 225-22-1 — Dans les sociétés dont les titres sont admis aux négociations sur un marché réglementé, en cas de nomination aux fonctions de président, de directeur général ou de directeur général délégué d'une personne liée par un contrat de travail à la société ou à toute société contrôlée ou qui la contrôle au sens des II et III de l'article L. 233-16, les dispositions dudit contrat correspondant, le cas échéant, à des éléments de rémunération, des indemnités ou des avantages dus ou susceptibles d'être dus à raison de la cessation ou du changement de ces fonctions, ou postérieurement à celles-ci, sont soumises au régime prévu par l'article L. 225-42-1.

Art. L. 225-23 — Dans les sociétés dont les titres sont admis aux négociations sur un marché réglementé, lorsque le rapport présenté par le conseil d'administration lors de l'assemblée générale en application de l'article L. 225-102 établit que les actions détenues par le personnel de la société ainsi que par le personnel de sociétés qui lui sont liées au sens de l'article L. 225-180 représentent plus de 3 % du capital social de la société, un ou plusieurs administrateurs sont élus par l'assemblée générale des actionnaires sur proposition des actionnaires visés à l'article L. 225-102. Ceux-ci se prononcent par un vote dans des conditions fixées par les statuts. Ces administrateurs sont élus parmi les salariés actionnaires ou, le cas échéant, parmi les salariés membres du conseil de surveillance d'un fonds commun de placement d'entreprise détenant des actions de la société. Ces administrateurs ne sont pas pris en compte pour la détermination du nombre minimal et du nombre maximal d'administrateurs prévus à l'article L. 225-17. La durée de leur mandat est déterminée par application de l'article L. 225-18. Toutefois, leur mandat prend fin par l'arrivée du terme ou la rupture, pour quelque cause que ce soit, de leur contrat de travail.

Si l'assemblée générale extraordinaire ne s'est pas réunie dans un délai de dix-huit mois à compter de la présentation du rapport, tout salarié actionnaire peut demander au président du tribunal statuant en référé d'enjoindre sous astreinte au conseil d'administration de convoquer une assemblée générale extraordinaire et de soumettre à celle-ci les projets de résolutions tendant à modifier les statuts dans le sens prévu à l'alinéa précédent et au dernier alinéa du présent article.

Lorsqu'il est fait droit à la demande, l'astreinte et les frais de procédure sont à la charge des administrateurs.

Les sociétés dont le conseil d'administration comprend un ou plusieurs administrateurs nommés parmi les membres du conseil de surveillance des fonds communs de placement d'entreprise représentant les salariés, ou un ou plusieurs salariés élus en application des dispositions de l'article L. 225-27, ne sont pas tenues aux obligations prévues au premier alinéa.

Lorsque l'assemblée générale extraordinaire est convoquée en application du premier alinéa, elle se prononce également sur un projet de résolution prévoyant l'élection d'un ou plusieurs administrateurs par le personnel de la société et des filiales directes ou indirectes dont le siège social est fixé en France. Le cas échéant, ces représentants sont désignés dans les conditions prévues à l'article L. 225-27.

Art. L. 225-24 — En cas de vacance par décès ou par démission d'un ou plusieurs sièges d'administrateur, le conseil d'administration peut, entre deux assemblées générales, procéder à des nominations à titre provisoire.

Lorsque le nombre des administrateurs est devenu inférieur au minimum légal, les administrateurs restants doivent convoquer immédiatement l'assemblée générale ordinaire en vue de compléter l'effectif du conseil.

Lorsque le nombre des administrateurs est devenu inférieur au minimum statutaire, sans toutefois être inférieur au minimum légal, le conseil d'administration doit procéder à des nominations à titre provisoire en vue de compléter son effectif dans le délai de trois mois à compter du jour où se produit la vacance.

Les nominations effectuées par le conseil en vertu des premier et troisième alinéas ci-dessus sont soumises à ratification de la plus prochaine assemblée générale ordinaire. À défaut de ratification, les délibérations prises et les actes accomplis antérieurement par le conseil n'en demeurent pas moins valables.

Lorsque le conseil néglige de procéder aux nominations requises ou de convoquer l'assemblée, tout intéressé peut demander en justice, la désignation d'un mandataire chargé de convoquer l'assemblée générale, à l'effet de procéder aux nominations ou de ratifier les nominations prévues au troisième alinéa.

Art. L. 225-25 — Les statuts peuvent imposer que chaque administrateur soit propriétaire d'un nombre d'actions de la société, qu'ils déterminent.

Si, au jour de sa nomination, un administrateur n'est pas propriétaire du nombre d'actions requis ou si, en cours de mandat, il cesse d'en être propriétaire, il est réputé démissionnaire d'office, s'il n'a pas régularisé sa situation dans le délai de six mois.

Les dispositions du premier alinéa ne s'appliquent pas aux actionnaires salariés nommés administrateurs en application de l'article L. 225-23.

Art. L. 225-26 — Les commissaires aux comptes veillent, sous leur responsabilité, à l'observation des dispositions prévues à l'article L. 225-25 et en dénoncent toute violation dans leur rapport à l'assemblée générale annuelle.

Art. L. 225-27 — Il peut être stipulé dans les statuts que le conseil d'administration comprend, outre les administrateurs dont le nombre et le mode de désignation sont prévus aux articles L. 225-17 et L. 225-18, des administrateurs élus soit par le personnel de la société, soit par le personnel de la société et celui de ses filiales directes ou indirectes dont le siège social est fixé sur le territoire français. Le nombre de ces administrateurs ne peut être supérieur à quatre ou, dans les sociétés dont les actions sont admises aux négociations sur un marché réglementé, cinq, ni excéder le tiers du nombre des autres administrateurs. Lorsque le nombre des administrateurs élus par les salariés est égal ou supérieur à deux, les ingénieurs, cadres et assimilés ont un siège au moins.

Les administrateurs élus par les salariés ne sont pas pris en compte pour la détermination du nombre minimal et du nombre maximal d'administrateurs prévus à l'article L. 225-17.

Art. L. 225-28 — Les administrateurs élus par les salariés doivent être titulaires d'un contrat de travail avec la société ou l'une de ses filiales directes ou indirectes dont le siège social est fixé sur le territoire français antérieur de deux années au moins à leur nomination et correspondant à un emploi effectif. Toutefois, la condition d'ancienneté n'est pas requise lorsqu'au jour de la nomination la société est constituée depuis moins de deux ans.

Tous les salariés de la société et le cas échéant de ses filiales directes ou indirectes, dont le siège social est fixé sur le territoire français dont le contrat de travail est antérieur de trois mois à la date de l'élection sont électeurs. Le vote est secret.

Lorsqu'un siège au moins est réservé aux ingénieurs, cadres et assimilés, les salariés sont divisés en deux collèges votant séparément. Le premier collège comprend les ingénieurs, cadres et assimilés, le second les autres salariés. Les statuts fixent la répartition des sièges par collège en fonction de la structure du personnel.

Les candidats ou listes de candidats peuvent être présentés soit par une ou plusieurs organisations syndicales représentatives au sens de l'article L. 423-2 [L. 2122-1 nouv.] du code du travail, soit par le vingtième des électeurs ou, si le nombre de ceux-ci est supérieur à deux mille, par cent d'entre eux.

Lorsqu'il y a un seul siège à pourvoir pour l'ensemble du corps électoral, l'élection a lieu au scrutin majoritaire à deux tours.

Lorsqu'il y a un seul siège à pourvoir dans un collège électoral, l'élection a lieu au scrutin majoritaire à deux tours dans ce collège. Chaque candidature doit comporter, outre le nom du candidat, celui de son remplaçant éventuel. Est déclaré élu le candidat ayant obtenu au premier tour la majorité absolue des suffrages exprimés, au second tour la majorité relative.

Dans les autres cas, l'élection a lieu au scrutin de liste à la représentation proportionnelle au plus fort reste et sans panachage. Chaque liste doit comporter un nombre de candidats double de celui des sièges à pourvoir.

En cas d'égalité des voix, les candidats dont le contrat de travail est le plus ancien sont déclarés élus.

Les autres modalités du scrutin sont fixées par les statuts.

Les contestations relatives à l'électorat, à l'éligibilité et à la régularité des opérations électorales sont portées devant le juge d'instance qui statue en dernier ressort dans les conditions prévues par le premier alinéa de l'article L. 433-11 [L. 2324-23 nouv.] du code du travail.

Art. L. 225-29 — La durée du mandat d'administrateur élu par les salariés est déterminée par les statuts, sans pouvoir excéder six ans. Le mandat est renouvelable, sauf stipulation contraire des statuts.

Toute nomination intervenue en violation des articles L. 225-27, L. 225-28 et du présent article est nulle. Cette nullité n'entraîne pas celle des délibérations auxquelles a pris part l'administrateur irrégulièrement nommé.

Art. L. 225-30 — Le mandat d'administrateur élu par les salariés est incompatible avec tout mandat de délégué syndical, de membre du comité d'entreprise, de délégué du personnel ou de membre du comité d'hygiène, de sécurité et des conditions de travail de la société. L'administrateur qui, lors de son élection, est titulaire d'un ou de plusieurs de ces mandats doit s'en démettre dans les huit jours. À défaut, il est réputé démissionnaire de son mandat d'administrateur.

Art. L. 225-31 — Les administrateurs élus par les salariés ne perdent pas le bénéfice de leur contrat de travail. Leur rémunération en tant que salariés ne peut être réduite du fait de l'exercice de leur mandat.

Art. L. 225-32 — La rupture du contrat de travail met fin au mandat de l'administrateur élu par les salariés.

Les administrateurs élus par les salariés ne peuvent être révoqués que pour faute dans l'exercice de leur mandat, par décision du président du tribunal de grande instance, rendue en la forme des référés, à la demande de la majorité des membres du conseil d'administration. La décision est exécutoire par provision.

Art. L. 225-33 — Sauf en cas de résiliation à l'initiative du salarié, la rupture du contrat de travail d'un administrateur élu par les salariés ne peut être prononcée que par le bureau de jugement du conseil des prud'hommes statuant en la forme des référés. La décision est exécutoire par provision.

Art. L. 225-34 — I. — En cas de vacance, par décès, démission, révocation, rupture du contrat de travail ou pour toute autre cause que ce soit, d'un siège d'administrateur élu par les salariés, le siège vacant est pourvu de la manière suivante :

1° lorsque l'élection a eu lieu au scrutin majoritaire à deux tours, par le remplaçant;

2° lorsque l'élection a eu lieu au scrutin de liste, par le candidat figurant sur la même liste immédiatement après le dernier candidat élu.

II. — Le mandat de l'administrateur ainsi désigné prend fin à l'arrivée du terme normal du mandat des autres administrateurs élus par les salariés.

Art. L. 225-35 — Le conseil d'administration détermine les orientations de l'activité de la société et veille à leur mise en œuvre. Sous réserve des pouvoirs expressément attribués aux assemblées d'actionnaires et dans la limite de l'objet social, il se saisit de toute question intéressant la bonne marche de la société et règle par ses délibérations les affaires qui la concernent.

Dans les rapports avec les tiers, la société est engagée même par les actes du conseil d'administration qui ne relèvent pas de l'objet social, à moins qu'elle ne prouve que le tiers savait que l'acte dépassait cet objet ou qu'il ne pouvait l'ignorer compte tenu des circonstances, étant exclu que la seule publication des statuts suffise à constituer cette preuve.

Le conseil d'administration procède aux contrôles et vérifications qu'il juge opportuns. Le président ou le directeur général de la société est tenu de communiquer à chaque administrateur tous les documents et informations nécessaires à l'accomplissement de sa mission.

Les cautions, avals et garanties donnés par des sociétés autres que celles exploitant des établissements bancaires ou financiers font l'objet d'une autorisation du conseil dans les conditions déterminées par décret en Conseil d'État. Ce décret détermine également les conditions dans lesquelles le dépassement de cette autorisation peut être opposé aux tiers.

Art. L. 225-36 — Le déplacement du siège social dans le même département ou dans un département limitrophe peut être décidé par le conseil d'administration, sous réserve de ratification de cette décision par la prochaine assemblée générale ordinaire.

Art. L. 225-36-1 — Les statuts de la société déterminent les règles relatives à la convocation et aux délibérations du conseil d'administration.

Lorsqu'il ne s'est pas réuni depuis plus de deux mois, le tiers au moins des membres du conseil d'administration peut demander au président de convoquer celui-ci sur un ordre du jour déterminé.

Le directeur général peut également demander au président de convoquer le conseil d'administration sur un ordre du jour déterminé.

Le président est lié par les demandes qui lui sont adressées en vertu des deux alinéas précédents.

Art. L. 225-37 — Le conseil d'administration ne délibère valablement que si la moitié au moins de ses membres sont présents. Toute clause contraire est réputée non écrite.

À moins que les statuts ne prévoient une majorité plus forte, les décisions sont prises à la majorité des membres présents ou représentés.

Sauf lorsque le conseil est réuni pour procéder aux opérations visées aux articles L. 232-1 et L. 233-16 et sauf disposition contraire des statuts, le règlement intérieur peut prévoir que sont réputés présents, pour le calcul du quorum et de la majorité, les administrateurs qui participent à la réunion par des moyens de visioconférence ou de télécommunication permettant leur identification et garantissant leur participation effective, dont la nature et les conditions d'application sont déterminées par décret en Conseil d'État. Les statuts peuvent limiter la nature des décisions pouvant être prises lors d'une réunion tenue dans ces conditions et prévoir un droit d'opposition au profit d'un nombre déterminé d'administrateurs.

Sauf disposition contraire des statuts, la voix du président de séance est prépondérante en cas de partage.

Les administrateurs, ainsi que toute personne appelée à assister aux réunions du conseil d'administration, sont tenus à la discrétion à l'égard des informations présentant un caractère confidentiel et données comme telles par le président du conseil d'administration.

Dans les sociétés dont les titres financiers sont admis aux négociations sur un marché réglementé, le président du conseil d'administration rend compte, dans un rapport joint au rapport mentionné aux articles L. 225-100, L. 225-102, L. 225-102-1 et L. 233-26, de la composition, des conditions de préparation et d'organisation des travaux du conseil, ainsi que des procédures de contrôle interne et de gestion des risques mises en place par la société, en détaillant notamment celles de ces procédures qui sont relatives à l'élaboration et au traitement de l'information comptable et financière pour les comptes sociaux et, le cas échéant, pour les comptes consolidés. Sans préjudice des dispositions de l'article L. 225-56, ce rapport indique en outre les éventuelles limitations que le conseil d'administration apporte aux pouvoirs du directeur général.

Lorsqu'une société se réfère volontairement à un code de gouvernement d'entreprise élaboré par les organisations représentatives des entreprises, le rapport prévu au présent article précise également les dispositions qui ont été écartées et les raisons pour lesquelles elles l'ont été. Se trouve de surcroît précisé le lieu où ce code peut être consulté. Si une société ne se réfère pas à un tel code de gouvernement d'entreprise, ce rapport indique les règles retenues en complément des exigences requises par la loi et explique les raisons pour lesquelles la société a décidé de n'appliquer aucune disposition de ce code de gouvernement d'entreprise.

Le rapport prévu au présent article précise aussi les modalités particulières relatives à la participation des actionnaires à l'assemblée générale ou renvoie aux dispositions des statuts qui prévoient ces modalités.

Ce rapport présente en outre les principes et les règles arrêtés par le conseil d'administration pour déterminer les rémunérations et avantages de toute nature accordés aux mandataires sociaux et il mentionne la publication des informations prévues par l'article L. 225-100-3.

Le rapport prévu au présent article est approuvé par le conseil d'administration et est rendu public.

Art. L. 225-38 — Toute convention intervenant directement ou par personne interposée entre la société et son directeur général, l'un de ses directeurs généraux délégués, l'un de ses administrateurs, l'un de ses actionnaires disposant d'une fraction des droits de vote supérieure à 10 % ou, s'il s'agit d'une société actionnaire, la société la contrôlant au sens de l'article L. 233-3, doit être soumise à l'autorisation préalable du conseil d'administration.

Il en est de même des conventions auxquelles une des personnes visées à l'alinéa précédent est indirectement intéressée.

Sont également soumises à autorisation préalable les conventions intervenant entre la société et une entreprise, si le directeur général, l'un des directeurs généraux délégués ou l'un des administrateurs de la société est propriétaire, associé indéfiniment responsable, gérant, administrateur, membre du conseil de surveillance ou, de façon générale, dirigeant de cette entreprise.

Art. L. 225-39 — Les dispositions de l'article L. 225-38 ne sont pas applicables aux conventions portant sur des opérations courantes et conclues à des conditions normales.

Cependant, ces conventions, sauf lorsqu'en raison de leur objet ou de leurs implications financières, elles ne sont significatives pour aucune des parties, sont communiquées par l'intéressé au président du conseil d'administration. La liste et l'objet desdites conventions sont communiqués par le président aux membres du conseil d'administration et aux commissaires aux comptes.

Art. L. 225-40 — L'intéressé est tenu d'informer le conseil, dès qu'il a connaissance d'une convention à laquelle l'article L. 225-38 est applicable. Il ne peut prendre part au vote sur l'autorisation sollicitée.

Le président du conseil d'administration donne avis aux commissaires aux comptes de toutes les conventions autorisées et soumet celles-ci à l'approbation de l'assemblée générale.

Les commissaires aux comptes présentent, sur ces conventions, un rapport spécial à l'assemblée, qui statue sur ce rapport.

L'intéressé ne peut pas prendre part au vote et ses actions ne sont pas prises en compte pour le calcul du quorum et de la majorité.

Art. L. 225-41 — Les conventions approuvées par l'assemblée, comme celles qu'elle désapprouve, produisent leurs effets à l'égard des tiers, sauf lorsqu'elles sont annulées dans le cas de fraude.

Même en l'absence de fraude, les conséquences, préjudiciables à la société, des conventions désapprouvées peuvent être mises à la charge de l'intéressé et, éventuellement, des autres membres du conseil d'administration.

Art. L. 225-42 — Sans préjudice de la responsabilité de l'intéressé, les conventions visées à l'article L. 225-38 et conclues sans autorisation préalable du conseil d'administration peuvent être annulées si elles ont eu des conséquences dommageables pour la société.

L'action en nullité se prescrit par trois ans, à compter de la date de la convention. Toutefois, si la convention a été dissimulée, le point de départ du délai de la prescription est reporté au jour où elle a été révélée.

La nullité peut être couverte par un vote de l'assemblée générale intervenant sur rapport spécial des commissaires aux comptes exposant les circonstances en raison desquelles la procédure d'autorisation n'a pas été suivie. Les dispositions du quatrième alinéa de l'article L. 225-40 sont applicables.

Art. L. 225-42-1 — Dans les sociétés dont les titres sont admis aux négociations sur un marché réglementé, les engagements pris au bénéfice de leurs présidents, directeurs généraux ou directeurs généraux délégués, par la société elle-même ou par toute société contrôlée ou qui la contrôle au sens des II et III de l'article L. 233-16, et correspondant à des éléments de rémunération, des indemnités ou des avantages dus ou susceptibles d'être dus à raison de la cessation ou du changement de ces fonctions, ou postérieurement à celles-ci, sont soumis aux dispositions des articles L. 225-38 et L. 225-40 à L. 225-42.

Sont interdits les éléments de rémunération, indemnités et avantages dont le bénéfice n'est pas subordonné au respect de conditions liées aux performances du bénéficiaire, appréciées au regard de celles de la société dont il préside le conseil d'administration ou exerce la direction générale ou la direction générale déléguée.

L'autorisation donnée par le conseil d'administration en application de l'article L. 225-38 est rendue publique selon des modalités et dans des délais fixés par décret en Conseil d'État.

La soumission à l'approbation de l'assemblée générale en application de l'article L. 225-40 fait l'objet d'une résolution spécifique pour chaque bénéficiaire. Cette approbation est requise à chaque renouvellement du mandat exercé par les personnes mentionnées au premier alinéa.

Aucun versement, de quelque nature que ce soit, ne peut intervenir avant que le conseil d'administration ne constate, lors ou après la cessation ou le changement effectif des fonctions, le respect des conditions prévues. Cette décision est rendue publique selon des modalités et dans des délais fixés par décret en Conseil d'État. Tout versement effectué en méconnaissance des dispositions du présent alinéa est nul de plein droit.

Les engagements correspondant à des indemnités en contrepartie d'une clause interdisant au bénéficiaire, après la cessation de ses fonctions dans la société, l'exercice d'une activité professionnelle concurrente portant atteinte aux intérêts de la société ne sont soumis qu'aux dispositions du premier alinéa. Il en va de même des engagements de retraite à prestations définies répondant aux caractéristiques des régimes mentionnés à l'article L. 137-11 du code de la sécurité sociale, ainsi que des engagements répondant aux caractéristiques des régimes collectifs et obligatoires de retraite et de prévoyance visés à l'article L. 242-1 du même code.

Art. L. 225-43 — À peine de nullité du contrat, il est interdit aux administrateurs autres que les personnes morales de contracter, sous quelque forme que ce soit, des emprunts auprès de la société, de se faire consentir par elle un découvert, en compte-courant ou autrement, ainsi que de faire cautionner ou avaliser par elle leurs engagements envers les tiers.

Toutefois, si la société exploite un établissement bancaire ou financier, cette interdiction ne s'applique pas aux opérations courantes de ce commerce conclues à des conditions normales.

La même interdiction s'applique au directeur général, aux directeurs généraux délégués et aux représentants permanents des personnes morales administrateurs. Elle s'applique également aux conjoint, ascendants et descendants des personnes visées au présent article ainsi qu'à toute personne interposée.

Art. L. 225-44 — Sous réserve des dispositions de l'article L. 225-22 et de l'article L. 225-27, les administrateurs ne peuvent recevoir de la société aucune rémunération, permanente ou non, autre que celles prévues aux articles L. 225-45, L. 225-46, L. 225-47 et L. 225-53.

Toute clause statutaire contraire est réputée non écrite et toute décision contraire est nulle.

Art. L. 225-45 — L'assemblée générale peut allouer aux administrateurs en rémunération de leur activité, à titre de jetons de présence, une somme fixe annuelle que cette assemblée détermine sans être liée par des dispositions statutaires ou des décisions antérieures. Le montant de celle-ci est porté aux charges d'exploitation. Sa répartition entre les administrateurs est déterminée par le conseil d'administration.

Art. L. 225-46 — Il peut être alloué, par le conseil d'administration, des rémunérations exceptionnelles pour les missions ou mandats confiés à des administrateurs. Dans ce cas, ces rémunérations, portées aux charges d'exploitation sont soumises aux dispositions des articles L. 225-38 à L. 225-42.

Art. L. 225-47 — Le conseil d'administration élit parmi ses membres un président qui est, à peine de nullité de la nomination, une personne physique. Il détermine sa rémunération.

Le président est nommé pour une durée qui ne peut excéder celle de son mandat d'administrateur. Il est rééligible.

Le conseil d'administration peut le révoquer à tout moment. Toute disposition contraire est réputée non écrite.

Art. L. 225-48 — Les statuts doivent prévoir pour l'exercice des fonctions de président du conseil d'administration une limite d'âge qui, à défaut d'une disposition expresse, est fixée à soixante-cinq ans.

Toute nomination intervenue en violation des dispositions prévues à l'alinéa précédent est nulle.

Lorsqu'un président de conseil d'administration atteint la limite d'âge, il est réputé démissionnaire d'office.

Art. L. 225-49 — Abrogé.

Art. L. 225-50 — En cas d'empêchement temporaire ou de décès du président, le conseil d'administration peut déléguer un administrateur dans les fonctions de président.

En cas d'empêchement temporaire, cette délégation est donnée pour une durée limitée. Elle est renouvelable. En cas de décès, elle vaut jusqu'à l'élection du nouveau président.

Art. L. 225-51 — Le président du conseil d'administration organise et dirige les travaux de celui-ci, dont il rend compte à l'assemblée générale. Il veille au bon fonctionnement des organes de la société et s'assure, en particulier, que les administrateurs sont en mesure de remplir leur mission.

Art. L. 225-51-1 — La direction générale de la société est assumée, sous sa responsabilité, soit par le président du conseil d'administration, soit par une autre personne physique nommée par le conseil d'administration et portant le titre de directeur général.

Dans les conditions définies par les statuts, le conseil d'administration choisit entre les deux modalités d'exercice de la direction générale visées au premier alinéa. Les actionnaires et les tiers sont informés de ce choix dans des conditions définies par décret en Conseil d'État.

Lorsque la direction générale de la société est assumée par le président du conseil d'administration, les dispositions de la présente sous-section relatives au directeur général lui sont applicables.

Art. L. 225-52 — En cas d'ouverture d'une procédure de sauvegarde, de redressement ou de liquidation judiciaire en application du titre II du livre VI, les personnes visées par ces dispositions peuvent être rendues responsables du passif social et sont soumises aux interdictions et déchéances, dans les conditions prévues par lesdites dispositions.

Art. L. 225-53 — Sur proposition du directeur général, le conseil d'administration peut nommer une ou plusieurs personnes physiques chargées d'assister le directeur général, avec le titre de directeur général délégué.

Les statuts fixent le nombre maximum des directeurs généraux délégués, qui ne peut dépasser cinq.

Le conseil d'administration détermine la rémunération du directeur général et des directeurs généraux délégués.

Art. L. 225-54 — Les statuts doivent prévoir pour l'exercice des fonctions de directeur général ou de directeur général délégué une limite d'âge qui, à défaut d'une disposition expresse, est fixée à soixante-cinq ans.

Toute nomination intervenue en violation des dispositions prévues à l'alinéa précédent est nulle.

Lorsqu'un directeur général ou un directeur général délégué atteint la limite d'âge, il est réputé démissionnaire d'office.

Art. L. 225-54-1 — Une personne physique ne peut exercer simultanément plus d'un mandat de directeur général de sociétés anonymes ayant leur siège sur le territoire français.

Par dérogation aux dispositions du premier alinéa :

– un deuxième mandat de directeur général ou un mandat de membre du directoire ou de directeur général unique peut être exercé dans une société contrôlée au sens de l'article L. 233-16 par la société dont il est directeur général;

– une personne physique exerçant un mandat de directeur général dans une société peut également exercer un mandat de directeur général, de membre du directoire ou de directeur général unique dans une société, dès lors que les titres de celles-ci ne sont pas admis aux négociations sur un marché réglementé.

Toute personne physique qui se trouve en infraction avec les dispositions du présent article doit se démettre de l'un de ses mandats dans les trois mois de sa nomination, ou du mandat en cause dans les trois mois de l'évènement ayant entraîné la disparition de l'une des conditions fixées à l'alinéa précédent. À l'expiration de ce délai, elle est réputée s'être démise, selon le cas, soit de son nouveau mandat, soit du mandat ne répondant plus aux conditions fixées à l'alinéa précédent, et doit restituer les rémunérations perçues, sans que soit, de ce fait, remise en cause la validité des délibérations auxquelles elle a pris part.

Art. L. 225-55 — Le directeur général est révocable à tout moment par le conseil d'administration. Il en est de même, sur proposition du directeur général, des directeurs généraux délégués. Si la révocation est décidée sans juste motif, elle peut donner lieu à dommages-intérêts, sauf lorsque le directeur général assume les fonctions de président du conseil d'administration.

Lorsque le directeur général cesse ou est empêché d'exercer ses fonctions, les directeurs généraux délégués conservent, sauf décision contraire du conseil, leurs fonctions et leurs attributions jusqu'à la nomination du nouveau directeur général.

Art. L. 225-56 — I. — Le directeur général est investi des pouvoirs les plus étendus pour agir en toute circonstance au nom de la société. Il exerce ces pouvoirs dans la limite de l'objet social et sous réserve de ceux que la loi attribue expressément aux assemblées d'actionnaires et au conseil d'administration.

Il représente la société dans ses rapports avec les tiers. La société est engagée même par les actes du directeur général qui ne relèvent pas de l'objet social, à moins qu'elle ne prouve que le tiers savait que l'acte dépassait cet objet ou qu'il ne pouvait l'ignorer compte tenu des circonstances, étant exclu que la seule publication des statuts suffise à constituer cette preuve.

Les dispositions des statuts ou les décisions du conseil d'administration limitant les pouvoirs du directeur général sont inopposables aux tiers.

II. — En accord avec le directeur général, le conseil d'administration détermine l'étendue et la durée des pouvoirs conférés aux directeurs généraux délégués.

Les directeurs généraux délégués disposent, à l'égard des tiers, des mêmes pouvoirs que le directeur général.

Sous-section 2
Du directoire et du conseil de surveillance

Art. L. 225-57 — Il peut être stipulé par les statuts de toute société anonyme que celle-ci est régie par les dispositions de la présente sous-section. Dans ce cas, la société reste soumise à l'ensemble des règles applicables aux sociétés anonymes, à l'exclusion de celles prévues aux articles L. 225-17 à L. 225-56.

L'introduction dans les statuts de cette stipulation, ou sa suppression, peut être décidée au cours de l'existence de la société.

Art. L. 225-58 — La société anonyme est dirigée par un directoire composé de cinq membres au plus. Lorsque les actions de la société sont admises aux négociations sur un marché réglementé, ce nombre peut être porté par les statuts à sept.

Dans les sociétés anonymes dont le capital est inférieur à 150 000 €, les fonctions dévolues au directoire peuvent être exercées par une seule personne.

Le directoire exerce ses fonctions sous le contrôle d'un conseil de surveillance.

Art. L. 225-59 — Les membres du directoire sont nommés par le conseil de surveillance qui confère à l'un d'eux la qualité de président.

Lorsqu'une seule personne exerce les fonctions dévolues au directoire, elle prend le titre de directeur général unique.

À peine de nullité de la nomination, les membres du directoire ou le directeur général unique sont des personnes physiques. Ils peuvent être choisis en dehors des actionnaires.

Art. L. 225-60 — Les statuts doivent prévoir pour l'exercice des fonctions de membre du directoire ou de directeur général unique une limite d'âge qui, à défaut d'une disposition expresse, est fixée à soixante-cinq ans.

Toute nomination intervenue en violation des dispositions prévues à l'alinéa précédent est nulle.

Lorsqu'un membre du directoire ou le directeur général unique atteint la limite d'âge, il est réputé démissionnaire d'office.

Art. L. 225-61 — Les membres du directoire ou le directeur général unique peuvent être révoqués par l'assemblée générale, ainsi que, si les statuts le prévoient, par le conseil de surveillance. Si la révocation est décidée sans juste motif, elle peut donner lieu à dommages-intérêts.

Au cas où l'intéressé aurait conclu avec la société un contrat de travail, la révocation de ses fonctions de membre du directoire n'a pas pour effet de résilier ce contrat.

Art. L. 225-62 — Les statuts déterminent la durée du mandat du directoire dans des limites comprises entre deux et six ans. À défaut de disposition statutaire, la durée du mandat est de quatre ans. En cas de vacance, le remplaçant est nommé pour le temps qui reste à courir jusqu'au renouvellement du directoire.

Art. L. 225-63 — L'acte de nomination fixe le mode et le montant de la rémunération de chacun des membres du directoire.

Art. L. 225-64 — Le directoire est investi des pouvoirs les plus étendus pour agir en toute circonstance au nom de la société. Il les exerce dans la limite de l'objet social et sous réserve de ceux expressément attribués par la loi au conseil de surveillance et aux assemblées d'actionnaires.

Dans les rapports avec les tiers, la société est engagée même par les actes du directoire qui ne relèvent pas de l'objet social, à moins qu'elle ne prouve que le tiers savait que l'acte dépassait cet objet ou qu'il ne pouvait l'ignorer compte tenu des circonstances, étant exclu que la seule publication des statuts suffise à constituer cette preuve.

Les dispositions des statuts limitant les pouvoirs du directoire sont inopposables aux tiers.

Le directoire délibère et prend ses décisions dans les conditions fixées par les statuts.

Art. L. 225-65 — Le déplacement du siège social dans le même département ou dans un département limitrophe peut être décidé par le conseil de surveillance, sous réserve de ratification de cette décision par la prochaine assemblée générale ordinaire.

Art. L. 225-66 — Le président du directoire ou, le cas échéant, le directeur général unique représente la société dans ses rapports avec les tiers.

Toutefois, les statuts peuvent habiliter le conseil de surveillance à attribuer le même pouvoir de représentation à un ou plusieurs autres membres du directoire, qui portent alors le titre de directeur général.

Les dispositions des statuts limitant le pouvoir de représentation de la société sont inopposables aux tiers.

Art. L. 225-67 — Une personne physique ne peut exercer plus d'un mandat de membre du directoire ou de directeur général unique de sociétés anonymes ayant leur siège social sur le territoire français.

Par dérogation aux dispositions du premier alinéa :

– un deuxième mandat de membre du directoire ou de directeur général unique ou un mandat de directeur général peut être exercé dans une société contrôlée au sens de l'article L. 233-16 par la société dont cette personne est membre du directoire ou directeur général unique;

– une personne physique exerçant un mandat de membre du directoire ou de directeur général unique dans une société peut également exercer un mandat de directeur général, de membre du directoire ou de directeur général unique dans une société, dès lors que les titres de celles-ci ne sont pas admis aux négociations sur un marché réglementé.

Toute personne physique qui se trouve en infraction avec les dispositions du présent article doit se démettre de l'un de ses mandats dans les trois mois de sa nomination, ou du mandat en cause dans les trois mois de l'événement ayant entraîné la disparition de l'une des conditions fixées à l'alinéa précédent. À l'expiration de ce délai, elle est réputée s'être démise, selon le cas, soit de son nouveau mandat, soit du mandat ne répondant plus aux conditions fixées à l'alinéa précédent, et doit restituer les rémunérations perçues, sans que soit, de ce fait, remise en cause la validité des délibérations auxquelles elle a pris part.

Art. L. 225-68 — Le conseil de surveillance exerce le contrôle permanent de la gestion de la société par le directoire.

Les statuts peuvent subordonner à l'autorisation préalable du conseil de surveillance la conclusion des opérations qu'ils énumèrent. Toutefois, la cession d'immeubles par nature, la cession totale ou partielle de participations, la constitution de sûretés, ainsi que les cautions, avals et garanties, sauf dans les sociétés exploitant un établissement bancaire ou financier, font l'objet d'une autorisation du conseil de surveillance dans des conditions déterminées par décret en Conseil d'État. Ce décret détermine également les conditions dans lesquelles le dépassement de cette autorisation peut être opposé aux tiers.

À toute époque de l'année, le conseil de surveillance opère les vérifications et les contrôles qu'il juge opportuns et peut se faire communiquer les documents qu'il estime nécessaires à l'accomplissement de sa mission.

Une fois par trimestre au moins le directoire présente un rapport au conseil de surveillance.

Après la clôture de chaque exercice et dans le délai fixé par décret en Conseil d'État, le directoire lui présente, aux fins de vérification et de contrôle, les documents visés au deuxième alinéa de l'article L. 225-100.

Le conseil de surveillance présente à l'assemblée générale prévue à l'article L. 225-100 ses observations sur le rapport du directoire ainsi que sur les comptes de l'exercice.

Dans les sociétés dont les titres financiers sont admis aux négociations sur un marché réglementé, le président du conseil de surveillance rend compte, dans un rapport joint au rapport mentionné à l'alinéa précédent et aux articles L. 225-102, L. 225-102-1 et L. 233-26, de la composition, des conditions de préparation et d'organisation des travaux du conseil, ainsi que des procédures de contrôle interne et de gestion des risques mises en place par la société, en détaillant notamment celles de ces procédures qui sont relatives à l'élaboration et au traitement de l'information comptable et financière pour les comptes sociaux et, le cas échéant, pour les comptes consolidés.

Lorsqu'une société se réfère volontairement à un code de gouvernement d'entreprise élaboré par les organisations représentatives des entreprises, le rapport prévu au septième alinéa du présent article précise également les dispositions qui ont été écartées et les raisons pour lesquelles elles l'ont été. Se trouve de surcroît précisé le lieu où ce code peut être consulté. Si une société ne se réfère pas à un tel code de gouvernement d'entreprise, ce rapport indique les règles retenues en complément des exigences requises par la loi et explique les raisons pour lesquelles la société a décidé de n'appliquer aucune disposition de ce code de gouvernement d'entreprise.

Le rapport prévu au septième alinéa précise aussi les modalités particulières relatives à la participation des actionnaires à l'assemblée générale ou renvoie aux dispositions des statuts qui prévoient ces modalités.

Ce rapport présente en outre les principes et les règles arrêtés par le conseil de surveillance pour déterminer les rémunérations et avantages de toute nature accordés aux mandataires sociaux et il mentionne la publication des informations prévues par l'article L. 225-100-3.

Le rapport prévu au septième alinéa du présent article est approuvé par le conseil de surveillance et est rendu public.

Art. L. 225-69 — Le conseil de surveillance est composé de trois membres au moins. Les statuts fixent le nombre maximum des membres du conseil, qui est limité à dix-huit.

Art. L. 225-70 — Les statuts doivent prévoir pour l'exercice des fonctions de membre du conseil de surveillance une limite d'âge s'appliquant soit à l'ensemble des membres du conseil de surveillance, soit à un pourcentage déterminé d'entre eux.

À défaut de disposition expresse dans les statuts, le nombre des membres du conseil de surveillance ayant atteint l'âge de soixante-dix ans ne peut être supérieur au tiers des membres du conseil de surveillance en fonctions.

Toute nomination intervenue en violation des dispositions prévues à l'alinéa précédent est nulle.

À défaut de disposition expresse dans les statuts prévoyant une autre procédure, lorsque la limitation statutaire ou légale fixée pour l'âge des membres du conseil de surveillance est dépassée, le membre du conseil de surveillance le plus âgé est réputé démissionnaire d'office.

Art. L. 225-71 — Dans les sociétés dont les titres sont admis aux négociations sur un marché réglementé, lorsque le rapport présenté par le directoire lors de l'assemblée générale en application de l'article L. 225-102 établit que les actions détenues par le personnel de la société ainsi que par le personnel de sociétés qui lui sont liées au sens de l'article L. 225-180 représentent plus de 3 % du capital social de la société, un ou plusieurs membres du conseil de surveillance sont élus par l'assemblée générale des actionnaires sur proposition des actionnaires visés à l'article L. 225-102. Ceux-ci se prononcent par un vote dans des conditions fixées par les statuts. Ces membres sont élus parmi les salariés actionnaires ou, le cas échéant, parmi les salariés membres du conseil de surveillance d'un fonds commun de placement d'entreprise détenant des actions de la société. Ces membres ne sont pas pris en compte pour la détermination du nombre minimal et du nombre maximal de membres du conseil de surveillance prévus à l'article L. 225-69. La durée de leur mandat est déterminée par application de l'article L. 225-18. Toutefois, leur mandat prend fin par l'arrivée du terme ou la rupture, pour quelque cause que ce soit, de leur contrat de travail.

Si l'assemblée générale extraordinaire ne s'est pas réunie dans un délai de dix-huit mois à compter de la présentation du rapport, tout salarié actionnaire peut demander au président du tribunal statuant en référé d'enjoindre sous astreinte au directoire de convoquer une assemblée générale extraordinaire et de soumettre à celle-ci les projets de résolutions tendant à modifier les statuts dans le sens prévu à l'alinéa précédent et au dernier alinéa du présent article.

Lorsqu'il est fait droit à la demande, l'astreinte et les frais de procédure sont à la charge des membres du directoire.

Les sociétés dont le conseil de surveillance comprend un ou plusieurs membres nommés parmi les membres des conseils de surveillance des fonds communs de placement d'entreprise représentant les salariés, ou un ou plusieurs salariés élus en application des dispositions de l'article L. 225-79, ne sont pas tenues aux obligations prévues au premier alinéa.

Lorsque l'assemblée générale extraordinaire est convoquée en application du premier alinéa, elle se prononce également sur un projet de résolution prévoyant l'élection d'un ou plusieurs membres du conseil de surveillance par le personnel de la société et des filiales directes ou indirectes dont le siège social est fixé en France. Le cas échéant, ces représentants sont désignés dans les conditions prévues à l'article L. 225-79.

Art. L. 225-72 — Les statuts peuvent imposer que chaque membre du conseil de surveillance soit propriétaire d'un nombre d'actions de la société, qu'ils déterminent. Ce nombre ne peut être inférieur à celui exigé par les statuts pour ouvrir aux actionnaires le droit d'assister à l'assemblée générale ordinaire.

Si, au jour de sa nomination, un membre du conseil de surveillance n'est pas propriétaire du nombre d'actions requis ou si, en cours de mandat, il cesse d'en être propriétaire, il est réputé démissionnaire d'office, s'il n'a pas régularisé sa situation dans le délai de six mois.

Les dispositions du premier alinéa ne s'appliquent pas aux actionnaires salariés nommés membres du conseil de surveillance en application de l'article L. 225-71.

Art. L. 225-73 — Les commissaires aux comptes veillent, sous leur responsabilité, à l'observation des dispositions prévues à l'article L. 225-72 et en dénoncent toute violation dans leur rapport à l'assemblée générale annuelle.

Art. L. 225-74 — Aucun membre du conseil de surveillance ne peut faire partie du directoire.

Art. L. 225-75 — Les membres du conseil de surveillance sont nommés par l'assemblée générale constitutive ou par l'assemblée générale ordinaire. Dans le cas prévu à l'article L. 225-16, ils sont désignés dans les statuts. La durée de leurs fonctions est déterminée par les statuts, sans pouvoir excéder six ans en cas de nomination par les assemblées générales et trois ans en cas de nomination dans les statuts. Toutefois, en cas de fusion ou de scission, la nomination peut être faite par l'assemblée générale extraordinaire.

Ils sont rééligibles, sauf stipulation contraire des statuts. Ils peuvent être révoqués à tout moment par l'assemblée générale ordinaire.

Toute nomination intervenue en violation des dispositions précédentes est nulle à l'exception de celles auxquelles il peut être procédé dans les conditions prévues à l'article L. 225-78.

Art. L. 225-76 — Une personne morale peut être nommée au conseil de surveillance. Lors de sa nomination, elle est tenue de désigner un représentant permanent qui est soumis aux mêmes conditions et obligations et qui encourt les mêmes responsabilités civile et pénale que s'il était membre du conseil en son nom propre, sans préjudice de la responsabilité solidaire de la personne morale qu'il représente.

Lorsque la personne morale révoque son représentant, elle est tenue de pourvoir en même temps à son remplacement.

Art. L. 225-77 — Une personne physique ne peut exercer simultanément plus de cinq mandats de membre de conseil de surveillance de sociétés anonymes ayant leur siège social sur le territoire français.

Par dérogation aux dispositions du premier alinéa, ne sont pas pris en compte les mandats de membre du conseil de surveillance ou d'administrateur exercés par cette personne dans les sociétés contrôlées au sens de l'article L. 233-16 par la société dont elle est déjà membre du conseil de surveillance.

Pour l'application des dispositions du présent article, les mandats de membre du conseil de surveillance des sociétés dont les titres ne sont pas admis aux négociations sur un marché réglementé et contrôlées au sens de l'article L. 233-16 par une même société ne comptent que pour un seul mandat, sous réserve que le nombre de mandats détenus à ce titre n'excède pas cinq.

Toute personne physique qui se trouve en infraction avec les dispositions du présent article doit se démettre de l'un de ses mandats dans les trois mois de sa nomination, ou du mandat en cause dans les trois mois de l'événement ayant entraîné la disparition de l'une des conditions fixées à l'alinéa précédent. À l'expiration de ce délai, elle est réputée s'être démise, selon le cas, soit de son nouveau mandat, soit du mandat ne répondant plus aux conditions fixées à l'alinéa précédent, et doit restituer les rémunérations perçues, sans que soit, de ce fait, remise en cause la validité des délibérations auxquelles elle a pris part.

Art. L. 225-78 — En cas de vacance par décès ou par démission d'un ou plusieurs sièges de membre du conseil de surveillance, ce conseil peut, entre deux assemblées générales, procéder à des nominations à titre provisoire.

Lorsque le nombre des membres du conseil de surveillance est devenu inférieur au minimum légal, le directoire doit convoquer immédiatement l'assemblée générale ordinaire en vue de compléter l'effectif du conseil de surveillance.

Lorsque le nombre des membres du conseil de surveillance est devenu inférieur au minimum statutaire sans toutefois être inférieur au minimum légal, le conseil de surveillance doit procéder à des nominations à titre provisoire en vue de compléter son effectif dans le délai de trois mois à compter du jour où se produit la vacance.

Les nominations effectuées par le conseil, en vertu des premier et troisième alinéas ci-dessus, sont soumises à ratification de la prochaine assemblée générale ordinaire. À défaut de ratification, les délibérations prises et les actes accomplis antérieurement par le conseil n'en demeurent pas moins valables.

Lorsque le conseil néglige de procéder aux nominations requises ou si l'assemblée n'est pas convoquée, tout intéressé peut demander en justice la désignation d'un mandataire chargé de convoquer l'assemblée générale, à l'effet de procéder aux nominations ou de ratifier les nominations prévues au troisième alinéa.

Art. L. 225-79 — Il peut être stipulé dans les statuts que le conseil de surveillance comprend, outre les membres dont le nombre et le mode de désignation sont prévus aux articles L. 225-69 et L. 225-75, des membres élus soit par le personnel de la société, soit par le personnel de la société et celui de ses filiales directes ou indirectes dont le siège social est fixé sur le territoire français.

Le nombre des membres du conseil de surveillance élus par les salariés ne peut être supérieur à quatre ni excéder le tiers du nombre des autres membres. Lorsque le nombre des membres élus par les salariés est égal ou supérieur à deux, les ingénieurs, cadres et assimilés ont un siège au moins.

Les membres du conseil de surveillance élus par les salariés ne sont pas pris en compte pour la détermination du nombre minimal et du nombre maximal de membres prévus à l'article L. 225-69.

Art. L. 225-79-1 — Dans les sociétés dont les titres sont admis aux négociations sur un marché réglementé, en cas de nomination aux fonctions de membre du directoire d'une personne liée par un contrat de travail à la société ou à toute société contrôlée ou qui la contrôle au sens des II et III de l'article L. 233-16, les dispositions dudit contrat correspondant, le cas échéant, à des éléments de rémunération, des indemnités ou des avantages dus ou susceptibles d'être dus à raison de la cessation ou du changement de ces fonctions, ou postérieurement à celles-ci, sont soumises au régime prévu par l'article L. 225-90-1.

Art. L. 225-80 — Les conditions relatives à l'éligibilité, à l'électorat, à la composition des collèges, aux modalités du scrutin, aux contestations, à la durée et aux conditions d'exercice du mandat, à la révocation, à la protection du contrat de travail et au remplacement des membres du conseil de surveillance élus par les salariés sont fixées selon les règles définies aux articles L. 225-28 à L. 225-34.

Art. L. 225-81 — Le conseil de surveillance élit en son sein un président et un vice-président qui sont chargés de convoquer le conseil et d'en diriger les débats. Il détermine, s'il l'entend, leur rémunération.

À peine de nullité de leur nomination, le président et le vice-président du conseil de surveillance sont des personnes physiques. Ils exercent leurs fonctions pendant la durée du mandat du conseil de surveillance.

Art. L. 225-82 — Le conseil de surveillance ne délibère valablement que si la moitié au moins de ses membres sont présents.

À moins que les statuts ne prévoient une majorité plus forte, les décisions sont prises à la majorité des membres présents ou représentés.

Sauf lorsque le conseil est réuni pour procéder aux opérations visées au cinquième alinéa de l'article L. 225-68 et sauf disposition contraire des statuts, le règlement intérieur peut prévoir que sont réputés présents, pour le calcul du quorum et de la majorité, des membres du conseil de surveillance qui participent à la réunion par des moyens de visioconférence ou de télécommunication permettant leur identification et garantissant leur participation effective, dont la nature et les conditions d'application sont déterminées par décret en Conseil d'État.

Les statuts peuvent limiter la nature des décisions pouvant être prises lors d'une réunion tenue dans ces conditions et prévoir un droit d'opposition au profit d'un nombre déterminé de membres du conseil de surveillance.

Sauf disposition contraire des statuts, la voix du président de séance est prépondérante en cas de partage.

Art. L. 225-83 — L'assemblée générale peut allouer aux membres du conseil de surveillance, en rémunération de leur activité, à titre de jetons de présence, une somme fixe annuelle que cette assemblée détermine sans être liée par des dispositions statutaires ou des décisions antérieures. Le montant de celle-ci est porté aux charges d'exploitation. Sa répartition entre les membres du conseil de surveillance est déterminée par ce dernier.

Art. L. 225-84 — Il peut être alloué, par le conseil de surveillance, des rémunérations exceptionnelles pour les missions ou mandats confiés à des membres de ce conseil. Dans ce cas, ces rémunérations, portées aux charges d'exploitation, sont soumises aux dispositions des articles L. 225-86 à L. 225-90.

Art. L. 225-85 — Les membres du conseil de surveillance ne peuvent recevoir de la société aucune rémunération, permanente ou non, autre que celles qui sont prévues aux articles L. 225-81, L. 225-83 et L. 225-84 et, le cas échéant, celles dues au titre d'un contrat de travail correspondant à un emploi effectif.

Le nombre des membres du conseil de surveillance liés à la société par un contrat de travail ne peut dépasser le tiers des membres en fonctions. Toutefois, les membres du conseil de surveillance élus conformément aux articles L. 225-79 et L. 225-80 et ceux nommés conformément aux dispositions de l'article L. 225-71 ne sont pas comptés pour la détermination de ce nombre.

Toute clause statutaire contraire est réputée non écrite et toute décision contraire est nulle.

Art. L. 225-86 — Toute convention intervenant directement ou par personne interposée entre la société et l'un des membres du directoire ou du conseil de surveillance, un actionnaire disposant d'une fraction des droits de vote supérieure à 10 % ou, s'il s'agit d'une société actionnaire, la société la contrôlant au sens de l'article L. 233-3 doit être soumise à l'autorisation préalable du conseil de surveillance.

Il en est de même des conventions auxquelles une des personnes visées à l'alinéa précédent est indirectement intéressée.

Sont également soumises à autorisation préalable les conventions intervenant entre la société et une entreprise, si l'un des membres du directoire ou du conseil de surveillance de la société est propriétaire, associé indéfiniment responsable, gérant, administrateur, membre du conseil de surveillance ou, de façon générale, dirigeant de cette entreprise.

Art. L. 225-87 — Les dispositions de l'article L. 225-86 ne sont pas applicables aux conventions portant sur des opérations courantes et conclues à des conditions normales.

Toutefois, ces conventions, sauf lorsqu'en raison de leur objet ou de leurs implications financières, elles ne sont significatives pour aucune des parties, sont communiquées par l'intéressé au président du conseil de surveillance. La liste et l'objet en sont communiqués par le président aux membres du conseil de surveillance et aux commissaires aux comptes.

Art. L. 225-88 — L'intéressé est tenu d'informer le conseil de surveillance dès qu'il a connaissance d'une convention à laquelle l'article L. 225-86 est applicable. S'il siège au conseil de surveillance, il ne peut prendre part au vote sur l'autorisation sollicitée.

Le président du conseil de surveillance donne avis aux commissaires aux comptes de toutes les conventions autorisées et soumet celles-ci à l'approbation de l'assemblée générale.

Les commissaires aux comptes présentent, sur ces conventions, un rapport spécial à l'assemblée, qui statue sur ce rapport.

L'intéressé ne peut pas prendre part au vote et ses actions ne sont pas prises en compte pour le calcul du quorum et de la majorité.

Art. L. 225-89 — Les conventions approuvées par l'assemblée, comme celles qu'elle désapprouve, produisent leurs effets à l'égard des tiers, sauf lorsqu'elles sont annulées dans le cas de fraude.

Même en l'absence de fraude, les conséquences, préjudiciables à la société, des conventions désapprouvées peuvent être mises à la charge de l'intéressé et, éventuellement, des autres membres du directoire.

Art. L. 225-90 — Sans préjudice de la responsabilité de l'intéressé, les conventions visées à l'article L. 225-86 et conclues sans autorisation préalable du conseil de surveillance peuvent être annulées si elles ont eu des conséquences dommageables pour la société.

L'action en nullité se prescrit par trois ans à compter de la date de la convention. Toutefois, si la convention a été dissimulée, le point de départ du délai de prescription est reporté au jour où elle a été révélée.

La nullité peut être couverte par un vote de l'assemblée générale intervenant sur rapport spécial des commissaires aux comptes exposant les circonstances en raison desquelles la procédure d'autorisation n'a pas été suivie. Le quatrième alinéa de l'article L. 225-88 est applicable.

Art. L. 225-90-1 — Dans les sociétés dont les titres sont admis aux négociations sur un marché réglementé, les engagements pris au bénéfice d'un membre du directoire, par la société elle-même ou par toute société contrôlée ou qui la contrôle au sens des II et III de l'article L. 233-16, et correspondant à des éléments de rémunération, des indemnités ou des avantages dus ou susceptibles d'être dus à raison de la cessation ou du changement de ces fonctions, ou postérieurement à celles-ci, sont soumis aux dispositions des articles L. 225-86 et L. 225-88 à L. 225-90.

Sont interdits les éléments de rémunération, indemnités et avantages dont le bénéfice n'est pas subordonné au respect de conditions liées aux performances du bénéficiaire, appréciées au regard de celles de la société dont il est membre du directoire.

L'autorisation donnée par le conseil de surveillance en application de l'article L. 225-86 est rendue publique selon des modalités et dans des délais fixés par décret en Conseil d'État.

La soumission à l'approbation de l'assemblée générale en application de l'article L. 225-88 fait l'objet d'une résolution spécifique pour chaque bénéficiaire. Cette approbation est requise à chaque renouvellement du mandat exercé par les personnes mentionnées au premier alinéa.

Aucun versement, de quelque nature que ce soit, ne peut intervenir avant que le conseil de surveillance ne constate, lors ou après la cessation ou le changement effectif des fonctions, le respect des conditions prévues. Cette décision est rendue publique selon des modalités et dans des délais fixés par décret en Conseil d'État. Tout versement effectué en méconnaissance des dispositions du présent alinéa est nul de plein droit.

Les engagements correspondant à des indemnités en contrepartie d'une clause interdisant au bénéficiaire, après la cessation de ses fonctions dans la société, l'exercice d'une activité professionnelle concurrente portant atteinte aux intérêts de la société ne sont soumis qu'aux dispositions du premier alinéa. Il en va de même des engagements de retraite à prestations définies répondant aux caractéristiques des régimes mentionnés à l'article L. 137-11 du code de la sécurité sociale, ainsi que des engagements répondant aux caractéristiques des régimes collectifs et obligatoires de retraite et de prévoyance visés à l'article L. 242-1 du même code.

Art. L. 225-91 — À peine de nullité du contrat, il est interdit aux membres du directoire et aux membres du conseil de surveillance autres que les personnes morales, de contracter, sous quelque forme que ce soit, des emprunts auprès de la société, de se faire consentir par elle un découvert, en compte-courant ou autrement, ainsi que de faire cautionner ou avaliser par elle leurs engagements envers les tiers.

L'interdiction s'applique aux représentants permanents des personnes morales membres du conseil de surveillance. Elle s'applique également aux conjoint, ascendants et descendants des personnes visées au présent article, ainsi qu'à toute personne interposée.

Toutefois, si la société exploite un établissement bancaire ou financier, l'interdiction ne s'applique pas aux opérations courantes de ce commerce conclues à des conditions normales.

Art. L. 225-92 — Les membres du directoire et du conseil de surveillance, ainsi que toute personne appelée à assister aux réunions de ces organes, sont tenus à la discrétion à l'égard des informations présentant un caractère confidentiel et données comme telles par le président.

Art. L. 225-93 — En cas d'ouverture d'une procédure de sauvegarde, de redressement ou de liquidation judiciaire, en application du titre II du livre VI, les personnes visées par ces dispositions peuvent être rendues responsables du passif social et sont soumises aux interdictions et déchéances, dans les conditions prévues par lesdites dispositions.

Sous-section 3
Dispositions communes aux mandataires sociaux des sociétés anonymes

Art. L. 225-94 — La limitation du nombre de sièges d'administrateur ou de membre du conseil de surveillance qui peuvent être occupés simultanément par une même personne physique, en vertu des articles L. 225-21 et L. 225-77, est applicable au cumul de sièges d'administrateur et de membre du conseil de surveillance.

Pour l'application des articles L. 225-54-1 et L. 225-67, est autorisé l'exercice simultané de la direction générale par une personne physique dans une société et dans une autre société qu'elle contrôle au sens de l'article L. 233-16.

Art. L. 225-94-1 — Sans préjudice des dispositions des articles L. 225-21, L. 225-54-1, L. 225-67, L. 225-77 et L. 225-94, une personne physique ne peut exercer simultanément plus de cinq mandats de directeur général, de membre du directoire, de directeur général unique, d'administrateur ou de membre du conseil de surveillance de sociétés anonymes ayant leur siège sur le territoire français. Pour l'application de ces dispositions, l'exercice de la direction générale par un administrateur est décompté pour un seul mandat.

Par dérogation aux dispositions ci-dessus, ne sont pas pris en compte les mandats d'administrateur ou de membre de conseil de surveillance dans les sociétés qui sont contrôlées, au sens de l'article L. 233-16, par la société dans laquelle est exercé un mandat au titre du premier alinéa.

Toute personne physique qui se trouve en infraction avec les dispositions du présent article doit se démettre de l'un de ses mandats dans les trois mois de sa nomination, ou du mandat en cause dans les trois mois de l'événement ayant entraîné la disparition de l'une des conditions fixées à l'alinéa précédent. À l'expiration de ce délai, elle est réputée s'être démise, selon le cas, soit de son nouveau mandat, soit du mandat ne répondant plus aux conditions fixées à l'alinéa précédent, et doit restituer les rémunérations perçues, sans que soit, de ce fait, remise en cause la validité des délibérations auxquelles elle a pris part.

Art. L. 225-95 — En cas de fusion de sociétés anonymes, le nombre de membres du conseil d'administration ou du conseil de surveillance, selon le cas, peut dépasser le nombre de dix-huit, prévu aux articles L. 225-17 et L. 225-69, pendant un délai de trois ans à compter de la date de la fusion fixée à l'article L. 236-4, sans pouvoir être supérieur à vingt-quatre.

Art. L. 225-95-1 — Par dérogation aux dispositions des articles L. 225-21, L. 225-77 et L. 225-94-1, ne sont pas pris en compte les mandats de représentant permanent d'une société de capital-risque mentionnée à l'article 1er de la loi n° 85-695 du 11 juillet 1985 portant diverses dispositions d'ordre économique et financier, d'une société financière d'innovation mentionnée au III (B) de l'article 4 de la loi n° 72-650 du 11 juillet 1972 portant diverses dispositions d'ordre économique et financier ou d'une société de gestion habilitée à gérer les fonds communs de placement régis par le paragraphe 1 de la sous-section 6 de la section I du chapitre IV du titre Ier du livre II et les articles L. 214-36 et L. 214-41 du code monétaire et financier.

Dès lors que les conditions prévues au présent article ne sont plus remplies, toute personne physique doit se démettre des mandats ne répondant pas aux dispositions des articles L. 225-21, L. 225-77 et L. 225-94-1 dans un délai de trois mois. À l'expiration de ce délai, elle est réputée ne plus représenter la personne morale, et doit restituer les rémunérations perçues, sans que soit, de ce fait, remise en cause la validité des délibérations auxquelles elle a pris part.

Par dérogation aux articles L. 225-21, L. 225-54-1, L. 225-67 et L. 225-94-1, les mandats de président, de directeur général, de directeur général unique, de membre du directoire ou d'administrateur d'une société d'économie mixte locale, exercés par un représentant d'une collectivité territoriale ou d'un groupement de collectivités territoriales ne sont pas pris en compte pour l'application des règles relatives au cumul des mandats sociaux.

Section VIII

De la responsabilité civile

Art. L. 225-251 — Les administrateurs et le directeur général sont responsables, individuellement ou solidairement selon le cas, envers la société ou envers les tiers, soit des infractions aux dispositions législatives ou réglementaires applicables aux sociétés anonymes, soit des violations des statuts, soit des fautes commises dans leur gestion.

Si plusieurs administrateurs ou plusieurs administrateurs et le directeur général ont coopéré aux mêmes faits, le tribunal détermine la part contributive de chacun dans la réparation du dommage.

CHAPITRE VII

DES SOCIÉTÉS PAR ACTIONS SIMPLIFIÉES

Art. L. 227-8 — Les règles fixant la responsabilité des membres du conseil d'administration et du directoire des sociétés anonymes sont applicables au président et aux dirigeants de la société par actions simplifiée.

TITRE IV

Dispositions pénales

CHAPITRE IER

DES INFRACTIONS CONCERNANT LES SOCIÉTÉS À RESPONSABILITÉ LIMITÉE

Art. L. 241-1 — Est puni d'un emprisonnement de six mois et d'une amende de 9 000 € le fait, pour les associés d'une société à responsabilité limitée, d'omettre, dans l'acte de société, la déclaration concernant la répartition des parts sociales entre tous les associés, la libération des parts ou le dépôt des fonds.

Art. L. 241-2 — Est puni d'un emprisonnement de six mois et d'une amende de 9 000 € le fait, pour des gérants, d'émettre, directement ou par personne interposée, pour le compte de la société des valeurs mobilières quelconques à l'exception des obligations émises dans les conditions déterminées par l'article L. 223-11.

Art. L. 241-3 — Est puni d'un emprisonnement de cinq ans et d'une amende de 375 000 € :

1° le fait, pour toute personne, de faire attribuer frauduleusement à un apport en nature une évaluation supérieure à sa valeur réelle;

2° le fait, pour les gérants, d'opérer entre les associés la répartition de dividendes fictifs, en l'absence d'inventaire ou au moyen d'inventaires frauduleux;

3° le fait, pour les gérants, même en l'absence de toute distribution de dividendes, de présenter aux associés des comptes annuels ne donnant pas, pour chaque exercice, une image fidèle du résultat des opérations de l'exercice, de la situation financière et du patrimoine à l'expiration de cette période en vue de dissimuler la véritable situation de la société;

4° le fait, pour les gérants, de faire, de mauvaise foi, des biens ou du crédit de la société, un usage qu'ils savent contraire à l'intérêt de celle-ci, à des fins personnelles ou pour favoriser une autre société ou entreprise dans laquelle ils sont intéressés directement ou indirectement;

5° le fait, pour les gérants, de faire, de mauvaise foi, des pouvoirs qu'ils possèdent ou des voix dont ils disposent, en cette qualité, un usage qu'ils savent contraire aux intérêts de la société, à des fins personnelles ou pour favoriser une autre société ou une autre entreprise dans laquelle ils sont intéressés directement ou indirectement.

Art. L. 241-4 — Est puni d'une amende de 9 000 € :

1° le fait, pour les gérants, de ne pas, pour chaque exercice, dresser l'inventaire, établir les comptes annuels et un rapport de gestion;

2°et 3° supprimés.

Art. L. 241-5 — Est puni d'un emprisonnement de six mois et d'une amende de 9 000 € le fait, pour les gérants, de ne pas procéder à la réunion de l'assemblée des associés dans les six mois de la clôture de l'exercice ou, en cas de prolongation, dans le délai fixé par décision de justice, ou de ne pas soumettre à l'approbation de ladite assemblée ou de l'associé unique les documents prévus au 1° de l'article L. 241-4.

Art. L. 241-6 — Est puni d'un emprisonnement de six mois et d'une amende de 4 500 € le fait, pour les gérants, lorsque les capitaux propres de la société, du fait de pertes constatées dans les documents comptables, deviennent inférieurs à la moitié du capital social :

1°) de ne pas dans les quatre mois qui suivent l'approbation des comptes ayant fait apparaître ces pertes, consulter les associés afin de décider s'il y a lieu à dissolution anticipée de la société;

2°) de ne pas déposer au greffe du tribunal de commerce, inscrire au registre du commerce et des sociétés et publier dans un journal d'annonces légales, la décision adoptée par les associés.

Art. L. 241-7 — Abrogé.

Art. L. 241-8 — Abrogé.

Art. L. 241-9 — Les dispositions des articles L. 241-2 à L. 241-6 sont applicables à toute personne qui, directement ou par personne interposée, aura, en fait, exercé la gestion d'une société à responsabilité limitée sous le couvert ou au lieu et place de son gérant légal.

CHAPITRE II
DES INFRACTIONS CONCERNANT LES SOCIÉTÉS ANONYMES

Section I
Des infractions relatives à la constitution

Art. L. 242-1 — Est puni d'une amende de 9 000 € le fait, pour les fondateurs, le président, les administrateurs ou les directeurs généraux d'une société anonyme, d'émettre des actions ou des coupures d'actions soit avant l'immatriculation de ladite société au registre du commerce et des sociétés, soit à une époque quelconque, si l'immatriculation a été obtenue par fraude, soit encore sans que les formalités de constitution de ladite société aient été régulièrement accomplies.

Un emprisonnement d'un an peut, en outre, être prononcé si les actions ou coupures d'actions sont émises sans que les actions de numéraire aient été libérées à la souscription d'un quart au moins ou sans que les actions d'apport aient été intégralement libérées antérieurement à l'immatriculation de la société au registre du commerce et des sociétés.

Est puni des peines prévues à l'alinéa précédent le fait, pour les personnes visées au premier alinéa, de ne pas maintenir les actions de numéraire en la forme nominative jusqu'à leur entière libération.

Les peines prévues au présent article peuvent être portées au double, lorsque les actions ou les coupures d'actions émises ont fait l'objet d'une offre au public.

Art. L. 242-2 — Est puni d'un emprisonnement de cinq ans et d'une amende de 9 000 € le fait, pour toute personne :

1°, 2° et 3° abrogés;

4° de faire attribuer frauduleusement à un apport en nature une évaluation supérieure à sa valeur réelle.

Art. L. 242-3 — Est puni d'un emprisonnement d'un an et d'une amende de 9 000 € le fait, pour les fondateurs, le président du conseil d'administration, les administrateurs ou les directeurs généraux d'une société anonyme, ainsi que pour les titulaires ou porteurs d'actions, de négocier :

1° des actions de numéraire qui ne sont pas demeurées sous la forme nominative jusqu'à leur entière libération;

2° des actions de numéraire pour lesquelles le versement du quart n'a pas été effectué;

3° abrogé.

Art. L. 242-4 — Est puni des peines prévues à l'article L. 242-3 le fait, pour toute personne, d'avoir établi ou publié la valeur des actions ou promesses d'actions visées audit article.

Art. L. 242-5 — Est puni d'un emprisonnement de six mois et d'une amende de 9 000 € le fait d'accepter ou de conserver les fonctions de commissaire aux apports, nonobstant les incompatibilités et interdictions légales.

Section II

Des infractions relatives à la direction et à l'administration

Art. L. 242-6 — Est puni d'un emprisonnement de cinq ans et d'une amende de 375 000 € le fait pour :

1° le président, les administrateurs ou les directeurs généraux d'une société anonyme d'opérer entre les actionnaires la répartition de dividendes fictifs, en l'absence d'inventaire, ou au moyen d'inventaires frauduleux;

2° le président, les administrateurs ou les directeurs généraux d'une société anonyme de publier ou présenter aux actionnaires, même en l'absence de toute distribution de dividendes, des comptes annuels ne donnant pas, pour chaque exercice, une image fidèle du résultat des opérations de l'exercice, de la situation financière et du patrimoine, à l'expiration de cette période, en vue de dissimuler la véritable situation de la société;

3° le président, les administrateurs ou les directeurs généraux d'une société anonyme de faire, de mauvaise foi, des biens ou du crédit de la société, un usage qu'ils savent contraire à l'intérêt de celle-ci, à des fins personnelles ou pour favoriser une autre société ou entreprise dans laquelle ils sont intéressés directement ou indirectement;

4° le président, les administrateurs ou les directeurs généraux d'une société anonyme de faire, de mauvaise foi, des pouvoirs qu'ils possèdent ou des voix dont ils disposent, en cette qualité, un usage qu'ils savent contraire aux intérêts de la société, à des fins personnelles ou pour favoriser une autre société ou entreprise dans laquelle ils sont intéressés directement ou indirectement.

Art. L. 242-7 — Abrogé.

Art. L. 242-8 — Est puni d'une amende de 9 000 € le fait, pour le président, les administrateurs ou les directeurs généraux d'une société anonyme, de ne pas, pour chaque exercice, dresser l'inventaire et établir des comptes annuels et un rapport de gestion.

Section III

Des infractions relatives aux assemblées d'actionnaires

Art. L. 242-9 — Est puni d'un emprisonnement de deux ans et d'une amende de 9 000 € :

1° le fait d'empêcher un actionnaire de participer à une assemblée d'actionnaires;

2° abrogé;

3° le fait de se faire accorder, garantir ou promettre des avantages pour voter dans un certain sens ou pour ne pas participer au vote, ainsi que le fait d'accorder, garantir ou promettre ces avantages.

Art. L. 242-10 — Est puni d'un emprisonnement de six mois et d'une amende de 9 000 € le fait, pour le président ou les administrateurs d'une société anonyme, de ne pas réunir l'assemblée générale ordinaire dans les six mois de la clôture de l'exercice ou, en cas de prolongation, dans le délai fixé par décision de justice ou de ne pas soumettre à l'approbation de ladite assemblée les comptes annuels et le rapport de gestion prévus à l'article L. 232-1.

Art. L. 242-11 — Abrogé.

Art. L. 242-12 et L. 242-13 — Abrogés.

Art. L. 242-14 — Abrogé.

Art. L. 242-15 — Est puni d'une amende de 3 750 € le fait, pour le président ou les administrateurs d'une société anonyme :

1° abrogé;

2° de ne pas annexer à la feuille de présence les pouvoirs donnés à chaque mandataire;

3° de ne pas procéder à la constatation des décisions de toute assemblée d'actionnaires par un procès-verbal signé des membres du bureau, mentionnant : la date et le lieu de la réunion, le mode de convocation, l'ordre du jour, la composition du bureau, le nombre d'actions participant au vote et le quorum atteint, les documents et rapports soumis à l'assemblée, un résumé des débats, le texte des résolutions mises aux voix et le résultat des votes.

Art. L. 242-16 — Abrogé.

Section IV

Des infractions relatives aux modifications du capital social

Sous-section 1
De l'augmentation du capital

Art. L. 242-17 — I. — Est puni d'une amende de 9 000 € le fait, pour le président, les administrateurs ou les directeurs généraux d'une société anonyme, d'émettre, lors d'une augmentation de capital, des actions ou des coupures d'actions :

1° soit avant que le certificat du dépositaire ait été établi, ou le contrat de garantie prévu à l'article L. 225-145 signé;

2° soit encore sans que les formalités préalables à l'augmentation de capital aient été régulièrement accomplies.

II. — Un emprisonnement d'un an peut, en outre, être prononcé, si les actions ou coupures d'actions sont émises sans que le capital antérieurement souscrit de la société ait été intégralement libéré, ou sans que les nouvelles actions d'apport aient été intégralement libérées antérieurement à l'inscription modificative au registre du commerce et des sociétés, ou encore, sans que les actions de numéraire nouvelles aient été libérées, lors de la souscription, d'un quart au moins de leur valeur nominale et, le cas échéant, de la totalité de la prime d'émission.

III. — Est puni des peines d'amende et d'emprisonnement prévues aux I et au II le fait, pour les mêmes personnes de ne pas maintenir les actions de numéraire en la forme nominative jusqu'à leur entière libération.

IV. — Les peines prévues au présent article peuvent être portées au double, lorsque les actions ou les coupures d'actions émises ont fait l'objet d'une offre au public.

V. — Les dispositions du présent article ne sont applicables ni aux actions qui ont été régulièrement émises par conversion d'obligations convertibles à tout moment, ou par utilisation des bons de souscription, ni aux actions émises dans les conditions prévues aux articles L. 232-18 à L. 232-20.

Art. L. 242-18 et L. 242-19 — Abrogés.

Art. L. 242-20 — Est puni d'un emprisonnement de deux ans et d'une amende de 18 000 € le fait, pour le président, les administrateurs ou les commissaires aux comptes d'une société anonyme, de donner ou confirmer des indications inexactes dans les rapports présentés à l'assemblée générale appelée à décider de la suppression du droit préférentiel de souscription des actionnaires.

Art. L. 242-21 — Les dispositions des articles L. 242-2 à L. 242-5 relatives à la constitution des sociétés anonymes sont applicables en cas d'augmentation de capital.

Sous-section 2
De l'amortissement du capital

Art. L. 242-22 — Abrogé.

Sous-section 3
De la réduction du capital

Art. L. 242-23 — Est puni d'une amende de 9 000 € le fait, pour le président ou les administrateurs d'une société anonyme, de procéder à une réduction du capital social :

1° sans respecter l'égalité des actionnaires;

2° sans assurer la publicité de la décision de réduction du capital, au registre du commerce et des sociétés et dans un journal habilité à recevoir les annonces légales.

Art. L. 242-24 — Est puni de la peine prévue à l'article L. 242-23 le fait, pour le président, les administrateurs ou les directeurs généraux d'une société anonyme, de souscrire, acquérir, prendre en gage, conserver ou vendre, au nom de la société, des actions émises par celle-ci en violation des dispositions des articles L. 225-206 à L. 225-215.

Est passible de la même peine le fait, pour le président, les administrateurs ou les directeurs généraux, d'utiliser des actions achetées par la société, en application de l'article L. 225-208, à des fins autres que celles prévues audit article.

Est passible de la même peine le fait, pour le président, les administrateurs ou les directeurs généraux d'une société anonyme, d'effectuer, au nom de celle-ci, les opérations interdites par le premier alinéa de l'article L. 225-216.

Section V

Des infractions relatives au contrôle

Art. L. 242-25 à L. 242-28 — Abrogés.

Section VI

Des infractions relatives à la dissolution

Art. L. 242-29 — Est puni d'un emprisonnement de six mois et d'une amende de 4 500 € le fait, pour le président ou les administrateurs d'une société anonyme, lorsque les capitaux propres de la société, du fait de pertes constatées dans les documents comptables, deviennent inférieurs à la moitié du capital social :

1° de ne pas, dans les quatre mois qui suivent l'approbation des comptes ayant fait apparaître ces pertes, convoquer l'assemblée générale extraordinaire à l'effet de décider s'il y a lieu à dissolution anticipée de la société;

2° de ne pas déposer au greffe du tribunal de commerce, inscrire au registre du commerce et des sociétés et publier dans un journal d'annonces légales la décision adoptée par l'assemblée générale.

Section VII

Des infractions relatives aux sociétés anonymes comportant un directoire et un conseil de surveillance

Art. L. 242-30 — Les peines prévues par les articles L. 242-6 à L. 242-29 pour les présidents, les directeurs généraux et les administrateurs des sociétés anonymes sont applicables, selon leurs attributions respectives, aux membres du directoire et aux membres du conseil de surveillance des sociétés anonymes régies par les dispositions des articles L. 225-57 à L. 225-93.

Les dispositions de l'article L. 246-2 sont en outre applicables aux sociétés anonymes régies par les articles L. 225-57 à L. 225-93.

Section VIII

Des infractions relatives aux sociétés anonymes à participation ouvrière

Art. L. 242-31 — Est puni d'une amende de 3 750 € le fait, pour le président, les administrateurs ou les directeurs généraux d'une société anonyme à participation ouvrière, usant de la faculté d'émettre des actions de travail, de ne pas mentionner cette circonstance par l'addition des mots à participation ouvrière sur tous actes ou sur tous documents émanant de la société et destinés aux tiers.

CHAPITRE III

DES INFRACTIONS CONCERNANT LES SOCIÉTÉS EN COMMANDITE PAR ACTIONS

Art. L. 243-1 — Les articles L. 242-1 à L. 242-29 s'appliquent aux sociétés en commandite par actions.

Les peines prévues pour les présidents, les administrateurs ou les directeurs généraux des sociétés anonymes sont applicables, en ce qui concerne leurs attributions, aux gérants des sociétés en commandite par actions.

Art. L. 243-2 — Abrogé.

CHAPITRE IV

DES INFRACTIONS CONCERNANT LES SOCIÉTÉS PAR ACTIONS SIMPLIFIÉES

Art. L. 244-1 — Les articles L. 242-1 à L. 242-6, L. 242-8, L. 242-17 à L. 242-29 s'appliquent aux sociétés par actions simplifiées.

Les peines prévues pour le président, les administrateurs ou les directeurs généraux des sociétés anonymes sont applicables au président et aux dirigeants des sociétés par actions simplifiées.

Les articles L. 242-20, L. 242-26, et L. 242-27 s'appliquent aux commissaires aux comptes des sociétés par actions simplifiées.

Art. L. 244-2 — Le fait, pour un président ou un dirigeant de société par actions simplifiée de ne pas consulter les associés dans les conditions prévues par les statuts en cas d'augmentation, d'amortissement ou de réduction du capital, de fusion, de scission, de dissolution ou de transformation en une société d'une autre forme est puni de six mois d'emprisonnement et de 7 500 € d'amende.

Art. L. 244-3 — Est puni d'une amende de 18 000 € le fait, pour les dirigeants d'une société par actions simplifiée, de procéder à une offre au public de titres financiers ou de faire admettre des actions aux négociations sur un marché réglementé.

Art. L. 244-4 — Les dispositions des articles L. 244-1, L. 244-2 et L. 244-3 sont applicables à toute personne qui, directement ou par personne interposée, aura en fait exercé la direction d'une société par actions simplifiée sous le couvert ou au lieu et place du président et des dirigeants de cette société.

CHAPITRE IV *BIS*

DES INFRACTIONS CONCERNANT LES SOCIÉTÉS EUROPÉENNES

Art. L. 244-5 — Les articles L. 242-1 à L. 242-30 s'appliquent aux sociétés européennes.

Les peines prévues pour le président, les administrateurs, les directeurs généraux, les membres du directoire ou les membres du conseil de surveillance des sociétés anonymes sont applicables au président, aux administrateurs, aux directeurs généraux, aux membres du directoire ou aux membres du conseil de surveillance des sociétés européennes.

L'article L. 242-20 s'applique aux commissaires aux comptes des sociétés européennes.

CHAPITRE V

DES INFRACTIONS RELATIVES AUX VALEURS MOBILIÈRES ÉMISES PAR LES SOCIÉTÉS PAR ACTIONS

Section I

Des infractions relatives aux actions

Art. L. 245-1 et L. 245-2 — Abrogés.

Art. L. 245-3 — Sont punis d'un emprisonnement de six mois et d'une amende de 6 000 € le président et les administrateurs, les directeurs généraux, les membres du directoire et du conseil de surveillance d'une société anonyme, les gérants d'une société en commandite par actions :

1° dont la société procède à l'amortissement de son capital alors que la totalité des actions à dividende prioritaire sans droit de vote n'ont pas été intégralement rachetées et annulées;

2° dont la société, en cas de réduction du capital non motivée par des pertes et réalisée selon les modalités prévues à l'article L. 225-207, ne rachète pas, en vue de leur annulation, les actions à dividende prioritaire sans droit de vote avant les actions ordinaires.

Art. L. 245-4 — Le fait, pour le président et les administrateurs, les directeurs généraux, les membres du directoire et du conseil de surveillance d'une société anonyme, les gérants des sociétés en commandite par actions, de détenir, directement ou indirectement dans les conditions prévues par l'article L. 228-35-8, des actions à dividende prioritaire sans droit de vote de la société qu'ils dirigent est puni des peines prévues à l'article L. 245-3.

Art. L. 245-5 — Est puni d'un emprisonnement de six mois et d'une amende de 6 000 € le fait, pour le liquidateur d'une société, de ne pas respecter les dispositions de l'article L. 237-30.

Section II

Des infractions relatives aux parts de fondateur

Art. L. 245-6 — Abrogé.

Section III

Des infractions relatives aux obligations

Art. L. 245-7 et L. 245-8 — Abrogés.

Art. L. 245-9 — Est puni d'une amende de 9 000 € le fait, pour le président, les administrateurs, les directeurs généraux ou les gérants d'une société par actions d'émettre, pour le compte de cette société, des obligations négociables qui, dans une même émission, ne confèrent pas les mêmes droits de créance pour une même valeur nominale.

Art. L. 245-10 — Abrogé.

Art. L. 245-11 — Est puni d'un emprisonnement de deux ans et d'une amende de 9 000 € le fait :

1° d'empêcher un obligataire de participer à une assemblée générale d'obligataires;

2° de se faire accorder, garantir ou promettre des avantages particuliers pour voter dans un certain sens ou pour ne pas participer au vote, ainsi que le fait d'accorder, garantir ou promettre ces avantages particuliers.

Art. L. 245-12 — Est puni d'une amende de 6 000 € le fait :

1° Pour le président, les administrateurs, les directeurs généraux, les gérants, les commissaires aux comptes, les membres du conseil de surveillance ou les employés de la société débitrice ou de la société garante de tout ou partie des engagements de la société débitrice ainsi que pour leurs ascendants, descendants ou conjoints de représenter des obligataires à leur assemblée générale, ou d'accepter d'être les représentants de la masse des obligataires;

2° Pour le président, les administrateurs, les directeurs généraux ou les gérants de sociétés détenant au moins 10 % du capital des sociétés débitrices, de prendre part à l'assemblée générale des obligataires à raison des obligations détenues par ces sociétés.

Art. L. 245-13 — Est puni d'une amende de 4 500 € le fait, pour le président de l'assemblée générale des obligataires, de ne pas procéder à la constatation des décisions de toute assemblée générale d'obligataires par procès-verbal, mentionnant la date et le lieu de la réunion, le mode de convocation, l'ordre du jour, la composition du bureau, le nombre d'obligataires participant au vote et le quorum atteint, les documents et rapports soumis à l'assemblée, un résumé des débats, le texte des résolutions mises aux voix et le résultat des votes.

Art. L. 245-14 — Abrogé.

Art. L. 245-15 — Les infractions prévues aux articles L. 245-9, L. 245-12, et L. 245-13 sont punies de cinq ans d'emprisonnement et de 18 000 € d'amende lorsqu'elles ont été commises frauduleusement en vue de priver les obligataires ou certains d'entre eux d'une part des droits attachés à leur titre de créance.

Section IV

Dispositions communes

Art. L. 245-16 — Les dispositions du présent chapitre visant le président, les administrateurs, les directeurs généraux et les gérants de sociétés par actions sont applicables à toute personne qui, directement ou par personne interposée, aura, en fait, exercé la direction, l'administration ou la gestion desdites sociétés sous le couvert ou au lieu et place de leurs représentants légaux.

Section V

Des infractions relatives aux sociétés anonymes comportant un directoire et un conseil de surveillance

Art. L. 245-17 — Les peines prévues par les articles L. 245-1 à L. 245-15 pour les présidents, les directeurs généraux et les administrateurs des sociétés anonymes sont applicables, selon leurs attributions respectives, aux membres du directoire et aux membres du conseil de surveillance des sociétés anonymes régies par les dispositions des articles L. 225-57 à L. 225-93.

Les dispositions de l'article L. 245-16 sont en outre applicables aux sociétés anonymes régies par les articles L. 225-57 à L. 225-93.

CHAPITRE VI

DES INFRACTIONS COMMUNES AUX DIVERSES FORMES DE SOCIÉTÉS PAR ACTIONS

Art. L. 246-1 — Abrogé.

Art. L. 246-2 — Les dispositions des articles L. 242-1 à L. 242-29, L. 243-1 et L. 244-5 visant le président, les administrateurs ou les directeurs généraux de sociétés anonymes ou de sociétés européennes et les gérants de sociétés en commandite par actions sont applicables à toute personne qui, directement ou par personne interposée, a, en fait, exercé la direction, l'administration ou la gestion desdites sociétés sous le couvert ou au lieu et place de leurs représentants légaux.

CHAPITRE VII

DES INFRACTIONS COMMUNES AUX DIVERSES FORMES DE SOCIÉTÉS COMMERCIALES

Section I

Des infractions relatives aux filiales, aux participations et aux sociétés contrôlées

Art. L. 247-1 — I. — Est puni d'un emprisonnement de deux ans et d'une amende de 9 000 € le fait, pour les présidents, les administrateurs, les directeurs généraux ou les gérants de toute société :

1° De ne pas faire mention dans le rapport annuel présenté aux associés sur les opérations de l'exercice, d'une prise de participation dans une société ayant son siège sur le territoire de la République française représentant plus du vingtième, du dixième, du cinquième, du tiers, de la moitié ou des deux tiers du capital ou des droits de vote aux assemblées générales de cette société ou de la prise de contrôle d'une telle société;

2° De ne pas, dans le même rapport, rendre compte de l'activité et des résultats de l'ensemble de la société, des filiales de la société et des sociétés qu'elle contrôle par branche d'activité;

3° De ne pas annexer au bilan de la société le tableau prévu à l'article L. 233-15 et comportant les renseignements en vue de faire apparaître la situation desdites filiales et participations.

II. — Est puni d'une amende de 9 000 € le fait, pour les membres du directoire, du conseil d'administration ou les gérants des sociétés visées à l'article L. 233-16, sous réserve des dérogations prévues à l'article L. 233-17, de ne pas établir et adresser aux actionnaires ou associés, dans les délais prévus par la loi, les comptes consolidés. Le tribunal peut en outre ordonner l'insertion du jugement, aux frais du condamné, dans un ou plusieurs journaux.

III. — Est puni des peines mentionnées au I le fait, pour le commissaire aux comptes, de ne pas faire figurer dans son rapport les mentions visées au 1° du I du présent article.

Art. L. 247-2 — I. — Est puni d'une amende de 18 000 € le fait pour les présidents, les administrateurs, les membres du directoire, les gérants ou les directeurs généraux des personnes morales, ainsi que pour les personnes physiques de s'abstenir de remplir les obligations d'informations auxquelles cette personne est tenue, en application de l'article L. 233-7, du fait des participations qu'elle détient.

II. — Est puni de la même peine le fait, pour les présidents, les administrateurs, les membres du directoire, les gérants ou les directeurs généraux d'une société, de s'abstenir de procéder aux notifications auxquelles cette société est tenue, en application de l'article L. 233-12, du fait des participations qu'elle détient dans la société par actions qui la contrôle.

III. — Est puni de la même peine le fait, pour les présidents, les administrateurs, les membres du directoire, les gérants ou les directeurs généraux d'une société, d'omettre de faire mention dans le rapport présenté aux actionnaires sur les opérations de l'exercice de l'identité des personnes détenant des participations significatives dans cette société, des modifications intervenues au cours de l'exercice, du nom des sociétés contrôlées et de la part du capital de la société que ces sociétés détiennent, dans les conditions prévues par l'article L. 233-13.

IV. — Est puni de la même peine le fait, pour le commissaire aux comptes, d'omettre dans son rapport les mentions visées au III.

V. — Pour les sociétés dont les actions sont admises aux négociations sur un marché d'instruments financiers mentionné au II de l'article L. 233-7, les poursuites sont engagées après que l'avis de l'Autorité des marchés financiers a été demandé.

Art. L. 247-3 — Est puni d'une amende de 18 000 € le fait, pour les présidents, les administrateurs, les membres du directoire, les directeurs généraux ou les gérants de sociétés, de contrevenir aux dispositions des articles L. 233-29 à L. 233-31.

Pour les sociétés dont les actions sont admises aux négociations sur un marché réglementé les poursuites pour infraction aux dispositions de l'article L. 233-31 sont engagées après que l'avis de l'Autorité des marchés financiers a été demandé.

Section II

Des infractions relatives à la publicité

Art. L. 247-4 — Est puni d'une amende de 9 000 € le fait, pour toute personne, de ne pas satisfaire aux obligations résultant de l'article L. 225-109 dans le délai et suivant les modalités fixées par décret en Conseil d'État.

Section III

Des infractions relatives à la liquidation

Art. L. 247-5 — Est puni d'un emprisonnement de deux ans et d'une amende 9 000 € le fait de contrevenir à l'interdiction d'exercer les fonctions de liquidateur.

Quiconque est condamné par application de l'alinéa précédent ne peut plus être employé, à quelque titre que ce soit, par la société dans laquelle il a exercé les fonctions prohibées. En cas d'infraction à cette interdiction, la personne condamnée et son employeur, si ce dernier en a eu connaissance, sont punis des peines prévues audit alinéa.

Art. L. 247-6 — Est puni d'un emprisonnement de six mois et d'une amende de 9 000 € le fait, pour le liquidateur d'une société :

1° de ne pas publier dans le délai d'un mois de sa nomination, dans un journal d'annonces légales dans le département du siège social, l'acte le nommant liquidateur et déposer au registre du commerce et des sociétés les décisions prononçant la dissolution;

2° de ne pas convoquer les associés, en fin de liquidation, pour statuer sur le compte définitif, sur le quitus de sa gestion et la décharge de son mandat, et pour constater la clôture de la liquidation, ou de ne pas, dans le cas prévu à l'article L. 237-10, déposer ses comptes au greffe du tribunal ni demander en justice l'approbation de ceux-ci.

Art. L. 247-7 — Est puni des peines prévues à l'article L. 247-6, au cas où la liquidation d'une société intervient conformément aux dispositions des articles L. 237-14 à L. 237-31, le fait pour un liquidateur :

1° de ne pas présenter, dans les six mois de sa nomination, un rapport sur la situation active et passive, sur la poursuite des opérations de liquidation, ni solliciter les autorisations nécessaires pour les terminer;

2° de ne pas établir les comptes annuels au vu de l'inventaire et un rapport écrit dans lequel il rend compte des opérations de liquidation au cours de l'exercice écoulé, dans les trois mois de la clôture de chaque exercice;

3° à 5° abrogés;

6° de ne pas déposer à un compte ouvert dans un établissement de crédit au nom de la société en liquidation, dans le délai de quinze jours à compter de la décision de répartition, les sommes affectées aux répartitions entre les associés et les créanciers, ou de ne pas déposer à la Caisse des dépôts et consignations, dans le délai d'un an à compter de la clôture de la liquidation, les sommes attribuées à des créanciers ou à des associés et non réclamées par eux.

Art. L. 247-8 — Est puni d'un emprisonnement de cinq ans et d'une amende de 9 000 € le fait, pour un liquidateur, de mauvaise foi :

1° de faire des biens ou du crédit de la société en liquidation, un usage qu'il sait contraire à l'intérêt de celle-ci, à des fins personnelles ou pour favoriser une autre société ou entreprise dans laquelle il est intéressé directement ou indirectement;

2° de céder tout ou partie de l'actif de la société en liquidation contrairement aux dispositions des articles L. 237-6 et L. 237-7.

Section IV

Des infractions relatives aux sociétés anonymes comportant un directoire et un conseil de surveillance

Art. L. 247-9 — Les peines prévues par les articles L. 247-1 à L. 247-4 pour les présidents, les directeurs généraux et les administrateurs de sociétés anonymes, sont applicables, selon leurs attributions respectives, aux membres du directoire et aux membres du conseil de surveillance des sociétés anonymes régies par les dispositions des articles L. 225-57 à L. 225-93.

Section V

Des infractions relatives aux sociétés à capital variable

Art. L. 247-10 — Est puni d'une amende de 3 750 € le fait, pour le président, le gérant ou, de façon générale, le dirigeant d'une société usant de la faculté prévue à l'article L. 231-1 de ne pas mentionner cette circonstance par l'addition des mots « à capital variable » sur tous actes et sur tous documents émanant de la société et destinés aux tiers.

LIVRE VI

Des difficultés des entreprises

TITRE II

De la sauvegarde

CHAPITRE IV

DE LA DÉTERMINATION DU PATRIMOINE DU DÉBITEUR

Section I

De la vérification et de l'admission des créances

Art. L. 624-1 — Dans le délai fixé par le tribunal, le mandataire judiciaire établit, après avoir sollicité les observations du débiteur, la liste des créances déclarées avec ses propositions d'admission, de rejet ou de renvoi devant la juridiction compétente. Il transmet cette liste au juge-commissaire.

Le mandataire judiciaire ne peut être rémunéré au titre des créances déclarées ne figurant pas sur la liste établie dans le délai mentionné ci-dessus, sauf pour des créances déclarées après ce délai, en application des deux derniers alinéas de l'article L. 622-24.

Art. L. 624-2 — Au vu des propositions du mandataire judiciaire, le juge-commissaire décide de l'admission ou du rejet des créances ou constate soit qu'une instance est en cours, soit que la contestation ne relève pas de sa compétence.

Art. L. 624-3 — Le recours contre les décisions du juge commissaire prises en application de la présente section est ouvert au créancier, au débiteur ou au mandataire judiciaire.

Toutefois, le créancier dont la créance est discutée en tout ou en partie et qui n'a pas répondu au mandataire judiciaire dans le délai mentionné à l'article L. 622-27 ne peut pas exercer de recours contre la décision du juge-commissaire lorsque celle-ci confirme la proposition du mandataire judiciaire.

Les conditions et les formes du recours prévu au premier alinéa sont fixées par décret en Conseil d'État.

Art. L. 624-4 — Le juge-commissaire statue en dernier ressort dans les cas prévus à la présente section lorsque la valeur de la créance en principal n'excède pas le taux de compétence en dernier ressort du tribunal qui a ouvert la procédure.

Section II

Des droits du conjoint

Art. L. 624-5 — Le conjoint du débiteur soumis à une procédure de sauvegarde établit la consistance de ses biens personnels conformément aux règles des régimes matrimoniaux et dans les conditions prévues par les articles L. 624-9 et L. 624-10.

Art. L. 624-6 — Le mandataire judiciaire ou l'administrateur peut, en prouvant par tous les moyens que les biens acquis par le conjoint du débiteur l'ont été avec des valeurs fournies par celui-ci, demander que les acquisitions ainsi faites soient réunies à l'actif.

Art. L. 624-7 — Les reprises faites en application de l'article L. 624-5 ne sont exercées qu'à charge des dettes et hypothèques dont ces biens sont légalement grevés.

CHAPITRE V

DU RÈGLEMENT DES CRÉANCES RÉSULTANT DU CONTRAT DE TRAVAIL

Section I

De la vérification des créances

Art. L. 625-1 — Après vérification, le mandataire judiciaire établit, dans les délais prévus à l'article L. 143-11-7 [L. 3253-19] du code du travail, les relevés des créances résultant d'un contrat de travail, le débiteur entendu ou dûment appelé. Les relevés des créances sont soumis au représentant des salariés dans les conditions prévues à l'article L. 625-2. Ils sont visés par le juge-commissaire, déposés au greffe du tribunal et font l'objet d'une mesure de publicité dans des conditions fixées par décret en Conseil d'État.

Le salarié dont la créance ne figure pas en tout ou en partie sur un relevé peut saisir à peine de forclusion le conseil de prud'hommes dans un délai de deux mois à compter de l'accomplissement de la mesure de publicité mentionnée à l'alinéa précédent. Il peut demander au représentant des salariés de l'assister ou de le représenter devant la juridiction prud'homale.

Le débiteur et l'administrateur lorsqu'il a une mission d'assistance sont mis en cause.

Art. L. 625-2 — Les relevés des créances résultant des contrats de travail sont soumis pour vérification par le mandataire judiciaire au représentant des salariés mentionné à l'article L. 621-4. Le mandataire judiciaire doit lui communiquer tous documents et informations utiles. En cas de difficultés, le représentant des salariés peut s'adresser à l'administrateur et, le cas échéant, saisir le juge-commissaire. Il est tenu à l'obligation de discrétion mentionnée à l'article L. 432-7 [L. 2325-5] du code du travail. Le temps passé à l'exercice de sa mission tel qu'il est fixé par le juge-commissaire est considéré de plein droit comme temps de travail et payé à l'échéance normale.

Art. L. 625-3 — Les instances en cours devant la juridiction prud'homale à la date du jugement d'ouverture sont poursuivies en présence du mandataire judiciaire et de l'administrateur lorsqu'il a une mission d'assistance ou ceux-ci dûment appelés.

Le mandataire judiciaire informe dans les dix jours la juridiction saisie et les salariés parties à l'instance de l'ouverture de la procédure.

Art. L. 625-4 — Lorsque les institutions mentionnées à l'article L. 143-11-4 [L. 3253-14] du code du travail refusent pour quelque cause que ce soit de régler une créance figurant sur un relevé des créances résultant d'un contrat de travail, elles font connaître leur refus au mandataire judiciaire qui en informe immédiatement le représentant des salariés et le salarié concerné.

Ce dernier peut saisir du litige le conseil de prud'hommes. Le mandataire judiciaire, le débiteur et l'administrateur lorsqu'il a une mission d'assistance sont mis en cause.

Le salarié peut demander au représentant des salariés de l'assister ou de le représenter devant la juridiction prud'homale.

Art. L. 625-5 — Les litiges soumis au conseil de prud'hommes en application des articles L. 625-1 et L. 625-4 sont portés directement devant le bureau de jugement.

Art. L. 625-6 — Les relevés des créances résultant d'un contrat de travail, visés par le juge-commissaire, ainsi que les décisions rendues par la juridiction prud'homale sont portés sur l'état des créances déposé au greffe. Toute personne intéressée, à l'exclusion de celles visées aux articles L. 625-1 à L. 625-4, peut former une réclamation ou une tierce opposition dans des conditions prévues par décret en Conseil d'État.

Section II

Du privilège des salariés

Art. L. 625-7 — Les créances résultant d'un contrat de travail sont garanties en cas d'ouverture d'une procédure de sauvegarde :

1° Par le privilège établi par les articles L. 143-10 [L. 3253-2 et L. 3253-3], L. 143-11 [L. 3253-4],

L. 742-6 et L. 751-15 [L. 7313-8] du code du travail, pour les causes et montants définis auxdits articles;

2° Par le privilège du 4° de l'article 2101 [2331] et du 2° de l'article 2104 [2375] du code civil.

Art. L. 625-8 — Nonobstant l'existence de toute autre créance, les créances que garantit le privilège établi aux articles L. 143-10 [L. 3253-2 et L. 3253-3], L. 143-11 [L. 3253-4], L. 742-6 et L. 751-15 [L. 7313-8] du code du travail doivent, sur ordonnance du juge-commissaire, être payées dans les dix jours du prononcé du jugement ouvrant la procédure par le débiteur ou, lorsqu'il a une mission d'assistance, par l'administrateur, si le débiteur ou l'administrateur dispose des fonds nécessaires.

Toutefois, avant tout établissement du montant de ces créances, le débiteur ou l'administrateur s'il a une mission d'assistance doit, avec l'autorisation du juge-commissaire et dans la mesure des fonds disponibles, verser immédiatement aux salariés, à titre provisionnel, une somme égale à un mois de salaire impayé, sur la base du dernier bulletin de salaire, et sans pouvoir dépasser le plafond visé à l'article L. 143-10 [L. 3253-2 et L. 3253-3] du code du travail.

À défaut de disponibilités, les sommes dues en vertu des deux alinéas précédents doivent être acquittées sur les premières rentrées de fonds.

Art. L. 625-9 — Sans préjudice des règles fixées aux articles L. 625-7 et L. 625-8, les créances résultant du contrat de travail ou du contrat d'apprentissage sont garanties dans les conditions fixées aux articles L. 3253-2 à L. 3253-4, L. 3253-6 à L. 3253-21 et L. 8252-3 du code du travail.

CHAPITRE VI

DU PLAN DE SAUVEGARDE

Art. L. 626-1 — Lorsqu'il existe une possibilité sérieuse pour l'entreprise d'être sauvegardée, le tribunal arrête dans ce but un plan qui met fin à la période d'observation.

Ce plan de sauvegarde comporte, s'il y a lieu, l'arrêt, l'adjonction ou la cession d'une ou de plusieurs activités. Les cessions faites en application du présent article sont soumises aux dispositions de la section I du chapitre II du titre IV et à l'article L. 642-22. Le mandataire judiciaire exerce les missions confiées au liquidateur par ces dispositions.

Les droits de préemption institués par le code rural ou le code de l'urbanisme ne peuvent s'exercer sur un bien compris dans une cession d'une ou de plusieurs activités décidée en application du présent article.

Section I

De l'élaboration du projet de plan

Art. L. 626-2 — Au vu du bilan économique, social et, le cas échéant, environnemental, le débiteur, avec le concours de l'administrateur, propose un plan, sans préjudice de l'application des dispositions de l'article L. 622-10.

Le projet de plan détermine les perspectives de redressement en fonction des possibilités et des modalités d'activités, de l'état du marché et des moyens de financement disponibles.

Il définit les modalités de règlement du passif et les garanties éventuelles que le débiteur doit souscrire pour en assurer l'exécution.

Ce projet expose et justifie le niveau et les perspectives d'emploi ainsi que les conditions sociales envisagées pour la poursuite d'activité. Lorsque le projet prévoit des licenciements pour motif économique, il rappelle les mesures déjà intervenues et définit les actions à entreprendre en vue de faciliter le reclassement et l'indemnisation des salariés dont l'emploi est menacé. Le projet tient compte des travaux recensés par le bilan environnemental.

Il recense, annexe et analyse les offres d'acquisition portant sur une ou plusieurs activités, présentées par des tiers. Il indique la ou les activités dont sont proposés l'arrêt ou l'adjonction.

Art. L. 626-3 — Lorsque le projet de plan prévoit une modification du capital, l'assemblée générale extraordinaire ou l'assemblée des associés ainsi que, lorsque leur approbation est nécessaire, les assemblées spéciales mentionnées aux articles L. 225-99 et L. 228-35-6 ou les assemblées générales des masses visées à l'article L. 228-103 sont convoquées dans des conditions définies par décret en Conseil d'État.

Si, du fait des pertes constatées dans les documents comptables, les capitaux propres sont inférieurs à la moitié du capital social, l'assemblée est d'abord appelée à reconstituer ces capitaux à concurrence du montant proposé par l'administrateur et qui ne peut être inférieur à la moitié du capital social. Elle peut également être appelée à décider la réduction et l'augmentation du capital en faveur d'une ou plusieurs personnes qui s'engagent à exécuter le plan.

Les engagements pris par les actionnaires ou associés ou par de nouveaux souscripteurs sont subordonnés dans leur exécution à l'acceptation du plan par le tribunal.

Les clauses d'agrément sont réputées non écrites.

Art. L. 626-4 — Abrogé.

Art. L. 626-5 — Les propositions pour le règlement des dettes sont, au fur et à mesure de leur élaboration et sous surveillance du juge-commissaire, communiquées par l'administrateur au mandataire judiciaire, aux contrôleurs ainsi qu'au comité d'entreprise ou, à défaut, aux délégués du personnel.

Le mandataire judiciaire recueille individuellement ou collectivement l'accord de chaque créancier qui a déclaré sa créance conformément à l'article L. 622-24, sur les délais et remises qui lui sont proposés. En cas de consultation par écrit, le défaut de réponse, dans le délai de trente jours à compter de la réception de la lettre du mandataire judiciaire, vaut acceptation. Ces dispositions sont applicables aux institutions visées à l'article L. 143-11-4 [L. 3253-14] du code du travail pour les sommes mentionnées au quatrième alinéa de l'article L. 622-24, même si leurs créances ne sont pas encore déclarées. Elles le sont également aux créanciers mentionnés au premier alinéa de l'article L. 626-6 lorsque la proposition qui leur est soumise porte exclusivement sur des délais de paiement.

Art. L. 626-6 — Les administrations financières, les organismes de sécurité sociale, les institutions gérant le régime d'assurance chômage prévu par les articles L. 351-3 [L. 5422-1] et suivants du code du travail et les institutions régies par le livre IX du code de la sécurité sociale peuvent accepter de remettre tout ou partie de ses dettes au débiteur dans des conditions similaires à celles que lui octroierait, dans des conditions normales de marché, un opérateur économique privé placé dans la même situation.

Dans ce cadre, les administrations financières peuvent remettre l'ensemble des impôts directs perçus au profit de l'État et des collectivités territoriales ainsi que des produits divers du budget de l'État dus par le débiteur. S'agissant des impôts indirects perçus au profit de l'État et des collectivités territoriales, seuls les intérêts de retard, majorations, pénalités ou amendes peuvent faire l'objet d'une remise.

Les conditions de la remise de la dette sont fixées par décret en Conseil d'État.

Les créanciers visés au premier alinéa peuvent également décider des cessions de rang de privilège ou d'hypothèque ou de l'abandon de ces sûretés.

Art. L. 626-7 — Le mandataire judiciaire dresse un état des réponses faites par les créanciers. Cet état est adressé au débiteur et à l'administrateur ainsi qu'aux contrôleurs.

Art. L. 626-8 — Le comité d'entreprise ou, à défaut, les délégués du personnel et le mandataire judiciaire sont informés et consultés sur les mesures que le débiteur envisage de proposer dans le projet de plan au vu des informations et offres reçues.

Ils le sont également, ainsi que le ou les contrôleurs, sur le bilan économique et social et sur le projet de plan, qui leur sont communiqués par l'administrateur et complétés, le cas échéant, de ses observations.

Les documents mentionnés au deuxième alinéa sont simultanément adressés à l'autorité administrative compétente en matière de droit du travail. Le procès-verbal de la réunion à l'ordre du jour de laquelle a été inscrite la consultation des représentants du personnel est transmis au tribunal ainsi qu'à l'autorité administrative mentionnée ci-dessus.

Le ministère public en reçoit communication.

Section II

Du jugement arrêtant le plan et de l'exécution du plan

Art. L. 626-9 — Après avoir entendu ou dûment appelé le débiteur, l'administrateur, le mandataire judiciaire, les contrôleurs ainsi que les représentants du comité d'entreprise ou, à défaut, des délégués du personnel, le tribunal statue au vu des documents prévus à l'article L. 626-8, après avoir recueilli l'avis du ministère public. Lorsque la procédure est ouverte au bénéfice d'un débiteur qui emploie un nombre de salariés ou qui justifie d'un chiffre d'affaires hors taxes supérieurs à des seuils fixés par décret en Conseil d'État, les débats doivent avoir lieu en présence du ministère public.

Art. L. 626-10 — Le plan désigne les personnes tenues de l'exécuter et mentionne l'ensemble des engagements qui ont été souscrits par elles et qui sont nécessaires à la sauvegarde de l'entreprise. Ces engagements portent sur l'avenir de l'activité, les modalités du maintien et du financement de l'entreprise, le règlement du passif soumis à déclaration ainsi que, s'il y a lieu, les garanties fournies pour en assurer l'exécution.

Le plan expose et justifie le niveau et les perspectives d'emploi ainsi que les conditions sociales envisagés pour la poursuite d'activité.

Les personnes qui exécuteront le plan, même à titre d'associés, ne peuvent pas se voir imposer des charges autres que les engagements qu'elles ont souscrits au cours de sa préparation, sous réserve des dispositions prévues aux articles L. 626-3 et L. 626-16.

Art. L. 626-11 — Le jugement qui arrête le plan en rend les dispositions opposables à tous.

À l'exception des personnes morales, les coobligés et les personnes ayant consenti une sûreté personnelle ou ayant affecté ou cédé un bien en garantie peuvent s'en prévaloir.

[...]

Art. L. 626-14 — Dans le jugement arrêtant le plan ou le modifiant, le tribunal peut décider que les biens qu'il estime indispensables à la continuation de l'entreprise ne pourront être aliénés, pour une durée qu'il fixe, sans son autorisation. La durée de l'inaliénabilité ne peut excéder celle du plan.

Lorsque le tribunal est saisi d'une demande d'autorisation d'aliéner un bien rendu inaliénable en application du premier alinéa, il statue, à peine de nullité, après avoir recueilli l'avis du ministère public.

La publicité de l'inaliénabilité temporaire est assurée dans des conditions fixées par décret en Conseil d'État.

Tout acte passé en violation des dispositions du premier alinéa est annulé à la demande de tout intéressé ou du ministère public, présentée dans le délai de trois ans à compter de la conclusion de l'acte. Lorsque l'acte est soumis à publicité, le délai court à compter de celle-ci.

CHAPITRE III

DE LA FAILLITE PERSONNELLE ET DES AUTRES MESURES D'INTERDICTION

Art. L. 653-1 — I. — Lorsqu'une procédure de redressement judiciaire ou de liquidation judiciaire est ouverte, les dispositions du présent chapitre sont applicables :

1° Aux personnes physiques exerçant une activité commerciale ou artisanale, aux agriculteurs et à toute autre personne physique exerçant une activité professionnelle indépendante y compris une profession libérale soumise à un statut législatif ou réglementaire ou dont le titre est protégé;

2° Aux personnes physiques, dirigeants de droit ou de fait de personnes morales;

3° Aux personnes physiques, représentants permanents de personnes morales, dirigeants des personnes morales définies au 2°.

Ces mêmes dispositions ne sont pas applicables aux personnes physiques ou dirigeants de personne morale, exerçant une activité professionnelle indépendante et, à ce titre, soumises à des règles disciplinaires.

II. — Les actions prévues par le présent chapitre se prescrivent par trois ans à compter du jugement qui prononce l'ouverture de la procédure mentionnée au I.

Art. L. 653-2 — La faillite personnelle emporte interdiction de diriger, gérer, administrer ou contrôler, directement ou indirectement, toute entreprise commerciale ou artisanale, toute exploitation agricole ou toute entreprise ayant toute autre activité indépendante et toute personne morale.

Art. L. 653-3 — Le tribunal peut prononcer la faillite personnelle de toute personne mentionnée au 1° du I de l'article L. 653-1, sous réserve des exceptions prévues au dernier alinéa du I du même article, contre laquelle a été relevé l'un des faits ci-après :

1° Avoir poursuivi abusivement une exploitation déficitaire qui ne pouvait conduire qu'à la cessation des paiements;

2° Abrogé;

3° Avoir détourné ou dissimulé tout ou partie de son actif ou frauduleusement augmenté son passif.

Art. L. 653-4 — Le tribunal peut prononcer la faillite personnelle de tout dirigeant, de droit ou de fait, d'une personne morale, contre lequel a été relevé l'un des faits ci-après :

1° Avoir disposé des biens de la personne morale comme des siens propres;

2° Sous le couvert de la personne morale masquant ses agissements, avoir fait des actes de commerce dans un intérêt personnel;

3° Avoir fait des biens ou du crédit de la personne morale un usage contraire à l'intérêt de celle-ci à des fins personnelles ou pour favoriser une autre personne morale ou entreprise dans laquelle il était intéressé directement ou indirectement;

4° Avoir poursuivi abusivement, dans un intérêt personnel, une exploitation déficitaire qui ne pouvait conduire qu'à la cessation des paiements de la personne morale;

5° Avoir détourné ou dissimulé tout ou partie de l'actif ou frauduleusement augmenté le passif de la personne morale.

Art. L. 653-5 — Le tribunal peut prononcer la faillite personnelle de toute personne mentionnée à l'article L. 653-1 contre laquelle a été relevé l'un des faits ci-après :

1° Avoir exercé une activité commerciale, artisanale ou agricole ou une fonction de direction ou d'administration d'une personne morale contrairement à une interdiction prévue par la loi;

2° Avoir, dans l'intention d'éviter ou de retarder l'ouverture de la procédure de redressement judiciaire ou de liquidation judiciaire, fait des achats en vue d'une revente au-dessous du cours ou employé des moyens ruineux pour se procurer des fonds;

3° Avoir souscrit, pour le compte d'autrui, sans contrepartie, des engagements jugés trop importants au moment de leur conclusion, eu égard à la situation de l'entreprise ou de la personne morale;

4° Avoir payé ou fait payer, après cessation des paiements et en connaissance de cause de celle-ci, un créancier au préjudice des autres créanciers;

5° Avoir, en s'abstenant volontairement de coopérer avec les organes de la procédure, fait obstacle à son bon déroulement;

6° Avoir fait disparaître des documents comptables, ne pas avoir tenu de comptabilité lorsque les textes applicables en font obligation, ou avoir tenu une comptabilité fictive, manifestement incomplète ou irrégulière au regard des dispositions applicables.

Art. L. 653-6 — Le tribunal peut prononcer la faillite personnelle du dirigeant de la personne morale qui n'a pas acquitté les dettes de celle-ci mises à sa charge.

Art. L. 653-7 — Dans les cas prévus aux articles L. 653-3 à L. 653-6 et L. 653-8, le tribunal est saisi par le mandataire judiciaire, le liquidateur ou le ministère public.

Dans l'intérêt collectif des créanciers, le tribunal peut également être saisi à toute époque de la procédure par la majorité des créanciers nommés contrôleurs lorsque le mandataire de justice ayant qualité pour agir n'a pas engagé les actions prévues aux mêmes articles, après une mise en demeure restée sans suite dans un délai et des conditions fixés par décret en Conseil d'État.

Le juge-commissaire ne peut ni siéger dans la formation de jugement, ni participer au délibéré.

Art. L. 653-8 — Dans les cas prévus aux articles L. 653-3 à L. 653-6, le tribunal peut prononcer, à la place de la faillite personnelle, l'interdiction de diriger, gérer, administrer ou contrôler, directement ou indirectement, soit toute entreprise commerciale ou artisanale, toute exploitation agricole et toute personne morale, soit une ou plusieurs de celles-ci.

L'interdiction mentionnée au premier alinéa peut également être prononcée à l'encontre de toute personne mentionnée à l'article L. 653-1 qui, de mauvaise foi, n'aura pas remis au mandataire judiciaire, à l'administrateur ou au liquidateur les renseignements qu'il est tenu de lui communiquer en application de l'article L. 622-6 dans le mois suivant le jugement d'ouverture.

Elle peut également être prononcée à l'encontre de toute personne mentionnée à l'article L. 653-1 qui a omis de demander l'ouverture d'une procédure de redressement ou de liquidation judiciaire dans le délai de quarante-cinq jours à compter de la cessation des paiements, sans avoir, par ailleurs, demandé l'ouverture d'une procédure de conciliation.

Art. L. 653-9 — Le droit de vote des dirigeants frappés de la faillite personnelle ou de l'interdiction prévue à l'article L. 653-8 est exercé dans les assemblées des personnes morales soumises à une procédure de redressement judiciaire ou de liquidation judiciaire par un mandataire désigné par le tribunal à cet effet, à la requête de l'administrateur, du liquidateur ou du commissaire à l'exécution du plan.

Le tribunal peut enjoindre à ces dirigeants ou à certains d'entre eux, de céder leurs actions ou parts sociales dans la personne morale ou ordonner leur cession forcée par les soins d'un mandataire de justice, au besoin après expertise. Le produit de la vente est affecté au paiement de la part des dettes sociales dans le cas où ces dettes ont été mises à la charge des dirigeants.

Art. L. 653-10 — Le tribunal qui prononce la faillite personnelle peut prononcer l'incapacité d'exercer une fonction publique élective. L'incapacité est prononcée pour une durée égale à celle de la faillite personnelle, dans la limite de cinq ans. Lorsque la décision est devenue définitive, le ministère public notifie à l'intéressé l'incapacité, qui produit effet à compter de la date de cette notification.

Art. L. 653-11 — Lorsque le tribunal prononce la faillite personnelle ou l'interdiction prévue à l'article L. 653-8, il fixe la durée de la mesure, qui ne peut être supérieure à quinze ans. Il peut ordonner l'exécution provisoire de sa décision. Les déchéances, les interdictions et l'incapacité d'exercer une fonction publique élective cessent de plein droit au terme fixé, sans qu'il y ait lieu au prononcé d'un jugement.

Le jugement de clôture pour extinction du passif, y compris après exécution d'une condamnation prononcée à son encontre en application de l'article L. 651-2, rétablit le débiteur personne physique ou les dirigeants de la personne morale dans tous leurs droits. Il les dispense ou relève de toutes les déchéances, interdictions et incapacité d'exercer une fonction publique élective.

L'intéressé peut demander au tribunal de le relever, en tout ou partie, des déchéances et interdictions et de l'incapacité d'exercer une fonction publique élective s'il a apporté une contribution suffisante au paiement du passif.

Lorsqu'il a fait l'objet de l'interdiction prévue à l'article L. 653-8, il peut en être relevé s'il présente toutes garanties démontrant sa capacité à diriger ou contrôler l'une ou plusieurs des entreprises ou personnes visées par le même article.

Lorsqu'il y a relèvement total des déchéances et interdictions et de l'incapacité, la décision du tribunal emporte réhabilitation.

303.12 Code du travail (extraits)

LIVRE II

Réglementation du travail

TITRE VI

Pénalités

CHAPITRE III

HYGIÈNE ET SÉCURITÉ

Art. L. 263-2 — Les chefs d'établissement, directeurs, gérants ou préposés qui par leur faute personnelle, ont enfreint les dispositions des chapitres Ier, II et III du titre III du présent livre ainsi que les autres personnes qui, par leur faute personnelle ont enfreint les dispositions des articles L. 231-6, L. 231-7, L. 231-7-1, L. 232-2, L. 233-5, L. 233-5-1, II, L. 233-5-3 et L. 233-7 dudit livre et des décrets en Conseil d'État pris pour leur exécution sont punis d'une amende de 3 750 €.

L'amende est appliquée autant de fois qu'il y a de salariés de l'entreprise concernés par la ou les infractions relevées dans le procès-verbal visé aux articles L. 611-10 et L. 611-13.

Conformément à l'article 132-3 du code pénal, le cumul des peines prévues au présent article et à l'article L. 263-4 avec les peines de même nature encourues pour les infractions prévues par les articles 221-6, 222-19 et 222-20 du code pénal ne peut dépasser le maximum légal de la peine de même nature la plus élevée qui est encourue.

Art. L. 263-4 — En cas de récidive, les infractions aux dispositions auxquelles se réfère l'article L. 263-2 sont passibles d'un emprisonnement d'un an et d'une amende de 9 000 € ou de l'une de ces deux peines seulement.

Toutefois, aucune infraction nouvelle ne pourra être relevée pour la même cause pendant le cours du délai qui aura éventuellement été accordé en vertu des dispositions de l'article précédent.

En cas de récidive constatée par le procès-verbal dressé conformément aux articles L. 611-10 et L. 611-13, après une condamnation prononcée en vertu de l'article précédent, le tribunal correctionnel pourra ordonner la fermeture totale ou partielle, définitive ou temporaire de l'établissement dans lequel n'auraient pas été faits les travaux de sécurité ou de salubrité imposés par la loi ou les règlements.

Le jugement est susceptible d'appel, la cour statue d'urgence.

303.13 Code de la sécurité sociale (extraits)

LIVRE III

Dispositions relatives aux assurances sociales et à diverses catégories de personnes rattachées au régime général

TITRE I

Généralités

CHAPITRE Ier

CHAMP D'APPLICATION DES ASSURANCES SOCIALES

Art. L. 311-2 — Sont affiliées obligatoirement aux assurances sociales du régime général, quel que soit leur âge et même si elles sont titulaires d'une pension, toutes les personnes quelle que soit leur nationalité, de l'un ou de l'autre sexe, salariées ou travaillant à quelque titre ou en quelque lieu que ce soit, pour un ou plusieurs employeurs et quels que soient le montant et la nature de leur rémunération, la forme, la nature ou la validité de leur contrat.

Art. L. 311-3 — Sont notamment compris parmi les personnes auxquelles s'impose l'obligation prévue à l'article L. 311-2, même s'ils ne sont pas occupés dans l'établissement de l'employeur ou du chef d'entreprise, même s'ils possèdent tout ou partie de l'outillage nécessaire à leur travail et même s'ils sont rétribués en totalité ou en partie à l'aide de pourboires :

1° les travailleurs à domicile soumis aux dispositions des articles L. 721-1 [L. 7411-1 et L. 7412-1 nouv.] et suivants du code du travail;

2° les voyageurs et représentants de commerce soumis aux dispositions des articles L. 751-1 [L. 7311-3 et L. 7313-1 s. nouv.] et suivants du code du travail;

3° les employés d'hôtels, cafés et restaurants;

4° sans préjudice des dispositions du 5° du présent article réglant la situation des sous-agents d'assurances, les mandataires non assujettis à la taxe professionnelle mentionnés au 4° de l'article R. 511-2 du code des assurances rémunérés à la commission, qui effectuent d'une façon habituelle et suivie des opérations de présentation d'assurances pour une ou plusieurs entreprises d'assurances telles que définies par l'article L. 310-I du code des assurances et qui ont tiré de ces opérations plus de la moitié de leurs ressources de l'année précédente;

5° les sous-agents d'assurances travaillant d'une façon habituelle et suivie pour un ou plusieurs agents généraux et à qui il est imposé, en plus de la prospection de la clientèle, des tâches sédentaires au siège de l'agence;

6° les gérants non salariés des coopératives et les gérants de dépôts de sociétés à succursales multiples ou d'autres établissements commerciaux ou industriels;

7° les conducteurs de voitures publiques dont l'exploitation est assujettie à des tarifs de transport fixés par l'autorité publique, lorsque ces conducteurs ne sont pas propriétaires de leur voiture;

8° les porteurs de bagages occupés dans les gares s'ils sont liés, à cet effet, par un contrat avec l'exploitation ou avec un concessionnaire;

9° les ouvreuses de théâtres, cinémas, et autres établissements de spectacles, ainsi que les employés qui sont dans les mêmes établissements chargés de la tenue des vestiaires et qui vendent aux spectateurs des objets de nature diverse;

10° les personnes assurant habituellement à leur domicile, moyennant rémunération, la garde et l'entretien d'enfants qui leur sont confiés par les parents, une administration ou une œuvre au contrôle desquels elles sont soumises;

11° les gérants de sociétés à responsabilité limitée et de sociétés d'exercice libéral à responsabilité limitée à condition que lesdits gérants ne possèdent pas ensemble plus de la moitié du capital social, étant entendu que les parts appartenant, en toute propriété ou en usufruit, au conjoint, partenaire lié par un pacte civil de solidarité compris, et aux enfants mineurs non émancipés d'un gérant sont considérées comme possédées par ce dernier;

12° Les présidents du conseil d'administration, les directeurs généraux et les directeurs généraux délégués des sociétés anonymes et des sociétés d'exercice libéral à forme anonyme;

13° les membres des sociétés coopératives ouvrières de production ainsi que les gérants, les directeurs généraux, les présidents du conseil d'administration et les membres du directoire des mêmes coopératives lorsqu'ils perçoivent une rémunération au titre de leurs fonctions et qu'ils n'occupent pas d'emploi salarié dans la même société;

14° les délégués à la sécurité des ouvriers des carrières exerçant leurs fonctions dans des entreprises ne relevant pas du régime spécial de la sécurité sociale dans les mines, les obligations de l'employeur étant, en ce qui les concerne, assumées par le ou les exploitants intéressés;

15° les artistes du spectacle et les mannequins auxquels sont reconnues applicables les dispositions des articles L. 762-1 [L. 7121-2 s. nouv.] et suivants, L. 763-1 [L. 7123-2 s. nouv.] et L. 763-2 [L. 7123-6 nouv.] du code du travail.

Les obligations de l'employeur sont assumées à l'égard des artistes du spectacle et des mannequins mentionnés à l'alinéa précédent, par les entreprises, établissements, services, associations, groupements ou personnes qui font appel à eux, même de façon occasionnelle;

16° les journalistes professionnels et assimilés, au sens des articles L. 761-1 [L. 7111-1 nouv.] et L. 761-2 [L. 7111-3 s. et L. 7112-1 nouv.] du code du travail, dont les fournitures d'articles, d'informations, de reportages, de dessins ou de photographies à une agence de presse ou à une entreprise de presse quotidienne ou périodique, sont réglées à la pige, quelle que soit la nature du lien juridique qui les unit à cette agence ou entreprise;

17° Les personnes agréées qui accueillent des personnes âgées ou handicapées adultes et qui ont passé avec celles-ci à cet effet un contrat conforme aux dispositions de l'article L. 442-1 du code de l'action sociale et des familles;

18° les vendeurs-colporteurs de presse et porteurs de presse, visés aux paragraphes I et II de l'article 22 de la loi n° 91-1 du 3 janvier 1991 tendant au développement de l'emploi par la formation dans les entreprises, l'aide à l'insertion sociale et professionnelle et l'aménagement du temps de travail, pour l'application du troisième plan pour l'emploi, non immatriculés au registre du commerce ou au registre des métiers;

19° les avocats salariés, sauf pour les risques gérés par la caisse nationale des barreaux français visée à l'article L. 723-1 à l'exception des risques invalidité décès;

20° les vendeurs à domicile visés à l'article L. 135-1 du code de commerce, non immatriculés au registre du commerce ou au registre spécial des agents commerciaux;

21° Les personnes qui exercent à titre occasionnel pour le compte de l'État, d'une collectivité territoriale ou d'un de leurs établissements publics administratifs, d'une autorité publique indépendante dotée de la personnalité morale ou d'un organisme privé chargé de la gestion d'un service public à caractère administratif, une activité dont la rémunération est fixée par des dispositions législatives ou réglementaires ou par décision de justice. Un décret précise les types d'activités et de rémunérations en cause.

Toutefois, ces dispositions ne sont pas applicables, sur leur demande, dans des conditions fixées par décret, aux personnes exerçant une des professions visées à l'article L. 621-3, lorsque les activités occasionnelles visées ci-dessus en sont le prolongement;

22° Les dirigeants des associations remplissant les conditions prévues au deuxième alinéa du d du 1° du 7 de l'article 261 du code général des impôts;

23° Les présidents et dirigeants des sociétés par actions simplifiées et des sociétés d'exercice libéral par actions simplifiées;

24° Les administrateurs des groupements mutualistes qui perçoivent une indemnité de fonction et qui ne relèvent pas, à titre obligatoire, d'un régime de sécurité sociale;

25° Les personnes bénéficiaires d'un appui à la création ou à la reprise d'une activité économique dans les conditions définies par l'article L. 127-1 du code de commerce;

26° Les personnes mentionnées au 2° de l'article L. 781-1 [L. 7321-1 s. nouv.] du code du travail;

27° Les fonctionnaires et agents publics autorisés à faire des expertises ou à donner des consultations au titre du décret du 29 octobre 1936 relatif aux cumuls de retraites, de rémunérations et de fonctions, dans le cadre d'activités de recherche et d'innovation, ainsi que ceux qui sont autorisés à apporter leur concours scientifique à une entreprise qui assure la valorisation de leurs travaux au titre de l'article L. 413-8 du code de la recherche. Toutefois, ces dispositions ne sont pas applicables, sur leur demande, aux personnes inscrites auprès des unions de recouvrement des cotisations de sécurité sociale et d'allocations familiales en qualité de travailleurs indépendants lorsque l'existence d'un lien de subordination avec le donneur d'ouvrage ne peut être établi;

28° Les titulaires d'un contrat de volontariat associatif régi par les dispositions du titre Ier de la loi n° 2006-586 du 23 mai 2006 relative au volontariat associatif et à l'engagement éducatif;

29° Les arbitres et juges, mentionnés à l'article L. 223-1 du code du sport, au titre de leur activité d'arbitres ou de juges;

30° Les présidents des sociétés coopératives de banque, mentionnées aux articles L. 512-61 à L. 512-67 du code monétaire et financier.

303.14 Code pénal (extraits)

LIVRE Ier

Dispositions générales

TITRE II

De la responsabilité pénale

CHAPITRE Ier

DISPOSITIONS GÉNÉRALES

Art. 121-1 — Nul n'est responsable pénalement que de son propre fait.

Art. 121-2 — Les personnes morales, à l'exclusion de l'État, sont responsables pénalement, selon les distinctions des articles 121-4 à 121-7, des infractions commises, pour leur compte, par leurs organes ou représentants.

Toutefois, les collectivités territoriales et leurs groupements ne sont responsables pénalement que des infractions commises dans l'exercice d'activités susceptibles de faire l'objet de conventions de délégation de service public.

La responsabilité pénale des personnes morales n'exclut pas celle des personnes physiques auteurs ou complices des mêmes faits, sous réserve des dispositions du quatrième alinéa de l'article 121-3.

Art. 121-3 — Il n'y a point de crime ou de délit sans intention de le commettre.

Toutefois, lorsque la loi le prévoit, il y a délit en cas de mise en danger délibérée de la personne d'autrui.

Il y a également délit, lorsque la loi le prévoit, en cas de faute d'imprudence, de négligence ou de manquement à une obligation de prudence ou de sécurité prévue par la loi ou le règlement, s'il est établi que l'auteur des faits n'a pas accompli les diligences normales compte tenu, le cas échéant, de la nature de ses missions ou de ses fonctions, de ses compétences ainsi que du pouvoir et des moyens dont il disposait.

Dans le cas prévu par l'alinéa qui précède, les personnes physiques qui n'ont pas causé directement le dommage, mais qui ont créé ou contribué à créer la situation qui a permis la réalisation du dommage ou qui n'ont pas pris les mesures permettant de l'éviter, sont responsables pénalement s'il est établi qu'elles ont, soit violé de façon manifestement délibérée une obligation particulière de prudence ou de sécurité prévue par la loi ou le règlement, soit commis une faute caractérisée et qui exposait autrui à un risque d'une particulière gravité qu'elles ne pouvaient ignorer.

Il n'y a point de contravention en cas de force majeure.

LIVRE II

Des crimes et délits contre les personnes

TITRE II

Des atteintes à la personne humaine

CHAPITRE Ier

DES ATTEINTES À LA VIE DE LA PERSONNE

[...]

Section II

Des atteintes involontaires à la vie

Art. 221-6 — Le fait de causer, dans les conditions et selon les distinctions prévues à l'article 121-3, par maladresse, imprudence, inattention, négligence ou manquement à une obligation de sécurité ou de prudence imposée par la loi ou le règlement, la mort d'autrui constitue un homicide involontaire puni de trois ans d'emprisonnement et de 45 000 € d'amende.

En cas de violation manifestement délibérée d'une obligation particulière de sécurité ou de prudence imposée par la loi ou le règlement, les peines encourues sont portées à cinq ans d'emprisonnement et à 75 000 € d'amende.

CHAPITRE II

DES ATTEINTES À L'INTÉGRITÉ PHYSIQUE OU PSYCHIQUE DE LA PERSONNE

[...]

SECTION II

DES ATTEINTES INVOLONTAIRES À L'INTÉGRITÉ DE LA PERSONNE

Art. 222-19 — Le fait de causer à autrui, dans les conditions et selon les distinctions prévues à l'article 121-3, par maladresse, imprudence, inattention, négligence ou manquement à une obligation de sécurité ou de prudence imposée par la loi ou le règlement, une incapacité totale de travail pendant plus de trois mois est puni de deux ans d'emprisonnement et de 30 000 € d'amende.

En cas de violation manifestement délibérée d'une obligation particulière de sécurité ou de prudence imposée par la loi ou le règlement, les peines encourues sont portées à trois ans d'emprisonnement et à 45 000 € d'amende.

Art. 222-20 — Le fait de causer à autrui, par la violation manifestement délibérée d'une obligation particulière de sécurité ou de prudence imposée par la loi ou le règlement, une incapacité totale de travail d'une durée inférieure ou égale à trois mois, est puni d'un an d'emprisonnement et de 15 000 € d'amende.

303.15 Code général des impôts (extraits)

LIVRE II

RECOUVREMENT DE L'IMPÔT

CHAPITRE II

PÉNALITÉS

SECTION I

DISPOSITIONS COMMUNES

C. SANCTIONS PÉNALES

Art. 1741 — Sans préjudice des dispositions particulières relatées dans la présente codification, quiconque s'est frauduleusement soustrait ou a tenté de se soustraire frauduleusement à l'établissement ou au payement total ou partiel des impôts visés dans la présente codification, soit qu'il ait volontairement omis de faire sa déclaration dans les délais prescrits, soit qu'il ait volontairement dissimulé une part des sommes sujettes à l'impôt, soit qu'il ait organisé son insolvabilité ou mis obstacle par d'autres manœuvres au recouvrement de l'impôt, soit en agissant de toute autre manière frauduleuse, est passible, indépendamment des sanctions fiscales applicables, d'une amende de 37 500 € et d'un emprisonnement de cinq ans. Lorsque les faits ont été réalisés ou facilités au moyen soit d'achats ou de ventes sans facture, soit de factures ne se rapportant pas à des opérations réelles, ou qu'ils ont eu pour objet d'obtenir de l'État des remboursements injustifiés, leur auteur est passible d'une amende de 75 000 € et d'un emprisonnement de cinq ans.

Toutefois, cette disposition n'est applicable, en cas de dissimulation, que si celle-ci excède le dixième de la somme imposable ou le chiffre de 153 €.

Toute personne condamnée en application des dispositions du présent article peut être privée des droits civiques, civils et de famille, suivant les modalités prévues par l'article 131-26 du code pénal.

Le tribunal ordonnera dans tous les cas la publication intégrale ou par extraits des jugements dans le Journal officiel de la République française, ainsi que dans les journaux désignés par lui et leur affichage intégral ou par extraits pendant trois mois sur les panneaux réservés à l'affichage des publications officielles de la commune où les contribuables ont leur domicile ainsi que sur la porte extérieure de l'immeuble du ou des établissements professionnels de ces contribuables. Les frais de la publication et de l'affichage dont il s'agit sont intégralement à la charge du condamné.

Les poursuites sont engagées dans les conditions prévues aux articles L. 229 à L. 231 du Livre des procédures fiscales.

303.16 Livre des procédures fiscales (extraits)

PREMIÈRE PARTIE

PARTIE LÉGISLATIVE

TITRE IV

LE RECOUVREMENT DE L'IMPÔT

CHAPITRE IER

LES PROCÉDURES DE RECOUVREMENT.

SECTION III

MESURES PARTICULIÈRES

4° Responsabilité des dirigeants et gérants de sociétés

Art. L. 267 — Lorsqu'un dirigeant d'une société, d'une personne morale ou de tout autre groupement, est responsable des manœuvres frauduleuses ou de l'inobservation grave et répétée des obligations fiscales qui ont rendu impossible le recouvrement des impositions et des pénalités dues par la société, la personne morale ou le groupement, ce dirigeant peut, s'il n'est pas déjà tenu au paiement des dettes sociales en application d'une autre disposition, être déclaré solidairement responsable du paiement de ces impositions et pénalités par le président du tribunal de grande instance. À cette fin, le comptable de la direction générale de la comptabilité publique ou le comptable de la direction générale des impôts assigne le dirigeant devant le président du tribunal de grande instance du lieu du siège social. Cette disposition est applicable à toute personne exerçant en droit ou en fait, directement ou indirectement, la direction effective de la société, de la personne morale ou du groupement.

Les voies de recours qui peuvent être exercées contre la décision du président du tribunal de grande instance ne font pas obstacle à ce que le comptable prenne à leur encontre des mesures conservatoires en vue de préserver le recouvrement de la créance du Trésor.

304. Sources d'information

304.11 Accès aux textes applicables

Textes législatifs et réglementaires

Les textes législatifs et réglementaires sont publiés au Journal officiel et aux Bulletins officiels des ministères. Les directives et les règlements européens sont publiés dans le Journal officiel des Communautés européennes. Ils sont disponibles, par abonnement ou au numéro.

Direction des journaux officiels

26, rue Desaix
75727 Paris Cedex 15
tél. 01 40 58 79 79
fax 01 45 79 17 84
www.journal-officiel.gouv.fr

Ils sont publiés, à l'état brut, annotés ou commentés, dans des codes annuels, biennaux, sur cédéroms, en réseau et sur internet. Certains sont regroupés, par thème, dans des brochures.

On trouve les textes législatifs et réglementaires dans les bibliothèques des universités, des tribunaux et barreaux, dans les préfectures et sous-préfectures et dans la plupart des bibliothèques et centres de documentation publics. Ils sont disponibles en librairie.

- **Internet**

www.journal-officiel.gouv.fr
www.legifrance.gouv.fr
www.minefi.gouv.fr
www.assemblee-nationale.fr
www.senat.fr

Principaux codes

Code civil, Dalloz, annoté, annuel
Code civil, Litec, annoté, annuel
Code de commerce, Dalloz, annoté, annuel
Code de commerce, Litec, annoté, annuel
Code général des impôts, Livre des procédures fiscales, Dalloz, annoté, annuel
Livre des procédures fiscales, Dalloz, annoté, annuel
Code pénal, Dalloz, annoté, annuel
Code pénal, Litec, annoté, annuel
Code pratique fiscal, Francis Lefebvre, annuel
Code des sociétés et des marchés financiers, Dalloz, annoté, annuel
Code des sociétés, Litec, annoté, annuel

Renseignements au public

Centres interministériels de renseignements administratifs (CIRA)

Renseignements gratuits, uniquement par téléphone ou internet, de façon personnalisée et dans le respect de l'anonymat, sur les droits et obligations de chacun et des démarches administratives à accomplir.

Un contact avec des spécialistes dans plusieurs domaines de compétences notamment : travail et emploi, fiscalité, justice, logement et urbanisme.

Par internet :
www.service-public.fr
Par téléphone : un numéro unique :
3939 (0,12 €/mn)

Ministère de l'économie et des finances. Ministère du budget

Pour tout renseignement ou réclamation concernant les impôts et taxes, contacter le Centre des impôts ou à la Trésorerie du lieu d'habitation ou d'activité. Pour connaître les premières démarches à suivre, la liste de tous les Centre des impôts et Trésorerie, consulter le site du ministère des Finances, www.minefi.gouv.fr

Création d'entreprise

Agence pour la création d'entreprise (APCE)

14, rue Delambre
75682 Paris Cedex 14
tél. 01 42 18 58 00
fax 01 42 18 58 00
www.apce.com

Entreprendre en France

Créé en octobre 1995, à l'initiative de l'Assemblée des chambres françaises de commerce et d'industrie (ACFCI) et de l'Association française des banques (AFB) dans le but :
– d'augmenter le flux de créateurs et de repreneurs,

– de favoriser l'émergence de projets de qualité,

– de mettre en œuvre une politique d'appui visant à accroître la pérennité des jeunes entreprises.

De nombreux partenaires nationaux forment ce réseau. Localement, les CCI ont mis en place un Espace Entreprendre pour accueillir, informer et orienter le porteur de projet vers les services spécifiques des partenaires du Réseau.

www.entreprendre-en-france.fr

304.12 Formalités administratives

Immatriculations, déclarations et démarches administratives

Formulaires administratifs Cerfa

Centre d'enregistrement et de révision des formulaires administratifs (CERFA)

64, rue de Varenne
75007 Paris
tél. 01 42 75 85 35
fax 01 42 75 79 37
www.service-public.fr

téléchargement des formulaires administratifs

saisie en ligne de déclarations fiscales
www.finances.gouv.fr

Centre de formalités des entreprises (CFE)

Le CFE effectue, à la place de l'intéressé, les formalités d'inscription, de modification ou de cessation d'activité professionnelle.

Le CFE centralise les informations et les pièces recueillies et les transmet aux organismes concernés par chaque formalité : Insee, registre du commerce et des sociétés (RCS), greffe du tribunal de commerce, répertoire des métiers (RM), services fiscaux, caisse régionale de Sécurité sociale, Urssaf, Assedic, inspection du Travail…

Les CFE sont installés auprès de différents organismes dans chaque localité :

– un artisan ou une entreprise artisanale s'adresse au CFE de la chambre de métiers;

– un commerçant, une société commerciale, un GIE ou un GEIE s'adressent au CFE de la chambre de commerce et d'industrie (CCI);

– un travailleur indépendant ou membre d'une profession libérale s'adresse au CFE de l'Urssaf;

– un agent commercial ou une société civile s'adresse au CFE du greffe du tribunal de commerce.

Centre de formalités des entreprises (CFE) du CCI de Paris

2, rue de Viarmes
75001 Paris
tél. 0 820 012 112
www.cfe.ccip.fr

Association syndicale des greffiers de commerce de France (ASG)

11, rue Tournefort
75005 Paris
tél. 01 47 07 99 71
www.asg.asso.fr

Greffe du tribunal de commerce de Paris

1, quai de Corse
75181 Paris Cedex 04
tél. 08 91 01 75 75 (0,22 €/mn)
www.greffe-tc-paris.fr

Infogreffe

Groupement des greffiers des tribunaux de commerce français qui centralise les informations légales sur les entreprises

Registre du commerce et des sociétés (RCS)

Base de données d'informations légales : Kbis, bilans, comptes de résultat, endettement…

www.infogreffe.fr

Institut national de la propriété industrielle (INPI)

26 *bis*, rue de Saint-Pétersbourg
75008 Paris
tél. 08 20 21 02 11 (0,09 € TTC/mn)
fax 01 53 04 45 23
www.inpi.fr

Commission d'accès aux documents administratifs (CADA)

35, rue Saint-Dominique
75007 Paris
tél. 01 42 75 79 99

fax 01 42 75 80 70
www.cada.fr

Commission nationale de l'informatique et des libertés (CNIL)

8, rue Vivienne
CS 30223
75083 Paris Cedex 02
tél. 01 53 73 22 22
fax 01 53 73 22 00
www.cnil.fr

- **Annonces légales**

Des périodiques sont habilités à publier des annonces légales dans un ou plusieurs départements.

Certains proposent de transmettre les annonces à d'autres journaux, en Île-de-France ou en province, ainsi qu'au Bulletin des annonces légales obligatoires (BALO) et au Bulletin officiel des annonces civiles et commerciales (BODACC).

Certains proposent aussi d'accomplir les formalités juridiques, en France et dans les Départements d'Outre-mer (DOM), notamment aux centres de formalités des entreprises (CFE) auprès des chambres de commerce et d'industrie (CCI), au registre du commerce et des sociétés (RCS) auprès des tribunaux de commerce, aux répertoires des métiers, à l'Enregistrement, à l'Institut de la propriété industrielle (INPI)... Ces services incluent le dépôt d'actes sous seing privé et d'actes de sociétés et de fonds de commerce, l'immatriculation, les modifications, la radiation, les extraits et les copies d'états d'inscription, de prise d'inscription de privilège vendeur et de nantissement...

- **Journaux officiels des annonces légales**

Bulletin des annonces légales obligatoires (BALO)

Direction des Journaux officiels
26, rue Desaix
75727 Paris Cedex 15
tél. 01 40 58 75 00
www.journal-officiel.gouv.fr

Bulletin officiel des annonces civiles et commerciales (BODACC)

Direction des Journaux officiels
www.bodacc.fr

- **Principaux périodiques agréés pour les annonces légales en Île-de-France**

Affiches parisiennes et départementales

Tri-hebdomadaire, habilité dans les départements 75, 92, 93, 94
15, rue du Louvre
75038 Paris Cedex 01
tél. 01 42 60 36 78
fax 01 42 61 27 84
www.affiches-parisiennes.com

Informateur de Seine et Oise (L')

Hebdomadaire, habilité dans les départements 78, 91
Groupe Affiches parisiennes

Journal spécial des sociétés

Tri-hebdomadaire, habilité dans les départements 75, 92, 93, 94
8, rue Saint-Augustin
75002 Paris
tél. 01 47 03 10 10
fax 01 47 03 99 00 – 01 47 03 99 55
www.jss.fr

Moniteur de Seine-et-Marne

Hebdomadaire, habilité dans les départements 77
Groupe Affiches parisiennes

Les Petites Affiches

Quotidien sauf samedi et dimanche
2, rue Montesquieu
75041 Paris Cedex 01
tél. 01 42 61 56 14
fax 01 47 03 92 02
www.petites-affiches.com

Loi (La), Archives commerciales de la France

33, rue des Jeûneurs
75002 Paris
tél. 01 42 34 52 34
fax 01 46 34 19 70
www.laloi.com

Le Quotidien juridique

12, rue de la Chaussée d'Antin
75009 Paris
tél. 01 49 49 06 49
fax 01 49 49 06 50
www.le-quotidien-juridique.com

Petites affiches de Seine et Oise (Les)
Tri-hebdomadaire, habilité dans les départements 78, 91
Groupe Le Publicateur légal

Publicateur légal (Le)
Tri-hebdomadaire, habilité dans les départements 75, 92, 93, 94
1, rue Eugène et Armand Peugeot
92856 Rueil-Malmaison Cedex
tél. 01 76 73 32 00
fax 01 47 14 0 02

304.13 Jurisprudence

Les textes bruts des décisions des tribunaux sont accessibles auprès des greffes des juridictions.

Un choix des textes des décisions des juridictions est publié dans des revues juridiques généralistes ou spécialisées, en texte intégral ou résumé avec ou sans commentaire, en réseau sur minitel ou Internet (voir, Principaux périodiques juridiques pour les professionnels au n° 304.12).

Chez Dalloz, les ouvrages de la collection « Grands arrêts » contiennent, par matière, une sélection commentée des principales décisions.

Principaux accès par Internet
www.legifrance.gouv.fr
www.courdecassation.fr
www.conseil-etat.fr
www.dalloz.fr
www.omnidroit.fr

304.14 Références bibliographiques

Les abréviations des textes législatifs et réglementaires, des tribunaux et des revues juridiques sont harmonisées par le groupe des éditeurs de droit, sciences économiques et sociales et éditées dans un fascicule : Abréviations des principales références en matière juridique, 1993, Paris.

- **Principales revues de conseil aux entreprises**

Bulletin d'opportunités d'affaires de la Chambre de commerce et d'industrie de Paris

Mensuel, Chambre de commerce et d'industrie de Paris

2, rue de Viarmes

75001 Paris

tél. 01 55 65 35 21

fax 01 55 65 36 72

Établi par la Direction des ressources centrales d'appui de la CCIP, ce bulletin recense des offres de cession de fonds de commerce dans les départements de Paris, des Hauts-de-Seine, de la Seine-Saint-Denis et du Val-de-Marne

L'Entreprise
Mensuel, Groupe L'expansion
29, rue de Châteaudun
75009 Paris
tél. 01 75 55 10 00
www.groupe-exp.com

L'Essentiel du management
Mensuel, Groupe Prisma Presse
13, rue Galvani
75809 Paris Cedex 17
fax 01 40 55 48 05
www.management.fr

Le Nouveau courrier
Mensuel, Chambre de commerce et d'industrie de Paris
27, avenue de Friedland
75008 Paris
tél. 01 55 65 55 65
www.ccip.fr

Reprendre et transmettre Magazine
Mensuel
Éditions Marc Chamorel
30, rue d'Armaillé
75017 Paris

tél. 01 49 49 04 84
fax 01 49 49 04 85
www.annuairedelatransmission.com

- **Principaux périodiques juridiques généraux pour les professionnels**

Gazette du Palais (La)

Tri-hebdomadaire, direction et rédaction
12, place Dauphine
75001 Paris
tél. 01 42 34 57 27
fax 01 40 46 03 47
www.gpdoc.com

Juris-Classeur périodique (JCP)
La Semaine juridique, Édition générale

Hebdomadaire, Juris-Classeur
141, rue de Javel
75747 Paris Cedex 15
tél. 08 00 80 88 09
fax 01 45 58 94 11
www.lexisnexis.fr

Petites Affiches

Quotidien sauf samedi et dimanche
2, rue Montesquieu
75001 Paris
tél. 01 42 61 56 14
fax 01 47 03 92 02
www.petites-affiches.com

Recueil Dalloz

Hebdomadaire
31-35, rue Froidevaux
75685 Paris Cedex 14
tél. 01 40 64 54 54
www.dalloz.fr

Revue fiduciaire (La) – Feuillet hebdo

Hebdomadaire, La Villeguérin
100, rue La Fayette
75485 Paris Cedex 10
tél. 826 80 52 52 (0,15 € TTC/mn)
www.GroupeRF.com

- **Principaux périodiques juridiques spécialisés pour les professionnels dans la matière**

Bulletin Joly

Mensuel, LGDJ-Monchrestien
Joly éditions
33, rue du Mail
75081 Paris Cedex 02
tél. 01 56 54 42 04
fax 01 56 54 16 46
www.editions-joly.com

Bulletin rapide de droit des affaires (BRDA)

Bimensuel, Francis Lefebvre
42, rue de Villiers
92532 Levallois-Perret Cedex
tél. 01 41 05 22 00
fax 01 41 05 22 23
www.efl.fr

Droit des sociétés

Mensuel, Juris-Classeur

Juris-Classeur périodique (JCP)
La Semaine juridique Édition entreprise

Hebdomadaire, Juris-Classeur

Revue des sociétés

Trimestriel, Dalloz

304.15 Principaux acteurs

Voir pour la recherche d'informations générales sur l'administration française et la consultation des formulaires administratifs :

www.service-public.fr

Ministère de l'économie, des finances et de l'industrie, Secrétariat d'État chargé des petites et moyennes entreprises, du commerce et de l'artisanat

www.minefi.gouv.fr

- **Emploi**

Agence nationale pour l'amélioration des conditions de travail (ANACT)

4, quai des Étroits
69321 Lyon Cedex 05
tél. 04 72 56 13 13
fax 04 78 37 96 90
www.anact.fr

Association pour la Gestion du régime de garantie des créances des Salariés (AGS)
Délégation nationale
77, rue de Miromesnil
75008 Paris
tél. 01 53 17 24 31
fax. 01 53 17 21 91
www.ags-garantie-salaires.org

Association pour la protection des patrons indépendants (APPI)
25, boulevard de Courcelles
75008 Paris
tél. 01 45 63 92 02
fax 01 45 61 02 43
www.appi-asso.fr

APRIL Assurances
Immeuble Aprilium
114, boulevard Marius Vivier Merle
69439 Lyon Cedex 03
tél. 0891 46 90 00
fax 04 78 53 65 18
www.april.fr

Association pour l'emploi des cadres (APEC)
51, boulevard Brune
75689 Paris Cedex 14
tél. 01 40 52 20 00
fax 01 45 39 86 31
www.apec.asso.fr

Garantie sociale des chefs et dirigeants d'entreprise (GSC)
42, avenue de la Grande Armée
75017 Paris
tél. 01 45 72 63 10
fax 01 45 74 25 38
www.gsc.asso.fr

Pôle emploi
Numéro unique 3949
www.pole-emploi.fr

- **Organismes des professionnels de la gestion du patrimoine**

Le Répertoire des conseils en gestion de patrimoine
Édition annuelle disponible aussi sur Internet, recense 1 100 conseils en gestion de patrimoine, publié par Edicom
8, Parvis de Saint-Maur
94106 Saint-Maur Cedex
tél. 01 45 11 08 08
fax 01 45 11 00 46
www.edicom.fr

Association française des entreprises d'investissement (AFEI)
AMAFI
13, rue Auber
75009 Paris
tél. 01 53 83 00 70
fax 01 53 83 00 83
www.afei.com

Association française de gestion/ Association française des fonds et des sociétés d'investissement et de gestion d'actifs financiers (AFG-ASFFI)
31, rue de Miromesnil
75008 Paris
tél. 01 44 94 94 00
fax 01 42 65 16 31
www.afg-asffi.com

Association professionnelle des entreprises de Conseil en investissement (APECI)
217, rue de la Banque
75002 Paris
tél. 01 44 94 83 83
fax 01 44 94 00 63
www.apeci.tm.fr

Centre français du patrimoine (CFP)
50, avenue Montaigne
75008 Paris
tél. 01 70 38 80 23
fax 01 70 38 77 95
www.centrepatrimonial.com

Chambre nationale des conseils-experts financiers (CNCEF)
22, rue de Longchamp
75116 Paris
tél. 01 56 26 06 01
fax 01 56 26 06 03
www.cncef.org

Chambre des indépendants du patrimoine
52, rue de Ponthieu
75008 Paris
tél. 01 42 56 76 50
www.independants-patrimoine.fr

Compagnie nationale des professionnels du patrimoine (CNPP)
10, rue de la Pépinière
75008 Paris
tél. 01 44 69 88 88
fax 01 44 69 88 81

Organismes professionnels de l'entreprise

Agence pour la création d'entreprises (APCE)
14, rue Delambre
75014 Paris
tél. 01 42 18 58 58
fax 01 42 18 58 00
www.apce.com

Agence nationale de valorisation de la recherche (ANVAR)
15, Cité Malesherbes
75009 Paris
tél. 01 44 53 76 00
fax 01 45 26 09 68
www.oseo.fr

Assemblée des Chambres françaises de commerce et d'industrie (ACFCCI)
46, avenue de la Grande-Armée
CS 50071
75858 Paris Cedex 17
tél. 01 40 69 37 00
fax 01 47 20 61 28
www.acfcicci.fr
Serveur des Chambres de commerce et d'industrie recensant, entre autres, les opportunités d'affaires, les aides financières aux entreprises, les bilans des sociétés

Assemblée permanente des chambres de métiers (APCM)
12, avenue Marceau
75008 Paris
tél. 01 44 43 10 00
fax 01 47 20 34 48
www.artisanat.fr

Association française des avocats conseils d'entreprises (ACE)
114-116, avenue de Wagram
75017 Paris
tél. 01 47 66 30 07
fax 01 4.63 35 78
www.avocats-conseil.org

Association française des juristes d'entreprises (AFJE)
9, rue du faubourg Poissonnière
75009 Paris
tél. 01 42 61 53 59
fax 01 42 61 01 80
www.afje.org

Association nationale des sociétés par actions (ANSA)
39, rue de Prony
75017 Paris
tél. 01 47 63 66 41
fax 01 42 27 13 58
www.ansa.fr

Caisse des dépôts et consignations (CDC)
56, rue de Lille
75356 Paris Cedex 07 SP
tél. 01 58 50 00 00
www.caissedesdepots.fr

Chambre de commerce et d'industrie de Paris
27, avenue de Friedland
75008 Paris
tél. 01 55 65 55 65
www.ccip.fr
Centre Infos Décisions (CCIP)
même adresse
tél. 01 55 65 72 42
fax 01 55 65 72 64
ou 2, rue de Viarmes
75001 Paris
tél. 01 55 65 35 21
fax 01 55 65 36 72
À Paris, la CCIP propose des consultations juridiques par téléphone au 01 55 65 75 75

Chambre des mandataires en fonds de commerce
129, rue du faubourg Saint-Honoré
75008 Paris
tél. 01 40 74 01 34
fax 01 42 56 28 28
Affilié à la FNAIM, cet organisme professionnel regroupe des agences immobilières spécialisées dans les transactions portant sur des fonds de commerce et des bureaux

Confédération générale des petites et moyennes entreprises (CGPME)
10, terrasse Bellini
92806 Puteaux

tél. 01 47 62 73 73
fax 01 47 73 08 86
www.cgpme.fr

Conseil supérieur de l'ordre des experts-comptables

19, rue Cognacq-Jay
75 341 Paris Cedex 07
tél. 01 44 15 60 00
fax 01 44 15 90 05
www.experts-comptables.com

Mouvement des entreprises de France (MEDEF)

55, avenue Bosquet
75330 Paris Cedex 07
tél. 01 53 59 19 19
fax 01 45 51 20 44
www.medef.fr

Ordre des avocats – Barreau de Paris

L'ordre des avocats met à disposition la liste des avocats, avec mention de leur spécialisation
11, place Dauphine
75001 Paris
tél. 01 44 32 48 48
fax 01 46 34 77 65
www.avocatparis.org

Organismes nationaux de protection sociale

Maladie-Maternité
Artisans – commerçants – professions libérales
Régime Social des Indépendants (RSI)

264, avenue du Président Wilson
93457 La Plaine-Saint-Denis Cedex
www.le-rsi.fr

ACOSS (Agence centrale des organismes de Sécurité sociale, caisse nationale des Urssaf)

36, rue de Valmy
93108 Montreuil Cedex
tél. 01 77 93 65 00
www.acoss.urssaf.fr

Salariés
Caisse Nationale d'Assurance Maladie des Travailleurs Salariés (CNAMTS)

50, avenue du Professeur André-Lemière
75986 Paris Cedex 20
tél. 01 72 60 10 00
fax 01 72 60 10 10
www.ameli.fr

Salariés et exploitants agricoles
Caisse Centrale de la Mutualité Sociale Agricole (CCMSA)

Les Mercuriales
40, rue Jean-Jaurès
93547 Bagnolet Cedex
tél. 01 41 63 77 77
fax 01 41 63 72 66
www.msa.fr

Retraite de base

- Artisans, commerçants

Régime Social des Indépendants (RSI)
264, avenue du Président Wilson
93457 La Plaine-Saint-Denis Cedex
www.le-rsi.fr

- Professions libérales (sauf avocats)

Caisse Nationale d'Assurance Vieillesse des Professions Libérales (CNAVPL)
102, rue de Miromesnil
75008 Paris
tél. 01 44 95 01 50
fax 01 45 61 91 37
www.cnavpl.fr

- Avocats

Caisse Nationale des Barreaux Français (CNBF)
11, boulevard de Sébastopol
75038 Paris Cedex 01
tél. 01 42 21 32 30
fax 01 42 21 32 71
www.cnbf.fr

- Salariés

Caisse Nationale d'Assurance Vieillesse des Travailleurs Salariés (CNAVTS)
110, avenue de Flandre
75951 Paris Cedex 19
tél. 01 55 45 50 00
fax 01 55 45 52 08
www.cnav.fr

Retraite complémentaire des salariés

Association Générale des Institutions de Retraite des Cadres (AGIRC)
Association des Régimes des Retraites Complémentaires (ARRCO)

16-18, rue Jules César
75012 Paris
tél. 01 71 72 12 00
www.agirc.fr
www.arrco.fr

- **Allocations Familiales**

Caisse Nationale des Allocations Familiales (CNAF)
32, avenue de la Sibelle
75685 Paris Cedex 14
tél. 01 45 65 52 52
fax 01 45 65 53 77
www.caf.fr

- **Assurance chômage facultative**

Association pour la Protection des Patrons Indépendants (APPI)
25, boulevard de Courcelles
75008 Paris
tél. 01 45 63 92 02
fax 01 45 61 02 43
www.appi-asso.fr

Garantie Sociale des Chefs d'Entreprise (GSC)
42, avenue de la Grande Armée
75017 Paris
tél. 01.45.72.63.10
fax 01 45 74 25 38
www.gsc.asso.fr

- **Travailleurs migrants**

Centre des Liaisons Européennes et Internationales de Sécurité Sociale (CLEISS)
11, rue de la tour des Dames
76436 Paris Cedex 09
tél. 01 45 26 33 41
fax 01 49 95 06 50
www.cleiss.fr

Index thématique alphabétique

Les numéros renvoient aux chapitres

A

B

C

D

E

F

G

I

N

O

P

S

T

U

V

Photocomposition : SCM, Toulouse

708096 - (I) - (2) - CSB G-Pr 80 g - SCM (JoE)
Dépôt légal : septembre 2009

Imprimé en Belgique par la SNEL